嵩山文明与中国早期王都

——2014中国古都学会（郑州）年会论文集

中国古都学会
郑州古都学会　　　　　　编
郑州中华之源与嵩山文明研究会

科学出版社
北京

内 容 简 介

本书是2014年10月在郑州召开的“嵩山文明与中国早期王都研讨会暨中国古都学会2014年年会”论文集。全书选录论文34篇，主要探讨嵩山文明与中国早期文明、古都文化之间的关系，内容涉及五个方面：嵩山文明与中国国家文明的起源，嵩山文明与中国早期王都的形成，郑州夏代、商代都城地位再研究，郑州古都文化传承创新研究，中国古都学会专题研究等。

本书可供从事古都学、考古学、历史学等研究的科研人员及高等院校相关专业师生参考阅读。

图书在版编目（CIP）数据

嵩山文明与中国早期王都：2014中国古都学会（郑州）年会论文集/中国古都学会，郑州古都学会，郑州中华之源与嵩山文明研究会编. —北京：科学出版社，2016. 4

ISBN 978-7-03-048070-5

Ⅰ. ①嵩… Ⅱ. ①中…②郑…③郑… Ⅲ. ①文化史-郑州市-文集 Ⅳ. ①K296.11-53

中国版本图书馆CIP数据核字（2016）第083796号

责任编辑：郝莎莎 曹 伟 / 责任校对：钟 洋

责任印制：肖 兴 / 封面设计：北京美光制版有限公司

科学出版社 出版

北京东黄城根北街16号

邮政编码：100717

http://www.sciencep.com

中国科学院印刷厂 印刷

科学出版社发行 各地新华书店经销

*

2016年6月第 一 版 开本：787×1092 1/16

2016年6月第一次印刷 印张：26 插页：1

字数：600 000

定价：168.00元

（如有印装质量问题，我社负责调换）

《嵩山文明与中国早期王都
——2014中国古都学会（郑州）年会论文集》

编委会

本辑编委

序

萧正洪

呈现于各位读者面前的是2014年秋天在郑州举行的“嵩山文明与中国早期王都研讨会暨中国古都学会2014年年会”的学术论文集。

郑州是一座拥有光荣历史的城市。2004年，中国古都学会曾在郑州举行过一届年会，那次会议的主题主要集中于商都3600年的历史与地位问题。值得一提的是，郑州古都学会也是在那一年成立的。就是在那次会议上，与会者就郑州古都的历史进行了相当深入的讨论，并就郑州古都的历史地位问题达成了共识，于是有了所谓“八大古都”的新的说法。这当然可以视为中国古代城市发展史研究中的一个重要事件。

在郑州这样的地方举行关于古代城市的学术会议，总有很多的话题。在我看来，这同郑州的地理位置有关。黄河中游本是中华文明的重要发祥地之一，也曾长期是古代历史进程的中心区域。郑州会议的间隙，我曾试拟一联，曰：“居天下之中惟河嵩之野，通古今之变有亳郑之学”，大概可以表达我的看法。文明之兴衰，曲曲折折，地理空间是极其重要的基础。而郑州所在之地得天独厚，其历史的内涵以及由此而形成的思想和学术资源非常丰富。所以，在郑州开会，关于古代城市发展的话题众多，其实正是其历史内涵与思想、学术资源的反映。我较为仔细地对比了2004年郑州会议和2014年会议所提交的学术论文，大致有一个印象，即除了参与交流的论文的数量大大增多以外，论文的学术质量显著提升了。就其中涉及郑州本身的论文而言，2004年论文的主要关注点似乎较为宏观，有的不免略显空泛，而2014年会议的论文则有显著的不同。其中既有对于古都学理论的深入探讨，亦有对于古都历史发展过程中某些重要而又容易被人忽视的细节的分析。当然，这一学术上的特点不仅表现在同郑州有关的论文方面，涉及其他古都和古代城市的学术论文亦具有类似的旨趣和特征。以我个人之见，自2004年郑州会议以来，中国古都学会的各位同仁在深入研究中国古都学理论和相关专题、在探讨中国古都形成与发展过程中的内涵、机制、驱动力和表现形式等各个方面，皆取得了令人瞩目的成绩，这无疑是在学界同仁以及社会各方人士共同努力下，中国古都学研究领域令人欣喜的进步。

我非常荣幸地参加了2014年的郑州会议。当时会议安排了若干主题报告，皆相当精彩。其内容大体上包含在本论文集之中，尽管报告人往往有即兴发挥，听之者也兴趣盎然，受益匪浅。我本人在学术交流的基础上，也有一些拓展性的思考。

在我看来，近几十年来中国古都学的研究，至少其中的某些方面，是走在历史文化名城保护的实际工作之前的。学者们的思考严谨而求实，所提出的问题严峻而重要。然而学术研究的很多成果似乎并未得到社会特别是政府有关部门的重视。所以，以古代城市为主题的文化遗产保护方面的状况似乎不像学术研究那样乐观。最近若干年来中国的古都及名城保护，呈现出两极分化的样态。有些城市尊重学术和学者的意见，有的就不是这样。有些城市在文化遗产保护中能够遵循古都自身的规律，并注意到古都的内涵与精神气质。但似乎有那么一些城市的规划和管理者，有时不免自作聪明，制造一些背离古都名城内涵的假景观，指鹿为马，鱼目混珠，结果反而使我们无法理解并继承真正的历史遗产和优秀的文化传统。这是非常令人遗憾的。

这就给我们提出了一个问题：我们这些以探究学术、追求真理为业的人，面对古都名城保护中的窘况和矛盾，能做些什么？我们属于无能为力的一类人吗？这当然不能一概而论。我们其实是有力量的，我们的力量就是学术的力量。然而学术的力量要成为足以改变世界的现实的力量，需要我们更好地同社会融合。我们坚持历史起点、世界眼光和当代情怀，所以不是坐而论道，而是脚踏实地，以自己对于历史的深刻理解和具有高度理性的学术研究成果支持古都城市的保护与建设，以做到历史与当代相得益彰。这是我们的社会责任，我们理当坚持不懈。

毫无疑问，古都的学术研究有利于古都城市的建设与发展，有利于古城形象的提升。因为学术研究为城市的规划设计与建设提供了一种理念和思想，而理念和思想能够体现出一种时代精神。它能够时时提醒那些手中掌握建设资源的人，在古都城市的保护与建设中不要荒腔走板，似是而非。

任何城市的建设都同一定的理念有关。伟大的城市不在于其规模，而在于其理念与精神。城市是有灵魂的。“山不在高，有仙则名。水不在深，有龙则灵。”这句话也可以用来比附古都名城。我们完全可以这么说：历史上所有伟大的城市，之所以千古留名，从根本上说，是因其体现了某种足以反映时代特征的伟大的思想和精神。我们说起长安，就联想到汉唐气象，提到南京，就说龙盘虎踞，气势非凡，而提及郑州，也会说天下之中，人杰地灵。如此这般，是说其具有有别于其他古代城市的特殊精神气质。而其空间格局和建筑的样式等等，乃是其思想与精神气质的外在表现，是思想与精神气质的物化。

什么叫思想与精神气质的物化？这涉及意象或观念同景观的关系。意象是思想的一种形象化表达。城市是一个大型的景观体系，它构成了一个相当复杂的文化生态系统。由于城市内部的系统整合性质以及同周边环境的协调性，它从规划之初，就一定要有一个统合的思想，而不能自相矛盾，或自陷于混乱。这样一来，由统合思想而来的多维的意象，就有了非常重要的意义。因为意象能够通过规划和建设“变现”为景观。不清晰、不统一的意象会导致混乱的景观系统，而思路清晰的、具有内在一致性、统合性强的意象可以形成和谐有序的景观系统，并最终演变为伟大的城市。

既然观念和意象在一定条件下能够物化为城市的外在表现形式，那么，当我们看到古都城市的具象时，可以完成一个逆过程，即将其背后的观念意象和精神气质挖掘出来。如果你要想正确理解、解读一个伟大城市的基础，必须通过学术研究发掘其背后的观念意象和精神气质。如果你想继承一个伟大城市的历史传统，你就必须完整地理解其绵延千年甚至更长时间的理念与灵魂。在现代城市的建设中，历史绝不是包袱，而是珍贵的遗产。你这个城市有这个遗产，你就有了灵魂，而别人没有，那你应当骄傲，而无需烦恼。这一点，不是所有人都能认识到的。于是我们这些研究古都的人，就有了无可比拟的当代价值。因为大致说来，只有我们才掌握着通往那扇灵魂之门的钥匙。这样说来，我们不是很有力量的吗?

我们需要在未来的古都研究中，在重视古都的外在表现形式的同时，更加重视精神内涵的研究。对于古都的发展，包括对其历史地位的看法，当然要重视其空间的大小和存在时间的长短，但其精神气质的时代性特征应当得到更多更好的阐释。对于不同的古代都城，我们不仅要追寻其构思与建造中相同的一面，找到其中的共性与承继关系，更应解读其不同的时代精神与内涵。而在古都城市的保护与建设中，也应特别重视其精神方面的挖掘、提炼、阐释与表达。

现在，我结合上述问题，再一次阅读《嵩山文明与中国早期王都——2014中国古都学会（郑州）年会论文集》所收录的论文，满怀自信地认为，在致力于探讨古都物质与精神文化两个方面，本论文集足以反映各位作者的深刻思考。

在论文集即将出版之际，受郑州古都学会、郑州中华之源与嵩山文明研究会之邀，作此短文，以代序言。

目　录

郑州增列为中国“大古都”之意义与作用及其今后应有之担当

朱士光

（陕西师范大学西北历史环境与经济社会发展研究院）

摘　要　郑州位于中原地区腹心，地处我国黄土高原东南端与华北平原结合部，交通便利，文化底蕴深厚，20世纪50年代发现商代都城一座。之后，经半个世纪不懈探索，郑州商城被确认为商汤所建之亳都，并于2004年成功晋入中国“大古都”行列。郑州增列为大古都，补上了我国历史上主干王朝都城链条上的重要缺环，推动了殷商史学研究与中华文明探源工程的进展，促进了我国大古都研究与保护工作走向深入，加快了华夏历史文明传承创新区的建设。其独特的优势，使之今后更应担当起带动中原古都群研究与保护工作整体向前发展、大力推动早期都城研究取得突破性进展、积极促进中原经济区建设成为华夏历史文明创新区等应有之责任。

关键词　郑州　大古都　意义　担当

地处我国中原地区腹心区位的商代前期都城所在城市郑州，自2004年11月1～5日举行的“郑州商都3600年学术研讨会暨中国古都学会2004年年会”上，经与会的182位专家学者充分研讨，被确立为我国第八大古都并在《郑州商都3600年学术研讨会暨中国古都学会2004年年会纪要》[①]中郑重予以昭告以来，迄今已经10年了。10年来相关实践证明，将郑州列为我国八大古都之一，不仅拥有充分的学术论据，符合相关的学术理念，还对我国之古都学术研究与古都历史文化遗产保护、古都历史文化产业发展均发挥了积极的推进作用。由此可见，在10年后的现今，对我国古都研究中这一盛事进行回顾，仍有其现实的意义与作用。本文拟就此问题，对将古都郑州增列为中国大古都的意义、作用及其今后应有的担当陈述一些相关见解。

---

① 该“纪要”后被收入中国古都学会、郑州古都学会：《中国古都研究》第21辑，三秦出版社，2007年。

一、郑州增列为我国大古都启示之申论

郑州，虽位于我国中原枢要之区，地处我国黄土高原东南端与华北平原结合部上，因其市域内曾先后发现数以百计的旧石器时代与新石器时代遗址[①]，充分表明其自古以来即是我先民生息繁衍的一方热土；而且除其主城区曾为商代前期亳都外，其周围还分布着数量甚多的早自黄帝时代晚至北宋的都城群，在古都领域拥有崇高的地位。然而由于其主城区之商代前期都城亳，于公元前1600年建都，后历9王175年，至仲丁迁都于隞（在今郑州市区西北石佛乡小双桥村西南部）之后[②]即湮废无闻；尽管因其市域范围所处地理区位与自然条件优越，自秦汉之后仍长期作为古代军事要塞、漕运中心、手工业与商贸重镇、文化荟萃之地载入史册[③]，究因亳都湮废后在其邻近区域建立的城邑，多为历代二、三级政区治所。以致到民国时期，在芦汉铁路（后改称京汉铁路）与汴洛铁路（即之后的陇海铁路一段）通车，当地成为中原地区乃至我国东部区域新兴的铁路交通枢纽后，在今郑州市城区内设置的仍为郑县；其间虽曾于民国十六年在城区置郑州市，次年成立了郑州市政府，但又于民国二十年被裁撤，仍并入郑县[④]；直至1954年4月，河南省省会由开封迁入郑州，郑州始成为地方一级政区治所。正是由于这一历史发展过程，20世纪50年代初商代前期都城亳都经考古发掘重又展露在世人眼前，这才让其恢复古都、甚至大古都的名分具有了必要性与可能性；但毋庸讳言，做好这一工作具有很大的难度。因为从前述可知，自商代前期亳都湮废后，郑州城区曾为古都之史实也寂然无闻，史籍缺载。例如，《汉书·地理志》卷二十八《地理志第八上·河南郡》中，于“偃师”下记有“尸乡，殷汤所都”；而在述及今郑州市之荥阳、中牟等县时，均未提及殷汤亳都。至《清史稿》卷六十二《地理志九》河南省之郑州直隶州中对殷汤亳都同样没有记载。迨至近现代，就是在20世纪50年代初，殷汤亳都遗址被发掘面世，郑州成为河南省省会之后，郑州市也只是以河南省省会、全国交通枢纽与商贸中心闻名于世。以致中国古都学会创始人之一，学会的首任会长史念海先生在1990～1991年连续刊登于《陕西师范大学学报（哲学社会科学版）》上的《中国古都概论》一文中，仅对邹衡先生论定郑州市所发现的商城遗址为汤所都的亳这一重要见解一笔带过，而在同文所开列的中国古都名录上，于河南

---

① 张松林：《古都郑州》第二章、第三章、第四章第一与第二节，杭州出版社，2011年。

② 张松林：《古都郑州》第五章第二节，杭州出版社，2011年。

③ 张松林：《古都郑州》第八章，杭州出版社，2011年。

④ 傅林祥、郑宝恒：《中国行政区划通史·中华民国卷》第十七章河南省，复旦大学出版社，2007年。

省下虽有洛阳、开封、安阳等14处，却无郑州之名[①]。然而就是在这种情况下，河南省、郑州市的相关学科专家与相关政府部门及领导，知难而上，自20世纪90年代初以来，通过多方面深入研究与广泛宣传，历经十多年努力，终于解决了这一难题。

对于古都郑州自20世纪90年代初以来，争取增列为中国大古都所做的多方面努力的过程及其原因与启示，中国古都学会秘书长李令福研究员曾有专文《郑州列入“中国八大古都”的原因、过程及启示》详加论述[②]。文中关于启示部分，着重强调了“客观的考古发现是基础，大家的学术论证为依据”，此论点颇具见地，笔者深表赞同。笔者在这里还想对该论点再加引申，主要强调以下三点。

首先，这是我国都邑考古学、殷商史学、先秦史学与古都学等多个学科共同合作深入研究的成果。

其次，也是前述相关学科众多专家学者在郑州市有关政府部门与领导的支持下，以及郑州市广大市民的积极参与下长期坚持不懈共同努力的结果。

最后，则是学术上的深入研究与对亳都遗址、遗物的认真保护，以及广泛宣传取得实效的结果。

二、古都郑州增列为大古都后的积极意义与作用

2004年11月古都郑州增列为我国大古都以来之十年实践表明，当年古都学术研究上的这一盛举并不仅仅是给古都郑州增加了一个荣衔，带上了一个光环，而是在其带动下，实实在在地发挥了一系列的积极效应，具有多方面的意义与作用。举其大者即有下述三点。

其一，补上了我国历史上主干王朝都城链条上的重要缺环，推动了殷商史学研究与中华文明探源工程的进展。

我国历史上的主干王朝，如暂以太史公司马迁首加记载的夏王朝始，4000余年来历朝之都邑，自安阳殷墟被论证为是商代后期商王盘庚所迁建都城亳殷后，西周以下各主干王朝之都城均有定论，且都与西安、洛阳、开封、北京、南京、杭州及安阳等“七大古都”相关。古都郑州增列为大古都后，不仅使这一在学界探讨多年未有结论的商代前期都城问题尘埃落定，补上了商代前期都城这一缺环；而且还使今郑州市域

① 该组论文原载《陕西师范大学学报（哲学社会科学版）》1990年第1期至1991年第1期，共5篇；后集合成一篇，收入史念海先生论文集《中国古都和文化》，中华书局，1997年。

② 中国古都学会：《中国古都研究》第26辑，三秦出版社，2014年。

内多座业已探明的夏代都邑，如登封王城岗、新密新砦、巩义花地嘴与稍柴遗址[①]等也纳入“中国八大古都”系列。通过深入研究，使“中国八大古都”更完整地建构起中国自夏朝以来主干王朝都城之连续不辍的链条；并由此推进了殷商史学研究与中华文明探源工程的深入开展。

其二，推动了我国大古都研究与保护工作的深入开展。

回溯我国古都记述与古都学研究的历史，正如我国现代历史地理学创建者之一谭其骧院士曾指出的，是在20世纪20年代才有论著将西安、洛阳、北京、南京、开封并称为“五大古都”；到30年代又将杭州加入，合称为“六大古都”[②]。当时人们对我国“大古都”似还处于习惯性认识阶段，对“大古都”之标准尚未深究。直到80年代经谭先生力倡，又经中国古都学会同仁认真研讨，于1988年8月在安阳市举行的中国古都学会第六届学术研讨会上达成共识，将安阳增列为大古都，连同原有之六大古都有了“中国七大古都”一说；斯时也开始将确立“大古都”标准作为一个学术问题进行研讨，不少学者见仁见智提出许多见解，大多不外乎建都历时要长，都城规模要大，在历史上发挥过重要作用，以及迄今在它之上或其近旁形成了重要城市等。在进入21世纪，研讨将郑州增列为“大古都”时，笔者于2003年11月30日在北京举行的郑州商都3600年学术座谈会上与2003年12月28日在郑州市举行的郑州古都学会成立大会的发言中，又在上述意见基础上概括并增补了一条，即该古都“应是我国历史上主流（或主体、主干）王朝或政权的都城”[③]。应该说上述确立中国“大古都”的判识标准均有其学理依据，也逐步获得学界共识。然而我们还应看到，在郑州被增列为“大古都”后，在推进了对“大古都”学术性研究的同时，还推进了“大古都”实践上应有之担当的研讨。其基本要点就是，作为中国“大古都”不应空享荣衔，还应不断有所作为，发挥其“大古都”应有之作用。郑州就堪称是这方面的典范。自2004年以来迄今十年中，郑州一方面通过郑州古都学会等学术团体，申报研究课题170多个，立项课题96个，委托重大研究课题5个，产生了一批有影响力的学术成果[④]；另一方面，郑州市各级政府部门又信守了2004年11月5日时任中共郑州市委宣传部长的杨丽萍女士在郑州商都3600年学术研讨会暨中国古都学会2004年年会闭幕式讲话中所宣示的进一步加大

---

① 详见张松林主编《古都郑州》第五章第一节之“三、郑州商城的性质”与第四章第三节“夏都遗存探寻”部分，杭州出版社，2011年。

② 该论见谭其骧先生为陈桥驿先生主编之《中国七大古都》（中国青年出版社，1991年）所写的“序”。

③ 拙文：《在郑州古都学会成立大会上的讲话》，载笔者之论文集《中国古都学的研究历程》，中国社会科学出版社，2008年。

④ 《光明日报》专题调研组：《呵护中华文明的历史见证——大遗址保护的郑州经验》，《光明日报》2014年5月13日第11版。

宣传力度，进一步加大保护力度，进一步加大执法力度的诺言[①]。这方面实例甚多，恕不枚举。由此可见郑州在增列为我国大古都后，在推进大古都研究与保护工作方面起到了良好的带头示范作用。

其三，推进了中央确定的河南省建设华夏历史文明传承创新区宏大工程的进展。

河南省地处中原大地，是华夏文明的根源所在。所以在国务院为河南省中原经济区确定的五大战略任务中，就有一项是建设华夏历史文明传承创新区；这既是它的历史职责，也是现实发展的需要。而郑州增列为我国大古都后，正好为加快这一宏大工程建设增添了强劲动力。促使郑州在完成这一战略性任务中处于核心与龙头地位，并建成华夏历史文明传承创新区之核心示范区[②]。这是因为郑州除了作为河南省省会城市处于全省政治、经济、文化中心地位，拥有人才、技术、资本、区位优势外，还具有“大古都”之历史文化品牌。

三、古都郑州作为“中国八大古都”之一今后应有之担当

古都郑州在增列为“中国八大古都”之一后，历经10年，在古都研究与保护，以及发展与古都文化相关联的文化产业方面都取得了不少新的进展，发挥了郑州作为大古都所禀赋的责任与作用。基于此，面对未来，还应继续有所担当。对此，笔者拟从古都学研究角度提出几点建议，供同仁考虑。

1. 充分发挥郑州居于中原地区古都群中心区位的优势，带动中原古都群研究与保护工作整体向前发展

前已述及郑州市除在主城区繁华地段拥有商代前期的都城亳之外，在其市域内还存在一个为数众多的古都群。如果我们将视域扩大到整个中原地区，西越洛阳到三门峡，东包开封，北抵安阳，南跨许昌，古都数量则更大；而且还是有的学者划定的我国古都群中古都数量最多、类型也最为多样丰富的古都群[③]。因郑州作为大古都，在这一古都群中位置居中，又是河南省会所在，具有责任与条件联合洛阳、开封、安阳另三大古都共同致力带动中原古都群各古都之研究与保护工作整体不断向前发展。

---

① 该讲话收入《中国古都研究》第21辑，三秦出版社，2007年。

② 李立新：《建设华夏历史文明传承创新区应注重顶层设计》，《中国社会科学报》2012年7月11日第B06版。

③ 张轸：《话说古都群——寻找失落的古都文明》，吉林文史出版社，2009年。

2. 依托郑州古都群丰富的早期都邑遗址资源，继续深入开展调查、发掘与研究工作，大力推动我国历史早期都城研究取得突破性进展

前已述及，郑州市域内有多座业已经过考古发掘可以论定是夏、商时期具有都邑性质的古遗址，甚至还有郑州市北郊西山古城这样的新石器时代仰韶文化晚期的城址，以及郑州市下辖的新密市古城寨这样的龙山文化晚期的建有大型宫殿基址的城址[①]。如果将我们的眼光突破郑州市域，扩大到四周之洛阳、开封、安阳、许昌等市域内，可值得关注与研讨的属于我国黄帝以下至夏、商时期且具都邑性质的古城址就更多了。面对这一大批年代早、规格高，且数量大、分布区域相对集中的具有都邑性质的我国历史早期的遗址，自当会引起郑州与邻近地区以至海内外的古都学、古史学者的浓厚兴趣与极大关注。当然我更希望郑州古都学会、郑州中华之源与嵩山文明研究会能勇挑重担，充分利用自己区域内与邻近区域中的这笔丰硕的、珍贵的历史文化遗产，继续抓紧开展我国早期都邑，也即自黄帝至夏、商时期都邑之研究，在现已取得的成果基础上，再上层楼，取得新的突破性进展，对中国古都学与中华文明探源工程做出新的重大贡献。

3. 着力加强郑州地区古都群之古都文化研究，以便为将中原经济区同时建成为华夏历史文明传承创新区做出切实的贡献

正如前文所述，郑州增列为“大古都”不仅对郑州地区文化建设与文化产业发展增添了活力，也为之后推进国务院确定的中原经济区还要同时建成华夏历史文明传承创新区这一战略任务加大了助推力。有学者在为之做顶层设计献策时提出的“一核两翼三级四区块多节点”建议中，其“一核”就是依托郑州“大古都”的历史文化品牌，同时又立足郑州省会城市的政治、文化中心地位，发挥人才、技术、资本、区位优势，以充分发挥其带动效应[②]。可见郑州作为“大古都”在建设华夏历史文明传承创新区这一宏大工程中所具有的重大作用。而为了出色地发挥这一作用，郑州要全面加强古都方面的学术研究与遗址遗迹的保护工作，而其中尤应将古都文化之研究与古都文化产业的开发列在重要地位。其原因也正如10年前笔者在《加强古都郑州研究推进中国古都学发展》[③]一文中所论：因为历史上历代列国往往都是以自己的都城作为中心区域创造出代表一个时代或一个国家最高水平的文化。这些文化不仅在当时是支撑该

① 张松林：《古都郑州》第三章、第四章、第五章，杭州出版社，2011年。

② 李立新：《建设华夏历史文明传承创新区应注重顶层设计》，《中国社会科学报》2012年7月11日第B06版。

③ 该文收入郑州市人民政府、中国古都学会、中国殷（商）文化学会：《郑州商都3600年学术论文集》，中州古籍出版社，2004年。

王朝或政权得以存在的内在精神支柱，还是构成国都乃至全国繁华兴盛气象的重要因素。同时，古都文化还对古都所在地区当今的社会生活产生深远的影响。由此可见，广义的古都文化内容十分丰富，在有关古都研究的各个方面都有涉及。而且抓住古都文化研究就可以统领有关古都研究的总体内容，推动有关古都的深层次学术研究与有关古都研究成果的应用性研究。一些专家、学者及一些地方政府的领导人曾深刻地指出，历史文化往往是一个地区、一个城市的根基与灵魂。而在历史文化中，最高层次的当属古都文化。因而，自当作为开展古都研究的重点内容。

有鉴于此，甚盼由郑州古都学会与嵩山文化研究会整合组建的郑州中华之源与嵩山文明研究会能进一步加强对古都文化研究的统筹与支持力度，推动其获得创新性发展。

总括以上所论各点，如能在将古都研究作为重要内容开展的建设中原华夏历史文明传承创新区的工作中，能在作为我国八大古都之一的郑州市区内尽快建成一座古都博物馆，将中原大古都群、我国早期古都及古都文化研究成果都收纳进去并展示出来，无疑对将郑州建成华夏历史文明传承创新区中之核心示范区起到画龙点睛的作用，甚而还可能通过进一步努力将建在“大古都”郑州的古都博物馆升格为国家级博物馆，则更可发挥出如前引《建设华夏历史文明传承创新区应注重顶层设计》一文中所述及的大古都郑州之文化引领力、文化凝聚力、文化服务力、文化生产力、文化创造力与文化影响力，不仅可推动中原历史文明走向全国，还可推动中华文明走向世界。

郑州列入"中国八大古都"的原因、过程及启示

李令福

（陕西师范大学西北历史环境与经济社会发展研究院）

摘　要　郑州商城沉睡地下数千年，安金槐先生用科学的考古方法将它发掘了出来，邹衡先生用缜密的考证方法揭示出其作为商代早期首都长达150余年。1993年由中国殷商文化学会32位国内外著名专家学者发起"把郑州列为中国八大古都之一的倡议书"。郑州市领导与专家学者积极推动多个学会共同研究，2004年11月5日，中国古都学会常务理事会通过《决议》，郑州成为中国八大古都之一，郑州成为学界广泛认同的"中国大古都"，与安阳殷墟的模式基本相同。这给我们思考中国大古都的基本标准带来极大的启示。

关键词　郑州商城　郑亳说　古都群　中国八大古都

2004年11月5日，中国古都学会常务理事会通过《决议》，郑州成为中国八大古都之一。郑州能够列入中国八大古都，主要是因为考古发现的郑州商城为商代早期之首都所在，同时也是郑州市领导与专家学者积极推动包括中国古都学会、中国殷商文化学会等多个学会共同研究的重大学术成果。在郑州列入"中国八大古都"10周年之际，本文总结其原因与过程，并在此基础上思考中国大古都的基本标准。不当之处，敬祈指正。

一、原因：郑州商城的考古发现及其商代早期首都性质的学术认定

1950年秋，郑州市南学街小学教师韩维周先生在郑州市二里冈和南关外一带进行业余调查时，采集到一些商代遗物。1952年秋，全国第一期考古工作人员训练班在郑州二里冈文化遗址内进行了一个多月的田野考古发掘实习，拉开了郑州商城遗址科学考古的序幕。1955年秋，安金槐先生带领河南省文物工作队在此钻探出商代二里冈期的一座夯土城垣，这座商代城垣略呈长方形，其东墙、南墙各长约1700米，西墙长约1870米，北墙长约1690米。在城内东北部发现了东西长约750米、南北宽约500米、面

积37万多平方米的宫殿区遗址。其外有外郭城，城墙东起凤凰台，南部穿过货栈街、新郑路、陇海路，向西折向福寿街、解放路、太康路、北二七路，北部从金水路穿过花园路、纬五路与经三路一带，东部与古湖泊、沼泽地相接，大致呈圆形[①]。经过后来的发掘，证实郑州商城是一座由宫城、内城和外郭城墙、护城河组成的城址，规模约13平方千米，正位于约25平方千米的二里冈文化遗址之中部[②]。郑州商城平面布局请参见图一。

从郑州商城发掘的情况来看，它无疑应是商代早期的都城。第一，其规模宏大，郑州商城内城周长达到7千米，约比偃师商城大三分之二。第二，在于其三重城垣的格局，将宫城、内城和居民区相分离，宫城为帝王贵族居住区，外城为一般平民区和手工业作坊。第三，有着完整的军事防卫体系，夯土城垣高大，郭城之外有护城河，内城外围有护城壕，东面利用了湖泊沼泽的天然防卫优势，保障郑州商城的安全。第四，城内有完整的供水排水设施。考古发掘中发掘出的蓄水池、水井和排水管道，同壕沟一起，为城市的供水排水提供方便。第五，是城内拥有较为发达的祭祀遗存。城内的多个地点均发现了卜骨遗存，还有埋葬人、猪、狗、牛等骨架的灰坑，当然还有不确定的诸多宫殿基址中的祭祀遗址、大型的制铜作坊遗址。这些都是作为王都存在的必要条件。

学者在郑州商城是商代前期都城的认识上基本一致，但对于它究竟是商朝的哪座都城，却形成了两种截然不同的观点，即隞都说和亳都说。隞都说是安金槐先生于1961年提出来的，他根据当时所掌握的考古和文献材料，认为郑州商城可能是商代第11任王“仲丁迁于隞” 的隞都遗址[③]。随后将近20年学术界大都接受了这一观点。

北京大学教授邹衡先生在1978年发表的论文中提出了“郑亳说”，认为郑州商城应是商代开国君王汤所建的亳都，其主要依据有以下几个方面。

（1）《左氏春秋》襄公十一年：“公会晋侯、宋公……秋，七月己未，同盟于亳城北。”杜预作注言：“亳城，郑地。”将郑州视为亳地，正与文献记载相契合。

（2）郑州亳城出土的陶文中，其中一个为“侩”字，余九字是“亳”字，证明在东周时郑州商城依然被称为亳城。

（3）从汤伐桀的路线论证亳在郑州。其中首伐的葛正是汤都亳的邻国，在郑地；韦即《吕氏春秋·具备篇》“汤尝约于郼薄”的郼，地在郑州商城附近；顾在

① 刘彦锋、吴倩、薛冰：《郑州商城布局及外廓城墙走向新探》，《郑州大学学报（哲学社会科学版）》2010年第3期。

② 王星光、马伟华：《从二里岗遗址到第八大古都——郑州成为中国第八大古都的发展历程》，《档案管理》2006年第1期。

③ 安金槐：《试论郑州商代遗址——隞都》，《文物》1961年第4、5期合刊。

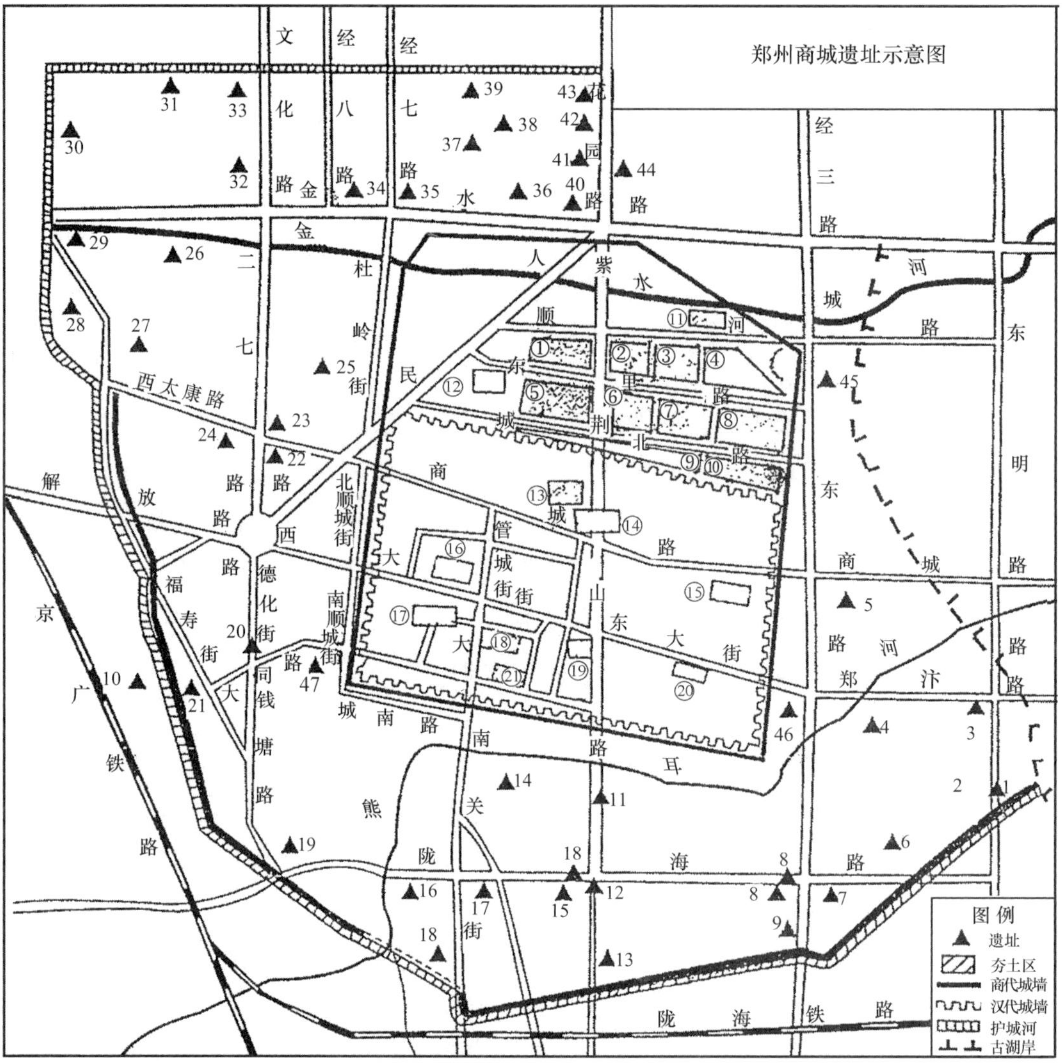

①第1夯土区	①~⑩夯土区为70年代探出部分已经过考古发掘	⑳东大街中段夯土区	8.南关外遗址发掘区2处	18.郑州五中	28.铭功路制陶作坊	38.省保险公司
②第2夯土区	⑪ 黄委会43号院夯土区	㉑管城房管局夯土区	9.河南省商业储备公司	19.郑州十五中	29.大石桥	39.郑州八中
③第3夯土区	⑫ 河南油田驻郑办事处夯土区	⑪~㉑ 夯土区均经过考古发掘	10.火车站	20.德化街	30.市儿童医院东部发掘区	40.河南省政协
④第4夯土区	⑬ 郑州民族小区夯土区	1.杨庄墓葬区	11.紫荆山路中南段	21.银基商贸城	31.省图书馆	41.紫荆山铸铜遗址
⑤第5夯土区	⑭ 紫荆山路中段夯土区	2.商代23号墓	12.南关外铸铜遗址	22.二七路	32.省轻厅	42.河南报业大厦
⑥第6夯土区	⑮ 郑州电力技校夯土区	3.郑州玻璃厂	13.郑州市木材公司	23.黄泛区园艺场	33.省豫剧团	43.制骨作坊
⑦第7夯土区	⑯ 郑州万辉大楼夯土区	4.郑州毛巾厂	14.烟厂墓区	24.郑州金博大商场	34.省二附院	44.省电信局
⑧第8夯土区	⑰ 郑州永恒房产夯土区	5.郑州皮鞋厂	15.烟厂家属区	25.杜岭街	35.军区幼儿园	45.白家庄墓区
⑨第9夯土区	⑱ 中凯置业夯土区	6.河南电机厂	16.河南服装总厂	26.人民公园青年湖	36.省委大院	46.回族食品厂青铜器窖藏坑
⑩第10夯土区	⑲ 长江置业夯土区	7.二里冈遗址发掘区	17.河南省客运公司	27.九州城	37.省委家属院	47.南顺城街窖藏坑

图一　郑州商城遗址示意图

怀庆府廓弋县境；昆吾在新郑密县一带。四地的方位均位于郑州附近，因此亳在郑州地。

（4）早商文化是郑州商城的繁荣阶段。可分为两段四至五组，若每组以四五十年计，共为150~200年。商自成汤都亳至仲丁迁隞共为五世十王，若每世以30年计，则共为150年，考古文化与历史记载相符①。

邹衡先生的“郑亳说”提出后，大批学者如许顺湛、郑杰祥、陈旭、张国硕等均撰文支持此说②。经过长期的学术论争，郑亳说的阵营越来越强大，不少学者改变观点支持郑亳说。从巍峨浑厚的城垣（图二）、深邃威严的宫殿群落、贵族墓葬及出土的青铜器物来看，郑州商城在商代前期诸城当中，地位当是最高的。尤其是从商城内出土的窖藏大方鼎和窖藏大圆鼎来看，其造型浑重，大气磅礴，王气十足（图三），不仅映衬出郑州商城的王都地位，而且反映出商王朝的强盛，这种状况，只有商汤的亳都才能与之相称。1999年完成的《夏商周断代工程成果报告》中指出：商汤始建国约为公元前1600年，郑州商城始建年代也在公元前1600年前后，两者时代基本吻合。郑州商城与偃师商城基本同时或略有先后，是商人最早的两个具有都邑规模的遗址，推断其分别为汤所居之亳和汤灭夏后在下洛之阳所建之宫邑“西亳”③。这一论断代表了当前学术界对于郑州商城性质的总体认识。

图二　郑州商都城墙遗址

图三　郑州商城出土青铜器

郑州商城亳都地位的确立有着重要的学术意义。郑州商城是我国目前已发现的商代城址中规模最大和地面城墙保存最好的一处，它的发现大大丰富了商史的研究内

① 邹衡：《郑州商城即汤都亳说》，《文物》1978年第2期。

② 许顺湛：《夏文化的再探索》，《河南文博通讯》1979年第3期；郑杰祥：《商汤都亳的考证》，《夏史探索》，中州古籍出版社，1998年；陈旭：《郑州商代王都的兴与废》，《中原文物》1987年第2期；张国硕：《郑州商城与偃师商城并为亳都说》，《考古与文物》1996年第1期。

③ 夏商周断代工程专家组：《夏商周断代工程1996—2000年阶段成果报告（简本）》，世界图书出版公司，2000年。

容，为商代历史特别是晚商以前的历史研究提供了极为珍贵的实物资料，促使探索夏文化的课题提上了日程。由于郑州商城在中国古都发展史、中国文明史及世界文明史上都占有重要的地位，国务院于1961年3月4日将“郑州商代遗址”公布为全国第一批重点文物保护单位，1994年批准郑州为历史文化名城，郑州商城也被评为“20世纪河南十项重大考古发现”和“中国20世纪100项考古大发现”之一。

郑州商城沉睡地下数千年，安金槐先生用科学的考古手段把它发掘了出来，邹衡先生用缜密的考证方法揭示出其商代早期150余年首都的性质，为郑州成为“中国八大古都”奠定了基础。

二、过程：郑州市积极推动多个学会共同研究11年终获成功

郑州商城的考古发掘以及为商初亳都的认定，明确了它是迄今所知我国商代最早而且是当时最大的一座王都，显示出该城在中国文明史上的重要历史地位。其气魄宏伟而规范严整的布局，开创了我国历代都邑建筑的先河。郑州商城出土的青铜礼器，其数量之多、形制之大、铸造花纹之精致，都是前所未有的。因而学界有识之士开始认识其价值，呼吁应该把郑州纳入中国八大古都的行列，甚至有人建议应该申报世界文化遗产。

1993年，由中国殷商文化学会组织的“郑州商城与殷商文明国际学术研讨会”在郑州召开，受与会的中国殷商文化学会会长胡厚宣教授，副会长田昌五教授、邹衡教授、李民教授，中国古都学会副会长蒋若是研究员等32位国内外著名专家学者的委托，德高望重的河南博物馆馆长许顺湛研究员起草了一份“把郑州列为中国八大古都之一的倡议书”①。8月19日，该倡议书在大会上宣读后，得到100多名与会代表的全体通过。但事后，有关方面没有付诸行动②。尽管如此，我们还是应该看到，这是最早以全国性学术团体名义发出的倡议，为郑州跻身中国八大古都之列提供了最权威的理论依据。

2002年11月5日，《东方家庭报》在封底彩版刊发了独家报道《郑州完全有资格成为中国第八古都——原郑州大学文博学院副院长陈旭教授专访》，又一次在各界引起了极大反响。其后又连续采访了北大教授宿白、邹衡、李伯谦与刘绪先生，国家文物局原局长张文彬先生等多名学者，在2003年5月以后的《东方家庭报》连续刊登。所有专家学者都充分肯定了郑州商城的崇高历史地位，还表达了他们的心愿：“我

① “郑州商城与殷商文明国际学术研讨会与会专家建议把郑州列为中国八大古都之一的倡议书”，《古都郑州》，有32个亲笔签名倡议人的名字，中州古籍出版社，2004年，第12、13页。

② 许顺湛：《古都郑州·序》，中州古籍出版社，2004年。

们建议以政府的名义主持召开‘纪念郑州建都3600年国际学术研讨会’，并申报成为我国的‘八大古都’，以此提高郑州的知名度。”[①]这次民间报道的推动作用特别显著，2003年9月18日，郑州市委市政府召开了“郑州商城申报中国八大古都及庆祝郑州建都3600年庆典”的筹备工作会议，计划接受大家的建议，开始申报中国八大古都的行动[②]。

2003年11月1～4日，中国古都学会与新密市人民政府在新密召开了“黄帝故都（轩辕丘）专题研讨会”。郑州市委书记李克与市长王文超等领导得知这一消息后，两次抽出时间专门会见了中国古都学会会长朱士光等学者一行，并向古都学会提出：希望承办2004年中国古都学会年会，在郑州建城3600周年之际，请全国各地的专家围绕“古都郑州的历史地位”展开学术研讨。学者们参观了郑州商城城墙博物馆、郑州市博物馆与城隍庙，于5日上午同郑州市相关领导举行了座谈会。座谈会上，大家认为郑州市的古都文化资源特别丰厚，当地学者的研究成果比较充分，尤其是郑州市领导非常重视，下年年会的召开应该没有问题。为了会议成功并能够持续推进郑州古都文化的研究工作，朱士光会长与李令福秘书长等建议，立即成立“郑州古都学会”，并申请成为中国古都学会的单位会员，专门负责组织与指导郑州古都文化的研究与宣传工作；搞好前期考古与历史研究成果的整理与出版工作，编撰出高水平有分量的《古都郑州》等学术专著；北京大学教授邹衡先生首先提出“郑州商城亳都说”，其德高望重、一言九鼎，请其出山助阵可以马到成功；应该组织多学科学者联合研究，达成基本共识，比如10年前倡议“把郑州列为中国八大古都之一”的中国殷商文化学会的学者们。郑州市委常委、宣传部长杨丽萍做了总结发言，当即布置由郑州市文物局负责具体工作。与会的书画家周景濂先生听了大家的发言，特别激动，当场挥毫题写了“大古都，新郑州”，其情其景如在眼前[③]。

从1993年算起，10年以后郑州市真正地接受了“把郑州列为中国八大古都之一的倡议”，紧锣密鼓地行动起来。

2003年11月6日，郑州市城市科学研究会古都研究课题组提出了“关于郑州古都地位的课题研究报告”，他们不仅开始编撰《古都郑州》，而且研究出郑州古都的多个特征：郑州商城是商王朝开国之君成汤的亳都，郑州古都是一个庞大的古都群体，古都积年达1337年等[④]。

2003年11月30日，在郑州大学陈旭教授的建议下，中国殷商文化学会、中国古都

---

① 郑州市城市科学研究会、郑州古都学会：《古都郑州》，中州古籍出版社，2004年，第376页。

② 《东方家庭报》2003年9月19日头版。

③ 以上资料见作者日记，2003年11月1～5日。

④ 郑州市城市科学研究会、郑州古都学会：《古都郑州》，中州古籍出版社，2004年，第7页。

学会和郑州市人民政府联合举办的“郑州商都3600年学术座谈会”在北京市好苑商务酒店二楼小会议厅举行，来自全国各地的22位专家认真讨论，又联名倡议将郑州列入中国八大古都。这些学者很有学术代表性，其中有六大学会的领导，如中国殷商文化学会会长王宇信、中国古都学会会长朱士光、中国博物馆学会会长与中华炎黄文化学会会长张文彬、中国考古学会副理事长邹衡与严文明、中国先秦史学会会长孟世凯。由此可以说，古都郑州列入“中国八大古都”这一成果是近年来中国古都学与考古学、先秦史学、殷商文化、博物馆学等多学科联合研究所取得的，得到了众多学者的赞同①。

2003年12月21日，郑州市政府邀请20位国内外知名的文保与规划专家召开了《郑州商城遗址保护规划》的评审会。该规划为清华大学建筑学院修订，制定了近、中、远期整治方案和具体保护措施。计划2004年把郑州商城保护与开发列入市政建设的重点工作之一，并且根据《文物保护法》规定，对全市各级文物保护单位重新制定了保护范围和建设控制地带，使古都保护与城市建设协调发展②。

2003年12月28日，郑州古都学会正式成立，郑州市副市长孙新雷当选为学会会长。学会将全面致力于郑州古都内涵的研究和释读，在保护与利用商城遗址、展示古都文化方面承担相关工作，同时向中国古都学会提出将郑州列入中国八大古都的学术认定③。

2004年4月24日，郑州市还主办了以“青春与古都同行”为主题的青少年历史文化火炬传递活动，邀请中国古都学会会长朱士光教授等专家进行了专题演讲，宣传郑州古都的历史文化④。

郑州市委市政府相关领导与相关职能部门如郑州市文物局相互协调，尤其是郑州古都学会的建立，使关于郑州古都研究及其古都历史文化资源保护开发利用工作逐步广泛深入地开展起来，并积极在学术上为召开中国古都学会2004年年会做好了准备。

2004年11月1～5日，由郑州市人民政府与中国古都学会联合举办的“郑州商都3600年学术研讨会暨中国古都学会2004年年会”在郑州举行。北京大学教授邹衡、李伯谦，国家文物局原局长张文彬，中国社会科学院考古研究所所长刘庆柱，中国古都学会会长、陕西师范大学教授朱士光，河南博物院原院长许顺湛等180余位专家学者围绕郑州商城的地位、郑州商都的建都时间等展开深入讨论。会议形成的《纪要》说：专家们认为，经过50余年的考古发掘和相关学科专家学者的深入研究，郑州商城作为商代早期建立的一座都城，至今已有3600年历史，其建筑规模之大，规划布局之

① 以上资料见作者日记，2003年11月30日。

② 郑州市城市科学研究会、郑州古都学会：《古都郑州》，中州古籍出版社，2004年，第402、403页。

③ 《东方家庭报》2003年12月29日头版。

④ 中国古都学会、郑州古都学会：《中国古都研究》第21辑，三秦出版社，2007年，第2页。

严整，文化内涵之丰富，堪称当时世界之最。郑州商城作为商代早期政治、经济、军事、文化的中心，是中国古都发展史上一个重要的里程碑，在探索夏商周三代文明发展中具有承上启下的重要作用。以商都为代表的郑州地区还发现了西山、新砦、古城寨、大师姑等一批古代城址，两周时期的郐国、虢国、郑国、韩国等诸侯国也曾先后定都于此，这些都表明郑州所在地域存在一个古都群，这更进一步确立了郑州在中国古都发展史上的重要地位。与会代表一致赞同古都郑州可与西安、北京、洛阳、开封、南京、杭州、安阳七大古都一起并称为“中国八大古都”。由中国七大古都到中国八大古都的发展是中国古都学与考古学、先秦史学等学科研究的新进展，是中国古都研究不断深入的结果①。

2004年的中国古都学会年会上，郑州列入中国八大古都之所以水到渠成，1993年学者们的倡议当然功不可没，实际上郑州市领导与专家学者积极努力，成立郑州古都学会，采取开放的态度，多方面推动包括中国古都学会、中国殷商文化学会等五六个学会开展共同研究，达成学术共识，才是最大的成功之处。

三、启示：客观的考古发现是基础，大家的学术论证为依据

从上述郑州列入“中国八大古都”的原因与过程来看，与安阳大古都成立的原因与过程基本相同。二者都是考古发掘的古代都城，都是由一个著名学者提出的学术观点，在中国古都学会的学术研讨后以《决议》的形式向社会公布。安阳是商代后期的都城，是中国考古学者最早开展科学发掘工作的地方，不仅有宫殿、手工业作坊、墓葬等建筑遗存，而且出土了大量甲骨文，从文字与实迹遗物双重证据证明了殷墟的存在，弥补了历史文字记载的空白；复旦大学著名历史地理学者谭其骧教授认为安阳殷墟与三国魏北朝时代的邺都位于一个都市空间之中，成为商殷王朝273年的首都，因而殷墟所在的安阳加上邺都完全有资格成为中国的大古都。1988年，中国古都学会接受谭先生的观点通过了七大古都的决议，安阳正式名列其中②。郑州商城是商代前期的都城，安金槐先生考古发掘出来，邹衡先生学术考证其都城性质，中国古都学会认定其为第八大古都。

一般认为大古都应该达到以下标准：第一，这个古都在一段时间内做过中国正统王朝的政治中心，比如现在公认的“八大古都”，都曾是全国的政治、经济、文化中心城市，这是基本条件；第二，这个古都在中国历史上起过很特殊的作用，在这一点

① 中国古都学会、郑州古都学会：《中国古都研究》第21辑，三秦出版社，2007年，第25、26页。

② 陈桥驿：《中国七大古都》，中国青年出版社，1991年。

上“八大古都”均有自己独特的价值；第三，这个古都要和现代的城市有某种关联，“大古都”的选址都应有一定的延续性。郑州是完全符合这三个条件的。首先，郑州作为商都，曾经是商朝的政治、经济和文化中心，这已经是没有疑问的；其次，在夏商时代，嵩山被看做是中国的阿尔卑斯山，是中原文化的发祥地，这是很独特的作用；再次，郑州现在仍然是河南省的省会，是一个很重要的枢纽城市，这也符合第三条的要求。可以说，郑州入列“大古都”当之无愧。

笔者曾经在2004年撰文论述古都郑州的特殊历史地位，认为“郑州在中国古代都城发展史上的地位特别重要，基本特点有以下几点：一是郑州曾经作过全国性一统王朝夏与商的都城。二是在中国历史的早期发展阶段起过特殊的作用。作为夏、商两大王朝早期的都城，郑州成为华夏文明的起源中心地，在中华文化发展史上可谓独一无二。三是3600年前选择的都城地址与今天城市完全重合，从古都到现代化城市的文脉令人振奋。四是古都群的确认和深入研究在中国古都学上具有重要的学术意义”[①]。这一结论到现在仍然基本准确。论文还分析了郑州成为中国古代政治中心区域的历史地理原因。

据学者研究，包括杭州在内的“中国六大古都”观点形成于20世纪30年代，较之于“中国五大古都”之说的提出约晚10年时间[②]。这两种观点历时已久，似乎得到了大多数学者的认可，也主要是民国学者从历史文献中总结出来的基本规律。而安阳与郑州作为大古都首先得力于他们分别是商代前后期都城这个历史事实。因其历史久远且缺乏文献记载，未能明确其重要地位，但是通过考古发掘，安阳殷墟与郑州商城遗址重现天日，昭示出中国历史的源远流长。除了考古发掘成果向前延长中国历史以外，两位大学问家的研究也是安阳与郑州大古都地位能够得到公认的原因。众所周知，前者是指历史地理学大家复旦大学教授谭其骧，后者是被誉为商周考古第一人的北京大学教授邹衡。安阳殷墟与郑州商城遗址的发现，延长了中国古代历史，成为考古重大发现成果而又被学术大师充分肯定，使安阳和郑州成为学界广泛认同的“中国大古都”。

“中国八大古都”在中国历史上的作用有一定的差异，笔者认为其在中国都城历史上的地位具有层次性。从“内制外拓”两方面来看，长安（西安）与北京因为面对着中国历史前半期与后半期军事斗争的焦点与重点区域，又便于控制中原，从而成为各自历史时期作为首都的相对优势选择。中国古代都城史有学者称为长安时代与北京

① 李令福：《古都郑州的特殊历史地位及其文化发展战略》，《中国古都研究》第21辑，三秦出版社，2007年，第38、39页。

② 毛曦：《中国究竟有几大古都——民国以来中国大古都不断认定的来龙去脉》，《学术月刊》2011年第7期。

时代，道理就在于此。如果考虑到洛阳在华夏文明形成的早期古都地位特别重要，也可以说北京、西安与洛阳属于第一等级。从古都区域变迁来看，周秦汉隋唐时代，以洛阳与长安的东西二京制为主；元明清民国至今，以南京与北京的南北二京制为主；宋代以开封为都是东西两京时代向南北两京时代的转折期。相对而言，西安、北京、洛阳、南京和开封这“五大古都”的选址与建设更具有全国意义，南京和开封基本可属于第二等级。杭州是五代时吴越国和南宋王朝两代的首都，但南宋偏居江南，只能算半个中国的都城，只是因为其都城的繁华不亚于甚至超过五大古都，而且至今也是著名大城市，才被学者们认定为“大古都”。安阳是商代后期的都城以及三国魏与北朝的邺都所在，郑州主要是夏商时代的王都及郑、韩诸侯之都，在中国历史早期的都城地位特别重要。从全国意义来看，此三大古都基本可属于第三等级。也就是说“中国大古都”也是有等级的，第四等古都相对于第五等较大，但我们不能把等级降得太低了。以上观点的详细论述，请见其他文章。

略论嵩山文明与我国文明的起源

杨肇清

（河南省文物考古研究院）

摘　要　丰富的考古资料证明，嵩山地区是旧石器时代古人类活动的中心地区之一；这里新石器文化丰富多彩，最早迈入新石器时代早期，是我国农业发源地区之一；其后的裴李岗文化、仰韶文化、龙山文化发达，是中原的核心地区，便于与周围的古文化的交流和吸取其先进的文化因素来发展自己，曾居于古文化的领先地位，并最早迈入文明社会。我国幅员辽阔各个自然区域内都各有其独立的古文化，各有其源和流，由低级向高级社会发展，向文明社会迈进。在仰韶文化中期，黄河中、上游地区，文化内涵比较一致，对周邻曾产生强大的影响，出现了文明因素，是我国文明之源，仰韶文化晚期时其因素得到大发展，龙山文化是我国社会大发展、大变化的时期，也是文明形成的时期。

关键词　嵩山地区　古文化丰厚　最早　文明社会　仰韶中期　文明之源

现将嵩山文明与我国文明的起源略加论述，如有不妥，敬请同仁指正。

一、嵩山文明

（一）嵩山地区是旧石器时代中、晚期古人类活动的中心

1979年春，中国科学院古脊椎动物与古人类研究所教授张森水先生在访问洛阳，鉴定化石时，在清理象骨化石的过程中，发现其中夹有石制品，数量达10余件之多。这些化石是在洛阳凯旋路建筑公司机械施工处院内施工时发现的。同年秋，裴文中院士和张森水先生同来考察，认为这批化石很重要。由此张森水先生曾两次到出化石的地点考察，对化石和石器进行研究，认为是旧石器时代中期的遗存[①]。这说明嵩山周围旧石器时代中期就有古人类活动。在嵩山以南的许昌灵井发现以泉水为中心的旧石器时代遗址，遗物丰富，仅2005～2006年正式发掘，发现的遗物石制品就有2000余件，

① 张森水等：《洛阳首次发现旧石器》，《人类学学报》1982年第2期。

还有大量的动物化石[①]。由于其重要性，一直发掘到2011年年底，其间又有重大的收获。2008年年底在遗址的最下层出土人头盖骨化石，经鉴定为距今10万～8万年[②]。其上还有细石器，可见这里是一处距今10万～1万年的旧石器时代遗址。再上还有从裴李岗文化一直至周代的遗存。荥阳织机洞穴遗址，郑州大学荆三林教授称之为原始洞[③]。1988年河南省文物考古研究所在此进行试掘，发现动物化石和石制品，定为一处十分重要的旧石器时代晚期遗址。后来郑州市文物工作队（今郑州市文物考古研究院）于1990～1994年年底进行发掘，获得大量的动物化石和石器制品，其中有打制的石锤、尖状器、刮削器、砍砸器、雕刻器、石锥、石核石器，骨器及大量的动物化石，还有多处用火遗迹等。遗址最厚的地层24米以上，可分23层[④]。郑州市文物考古研究所20世纪末在嵩山周围进行考古调查时，发现400余处旧石器时代晚期的地点[⑤]。笔者在该院见到的石器标本打制得很好，刃锋修整也不错。现有调查和发掘的资料充分表明，嵩山地区旧石器时代的确是古人类活动的重要中心地区之一。

（二）嵩山地区有丰富多彩的新石器时代文化

1. 新石器时代早期文化的发现

嵩山地区早在1万余年前已经进入新石器早期。21世纪初郑州市文物考古研究院等单位在新密李家沟遗址发掘时就发现有新石器时代早期的遗存，填补了中原地区无早期新石器时代的空白。根据报道："在新密李家沟遗址，发现距今10 500～8600年连续的史前文化堆积，在堆积下部发现旧石器时代末期典型的细石器文化层，典型细石器与局部磨制石锛、陶片共存；中部则发现以压印纹粗夹砂陶与石磨盘等为代表的早期新石器时代文化；最上部是典型裴李岗文化遗址。这一新发现清楚地展示了中原地区从旧石器时代之末向新石器时代发展的历史进程。"[⑥]同时在登封、新郑等县市也发现了这一类型的遗址。可见嵩山周围在新石器时代早期就有人类从事农业生产活动，是我国农业起源最早的地区之一。

---

① 李占扬：《中原文化大典·文物典·古人类　旧石器》，中州古籍出版社，2008年。

② 李占扬：《许昌灵井旧石器时代遗址》，《考古河南》，大象出版社，2012年。

③ 荆三林：《浮戏山丛考》，《中原文化大典·文物典·古人类　旧石器》，中州古籍出版社，2008年，第190页。

④ 张松林、刘彦锋：《织机洞旧石器时代遗址发掘报告》，《人类学学报》2003年第1期。

⑤ 根据张松林在《积厚流广　步月登云——郑州市文物考古研究院50周年献礼》中说："在郑州地区发现的旧石器时代的地点400余处"，《郑州文物考古与研究》（二），科学出版社，2010年。

⑥ 郑州市文物考古研究院等：《新密李家沟发掘的主要收获》，《中原文物》2011年第1期；李占扬：《中原文化大典·文物典·古人类　旧石器》，中州古籍出版社，2008年。

2. 裴李岗文化

裴李岗文化因1977年在新郑裴李岗首先发现而得名①，经过考古工作者30多年的努力，到2013年年底，据笔者统计，河南境内发现的裴李岗文化遗址有173处②。根据多个遗址出土物的^{14}C测试，其年代在距今9000～7000年。

嵩山周围县市境内的裴李岗文化遗址约占总数的2/3，是该文化分布最多的地区。这种文化经约2000年的发展，石器由磨制较粗糙到磨制较好，数量由少到多，其中有砍伐森林的石斧，翻耕土地的石铲，收割粮食的石镰，粮食加工用的石磨盘、石磨棒。从砍伐森林到翻耕地，从收割谷物到粮食加工谷物一整套生产工具齐全，从刀耕火种的农业，发展到耒耕农业。将原始农业发展到比较高的水平。

裴李岗文化早期时遗址面积不大，小的遗址数千平方米，较多的遗址面积1万～2万平方米；分布在河流二、三级台地上，或两河交界的岗顶上，如新郑裴李岗、新密莪沟北岗等。到晚期时，遗址已向河的下游和平原地区发展，遗址的面积也逐渐增加，由几万平方米到十几万平方米甚至数十万平方米，如巩义瓦窑嘴遗址面积17万平方米③，新郑唐户遗址面积达到30万平方米④。

这时生产工具仍以石器为主，也有一定的骨器、蚌器。石器的种类不多，刃部磨制较好，数量由少到多。陶器制作技术也由低级到高级发展，早期火候不高，到晚期时火候较高，并能制出较高水平的磨制黑陶，如瓦窑嘴烧制精美的莲花黑陶碗⑤等。

裴李岗文化发现地在嵩山地区，聚落完整和面积最大的遗址也都在嵩山地区。举例如下。

（1）裴李岗文化遗址。位于新郑城西7.5千米处，东临裴李岗村，因1977年在新郑裴李岗遗址首先发现而得名⑥。之后1978年和1979年连续发掘三次⑦，共发掘面积达2633平方米，发现灰坑22个，窑1座，还有墓葬114座。出土陶器、石器、骨器等遗物。

石器主要是生产工具，其中以磨制为主，琢磨兼制次之，打制最少，还有为数不

---

① 开封地区文管会、新郑县文管会：《河南新郑裴李岗新石器时代遗址》，《考古》1978年第2期。

② 笔者2014年2月底前搜集裴李岗文化统计表。

③ 廖永民等：《瓦窑嘴裴李岗文化遗存试析》，《中原文物》1997年第1期。

④ 张松林等：《新郑唐户遗址发现裴李岗文化大面积居址》，《中国文物报》2007年7月13日第5版。

⑤ 廖永民等：《瓦窑嘴裴李岗文化遗存试析》，《中原文物》1997年第1期。

⑥ 开封地区文管会、新郑县文管会：《河南新郑裴李岗新石器时代遗址》，《考古》1978年第2期。

⑦ 开封地区文管会等：《裴李岗遗址1978年发掘简报》，《考古》1979年第3期；中国社会科学院考古研究所河南一队：《1979年裴李岗遗址发掘简报》，《考古》1982年第4期；中国社会科学院考古研究所河南一队：《1979年裴李岗遗址发掘报告》，《考古学报》1984年第1期。

多的细石器。磨制石器中有的磨制较精，如石镰和部分石铲等，大部分只有刃部磨制较好，而器身只简单修磨，有的还保存有石皮和琢点。器型有斧、铲、镰、刀、石磨盘、石磨棒，还有尖状器、刮削器等细石器等。

陶器主要是生活用具，以泥质红陶为主，夹砂红陶、褐陶次之，还有为数不多的泥质灰陶。陶器的火候不高，质地疏松。制法为手制，主要有泥条盘筑、捏制、贴片法等。纹饰以素面为主，还有篦纹、篦点纹、指甲纹、压印纹、坑点纹、乳钉纹等，这些纹饰主要饰于夹砂陶上。主要器型有三足钵、侈沿深腹罐、大口罐、小口深罐、双耳罐、罐形鼎、盆形鼎、平底碗、圈足碗、敞口盘等。

这时期人死之后都葬在氏族公共墓地内，墓坑排列有序，有一定的规律，墓向比较一致，无葬具，多为仰身直肢葬。随葬品一般都有生活用具，如陶三足钵、小口壶、侈沿罐，也有随葬盆形鼎；有的还葬有生产工具，如石铲、锯齿镰、石磨盘、石磨棒等。随葬后者两种生产工具的，不随葬前者的两种生活用具，反之亦然。随葬石铲、石镰者，已能鉴定性别的均是男性；随葬石磨盘、石磨棒者，已能鉴定性别者均是女性。由此看来当时男女在生产中各有分工。男性已是农业生产中的主人，女性主要从事家务劳动。从随葬品数量看，女性有较多的葬品，反映出当时女性在社会上的地位优于男性。当时社会处于母系氏族社会，最后发展到比较繁荣的阶段。

（2）莪沟北岗遗址。位于新密市城南7.5千米的超化镇莪沟村北的岗顶上。南距洧水约500米，高于河床约70米。遗址面积8000平方米。1977年冬与次年夏进行两次发掘，共发掘面积2747平方米。发现房基6座，灰坑44个，墓葬68座，出土陶器、石器等文化遗物370余件①。

在裴李岗文化遗址中，只有此遗址发现唯一一处布局齐全的村落遗址。中部为人们居住的房基，灰坑分布在房基的周围，墓葬主要分布在房基的西北和西部。

房基　6座。位于遗址的中部，从北向南排列，并以半地穴式圆形建筑为主，也有个别的方形半地穴式建筑，每两座房基相邻，门开在南部或西南部，在与门相对的后面有灶，室内地面较平。

灰坑　44个。分布在房基的周围。口部形状可分为圆形、椭圆形、不规则形等。

墓葬　68座。主要分布在房基的西北和西部，排列有序，有一定的规律可循。均为仰身直肢葬，除一座为双人仰身直肢葬外，其他均是单人葬。多数墓有随葬品，一般1或2件，个别墓内多达14件。从骨骼观察墓主人是女性，再次表明当时对女性的尊

① 河南省博物馆等：《河南密县莪沟北岗新石器时代遗址发掘简报》，《文物》1979年第5期；河南省博物馆等：《河南密县莪沟北岗新石器时代遗址发掘报告》，《中原文物》1979年第3期；河南省博物馆等：《河南密县莪沟北岗新石器时代遗址》，《考古学集刊》第1集，文物出版社，1981年。

重。从随葬品的种类看，生产工具的石铲、石镰只有男性墓中有，粮食加工具的石磨盘、石磨棒大多数在女性墓中，也证明了当时男女在生产上是有分工的。

此遗址出土陶器的陶质、陶色、纹饰和石器制作、打磨情况，以及器形都与裴李岗遗迹同类型器形相同。

（3）唐户遗址。位于河南省新郑市南观音寺镇唐户村的西部和南部，正处于清溴河与九龙河交汇处的夹角台地上。这是多个时期的大型古文化遗址，面积达100余万平方米。而裴李岗文化分布在遗址西北较高的地区，面积有30万平方米，是目前最大的裴李岗文化遗址。

为配合南水北调中线工程，郑州市文物考古研究院于2006年对此进行了抢救性发掘，到2009年年底，已发掘面积8000余平方米。已发现裴李岗文化时期的房基65座、灰坑206个、沟3条，居住址内排水系统沟1条、壕沟1条、墓葬2座，出土了一批重要的文物遗物①。

从已发表的资料看，居住址可分为四个独立的单元，中间被生土隔离。第一单元位于第Ⅲ发掘区的北部，发现F1、F2两座房基。据发掘者推测因西部紧邻九龙河，其遗迹可能被河道冲刷破坏。第二单元位于第Ⅲ发掘区第一单元的东北部，和第Ⅱ发掘区的东南部相连，共计12座，略呈带状环绕分布在上述壕沟的内侧。该组房屋建筑在坡状地貌上，可能便于排水。第三单元位于第Ⅱ发掘区的东南部及西部，共6座，包括F6、F7，F15～F18，值得注意的是，本组房屋出现较大的差别，如F16的面积不到5平方米，而F17面积达20平方米。另外在第Ⅱ发掘区发现了人工建筑的沟1条，编号为06ZXTG10，已发掘区域沟长21.6、宽0.75～1.1、深0.5～0.6米。第四单元位于第Ⅲ发掘区东南部第Ⅳ发掘区的西南部，目前已发现27座（F21～F47），灰坑120个。房屋分布较有规律，从北向南大致分为三排，门多朝向西南，个别门朝向东南，以及被门朝西南的房子打破，房子周围分布着密集的灰坑和窖穴遗迹，并出现多组遗迹相互打破的现象。新发现有双门道和阶梯式门道的房基，并出现房基两侧各自分布一个灰坑，形成独立单位的布局特征。房址形式结构的新变化及按一定规律成排分布的特点，说明此组房屋在建筑技术及布局上更加成熟，此区是裴李岗文化聚落的核心区域。每一独立单元的房子，可能是一个母系氏族社会母系家族的住地，如果此看法不错，那么此遗址可能是由四个母系家族组成的一个大的母系氏族社会。

当时人们选居在较高地点，靠河，居住地内还有排水沟，能保持居住地干爽。这种选址是科学的，同时具有保卫聚落安全的较强意识。

---

① 信应君：《河南新郑唐户遗址裴李岗文化聚落考古新发现与初步认识》，《中国聚落考古的理论与实践——纪念新砦遗址发掘三十周年学术研讨会论文集》，科学出版社，2010年。

3. 仰韶文化

仰韶文化因1921年首先在渑池仰韶村发现而得名。嵩山周围县境内的仰韶文化遗址，经过全国三次不可移动文物普查，据笔者不完全统计约400处。早期的遗址分散、面积不大，一般是1万～3万平方米；这时的房基分布较为集中，往往是在大房基的周围分布一些中小型的房基。生产工具比裴李岗文化进步，种类也多，器形也大。人死之后都葬在公共氏族墓地内，基本上都有随葬品，数量不多，比较平均。反映出当时氏族内是平等的，无等级区别，大家过着共同劳动、平均分配、共同享受的氏族制生活。

到中期及其之后，遗址的面积才扩大起来，一般遗址面积在5万平方米以下，最大的新郑唐户遗址面积达100万平方米，也有50余万平方米的大河村遗址和10万平方米的郑州西山遗址等。这时的遗址成群分布，往往是在一个大的遗址周围分布一些中小型遗址，如在郑州西山周围约30千米范围内，经调查发现近40余处仰韶文化遗址。最大的是大河村遗址，面积50余万平方米；其次是西山遗址10余万平方米；点军台遗址和青台遗址，分别为6万平方米和8万平方米；其余面积都在1万～5万平方米[①]。

这时的生产工具在早期的基础上有所改进，体形厚重，类型多样，又出现了一些新的工具，如大而宽的有肩石铲、心形石铲，各种不同质地的刀和镰等。由于生产工具的改进，大大提高了农业生产产量，人们生活有了提高，促进了家畜饲养业、各种手工业的发展，推动了社会的进步。具体表现在以下几个方面。

（1）房基。这时房屋建设打破了早期的以大房基为中心，中、小房基围绕着大房基的格局，是分散的一座一座的房屋。大房基面积从40～50平方米到数百平方米不等，小的房基面积在10～20平方米。在大房基发现的生产工具很少见，而保存较好的中、小型房基内都有生产工具和生活用具，看来是各自为炊的小家庭。大房基可能是氏族首领的住所和议事中心。

（2）这时的灰坑较多，且容积较大。粮食除满足人们生活之外还有剩余。

（3）墓地。这时仍有氏族墓地，人死之后都葬在氏族墓地之内，排列有序，葬式和随葬品有了变化。葬式有一次葬，也有二次葬，还有侧身葬，同时有死者得不到正常埋葬的现象；随葬品多少有别，有的无随葬品，有的几件，有的达数十件。看来社会中已出现不均的现象。

中期之末，在郑州西山发现城址[②]，周围还有护城壕，可见防护是相当严谨的。此城能够保护本氏族人们，不受外氏族的侵袭，表明社会出现争夺战争。

---

① 国家文物局：《中国文物地图集·河南分册》，中国地图出版社，1991年。

② 张玉石、杨肇清：《新石器时代考古获重大发现——郑州西山仰韶晚期遗址面世》，《中国文物报》1995年9月10日第1版。

由此可见当时的社会发生了很多变化，文明因素已经出现，并在不断发展壮大中。

到仰韶文化晚期，出现了不同的仰韶文化类型，如秦王寨类型、大司空类型、西王村类型、煤山类型等，仰韶文化这些类型在各自区域内不断发展，推动了社会向前发展。在仰韶文化晚期，中东部的大汶口文化和南部的屈家岭文化向北推进，甚至影响到中原地区腹地，此地区吸收外地文化的先进因素，推动自身的发展，促进社会进步。西山城加固后继续使用。

这时的房屋成排分布，每排3或4间不等，甚至有的地点出现29间一排①。看来是由家族出钱统一兴建，分配给各家居住，如大河村出现3或4间的房屋，每间独立开门向外出入，各间均有灶，还有一套完整的生产工具②。有的地点发现前庭后寝大型房基。大河村出现100余平方米的大房。

到仰韶文化晚期，灰坑变得多样化，有形状规整、口小底大的袋状坑，容积也大；有的坑壁经过加工，用草拌泥涂抹，并经火烧烤，是为防潮而设，作为窖穴使用。显然是农业发展，粮食产量提高，需要大量窖穴来储蓄粮食。

这时人死之后仍埋在氏族墓地内，墓有大小之分，葬品有多少之别。还有的人得不到正常埋葬，抛弃在废弃的灰坑中。有的人与兽同坑，如在郑州西山晚期的众多灰坑中，均发现有抛弃的完整的或散乱的人骨。其中H657坑内底部有两具人骨与兽骨架共卧，而两具人骨躯干扭曲，四肢作挣扎状，似活埋所致。又如H282内，有一具人骨架也作挣扎状③。

又如，在郑州大河村四期（仰韶晚期）发现的37座土坑墓均无葬具，32座无随葬物，有随葬品者仅5座，也仅随葬1～3件如陶鼎、碗、纺轮、骨针等实用器，这里可能是贫者的墓地④。在伊川伊阙城遗址发现了仰韶文化的大墓，墓内有二层台，有棺椁，随葬玉饰、玉佩等⑤。

可以看出仰韶文化晚期，民主、平等的社会准则已被破坏，贫富分化加剧，社会矛盾日益加深，社会复杂化的程度又有新的发展，社会文明因素进一步成长，正向文明社会迈进。

4. 龙山文化

龙山文化时期是社会大变化、大变革的时期，也是古代文明形成的时期。以嵩山

---

① 河南省文物研究所等：《淅川下王岗》，文物出版社，1989年。

② 郑州市文物考古研究所：《郑州大河村》，科学出版社，2001年。

③ 张玉石：《郑州西山遗址发掘的主要收获》，《河南文物考古论集》，河南人民出版社，1996年。

④ 郑州市文物考古研究所：《郑州大河村》，科学出版社，2001年。

⑤ 洛阳市第二文物工作队：《河南伊川县伊阙城遗址仰韶文化遗存发掘简报》，《考古》1997年第12期。

为中心的河南龙山文化是在仰韶文化的基础上又吸收周围各种文化的先进因素形成的新的考古学文化。这时的生产工具有了很大的发展和改进，并新出现一些新器型，如带柄的石铲，有长条形和长方形，安装木柄进行使用，可提高翻地的效率；石斧大、中、小自成系列；新出现双齿的木耜，石犁；多种多样的石、蚌、骨等质料的刀、镰等。生产工具的改进与数量的增多促进了整个农业的大发展。

水井在多个龙山文化遗址均有发现。水井的开凿和广泛使用，大大降低了古代人们对江河的依赖，可以远离江河到广大的平原盆地、丘陵地开垦土地，农业得到进一步发展①。水井不仅供人、畜饮用，还用于灌溉，在洛阳矬李遗址不仅发现水井，还发现有水渠②。农业生产的粮食产量显著增加，除满足人们生活之外，还用于酿酒和饲养家畜。龙山时代的窖穴体积大、数量多，陶质的瓮、缸等盛器常见，体积增大，龙山时代的大量陶杯、鬶、觚等酒器出土；还有在龙山文化时期的灰坑内出有大量的猪骨，都是有力的证明。

随着农业的发展手工业也有了发展和提高，如陶器普遍采用快轮制作，陶器胎厚薄均匀，造型新颖；烧窑技术有了很大提高，能烧灰色、黑色和白色的陶器，烧成的火候高、质量好，扣之有声，陶色表里颜色一致，器表有的漆黑发亮，有的拍印各种花纹或装饰镂孔，成为艺术品。当时不仅有一批技术熟练的工匠，还有专门从事陶器生产的作坊。在汝州（原临汝）煤山遗址，有4座陶窑在一处，水井就在窑的附近，它们之间有路相通③。其他的制石业、制骨业、纺织业都有较大的发展。龙山文化时期的纺轮多，纺轮的直径、厚薄都有较大的差异，可以纺出不同粗细、不同规格的线来。

随着农业经济的发展，家畜饲养较普遍，家畜的种类也随之增多。经过对一些遗址出土的兽骨的鉴定，家畜有7种，即猪、狗、牛、猫、山羊、马和鸡等，主要是前三种。我国六畜的饲养在龙山文化时代已经普遍存在了。

最能代表生产力发展的是青铜的冶炼、青铜器的制造和使用。到龙山文化时期，中原发现青铜的地点较多，如登封王城岗遗址H617号灰坑内发现一块残铜片，其上有陶质合范铸造时留下的缝纹，经化验为青铜④。汝州煤山遗址龙山文化时期的灰坑H28、H40内发现一些铜液凝块，H28内还发现一块坩埚残片的内壁上有六层铜液，每层厚0.1厘米⑤，证明此坩埚经过六次使用。郑州牛砦龙山文化灰坑也出有铜片。登封

① 杨肇清：《河南龙山文化水井初探》，《洛阳考古四十年——1992年洛阳考古学术研讨会论文集》，科学出版社，1996年。

② 洛阳博物馆：《洛阳矬李遗址试掘简报》，《考古》1978年第1期。

③ 中国社会科学院考古研究所河南二队：《河南临汝煤山遗址发掘报告》，《考古学报》1982 年第4期。

④ 河南省文物研究所等：《登封王城岗与阳城》，文物出版社，1992年。

⑤ 中国社会科学院考古研究所河南二队：《河南临汝煤山遗址发掘报告》，《考古学报》1982 年第4期。

王城岗的铜器不是用铜块炼打制造，而是用范模铸造，足见当时青铜制造的技术已有一定的水平。

青铜的出现和青铜器的使用，是社会生产力发展到一定高度的具体反映，也是人们长期生产斗争和多次实验的结果。青铜的生产和利用青铜制造成器物，本身是一个系统工程，要经过采矿、选矿、冶炼，再加一定量的锡熔炼合成为青铜，再制造成器，需要组织一定的人力参加，各个环节都要有具备一定技能的人指导，完成整个生产过程要有一定权威人士的统一指挥，没有一定社会组织进行大力支持是完不成的，这种社会组织比氏族社会更进步，更具有权威性[①]。青铜器的使用比石器提高了数倍功效，促进了各项生产的发展，从而将历史车轮向前推进。

在龙山文化时代，有的人得不到正常埋葬，有的成为祭祀的牺牲品，有的墓葬规模大、随葬品很多，有的只容一身，一无所有。如郑州大河村五期H30底部发现男性人骨一具，俯身屈肢；H27底发现13岁左右的男孩骨架，俯身，下肢屈肢，别无他物，似随便抛进坑中[②]。在登封王城岗古城内发现的“奠基”坑内，均有人骨架，少则两具，多则七具，形态各异，很不自然[③]。在汝州煤山遗址发现有二层台、有棺的较大的墓葬，随葬品的数量也较多[④]。襄县台王的一座龙山文化墓葬，有二层台，有木棺，台上放满实用的器物[⑤]。

可见社会出现阶级分化，贫富不均，少数人利用各种特权掠夺、侵吞了财富创造者的成果，成为权贵，大多数人则落入贫困之中，受人躯使和奴役，甚至惨遭残杀，阶级对立严重，用来维护这种局面的社会组织、政治制度初步形成，原始氏族公社制度已经瓦解。正如恩格斯在《反杜林论》中所指出的那样：“如果成员之间在分配方面发生了比较大的不平等，那么这就已经是公社开始解体的标志了。”[⑥]氏族制社会被日益发展的私有制社会所代替，文明社会就形成了。

由于龙山文化社会的发展，在一定区域内出现大的聚落，这些大聚落就成为这一区域的统治中心，也是经济、文化的中心。在其周围建城垣，在城外有护城河。在以嵩山为中心的中原境内发现龙山时代的古城址有登封王城岗小城、登封王城岗大城、郾城郝家台、新密古城寨、新密新砦、禹州瓦店、平顶山蒲城店、淮阳平粮台；另外还有黄河北的辉县孟庄、焦作徐堡、博爱西金城、安阳后冈、濮阳高台、濮孔悝城等

① 杨肇清：《略论中原地区文明的起源及形成》，《华夏考古》2002年第2期。

② 郑州市文物考古研究所：《郑州大河村》，科学出版社，2001年。

③ 河南省文物研究所等：《登封王城岗与阳城》，文物出版社，1992年。

④ 河南省文物考古研究院发掘资料。

⑤ 河南省文物研究所：《襄县台王遗址发掘简报》，《中原文物》1988年第1期。

⑥ 《马克思恩格斯选集》第3卷，人民出版社，1972年，第187页。

城，最小的王城岗小城，面积近1万平方米，大城面积30万平方米。这些城先是部落联盟中心、经济中心，逐渐成为经济、政治中心。正如恩格斯所说："用石墙，城楼、雉堞围绕着石造或砖造房屋的城市，已经成为部落或部落联盟的中心。""同时也是危险增加和防卫需要增加的标志。"他还指出："在新的设防城市的周围屹立着高峻的墙壁并非无故：它们的壕沟深陷为氏族制度的墓穴，而它们的城楼已经耸入文明时代了。"[①]大量资料表明，龙山文化是嵩山地区文明社会形成的时期。夏建立了统一的王朝，为管理好这个王朝，建立了不少城；如已发现有新密古城寨、新密新砦、郑州大师姑、新郑望京楼、洛阳二里头、平顶山蒲城店；商朝时城面积更大，除了都城外，也有各地建立的城，如新郑望京楼、郑州小商桥、洛阳尸乡沟等。

从以上事实可以看出，以嵩山为中心的中原核心地区，文化层底蕴非常丰厚，早在旧石器时代这里就是古人类活动的中心，较早进入了新石器时代。裴李岗文化、仰韶文化、河南龙山文化的遗址较多，内容丰富，文化发达，一直走在我国古文化的前列。仰韶文化中期之末在郑州西山建立的古城，是中原地区最早建立城的地区，仰韶晚期此城加固继续使用。龙山文化时期，社会发生翻天覆地的变化，建立了多座古城，这些古城是人类社会走入文明的见证。在中原地区，嵩山地区一直走在文明的前列。夏禹治理洪水时，领导各方国的人民治水，采用输导方法，经过13年努力终于治理了洪水，人们生活在禹土之上，从此大禹得到人们的拥护和爱戴，为建立统一的较大的夏王朝打下坚实的基础。禹子启建立夏王朝，为管理好这个王朝，建立了不少城，如禹都阳城（大城）、禹州瓦店、新密新砦、偃师二里头城等先后成为都城；商灭夏之后建立了更大的王朝，统治中心首都面积更大、防卫更严，有高大的内城和外城城垣，如郑州商城等。从此以后，中原地区一度成为我国古代政治、经济、文化的中心。

二、我国文明的起源

笔者曾于1989年在《先秦史动态》1、2期上发表了《试析中国文明的起源》，后于1993年发表了《试论中原地区国家的起源》，于1996年发表了《华夏文明的起源及形成》，2002年又发表了《略论中原地区文明的起源及形成》等论文[②]，谈了笔者的观点，后来在灵宝西坡发现的仰韶文化中期大房基和大型墓葬更证明了笔者的认识有一

① 《马克思恩格斯选集》第4卷，人民出版社，1972年，第159—160页。

② 杨肇清：《试论中原地区国家的起源》，《华夏考古》1993年第1期；杨肇清：《试析华夏文明的起源及形成》，《夏文化研究论集》，中华书局，1996年；杨肇清：《略论中原地区文明的起源及形成》，《华夏考古》2002年第2期。

定的正确性，在此不再赘述。笔者认为在我国辽阔的土地上，各地城境内都有原始文化，各有其源流，并独立发展，推动社会向前进步，逐步向文明社会迈进，故我国文明的起源是多源的。各种文化向前发展时是互相影响、相互促进的，由于中原是我国的核心地区，交通发达，便于与周围各种古文化的交流、吸取其先进的文化因素，逐步丰富自己的文化，并推动社会向前发展，故文明起源较早，也是最先迈进文明社会的。在仰韶文化中期，整个黄河中上游地区文化内涵比较一致，曾对周围文化产生了强大的影响。而且生产工具新出现心形石铲、长条形石铲、各种质料的石镰，生产力有了较大的提高，除满足人们生活之外还有剩余，用于饲养牲畜，同时也促进其他手工业的发展。人们居住的房子比较分散，出现了大房基和较小的房基，而大房基内出土的生产工具很少，保存完整的中、小房基内有一套完整的生产工具和生活用具，看来是独立的小家庭。人死亡之后，虽是埋在氏族墓地内，可墓坑的面积有大小之分，而葬式多种多样，随葬品的数量不同，质量有好坏之分。特别是有的人死后得不到正常埋葬，有的人死后与牲畜同坑，看来氏族内出现等级之分和不平等现象，产生了文明因素。在仰韶文化晚期这种因素又得到发展，龙山文化时期是社会大发展、大变化的时期。各地建立了一些古城，这些古城就是一个个小国（方国）的政治、经济、文化中心，即小国的都城。故笔者一直认为仰韶文化中期是文明起源的源头，龙山文化时期是文明形成时期。

嵩山地区龙山城址与中华早期文明

薛瑞泽

（河南科技大学人文学院）

摘　要　嵩山地区龙山城的出现与气候、水资源和土壤条件紧密相连，依山傍水成为城池选址的特点，显现出龙山城选址既考虑到了城池的用水问题，也有利于城池防水。嵩山地区龙山城池都经过系统的规划，在城池建设中体现出设计的理念。城池建筑所使用的方法，显现出文明的因素逐步融入城池建设，修筑城池的方法趋于完善，城池的功用渐趋明显。

关键词　嵩山地区　龙山城址　中华文明

嵩山作为中岳，其所蕴含的文化内涵非常丰富，除了历代文人雅士对嵩山的描述与赞美外，封建帝王多次巡视嵩山所留下的文化遗迹也非常惊人，其根本原因在于嵩山地区是最早进入文明的地区①，其所具有的文化底蕴为后来成为中华文化的核心地区奠定了基础。

一、嵩山早期环境与文明的产生

嵩山地区能够成为中华早期文明的发源地之一，与远古时期嵩山周边地区客观环境紧密相连，既有气候的因素，也有古生态环境适宜文明产生的因素等。综合考察多种条件即可以看出嵩山周边地区早期文明的产生与早期环境有着必然的联系。

从气候因素来看，嵩山地区的古今气候已经发生了很大变化。从黄帝时期到周穆王二年之间，虽然气候变化幅度不小，但无论如何，还是以暖湿气候为主的②。竺可桢先生曾经据考古发掘报告发现西安地区的半坡遗址中有水麞和竹鼠等亚热带动物，推断出当时的气候比现在温暖湿润③。而嵩山地区正好与半坡遗址同纬度，其气候应当与

---

① 本文所论的嵩山地区是指以嵩山为核心郑州、洛阳、许昌、平顶山及周边地区，参见鲁鹏、田燕等：《环嵩山地区9000—3000aBP聚落分布与区域构造的关系》，《地理学报》2014年第6期。

② 刘昭民：《中国历史上气候之变迁》，台湾商务印书馆，1994年，第27、31～33页。

③ 竺可桢：《中国近五千年来气候变迁的初步研究》，《中国科学》1973年第2期。

半坡遗址相同，也就是说嵩山的气候同样温暖湿润。这种气候环境无疑为早期农业的起源创造了条件。

从地质地貌来看，嵩山地区地处秦岭山脉东延的余脉部分。秦岭进入豫西后向东呈扇状分布，由小秦岭、崤山、熊耳山、外方山和伏牛山部分组成。其中伏牛山为豫西山地的主体，山势雄伟高耸，平均海拔1000～2000米。关于远古时期嵩山的环境状况在古籍中即有记载，《尔雅·释山》云："山大而高，崧。"晋代郭璞注："今中岳嵩高山，盖依此名。"其基本状况，《元和郡县图志》卷五《河南道一·河南府》云："嵩高山，在县北八里。亦名外方山。又云东曰太室，西曰少室，嵩高总名，即中岳也。山高二十里，周回一百三十里。少室山，在县西十里。高十六里，周回三十里。颍水源出焉。颍水有三源，右水出阳乾山之颍谷，中水导源少室通阜，左水出少室南溪，东合颍水。"胡渭云："其山东跨密县，西跨洛阳，北跨巩县，绵亘百五十里，太室中为峻极峰，左右列峰各十二，凡二十四。少室峰三十六。"除了颍水之外，还有众多的河流，分属黄河与淮河水系。山川河流相间的地理风貌有利于多种经济在此萌生。

从适合农业经济发展的土壤条件来看，这一地区为黄土覆盖，黄土作为一种肥沃的土壤，对农业经济的发展极为重要。《尚书·禹贡》云："荆河惟豫州。伊、洛、瀍、涧既入于河，荥波既潴。导菏泽，被孟潴。厥土惟壤，下土坟垆。厥田惟中上，厥赋错上中。厥贡漆、枲、絺、纻，厥篚纤、纩，锡贡磬错。浮于洛，达于河。"通过《尚书》中的描述可知应当是此前豫州一带环境的真实描述，也是嵩山周边地区环境的确切记述。关于"伊、洛、瀍、涧既入于河"，汉代孔安国《传》云："伊出陆浑山，洛出上洛山，涧出沔池山，瀍出河南北山，四水合流而入河。"唐代孔颖达《疏》云："伊、瀍、涧三水入洛合流而入河，言其不复为害也。"这即是说四条河流在大禹治水之后成为有益的河流，也从另一个方面反映了此前四条河流也曾泛滥成灾。不过这四条河流虽然在嵩山西北方向，但因为嵩山周边地区为丘陵、山地相间的地形，故而未见此前嵩山周边地区遭受水灾的记录。这里的土壤为："厥土惟壤，下土坟垆。"对于其解释，汉代孔安国《传》云："高者壤，下者垆，垆疏。垆音卢，《说文》：'黑刚土也。'"对嵩山周边地区土壤的分析，也应当是经过此前长时期耕耘改良土壤后所得出的结果。关于嵩山周边地区的土壤性质，学术界研究指出："豫州当今日的河南，平原多是石灰性冲积土。所谓下土，即是底层。垆是黑刚土，土坚刚而色黑，或指分布于河南低地石灰性冲积土底层之深灰黏土与石灰结核；结核多的就连接成层；后来为丘陵土和次生黄土所掩覆。无论就地区或土层排列而言，都是符合的。”[①]又有学者指出：“垆或埴垆是一种石灰性黏土，并夹杂着很多石灰结核（砂姜）。颜色黑色，由于夹杂石灰质硬块多，所以称为刚土。”[②]从嵩山周边地区的土壤条件来看，以黄土为主，非常适宜农作物的生长，这也为原始农业的起源奠定了基础。独特的地理风貌，使嵩山周边地区从远古以来就是重要的粮食产地，《管子·治国》云：“嵩山之东，河汝之间，蚤生而晚杀，五谷之所蕃孰也，四种而五获。中年亩二石，一夫为粟二百石。”虽然管子所述是春秋时期嵩山周边地区经济发展的情况，但无疑是对远古以来农业经济基本状况的总结。

综合嵩山周边地区的早期自然环境可以看出，文明产生的条件已经成熟。气候、水资源和土壤条件，都为嵩山早期文明的产生奠定了基础，而从已经发现的嵩山周边地区早期文化遗址来看，傍依山地和河流的文化遗址呈现出广泛分布的特点，这些众多的文化遗址的出现，为早期城池的出现提供了条件。

二、早期龙山文化城址分布的特点

嵩山周边地区早期龙山文化城址分布的密集状况，显示了中华文明在这一地区最先萌生，而这些早期龙山城址的出现，与嵩山地区最先进入文明时代息息相关。综合分析嵩山地区诸多文明遗址的形成过程，应当是这里的社会经济发展到一定水平才出现城池的。

根据考古发掘报告所提供的信息，早期龙山城址均濒临河流并背靠山地。登封市王城岗龙山文化遗址位于岗地上，面积1万平方米，地势较之于周围地势高1～2米。王城岗遗址东、南均有河流流过，在王城岗遗址东南约500米处有五渡河，南距颍河400米，西北距王岭尖约300米，王城岗遗址西面地势平坦广阔[③]。背山面水的地形既便利了城池用水，也有利于城池防备洪涝灾害。

新密新砦遗址处于龙山文化向夏文化过渡时期。新砦遗址总面积逾100万平方米，南临洧水，东部是洧水故道，西部和北部为开阔的平地。遗址中部有三条自西向东的土沟，东端与双洎河故道相连，把遗址分成北、中、南三部分[④]。

通过新密新砦遗址示意图（图一、图二）可以看出，这一时期城池的选址是傍临双洎河，虽然今天双洎河已经干涸，但在龙山城存在时期水量充足，满足了城池所在

---

① 中国农业科学院南京农学院中国农业遗产研究室编：《中国农学史》（上册），科学出版社，1959年，第197页。

② 中国科学院自然科学史研究所地学史组主编：《中国古代地理学史》，科学出版社，1984年，第215页。

③ 河南省文物研究所、中国历史博物馆考古部：《登封王城岗与阳城》，文物出版社，1992年，第5页。

④ 中国社会科学院考古研究所河南二队：《河南密县新砦遗址的试掘》，《考古》1981年第5期。

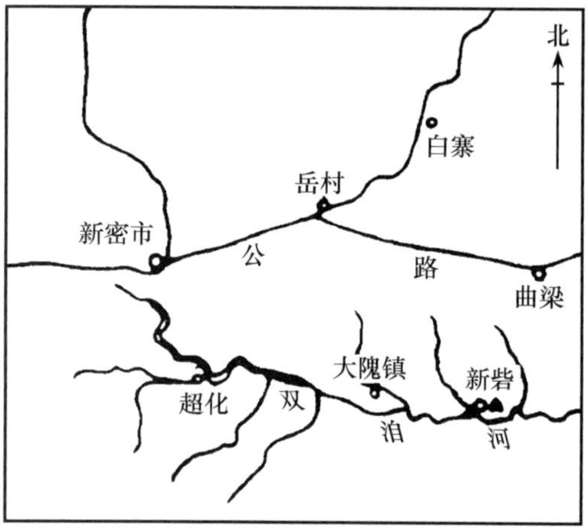

图一　新密新砦遗址示意图
《华夏考古》2000年第4期

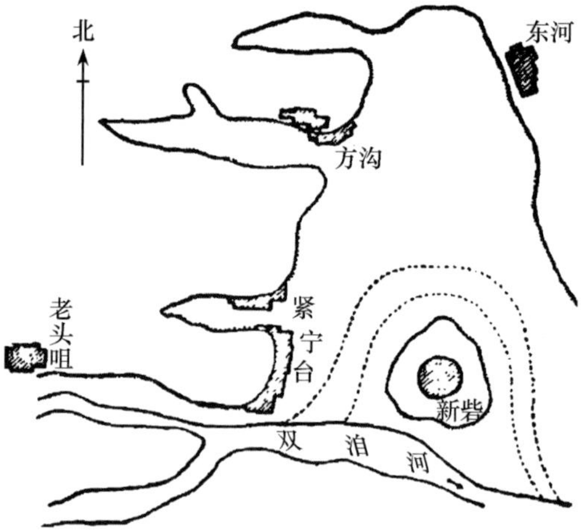

图二　新砦遗址地形示意图
《考古》1981年第5期

地的用水与农业经济的发展。新密市古城寨龙山文化城址西为溱水流过，另有一无名河在城址的东边流过，古城寨城就建在两河交汇处，两条河流既发挥了城池汲水的作用，又起到护城河的作用①。位于平顶山以东约9千米的东高皇乡的蒲城店村北蒲城店遗址的选址也颇为讲究，城址位于龙山遗址的东北，北部为湛河②。

综合考察上述诸多嵩山周边地区的龙山文化城址，可以发现龙山时期城址的选址大多在地势稍高的丘陵地带，并且旁临河流，这些特点表明龙山城址的选址既考虑到了城池用水问题，也有利于城池防水。

从嵩山周边地区龙山文化遗址的整体分布情况来看，龙山文化遗址多分布在农业经济逐步萌生地区，且居民点分布稠密。许顺湛先生指出，嵩山周边地区龙山文化聚落群的基本情况呈现出多样化的态势。他将龙山聚落群根据面积大小分为四级（50万平方米称为特级聚落，49万平方米至30万平方米的称为一级聚落，29万平方米至10万平方米称为二级聚落，9万平方米以下的称为三级聚落），在郑州市郊6个乡镇发现9处龙山遗址，荥阳的6个乡镇发现16处龙山遗址，共25处。在新密、新郑的龙山聚落群共29处。其中新密7个乡镇内发现17处龙山遗址，有3处与仰韶聚落群共存，有4处与二里头文化共存。新郑在5个乡镇内发现7处龙山遗址。登封市共辖有14个乡镇，大小河流15条，颍河境内流长30余千米。其中6个乡镇内发现13处龙山遗址。在巩义聚落群中，7个乡镇共有龙山文化遗址10处，伊洛河在巩义境内流长32千米入黄河，支流有曹

---

① 河南省文物考古研究所、新密市炎黄历史文化研究会：《河南新密市古城寨龙山文化城址发掘简报》，《华夏考古》2002年第2期。

② 河南省文物考古研究所、平顶山市文物局：《河南平顶山蒲城店遗址发掘简报》，《文物》2008年第5期。

河、坞罗河、石河道等，均流入伊洛河。其中芝田乡的稍柴遗址是龙山文化和二里头文化；洛阳市西工区东干沟遗址25万平方米；洛阳市郊聚落群中共有22处，其中二级聚落9处，孙旗屯乡孙旗屯遗址10万平方米；古城乡矬李遗址21万平方米；辛店乡西高崖遗址22万平方米；瀍河乡唐寺闸遗址15万平方米；红山乡寨坪遗址16.8万平方米；李家楼乡夏庄遗址10万平方米；安乐乡聂湾遗址21万平方米；白马寺镇黑王遗址10万平方米。三级聚落13处，均在9万平方米以下[①]。嵩山周边地区龙山聚落群的分布恰与龙山城址相伴存在，夹杂在一起，表明龙山城址的出现与经济社会的综合发展是相辅相成的。

嵩山周边地区龙山遗址分布繁多，表明系列龙山城址的出现不是偶然的，而是在众多居民点的基础之上形成的。众多城址的被发现再次证明了在龙山聚落群的基础之上，形成了大型的城池，这无疑是进入文明时代的重要标志之一。

三、嵩山周边地区龙山城址所蕴含的文明

嵩山周边地区龙山城池的出现，从城池的选址及城池在众多居民点中的重要位置可以看出文明产生的重要因素已经具备，众多经考古发掘的龙山城池遗址则进一步展现了龙山城的文明进步特色。

首先，嵩山周边地区的龙山城池都经过系统的规划，在城池建设中体现出设计的理念。在登封市王城岗龙山文化二期遗址中发现了东西并列的两座城址，东西相互对应，其设计理念可能与当时日渐频繁的部落战争联系起来，具有防卫时彼此策应作用。据考古发掘报告，东城城址仅存南城墙西段和西城墙南段相交处的部分，两处相交为88°，近乎直角。城角的建筑形制是内角为凹弧形，外角呈凸圆形，向外凸出2米左右，似为后世城墙建筑中的“马面”。这种建筑设计显然具有了此后战争防御的功能，西城的建筑形制与东城类似，城墙每边长度90米以上，城内面积近1万平方米。其修筑方法与东城一样。两座城池均是王城岗龙山文化二期修筑和使用的[②]。从上述城池建设的基本状况来分析，城池设计已基本具备了后来城池的雏形，特别是城墙建筑中出现类似“马面”的设施显示了以防御为主的功能。新砦遗址总面积逾100万平方米，是一处设有外壕、城墙和内壕共三重防御设施，中心区建有大型建筑的大型城址。这种带有繁杂的防御外壕、城墙和内壕的设计，较之于王城岗龙山二期两座城池有了很大的进步。新密市古城寨龙山文化城址的状况，经过1998~2000年三次发掘已基本明

① 许顺湛：《五帝时代研究》，中州古籍出版社，2005年，第253~255页。

② 河南省文物研究所、中国历史博物馆考古部：《登封王城岗与阳城》，文物出版社，1992年，第28~42页。

了。在古城寨第10层发现了龙山文化的城墙，城墙基础和近地面墙体由护城坡、上部墙体、版筑墙、夯筑层、夯筑基础等五部分组成。全系夯土，夯具为集束小木棍，夯窝密集。古城寨城址至今仍保存着南、北、东三面城墙，西墙被溱水冲毁。城址位于古城寨遗址的中心区，平面呈长方形，方向34°。其南墙西临溱水，向东与东墙南端相连。北墙西临溱水，东接东城墙北段。在南北两城墙的中部，有相对的城门缺口至今仍是村民出入的唯一通道。东城墙是三面墙中保存最好的，无一处断缺①。从古城寨龙山文化城址的基本情况可以看出，城墙的设计及建设更加复杂，由护城坡、上部墙体、版筑墙、夯筑层、夯筑基础等五部分组成，其防护功能增强。特别是城池的两面濒临溱水，使其在城墙的基础之上又增添了一层防御功能。平顶山市蒲城店遗址现存面积约20万平方米，发掘面积达6200平方米。发现龙山文化晚期、二里头文化早期城址各一座与二里头文化罕见的成排房址，揭露各时期房址、窖穴、陶窑、灰坑、水井、墓葬等各类古代遗迹900多处，出土大批陶、铜、石、骨、蚌质器物，以及动植物遗骸。龙山城址位于遗址的东北部岗地上，大致呈东西向长方形，现存东、西、南面城墙，北面是湛河故道（北墙可能被河水冲毁），西墙（含城壕）残长124米，南墙中东部向北转折后又向东延伸，南墙全长246米，现存城址占地面积4.1万余平方米。现存城墙由主体墙和两面护坡组成，墙外紧接宽而深的城壕。这一系列的规划设计体现出城池的防御功能进一步完善，而且利用原有的河流、山势作为防御体系的组成部分，再加之新修的防护体系，显现出城池的功能在设计之初就考虑到了多方因素。

其次，嵩山周边地区的龙山城池建筑所使用的方法，显现出文明的因素逐步融入城池建设，修筑城池的方法趋于完善。登封王城岗龙山城址的东城城墙在修筑前，都先在拟筑的城墙下面挖出一条和城墙走向一致、口部略宽于底部、两壁斜直、平底或凹弧形底的基础槽，然后在槽内逐层填土和铺垫细沙并夯实。根据夯窝的大小、形状判断，夯具可能是河卵石。在西城内的中西部较高处和东北部一带，发掘出多处夯土基址遗存，其中以城内中西部较高处的夯土基址遗存分布较多、较密。从已发掘出的夯土坑、奠基坑和夯土残片的夯土结构和夯筑方法，以及夯土颜色、质地和夯窝形制来看，都与同期城墙基础槽内的夯土层相同，表明这些建筑与城墙同时进行。从部分相距较近的夯土坑、奠基坑和夯土残片所在范围来看，可以勾画出150平方米、70平方米面积的建筑基址，此外还有10余处大小不等的建筑基址②。王城岗龙山城城墙在修筑前都在城墙下面挖一个基础槽，并用土、细沙夯实，无疑使城墙更加牢固。新密新砦

---

① 河南省文物考古研究所、新密市炎黄历史文化研究会：《河南新密市古城寨龙山文化城址发掘简报》，《华夏考古》2002年第2期。

② 河南省文物研究所、中国历史博物馆考古部：《登封王城岗与阳城》，文物出版社，1992年，第28～42页。

遗址的东墙和北墙是利用一条河沟的内壁修整、填土夯筑而成的，西墙及其护城河系人工挖筑而成。在北城墙以外220米开外，是一条人工与自然冲沟相结合而成的壕沟，即外壕，东西长1500、南北宽6～14、深3～4米。城址的西南部地势较高，设有内壕，现存西、北和东三面，内壕圈起的地带为城址中心区。这种利用自然河沟或自然冲沟所修建的护城河，明显节省了人力，起到了事半功倍的作用①。古城寨龙山城址城墙的修筑方法也因地制宜。城墙的夯窝以圆形小圜底为主，直径0.02～0.03米，也有椭圆形和不规则圆形数种，最大的夯窝直径0.15米。在城墙南北东三面，皆发现有护城河。护城河是在城的西北部引溱水东流，至城东北角向南，到城的东南角与城南的一无名河汇流，形成南护城河，西面是利用自然河即溱水作屏障。护城河宽34～90米，深4.5米见软泥不到底。在城址里有一处大型夯土建筑基址，以及同时的大型廊庑建筑和其他建筑的部分墙基、磉墩、柱础石和柱洞等②。利用天然河流作为护城河，且护城河底软泥厚度难以见到底，可以增加城池的防护功效。蒲城店遗址龙山城址位于遗址的东北部岗地上，大致呈东西向长方形，现存东、西、南面城墙，北面是湛河故道（北墙可能被河水冲毁），西墙（含城壕）残长124米，南墙中东部向北转折后又向东延伸，南墙全长246米，现存城址占地面积4.1万余平方米。现存城墙由主体墙和两面护坡组成，墙外紧接宽而深的城壕。城墙夯土多为水平夯层，多厚10～15厘米。发现的夯窝大部分呈不规则形，推测筑墙的夯具以石头为主。在该探沟城壕底部出土有不少石块，疑系筑完城墙后被弃入城壕的石块夯具。城墙外护坡宽且深，是该城址在建筑结构方面的一大特点。城壕宽约22.2、深4.3米，斜壁，底部整体平坦，分别有与城壕走向一致的五道沟槽。沟槽之间有微微凸起的土埂，推测为阻挡和减缓城壕内水流的设施。蒲城店遗址龙山城的城墙与城壕均与此前的古城寨龙山城址城墙的修筑方法相类似，均有充分利用自然条件的做法，且夯具多用鹅卵石来完成，再次说明了当时城池修建方法的进步。在嵩山龙山城的遗址内均发现大规模的房屋遗址，大都位于遗址的中部，特别是大的房屋遗址，其构造多相似，如蒲城店遗址的城内中北部探查出面积较大的夯土房址等遗存，南部发掘出龙山时期的房址、灰坑、陶窑、瓮棺葬，以及圆形黄土台建筑基址等③。新砦遗址中心区建有东西长50余米、南北宽14.5米的大型建筑基址。已经清理出部分夯筑墙体、柱洞、红烧土和活动面等重要遗迹，清理出铜容器残片、类似二里头文化青铜牌饰图案的器盖、刻有夔龙纹的陶器圈足等高规格遗物，显示出

① 中国社会科学院考古研究所河南二队：《河南密县新砦遗址的试掘》，《考古》1981年第5期。

② 河南省文物考古研究所、新密市炎黄历史文化研究会：《河南新密市古城寨龙山文化城址发掘简报》，《华夏考古》2002年第2期。

③ 魏兴涛、赵文军：《河南平顶山蒲城店发现龙山文化与二里头文化城址》，《中国文物报》2006年3月3日第1版。

该区为贵族显要人物的住处。

再次，龙山城池的功用渐趋明显。古城寨城址是目前河南境内已发现的面积较大的城址，高墙深池，南北仅有2个城门，显示了它的封闭性和所具有的军事色彩。再加之城内的大型宫殿与廊庑建筑的方向与城墙十分一致，夯层与夯窝又非常统一，足见其作为大型古城的修筑，是经过统一规划、精心设计和严格监督施工的，也是我国古代筑城史上具备双重防御体系的古城之一。高大城墙的修筑、先进的小版筑方法、大型宫殿基址和结构复杂的廊庑基址的发现，说明建筑技术的显著进步。这些情况大致勾画出了当时社会的生产状况和经济面貌，以及上层建筑、意识形态等方面的情况，是奴隶制“王朝”鲜明丰富的物化载体①。蒲城店遗址龙山文化晚期城址的发现，为中原龙山文化增添了新的城址，是中原地区发现的早期城址之一，其位于豫中南部，在地理位置上是中原地区最靠南的城址之一。城内房址、陶窑、窖穴、圆形建筑基址、瓮棺葬的发现，向人们初步展示了这座古城城内南部的布局和丰富的内涵。房址外活动场、陶窑工作面与烧灰坑等的发现，使更加全面地复原古人活动场景成为可能。对城内的初步勘探和发掘，使与此城相关的遗迹有了初步揭示。

综观嵩山周边地区截至目前所发现的龙山时期的城址，我们认为，到龙山文化晚期河南经济有了较大程度的发展，人们在生产力进步的基础之上，有条件建造规模较大的城池，而生产力的发展又促使社会进一步分化，阶级已经产生，国家的雏形已经形成，为夏朝的建立开启了先河。

---

① 河南省文物考古研究所、新密市炎黄历史文化研究会：《河南新密市古城寨龙山文化城址发掘简报》，《华夏考古》2002年第2期。

论中华文明的起源与初步发展
——以郑洛地区古都古城为例

索全星[1]　张国辉[2]

（1. 郑州市文物考古研究院　2. 郑州嵩山文明研究院）

摘　要　嵩山黄河之间的郑洛地区是早期中国文化的核心和中心区域。在新石器文化晚期和夏商时期，这里形成的许多璀璨夺目的文化史迹和古城古都筑就的一段段文明经典，是构成早期中国文化的重要元素和衡量中华文明发展的历史标尺。华文化、夏文化、商文化先后起源发轫于此，是中国文明的本源圣地，早期华夏文明是由华文化发展到夏文化的历史概括。故中国文明也称华夏文明、中华文明。

关键词　文明起源　华文化　古都古城

最早的“华夏”“中华”“中国”在哪里，它是如何形成发展的？在历史学、考古学日益发展的今天，虽然众说纷纭，但还是有一个基本的文化构架，即嵩山黄河之间的郑洛地区是早期中国文化的核心和中心区域。郑洛地区大致相当于今天的郑州、洛阳、许昌北部等地，在新石器文化晚期、末期和夏商时期，这里形成了许多璀璨夺目的文化史迹和古城古都筑就的一段段文明经典，是构成早期中国文化的重要元素和衡量中华文明发展的历史标尺。华文化、夏文化、商文化先后起源发轫于此，新郑华地是中国文明的起源圣地，早期华夏文明是由华文化发展到夏文化的历史概括。中华文明起源的多元性使得华文化成为其本源和主源，并逐渐发展为中华文明的核心和基础，故中国文明也称华夏文明、中华文明。本文以郑洛地区的古城古都等文化史迹为例，试论早期中华文明起源与初步发展的历史过程，不当之处，敬望方家指正。

一、华文化的史迹与郑州西山城址

1964年，郑州大河村岗地上发现一处内涵丰富而独特的仰韶时期文化遗址，这类遗址被命名为大河村文化①。代表性遗址除大河村②外，还有郑州西山③、荥阳青台④、禹州谷水河⑤、汝州阎村⑥、洛阳王湾⑦等，主要分布在嵩山周边地区。根据^{14}C测年可知，这支文化的繁荣期处在距今5900～4800年间。聚落以平地起建的分间、多间陶房为主，每组陶房为一个生活单位即家庭，在聚落之内经济状况具有相对的独立性。生活陶器有鼎、罐、钵、碗、盆、瓮等，许多钵、罐、盆等陶器的肩腹部绘有太阳纹、禾苗纹、鱼纹、鹳鱼石斧等彩画图案。墓葬一般为土坑竖穴式仰身直肢葬，个别为成年男女合葬，没有或极少随葬品。人们已经穿着由丝、麻缝制的衣裳，种植黍、粟和水稻，过着简朴务实的农耕生活。

西山城址位于郑州市惠济区古荥镇孙庄村西的邙山余脉东端，北邻黄河，南瞰郑州，属大河村文化晚期城址，距今5300～4800年。城址平面近似圆形，南部已被破坏，残存面积2.5万平方米。城址除城墙、城壕之外，还有环壕守护，形成了依凭自然地势、由外及里防控严密的三重防御体系。城墙采用版块法夯筑，北半部城墙残存256米，墙宽3～5、高约1.75米，存留有西、北两个城门遗迹。城内不仅有许多房址和窖穴，还有一处面积约120平方米的大型高台建筑基址（F84），另用牛、猪等高规格祭祀的礼祭遗迹。许多遗址还发现了灰坑葬人、乱葬坑等现象。西山城址是最早运用版块夯筑技术建造的新型城墙，开启了龙山、夏商时期版块夯筑城墙的新时代，是中华文明起源发展的重要物证，在我国古代城市发展史上具有里程碑意义。

大河村文化平地起建式土木结构式分间陶房及西山城内夯土高台式建筑基址与半地穴式窝棚相比，居住生活水平显然得以进步和提高，它反映出家庭和私有制有了极大发展，父系社会代替母系社会。大河村遗址两件陶钵残片复原出12个光芒四射的太阳纹（也有称为月亮纹），这是古人掌握天文历法和算数知识的最早物证。彩绘在陶器肩腹部的象形图案为中国象形文字的起源奠定了思想文化基础。大河村文化极少见到陶器的刻划符号，可能与这种图形符号流行有关。薄葬简葬的规范一致性则彰显出

① 中国社会科学院考古研究所：《中国考古学·新石器时代卷》，中国社会科学出版社，2010年，第220页。“大河村文化”概念依此，但具体内容有些差异。

② 郑州市文物考古研究所：《郑州大河村》，科学出版社，2001年。

③ 国家文物局考古领队培训班：《郑州西山仰韶时代城址的发掘》，《文物》1999年第7期。

④ 郑州市文物工作队：《青台仰韶文化遗址1981年上半年发掘简报》，《中原文物》1987年第1期。

⑤ 河南省博物馆：《河南禹县谷水河遗址发掘简报》，《考古》1979年第4期。

⑥ 临汝县文化馆：《临汝阎村新石器时代遗址调查》，《中原文物》1981年第1期。

⑦ 北京大学考古文博学院：《洛阳王湾——考古发掘报告》，北京大学出版社，2002年。王湾第一期属仰韶文化，第二期属仰韶文化向龙山文化过渡期，第三期为所谓的“河南龙山文化”。

公权力的强大和实效，体现了社会管理的制度化。西山城墙聚落则是国家文明形成的重要实物标志，夯土高台建筑基址（F84）应是早期形式的宫室建筑。除了农业经济、聚落结构、社会形态等物化形式的文明因素之外，大河村文化简朴务实、变革创新的精神内涵也是独特的，它是文明起源和持续发展的动力源泉，决定了中原文化发展的方向和道路。大河村文化范围内有西周时期的华国遗址（今新郑市郭店镇华阳城遗址一带），它应是早期“华”的名称孑遗，故其晚期社会的文明现象应是“华文化”的实物遗存①。华文化是古代华族及华地各族人民共同创造的文明起源文化，大河村文化晚期的文明性质属华文化。华文化是华夏文明的源头，黄帝文化是华文化的重要组成部分。

黄帝又称轩辕，是中华民族最有影响力的历史人物。黄帝是古代有熊国（今新郑市）的君长，通过阪泉之战、涿鹿之战初步形成了黄河流域中部地区的文化趋同和一体，被尊为“中华始祖”，居五帝之首。新郑及周边区域有40多处关于黄帝的文化遗址和纪念古迹，主要分布在新郑市南部和具茨山一带。新郑市区有轩辕墓、黄帝都、少典坟②，以及唐户黄帝口③、黄帝饮马泉、黄帝御花园、黄帝具茨山访大隗、黄帝洪堤拜华盖童子处、黄帝崆峒山访广成子、黄帝西太山会诸侯处等12处。新密市有云岩宫④、力牧台、讲武山、摩旗山、摩旗穴等9处，主要分布在具茨山一带。禹州市主要有崆峒山、逍遥观2处。新郑唐户遗址、新密云岩宫遗址发掘出以仰韶大河村文化为主的文化遗存，说明黄帝文化具有浓厚仰韶大河村文化的历史背景，而在郑州、洛阳、许昌的其他市县均无黄帝的史迹与传说。这种情况表明，黄帝存在的历史时空和文化区域是明确的，为黄帝文化的研究提供了良好的基础。黄帝时期是有城墙聚落的，据《史记·封禅书》《汉书·郊祀志》等文献记载“黄帝时为五城十二楼”，西山城址从侧面印证了这一事实，但“五城十二楼”应是当时氏族（表现为聚落的数量）众多、古国林立、经济繁荣的客观情况。

黄帝的崛起是以“诸侯相侵伐，暴虐百姓，而神农氏不能征”⑤为历史背景的，这时黄帝习用干戈、征不享，最终在阪泉、涿鹿分别战胜炎帝、打败蚩尤，取得中原地区的领导权。这个时间距今约5000年，大约是中原地区大河村文化向龙山文化的过渡

---

① 索全星：《华国遗址考察与中华名称溯源》，《中原文化研究》2013年第5期；索全星：《中华文明本源初探》，科学出版社，2014年。

② 新郑市文物管理局：《新郑市文物志》，中国文史出版社，2005年，第172～175页。

③ 中国社会科学院考古研究所河南一队：《河南新郑唐户新石器时代遗址试掘简报》，《考古》1984年第3期；河南省文物考古研究所等：《新郑唐户新石器时代遗址调查》，《中原文物》2005年第5期。

④ 河南省文物考古研究所等：《河南新密市黄帝宫新石器时代遗址调查》，《华夏考古》2009年第2期。

⑤ 司马迁：《史记·五帝本纪》，中华书局，1963年，第3页。

时期。因为黄帝的胜利，周边文明起源文化受到抑制，排除了华文化发展的障碍，确立了黄帝文化在黄河流域的主导地位。这是黄河流域文明起源阶段较大的一次文化整合，深刻地影响了华夏文明的发展。

河南龙山文化晚期，位于嵩山地区的王城岗类型文化成为引领和主导早期中国文化发展的又一支重要文化，教化东夷、灭亡三苗，掀起了更大范围的文化融合浪潮。这个时期，王城岗类型文化不仅对周边文化取得了胜利，同时强化了对嵩山地区的经营和巩固，登封王城岗城址和新密古城寨城址即应运建立。王城岗城址与先夏文化有关，将在下节论述，古城寨城址则明显继承了西山城址的版块夯筑技术，并在文化内涵、社会文明程度等方面有了显著提高和进一步发展。

古城寨城址位于新密市东南35千米的曲梁乡大樊庄村古城寨村，属龙山文化晚期并延续至夏纪年的早段[①]。现存城墙东、南、北三面保存较完整，面积17万多平方米。城墙采用版块夯筑法打造而成，墙体坚固，规模宏大。南北城墙中间有两个城门遗迹。城内中部发现一处大型夯土台基，建有两座大型房址，其中F1为南北长方形七间式建筑形式，面积383.4平方米；F1北部的F4，是一座曲尺形的回廊式建筑。这两座房址具有宫殿建筑性质，为二里头遗址宫城及宫殿建筑找到了确切的源头[②]。城内发现有釉陶、熔炉残块、玉环，以及牛、猪、羊等家畜骨骼制作的卜骨，说明当时已有宗教活动和神职人员，祭祀活动盛行。古城寨城址显示了它所具有的政治、军事色彩，初步建立了社会公共强制权力系统，属于古国时期的文明社会。据《竹书纪年》载："夏道将兴，草木畅茂，青龙止于郊，祝融之神降于崇山。"由此看来，古城寨城址与祝融部族关系密切，可能就是祝融都邑[③]，反映了祝融氏族由古国转变为早期夏王国方国的事实，这应与祝融氏族支持夏王启有关，对夏王国的建立和发展是十分重要的。除了古城寨城址，郾城郝家台[④]、平顶山蒲城店[⑤]、博爱西金城[⑥]、温县徐堡[⑦]等遗址均发现了龙山时期城址，王城岗类型文化对嵩山周边的影响殊为深刻。

---

① 方燕明：《关于新密古城寨城址的年代与性质》，《华夏文明的形成与发展》，大象出版社，2003年。

② 杜金鹏：《新密古城寨龙山文化大型建筑基址研究》，《华夏考古》2010年第1期。

③ 马世之：《新密古城寨城址与祝融之墟问题探索》，《中原文物》2002年第6期。

④ 河南省文物研究所、郾城县许慎纪念馆：《郾城郝家台遗址的发掘》，《华夏考古》1992年第3期。

⑤ 河南省文物考古研究所等：《河南平顶山蒲城店遗址发掘简报》，《文物》2008年第5期。

⑥ 河南省文物管理局南水北调文物保护办公室等：《河南博爱县西金城龙山文化城址发掘简报》，《考古》2010年第6期。

⑦ 毋建庄、邢心田等：《河南焦作徐堡发现龙山文化城址》，《中国文物报》2007年2月2日第2版。

二、夏文化史迹与夏代王都

夏文化的探索始于1959年夏中国科学院徐旭生先生对嵩山地区有关夏代文物古迹的调查。随着考古工作的全面开展，夏文化的历史面貌日益清晰地呈现出来，河南龙山文化（王城岗类型文化）晚期、新砦文化和二里头文化构建起夏文化发展演变的基本脉络。关于夏文化，通常是指夏代在其王朝统辖地域内，以夏族为主体创造的物质文化和精神文化遗存，核心内容是关于夏王朝（国家）的史迹①。我们以登封王城岗、新密新砦、偃师二里头等夏代城址（或都城）介绍一下夏文化的研究情况。

1. 王城岗城址

王城岗遗址位于河南省登封市告成镇西约1千米的土岗上，当地群众俗称“王城岗”。通过发掘，在遗址中部发现一处龙山晚期的城址。龙山城址分为内城、外城两部分。内城面积约1万平方米，为东、西毗连的两座小城。外城为长方形，由城墙、城壕组成，面积约34.8万平方米②。内城居外城的东北部，时代比外城稍早。出土的遗物内有一件青铜器残片和一片刻有“共”字的陶片。

据^{14}C测年数据显示，内城的使用期在公元前2128～前2084年。外城的始建年代较内城略晚，废弃于公元前2030年左右。那么王城岗的外城则处于“夏商周断代工程”的夏代纪年之内。王城岗城址位于嵩山南麓，居“华地”南端，同历史上夏族的发祥地极为契合。《国语·周语上》载：“昔夏之兴也，融降于崇山。”韦昭注：“崇，崇高山也。夏居阳城，崇高所近。”若此，王城岗城址的年代可作为河南龙山文化与夏文化、古国与王国的分界，王城岗外城应即“禹都阳城”③，而早于外城的内城则应为禹父鲧所建造，从而为夏文化找到了一个起始点④。文献记载，大禹不仅带领人民平治洪水，还教化东夷、灭亡三苗，国势鼎盛，雄壮天下，为夏王国的建立奠定了基础。文献记载，禹死之后（大约公元前2070年）其子夏启即位称王，开始了中国历史的王国时代。

---

① 高炜、杨锡章、王巍、杜金鹏：《偃师商城与夏商文化分界》，《考古》1998年第10期；中国社会科学院考古所：《中国考古学·夏商卷》，中国社会科学出版社，2003年，第24页。

② 方燕明：《河南登封王城岗遗址发现龙山晚期大型城址》，《中国文物报》2005年1月28日第1版；北京大学考古文博学院、河南省文物考古研究所：《登封王城岗考古发现与研究》，大象出版社，2007年。

③ 张国硕：《夏商时代都城制度研究》，河南人民出版社，2001年，第68、69页。

④ 李伯谦：《登封王城岗考古发现与研究·序》，大象出版社，2007年。

2. 新砦遗址

新砦遗址位于新密市东南22.5千米处的刘寨镇新砦村，城址面积约100万平方米。城址建在龙山晚期城墙的外侧，由城墙、内外城壕构成，南面均以双洎河为天险。城址西南部地势较高，发现一座东西向的大型建筑基址，属宗庙类建筑，周围有道路和附属建筑。另外，城内还发现有加工骨器的手工作坊区，出土有玉凿、红铜容器和青铜小刀等遗物，做工精美，规格很高，反映出新砦城的都邑性质。

新砦遗址的文化内涵可分为三期，其中，新砦第二期被认为“新砦期文化”，它晚于王城岗文化，早于二里头一期文化。新砦期文化^{14}C测年的绝对年代处在公元前1850～前1750年，填补了河南龙山文化与二里头文化之间的缺环。新砦遗址印证了夏代初年确曾发生过“后羿代夏”的历史事件，同时对深入认识夏文化的发展轨迹提供了重要佐证①。

3. 二里头遗址

二里头遗址位于河南省偃师市翟镇二里头村，面积400万平方米。遗址分布有宫城、贵族墓葬区、青铜作坊区、制陶作坊区、祭祀区、制骨作坊区等，可见遗址是有功能区的规划。宫城区位于遗址中部偏东处，呈长方形，面积达10.8万平方米，其中宫殿分布密集，发现11座大型夯土建筑基址和其间的一些道路；遗址南部为青铜作坊区，制陶作坊区和祭祀区处在遗址的北部。遗址内出土了一大批精美的陶器、青铜器、玉器等珍贵文物，其中的绿松石龙形器长逾70厘米，由2000多片细小的绿松石片组成，被称为最早的“中国龙”。二里头文化分为四期②，第一期文化与新砦文化相衔接，第四期文化晚段可能属早商文化范畴。根据文献、^{14}C测年数据及丰富的遗迹遗物，二里头遗址应为夏代晚期的王都。

目前，除了二里头遗址，郑州大师姑③、郑州东赵④、新郑望京楼⑤、平顶山蒲城店等也分别发现了二里头文化时期的城址，据研究它们应是夏代晚期的方国都邑。从夏文化的研究情况看，早期夏文化的核心在嵩山东部及东北部，后期则转移至嵩山西北相对闭合的洛阳盆地，并且也是夏王国比较强盛的时期，夏文化的发展是一个动态

---

① 李伯谦：《新密新砦·前言》，文物出版社，2008年。

② 中国科学院考古研究所二里头工作队：《河南偃师二里头早商宫殿遗址发掘简报》，《考古》1974年第4期。

③ 郑州市文物考古研究所：《郑州大师姑》，科学出版社，2004年。

④ 顾万发、雷兴山、张家强：《夏商周考古的又一重大收获》，《中国文物报》2015年2月27日第5版。

⑤ 郑州市文物考古研究院：《河南新郑望京楼二里岗文化城址东一城门发掘简报》，《文物》2012年第9期。

的形式，这是夏王国逐步强大发展的过程。《说文解字》：“夏，中国之人也。”这就明确了郑洛地区这个时期文化史迹的“夏文化”性质。

三、早商文化史迹与郑州王都

商代早期，规模宏伟的郑州王都牢牢地把控着华夏腹地的政治、经济和文化的发展命脉，是早期中国文明向四方辐射的核心，充分展示了商王国的大国魅力。郑洛地区的早商文化遗址分布普遍，不仅有郑州、小双桥、偃师三座王都遗址，还有新郑望京楼、郑州东赵等次级城址，可见早商文化之极盛。考古研究证实，郑州南关外期遗存具有先商文化性质①，并且直接发展为早商文化，这是商族发祥于郑州的考古学例证。

郑州商城遗址位于郑州市区中心，是一座由宫城、内城、郭城三重城垣构筑的大型城址，内城为王室和贵族的居住区，内城与郭城之间为作坊区和平民生活区，发现青铜铸造作坊2处、制陶作坊1处、青铜器窖藏坑3处、贵族墓地等，在郑州二里冈遗址还发现一块记载“亳社”卜辞的牛肋骨②。郑州商城遗址面积约25平方千米，出土的珍贵文物数以万计，是目前发现的当时世界上规模最大的都城遗址③。

关于郑州商城3处青铜器窖藏坑④的性质，安金槐先生认为其窖藏位置、坑的深度与形制、坑内窖藏的主要青铜器品种和青铜器在坑底的摆放情况等有许多相似之处，这决定了它们具有相同的精神文化背景，应是商王室举行大型祭祀活动的遗迹。安先生的认识是正确的。这3处青铜器窖藏坑是目前发现的最早的“定鼎”祭祀遗迹。当时由于商王国内乱不已，统治者为稳定局势而举行国祭，祈求国祚长存，王都永固。因为郑州商都是商族的发祥圣地，故将祭祀的青铜法器分别埋设在内城外侧周边，使其护佑王国根基。从“定鼎”遗迹可以看出，除方鼎重器之外其他青铜法器不甚相同，这是为配享不同方位的“神祇”而分别安排的。“定鼎中原”大概渊源于此，后世因此将“定鼎”延伸为定都或建立国家。郑州商城以亳都说为盛⑤，即第一个商王汤的亳

① 邹衡：《试论夏文化》，《夏商周考古学论文集》，文物出版社，1980年；宋豫秦：《论杞县与郑州新发现的先商文化》，《中国商文化国际学术讨论会论文集》，中国大百科全书出版社，1998年。

② 李维明：《郑州出土商代牛肋骨刻辞新识》，《中国文物报》2003年6月13日。

③ 河南省文化局文物工作队：《郑州二里冈》，科学出版社，1959年；河南省文物考古研究所：《郑州商城》，文物出版社，2001年。

④ 河南省文物考古研究所、郑州市文物考古研究所：《郑州商代铜器窖藏》，科学出版社，1999年；安金槐：《再论郑州商代青铜器窖藏坑的性质与年代》，《华夏考古》1997年第1期。

⑤ 邹衡：《郑州商城即汤都亳说》，《文物》1978年第2期。

都，之后成为早商时期的首都（主都）①。

偃师商城是位于偃师市尸乡沟的一处早商城址，面积约190万平方米，距著名的二里头遗址仅6千米。该城大体为长方形，由大城、小城、宫城等三重城垣及多组宫殿建筑基址组成，并分布有房基、作坊、墓葬等遗迹。根据发掘资料和文献记载，确定该城为商灭夏后的都城——西亳遗址。

郑州小双桥遗址位于河南省郑州市石佛镇小双桥村南，遗址分布于小双桥、岳岗、于庄三个自然村之间，面积约150万平方米。1990～1995年，先后进行数次调查和发掘，发现有夯土建筑基址、窖穴、祭祀坑、灰坑、壕沟、道路等遗迹，出土有青铜建筑构件、石磬、原始瓷尊、石圭等重要遗物②。此外在陶器表面发现了“朱书陶文”，约有9字，使用毛笔书写，颜料为朱砂③。小双桥遗址的时代略晚于郑州商城，文化内涵比较单纯，一般认为小双桥遗址为仲丁所迁之隞都④。小双桥遗址的时代处在郑州商城与殷墟之间的中商时期，为研究早商、晚商的文化演变提供了重要的实物资料。

早商时期，商王朝的政治、经济、文化中心处在郑洛地区，并且周边分布有众多的遗址和城址，说明商王朝十分重视经营华夏腹地，同时将商文化的影响不断扩展到更大区域。原来夏代晚期的方国城址，如郑州大师姑、东赵、新郑望京楼等经过早商时期的补修和重建，成为拱卫郑州王都的新的防御体系。夏商势力在郑洛地区的消长、更替表现得格外显著。外围地区如焦作府城⑤、辉县孟庄⑥、山西垣曲⑦、夏县东下冯⑧、湖北盘龙城⑨等早商城址，是除郑州王都之外的第二、三级的中心遗址，这比夏文化的范围更为广阔。商王国晚期的都城迁至安阳殷墟一带，拓展了商文化的核心区域，是早期中国文化的进一步发展。

---

① 张国硕：《郑州商城研究》，《华夏都城之源》，河南人民出版社，2012年；张国硕先生在两都制基础上进一步提出主辅都制。

② 河南省文物研究所：《郑州小双桥遗址的调查与试掘》，《郑州商城考古新发现与研究》，中州古籍出版社，1993年；河南省文物考古研究所、郑州大学文博学院考古系等：《1995年郑州小双桥遗址的发掘》，《华夏考古》1996年第3期。

③ 宋国定：《郑州小双桥遗址出土陶器上的朱书》，《文物》2003年第5期。

④ 陈旭：《郑州小双桥商代遗址即隞都说》，《中原文物》1997年第2期。

⑤ 杨贵金、张立东：《焦作市府城古城遗址调查报告》，《华夏考古》1994年第1期；袁广阔、秦小丽：《河南焦作府城遗址发掘报告》，《考古学报》2000年第4期。

⑥ 河南省文物考古研究所：《辉县孟庄》，中州古籍出版社，2003年，第180～305页。

⑦ 中国历史博物馆考古部、山西省考古研究所、垣曲县博物馆：《垣曲商城》，科学出版社，1996年。

⑧ 中国社会科学院考古研究所等：《夏县东下冯》，文物出版社，1988年。

⑨ 中国社会科学院考古研究所：《中国考古学·夏商卷》，中国社会科学出版社，2003年，第231～234页。

四、中国、中华的由来与早期中国文化的形成

中国的称呼始自我国史前氏族社会向文明过渡和发展时期，那时的大型聚落称为“国”。以血缘为纽带聚族而居是这些聚落主要的社会组织形态，因此早期的“国”具有浓厚的氏族社会背景，这是原始农业经济对社会作用的结果。

从“中”和“国”的字义可得到中国来源的一些启示。“中”是代表氏族的旗帜，一般建在聚落的中心，将旗帜从旗杆上升起来后大家都可以看见。氏族首领或酋长集众议事布政也会将“中”升起作为通知氏族各部的信号。“中”有中心、核心之意。“国”字从或、从邑，古音均可读若戈声，其字形来源于被称为“国”的聚落形象，不仅挖制巨壕深沟，还建造高大坚固的城墙保护之。可见城是聚落社会发展的高级形态，城墙聚落往往是周围聚落的中心，号称“国”，城外则称为“野”。“中国”显然是氏族首领或王族居住的有城圈的大型聚落。《诗经》《国语》等历史典籍中的“中国”均是国都、城中之意。不难看出，“中国”一词本身即带有明显的等级社会烙印，客观上也是文明社会的重要表征①。

由“中”而起（也称“中文化”），我国古代先民认为天圆地方，天下也有一个中心，这种观念根深蒂固地影响着先民的思想和行为，是古代先民宇宙观的基础。随着各地文明起源及其初步发展、文化交流的增多和加强，人们渐渐认识到嵩山不仅地理位置居中，并且比其他地区繁荣富庶，郑洛地区经济文化对周边文化的引领和影响尤其突出，具有“天下之中”的神奇力量。夏商时期，这里就被称为“华夏”和“中国”，成为王国的核心地区。西周时期，称嵩山为“天室”，即天下之中心，应是古代历史经验的总结和赓续。华文化的兴起、黄帝文化的影响及夏文化、商文化早期都城建设等史迹，佐证了“天中”思想应萌发于新石器文化晚期的大河村文化时期，西周时期《何尊铭》的“中国”就是对早期中国文化的继承和发展。郑洛地区是华文化、夏文化、商文化的发轫开源之地，这种深厚的文化积淀为“天中”思想做了最好的注解，使“中国”“华夏”的文化内涵生动而多彩。

古代帝王以“天中”为王权的命脉和根本，故在此建都立国成为华夏传统②。以天下而言自然称嵩山周边及郑洛地区为“中国”，其他区域则称“四方”或“四夷”，这种花蕊花瓣式的国体结构具有超强的稳定性③。《书·武成》“华夏蛮貊，罔不率俾”，《礼记·王制》“中国戎夷五方之民”的“华夏蛮貊”“中国戎夷五方”即是

① 何志虎：《“中国”称谓的起源》，《人文杂志》2002年第5期；王克林：《“中国”一名源河东的考古学考察》，《文物世界》2003年第4期。

② 任伟：《天地之中——嵩山地区的文明核心地位》，《中国文化遗产》2012年第2期。

③ 严文明：《中国文明起源的探索》，《中原文物》1996年第1期。

天下观念的全称。“中国”“华夏”既然居于“天下之中”，也就担当和行使天下之责任，这也是夏商历史证明的事实。西周初年，周公亲自在登封阳城观星测象，确定“天下之中”，营建成周，实行分封制，推行“中国化”的封建制度。这是周公等人根据当时形势，以“中国”为基础，为西周王朝量身定制的一套天下法规，成为之后周边民族（北魏、金、元等）入主中原遵循的范式。“中国”独特的地理环境，优秀的文化品质，发达的农业、手工业经济是成就其发展壮大的主要因素，在发展过程中显示了强大的生命力，表现为向外扩张的辐射力和对周边文化的吸引力，形成发展→融合→再发展→再融合的成长模式。

现代中国显然是古代“天下”以中心指全部、以重点代整体的继承，由此可以看出中国概念是以早期华夏文化为根基而形成的历史政治概念。同样，新郑华地是华文化开创文明的起源地，西周时期仅遗留了次等级的“华国”，故它应是“中华”名称的缘由。新郑华地不仅是华文化的起源地，也是夏文化的起源地，同时还是商文化兴起之地，这些现象再次印证了“中华民族起于此”①的事实。总之，我们看待“中华”“华夏”“中国”要用历史的发展的观点来考量，否则就难以探知其真谛。

五、结　语

早期中华文明是由华文化发展为夏文化的历史概括，其文化传播和强大发展活力使早期中国文化逐渐趋同并向一体化融合发展。华文化、夏文化、商文化等是构成华夏文明起源及初期发展的中国元素，郑州西山城址、古城寨城址、王城岗城址、新砦城址、二里头遗址、郑州王都城址、偃师商城等一系列古城古都文化的史迹表明，文明星火在此勃发而逐渐燎原神州，为早期中国文明增添了绚丽光彩。中华文明历史悠久，源远流长，记录和展示了古代中华先民创造中华文明奇迹的伟大历程，证明它也是由弱小到强大、由初级到高级的曲折复杂的一个发展过程。中国文明也称华夏文明、中华文明，这是华文化、夏文化分别对中华文明起源和王国文明发展做出的开创性历史贡献的铭记。

---

① 唐兰：《西周青铜器铭文分代史徵·命篇》，中华书局，1986年，第338页。

郑州都城文化资源开发与利用研究*

贾兵强

（华北水利水电大学中原科技文化研究中心）

摘　要　郑州都城文化是建设华夏历史文明传承创新区的重要资源之一。合理开发利用郑州都城文化资源，把这种文化资源优势转换为强大的经济优势，是推动郑州市区建设的动力之一。文章运用历史学、地理学、文化学、考古学、遗产经济学等多学科的知识，概述了郑州都城文化资源及其开发利用中存在的问题，提出郑州都城文化资源开发与利用的策略，旨在对中原文化的传承有所借鉴，对建设华夏历史文明传承创新区有所启示。

关键词　郑州　都城文化　开发　利用

郑州是河南的政治、经济、文化中心，也是中国历史文化名城、中国八大古都之一、中国优秀旅游城市、国家园林城市、国家卫生城市。它位于中原腹地，正处在黄河冲积扇平原的顶端，北临黄河，西依嵩山，东南部平原辽阔。这里气候温和，土壤肥沃，雨量充沛，自远古时代起就是人类繁衍生息的好地方，历史文化积淀十分深厚。郑州的都城文化资源丰厚，这里不仅是中华人文始祖轩辕黄帝的故里，而且还有大禹治水的传说，有夏都阳城、夏文化的代表——大师姑遗址、早商文化的中心——郑州商城与亳都，还有管、祭、郑、韩等古国文明。

目前，郑州都城文化资源可持续利用仍然处在探索阶段，学界对此进行了相关研究，如梁留科等的《基于体验经济理论的文化遗产旅游研究》①、王星光等的《中原历史文化遗产旅游经济可持续发展的SWOT分析》②、齐岸青的《郑州历史文化遗产开发

---

*　本文是河南省哲学社会科学规划项目“华夏历史文明传承创新研究”（2013BLS015）相关研究成果。

①　梁留科等：《基于体验经济理论的文化遗产旅游研究》，《许昌学院学报》2007年第5期。

②　王星光等：《中原历史文化遗产旅游经济可持续发展的SWOT分析》，《江苏科技大学学报（社会科学版）》2008年第3期。

利用的探索》[①]、安国楼的《郑州历史文化资源的总体评价及开发利用》[②]、程杰晟的《古都郑州历史文化内涵新探——旅游业发展的视角》[③]、郑州市城市科学研究会的《古都郑州》[④]、李民等的《郑州古代都城》[⑤]，以及笔者的《中原文化资源开发与提升河南文化发展能力问题研究》[⑥]和《建设郑州历史文化旅游区的路径选择》[⑦]，但是对郑州都城文化资源开发与利用缺乏系统、综合、深入的研究。由此可见，开展郑州都城文化资源开发利用研究具有十分重要的学术价值。

以郑州都城文化资源为依托，大力发展文化旅游不仅满足了当代人精神文化的需求，而且促进了旅游产业的发展。据统计，2014年国庆假期，郑州市共接待游客977.44万人次，旅游收入35.59亿元人民币，其中新密的伏羲大峡谷景区游客达到3.2万人次，门票收入51万元[⑧]。与此同时，2014年，郑州市人民政府也明确提出，培育优势文化创意旅游产业，建设智慧旅游城市，到2019年，郑州文化创意旅游产业增加值及旅游总收入均突破1000亿元[⑨]。因此，适度开发与利用郑州都城文化资源，不仅可以推动古都文化和智慧旅游发展，打造中原经济区核心增长极，而且对推进文化强省、弘扬中原文化、建设华夏历史文明传承创新区具有十分重要的现实意义。

一、郑州都城文化资源概况

旧石器时代，在荥阳境内发现的织机洞遗址，可知距今约10万年的原始人类就曾在郑州繁衍生息。郑州地区发现的裴李岗遗址、西山遗址、大河村遗址、古城寨遗址等，黄帝都有熊（在新郑，今新郑、新密一代），祝融氏黎都郐（在新密古城寨），说明新石器时代中原地区已经进入文明社会。例如，西山古城址位于郑州市西北郊23千米枯河北岸的二级阶地上，属于仰韶文化晚期夯土建筑城垣，是我国迄今为止发现

---

① 齐岸青：《郑州历史文化遗产开发利用的探索》，《中国文物报》2005年8月10日第4版。

② 安国楼：《郑州历史文化资源的总体评价及开发利用》，《中国古都研究（第二十一辑）——郑州商都3600年学术研讨会暨中国古都学会2004年年会论文集》，三秦出版社，2007年。

③ 程杰晟：《古都郑州历史文化内涵新探——旅游业发展的视角》，《湖北函授大学学报》2010年第2期。

④ 郑州市城市科学研究会：《古都郑州》（上下卷），中州古籍出版社，2004年。

⑤ 李民等：《郑州古代都城》，河南人民出版社，2008年。

⑥ 贾兵强：《中原文化资源开发与提升河南文化发展能力问题研究》，河南省社会科学联合会调研课题，2010年。

⑦ 贾兵强：《建设郑州历史文化旅游区的路径选择》，郑州市社会科学调研课题，2013年。

⑧ 胡审兵、马健：《国庆假期郑州共接待游客977.44万人次　新型景区受青睐》，《郑州晚报》2014年10月8日第A10版。

⑨ 裴蕾等：《市十四届人大一次会议隆重开幕》，《郑州晚报》2014年2月21日第A35版。

的年代最早的城址，对研究我国古代文明的起源、城市的发展等具有十分重要的意义。1996年12月25日，国务院公布西山古城址为全国重点文物保护单位。再如，古城寨城址位于新密市东南的曲梁乡大樊庄古城寨村周围，城址呈东西长方形，至今仍较好地保存着南、东、北三面城墙和南北相对两个城门缺口，城址规模宏大，墙高沟深，气势雄伟，为我国早期筑城史上所罕见。

夏商时期，郑州是中国历史上最早建立的两大王朝——夏、商的立都之地和活动的中心地区。“禹都阳城”和“商汤都亳”的文献记载都在这里找到了充足的物证。据文献记载，嵩山一带是夏族先民活动和建立夏王朝统治的活动区域，即“禹居阳城”“禹都阳城”。《国语》载：“昔夏之兴也，融降于崇山。”崇山即嵩山。《水经注》记载：“颍水出颍川阳城县西北少室山，西南过其县南。”郦道元注：“颍水又东，五渡水注之。……其水东南径阳城西，……昔舜禅禹，禹避商均，伯益避启并于此，……县南对箕山。”在登封王城岗发现的龙山古城恰在春秋时期的阳城附近，这为“禹都阳城”提供了佐证，禹都阳城在今登封告城镇西北的土岗上，当地群众称“望城岗”。土岗现存面积约1万平方米，岗顶最高处比周围平地高2～4米，是一处以龙山文化中晚期遗存为主、兼有裴李岗文化和二里头文化以及商、周文化的遗址。1996年12月25日，国务院公布王城岗古城为全国重点文物保护单位。

在郑州西部荥阳发现的大师姑城址是我国迄今为止发现的唯一一座二里头文化城址，它的发现填补了我国夏代城址考古的空白，为进一步研究我国古代的城市发展、夏代与国家社会结构乃至中国古代文明起源提供了珍贵的资料。另外，夏启都阳翟在新密古城寨及其附近一带，夏王太康、有穷氏后羿、夏桀都斟鄩在郑州巩义市小寨殿及其附近。郑州商城的发现，证明郑州在3600年前成为中国商代早期和中期都城，是商文明的发源地，对研究商代政治、军事、经济、文化及中国古代都城建设等历史问题都具有特别重要的意义。成汤亳都在今郑州商城遗址，仲丁傲都在今郑州市西北郊的小双桥、广武镇平桃城一带。

西周时期，周王分封诸侯，以治天下。在郑州地区就分封了很多个邦国，如邳、羲、曼、虎方、索、京、来、冯、东虢、胥、雀、弊、敖、祭、管、郐、密等国，管叔鲜都管（在郑州西北角）、郑武公都新郑（在今新郑市郑韩古城）、韩哀公都新郑（在今新郑市郑韩古城）。其中，管国因参与武庚煽动的“管蔡之乱”，被周公所灭。郑国原是西周镐京附近的封国。

公元前770年，郑武公护驾周平王东迁洛阳，并将郑国迁至原东虢、郐、管之地，建立新郑。郑国在新郑传22世，于公元前375年被韩国所灭。韩国在新郑传9世，在公元前23年被秦国所灭。在新郑境内的郑韩故城，见证了郑韩两国在新郑经营500多年的历史。根据马世之先生的研究和考察，三代时期郑州地区曾出现过39个方国，分别是胥、河、虎方、轘、崇、纶、氏、祭、弊、依、舟、有熊、棐、苑、华、梅、鬲、斟鄩、羲、昆吾、补、京、来、郐、密、管、巩、东周、隞、索、曼、邳、东虢、郑、韩、颍、冯（倗）、雀、郑氏[①]。郑杰祥先生则对殷商时期方国情况进行考察，郑州地区共出现29个方国，分别是雀、弭、祭、目、旃、弜（邲）、先（华、莘）、曼、虢、敝、有、辔（补）、非（棐）、未、郑（奠）、视（示、市）、啚、高、京、龙、宅丘、官、彭、函、禽、眉、弄（并）、不水、亳[②]。结合两人的研究成果，去除其中重合的部分，夏商周时期，郑州出现的方国为57个。迄今为止，考古发现的郑州古城城址有27个，其中全国重点文物保护单位12个（表一）。上述郑州灿烂的古国文明，成为郑州都城文明的重要组成部分。

表一　郑州都城城址一览表

编号	名称	所在地	备注
1	密国故城	新密	郑州市文物保护单位
2	郐国故城	新密	河南省文物保护单位
3	小索城址	荥阳	荥阳市文物保护单位
4	郑韩故城	新郑	全国重点文物保护单位
5	京城城址	荥阳	全国重点文物保护单位
6	祭伯城址	郑州	全国重点文物保护单位
7	阳城	登封	全国重点文物保护单位
8	黄城城址	登封	河南省文物保护单位
9	华阳故城	新郑	全国重点文物保护单位
10	负黍城址	登封	郑州市文物保护单位
11	常庙城址	郑州	中原区文物保护单位
12	平陶故城	荥阳	荥阳市文物保护单位
13	河阴故城址	郑州	惠济区文物保护单位
14	箜篌城	中牟	中牟市文物保护单位
15	苑陵城	新郑	郑州市文物保护单位
16	大索城城址	荥阳	荥阳市文物保护单位
17	汉、霸二王古城址	荥阳	全国重点文物保护单位
18	荥阳故城	郑州	全国重点文物保护单位
19	圃田故城	中牟	郑州市文物保护单位
20	东周故城	巩义	河南省文物保护单位
21	巩县故城	巩义	巩义市文物保护单位

① 马世之：《中原古国历史与文化》，大象出版社，1998年。

② 郑杰祥：《郑州市域殷商方国国都探索》，《古都郑州》（下卷），中州古籍出版社，2004年。

续表

编号	名称	所在地	备注
22	大师姑城址	荥阳	全国重点文物保护单位
23	西山古城址	郑州	全国重点文物保护单位
24	古城寨	新密	全国重点文物保护单位
25	商城遗址	郑州	全国重点文物保护单位
26	黄帝故里	新郑	全国重点文物保护单位
27	苑陵故城	新郑	河南省文物保护单位

注：对于郑州都城文化资源的全国重点文物名录数据统计截止时间为2013年3月，主要依据1961年3月、1982年2月、1988年11月、1996年11月、2001年6月、2006年5月和2013年3月国务院公布的第一批、第二批、第三批、第四批、第五批、第六批和第七批全国重点文物保护单位相关河南重点文物保护单位数据整理而成。

秦汉时期，以荥阳为中心，地处交通要道，经济发达。这时的荥阳有“富冠海内”“天下名都”之美誉，是闻名海内的大城市，与蓟（今北京市）、邯郸、洛阳等城市齐名。三国时期，官渡之战就发生在中牟境内，说明中牟在三国时期是南北交通的咽喉要道。隋朝建立后，改北周时的荥州为郑州，郑州之名始得启用。新郑后周皇陵位于新郑市城北约18千米的郭店镇附近，由嵩陵、庆陵、顺陵和懿陵四座陵墓组成。与秦、汉、唐、宋等朝代封建帝王的陵墓相比，后周皇陵的规模明显较小，这主要是与后周太祖郭威的薄葬思想有关。据记载，郭威在临终前曾嘱咐养子柴荣说：丧事从简，不要劳民伤财，陵墓务必俭素，不用石柱、石人、石兽，不修下宫，不要守陵宫人，下葬时只用瓦棺纸衣。周太祖郭威埋葬时是否用瓦棺纸衣，尚不得而知，但嵩陵确无石人石宫。其他的庆陵、顺陵、懿陵前也均无石人石兽。1963年6月20日，新郑后周皇陵被河南省人民委员会确定为河南省文物保护单位。2002年，新郑后周皇陵被国务院确定为全国重点文物保护单位。

宋代的郑州是文化鼎盛时期，嵩阳书院是宋代四大书院之一。巩义境内方圆约300千米的北宋皇陵，内有宋朝皇帝、帝室家族、王公大臣的陵墓200多座，为中国中部地区最大的皇帝陵墓群，主要分布于巩义市的西村、芝田、市区、回郭镇4个镇区。北宋王朝共有9个皇帝，除徽、钦二帝被金兵所掳，死于漠北五国城，葬地不详外，其余7帝和宋太祖的父亲赵宏殷均葬于此，故称“七帝八陵”。另有附葬皇后陵21座，亲王、公主、皇子、皇孙及诸夫人墓144座，高怀德、蔡齐、寇准、包拯、杨六郎、赵普等功臣名将墓7座，各帝系子孙及宗亲墓200余座，形成了一个南北长15、东西宽10千米的庞大陵墓群，共有陵墓近千座。宋陵在1982年2月被定为全国重点文物保护单位。

另外，郑州西南及荥阳分布有明藩王陵群，其中的原武温穆王陵保存有较完整的彩色壁画，绘制的笛、鼓、褂板、琵琶、笙、萧、定音锣、秦琴等，是音乐史上的重要史料，各种壁画人物景致搭配巧妙，层次分明，色彩鲜艳，技艺精湛，具有极高的艺术价值，也是研究明代生活风俗的珍贵史料。

二、郑州都城文化资源开发与利用中存在的问题

郑州地处中原，历代为中华民族的腹心重地，在中华文明的发生、发展过程中占有举足轻重的地位。悠久的历史使郑州物质文化遗产丰厚，非物质文化遗产繁盛。目前，郑州市大力发展创意文化产业和高成长服务业，实施智慧旅游城市战略，在都城文化资源优势转化方面，取得了一定的成绩，如商城文化资源开发、黄帝文化资源开发等。但也应该看到，都城文化资源开发还仅仅局限在物质文化遗产方面，如遗址、城址、碑刻、墓葬等文物古迹，而非物质文化遗产如历史名人、历史故事、姓氏文化等方面还有很大的提升空间和维度。另外，与北京、西安等历史文化名城相比，郑州都城文化资源保护及开发还有一定差距，就连与资源优势远不如郑州的南京等地相比也相距甚远。

（一）开发相对缺乏科学性

各县（市）、区在历史上有些曾互为管辖，所以出现资源重合或相似的情况，由于缺少沟通和协调，未能与其他县（市）联合形成合力，使资源推广受限。各县（市）、区都有丰富的资源，但并未对资源进行认真的梳理、归纳，并未对本地资源真正有别于其他地区的优势进行分析，都想抓，平均用力，反而都没有抓出成效。就目前看来，开发方式仅限于对景区的环境整治，满足于初步的参观旅游需求，未结合资源的文化内涵进行深度挖掘。

（二）利用相对缺乏系统性

目前已经开发的都城文化资源大部分由文化部门下属的全供事业单位管理，主要职责是进行文物保护。受单位性质所限，在经营模式与经营理念上都体现出较多的事业单位特性，无法适应市场经济发展的需要。都城文化分属市、县区，内涵不一，形成各自相对独立的体系，难以统领。例如，登封、新郑、荥阳在历史上都是名城，甚至国都所在地，早已形成相对独立的文化形象。相比之下，郑州似乎成了新兴城市，既无深厚的文化底蕴，也无法统领周边这些文化圣地。

中国八大古都，河南有其四，四大古都都有着悠久的历史渊源，安阳和郑州之间有着很深厚的历史渊源，作为殷墟文化的承载地，安阳是商代后期都城的体现，而郑州商都是商代前期的模本。九朝古都洛阳的汉、魏、隋、唐文化，八朝古都开封的宋文化也闻名于世，浓缩了中国从夏代到金代3000多年灿烂历史文化的精华。四大古都之间的高速公路快捷方便，为区域旅游提供了保障，旅游合作潜力巨大，前景光明。而现在四大古都却各自为战，没有联合起来协同作战，没有通过相互推介文化旅游资源来吸引游客。在整合河南区域内的文化资源的同时，郑州还需要放眼全国和世界，国内八大古都现在还没有进行统一的推介活动，没有形成一个整体来表现中国灿烂的历史文化，推出一体化的旅游线路。郑州还没有以历史都市这一纽带和世界上的各都市加强国际之间的文化交流与合作力度。

（三）都城文化资源社会美誉度相对较低

郑州地区兴起较晚，地表依存古迹较少，加上郑州又是一个移民城市，在已经形成的关于郑州文化形象的观念里，郑州是一个新兴城市，人们不能自然地把郑州与古都或历史文化名城联系在一起，这给利用历史文化资源塑造郑州古都形象增加了难度。除了郑州商城知名度较高外，其他大多数资源尽管在历史上都有较高的知名度，但多因历史悠久，或保护不力，或开发不足，或遗存规模有限，品牌价值含量多相对不足，难以形成强大的文化传播力，因而郑州古都或历史文化名城的认可度低。

三、郑州都城文化资源开发与利用策略

郑州都城文化资源开发与利用以科学发展观为指导，从经济、社会和环境可持续发展的角度出发，全面树立“保护为主、抢救第一、合理利用”的方针，走 “保护→开发→利用→发展→保护”的可持续发展之路，充分发挥文化资源在传承华夏历史文明和培育优势文化创意旅游产业的作用，加快建设旅游集散中心和智慧旅游城市的步伐，全面推进中原经济区核心增长区建设。

（一）保护第一

保护文化遗产是第一要求，不仅是遗产旅游可持续发展的前提，也是由遗产的性质决定的，同时也是实现可持续发展代际公平原则，对子孙后代负责的选择，因为遗产的特性是不可计算、不可取代、不可再生的，具有不可逆转性。国内遗产保护界提

出“保护即发展”观点①。可持续发展强调代际公平，既要满足当代人的需求，又要满足下一代人的需要，都城文化资源的珍稀性和独特的存在价值，更要求可持续发展，因为我们应清醒地认识到，“历史的珍贵就在于它的不能复制，一旦损毁便意味着永远失去”②。

都城文化资源保护是利用的前提，文化遗产资源是开发者进行相关开发利用建设活动的基础和前提条件，一旦破坏殆尽，都城文化资源将失去保护的必要，也就无开发利用可言了。因此，保护是利用的前提，是当前的迫切任务，并且都城文化资源的保护还贯穿于开发的整个过程中，这是由开发带来的负面效应所决定的。历史文化资源的独特性和不可再生性决定了对其“保护”是处于第一位的。

加强文化资源的保护是郑州都城文化开发利用的根本保证。根据文化资源的等级和性质，实行区别对待、分级管理。对于世界文化遗产、国家重点景区特殊野生地域、特殊科学价值保护地、生物多样性保护区等价值较高的区域，应以保护为主。对于普通保护区，应严格执行核心区、缓冲区和试验区的分区标准，强化分区管理，严禁在核心区开展旅游活动，在外围缓冲区和实验区允许开展适当的旅游活动③。在开发利用郑州都城文化资源时，必须整体规划，综合开发，形成体系，避免对文化遗产散乱无序状态的开发。每一个文化资源的开发项目，都必须经专家审核论证，以保持文化资源的原有风貌与特定内涵。

（二）合理开发

合理开发利用是保护的必要体现，是可持续发展的基础。一般地说，合理地、科学地对文化遗产资源的开发，促进其旅游发展，带来的旅游收益的一部分可以通过各种形式返回文化遗产地。从这个意义上来讲，开发意味着保护，也只有这样才能实现郑州都城文化资源“保护→开发→利用→发展→保护”的可持续发展之路。

“保护第一”并不是不要开发，而是“不要破坏”，是只能“在有效保护的前提下”进行开发利用。都城文化开发要以保护都城地旅游资源为基础，与旅游资源和旅游环境的承载力相协调，通过合理利用开发各种遗产旅游资源，以实现促遗产旅游可持续发展。在保护的前提下把都城文化资源的内涵及其部分外延逐步向社会推介，通过内涵的发掘、形象的“包装”，将其沉睡多年的价值展示出来，让文物走出历史，

① 阮仪三、张艳华：《上海城市遗产保护观念的发展及其对中国名城保护的思考》，《城市规划学刊》2005年第1期。

② 杨欣元：《城市的灵魂》，《开封日报》2004年8月27日第3版。

③ 郭鲁芳：《试论国际旅游市场消费结构特点及其趋势》，《江苏商论》2005年第4期。

把它变成供观众欣赏和游览的资本。在公众了解的过程中，大大增加文物本身的社会影响力和市场价值，同时又为文化资源的进一步开发与文化内涵的深入挖掘创造了条件，这种良性循环大大促进了文物资源保护与利用的和谐共生。

郑州都城文化资源极其丰富，可开发利用前景异常广阔，需要我们合理开发，最大限度地发挥他们的优势和价值。我们可以重点挖掘以夏商文化为核心，以中华文化为主线的历史文化资源，大力发展新闻出版、广播影视、文化演艺娱乐、音像电子等产业群，促进演艺影视、文化娱乐业的健康发展，搞活流通环节，繁荣演出市场，增强郑州市演艺影视的辐射力和影响力。例如，我们可以制作关于“郑州商城”的探索与发现节目，拍摄《商汤大帝》的电影、连续剧，制作歌舞剧等，甚至可以开发一部《商汤大帝》的电子游戏，在城市主要进出口树立商汤大帝的雕像，把城市主要街道更名为与商汤有联系的名字，使郑州市商文化深入人心。再如，黄帝故里拜祖大典自2006年举办至今，每年一次，已经由区域性纪念活动发展成为海内外炎黄子孙寻根团聚的盛大节日。2008年，黄帝故里拜祖大典被国务院认定为国家级非物质文化遗产，已经打造成了当代“国典”式文化精品工程，助推了中原经济区和郑州航空港经济综合实验区的发展。每年大典期间，河南省、郑州市都要签订一批经济效益好、带动能力强的投资合作项目，8年来累计签约项目总金额数千亿元，极大地增强了郑州市和河南的发展后劲①。另外，随着首部展现人文始祖轩辕黄帝故事的电影——《轩辕大帝》上映，必将带动郑州都城文化和城市形象提升，经济发展和投资增多也将为黄帝文化发展注入可持续发展的动力。

（三）重视高科技

当今社会，科学技术已成为推动经济发展，促进社会进步的主导力量。同样，科学技术也是应对文化资源被毁被盗危机、扭转遗产保护严峻形势的关键途径。例如，日本先后于1930年和1952年成立的东京国立文化财产研究所和奈良国立文化财产研究所，已经成为亚洲地区的文物保护研究和教育的基地②。再加上历史文化遗产的不可再生性和不可替代性，决定历史文化遗产保护科学技术研究与应用的高度严谨性、交叉性、综合性③。因而，郑州都城文化资源的开发与利用，必须大力发展文化遗产保护科学技术，用先进的科学技术保存、修复文物或古建筑，用先进的科学手段发掘历史遗迹或遗物，用先进的科学方法记录或整理发掘资料、古文献及非物质文化遗产。实施

① 柳杰：《黄帝故里拜祖大典4月2日举行 拟增台湾遥拜环节》，千龙网，2014年3月20日。

② 吕志祥：《中国境内世界遗产的保护现状及法律对策》，《安徽商贸职业技术学院学报》2006年第3期。

③ 刘建华、姚兆：《我国历史文化遗产保护科技成果推广转化现状及对策研究》，《东南文化》2005年第4期。

都城文化遗产的科学调查评估行动，全面掌握郑州都城历史文化资源的资料；大力加强文化资源保存与修复的基础科学研究，实施关键技术攻关行动，推进传统核心科技体系的科学化、现代化进程；利用生态经济学、生态法学、可持续发展经济学等学科成果，对文化遗产生态价值进行评估，建立科学合理的评估测定体系和生态利益补偿机制。通过计算机网络，利用虚拟技术，实施郑州都城文化的数字化战略，将文化资源制作成各种类型的影像，如三维立体、动画等，来展示都城文化生动的原貌，提高遗产的展出率和效果，模拟地展示尚未挖掘或已经湮灭了的遗址、遗存，整合历史文化遗产资源，推动都城文化资源进入数字化时代，科学展示都城文化传承和保护的现代化。

"中国创意产业之父"厉无畏也曾指出："科技创新和文化创意在山脚下分手，到山顶再汇合，就占领了经济的制高点。"[①]从国内外文化产业发达城市和地区的经验来看，无论历史文化资源丰富与否，其发展的重要特征都主要是与科技创新发展的最前沿领域相关的创意行业。以2009年为例，软件、网络及计算机服务领域所占北京文化创意产业的比例为38.4%，上海在网络视听服务上占据全国约70%的市场，网络游戏服务占据全国近50%的市场，杭州市动漫企业原创动画产量占全国总产量的16%，位列全国各大城市第一位[②]。所以说，科技创新是文化发展的重要引擎。在开发利用郑州都城文化资源的过程中，郑州应充分利用新一代信息技术所带来的发展机遇，运用高新技术带动催生文化产业的发展。要从创意产业的高端着眼，跟踪文化领域高新技术发展和运用的趋势，运用科技成果推动产业升级，重视传统文化产业与数字技术、信息技术、网络技术的内在关联，促进影视制作、出版发行等传统文化产业与数字技术和信息技术加快融合发展、交互发展，推进以数字内容为主的手机电视、网络电视、数字出版、网络出版产业、综合性版权贸易服务、文化类信息增值服务、动漫等新兴文化业，提升传统都城文化资源的新鲜感和吸引力，增加文化旅游的动态性、体验性和休闲性，吸引和满足不同层次人群的休闲需求。

（四）发展文化旅游

《河南省"十二五"旅游产业发展规划》中，明确提出我省将建设古都文化旅游、中国功夫旅游、拜祖寻根旅游、中原红色旅游、黄河小浪底滨水休闲旅游，以及

---

① 李庚香：《打造华夏历史文明传承创新区十策》，《大河报》2011年12月1日第A06版。

② 申现杰：《科技创新，郑州华夏历史文明传承创新区的繁荣之路》，http://news.hexun.com/2011-11-02/134812763.html。

伏牛山、南太行、鸡公山休闲度假旅游目的地[①]。由此可见，郑州古都文化旅游有着厚重的文化底蕴和广阔的文化产业发展空间。

发展郑州都城文化旅游一定要从打造一批特色明显、展现郑州风貌、具有国际影响的文化品牌方面入手，要以文化为魂、旅游为体、商业为力，着力推动文化旅游化、旅游文化化、文化旅游市场化，发挥郑州古都历史文化优势，突出华夏腹地文化交融的地域特色，整合以古都文化、殷商文化、功夫文化、根亲文化、佛道文化、农耕文化、黄河文化、裴李岗文化等为代表的文化旅游品牌，着力开发以古都、名寺、祖根、功夫、宗教为特色的文化观光、寻根朝觐，以及休闲度假、生态观光旅游项目，形成多层次、多功能、多样化的文化遗产旅游产品，丰富和拓展文化遗产的内容和形式，以适应新形势下人们对文化多样性的要求，走出一条具有中原特色的历史文化资源开发的新路子，为郑州历史文化旅游区做出贡献。

1. 商文化遗产旅游区

在郑州都城文化资源可持续利用的过程中，郑州、洛阳、开封和安阳要联合起来，整合资源，协同开发与推介文化旅游资源来吸引游客。在整合河南区域内的文化资源的同时，还要加强与国内其他古都的联系，联合国内八大古都进行统一的推介活动，形成一个整体来表现中国灿烂的历史文化，推出一体化的旅游线路，推出能够体现中华5000年文明的旅游线路。

郑州商城具有优越的区位和交通条件，周边文物古迹星罗棋布，如郑州市规模最大、保存最完整的明清古建筑群——郑州城隍庙、始建于东汉明帝永平年间的郑州文庙，以及子产祠旧址、夕阳楼旧址等。我们可以通过对郑州商文化的旅游开发和文化基础设施建设，构建新的文化旅游产业发展平台，完善文化产业结构体系，开发新的旅游资源，如建设商都文化苑等。营造古都特色城市形象，使郑州成为古韵悠远、民风醇厚的文化旅游名城，形成以历史风貌街区为主体的商文化旅游景区，提升城市文化品位。

2. 嵩山文明遗产旅游区

依托嵩山文明，以现有嵩山地区已发现的新密古城寨、夏都阳城，以及少林寺景区、嵩阳书院景区、中岳庙景区、观星台景区等历史文化景观和嵩山世界地质公园等自然景观为主，进行综合布局、整体开发，提升档次，形成全国一流、世界知名的人文和自然交融的文化旅游风景区。

---

① 胡审兵：《河南省“十二五”旅游产业发展规划征求意见》，《郑州晚报》2011年2月23日第2版。

3. 黄帝文化遗产旅游区

以黄帝故里为中心进行综合布局，主要有新郑的黄帝故里、郑韩故城、始祖山、车马坑博物馆，新密黄帝宫古城寨遗址、打虎亭汉墓等，重点开发以炎黄始祖寻根祭拜、姓氏渊源等为主要内容的传统文化，建设成为世界华人寻根拜祖的旅游胜地。

4. 唐宋文化遗产旅游区

以巩义市北宋皇家陵园为主进行整体布局，主要有宋陵、杜甫故里、黄冶唐三彩窑址等，重点开发唐宋文化，形成高品位的唐宋文化旅游基地。

（五）创新营销推介模式

开发利用郑州都城文化资源，大力宣传郑州的历史文化，加大市场促销，努力扩大市场份额。具体来说，省内市场要突出以“古都郑州”为主题的宣传，形成河南人爱河南、游郑州的良好氛围。国内市场，要以周边地区为基础，突出以“文化郑州”为主题的宣传，加强经济发达地区的宣传促销活动。

在大力发展传统促销的同时，加大电视广告和户外广告的分量；注重中原历史文化与影视文化媒体的结合来宣传郑州都城文化资源，如电影《少林寺》，纪录片《中原大发现》《河之南》，中国实景演出《禅宗少林·音乐大典》，河南卫视名牌栏目《梨园春》《武林风》等；充分利用现代网络技术，积极开展网上营销，构建微博矩阵广场，逐步建立和完善现代网络促销新格局；要分期分批邀请海外媒体记者、作家和旅行商前来实地考察和采访；在主要客源市场国建立办事机构或代理点，建立合资旅行社，开辟在客源地区直接宣传的渠道；要与有关省市旅游主管部门广泛开展旅游业务合作，签订互为市场、互送客源的合作协议书，努力实现“资源共享，客源共有”，形成多渠道、多方位地宣传郑州历史文化遗产，弘扬优秀的中原传统文化，以期实现郑州经济社会的全面可持续发展。

1. 借势促销

郑州都城文化资源开发利用要基本依托嵩山文化圈、古都文化、农耕文化等资源，最大限度地吸引客源市场。能否成功借势开发事关郑州历史文化旅游区旅游开发营销的成败。通过借势宣传让中国人、让全世界都知道古都郑州的历史和辉煌，使郑州八大古都之一的形象更加深入人心。例如，充分把握古都联谊处设在郑州的便利条件，通过组织联谊会和论坛等活动，加强交流，协调各地媒体间的宣传方式，发挥群体优势，以团体的声音来宣传自己，以“群”招人；拍摄电视专题片，制作生动的影像画面，以“美”诱人；力争将其写入高等院校及中小学教材并出版《中国八大古都》一书，以“知”育人。与此同时，郑州都城文化资源开发利用应根据未来游客的消费需求，采取相应的旅游市场促销主题，如拜祖大典、少林武术节、嵩山论坛等品牌效应不断提升郑州古都文化社会美誉度。由中央电视台拍摄的大型纪录片《商之都》正反映了这方面的新进展。

2. 直接宣传促销

郑州古都文化的相关职能部门要积极组织配合合作单位参加省组织的各种旅游展览会、博览会、交易会和促销招商活动。增强全民旅游促销意识，全社会共同塑造郑州古都旅游的整体形象。郑州都城文化市场开发要改变由过去一年到外面开几次推介会改变为有计划促销、有方向推销，宣传推介也由粗放型转变为品牌营销、体验营销、整合营销和互动营销。在郑州市旅游局，组建数十人的专职营销队伍长年奔波在营销城市，与著名旅游策划机构实行市场托管营销，与多家旅行社门店建立合作关系，形成了一个覆盖河南、山东、河北、山西、北京等省市的旅游营销网络。同时，郑州相关历史文化旅游部门还要积极参加全国各类旅游交易会，到主要客源地市场召开郑州旅游推介会，主要客源市场由以前的半径100千米以内扩展到现在的1500千米，还吸引了一些海外来客。

在大力发展传统促销的同时，加大电视广告和户外广告的分量；注重历史文化遗产与影视文化媒体的结合来宣传郑州文化资源，充分利用现代网络技术，积极开展网上促销，逐步建立和完善现代网络促销新格局，充分利用网络的巨大作用，建立“古都郑州网”或“古都郑州特色旅游网”与国内知名网站的连接，提高其旅游的网上知名度，增加影响力，促进郑州都城文化资源开发利用的可持续发展。

四、结　　语

中原历来是我国政治、经济、文化的核心区域，中原文化，在一定程度上成为中国的大文化和元文化。合理开发利用郑州历史文化资源，必须充分保护和科学利用资源，弘扬大郑州文化，必须在立足传承的基础上推动郑州文化创新，以文化为魂、旅游为体、商业为力，着力推动文化旅游化、旅游文化化、文化旅游市场化，大力发展新型文化业态，推动经济结构战略性调整重要内容，推动文化与体育、信息、物流、建筑等融合发展，增加相关产业文化含量和附加值，培育具有商城风貌、郑州特色、中原元素的文化品牌，提升文化软实力，为郑州市区建设提供支撑和精神驱动力，力争在全省率先全面建成小康社会。

郑州商代都城的战略地位

程新伟

（河南科技大学人文学院）

摘　要　郑州作为北渡黄河、东出豫东平原的必经之地，其战略地位早在夏朝时期就已凸显。商王朝在灭夏过程中，郑州所体现出的军事枢纽地位是商王朝在此建都的重要原因之一。商代中期，郑州的行政都城地位得以正式确立，但伴随而来的是军事要冲地位的丧失。西周政权确立，政治中心西移至关中及伊洛地区，郑州的战略地位进一步下降。

关键词　郑州　商代都城　战略地位

以伊洛和嵩山为中心的中原地区是早期文明的核心区域，在这一地区的大量考古发现中，有许多都城遗址已经得到确认。关于偃师尸乡沟商城和郑州商城哪一个是亳都，至今学术界仍有争论，但从域址规模及其出土器物来看，可以肯定二者都曾做过商代的都城。在早期的冷兵器战争中，都城的战略地位是一个王朝盛衰的关键因素之一。本文根据文献记载，结合考古材料，对郑州作为商代都城的重要战略地位做一探析。

郑州商城位于今郑州市区东部，占地约25平方千米。依据河南省文物考古研究所郑州商城考古发掘工地所提供的标本进行^{14}C测年，其所在年代距今约3500年①。《尚书·禹贡》所载九州中，郑州当属豫州，郑康成注曰：“豫州界，自荆山而北至于河。”从豫州在夏商时期的气候来看，四季分明，顺时而有序。《书》疏引李巡云：“河南其气著密，厥性安舒，故曰豫。”《释文》引《春秋元命包》云：“豫之言序也，言阳气分布各得其处，故其气平静多序也。”②竺可桢先生通过中国最早的物候观测指出黄河流域的气候在新石器时代至周初是温和的，直到周初以后，气候才转而恶化③。郑州一带不仅气候温暖湿润，而且土地肥沃，是黄淮海平原与豫西丘陵高地的交汇之处，有适宜发展农业、畜牧业的地形。由于临近黄河，一方面可以为先秦时期民

① 张雪莲、仇士华：《关于夏商周碳十四年代框架》，《华夏考古》2001年第3期。

② （清）孙星衍：《尚书今古文注疏》，中华书局，2004年，第169页。

③ 竺可桢：《中国近五千年来气候变迁的初步研究》，《考古学报》1972年第1期。

众的渔猎提供方便。另一方面，与黄河下游相比，西南靠嵩山，海拔稍高，少受洪涝之害。

早在夏代时期，郑州的战略地位已经在战争中得以体现。夏族初期活动在今天的嵩山一带，《古本竹书纪年》云："禹居阳城。"[①]《史记·周本纪》裴骃引徐广曰："夏居河南，初在阳城，后居阳翟。"[②]据史料所载，夏族在山西省汾河流域亦有都城，张守节《正义》引《世本》云："夏禹都阳城，避商均也。又都平阳，或在安邑，或在晋阳。"[③]对于夏族曾将都城北迁至黄河北岸的晋南地区的观点，有学者认为夏禹"并未直接统治晋南地区原属尧、舜二酋邦分布区的居民"，并指出其目的在于联合各酋邦"共同对付敌对酋邦或酋邦联盟，镇压联盟内某些酋邦的叛乱"[④]。这一说法有其合理因素，因为夏族所面临的敌对势力主要在南方的三苗和东方的夷族部落，这样嵩山一带便占据了重要的军事位置，郑州作为重要的交通枢纽，向南可攻三苗，向东可拒东夷。《战国策·魏策二》云："禹攻三苗，则东夷之民不起。"夏禹既然要发动对三苗的军事战争，就必然不会轻易放弃距离郑州较近的登封和禹县一带而迁都晋南。启继位后，其首要任务在于维护和巩固自己的地位。这时最具威胁的便是伯益和有扈氏。"益干启位，启杀之"，有扈氏因反对启的行为而成为启征伐的对象，"有扈氏不服，启伐之，大战于甘"[⑤]。启在甘地击败了位于郑州北部原武地区的有扈氏之后[⑥]，"天下咸朝"，终于稳定了夏启的统治。其后武观凭借占据西河（今河南安阳）而叛夏启，《今本竹书纪年》云："（启）十五年，武观以西河叛，彭伯寿帅师征西河，武观来归。"[⑦]之所以启能够迅速平叛，与郑州作为北渡黄河的重要基地在一定程度上是分不开的。可见，郑州作为重要的交通枢纽，夏族无论是北渡黄河、进攻西河，还是东出豫东平原，势必要经过此地。

太康继位之后，将都城由禹县一带迁都斟鄩（今河南偃师），但仍然被有穷氏首领后羿、寒浞所取代，在太康失国的数十年间，史料很少有对郑州的记载。宋杰先生

① 范祥雍：《古本竹书纪年辑校订补》，上海古籍出版社，2011年，第5页。

② （汉）司马迁：《史记》卷四《周本纪》，中华书局，1982年，第129页。

③ （汉）司马迁：《史记》卷二十八《封禅书》，中华书局，1982年，第1371页。

④ 张国硕：《从夏族北上晋南看夏族的起源》，《郑州大学学报》1998年第6期。

⑤ （汉）司马迁：《史记》卷二《夏本纪》，中华书局，1982年，第84页。

⑥ 甘地的地望主要有三种不同的观点：有学者主张甘地位于今陕西户县附近，如顾颉刚、刘起釪：《〈尚书·甘誓〉校释译论》，《中国史研究》1979年第1期；谭其骧：《中国历史地图集》，中国地图出版社，1982年。有学者认为应当位于洛阳市西南，如蔡梦珂、蔡运章：《甘国史迹及其相关问题》，《洛阳考古》2014年第1期。有学者主张在今郑州市以西的古代泔水沿岸，如郑杰祥：《"甘"地辨》，《中国史研究》1982年第2期。本文从最后一种。

⑦ 方诗铭、王修龄：《古本竹书纪年辑证》，上海古籍出版社，2005年，第214页。

认为："尽管有穷氏西征河洛与夏人复进豫东、鲁西南，都要经过郑州地区，却未见在那里交战的史迹，似乎该地的防务不太受人重视。"①实际上，一方面这与后羿、寒浞代夏的方式有关，裴骃《集解》引孔安国解释太康"为羿所逐，不得反国"的原因在于"盘于游田，不恤民事"②。《左传》亦云："昔有夏之方衰也，后羿自鉏迁于穷石，因夏民以代夏政。"③这说明后羿利用了夏国内部的矛盾，把握好的时机，并非通过正面战争的形式攻占斟鄩。其后的寒浞取代后羿亦通过非战争的形式而达到目的，这在《左传》魏庄子的言语中有详细论述："浞行媚于内，而施赂于外，愚弄其民，而虞羿于田。树之诈慝，以取其国家，外内咸服。羿犹不悛，将归自田，家众杀而亨之，以食其子……"④此外，从少康仍然能够通过老臣靡及借助姻亲部族的势力复国可见夏族势力之强大，绝非有穷氏所能正面攻取。另一方面，在此期间所发生的战争形式大都是小规模的部族战争，没有部族首领以强大的威望团结其他部族共同征伐某一部族的联盟。这时，郑州在军事上的优势地位便难以在小范围战争中得以显现。

郑州商代都城的建造是商人对郑州战略地位的肯定。商汤之所以在此建立都城，其中一个重要原因就是商人在进攻夏族时已经认识到郑州的重要战略地位。夏桀时期，都城位于今天的河洛地区的斟鄩⑤。商王征伐夏桀的路径有明确的史料记载，《竹书纪年》云："（桀）二十八年，……（商）遂征韦，商师取韦，遂征顾。……二十九年，商师取顾。……三十年，……商师征昆吾。"⑥《诗·商颂·长发》亦云："韦顾既伐，昆吾夏桀。"⑦邹衡先生认为："郑州在成汤未伐韦以前，本名韦，成汤占据韦以后，筑了今郑州商城，加了'邑'，或叫郼。但同时又改称'亳'了，因此又叫'郼薄（亳）'。"⑧杜金鹏先生认为："就目前考古发现并结合有关文献记载来看，不能排除先商晚期之亳在郑州的可能性。商族对郑州的经营，可能始于先商时期，而郑州商城在早商时期也不失为统治中心之地位。"⑨因此，即使暂不论亳都的确切所在，也可以肯定商汤在征伐夏桀时必然要占据郑州这个军事重镇。王震中先生指出："那些属于先商时期为数不多且规模不大的宫室等夯土建筑以及规模不大的同

---

① 宋杰：《先秦战略地理研究》，首都师范大学出版社，1999年，第26页。

② （汉）司马迁：《史记》卷二《夏本纪》，中华书局，1982年，第85页。

③ 杨伯峻：《春秋左传注》，中华书局，2009年，第936页。

④ 杨伯峻：《春秋左传注》，中华书局，2009年，第937页。

⑤ 范祥雍：《古本竹书纪年辑校订补》，上海古籍出版社，2011年，第14页。

⑥ 方诗铭、王修龄：《古本竹书纪年辑证》，上海古籍出版社，2005年，第223页。

⑦ 程俊英、蒋见元：《诗经注析》，中华书局，1991年，第1037页。

⑧ 邹衡：《夏商周考古学论文集》，文物出版社，1980年，第250页。

⑨ 杜金鹏：《偃师商城初探》，中国社会科学出版社，2003年，第174页。

期夯土城墙，可以视为成汤灭夏前占据郑州后，把郑州作为重要的军事重镇留下的遗迹；而那些相当于二里头四期和二里岗下层一期的、为数尚不多、规模也不大的夯土建筑，则可解释为此时的郑州依然继续作为军事重镇而被使用的缘故，只有到了周长近7千米的内城垣建成后，郑州才变成了王都，但这已是成汤之后的事了。”[①]至于顾地，顾颉刚、刘起釪先生认为当在南临郑州的原武县境内[②]。邹衡先生在判断昆吾可能位于新郑地区时，对位于郑州以南的数十里内的孟家沟和曲梁都的重要性做了说明：“这两个夏属邑聚的存在，对成汤所居的亳城来说，无疑是很大的威胁。……可以说，这是入夏的门户，而与‘韦顾既伐，昆吾夏桀’的作战路线也是正好相合的。”[③]这样看来，夏族因为拥有郑州地区并占据韦、顾、昆吾等几个重要据点而给商人的进攻造成一定的阻碍。而商在占据郑州之后，便扫除了西进河洛地区的障碍，并以此为基地，灭掉夏王朝。正是在灭夏过程中，郑州所体现出来的防御与进攻兼备的战略地位，必然会为商人所重视。

商汤灭夏后，夏族遗民依然对其构成较大威胁。《史记·殷本纪》云：“夏桀为虐政淫荒，而诸侯昆吾氏为乱。汤乃兴师率诸侯……”在商汤攻占夏桀的战争中，诸多东夷部落是商王朝的同盟者，至少在商代早期，东夷的威胁并不大。夏桀在战败后，曾出逃晋南地区。《史记·夏本纪》云：“桀走鸣条，遂放而死。”《集解》注：“孔安国曰：‘地在安邑之西。’”[④]夏族部落在战败后向晋南一带逃亡，所以商王在偃师建造都城是符合商代早期的特殊要求的，至少可以起到防范夏遗民的作用。但这并不意味着对郑州战略地位有所放松，正相反，早期的历代商王对郑州的重要地位，一直都未被忽略过。经过商汤以来几代人的努力，至小庚时期，商人“修筑了周长约7千米的郑州商城的内城，其后不久又修筑了范围更大的外郭城墙……”[⑤]。一方面因为商王朝的正统地位已经得到了广泛的认可，其经济实力也有了进一步的提升。另一方面，这时来自夏遗民的威胁降低，相对于偃师来说，郑州则具备更优越的地理优势以加强对东夷的防范，可以据此控制更大的范围，所以大规模的郑州商城在此时兴建。

无论是商城遗址中的遗迹、遗物，还是郑州周边的城邑，都表明了至少在早商晚期，郑州商城已经逐渐由军事重地向政治中心转变。首先，从考古发掘来看，早商晚期至中商时期的郑州商城中留下来的遗迹、遗物是最为丰富的，在城内先后发现了60

---

① 王震中：《商代都邑》，中国社会科学出版社，2010年，第2页。

② 顾颉刚、刘起釪：《〈尚书·甘誓〉校释译论》，《中国史研究》1979年第1期。

③ 邹衡：《夏商周考古学论文集》，文物出版社，1980年，第232页。

④ （汉）司马迁：《史记》卷二《夏本纪》，中华书局，1982年，第88页。

⑤ 王震中：《商代都邑》，中国社会科学出版社，2010年，第132页。

多处大型的商代夯土建筑基址，其中明确认为时代属于二里冈上层第一期的宫殿建筑基址有十七八处之多①。宫殿区内有大批夯土台基及多处大型水井、用石板砌筑的蓄水池及一条石筑水管道。在城郭内发现两处大规模的铸铜作坊基址，制骨作坊遗址、制陶作坊遗址各一处，表明郑州商城的诸多手工作坊已初具规模。在商城东北角内靠近北墙的东端，有一处被视为祭祀的遗迹②。此外，在张寨南街杜岭岗、向阳回民食品厂、南顺城街等窖藏坑内出土铜器共28件，其中有8件大型铜方鼎，可谓是郑州商城所出土青铜器中的精品③。从其规模和出土的文物可以认定郑州商城已经具备了作为政治中心的必要特征。

其次，郑州商城周围具有较多数量的城邑，反映了周王朝以城池拱卫政治中心的行政理念。周成王曾对商代早期王畿之地与周围所属地域的关系有所论述："自成汤成至于帝乙，成王畏相，惟御事，厥棐有恭，不敢自暇自逸，矧曰其敢崇饮？越在外服：侯、甸、男、卫、邦伯；越在内服：百僚、庶尹、惟亚、惟服、宗工，越百姓里居；罔敢湎于酒。"④这段材料在论述过程中，将商代的王畿以外之地分为内服和外服，并均有详细的名称。虽然没有《禹贡》中五服和《周礼》所说九服那么完备而具体，但是从郑州周围分布的城邑来看，内外服的制度在一定程度上反映了当时的现实情况。郑州西方有偃师商城，不必细说。北方主要有垣曲商城、东下冯商城及府城商城。垣曲商城坐落于垣曲县古城关镇内，始建于二里冈下层时期，一直延续使用到二里冈上层时期，其使用时期与郑州商城和偃师商城的年代大体相当⑤。从时间上看，应当是商王用以掌控黄河北岸的东滩等重要渡口的军事重镇。东下冯商城位于山西省夏县埝掌镇东下冯村青龙河南北两岸的台地上。王震中先生据《中国考古学·夏商卷》中对东下冯遗址的二里冈上下层遗存的分期认为："东下冯商城的兴衰是与商王朝的政治中心在豫西和豫中的时期相吻合的。"⑥府城商城位于河南焦作，其修建时间当与二里冈下层时期相同，废弃年代相当于白家庄时期晚段⑦，当为商代早期、中期的重要都邑。南有湖北黄陂盘龙城，尽管盘龙城距离郑州商城较远，但是从其城址的夯土建筑技术、城内宫室的形制及出土的具有典型二里冈文化特征的陶器来看，都应当属于

---

① 河南省文物考古研究所：《郑州商城》上册，文物出版社，2001年，第254页。

② 裴明相：《略谈郑州商代祭祀遗迹》，《中原文物》1987年第2期。

③ 安金槐：《关于郑州商代青铜器窖藏坑性质的探讨》，《华夏考古》1989年第2期。

④ （清）孙星衍：《尚书今古文注疏》，中华书局，2004年，第378～380页。

⑤ 中国历史博物馆考古部等：《垣曲商城》，科学出版社，1996年，第274页。

⑥ 王震中：《商代都邑》，中国社会科学出版社，2010年，第187页。

⑦ 袁广阔、秦小丽：《河南焦作府城遗址发掘简报》，《考古学报》2000年第4期。

商代的地方城邑，无论有学者将其视为直属商王的方国[①]，还是有学者认为其应当为商王在外的政治、军事据点[②]，都丝毫不妨碍商代以周边城邑拱卫政治中心的行政理念。

尽管郑州位居诸多方国拱卫的核心地区，但其本身的战略地位则难以凸显在与其他方国的战争中。中商时期，由于统治集团内部的矛盾以及水患等其他因素[③]，商王朝出现了迁都频繁的现象。据《古本竹书纪年》记载，仲丁“自亳迁都于嚣”，河亶甲整“自嚣迁于相”，祖乙滕“居庇”，南庚“自庇迁都于奄”，盘庚“自奄迁于北盟，曰‘殷’”[④]。《史记·殷本纪》总结道：“自中丁以来，废適而更立诸弟子，弟子或争相代立，比九世乱，于是诸侯莫朝。”说明在这一时期郑州并没能长期居于政治中心地位，但商王的统治在这一时期仍相对稳定，其迁都范围在黄河中下游一带。因此，一旦大规模的军事战争发生，必然不会忽视郑州的战略地位。这在此后的周王伐纣战争中得以体现。周武王在基本控制了晋南和豫西之后，虽然选择了从孟津渡河北上，但仍然在此之前发兵占领了郑州，即当时的管邑[⑤]。占领郑州，是周王出于其作为南北交通枢纽的考虑，不仅可以阻断商王与南方属国的联系，更切断了商王朝南逃的后路。在灭商之后，武王“封弟叔鲜于管，弟叔度于蔡”[⑥]，以图监视商族遗民。当然，随着周代政治中心位于关中及伊洛地区，郑州的战略地位相对有商一代有所下降也是不争的事实。

总之，郑州商代都城的建立是商王朝对郑州所具备的战略地位的认识和肯定。从考古发掘情况看来，郑州商城遗址中包含了从先商到早商，以及中商时期不同年代的宫室和城墙，这在印证郑州在夏商时期重要战略地位的同时，也反映出郑州至少在早商晚期逐渐从军事重地转向行政都城。尽管统治集团内部矛盾或其他因素，导致了郑州作为长期的政治都城并没能够实现，更在西周政权确立后，政治中心的西移促使其战略地位进一步下降，但都不能抹杀郑州在夏商时期所具备的重要战略地位。

---

① 江鸿：《盘龙城与商代的南土》，《文物》1976年第2期；程涛平：《论盘龙城为商王南土行都》，《历史文献研究》，华东师范大学出版社，2012年，第37～40页。

② 宋新潮：《殷商文化区域研究》，陕西人民出版社，1991年，第64～69页。

③ 关于中商时期商王朝几次迁都的原因，有学者认为因水患而无法长期安居，如顾颉刚、刘起釪：《〈盘庚〉三篇校释译论》，《历史学》1979年第2期；有学者认为商代的农业、畜牧业水平的低下需要改换牧场和耕地，如傅筑夫：《中国经济史论丛》上册，生活·读书·新知三联书店，1980年，第47页；也有学者从王位继承制带来的政治动乱角度进行分析，如杨升南：《“殷人屡迁”辨析》，《甲骨文与殷商史》第2辑，上海古籍出版社，1986年；王震中：《商代都邑》，中国社会科学出版社，2010年，第224～227页。而笔者认为尽管政治争斗是主要因素，但或许在某一时期同时伴有水患等其他因素也是可能的。

④ 范祥雍：《古本竹书纪年辑校订补》，上海古籍出版社，2011年，第19～22页。

⑤ 杨宽：《中国古代都城制度史》，上海古籍出版社，1993年，第37、38页。

⑥ （汉）司马迁：《史记》卷四《周本纪》，中华书局，1982年，第127页。

远古郑州自然环境与商城建都背景

徐海亮

（中国水利学会水利史研究会）

摘　要　郑州地区处于黄淮海冲积平原顶部，借助水系发育演变和地质构造机理，解析晚更新世末冲洪积扇发育与区域河流湖沼水系演化关系，及其对远古郑州区域文化异军崛起的深刻环境意义。广武山荫庇了郑州，形成靠近黄河、阻挡黄泛——立足定基的大文化走廊；郑州西、南部地块构造抬升，打造了城市稳固的基底；靠近东部湖沼群，环境承载力条件优良。特殊的自然环境确立了新石器时期中州人文发展的总体地理格局，龙山文化时期先民分野水系、平治水土，经营农牧渔猎，商贸与制造工艺交流，奠定了早商发展与建都郑地商城的大势。

关键词　郑州地区　黄河南泛　河流湖沼　构造活动　建都商城

一、晚更新世黄河在郑州地区的主要泛道

对远古郑州地区自然环境和人文地理格局影响最关键的，莫过于黄河。

在晚更新世末，黄河可能主要从两条泛道流经现今的郑州地区进入淮河流域（图一）。一条从广武山（今俗称邙山）北，绕广武山东头东南而下，大致从先秦时的鸿沟水等多条流路，其东支走俗称的汴河泛道，南支下颍河泛道。对于这一泛道，人们没有怀疑。因为历史时期，黄河多次自此南泛进入淮河流域。从郑州市京广铁路以东至中牟广大地区的地层表，较为容易发现它的踪迹。另一条泛道，可能从今郑州市荥阳西北部东南而下，穿越俗称的郑州“西郊”，大致沿南水北调中线干渠线，过南郊十八里河、南曹，冲中牟、尉氏，进入颍河泛道。其支分出河的地点，可能在沿黄邙岭的汜水口，或从汜水口以下某黄土峪口翻岭南下，牛口峪左右可能性最大。今荥阳市中东部，郑州市区西部，可能是该减水河流经的关键区域。该泛流的一支，在郑州沟赵一带，沿今索须、贾鲁河走向东流，与前一东泛道合流[①]。

---

① 徐海亮：《史前郑州地区黄河河流地貌与新构造活动关系初探》，《华北水利水电学院学报》2010年第6期。

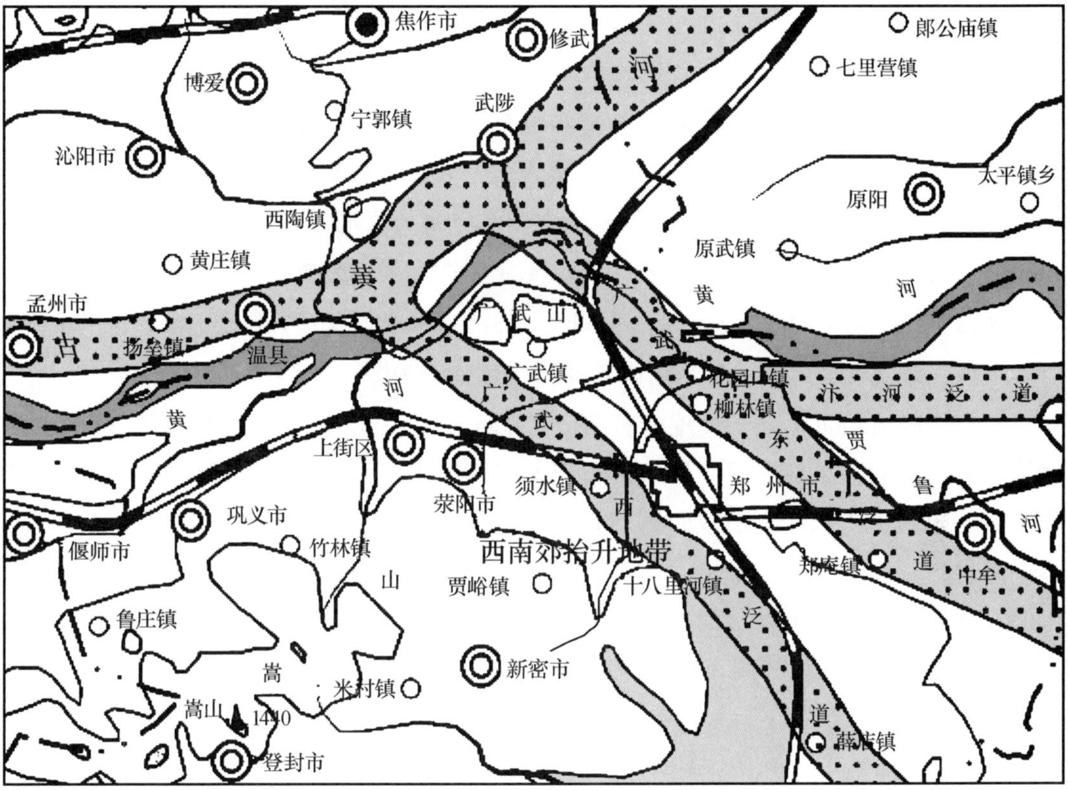

图一　郑州地区晚更新世末黄河泛道示意图

广武山是东西两大泛道的分水岭。在晚更新世末，广武岭是冲积扇顶部渺茫黄水里的中流砥柱，荫庇着未来郑州地区的人文崛起。东路泛水沿汴河、颍河泛道东南而下，在河间洼地留下了郑州市东北部、东部、东南部全新世湖沼群。西路水沙则在市区西部和荥阳境留下了荥（阳）广（武）夹槽的湖沼群。两大泛道之间被黄土岭阻隔，造物主刻意安排，冥冥中确定了郑州古文化聚落区的最佳地理选择、发展，从而打下早商建城和古都的物质基础。

中国科学院地理研究所长期研究黄河下游河流地貌，他们在其综合成果《黄河下游河流地貌》中对广武山西部泛道有宝贵的描述：

“荥阳、广武地区为黄河阶地面上长条状的夹槽，由西北汜水河口向东南方向倾斜，至郑州郊区附近以台地形式与平原接触，夹槽西窄东宽，宽15～30千米，海拔110～150米，夹槽地势比邙山南部阶地面低洼。据我们考察所知，这种夹槽地貌形态的特点可能是晚更新世时期的古黄河汊道……从地质剖面来看，夹槽地带的黄土（Q_3^1）已被侵蚀殆尽，而代之堆积的物质为次生黄土类黏砂土，中部夹有厚层的砂层透镜体，实为河流相沉积物，总厚度为10～40米，其底部直接与中更新世的假整合接触。以后随着晚更新世末期太行山和伏牛山上升的带动而抬高，形成现在这种阶面夹槽带的地貌景观。历史时期内夹槽还有古湖泊的遗迹。据有关文献说，古代黄河进入下游后，最先出现的湖泊是荥泽，在今荥阳县境，古人说是由济水溢注而成。古代河、济相通，荥泽当亦受河水的灌注……这些记载更能说明该夹槽与黄河河道是相通的，与上述夹槽形态和沉积物质特征的表现是吻合的。

新郑以西和尉氏西南地区广布的条带状岗地颇为发育，它们为许多南北方向平行排列的砂质岗地，高3～5米，宽80～250米，长约1.5～2千米，最长5千米，为晚更新世古冲积扇向南延伸的残留部分……”①

图一是晚更新世末期郑州地区黄河泛道的示意图，由于广武山的存在，广武山两侧形成的泛道剥蚀了部分泛区原来的黄土地层，但难以直接威胁广武荫庇的泛道间老黄土、黄土状土与风沙土组成的第四系冲、湖积台地，它们实际成为黄土岭与大河环抱的巨型台地。到全新世初器，西部整体抬升，黄河水再也不能进入荥广夹槽，泛道干涸、湖泊发育，后世湖沼消亡、沧桑更迭，从而形成全新世郑州古文化走廊，以此为基础发展了郑州地区的生态文化，形成商城建都的总体格局。

二、郑州湖沼分布的环境意义

先民毕竟不宜于直接定居在变徙非常频繁的黄河滩边，郑州地区新石器时期居栖在岗丘、黄土台地和平原的人类，主要依靠本地湖泊、河流获取生存资源，特别是水生态较为稳定的湖泊群落地区，是最佳的生存资源补给地。邹逸麟先生在《黄淮海平原历史地理》一书中，系统分析了黄淮海平原的湖泊历史演变，特别是其先秦时代湖沼的分布。

根据先秦文献记载统计，当时黄淮海平原范围内，有大小湖沼40个左右。邹先生归纳了三个湖沼带，述及郑州地区处于第一湖沼带以及湖沼形成的重要古地理原因：

“在今修武、郑州、许昌一线左右的黄河古冲积扇顶部。这里有著名的圃田泽、荥泽、萑苻泽，以及修武、获嘉间的河南大陆泽等。……由于第一湖沼带处在黄河古冲积扇的顶部地区，黄河出孟津之后，摆脱两岸丘陵、阶地制约，汛期洪流出山之后，漫滩洪水首先在这一地区的山前洼地和河间洼地停聚，从而形成第一湖沼带的诸大湖沼。同时，第一湖沼带所处位置，恰是郑州以西更新世末期所形成的古黄河冲积扇的前缘地带，扇前地下水溢出

① 叶青超等：《黄河下游河流地貌》，科学出版社，1990年，第63～65页。

在低洼的地区滞留，显然也是这一湖沼带形成的另一原因。”①

邹先生辑录的第一湖沼带的大陆泽（修武、获嘉之间）、修泽（原阳西）和荥泽（荥阳东北）、冯池（荥阳西南）和黄池（封丘南），在古冲积扇顶部的郑州大区之上；而位于新郑西南、长葛南、许昌的几个湖沼，严格讲已在黄河洪积—冲积扇顶部的边缘甚至是与颍河冲积扇交合地带，但在远古，它们可能与郑州东南部湖沼在不同时期逶迤相连。

提及黄河冲积扇，人们往往忽略了最上游和最古老的宁咀洪积—冲积扇，即：

> “因地壳上升而抬高的冲积扇”；“这里所指的冲积扇是形成于晚更新世晚期，随着构造上升而抬高的古冲积扇。其范围较小，西起孟津的宁咀，北靠太行山南麓，南接伏牛山北麓，冲积扇前缘因受后期破坏而无法考证，大体上在汲县、新乡、获嘉、武陟、尉氏和扶沟一线等地，平面形态分布东宽西窄，残留面积约为6990平方千米”②。

它下伏于以桃花峪为顶点的全新世冲积扇下，包括今黄河河道，巩义市、荥阳市、新郑市北部的嵩山山前地区，以及尉氏、长葛、鄢陵部分地区，黄河北包括济源市、焦作市、新乡市部分太行山前地区。在济源至武陟的山前冲积平原和荥阳的荥广夹槽地区，以及郑州市周围，各个时期的地质资料显示，在地表下数米乃至数十米，有一层甚至多层湖沼相沉积，是典型的扇前湖沼带。中更新世以来，郑州一直是多湖沼地区，这是该地旧石器到新石器时期连绵、蓬勃发展人文活动的“水文舞台”。

晚更新世与全新世初的郑州大区湖沼集群，按现今地望暂称为“济源湖”“荥广泽”和泛“圃田泽”，它们原与黄河、济水、颍水相连，承接嵩山山前和太行山前的河流、泉水，在更新世末桃花峪以西地块抬升以后，河水难以进入郑州西、南湖盆，它们逐渐干缩；西部抬升，黄河河床相对下切，一般洪水难以进入，古湖沼群不得外水补给，只与嵩渚山前诸水相连。因此，黄河古冲积扇顶部（郑州地区西部）的湖沼，其发育阶段大致在晚更新世末到全新世初，兴旺在全新世中期，时间在距今7000～4000年。由于环境变异，水源和水动力条件巨变，加上后来气候变得干燥寒冷，西部湖沼大多在全新世中期末消亡。但郑州北部、东部的古湖沼，在桃花峪冲积扇发育过程中并未立即消亡，而是在开封凹陷的持续沉降过程中继续得到黄河南泛之水和山前河流（济水水系）补给，得到延续演化，其分布的空间位置不断发生变化。与郑州西部古湖沼现状不同，它们在全新世中期和晚期，仍与更新世末全新世初期状况本质类同，与黄河泛水连通，容纳山前来水和郑州城市坡水，既承接与垫淤了黄河

---

① 邹逸麟：《黄淮海平原历史地理》，安徽教育出版社，1987年，第178页。

② 叶青超等：《黄河下游河流地貌》，科学出版社，1990年，第62页。

泥沙，又得到广泛水源补充。

全新世早、中期区域水系演化，是在黄河变迁和湖沼消长的大背景下发生的，郑州本地的河流水系，在西南部山地、台地间歇抬升，黄水入侵终止、湖沼消退，黄土台地与湖积台地出露时进一步发育；而东部受制于开封凹陷持续沉降，东北部湖沼发育兴盛，形成新的区域侵蚀基面，整个水系重新调整后才发育成现今状况。仰韶文化和龙山文化兴起发展，郑州地区生齿繁衍、聚落发展，古文化兴盛、迁徙，也多与周围的生存大环境、气候冷暖干湿振荡、河流湖沼水系演化、水土沧桑变异状况密切相关。彻底弄清郑州地区水系演化的特征，对于认识这些文化生成与变迁的环境背景，非常重要。

三、内营力之于郑州古水系、湖沼演化

与黄河冲积扇发育变化紧密相连的是区域的构造内营力与构造升降的作用。

晚更新世与全新世的交接时机，以京广铁路为界的东西两部分地形发生大相径庭的变异，郑州西部随太行、伏牛嵩山抬升和济源凹陷企稳停降而相对抬升，西南山地、丘陵进一步出现继承性抬升，东北部随开封凹陷的持续沉陷而沉降。影响和制约黄河冲积扇发育变化。

在济源凹陷盆地的南缘，与洛阳—巩义—荥阳盆地之间隔着一条狭长的邙岭，有人说系古黄河的二级三级阶地；更新世以来，它一直伴随伏牛山、嵩山地块做间歇性的隆升，塬面沉积风尘黄土，此上升运动与南北两侧盆地的下沉几乎同时发生。

在郑州地区各级构造地貌单元的分界线，许多情况下为断层控制，如邙山黄土台地与黄淮平原接合部的老鸦陈断裂，中牟凹陷与新郑隆起间的白沙断层等；前者处于东部和西部根本性、反差性升降的界线部位，而后者和花园口断层、中牟断层、原阳东断层，可能是郑州东部晚更新世和全新世湖沼群和荥泽、圃田泽水系演化的控制关键所在。

而由五指岭断裂、登封断裂、少室山断裂等组成的嵩山中段北西向线性异常带是东西向主控郑州西南构造的附属系列断裂，甚至更具有活动性。在其南部，它们控制了全新世地堑式断陷盆地，包括形成荥阳南部嵩渚山前残留疑似古地堑断陷湖沼和山前积水洼地。在荥阳和巩义北部，该系列使得黄土台地呈掀斜式抬升，包括形成相对高仰的黄土岭广武—邙山，成为黄河的右岸高地，荥阳—广武槽型盆地曾遭遇严重的流水剥蚀，第四纪累积沉积相对较薄，中、晚更新世地层有不整合呈现；在构造断陷和外力侵蚀作用叠加下，形成荥广夹槽。

郑州除了发育有北西向的老鸦陈断层、古荥断层外，还有北西西—近东西向的郑

州—兰考隐伏深断裂，为一继承性活动深大断裂，它为太康隆起与开封断陷二构造单元间的边界断裂，是造成南、北两大构造单元差异性构造活动和沉积的主要原因①。它大致沿邙岭南麓和黄河南岸走向，直插开封兰考，大致控制着荥广湖泽群的北沿。中牟断层、上街断层、须水断层三者几近平行，可能属于郑州—兰考隐伏深断裂系，它们从整体上制约着荥广夹槽随同南山、北邙掀升，但槽内更新世地层被强烈剥蚀，条状湖盆得以形成。上街、中牟断层靠近荥阳索河下段，似与荥广夹槽湖沼群的长轴（凹型反脊线）吻合，须水断层大致把持该湖沼群的南沿。它们和古荥、老鸦陈活断层一起，控制了郑州西部的湖沼群和湖沼消亡以后的水系发育。而新郑隆起与开封凹陷之间的白沙活断层，可能直接控制圃田泽的南界。新郑隆起则是郑州南部抬升的构造驱动因素（图二）。

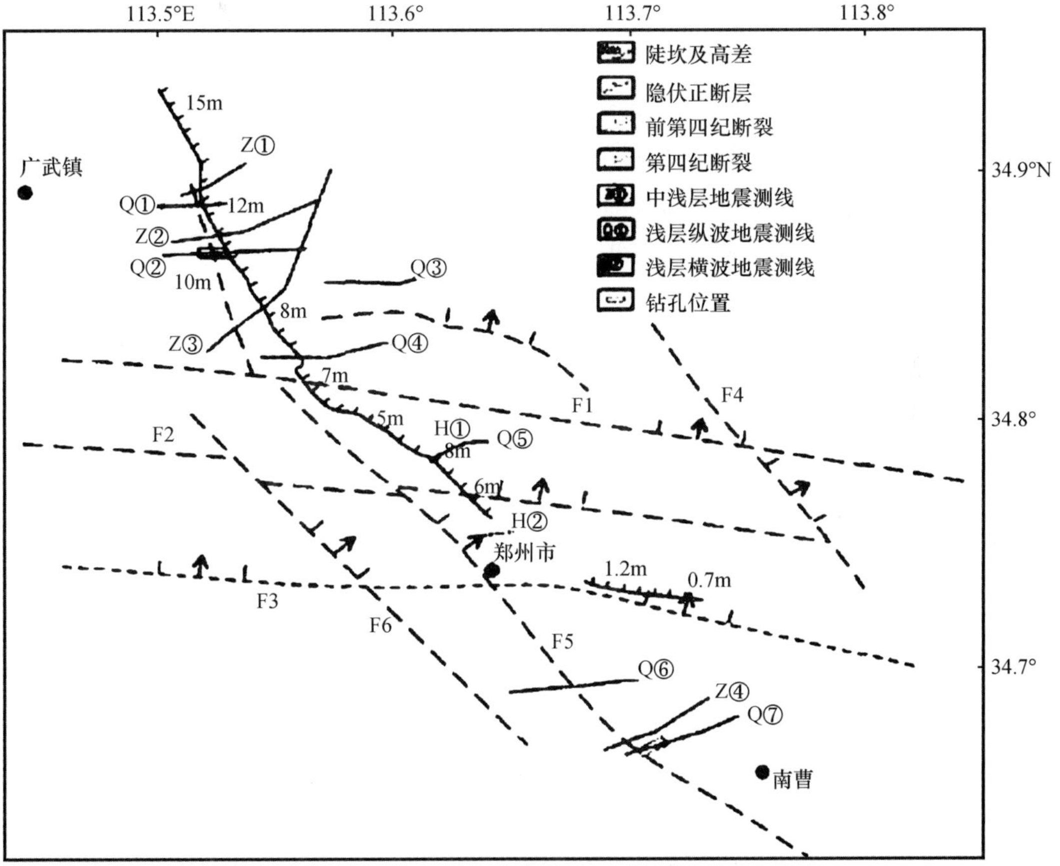

图二　郑州市活断层分布示意图

F1. 中牟断层　F2. 上街断层　F3. 须水断层　F4. 花园口断层　F5. 老鸦陈断层
F6. 古荥断层

---

① 朱嘉伟等：《郑州—兰考区域性隐伏断裂的发现及其意义》，《国土资源遥感》2005年第2期。

此外，可能受中牟断层、柳林断层影响，毛庄、老鸦陈镇以东，直至柳林镇东部，是郑州北郊的系列湖洼，沿后世的贾鲁河谷方向发育。推测在晚更新世末，老鸦陈断层两侧的两大巨型湖沼群，就由这些大致东西走向的流水联系，某些较宽阔的谷地，丰水时节就成为条状的季节湖泊。全新世晚期以来的枯河、贾鲁河就是在远古水系基础上发育变化而来的。

根据野外查勘和大量的交通、城建、水利工程地质资料分析，推测荥阳、郑州、中牟区域的晚更新世末—全新世早中期湖相沉积的分布区域，即西部荥广夹槽，西起汜水河，东至古荥、须水镇，郑州北郊石佛—农业路—祭城一线以北，黄河南岸以南。郑州东南部—中牟中北部和西南，都是湖沼比较发育或集中的地区。而且郑州市区南也存在山前（岗丘前缘）河湖相沉积层。单以郑州商城的局地范围看，可能在其外郭之外，晚更新世到全新世中晚期，郑州四周——特别是东部地区，皆在不同地区和时期存在过大大小小的湖沼；西南部，曾是早期西南高地坡水入侵的通道，也残存零星小型湖沼。商城西南的外郭城墙，继承河南龙山古城形制传统，客观上也是应对西部、西南岗丘洪水和坡水侵袭的防洪工事。

郑州四郊的湖沼和水区，总体看是黄河冲积扇前缘的湖泊群落，主要是在黄河大洪水（河流发育期或冰后期大洪水）之后气候转温暖湿润时期，湖沼迅速发育扩展，河、湖相间（地貌被外营力反复塑造）水体潴留的产物。由于上述区域在东西两部分构造升降的严重不均衡性，西部湖沼在全新世早期再也得不到丰沛的黄河水源补给，开始萎缩。从根本看，因西部地势间歇增高，东部持续下沉，西部水体也出现某种整体东移的“倾盆效应”，加快溢失，东部的湖沼发展扩张更为便利。总的来看，古冲积扇扇前湖沼水体随冲积扇发育由西向东部推进，这和黄淮海平原湖沼演化的总体趋势是响应的。

四、全新世自然环境背景下郑州考古人文分布的特征

郑州大区黄河以南区域（中牟三官庙—新郑郭店一线以北，汜水河以东，中牟以西）的晚更新世到中全新世的考古遗址分布密度，大致也从侧面反映出湖沼水系总体分布的规律。以2010年前业已调查证实的遗址处数统计为基础（暂不考虑聚落本身大小和地位），极为粗略地把平均控制密度在每处10平方千米以下的作为一级，每处10～50平方千米的作为二级，每处50～100平方千米作为三级，每处100平方千米以上的作为四级。作为仅仅属于象征性的聚落平均控制密度、开发程度，以及聚落周围环境的定性参考。

表一　郑州市沿黄地区考古文化遗址控制—分布密度分析

调查地区	中牟区西南部	上街和荥阳西部	郑州市中原区	郑州市二七区	管城区	金水区	惠济区
调查面积（平方千米）	350	135	195	159	204	242	206
旧石器时期（平方千米/处）		9 15	2 97.5	47 * 3.38	2 102		1 206
裴李岗时期（平方千米/处）	1 350.0	3 45	1 195	2 80.0	1 204	1 242	2 103
仰韶时期（平方千米/处）	6 58.3	12 11.25	24 * 8.13	25 * 6.36	4 51	4 60.5	3 68.6
龙山时期（平方千米/处）	3 116.6	14 * 9.64	21 * 9.28	22 * 7.22	4 51	5 48.4	2 103
夏商时期（平方千米/处）	20 17.5	20 * 6.75	38 * 5.13	32 * 4.96	14 14.57	6 40.3	2 103

*为遗址控制密度在每处10平方千米以下的。原始数据截至2009年，来源于郑州文物考古研究院文物调查和张松林的论文。

可以看出，郑州市沿黄地区在旧石器时期已有人类开发和定居活动，二七区和荥阳的聚落密度已相当可观，其他地区可能尚缺考古发掘，也可能暂不适宜于定居。在早全新世的裴李岗文化时期，郑州有关各区尽管都已经有人类定居，但密度多有下降，中牟和金水区甚至还有缺省。到仰韶、龙山文化时期郑州聚落增加迅速，二七、中原、上街荥阳地区基本达到一、二级密度水准，金水区、管城区和中牟西南部也达到二、三级密度；应该说，这一聚落开发程度开始奠定夏商时建立古都前的物质基础。如果从城市发展奠定的自然环境角度思考，也可以看到聚落密度发展的历程，显示了二七、中原区和上街荥阳的城市地理环境优势，相对而言，在更新世晚期和全新世早期，原郑州中心城市的二七、中原区与西部荥阳更适宜于人类集聚发展，中牟、惠济、管城区（南部）发展相对比较迟缓，究其原因，还是郑州沿黄地区和城东、城南地区，有多片大型的串联的湖沼、洼地，也一度是河流泛道，暂不适宜于聚落发展。当然，惠济区背靠广武黄土岭，具有仰韶后期豫中中心城市的西山古城和大河村中心，以及“京畿”外围重要聚落；中牟西部和惠济区聚落密度出现振荡，在龙山时期反而不如仰韶时期密集，可能有文化迁移的社会因素，更可能当时受到黄河南泛干扰，抑制了聚落发展（或被黄沙湮没，暂未发掘）。荥阳上街地区也是多古湖沼区域，但遗址密布，一些遗址恰恰布置在湖积台地的垆土层上。总之，全新世湖沼变迁的时空关系，是需要做更细腻地探索才能下结论的，在裴李岗时期聚落密度一度减小，是否应对了湖沼的发育扩张①？

到全新世中期某时（可能在龙山文化晚期），一度分水南下淮域的黄河大溜终于北上，沿太行山东麓而下河北平原走后人称为的“禹河”泛道，龙山文化后期先民在黄淮地区重新整理水系分野，平土治水活动开展，郑州地区在人类参与下环境发生较大变化，加之气候环境变得更为干燥寒凉，水系、湖沼演化进入新时期。古文献里说的禹“陂障九泽”（《国语·周语下》），禹王治水成功，“水由地中行……然后人得平土而居之”（《孟子·滕文公下》），“令益于众庶稻，可种卑湿”（《史记·夏本纪》），大禹“塞其淫水，而于荥阳下引河东南以通淮泗”（《晋地道志》），大概客观地反映了一个自然环境和社会形态大变革时代里，人们顺应了自然演化（气候变干，湖泊萎缩），能动地开发土地资源，积极治水排水的状况，一些湖沼周围开始筑陂障泽，边缘地区得到开发，积水排干，兴垦殖、建聚落，水乡泽国周围的河流台地和湖积台地最先成为生齿繁盛之区。传说中大禹“覃怀底绩、至于衡漳”，“荥波既潴，导菏泽，被孟潴”和“九川涤源、九泽既陂”（《尚书·禹贡》），广义郑州地区（黄河宁咀洪积—冲积扇顶部）大河南北的河湖治理、平治水土也迫在眉睫。

也就是在自然环境前提下，天人关系的理念和自觉调整，先秦城市建设和都市规划的理念才系统形成。《管子·乘马篇》所言：“凡立国都，非于大山之下，必于广川之上；高毋近旱，而水用足；下毋近水，而沟防省；因天材，就地利……”反映出先民城市建设及其“风水”的基本思路。从郑州古环境重建，最充分地体现了这一教义在郑州商城建都决策的发挥。

郑州北靠广武山，数面环水，古济水从区域中心穿过，水环境无疑是十分优越的。

从水环境角度看人文聚落演变，郑州北部、东部、南部发展较晚、较慢，与这些区域在全新世长期存在湖洼、河流泛滥有关。

从郑州古聚落遗址的分布（图三），管窥新石器时期到三代郑州人文聚落发育的某些自然环境背景。从荥阳王村、大师姑、沟赵到郑州市区，从广武山东头到郑州市，有一个聚落遗址密度特别大的地区，即为由广武山掩蔽的古文化发育的安全适宜的文化走廊区，商族得以落足定居、化游牧为农耕，安定发展、崛起代夏，广武岭无疑系保佑这一过程的圣山，也是区域自然奥秘所在。《国语·周语上》云：“昔夏之兴也，融降于崇山……商之兴也，梼杌次于丕山。”是否也蕴含着广武山对于早商在郑州崛起、郑亳商城建立的自然环境意义？

---

① 徐海亮：《史前郑州地区地貌与水系演化问题初探》，《历史地理》第28辑，上海人民出版社，2013年，第33、34页。

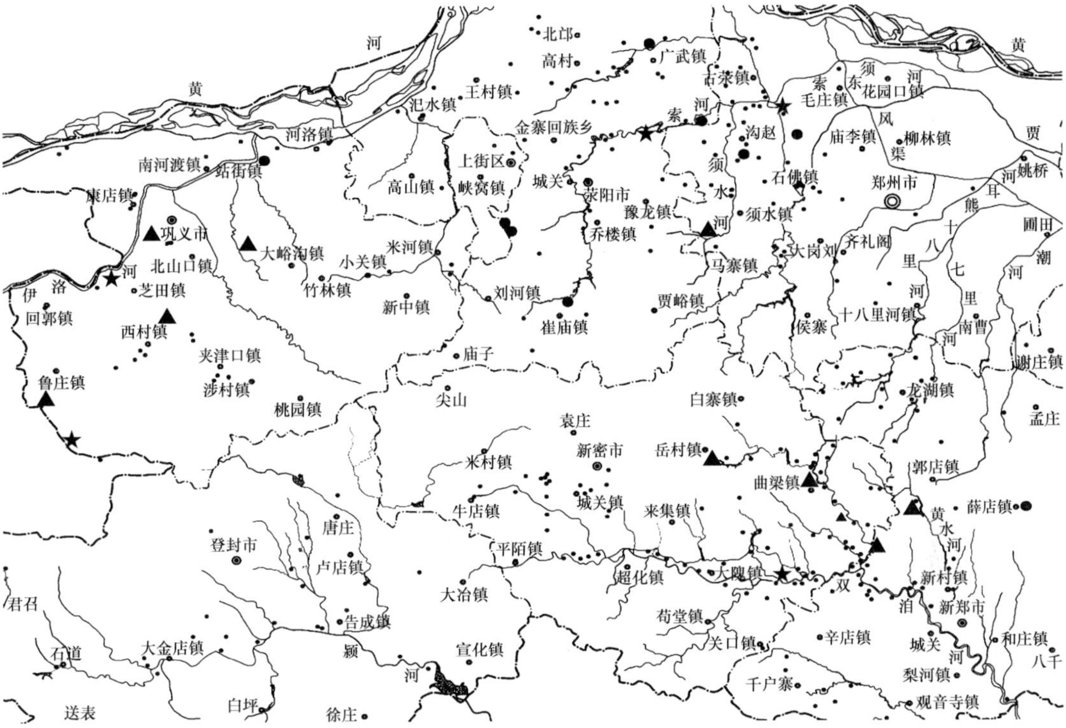

图三　郑州市古聚落遗址等级分布图（据郑州市文物考古研究院）

注：遗址面积规模★≥100万平方米　●≥30万平方米　▲≥15万平方米

五、郑州之于商城建都的自然环境优势

之所以说郑州城区安全，是因它介于郑州的东、西广武泛道之间的“夹河”黄土台地上（以及西泛道干涸、湖沼消亡后的荥阳地区），比伊洛河的夹河滩宽广得多，其间还有济水和当地水流穿越、河湖联系，从全新世中期到秦汉黄河大堤完善之前，黄河泛水一般上不来，由于郑州西南地区随伏牛、嵩山在间歇抬升，使得郑州城市所坐的构造基底持续上抬，西南部和市区地势相对高昂稳固，西路黄水到全新世已经断绝，嵩山、邙岭来水只有顺索、须、黄水入济水通道东下；东路即便有黄水泛及，也偎依古老台地，始终不能威胁未来的聚落密集区和后来的早商王都地区，适宜于长期居住，发展大型都市。商城选择在郑州东北冲积平原区的西南隅，靠近西、南抬升区，似躺在地貌的弧形“簸箕”内，在东北泛水威胁和湖沼包围下，它似乎处在一个较为宁静的“海湾区”“海滩区”——属于黄淮海泛滥平原中相对稳定之区。郑州中心城市东北部等厚线显示了大地沉陷与泥沙堆积的程度，也意味着黄河泛滥与加积掩埋的风险程度，越向东北走，风险越大，越向西南行，即靠近郑州市区，相对越安全。因为西、南部山区和岗丘区属于古老地质构造，是嵩山隆升、新郑隆起抬升区。

所谓“适宜”，是这一由邙岭庇护、立足于老黄土台地和早全新世黄河冲积平原西缘（较高）形成的大文化走廊地区，水土丰美，生存资源充足，最适宜于农牧渔猎的开展。晚更新世末基本环境格局遗留在先民代代传承的基本信息里，在他们记忆和实际生存经验里留下极为深刻的印记。从而指导他们从感性到较为理性地面对现在的生存环境。正是在此基础上，其后发展起来了亚洲最早的大型王都——郑州商城。所以从自然环境和人地关系的角度看，郑州的市区、荥阳新石器文化和三代文化赋存特别丰富，郑州王都始建，城市与古都之气旺盛，历数千年而不衰，绝非偶然！造物主确认了郑州城市兴起的大格局。在此区的北部、东翼和南侧，可能是全新世中晚期湖沼较为发育的地带，其土地和人文的发展，相对讲就晚多了。

距今5500年、4200～4000年的干冷气候事件使得黄河中下游湖泊面积缩小，中原龙山文化后期，郑州四周的湖泊群多数趋近消亡，但始终得到黄河支津与其他本地诸水补充的荥泽、圃田泽，却得以延续到历史时期，使东部、东北部地区有较为稳定、适宜的生态环境和水源滋养，支撑和包容一个庞大都市的环境承载力相对郑州西部强得多。这就是夏末持续酷旱时期“伊洛竭”夏朝亡，而商城崛起、商文化兴起的根本原因。

郑州古文化并非通常强调的、单一的河流台地文化，这是郑州地区文化崛起并持续发展的一个最重要的环境奥秘所在。诚然，夏后族团在发展、建国的进程中，还因循了早期河流河谷文化部族的习俗，首选了颍河上游、洧水上游台地，进而在伊洛河台地建都，新寨期文化个别遗址虽然一度已逼近郑州市区，但仍选择向西部较高、靠近河谷地区发展，最后落脚伊洛河谷，发展蜕变到二里头文化，它们没有确定郑州中心地带为一级政治、文化中心的原因，可能在4000多年前，黄河冲击郑州东部的经验记忆犹新，豫州、兖州被黄河扫荡、水系紊乱的残局仍在收拾整理中，郑州东部湖沼成片，后世形成郑州商亳的地域正在逐步整理开发中，西部荥阳境内湖沼消亡不久，也正在整理、拓展，皆不宜规模建设。相对而言，伊洛夹河滩地水土开发较为成熟，幅员虽然狭窄些，在夏初还过得去。

但是郑州腹地近湖和沼泽地，从仰韶末、龙山到二里头期的持续开发，终于为早商族团在郑州崛起，准备了一个地域广袤平衍、安全、富饶的舞台。

据在郑州东西两部查勘，仰韶时期以来的历代文化层，蕴含在Q_{4-2}、Q_{4-3}的自然土层中（图四），早商考古文化立足于中全新世湖泊发育期的湖沼相沉积、河湖间岗地之上。商城的遗址，又多在现地表下3～5米，在全新世中期末、地势较高的位置上发现。

本文是对远古水系变迁、环境与郑州古人文聚落发展宏观关系的一种推测，在晚更新世末黄河南泛、洪积—冲积扇较快发育之后，全新世早期出现湖泊发育扩张，全新世中期达到鼎盛状，其后西部湖沼渐次萎缩，市区向来黄土高就，近水且避害，对

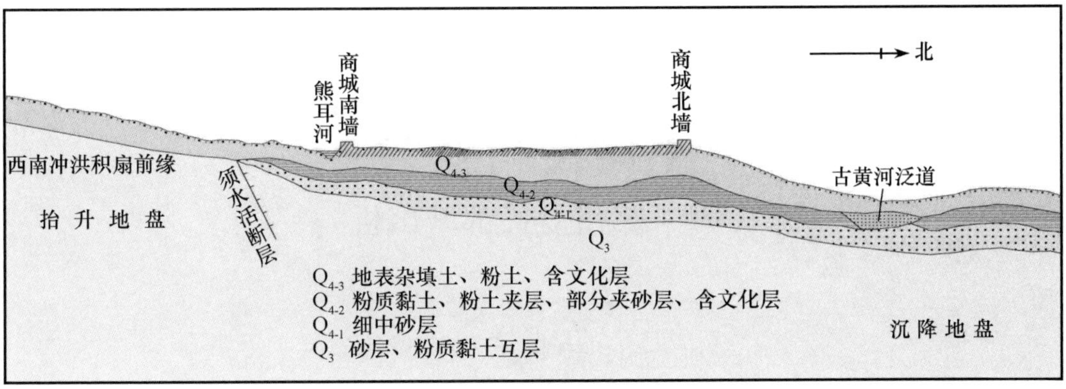

图四　商城及其基底地层剖面示意图

郑州文化有决定性意义的仰韶、龙山文化时期先民选择定居、营建聚落，起到关键的驱动作用。

参考书目

[1] 叶青超等：《黄河下游河流地貌》，科学出版社，1990年。

[2] 于革等：《中国湖泊演变与古气候动力学研究》，气象出版社，2001年。

[3] 吴忱：《华北地貌环境及其形成演化》，科学出版社，2008年。

[4] 张松林：《聚落考古的实践与思考》，《中国聚落考古的理论与实践——纪念新砦遗址发现三十周年学术研讨会论文集》，科学出版社，2010年。

[5] 郑州市城市科学研究会、郑州古都学会编：《古都郑州》，中州古籍出版社，2004年。

[6] 李锋：《商代前期都城研究》，中州古籍出版社，2007年。

[7] 李令福：《古都西安城市布局及其地理基础》，人民出版社，2009年。

[8] 石建省、刘长礼主编：《黄河中下游主要环境地质问题研究》，中国大地出版社，2007年。

王城岗与新砦

——郑州夏代都城试析

马世之

（河南省社会科学院）

摘　要　郑州是我国著名的八大古都之一。约在夏代早期，这里便是夏王朝的建都之地。考古发现的王城岗与新砦两座龙山文化晚期城址，就是历史上的禹都阳城和启都夏邑。这两座夏代都城的发现，极大地提高了郑州在中国大古都中所占的重要地位。

关键词　王城岗　新砦　夏代都城

郑州位于黄河中下游的交界处，地处华夏腹地，九州之中。北临大河，西依嵩山，东面和南面是一望无际的黄淮平原。其地理位置之重要，诚如唐代吕温《成皋铭》所云：“大河蜿蜒，嵩高耸峙，锁天中区，控地四鄙。”河以南左海而右洛，江以北西楚而东淮。北通幽燕，南接湖广，西控关陇，东达淮海，是历史上著名的交通枢纽之地，向有“十省通衢”之称。郑州历史悠久、文化发达，是中国历史文化名城和八大古都之一。纵览郑州历史，早在夏代前期，这里就是夏王朝的京畿之地，大禹和夏启都曾在此建都，除了文献记载外，考古发现的王城岗与新砦城址，为我们提供了新的考古资料，现就这两座夏代都城进行探索与分析。

王城岗遗址位于嵩山南麓的登封市告成镇西部（图一）。嵩山所处的位置是豫西山地向豫东平原过渡地带，总体上是西北高东南低。从嵩山主峰太室、少室二山和箕、熊二山对峙形势来说，是南北两边高，中间低，颍河贯穿其间，这里是颍河流经登封中部的低平谷地，海拔270米左右。遗址在颍河与五渡河交汇的台地上。颍河发源于嵩山的太室山南麓，由西向东流，是淮河的主要支流之一。五渡河发源于太室山东侧，由北向南流，是颍河的支流之一。王城岗遗址的东部为五渡河，南部为颍河，向南眺望箕山和大、小熊山，西望中岳嵩山之少室山，北依嵩山之太室山前的王岭尖，地理位置十分重要。有人把这一地区同西亚两河流域新月形地带相提并论，说它是古代世界农业起源的中心之一，这种说法不无道理。

王城岗遗址由于西距八方村较近，过去曾把该遗址命名为“八方村龙山文化遗址”。1951年，河南省文物保管委员会为配合治淮工程进行文物调查时发现了八

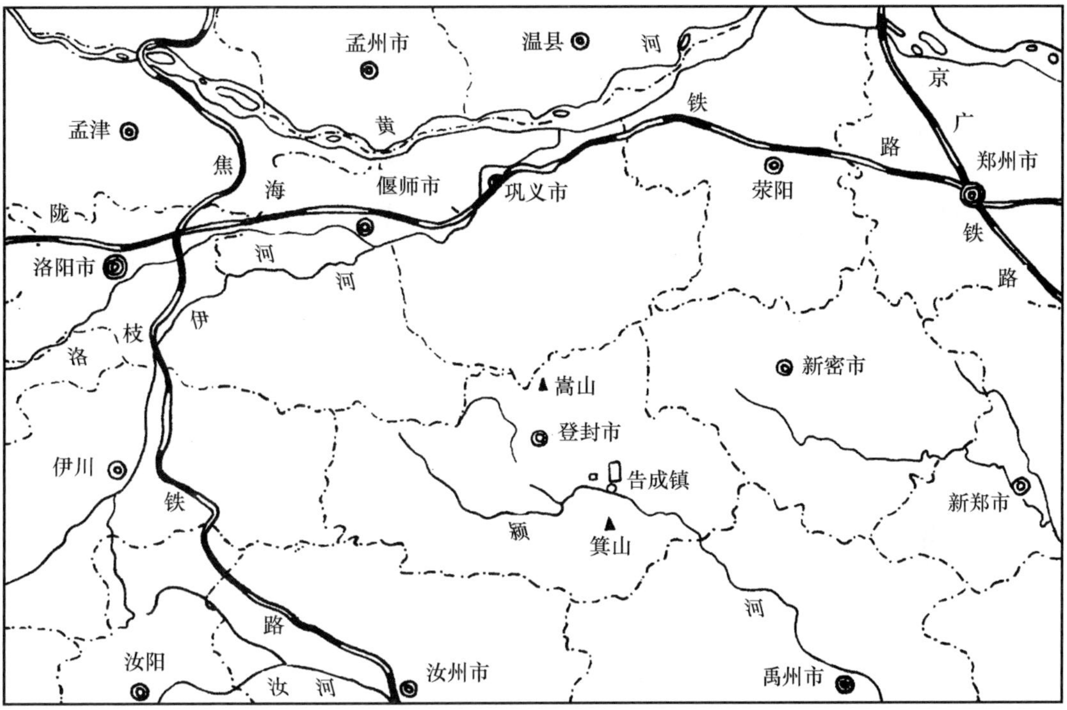

图一 王城岗遗址位置图

方村遗址。1959年4月，徐旭生先生为探索“夏墟”又对此遗址进行了考古调查。1975～1981年，河南省博物馆文物工作队和中国历史博物馆考古部在这里发现了龙山文化晚期小城城址。20世纪90年代至21世纪初，北京大学考古文博学院与河南省文物考古研究所又于此发现了龙山文化晚期大城城址。并确定了王城岗遗址东起五渡河西岸，西至八方村东部，北依王岭尖南缘，南抵颍河北岸，面积约50万平方米。

大城城址位于小城的西南部，平面略呈长方形。北城墙残长约350米，复原长度为600米，现存城墙顶部残宽6.8、基础宽12.4、残高1.12米。夯层厚4～28厘米，夯窝直径5～7厘米，用黄色纯净土夯筑而成。其余各面城墙多被破坏。西城墙复原长度为580米，东城墙和南城墙复原后分别为580米和600米。北城壕保存基本完整，长620、距北城墙5～10米。西城壕残长130余米，复原长度为600、宽约10、残深1.5～2米，西城壕向南通往颍河；东城壕以五渡河代替，南城壕以颍河代替。整个城址东西长约600、南北宽约580米，面积约34.8万平方米（图二）。

大城城址内发现有夯土基址和灰坑。其中W5T2372H64是一座龙山文化晚期祭祀坑，位于城内北部偏东处，为圆形袋状坑，已清理部分口径为2.25、深0.6米，坑内北部有一头北脚南仰身直肢的儿童骨架，出土陶器有鼎、罐、杯、缸、钵形盆、瓮等，石器有石料、砺石、铲、钻芯、石饰片等。在城壕和城内居住区内，浮选出龙山时代

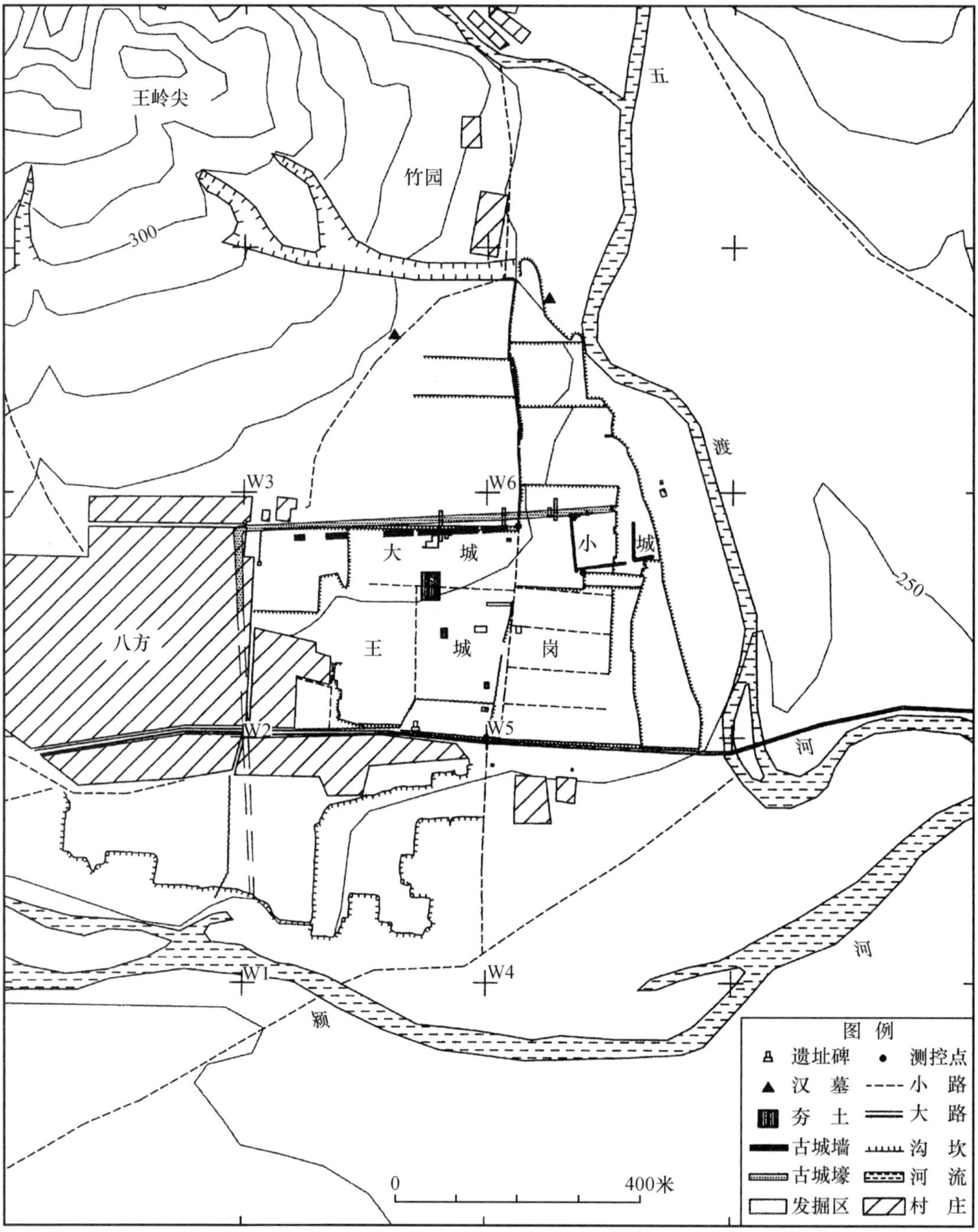

图二　王城岗城址平面图

的粟、黍、稻和大豆等炭化粮食作物种子，说明当时人们已经开始由以种植粟类作物的单一种植制度，逐渐转变为多种农作物种植制度，人类的食谱已趋多样。城内还出土大批龙山时代的动物骨骼，经鉴定，认为当时已驯化了猪、狗、黄牛和绵羊，人类获取肉食资料的方式已经进入了开发型阶段。城内出土遗物中，有两件特别引人注目：一件是白陶鬶，W5T0670Q1①：3，残存口部，圆唇，敞口，流残，束颈，颈部有带形鋬痕，颈以下残，近口部饰凸弦纹二周，口径9厘米。另一件是玉石琮，W5T0670H72：10，灰黑色蛇纹石化大理石，残存1/4，方筒状，外方内圆，单节，转角处两侧各有一竖射线，转角下上端下凹。外颈复原6.6厘米见方，内直颈复原6、高3.7厘米①。这是两件高规格的龙山文化晚期遗物。

王城岗遗址范围内发掘出来的文化遗存中，年代最早的为裴李岗文化，其次是龙山文化、二里头文化、商代二里冈文化、商代晚期文化及周文化。在上述诸文化堆积中，以龙山文化的内涵最为丰富。过去将王城岗龙山文化分为五期，后来通过对大城的发掘，又将五期合并为3段，使其发展演变的阶段性更加清晰，发现了王城岗龙山文化晚期大城城壕打破西小城城墙的地层关系，证明大城和小城并非同时，小城始建于1段偏晚（原分期的二期），2段已废弃。大城始建于2段（原分期的三期），延续使用至3段偏早（原分期的四期），3段偏晚（原分期的五期）也已衰落下去。新采集含碳样品55个，经^{14}C测定后，重新推定了王城岗龙山文化晚期小城的年代，上限不早于公元前2200～前2130年，下限不晚于公元前2100～前2055年，其中值约为公元前2122年；王城岗龙山文化晚期大城的年代，上限不晚于公元前2100～前2055年或公元前2110～前2045年，下限不晚于公元前2070～前2030年或公元前2100～前2020年，其中值约为公元前2055年②。夏商周断代工程专家组将夏的始年定为公元前2070年，因而王城岗小城的绝对年代超出了夏纪年，不可能是夏代城址。大城的年代与文献记载的夏之始年基本相符，可能与夏代早期都城有关。

王城岗城址位于嵩山南麓，同历史上的夏王朝之间存在着比较密切的关系。《国语·周语上》载："昔夏之兴也，融降于崇山。"韦昭注："崇，崇高山也。夏居阳城，崇高所近。"又《太平御览》卷三九引韦昭注："崇、嵩古字通，夏都阳城，嵩山在焉。"夏王朝的奠基者和创始人是禹，禹的早期居地和政治中心都在崇高附近的阳城。古本《竹书纪年》载："夏后氏禹居阳城。"《后汉书·郡国志》颍川郡阳翟下，臣瓒曰："《世本》：'禹都阳城。'《汲郡古文》亦云'居之'。"李臣注引《汲冢书》曰："禹都阳城。"《孟子·万章上》云："禹避舜之子于阳城。"赵岐注："阳城在嵩山下。"《史记·夏本纪》谓："禹辞辟舜之子商均于阳城。"《集解》引刘熙曰："今颍川阳城是也。"《水经·颍水注》载："颍水出颍川阳城县西北少室山……其水东南迳阳城西，石溜萦逶，溯者互涉，故谓之五渡水，东南流入颍

① 北京大学考古文博学院、河南省文物考古研究所：《登封王城岗考古发现与研究》，大象出版社，2007年。

② 李伯谦：《登封王城岗考古发现与研究·序》，大象出版社，2007年。

水。颍水经其县故城南，昔舜禅禹，禹避商均，伯益避启，并于此。”《史记·五帝本纪》载：“禹亦乃让舜子。”《正义》引《括地志》云：“禹居洛州阳城者，避商均，非时久居也。”《太平御览》卷八二载：“禹避舜之子商均于阳城。”《册府元龟》卷五《帝王部·创业一》载：“禹辞辟舜之子商均于阳城。”卷九《继统一》载：“益让帝禹之子启，而避居箕山之阳。”（注：阳字亦作阴）《通志》卷三上载：“禹避舜之子于阳城。……益避禹之子启居于箕山之阴。”卷四一谓：“禹在阳城者，避商均之地而非都也。”《资治通鉴前编》卷二载：“五十载禹避于阳城。”《王启》谓：“二岁益避于箕山之阴。”《读史方舆纪要》卷四八《登封县》载：“古阳城也，禹避舜之子于阳城即此。《世本》言禹都阳城，误也。”《史记·夏本纪》载：“益让帝禹之子启，而避居箕山之阳。”《集解》曰：“《孟子》‘阳’字作‘阴’。《正义》引《括地志》云：阳城县在箕山北十三里。”《左传·昭公四年》载：“四岳、三涂、阳城、太室、荆山、中南，九州之险也。”杜预注：“阳城山在阳城县东北。”清人阎若璩《四书释地》“阳城箕山之阴”条谓：“阳城，山名。汉颍川郡有阳城县，以由得名，洧水所出。唐武后改曰告成，后又曰阳邑。五代周省入登封。”阳城山即今之东岭山，在告城镇东北。章炳麟《神权时代居山说》云：“夏禹所居曰嵩山；夏都阳城即嵩山所在；古无‘嵩’字，但以‘崇’字为之，故《国语》称鲧为崇伯鲧，《逸周书》称禹为崇禹。”其《检论·辩乐》亦云：“《世本》言禹都阳城，赵岐《孟子注》云：阳城在嵩山下，故因山以名其国。”从上述记载可知，阳城的地望，是在嵩山之下，颍水上游，箕山之阴，与之大体相符的只能是登封告成镇王城岗。20世纪90年代，考古工作者在告成村北发现一座春秋战国至汉代的城址，从城内出土的战国豆、釜、量等陶器上印制有“阳城”和“阳城仓器”的篆书陶文戳记来看，春秋战国至汉代的阳城确实就在这里，此阳城遗址西距五渡河约500米，与王城岗遗址东西相望①。王城岗遗址的遗物在春秋中叶以后显著减少，看来该遗址大约因遭受水灾从春秋中叶开始放弃，居民可能迁到五渡河以西另建新城。因而王城岗城址应该就是最早的阳城，考古发现的王城岗小城，为唐虞时代的阳城，是禹避居之地；而王城岗大城，从年代和地望来看，应为禹都之地，大约就是夏王朝的都城阳城。

郑州域内的夏代都城遗址，除登封王城岗外，还有新密新砦。

新砦遗址位于新密市东南18.6千米的刘寨镇新砦村，地理坐标为北纬34° 26.5′，东经113° 32.5′，海拔高度125～140米。这里为中原腹地，地处黄淮大平原之西，遗址所在地区为现代区划的暖温带亚湿润大区的鲁淮区西部。西眺嵩岳，东为黄淮

① 河南省文物研究所、中国历史博物馆考古部：《登封王城岗与阳城》，文物出版社，1992年。

平原，北临丘陵区向平原区的过渡地带。遗址三面环水，南依双洎河（古洧水），西濒武定河，东临圣寿溪河，地势略高于四周地面。遗址所在区域内有黄土冲沟穿过。其中穿过中部的黄土冲沟名为苏沟，自西向东流。沟南为梁家台村，沟北为苏沟村，沟东端最深处距地表10余米。贯穿遗址东北部的黄土冲沟名为煤土沟，自西北流向东南。该沟最终汇入双洎河故道，其东南端深与苏沟相当。该沟西为苏沟村，沟东南为煤土沟村。双洎河故道为半圆形，自西南转向北再流向东南，深距地表约20米，将东湾村包围起来，使之成为孤岛状。新砦遗址现被两条黄土冲沟和双洎河故道切割为四大块，其保存现状显得支离破碎。该遗址的重点范围大体为：北边在今苏沟村以北10～20米处，东至煤土沟村东南约350米，南到东湾村的中部，西到梁家台村以西30～50米[①]（图三）。

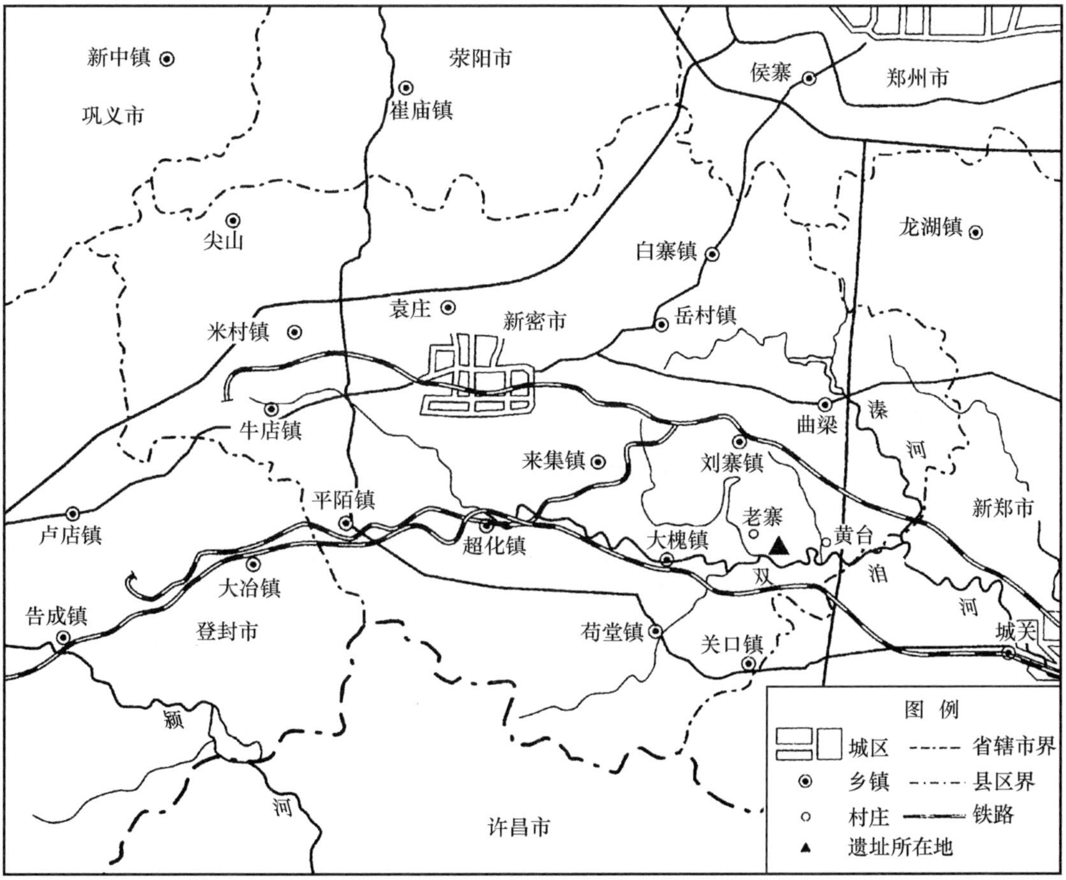

图三 新砦遗址位置图

① 赵春青：《新砦聚落考古的实践与方法》，《华夏都城之源》，河南人民出版社，2012年。

新砦遗址是1964年密县文化馆馆长魏殿臣先生调查时发现的。1979年3～4月，中国社会科学院考古研究所赵芝荃先生对该遗址进行了试掘，并提出了“新砦期”文化的概念。1999年9～12月、2000年4～7月，北京大学古代文明研究中心与郑州市文物考古研究所联合组成考古队先后两次对该遗址进行了发掘，并取得了重要收获。2002～2003年，中国社会科学院考古研究所在与郑州市文物考古研究所合作发掘新砦遗址过程中，发现了一处龙山文化晚期和新砦期的大型城址。整个城址均掩埋在地表以下，平面略呈方形，现存东北、北、西三面城墙及贴近城墙下部的城壕，是为大城。大城北城墙以北220米开外，另有一条人工与自然冲沟相结合而成的外壕，东西长1500、南北宽6～14、深3～4米。自西向东有三处缺口，可能是供行人出入的通道。外壕仅见于城址北面，这是由于城址三面环河，北部与陆地相连的地貌条件造成的，故设置外壕以构成北面的第一道防线（图四）。

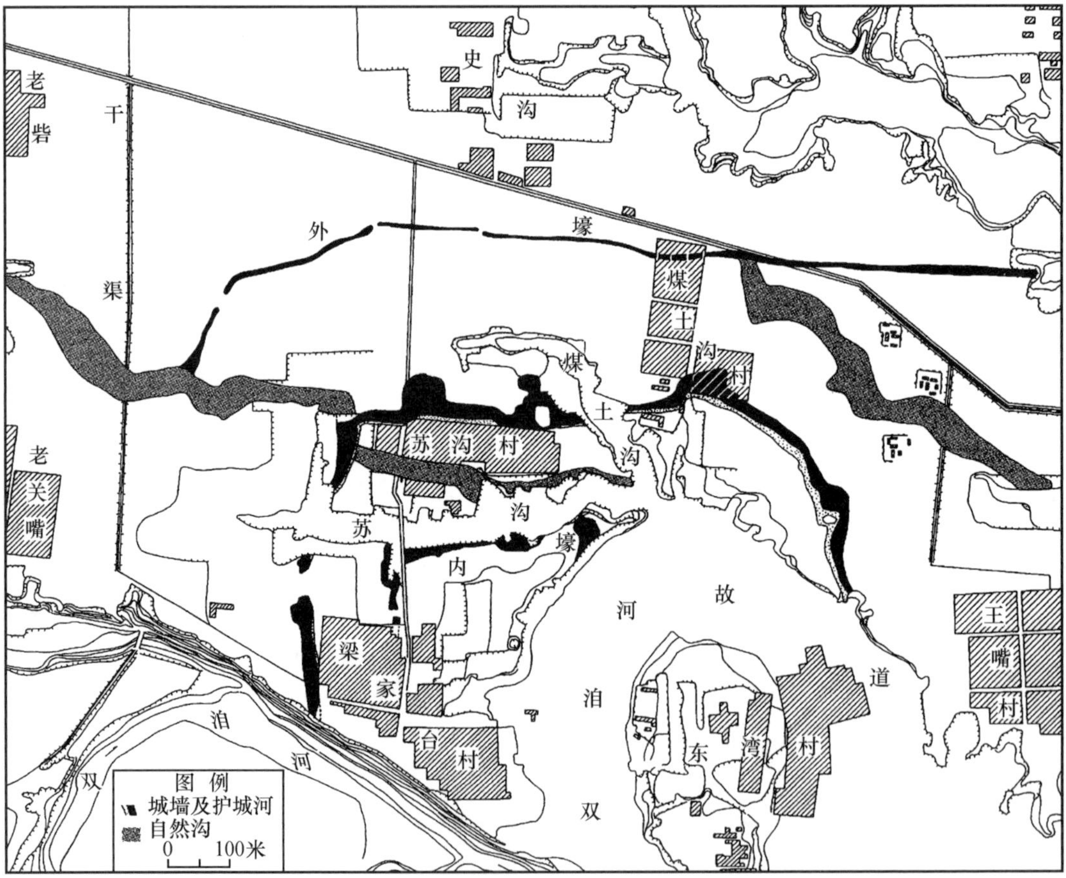

图四　新砦城址平面图

新砦城址的东城墙与北城墙是利用自然冲沟的内壁修整、填土夯筑而成。其中东城墙南段被双洎河故道冲毁，现存南北残长160、深4米。北城墙东西长924、深5～6米。北城墙所在位置，筑城之前是一段自然河沟。筑城时先把内侧沟壁修改成若干台阶状，再于台阶上堆土夯筑。龙山文化城墙自身存高即是自然河沟现存深度，约6.7米，南北现存宽度最宽9米。城墙下部夯层直接筑在沟内，夯层厚60～75厘米，夯窝稀疏，直径7～8、深1～1.5厘米。龙山文化晚期的城壕紧靠城墙外侧，城壕上部被新砦期城墙打破，城壕现宽1～3.65、深6.95米。龙山文化晚期城墙废弃以后，新砦期的城墙直接建在龙山文化晚期城墙外坡之上且打破龙山文化城墙外侧的城壕。新砦期城墙现存南北宽11.5米。筑城时先将龙山文化城壕内上部淤土铺垫为新砦期城墙底部垫土，再倾斜堆积数层黄灰土作为下部垫土，然后于其上平夯灰褐色黏土层。该层土质紧密，夯层清晰，以椭圆形夯窝居多，直径在5厘米左右，深1～1.5厘米。灰褐色黏土层之上再筑黄花土层，系分段夯筑而成，每层黄花土内均包含大量料姜石块和生土块，土质不如灰褐色土层紧密。黄花土层之上的墙体已被破坏殆尽。

城的西垣及其城壕系人工挖掘而成。西城墙现存南北长470、深2.5米，也是由龙山文化晚期和新砦期两个时期的城墙叠压在一起。其中龙山文化晚期城墙筑成内高外低的坡状，直接叠压在生土上。龙山文化晚期城墙废弃后，新砦期城墙以东高西低之势直接覆盖在龙山城墙之上，只是稍微向西拓展，就势斜夯为墙体外坡。

在现存的三面城墙当中，东、西城墙的南段已遭双洎河及其故道冲毁，按照复原面积计算，城内面积约为70万平方米。

新砦期城墙和城壕，后被二里头文化早期的一条大壕沟打破。这条壕沟走势大体与新砦期城壕相平行，只是略向内收。沟宽通常为15～20米，个别地段宽60～80、深5～7米。

通过对城墙和城壕的发掘，发现龙山文化晚期城墙打破龙山文化晚期文化层，新砦期城墙叠压龙山文化晚期城墙又被二里头文化早期的壕沟所打破。其中龙山文化晚期地层和城墙出土龙山文化常见的薄胎方唇夹砂深腹罐、唇沿带凹槽的泥质灰陶钵和碗等陶器残片；新砦期城墙和城壕内发现有折壁器盖、厚胎钵等新砦期常见陶片；二里头文化时期的灰沟内出土有花边罐口沿残片等。由此可见，新砦城址始建于龙山文化晚期末段，废弃于二里头文化早期。整个城址总面积逾100万平方米。

城址西南部内壕所在地带当为城内中心区。在中心区中央偏北部，今梁家台村东北的高台地上，有一座浅穴式大型建筑，该建筑西端已遭农田破坏，只在东端的南、北段保存垫土层，据此可以大体推断出东端的位置。现存部分整体呈刀把形，主体为长条形，唯东端向南内收2.4米。“北墙”方向为东偏北40°。现存东西长92.6、南北宽14.5米，总面积达1000多平方米。该建筑基址上距地表1.2～1.5米，被二里头文化层所叠压，其本身又叠压和打破龙山文化晚期灰坑，是一处新砦期晚段的多次使用的大型浅穴式露天活动场所，结合文献记载，其性质或许与“墠”或“坎”之类的祭祀遗迹有关。

浅穴式大型建筑以东约10余米处，为其附属建筑。现已发掘两座，其中一座属中小型房址，平面基本呈方形，分东西两间，中间以隔墙相隔，但留有门道相通。墙体宽15～20厘米，墙南侧为散水，北边被现代沟打破。

在中心区以外，即梁家台村南端濒双洎河的台地上，可能是手工业作坊区。2002年春天，在此发现多只鹿角叠放在一起的灰坑。表明这里应是加工骨器的场所。

除上述遗迹外，城内出土有大批遗物，其中不仅有子母口瓮、簋形豆、双腹豆、猪首形盖纽等制作精美的陶器，还有玉凿、铜容器等高规格器物，以及与二里头遗址出土的铜牌纹饰相类似的兽面纹、雕刻精细的夔龙纹等陶器上的纹饰。如玉凿，2000T4H59：1，青白色，扁平，上窄下宽，似梯形，剖面为矩形，单面刃，长2.5、厚0.5厘米；铜容器，2000T3⑤B：1，红铜。可能为鬶或盉的流部，流中间部位有一小豁口，残长8.4厘米。均为新砦期遗物。城墙、城壕、浅穴式大型建筑及高规格遗物，反映出新砦古城绝非普通意义上的一般聚落①。

关于新砦遗址的年代，经^{14}C测定，其龙山文化晚期年代为公元前2200～前1900年。新砦期年代为公元前1900～前1750年。新砦龙山文化晚期城址打破龙山文化晚期文化层，其始建年代为龙山文化晚期偏晚阶段。按绝对年代计算，新砦古城的始建年代为公元前2000～前1900年②。夏商周断代工程专家组将夏王朝的始年定为公元前2070年。从年代学的角度分析，新砦城址应为夏代早期古城。

根据文献记载，新砦城址与夏启之居关系相当密切。而夏启之居又距黄台之丘甚近。《穆天子传》载：“［天子］东游于黄泽，宿于曲洛，废□。……丙辰，天子南游于黄□室之丘，以观夏启之所居，乃□于启室。”郭璞注：“似谓入启室室中。”另据《文选》卷十三载谢惠连《雪赋》云：“姬满申歌于黄竹。”李善注：“姬，周姓也。满，穆王名，昭王子也。……《穆天子传》曰：天子南游黄台之丘。大寒，北风雨雪，天子作诗三章以哀夫人。”由此可知，穆天子所游“黄□台之丘”，应作“黄台之丘”。黄台之所在，《水经·洧水注》云：“洧水又东南与马关水合，水出玉亭下，东北流迳马关，谓之马关水。……洧水又东，与虎牍山水合，水发南山虎牍溪，东北流入洧。洧水又东南，赤涧水注之，水出武定冈，东南流迳皇台冈下，又历

① 赵春青、张松林等：《河南新密新砦遗址发现城墙和大型建筑》，《中国文物报》2004年3月3日；赵春青、张松林等：《河南新密新砦城址发掘城墙西北角与浅穴式大型建筑》，《中国文物报》2006年6月30日第2版。

② 赵春青：《新密新砦城址与夏启之居》，《中原文物》2004年第3期。

冈东，东南流注于洧。”《水经注·濮水注》熊会贞疏：“《续汉志》，黄台县有黄台冈。黄、皇古通。黄台冈盖即黄台。”丁山先生《由三代都邑论其民族文化》一文对此分析甚详。他说：

《穆天子传》：“天子东游于黄泽，宿于曲洛，废□。使宫乐谣曰：黄之池，其马歕沙，皇人威仪。黄之泽，其马歕玉，皇人受谷。丙辰，天子南游于黄台之丘（今本作黄室之丘，据文选注引改正），以观夏后启之所居，乃□于启室。”郭璞注：“疑此言太室之丘嵩高山，启母在此化为石，而子启亦登仙。故其上有启室也。”按《汉书·武帝纪》：“元封元年，登礼中岳，见夏后启母石。”颜师古注引《淮南子》言：“涂山氏化为石，石破生启。”启之生地，传说虽在太室，但太室之北无黄池、黄泽，亦无黄台之丘。惟《水经注》云：“洧水又东南，赤涧水注之，水出武定冈，东南流，迳黄台冈下，注于洧。洧水又东，与黄水合。黄水出太山南黄泉，黄即《春秋》之所谓黄崖也。故杜预注云：苑陵县西有黄水者也。又东南流，水侧有二台，谓之积粟台。黄水又东南，迳龙渊东南，注于洧水。”洧水先受赤涧水，次受黄水，黄水可指为《穆天子传》之黄泽，则积粟台非《传》文黄台之丘，黄台之丘可确指其赤涧水旁之皇台冈。洧水出于阳城山，与黄水所出太山，正是一脉，而黄、阳二字，古音同部，意者洧、黄之间，即夏后启之故居。

“夏后启之居”的具体地点，丁山将它定位于“今河南新郑、密县间”①。史念海先生也说：“禹之后，启居黄台之丘，在今河南郑州和密县之间。”②黄台冈在今新密市刘寨镇台岗村，俗称“拜将台”或“力牧台”，系黄土夯筑而成的高台建筑遗址。台高13米，自下而上分四层台基叠筑而成，南北长133、东西宽118米，最高处平顶呈15米正方形。据《河南通志》载：“力牧台在密县城东四十里，土人呼为台子冈，又曰黄台冈，地近云岩、大隗镇，台址颇广，又曰拜将台。”传说黄帝在此拜力牧为将，称拜将台，后人为感念力牧协助黄帝治国治民的功绩，易名为力牧台。新砦城址的位置，完全符合《水经注》所云夏启之居的地望。被《水经注》提及的武定水、赤涧水、马关水、虎牍溪水等河流就分布在新砦城址附近。至于赤涧水东南流经的黄台冈，很可能就是当今传说的力牧台，该台东南距新砦城址约3千米，这里海拔200多米，系武定水与赤涧水之间的制高点，高出新砦城址约50米。站在台上向东南张望，仍可清楚地看到新砦村的农田和村庄。此外，新砦城址的年代亦与夏代初期相符，自

① 丁山：《由三代都邑论其民族文化》，《历史语言研究所集刊》1935年第5期。

② 史念海：《中国古都和文化》，中华书局，1998年，第43页。

身又是新密境内面积最大的夏文化遗址，拥有嵯峨的城墙和宽深的护城河，是一处都邑性城址。综合多种因素，我们认为这座城址可能就是黄台之丘附近的夏启之居。

启都之名，史称夏邑。今本《竹书纪年》载："帝启元年癸亥，帝即位于夏邑。"林春溥《古史纪年》说："启帝即位于夏邑。"新砦龙山文化晚期城址很有可能就是启都夏邑。今本《竹书纪年》载："少康自纶归于夏邑。"新砦城址发现的新砦期城垣，与少康在位时间大体相合，似能反映出少康居夏邑的史实。新砦城址发掘工作的主持人赵春青先生指出："众所周知，夏启结束了尧舜禹时代的盛行的'嬗让'制度，是传子制度的开创者，从某种意义上讲夏启才是真正的夏王朝开国之君。夏启之居的初步勘定，不仅对于探索早期夏文化是一重大发现和突破，对于探索中国早期国家起源即中华文明的形成同样具有重大意义。"[①]

综上所述，王城岗与新砦两座龙山文化晚期城址的发现，说明夏代早期的都城——阳城与夏邑均建在郑州域内，从而极大地提高了郑州在中国大古都中所占的重要地位。这两座夏代都城皆位于嵩山文化圈内，对于探讨嵩山文明与中国国家文明的起源和中国早期王朝王都的形成，具有极其重要的意义。

---

① 赵春青：《新砦遗址谱系与聚落研究的新进展》，《中国文物报》2004年9月10日第7版。

夏初都城文明研究*

李玉洁

（河南大学历史文化学院）

摘　要　河洛地区是夏王朝都城文明的中心，是黄河文明、也是嵩山文明的核心地区。嵩山周围分布着非常密集的夏代都城及军事重镇与方国的遗址，如偃师二里头、荥阳大师姑、辉县孟庄、平顶山蒲城店、新郑望京楼等。另外，偃师二里头遗址发现有大型宫殿建筑基址数座，还有玉器、酒器、乐器、兵器、大型绿松石龙形器等，都是二里头文化中的典型器物；另外在这里还发现大型的铸铜作坊。夏代都城文明在中华文明史上具有重要的地位。由于河洛地区文明进程较快，处于领先地位，对国内其他地区文明有重要的影响。我国早期国家最先在河洛地区出现。

关键词　夏初都城文明　核心地位　影响

河洛地区偃师二里头遗址是夏王朝初年的都城遗址。大禹通过治水获得了部族的权力，从而成为部族领袖。为了避开舜势力的控制，大禹迁都河洛地区，当然也有人称为嵩山地区。河洛地区属于黄河流域的高地，是古人建都的理想之地。夏人在这里创造了灿烂的夏文化，很快达到国内同期文明的最高水平，并对周边地区产生了非常重要的影响。嵩山地区也随之成为我国古代文明重要的发祥地和摇篮。

一、夏王朝都城及周围的军事重镇与方国

夏王朝的都城文明发祥于以洛阳为中心的河洛地区，是黄河文明也是嵩山文明的核心。

伊水、洛水汇入黄河，在这里形成了黄河、伊河、洛河冲积的平原。洛阳地区形成的文化就是河洛文化。但这种认识有一定的狭义性，洛阳地区处于黄河中下游的豫中平原与黄土高原的交界处；由于历史的原因，伊洛河流域与豫中平原地域相连，属于同一文化系统。而仅仅把洛阳地区的文化称为河洛文化，则是狭义的概念，不足以

* 本文系国家社会科学基金重大项目“大遗址与河洛三代都城文明研究”（批准号：13&ZD100）的阶段性成果。

涵盖河洛文化的丰富内容。司马迁在《史记·货殖列传》中说："昔唐人都河东，殷人都河内，周人都河南。夫三河在天下之中，若鼎足，王者之所更居也，建国各数百千岁。"唐人指的唐尧，殷人指的是殷商王朝，周人指的是西周部族。也就是说自尧，中经夏、商，直至西周所建的都城和政治文化的中心皆在河东、河内、河南，即三河地区。三河地区，就是"天下之中"。河洛文化之"河"，即黄河。"三河"就是"天下之中"。其地域概念当是指洛河与黄河流域。河洛文化就是天下之中的文化，代表古代中国的中心文化。

夏后氏部族最早当起源于山西地区。《今本竹书纪年》卷上云："帝禹夏后氏，元年壬子，帝即位，居冀。"也就是说，夏禹最早是居住在"冀"。"冀州"上古时期指的是晋南。《尚书·禹贡》："冀州。"孔颖达疏："冀州，帝都。""壶口治，梁及岐。"（汉）孔安国传云："壶口在冀州，梁、岐在雍州，从东循山治水而西。"《汉书·地理志上》云："冀州既载。"颜师古曰："两河间曰冀州。载，始也。冀州，尧所都，故禹治水自冀州始也。"因此，禹所居之冀，即阳城当在晋南。禹的阳城最早当在晋南安邑地区。

夏后禹为了避开舜势力的控制，把都城向黄河之南的平原迁徙。夏后禹再迁至阳城，在远古时期的雒邑，即今河南省洛阳一带。今河南登封王城岗被认为是夏后禹迁到河洛地区的第一个都城阳城。大禹把新迁之地仍然称为阳城。

《左传·庄公二十八年》云："凡邑有宗庙先君之主曰都，无曰邑。"古代我国把祖先宗庙所在之处曰都。祖先宗庙所在之处一般就是帝王所居之处。帝王居处当然就是政治经济文化的中心，河洛都城文明当然是这一时期的最高水平。

大禹之子太康把都城迁至伊洛地区的偃师二里头。偃师二里头留下了夏王朝的都城遗址。偃师二里头的夏代都城城址的周围还分布着许多文化重镇，如登封王城岗大城、新密新砦二里头文化城址、新密新砦龙山文化城址、平顶山蒲城店城址、新郑望京楼夏代城址、郑州大师姑城址等是都城遗址的附属部分，当为军事重镇或方国的都城。

河洛地区是夏文化分布的中心区域，也是目前夏代城址发现最为集中的地区。

在这一地区已发现很多城址，其中龙山文化城址有登封王城岗（小城和大城）、新密古城寨、郾城郝家台、安阳后冈、辉县孟庄、濮阳高城、温县徐堡、博爱西金城、淮阳平粮台、新密新砦等。众多的城址表现出这里人口密集，河洛地区很早就是人文荟萃之地，为嵩山文明的产生奠定了基础。

二里头文化城址有偃师二里头、荥阳大师姑、辉县孟庄、平顶山蒲城店、新郑望京楼等。其中二里头文化早期2座，为新密新砦和平顶山蒲城店；其余均为二里头文化晚期城址。

偃师二里头城址是一座很有规模的都城遗址。其面积约400万平方米，宫殿区是一组具有中轴线规划的建筑基址群。二里头城址的周围分布着许多的军事重镇，拱卫着夏王朝的都城。

新郑望京楼夏代城址是夏代都城附近的军事重镇。望京楼夏代城址有城墙、壕沟等，可能是夏朝某一方国都邑。平顶山蒲城店城址有城墙、壕沟、灰坑等，是二里头文化早期的城址，当亦是一座军事重镇。郑州大师姑城址是二里头文化中晚期的大型城址，由城垣和城壕组成，总面积约51万平方米，当是一座军事重镇。

辉县孟庄城址与二里头文化同期，但是具有先商文化的特点，当属于商先公建造的城址，有可能是与夏王朝对立的城址。

登封王城岗大城被认为是夏代的阳城，是大禹的都城。该城城外有城壕；城内发现有祭祀坑、玉琮、石琮和白陶器等，并在遗址中部偏北处发现几处大面积夯土基址。其年代初步推定为河南龙山文化晚期，即公元前21世纪，已进入夏纪年的范围之内。该城址的发现为夏代阳城的都城文明提供了重要资料。

新密新砦二里头文化城址，其城内面积70万平方米，包括城壕面积则达100万平方米，发现有城垣和外壕、城壕、内壕三重防御设施。这里出现大型浅穴建筑基址和祭祀遗存，并且还出土有铜容器残片等高规格的遗物。学术界目前多认为其为夏启所居之“黄台”。

二、二里头文化丰富的内涵

夏代晚期城址仅二里头遗址一座特大型城址，其现存面积超过300万平方米。在这里发现了纵横交错的道路网、大规模的夯土建筑基址群和宫城城垣，发掘了大型宫殿建筑基址数座。

河南偃师二里头遗址是一处都邑遗址。二里头遗址有很厚的文化堆积。遗址中一号宫殿是由夯土台基、殿堂、廊庑、庭院、殿门组成的宫殿建筑。夯土台基整体略呈正方形，总面积约1万多平方米，高出当时地面约80厘米，边缘斜坡面上有质地坚硬的料姜土面或路土层。殿堂坐落在台基中部偏北处，呈长方形，四周还留存有一圈殿堂檐柱的大型柱洞及柱础石，分南北两行排列，每行9个，东西两侧各4个。檐柱外侧还留存有一圈挑檐柱洞。据柱洞的位置分析，这座殿堂应为一面阔八间、进深三间的双开间建筑。屋顶可能为四坡出檐式。这座殿堂四坡出檐式结构与我国最早的“四阿重层”宫殿建筑基本相符。廊庑墙基发现于夯土台基的北、西、南三面，西墙基全长88米，全部由夯土筑成，中间有一排小柱洞，当为木骨泥墙结构。殿堂南部为一片广阔的庭院，宫殿大门坐落在庭院的南边，门边发现9个排成东西向的柱洞，东西两端与廊庑相连，估计为一座面阔八间的牌坊式建筑①。

二里头的宫殿遗址是我国迄今发现的最早的宫殿遗址。偃师二里头的规模宏大的宫殿基址应是夏文化的遗存，这是夏代建立国家的象征。二里头文化遗址当是夏王朝的都邑遗址。

二里头文化中出现的玉器，其种类有柄形玉饰、玉戈、玉钺、梯形玉刀、琮、玉柱、玉筒等，分别为乳白、淡青、嫩绿、灰褐诸色。玉器和绿松石的镶嵌工艺，是我国工艺美术优秀传统的实物见证。玉制兵器是作为贵族珍品而随葬的。

石磬是二里头墓葬中形体最大的器物，它是我国目前所见的最早的石磬，是音乐史上的重要实物资料。

酒器、乐器、兵器，是二里头文化中的典型器物。二里头类型墓葬中出土许多陶器，计有鼎、豆、角、爵、平底盆、盘、罐、簋、瓮、规鬲、杯等，陶器中占最大的比例是酒器，其次是炊具、盛器和食器。大量酒器的出现成为二里头文化的一个显著特点。而在新石器时期的文化遗存，如龙山文化遗址中，亦有一些酒器，如陶鬶鬲、高柄杯等，但数量极少，并且随葬品多为生产工具和生活用具，或是一些装饰品。二里头墓葬中以觚、爵等酒器随葬，表明酿酒业的发达。《淮南子·说林训》曰："清醠之美，始于耒耜。"酒器的大量出现反映了粮食产量的增多及农业生产水平的提高。

古代黄河中游是粟的故乡，磁山文化遗存中就发现大量储存的粟。夏代中晚期可能逐渐引进大麦、小麦，使其农作物的品种不断增加。

夏代，农业虽然仍处于粗耕阶段，但是发展稳定，并在整个社会经济生活中变得越来越重要。

农业生产与季节天象有密切的关系，夏代的天文历法就是在农业生产的实践中不断地积累发展起来的。《论语·卫灵公》记载："行夏之时。"当然，这里的"夏时"还不能与今农历等同。我国传统的干支纪日法，起源于夏代末期。夏王朝后期的几个王，如孔甲、胤甲、履癸（桀）等，都以天干命名，这从侧面说明夏代已有干支纪日法了。

大型青铜冶铸作坊遗址1处，与制陶、制骨有关的遗迹若干处，与宗教祭祀有关的建筑遗迹若干处，以及大中小型墓葬400余座，其中包含出土成组青铜礼器、玉器和漆器的墓葬。此外还发现并发掘了大量中小型房址、窖穴、水井、灰坑及道路遗迹等。出土大量陶、石、骨、蚌、铜、玉、漆器和铸铜陶范等。

---

① 中国科学院考古研究所二里头工作队：《河南偃师二里头早商宫殿遗址发掘简报》，《考古》1974年第4期。

二里头类型的墓葬中出土许多陶酒器、炊具、盛器和食器，还出土有玉器、石器，石磬是二里头墓葬中形体最大的器物。酒器、乐器、兵器、大型绿松石龙形器，是二里头文化中的典型器物。夏代中晚期，农作物的品种不断增加。二里头文化古城的布局开中国古代都城规划制度的先河，许多形制为后世沿用。

三、夏代都城文明的地位与影响

夏代都城文明在中华文明史上具有重要地位。由于河洛地区文明进程较快，与国内其他地区文明相比，处于领先地位。我国早期国家最先在河洛地区出现。

我国的古文献记载夏商周三代都城多在河洛，考古发掘的夏商周三代都城遗址基本都在河洛地区，因此河洛地区被称为“天下之中”。三代都城为什么皆选在河洛地区，是一个非常值得研究的问题。黄河流域千里平原，土地肥沃，是古人宜居之地。这里四季分明，气候较为干燥，夏酷热、冬严寒，当时的人们必须结成一个团体，才能战胜或酷热或严寒的天气，因此人们更容易形成群团组织，当然也容易出现领袖人物。而江南地区“果隋蠃蛤，不待贾而足”，生活的获取比较容易，这里的人们过着较分散的生活，很难结成大型的群团组织。江南天气炎热潮湿，是瘴疠瘟疫多发之地。当时医学水平低下，人们很难战胜瘴疠瘟疫疾病的侵害。因此长江流域文明的进程相对北方缺乏连续性。北方从而成为政治经济文化的中心，成为夏商周三代都城文明的发祥地，也因此交通方便，成为“天下之中”，成为建都的理想之地。河洛三代都城文明与国内其他地区的文明，如晋南地区、陕西周原、楚文化、东夷文化、吴越文化、太湖文明、巴蜀文化、湖湘文化等都有非常密切的联系与交流，对这些地区文明、文化的发展有非常大的影响和作用。

夏代都城文明与山东地区也有密切的交流。著名的考古学家李伯谦先生认为二里头文化的觚、豆、单耳杯、三足盘（瓦足皿）应该源于山东龙山文化。考古学家邹衡先生指出二里头文化的“觚、爵、鸡彝、瓦足皿等四器”，“大都来自东方，或者同东方有着密切的关系，此四器是夏文化中最主要的礼器，它们的存在，应该体现了夏朝的部分礼制”，“夏礼可能是继承虞礼而来的”。

夏代都城文明与晋南龙山文化有非常密切的渊源关系，古文献记载的“夏墟”就在山西境内。夏县东下冯遗址与二里头文化相同或相近；晋中的东太堡遗址，既有二里头文化因素，又有许多自身的特点。豫西、晋南的二里头文化在器物的形制、礼制习俗方面有一种渊源关系，而代表夏代都城文明的二里头文化更为进步与发达。

长江流域是夏代都城文明强劲扩展的主要地区。夏王朝时期，二里头文化在长江流域占主导地位，而土著的石家河文化残存甚微。湖北省黄陂区盘龙城古城址，面积约1.1平方千米。遗址上限相当于二里头文化晚期，下限相当于殷墟早期。

陕西华县等地发现了二里头文化，在商洛发现了一个很大且完整的二里头文化遗址。在西安的东郊老牛坡也发现了相当于二里头文化的内容。夏代都城文明与夏文化向陕西地区发展。

“夏文化主要是在伊洛地区河南龙山文化的基础上产生的，在其产生和发展的过程中，又吸收了其周围诸龙山文化及其后的青铜时代诸文化的先进因素不断地丰富了其本身，从而形成高于其他文化（主要指生产水平）的一种考古学文化实体。”①

① 邹衡：《夏文化研讨的回顾与展望》，《中原文物》1990年第2期。

郑州商城往事今解

周昆叔[1]　鲁　鹏[2]　信应君[3]　杨　柳[2]

（1. 中国科学院地质与地球物理研究所　2. 河南省科学院地理研究所
3. 郑州市文物考古研究院）

摘　要　郑州商城立于黄土高原东端，毗邻华北平原。城南凤凰台商代遗址由粉细砂沉积构成，这说明郑州商城濒河湖而立。郑州商城城墙墙基采用周原黄土的红色土壤夯筑而成，使城墙经3600年风雨而不倒。商人深思熟虑选城址于黄土高原与华北平原之交的郑州，以及就地采取红土做墙基，说明商人对环境、物性认识和利用已达到相当高的水平。

关键词　郑州商城　黄土高原　华北平原　城墙　红土

“郑州商城以逾千万平方米的城址，宫殿群，铸铜、制陶、制骨手工业作坊，祭祀遗址，贵族墓地，青铜器、金器、玉器、原始瓷器、骨、字符等内涵，奠定了商代一都的地位。”①郑州商城的发现与研究是我国商代考古的重大收获，其内涵之丰富与地位之显要众所周知，要说它的往事多得很，这里仅对该城选址和城墙基础陈述我们一些初步看法，还盼方家指正。

一、选址——原原之交

郑州商城地望早已被学者们关注。2009年春末，时任郑州市市委书记的王文超同志约笔者周昆叔前往郑州凤凰台商代遗址发掘现场考察，负责发掘的郑州市文物考古研究院信应君队长接待了我们（图一）。抵达凤凰台商代遗址，呈现在我们面前的是一片黄色，堆积物为均匀的粉细砂（图二），显示出典型的河湖环境，而这里西距商城仅约2千米，可以说是咫尺之间。郑州商城坐落在黄土高原东沿，既获黄土干爽之利，又收河湖清心之效。联想到其西北有5000年前仰韶文化的西山古城，又有较郑州商城小双桥商代遗址，还有新近发现的龙山文化、商、二里头文化东赵古城，这些古

① 李维明：《郑州青铜文化研究》，科学出版社，2013年。

图一　信应君队长（中）引导周昆叔先生（左中）陪同郑州市市委书记王文超同志（右前）考察凤凰台商代遗址发掘现场

图二　与郑州商城贴近的凤凰台商代遗址粉细砂沉积物反映河湖环境

城群集之处，既立地黄土，又濒华北冲积平原，加之处于亚热带北沿与交通要冲，环境适中，利生存与交往（图三）。可见郑州商城是处在原（黄土高原）原（华北平原）之交。由于后来环境干旱化，华北平原河湖多已干涸消失，仅留下郑州东圃田泽踪迹，使郑州旱原与湿原之交生境不易被人们察觉罢了，然而这里古城群集却为郑州市提供了立市渊源，至今郑州市仍如远古起着我国枢纽重镇的作用。

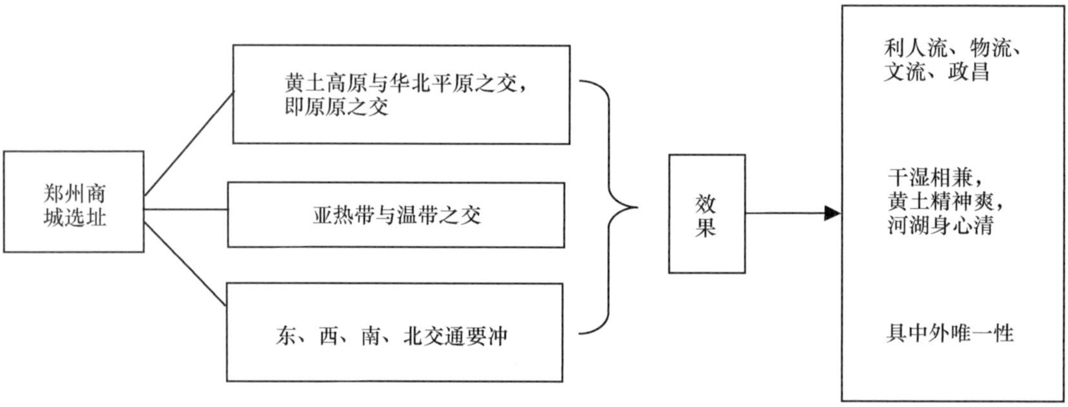

图三　郑州商城选址效果图

二、城墙——红土墙基

前几年周昆叔先生到商城参观，见到商城南城墙与紫荆山路相交处西侧断面城墙基底红色土与上覆黄色土有显著差别，引起他的关注。2014年9月26日，周昆叔先生邀鲁鹏、杨柳两位前往商城，在商城遗址保护管理处马玉鹏主任等的热诚陪同下看个究竟。见高可达6米、宽28米的城墙之基础的中段有厚几十厘米至1.5米的红色土堆积物出露，结构不均，有夯迹，该红色土是从异地取土夯筑而成（图四、图五）。此红色土性黏，透水性差，且承载力大，故构成了商城城墙坚实的基础。事后向郑州商城遗址保护管理处前任主任王文华先生询问，获知郑州商城城墙基础均为红色黏土，这使我们意识到周长近7千米的商城城墙，至今仍有高5～10米，长3000多米的城墙挺立地面上，历3600年风雨而不倒，应与坚实红色黏土墙基有至关重要的关系。此现象早已被人们注意，却百思不得解的是这红土来自何处。原来万多年来的全新世，在黄土高原的东南沿分布有周原黄土[①]，此土分5层，且与各期古文化有耦合关系，其中距今8000～3000年为温和湿润气候，氧化作用较强，形成褐红色古土壤层，为棕壤。商朝正处该层古土壤发育的晚期，由于郑州市内人类聚居破坏，不易见到，但在郑州市西郊则普遍发育。此褐红色古土壤厚70～80厘米，厚者可达米许。据鲁鹏博士测量，郑州商城城墙之基础红色黏土低频磁化率为50～60，与该区全新世周原黄土中的褐红色古壤的低频磁化率相仿，这一面证明商城城墙之基的红色黏土应是就地取自周原黄土的褐红色古土壤层。除此之外的红色黏土还产于中更新世的离石黄土中，此层被深埋在5～6米的晚更新世马兰黄土之下，故深埋于地下中更新世红色古土壤不可能被商人采用，且中更新世离石黄土中的红色黏土低频磁化率比郑州商城城墙基础的红色黏土低频磁化率高出许多。因此，郑州商城城墙填基的红色黏土只能是就地取自商城附近的全新世中期褐红色古土壤。

图四　郑州商城南城墙紫荆山路西侧断面

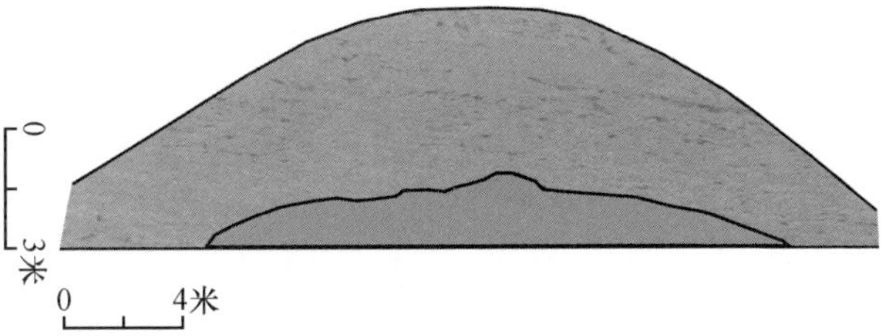

图五　郑州商城南城墙紫荆山路西侧断面图

① 周昆叔：《周原黄土及其与文化层的关系》，《第四纪研究》1995年第2期。

三、小结——文明之花

郑州商城以其在商代的显赫地位成为中国与东方文明的代表。郑州商城选址与周城墙有其独特性和先进性。在选址中注重交通和兼顾干湿环境，以及筑城墙中就地采取不易渗水和承载力大的全新世中期褐红色土壤做城墙基础的事实，说明商人已有较多的环境、物性知识，并在建城中加以利用，展现了3600年前商人的深邃智慧，成就嵩山文明之花。

盖世商城望双原，碧波倒影映雄城。

琼楼远去城墙在，赤土城墙固金基。

东周古城发现与收获

信应君　任广岭

（郑州市文物考古研究院）

摘　要　2012年10～12月，郑州市文物考古研究院对郑州市东安嘉苑项目工程进行了考古发掘，发现了东周古城南城墙的一段及城墙的西南和东南拐角、壕沟及城墙排水设施、建筑基址、蓄水池、灰坑、水井、瓮棺等重要遗迹，出土有陶器、石器、兵器等遗物，并在一些陶器上发现有陶文、刻划符号等。为研究东周时期城墙的建造方式、城址布局结构和城市发展研究提供了重要的资料。发现的陶文、刻划符号等，对探讨东周古城的性质、封国等提供了重要线索。

关键词　河南　郑州　东周古城　发现与收获

郑州市文物考古研究院主持的东安嘉苑廉租房项目考古发掘因发现东周城址双基槽城墙建造方式及大型建筑基址等重要发现而入围“2012年度河南省五大考古新发现”前十项，对于东周古城城址的建筑方式、性质的认定具有重要价值，是近年来东周考古的重大突破。

一、地 理 位 置

东周古城位于郑州市郑东新区商都路办事处古城村和东周村一带，地势高低起伏，沙岗沟壑连绵。城址西部是雷达团驻军军营，属军事禁区。西邻黄河南路，南邻陇海铁路，东临康平路。地理坐标N34° 44'34.9"，E113° 45'00.1"，海拔84米。2009年6月3日，郑州市人民政府公布东周古城为郑州市文物保护单位（图一）。

2004年，郑东新区建设纳入郑州市建设规划，为加强郑东新区文物保护工作，郑州市文物管理局、郑州市郑东新区土地规划局委托郑州市文物考古研究所对郑东新区的文物遗迹进行全面调查，并根据调查结果编制出《郑州市郑东新区文物古迹调查成果报告》①。调查确认东周古城平面近刀把形，由城墙和城壕两部分组成，面积40余

① 郑州市文物管理局、郑州市文物考古研究所：《郑州市郑东新区文物古迹调查成果报告》（内部资料），2004年，第7页。

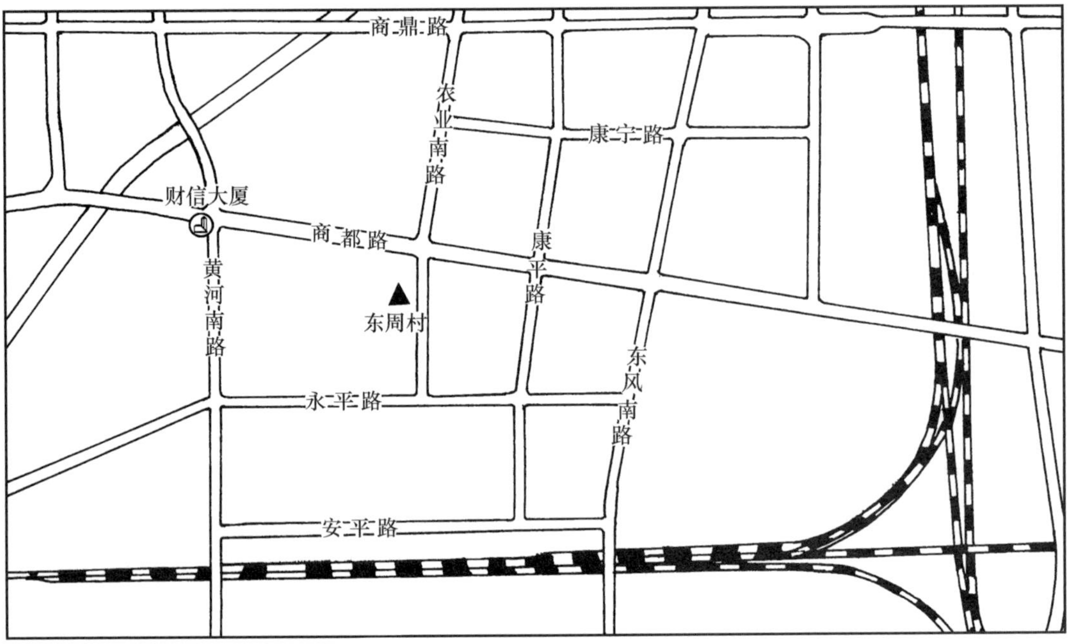

图一　东周古城位置图

万平方米。西、北、东三面城墙较直，唯南城墙曲折，形成东宽西窄的不均等布局结构。由于历史变迁，古城南、北城墙早已消失不见，仅东城墙地表尚保留有一部分。西部城外有一条南北向大沟，宽200米左右，沟底宽阔平坦，当地人叫其跑马沟，传说是养马、赛马、练兵之处。西南城角有一高台，传说是“点将台”，现在建有雷达站。东城墙内侧有一高岗，传说是监仓，即监禁犯人所用；东城外300米处，有一并列双峰夯土岗，叫“门仓岗”，高5米左右，是城门外的监护设施；城北有“跑马埂”“莲花池”；城西北角有“寺坡顶”。古城东南有一道高岗，调查发现有许多砖室墓，是一处汉代古墓群，当地传说城南有“大将坟”，当与此墓葬区相关联。城内遗物丰富，发现有陶盆、陶罐、陶瓮、高柄豆、板瓦、筒瓦、瓦当等东周时期遗物（图二）。

二、东周古城考古重要发现

2012年，河南省东龙控股有限公司在东周古城南部兴建东安嘉苑公租房项目工程，经国家文物局批准，郑州市文物考古研究院对工程占压遗址区域进行了考古调查和发掘。工程区位于东周古城东南部，东西长约500、南北宽约80米的条带区域内，地层堆积东高西低，地表上部为晚期淤积砂土。地表障碍物下挖0.8～1米，东周时期陶片随处可见。

图二　东周古城航拍图片

考古发掘之始，首先对古城城址进行了调查、勘探，确认该城平面形制为刀把形，方向为北偏东7°，西城墙长约440米，北城墙长约880米，东城墙长约560米，南城墙长约980米，总面积约40万平方米。东、北、西三面城墙都较直，唯南城墙曲折，自西南城角向东约440米处呈直角南折约120米，又向东折约420米至东城墙，形成东西城墙的不均等，形成东宽西窄布局。城墙四周均有城壕，宽30～60米（图三、图四）。调查结果与《郑州市文物志》所载刀把形城址结构相符①。

图三　考古发掘现场

经过三个月工作，考古发掘获得重大收获，发现了各类遗迹230余处，有城墙、壕沟、建筑基址、排水管道、蓄水池、灰坑、水井、瓮棺等重要遗迹，并出土有陶器、石器、兵器等一大批文物，在一些陶器上发现有陶文、刻划符号等。特别重要的是发

① 郑州历史文化丛书编纂委员会：《郑州市文物志》第五章“古城址·郯城遗址”，河南人民出版社，1999年，第140页。

图四　东周古城调查、勘探平面形制示意图

图五　发掘现场

现东周古城南城墙的一段及城墙的西南和东南拐角，同时发现壕沟及城墙排水设施（图五）。

此次考古发掘重要收获是发现东周古城的南城墙和西南及东南城角。发现城墙长度约450米，东南城角与西南城角相距约400米。城墙由基槽、主体城墙组成，个别地方用加固墩加固。城墙大部分地方仅保留有基槽，内外护坡及地上墙体基本不存在。发掘发现战国晚期的灰坑打破城墙，城墙叠压的灰坑为春秋—战国早期，并结合墙内与护城河所出陶片，可判断该城的年代应不晚于战国中期。

城墙建筑方式为双基槽版筑，建造方法是先将平面的坑洼及生活遗留的灰坑、窖穴等用土夯实，然后在两边挖基槽，从基槽底部开始夯打，直至地表，再向上夯筑城墙。双基槽之间有墙芯。在南城墙外凸西段发现两处城墙加固墩，形制为方形，夯层规整，硬度高，结构紧密，夯土用红褐色黏土、褐色黏土、灰褐色砂土混合夯筑，土质与周围有别，显然是从其他地方特意运来。两加固墩间隔约60米，可能与城门遗迹相关（图六）。

图六　城墙基槽

壕沟位于城墙基槽外4～6米，上部被晚期冲刷破坏，现残宽约36米，最宽处达60余米，深4米左右。壕沟到西南拐角处与蓄水池并合。

蓄水池位于城墙西南拐角西部，发掘部分平面形状为不规则形，东西长约80、南北残留宽约50、深约4米。底部为黄砂。推测应为专供城内用水的大型蓄水设施。

城墙中段北部内侧，发现大型夯土建筑基址，平面为不规则形，方向为5°，占地面积近950平方米。南部有墙基槽，基槽残长28、宽0.3～0.4米（图七）。在基槽内发现有铜镞等遗物（图八）。西部发现柱洞6个，直径0.2～0.4米。另外在西部还发现有

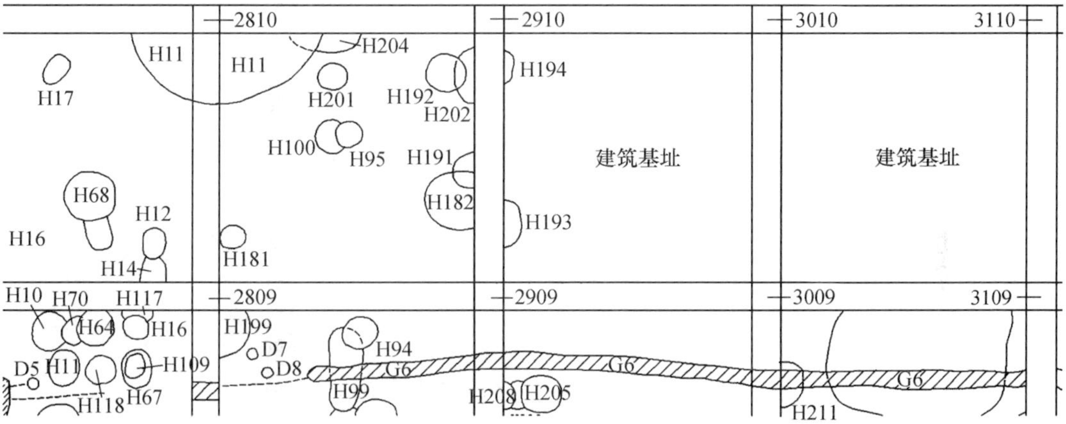

图七　城墙内侧大型建筑基址

几处形制规整的灰坑，大小深度相近，直径约1米，排列规整，也疑似和夯土基址有关。推测此建筑基址可能为当时城门防御士兵居住的兵营。

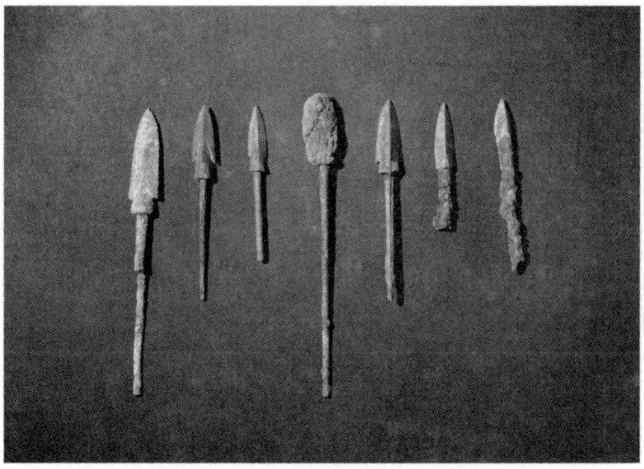

图八　建筑基址内出土的铜镞

东周时期灰沟共发现5条，其中南北向3条，东西向2条。这些灰沟纵横交错，应与城内给、排水有关。特别是G2内发现有陶质排水管道，管道用大型板瓦扣合，覆盖在排水沟上，管道径约0.3、长约0.5、厚约0.02米

（图九）。向下延深至壕沟底部。另外在西南城角外部发现有五边形管道，这种形制的管道，以前仅在郑韩故城和秦咸阳城的宫殿区有发现（图一〇）。此次在这里发现这种高规格的大型排管道，从侧面证实了该城址的重要性。

图九　城墙延伸到外壕的排水管道

图一〇　壕沟内五边形排水管道

出土的遗物以陶器残片、筒瓦、板瓦残块及兽骨等为主，主要器型有罐、盆、瓮、釜、豆、碗、甑、筒板瓦等。还出土有铜箭头、陶纺轮、铁带钩、陶文、戳印纹字及刻划符号等（图一一、图一二）。

图一一　陶文

图一二　陶文

三、东周古城史料考证

关于古城的来源，学术界认识有别，一说古城为“依”（殷城），一说古城为郻城。

“依”（殷城）之说，文献无确载，据《史记·殷本记》载：“商始祖契封于商；汤有天下，遂号为商。后来屡次迁都，到盘庚迁殷地后，改为殷，亦称殷商。”“依”即是周封殷后之依（殷）国。周武王灭殷后，封纣王的儿子武庚于殷故地“邶”，统治殷商余民，并同时封管叔和蔡叔于殷地，以监视武庚。而管叔鲜实令武庚于管城东郊之依“殷”城，以监视之。但是管叔与蔡叔由于对周公旦摄政不满，伙同武庚发动叛乱，周公为此东征，经过三年才平定了叛乱，处死武庚。传说“依城”即今天的古城，世人也曾称为“太子城”或“庚王城”。相传庚王墓就在古城，当地村中有民谣“东八步西八步，离城不远十八步，谁能找到庚王墓，强似河南一国度”。若此，古城村当该发现有商及西周时期文化遗存及遗物，但近年文物调查和考古发掘工作，实无所获。

“邲城”之说，文献记载虽语焉不详，但多持相同观点。邲，古地名，春秋时属郑，在今河南省郑州市东。又：邲，古地名，在今河南省荥阳以北。《康熙字典》：古地名。春秋郑邑。地在今河南荥阳东北。《说文》：郑地。从以上引文可知，邲地，一在河南省郑州市东，一在今河南省荥阳以北。邲地史书所载最著名的事件，就是《春秋左传·宣公十二年》“晋荀林父帅师及楚子战于邲”的邲之战。关于邲之战，史学家多认为发生在荥阳东北，历史上又称之为“两棠之战”。

邲城在郑州东之说，文献记载较多，《民国郑县志》记载：“古邲城在州东十里铺，《左传》宣公十二年，晋荀林父帅师与楚子战于邲。”[①]《郑州市文物志》专录有“邲城遗址”条：“邲城位于郑州东7千米。古城城基下多沙，城墙四周较直，唯南城墙自西南城角向东450米又向南扩130米，呈‘刀把’形，西城墙长395米，南城墙长975米，北城墙长860米，周长2791米。”[②]关于古城村，在《郑县志》卷之三《建置志》中有着非常明确的记载，在诸多村庄中，古城排在第十位[③]。邲城之说，学界亦有不同观点，但是从考古调查发现遗迹现象和出土文物分析，这座古城址是东周时期古城无疑。

四、东周古城性质初探

考古调查、勘探、发掘确认城址平面布局呈刀把形，发现古城城墙西南城角和东南城角，基本理清东周古城南城墙凸出部分形制结构，特别是两城角间距与文献记载基本相符，是对文献记载东周古城形制结构的考古学佐证。

城墙建造方法采用双基槽的构造方式，直接从基槽底部开始夯筑，在城墙上建造加固墩，不同于以往发现的城墙加固方法，是目前所知中国城市建设史上第一次发现，它的发现对研究古代城墙的建造方式提供了新的资料，对古代城市防御和城墙加

---

① 古都郑州文化丛书编纂委员会：《民国郑县志》卷二《舆地志·古迹》，中州古籍出版社，2005年，第57页。

② 郑州历史文化丛书编纂委员会：《郑州市文物志》，第五章“古城址·邲城遗址”，河南人民出版社，1999年，第140页。

③ 古都郑州文化丛书编纂委员会：《民国郑县志》卷三《建置志》，中州古籍出版社，2005年，第90页。

固研究具有重要意义。

发现的排水管道及城外大型蓄水设施，而且用大型排水管道将城池和蓄水设施连接起来，对古代的城市建设、布局结构和城市发展研究提供了重要的资料。

发现的陶文、刻划符号等，对探讨东周古城的性质、封国等提供了重要线索。

附记：本文在写作过程中，同事丁兰坡、汪松枝等人提供了2004年对东周古城的调查经过及材料，任广岭提供了部分发掘材料和照片，在此深表谢意。

古都郑州塔文化综论

汪培梓

（郑州博物馆）

摘　要　郑州塔文化极具特色，是古都文化的重要组成部分。郑州地区现存古塔270余座，居全国各地市古塔数量之首。塔的造型有楼阁式塔、密檐塔、亭阁式塔、覆钵式塔、五轮塔、方柱体塔、幢式塔和碑式塔等。历经北魏、唐、五代、宋、金、元、明、清时期，绵延不断。郑州古塔不仅数量庞大，而且年代较早、类型多样、延续时代较长、文化内涵丰富，具有突出的历史、艺术和科学价值，堪称露天的东方古塔博物馆，值得很好地保护、研究、展示和利用。

关键词　古都郑州　塔文化　价值

古都郑州历史悠久，文化荟萃，塔文化极具特色，但长期以来未受到应有重视。郑州地区的古塔不仅年代较早，而且数量庞大，种类多样，延续时间较长，堪称露天的东方古塔博物馆，无论在中国古塔史、中国建筑史上还是在中国古代文化艺术史上都散发着人类智慧的光芒。

一、郑州古塔基本情况概述

据统计，郑州现存古塔270余座，约占全省600多座古塔建筑的45%，居全国各地市古塔数量之首。郑州古塔不仅总数较大，而且早期古塔也多。除国内现存最早的1座北魏嵩岳寺塔之外，唐代塔就有14座，五代后唐代塔1座，宋代塔10座。数量众多的古塔，既是佛教在郑州地区一度繁盛的重要标志，也是郑州作为“八大古都”之一的文化引力和文化魅力的真实体现。

郑州古塔的类型十分丰富。除绝大多数为佛教塔之外，还有跟风水文化密切相关的文峰塔，如位于新密市青屏山顶的青屏塔。佛教塔中，除了有专门为纪念佛祖释迦牟尼而建的佛塔（或寺塔），还有数量众多的高僧墓塔。从塔的造型来看，除了不见金刚宝座塔等少数类型之外，主流塔型如楼阁式塔、密檐塔、亭阁式塔、瓶式塔、五轮塔等均有一定数量，并有全国较为鲜见的方柱体塔、幢式塔和碑式塔等。从建筑材料来看，郑州古塔除绝大多数为砖塔之外，还有数量众多的石塔，更有颜色绚丽的琉璃塔。此外，平面为正方形、长方形、六边形、八边形、十二边形、圆形等形状的塔均有，空心塔和实心塔皆存。郑州古塔式样繁多，造型各异，是综合研究我国古塔建筑的艺术宝库。

郑州地区塔林数量之多、规模之大，举世罕见。其中仅少林寺塔林及周边古塔，就现存唐、五代、宋、金、元、明、清时期各个朝代砖石墓塔共243座，古塔建筑形制和建筑工艺演变的序列清晰完整，塔的层级一至七层不等，砖塔、石塔及砖石混合塔均有。这是国内乃至世界上数量最多、规模最大的一处塔林。法王寺塔林，位于太室山南麓玉柱峰下法王寺后山坡上。现存古塔6座，包括密檐式唐塔1座、亭阁式单层唐塔3座、元塔和清塔各1座。会善寺塔林，位于太室山南麓积翠峰下会善寺西、西南和东南部，包括唐代净藏禅师塔、清代意公塔、丛杰尊塔、普渡塔、梅公塔等砖塔5座。永泰寺塔林，位于太室山西麓子晋峰下永泰寺后的山坡上，原有古塔4座，现存密檐式唐塔、金塔、喇嘛式明塔各1座。此外，历史上还有著名的超化寺塔林，既有佛塔，也有墓塔，多数塔基仍埋于地下。历史上的巩义慈云寺和尚坟塔林和塔院，现存及可查的至少有宋、元、明、清塔40余座，也具有较大规模①。

郑州地区古塔延续时间较长，且各具时代特点。现存最早的砖塔——嵩岳寺塔，也是目前所知我国现存最早的佛塔，约建于北魏正光元年（520年）。此后，历经唐、五代、宋、金、元、明、清之时，郑州古塔更是大量建造，多数保存至今，中间几乎没有大的时代缺环。其中著名的古塔如建于唐初的法王寺密檐塔、建于唐天宝年间的净藏禅师八角亭阁式砖塔、建于五代后唐时期的行钧禅师塔、建于北宋时期的密檐式凤台寺塔和楼阁式寿圣寺双塔、建于金代的窣堵婆式衍公禅师塔、建于明代早期的覆钵式无缘寘公禅师塔、建于清代的佛定意公琉璃砖塔等，均代表了不同时代甚至不同类别古塔的特点。尤其是少林寺塔林周边的大部分塔均保存有塔额和塔铭，分别记有塔的名称及塔主功德、建塔缘由和时间等，更是为后人提供了珍贵的历史资料和建塔的确切年代。截至已列入全国重点文物保护单位的仿古塔——郑州二七纪念塔（建于1971年），中原地区现存古塔延续时间长达1451年。这里无疑是中国现存古塔营造时间跨度最长、现存古塔延续年代最全、古塔演变序列最清晰的地域。

---

① 巩义市文物保护管理所等编：《青龙山慈云寺》，1998年，第12、13、148～178页。

二、郑州古塔的主要类型

从其外表造型和结构形式上来看，郑州古塔大体可以分为楼阁式塔、密檐式塔、亭阁式塔、覆钵式塔、五轮塔等。

1. 楼阁式塔

楼阁式塔在中国古塔中历史最悠久、体型最高大、保存数量也最多，是最具有汉民族传统特色的佛塔建筑样式。这种塔每一层之间的距离比较大，从远处看就像一座高层的楼阁。大部分楼阁式塔的每个塔层均设有门窗、柱子、斗拱和仿屋檐的塔檐等，内外塔层数目基本相同。多数楼阁式塔的内部一般还设有木制或砖石的楼梯，以供人们登临眺览。早期木结构楼阁式塔均已无存，唐代以后，砖石楼阁式塔的实物逐渐增多，但多数在关键部位仍然雕刻成仿木结构的形式。国内著名的楼阁式塔有西安大雁塔、应县佛宫寺释迦塔、苏州虎丘塔、杭州六和塔等，郑州地区的楼阁式塔主要有登封少林寺的释迦塔、中牟的寿圣寺双塔和新郑的卧佛寺塔等。整体上来看，我国南方地区的楼阁式塔远远多于北方。

2. 密檐式塔

密檐式塔在中国古塔中的数量和地位仅次于楼阁式塔，形体一般也比较高大，它是由楼阁式木塔向砖石塔发展过程中演变而来的。这种塔的塔身第一层特别高大，且多数雕造有佛龛、佛像、柱子、门窗、斗拱等装饰，而第一层以上各层之间的距离则明显变短，各层塔檐紧密相连。第一层以上各层之间基本不设门窗、柱子等结构。早期的密檐式塔还开设有小型假窗或采光小孔，后期也逐渐消失。塔身的内部一般是空筒式的，大部分不太适合登临眺览。即使有的塔内设有楼梯可以攀登，而内部实际的塔层数通常也会少于外部所显露出来的塔檐层数。辽、金之后，绝大多数密檐式塔均为实心塔，仅少数塔的内部还建造成空筒状或较小的塔心室。国内著名的密檐式塔有登封的嵩岳寺塔、法王寺塔、永泰寺塔，以及西安的小雁塔和大理的崇圣寺千寻塔等。从大的分布区域来看，我国北方的密檐式塔远远多于南方。

3. 亭阁式塔

亭阁式塔是印度的覆钵式塔与中国古代传统的亭阁建筑相结合的一种古塔形式，也具有悠久的历史和众多的数量。塔身的外表就像一座方形、六角形、八角形或圆形的亭子，大部分均为单层檐，有的在顶上还加建一小阁，上置塔刹。早期亭阁式塔的塔身内部均建有塔心室，可以设立佛龛，安置佛像。由于这种塔结构简单、费用不大、易于修造，多数是为历代高僧建造的墓塔。现存最早的亭阁式塔为隋代所建的山东历城神通寺四门塔。国内著名的早期亭阁式塔还有登封会善寺净藏禅师塔、山西运城泛舟禅师塔等。此外，郑州地区位于少林寺附近的同光禅师塔和法玩禅师塔等，也是这类古塔中的精品。

4. 覆钵式塔

覆钵式塔是古印度传统的早期佛塔形制，在中国最晚至唐代就已经开始建造了，但大规模流行于元代以后。其塔身部分是一个平面为圆形的覆钵体，下部有须弥座承托，上部安置着高大的塔刹。由于这种塔多为喇嘛教（也称“藏传佛教”）所使用，所以又被称作“喇嘛塔”。又因为它的形状很像一个大型的瓶子，因此也俗称为“瓶式塔”或“宝瓶式塔”。喇嘛教从唐代传入我国，元代时随着统治者的崇奉和扶持而广泛传播。明清时期，喇嘛教继续发展，喇嘛塔得以更多修建。它不仅更多地成为高僧墓塔的一种形式，或者建于过街塔和金刚宝座塔之上，而且还被作为园林景观点缀的建筑小品（如北京北海琼岛白塔和扬州瘦西湖白塔等）。典型的覆钵式塔多分布于西藏、青海、甘肃、内蒙古、辽宁和北京等地。北京妙应寺白塔是我国现存最早最大的一座覆钵式塔。郑州地区的洞林寺无缘寘公禅师塔和少林寺塔林的小山大章书公禅师灵塔等，均属于这类塔。

5. 五轮塔

五轮塔，又称为法界五轮塔，塔体由五部分（每部分相当一“轮”）堆叠而成。郑州地区的五轮塔，主要分布于少林寺塔林中，如德公殿主塔、方公监寺塔和淳公塔等七座金代塔。其基本形象，最下部一般为一个较高的基座，上置作为象征窣堵波的圆球体塔身，再上置一屋顶形单层塔檐，檐顶之上为一球形或日月形塔刹。五个部分从下到上依次象征宇宙中的空、风、水、火、地五大要素。这类塔多采用石材建造，造型奇特，体型小巧，雕刻简练。又因为其取材方便、制作简单、富于变化，故多用于建造墓塔。

除了以上几种最基本的造型之外，郑州古塔中还有方柱体塔、钟形塔、碑形塔、幢式塔等一些不太常见的古塔形制，以及不同造型的组合形式。

三、郑州古塔的发展演变

结合历史文献中有关佛教在郑州地区发展变化的记载，考察现存古塔、佛教寺院及相关遗址的状况和特征，郑州古塔的发展可以大体分为以下六个阶段。

第一阶段，初步发展的北朝时期

东汉初年佛教正式传入中原地区，首先在京都洛阳和地处京畿的中岳嵩山落迹，并且开始由此向外传播。永平七年（64年）和十四年（71年），汉明帝下令，分别在风景如画、清静幽雅的嵩阴青龙山和嵩山玉柱峰下，为迦叶摩腾、竺法兰建造了慈云寺和大法王寺，是为佛教传入中国后专为佛教建寺的开始。据《魏书·释老志》记载："凡宫塔制度，犹依天竺旧状而重构之，从一级至三、五、七、九。世人相承，谓之'浮图'，或云'佛图'。"很显然，"天竺旧状"指的就是来自印度的窣堵婆，而"重构之"就是多层木楼阁。在木楼阁的顶上放置窣堵婆，应当是这一时期佛塔的基本形式。这种由木结构楼阁与窣堵婆结合而成的木塔，自东汉时期问世以来，历魏、晋、南北朝数百年而不衰，成为这一时期佛塔的经典样式。

北魏时期，佛教被立为国教，得到了较快发展，佛寺和佛塔的建造达到中国历史上的第一个高潮。嵩山地区由于地近京都洛阳，这一时期也兴建了大量佛寺。太和八年（484年），大德沙门生禅师，隐显无方，沉浮嵩岭，创建嵩阳寺。太和二十年（496年），北魏孝文帝为天竺高僧跋陀建少林寺于少室山阴。永平二年（509年），北魏宣武帝元恪诏令修建"阙居寺"行宫，孝明帝正光元年（520年），进行增建，改名为"闲居寺"（即后来的"嵩岳寺"），同时兴建了著名的嵩岳寺塔。正光二年，为安置明练公主创建了明练寺，后因孝明帝的妹妹永泰公主出家于此改名永泰寺。佛教借以传播教义的实物除了佛经、佛像之外，还大规模兴建佛塔。嵩岳寺塔就是在这一背景下产生的，也是早期印度佛塔同中国传统建筑形式相互融合的典范之作。中国最早期的佛塔，主要是木结构楼阁式的建筑，如著名的洛阳白马寺早期塔和北魏永宁寺塔①。但由于木料本身易腐易燃的特点，这些木塔早已难觅踪迹或仅余地下遗存，而嵩岳寺塔由于采用了砖砌的形式，幸得保存至今，成为中国早期佛教砖塔极为珍贵的实物见证。在当时方形木塔还广泛盛行的南北朝时期，十二角形嵩岳寺砖塔的建造，不能不说是中国古塔史上的一个奇迹和特例。

第二阶段，高度发展的唐宋时期

在唐朝初年的统一战争中，少林寺僧志操、惠玚、昙宗等十三武僧一举擒获王仁则，帮助唐军击败王世充的军队，为大唐帝国的建立和巩固立了大功。唐太宗李世民"嘉其义烈，频降玺书宣尉"，对参战有功的武僧各有封赐，极大地刺激了少林寺的发展和繁荣。唐高宗李治和武则天当政期间，大多高僧云集嵩山，中国禅宗五祖弘忍

① 中国社会科学院考古研究所：《北魏洛阳永宁寺（1979～1994年考古发掘报告）》，中国大百科全书出版社，1996年，第13～19页。

的两个大弟子道安国师、禅宗“定门之首”法如禅师相继归山，大力传播菩提达摩的大乘禅法。后来，中国佛教禅宗出现南北之争，北宗大通神秀的嫡传法嗣普寂和南宗大鉴慧能的嫡传法嗣净藏，都相继来到嵩山会善寺，各传其法，于是嵩山少林寺、会善寺成了中国禅宗南北之争的重要场所。

宋哲宗元祐元年（1086年），在北宋王朝的支持下，首次把曹洞禅法传入嵩山。报恩禅师融会三教，又借助北宋权贵的支持，在少林寺传法数年，使曹洞宗风在嵩山各寺院大行其道。根据文献记载和实物考察得知，早期的木塔平面大多是方形，这种平面来源于楼阁的平面。

唐、宋时期，由于郑州近邻京都洛阳和东京汴梁之地理优势，古塔的兴建达到了空前繁荣的程度。塔的总体数量较前代大增，建塔的材料也更为丰富了，除了木材和砖、石以外，还使用了铜、铁、琉璃等材质。由于材料的改变，使建筑造型与技术也相应有所变化，其中最重要的一点是塔的平面从以四边形为主逐渐演变为六角形和八角形占据主流。郑州地区现存的唐、宋古塔共有20余座，不仅种类丰富，而且颇具精品。唐塔中不但有占绝大多数的砖砌塔或砖石混砌塔，而且有萧光师塔这样完全用青石块雕砌的古塔；既有数量众多的方形塔，也出现了净藏禅师塔、萧光师塔这样平面分别为八边形和六边形的塔；既有法王寺塔、永泰寺塔、佚名唐塔这样优美的叠涩密檐式塔，也有法如禅师塔、同光禅师塔、法玩禅师塔以及法王寺二、三、四号唐塔等这样精致的亭阁式塔；既有平基起建的塔，也有筑于高台之上的净藏禅师塔和法如禅师塔。行钧禅师塔作为郑州地区仅存的五代塔，在全国范围内也极为少见，显示出中国古塔由唐至宋过渡时期的一些特点。郑州宋塔中既有多数的砖塔或砖石混建塔，也有全部用石块雕砌的新密法海寺塔；既有传统的平面为方形的四角塔，也出现了更多如新郑凤台寺塔、中牟寿圣寺双塔、荥阳千尺塔平面为六边形的塔，还出现了平面为八角形的郑州开元寺塔。此外，郑州宋塔中楼阁式、密檐式和亭阁式均有，佛塔和墓塔皆存。尤其是在新密法海寺塔基地宫内发现的3座小型宋代三彩琉璃塔①，其制作精致、色彩绚丽，堪称后世琉璃塔的鼻祖。

由于社会风习的变化，唐、宋代古塔，在审美特征上也有了明显的差异。大致来说，唐时修建的塔一般不尚装饰，唐人追求的主要是简练而明确的线条，稳定而端庄的轮廓，亲切而和谐的节奏，唐塔表现出来的是唐人豪放的个性和气度。而宋人追求细腻纤秀、精雕细琢、柔和清丽，所以宋塔的艺术便在整体造型、砖石雕刻、外在装饰等方面开拓新的境界，极力渲染其令人目眩的轮廓变化和颇有俗艳之嫌的形式美。

---

① 金戈：《密县北宋塔基中的三彩琉璃塔和其他文物》，《文物》1972年第10期。

第三阶段，处于过渡期间的金元时期

金朝时期，我国北方曹洞禅法大宗师万松行秀和他的弟子们，使得曹洞禅法在嵩山弘扬光大。元世祖忽必烈于1245年钦依雪庭福裕住持嵩山少林寺。雪庭福裕从万松行秀参禅十年，住持少林寺时，大大振兴了嵩山佛教。他还在太原、西安、和林、燕京、蓟县另外建造了5座少林寺，并排定了少林曹洞弟子的70个辈号。嵩山广大僧众称赞他“旷复嵩山，如祖师再出世”，故称之为中兴之祖，认为其功可比开山祖师。雪庭福裕住持少林，开辟了嵩山地区佛教发展的第二个黄金时期。

郑州地区的金元古塔70余座，除了部分仍模仿和沿袭唐宋古塔的基本建制之外，较为突出的特点还主要表现在以下方面：一是以石块雕刻堆叠而成的古塔大量出现；二是五轮塔、幢式塔、钟形塔、方柱体塔、碑式塔等个别异形塔出现；三是塔的基座普遍抬高，并更加注重其外在的雕饰。我国著名的古建筑学家刘敦桢先生在《河南省北部古建筑调查记》中明确指出：“门簪的数目，在本社（指中国营造学社）已往调查的辽、宋遗物中，均为二具。唯此寺（指少林寺）金正隆二年西堂老师塔，与元泰定三年聚公塔，增为四具，足证金代的门簪数目已与明、清相等。惟其时位于两侧者，虽作正方形，可是中央二具，或作菱形，或作圆形，未能划一，也许是一种过渡时代的作风。”[①]门簪数量的变化，也反映了由实用性向装饰性的过渡。

元代以后，塔的材料和结构技术再无更高的突破，只是在形式上有了一些新的发展。最为明显的是，随着喇嘛教的传播，覆钵式的喇嘛塔进入了中国佛塔的行列。但从整体来看，从元代以后，塔的数量虽然还在不断增加，佛塔的建造却处在不断衰落之中。

第四阶段，大规模兴建的明朝时期

明洪武年间，太祖朱元璋为诸王选僧师，宗泐荐嵩山法王寺僧道衍为燕王朱棣师。建文帝元年（1399年），僧道衍积极策动燕王朱棣发动“靖难之师”。朱棣即帝位，论功行赏，道衍居首。嵩山佛教在明代始终保持稳定兴盛的原因，除此之外，还与后来一些高僧能够应天顺民有直接关系。小山宗书、幻休常润、无言正道和寒灰慧喜，还有月空、边澄等参与戍边平倭的少林武僧，他们都“以武参政，强兵护国”，从而得到明王朝的支持，明朝对少林寺住持的人选和任用也非常慎重。嘉靖三十二年（1553年），倭寇大举进犯我国东南沿海一带，朝廷征调少林寺僧兵参加平倭战争。时隔四年之后，嘉靖皇帝钦依释儒兼备的小山宗书为少林寺曹洞正宗第二十四代方

① 刘敦桢：《河南省北部古建筑调查记》，《刘敦桢文集》第2卷，中国建筑工业出版社，1984年，第414页。

丈。他在少林寺大开法席，四方学徒蜂拥而至，听其讲经说法的人挤满了法堂，嗣其法不计其数。后来无言正道禅师住持少林，共住持少林31年，被称为“僧中之杰”，不仅名动京阙，还成为北方禅宗的首领。正是因为这些名僧在嵩山地区讲经说法，有明一代，佛教仍在郑州地区持续繁荣，佛塔在郑州地区特别是少林寺塔林的建造达到最大规模。

郑州明塔共150余座，仅少林寺塔林的明代塔就达146座，占塔林总塔数的一半以上，其中尤其以明万历年间（1573～1620年）所建的塔为最多。这些明塔中，仅有新郑卧佛寺塔属于专门供奉佛祖的佛塔，其余全部为埋葬高僧灵骨的墓塔。除了大量传统的平面为四边形、六边形和八边形的塔外，郑州古塔中的无缘寔公禅师塔、小山大章书公灵塔、匾囤香和尚灵塔、坦然和尚塔、无言道公寿塔等覆钵式喇嘛塔，均为明代所建。郑州明塔的大规模兴建，首先是得益于大明王朝270多年相对安定的社会局势，统治者对佛教采取了推崇、扶持等较为宽松的政策，其次也得益于制砖业的快速发展，以及少林寺众僧积极参与抗倭、护国和传法的活动得到了社会的普遍认可。另外，由于当时建塔的成本较低，众僧建塔的范围扩大，塔林内也出现了不少明代塔形体较小、垒砌较为粗糙的现象，这正是郑州地区乃至中国古塔建造逐渐走向世俗和衰落的一个征兆。

第五阶段，余晖浅照的清朝时期

清朝是中国历史上最后一个封建王朝，也是少数民族政权之一。因此，从有利于自身政权的统治和巩固出发，一改明王朝对佛、道等传统宗教的崇奉和偏爱，自清初就制定了“崇儒重道”的基本国策，积极倡导尧舜之道和孔孟之学。在宗教政策方面，主张取缔异端、查禁邪教、护持正教、树立正统。在对待佛教问题上，也更多的是从民族团结的角度，显示出对喇嘛教的重视和偏爱。

清初时期，少林寺在政治上失去了最高统治者的支持。康熙五年（1666年），少林寺第二十八代方丈彼岸宽禅师圆寂，继任者未得到清廷的任职文牒，少林历史上传承了数百年的“钦命住持”制度至此终止。雍正十三年（1735年），清廷拨款重修了嵩山少林寺。乾隆之后，少林寺的衰落更加明显，往日统领天下禅宗的“天下第一名刹”的地位也不断下降，唇亡齿寒，嵩山乃至郑州地区其他寺院也繁华不再。

清代塔延续了明代塔的特点，显示出世俗化和民间化倾向，整体上更加注重实用性，从建造技术和装饰艺术上均呈现出粗糙化和简单化的特征。郑州地区清代塔仅有21座，除个别为石砌基座之外，整体上看几乎全部为砖塔。但这一时期，郑州地区却出现了如会善寺佛定意公塔这样的琉璃塔和新密屏峰塔这样的风水塔，显露出古塔建筑最后的辉煌。

第六阶段，遭受损坏和持续建造的现当代时期

整体上，郑州古塔得到了很好的保存。但是，在历史上特别是近百年来，郑州古塔建筑也曾经遭受严重的损毁和破坏，如1949年以前遭到国民党毁坏和日军轰炸的郑州开元寺宋代砖塔，“文革”时期遭到无故拆除的新密法海寺宋代石塔和超化寺唐代舍利砖塔，以及新郑唐代荆王石塔（东塔）等。

近代以来，虽然部分著名的郑州古塔先后遭到战争损毁或人为拆除，寺院佛塔的建造活动基本停止，但是僧人墓塔在少林寺塔林和二祖庵仍有建造，郑州地区新建塔、仿古纪念塔、复建塔、创新塔等不断出现，各具特色，竞相生辉，成为郑州塔文化的重要组成部分。以这些塔形为主题印制或创作的各种票证、绘画、摄影、商标和景观标志等，更是为古都郑州塔文化丰富了内涵，增添了新的时代特色。

为纪念京汉铁路工人大罢工而于1971年改建的郑州二七纪念塔，设计巧妙、造型新颖，是一座仿古楼阁式双塔联体建筑，整体为钢筋混凝土结构。2003年，依原样复建的唐代超化寺塔，是一座平面方形的十三层密檐式砖塔，也是相传曾埋葬有释迦牟尼灵骨“舍利”的著名佛塔。建于2002～2004年的少林寺塔林“素喜长老寿塔”，因塔身浮雕有汽车、飞机、轮船、火车、手机、笔记本电脑等近代以来人类发明创造，尽显时尚元素，吸引了众多的国内外游客。位于巩义市慈云寺的祖林三塔，是现代专为纪念古印度佛教高僧摄摩腾和竺法兰而建的一组现代佛塔，以恢宏的气势、古朴典雅的风格，成为慈云寺曾经作为“释源祖庭”的新标志。

四、郑州古塔价值分析

郑州古塔不仅是中国古代高层建筑的显著代表，也是佛教文化的历史物证和重要载体，具有独特的文物、历史、艺术和科学价值，90%以上古塔被列为全国重点文物保护单位。

1. 重要的文物标本价值

郑州古塔的文物价值主要体现在两方面：一是相当数量的古塔均有明确纪年，塔体造型和装饰具有一定的代表性或独创性。著名古塔如唐天宝五年的会善寺净藏禅师八角亭阁式砖塔，五代后唐时期的少林寺行钧禅师塔，清康熙十一年的会善寺佛定意公琉璃砖塔等，均代表了不同时代和不同类别古塔的特点。二是多处塔基地宫和塔刹天宫发现了众多的珍贵文物，不仅具有重要的断代参考价值，而且是我国佛教瘗藏制度的实物见证。1966年发掘的新密法海寺北宋塔基地宫，出土了三彩琉璃方塔3座、三彩舍利匣1件、舍利瓷盒2件、舍利银盒2件、琉璃器50余件、铜像3尊、铜钱457枚。其中出土的几件三彩器，釉质细腻清新，均有明确纪年，不仅见证了唐三彩在中原地区的继承和发展，而且对研究北宋初期砖石塔建筑结构也具有典型的标本意义①。1974年发掘的郑州开元寺宋代塔基地宫，出土有雕刻精美的舍利石棺1座和石雕武士、力士各2尊②。重要的是棺盖上部正中刻有楷书“匠人鱼继永”和“唯大宋开宝九年岁次丙子正月庚寅十一日戊寅制造毕工。施主预超妻王氏……”等，不但留下了制作石棺的匠人和施主的姓名，而且记录了该棺制作的准确年代，即“大宋开宝九年（976年）”，依此也就明确了该塔建造的年代。2000年，在法王寺二号塔地宫的抢救性发掘中，共出土铜器、瓷器、陶器、玉石器、蚌器、琉璃器等珍贵文物20余件，尤为珍贵的是出土了一件“人首鸟身”的迦陵频伽玉石盒和一尊极为鲜见的高僧包骨像。此尊泥塑包骨像，是河南省内唯一一处经过科学发掘的唐代高僧真身像，具有极高的考古学和宗教学研究价值③。1988年对嵩岳寺塔基地宫的清理中，发现有佛教造像、建筑构件、生活用品、石刻、铜钱等遗物70余件，其中一件留有“大魏正光四年”题记的造像最为重要，是研究嵩岳寺塔创建年代的珍贵实物资料④。1989年整修嵩岳寺塔塔体时，在塔刹内发现了两座天宫，共清理出白瓷盘、舍利罐、银塔、白瓷葫芦、水晶、玻璃瓶、铁环、银环等文物18件，其中一号天宫舍利罐下瓷盘底部墨书有“修塔所”三字和画押记号，为该塔的创建和修缮情况提供了更多的可靠依据⑤。

2. 极高的历史文化价值

郑州古塔的历史文化价值，主要体现在：一是保存了大量珍贵塔额、塔铭、碑刻和经卷等重要的历史文献资料，能够对传统文献起到印证和补充的重要作用。例如，嵩山少林寺塔林中的菊庵长老塔，北壁嵌砌的石质塔铭上楷书有“显教圆通大禅师照公和尚塔铭并序，当山首座日本国沙门邵元撰并书”等内容，日本僧人邵元撰文并书丹的塔铭，不仅在佛教史、书法艺术史上具有重要的研究价值，而且还是中日文化交流的历史见证⑥。少林寺塔林及其周边的大部分古塔均保存有塔额和塔铭，分别记有塔的名称、塔主功德、建塔缘由和时间等，为后人提供了珍贵的历史资料和建塔的确切年代。巩义慈云寺大批塔铭、塔额和塔碑的发现，也为后人了解该寺的塔林建设情

① 金戈：《密县北宋塔基中的三彩琉璃塔和其他文物》，《文物》1972年第10期。

② 郑州市博物馆：《郑州开元寺宋代塔基清理简报》，《中原文物》1983年第1期。

③ 河南省文物考古研究所：《河南登封市法王寺二号塔地宫发掘简报》，《华夏考古》2003年第2期。

④ 郭天锁、王国奇：《登封嵩岳寺塔地宫清理简报》，《文物》1992年第1期。

⑤ 郭建邦：《登封嵩岳寺塔天宫清理简报》，《文物》1992年第1期。

⑥ 杨焕成：《塔林·元菊庵长老灵塔》，少林书局，2007年。

况、寺院历史沿革和中国佛教传承等提供了可靠的文字资料①。二是以塔为基础，承载了很多的传说故事。例如，关于北魏嵩岳寺塔内部仅余筒体结构而无木质塔棚和登塔梯道的原因，流传着“锁塔烧蟒”的故事；关于少林寺塔林，流传有“乾隆数塔”或“塔林幻影”的传说；关于新郑凤台寺塔，有着“凤凰衔书”和“仓颉造字”的传说；关于中牟寿圣寺双塔，当地流传着唐代李世民敕建寺院和宋代建塔镇风水的传说；关于荥阳千尺塔的起建原因，流传着宋仁宗曹皇后登楼望乡（塔）的故事；关于明代无缘寘公禅师塔，流传着朱元璋御赐“国舅塔”的传说；关于新密屏峰塔的兴建，流传着清代咸丰年间提振当地文风、期盼多出人才的传说。围绕着这些古塔，还流传着不少名人诗文游记。类似故事传说和名人诗文，无疑是古都郑州非物质文化遗产的重要组成部分。

3. 非凡的景观艺术价值

古都郑州重要的文化遗产特别是文物保护单位中，缺乏直观形象的早期古遗址和古墓葬占了绝大部分。相比而言，郑州古塔却有着非凡的景观艺术价值。其艺术价值不仅表现在多姿多彩的塔体造型、塔身涂饰和彩装艺术、塔额和碑铭书法艺术等方面，更突出地体现在塔体砖雕和石雕艺术方面。郑州地区楼阁式塔的稳重、密檐式塔的挺拔、亭阁式塔的秀丽、覆钵式塔的庄严、五轮塔的浑圆，从线条到形体都给人不同的艺术美感和精神享受。例如，少林寺南园后山坡的明代无言道公寿寓喇嘛塔，因全身涂抹白灰装饰，有“白塔”之称；以少林寺塔林从公无方和尚塔和佚名唐塔为代表的众多郑州古塔建筑，至今在砖雕斗拱、门窗和塔檐下方等关键部位，还留存有使用朱砂彩妆过的痕迹，也为郑州古塔建筑增添了不少亮丽的艺术色彩。古塔建筑的景观价值，集中体现在这些塔多是当地的风景名胜和标志景观，如明清时期，郑州开元寺塔“古塔晴云”曾为城市一景；新密屏峰塔的“青屏叠翠”，曾列为著名的“古密八景”之一。二七纪念塔的“双塔”也曾一度为郑州的标志和代称。从这点来讲，郑州古塔作为十分重要的文化旅游资源，对塑造城市个性和打造区域特色，丰富民众精神文化生活，均具有特殊意义。

4. 较大的科学技术价值

郑州古塔的科学价值，着重体现在其高超的建筑技术、丰富的建筑材料、巧妙的建筑结构及由此形成的强固的抗震性能等方面。建于北魏正光年间的嵩岳寺塔，不仅是我国现存最早的一座砖塔，而且还以其少见的十二边形平面形状而闻名，更以其优

① 巩义市文物保护管理所等编：《青龙山慈云寺》，1998年，第148～178页。

美的外形轮廓和稳定的圆筒状内部结构著称于世，又是中印古代佛教建筑相互融合的早期实物见证，无论是在中国古塔史还是在中国建筑史上，都具有开创意义和重要地位。直至现代，嵩岳寺塔的建筑成就还被西方建筑师巧妙地应用于上海金茂大厦的设计中[①]。郑州东区会展宾馆，设计灵感也来自古老的嵩岳寺塔[②]。作为中原大地的地标和郑州市的名片，会展宾馆的建筑设计充分融合了中原深厚的文化渊源。主楼曲线与“嵩岳寺塔”吻合，建筑平面布局与古塔平面神似。登封法王寺唐塔约建于唐代初年，是一座造型优美的密檐式砖塔。该塔同西安荐福寺小雁塔、大理崇圣寺千寻塔，并称为中国唐代三大密檐式塔。会善寺净藏禅师塔，是我国现存最早的八角形塔。其用材以砖代木，结构和造型却形象逼真地展现出唐代八角亭式木结构的柱子、阑额、斗拱、门窗等做法，体现了唐代精湛的建筑工艺与时代特征；其檐下“人字形补间铺作”等结构形式，仅见于云岗、龙门等石窟雕刻和其他绘画中，堪称此种仿木构件在现存建筑中的唯一实例[③]。少林寺塔林更是以其在全国塔林中规模最大、塔数量最多、自唐代以来建塔时代最全、跨越时间最长、早期塔最多、文物价值最高而著称于世[④]。种种突出成就，奠定了郑州地区古塔在中国古塔史上的重要地位。

郑州塔文化是古都文化中最具立体造型、艺术魅力和文化内涵的重要品类之一，是古都郑州十分宝贵的历史文化资源，值得很好地保护、研究、展示和利用。

参考书目

［1］ 罗哲文：《罗哲文古建筑文集》，文物出版社，1998年。

［2］ 张驭寰：《中国塔》，山西人民出版社，2000年。

［3］ 郑州历史文化丛书编纂委员会：《郑州市文物志》，河南人民出版社，1999年。

［4］ 吕宏军：《嵩山少林寺》，河南人民出版社，2002年。

［5］ 杨焕成：《杨焕成古建筑文集》，文物出版社，2009年。

［6］ 河南省嵩山风景名胜区管理委员会：《嵩山志》，河南人民出版社，2007年。

① 刘铁成：《嵩岳寺塔与上海金茂大厦》，《郑州日报》2008年6月25日第6版。

② 郑东新区管理委员会：《建设中的会展宾馆》。新华网：http://www.ha.xinhuanet.com/yincang/2011-03/02/content_22183886.htm。

③ 张驭寰、罗哲文：《中国古塔精萃·河南登封会善寺净藏禅师塔》，科学出版社，1988年。

④ 杨焕成：《塔林·少林寺塔林概论》，少林书局，2007年。

殷商舌族探徵*

汤　威　曲芳芳　黄亮亮

（郑州博物馆）

摘　要　殷商时期存在舌族，卜辞和金文资料中均有明确反映。本文通过对卜辞中舌字的整理综类和对商周舌铭铜器的统计分析，特别是对安阳薛家庄、郑州小胡村两地舌族铜器的研究比较，深入探讨殷商舌族的族属性质、封地、流徙及族间关系等方面的内容。

关键词　舌族　舌铭铜器　薛家庄　胡村　歧舌

甲骨文、金文中有舌字，余永梁、吴其昌、于省吾等先贤早年已做出了正确释读和独到研究[①]。殷商时代亦有舌族，王长丰、苗利娟、张军涛诸君近年来进行了整理和考证[②]。本文在以往研究的基础上，结合郑州博物馆藏的一批舌铭铜器，以及新近发现的有关资料，对这一古老的国族进行了探讨。不妥之处，敬俟方家指正。

一、甲骨文、金文的舌字

据笔者统计，殷墟卜辞中的舌字，共见于57辞；商周青铜器有舌铭的共近70件（详见下文）。

1. 甲、金文中舌字的分类与分期

《说文解字》云："舌，在口，所以言也，别味也。从干，从口，干亦声。"此

---

*　本文系郑州中华之源与嵩山文明研究会资助课题（编号Q2014-6）。

①　1928年，余永梁在《殷虚文字续考》中最早对"舌"字做出了正确释读；1936年，吴其昌在《国立武汉大学文哲季刊》上连载的《殷虚书契解诂》（六续）中指出，舌为殷代祭典之一种；1941年，于省吾在《双剑誃殷契骈枝续编》中收《释舌》一文，引徵典籍，推阐字形，考释精密。此外，孙海波、李孝定、杨树达、饶宗颐、徐中舒、伍士谦等先生也对"舌"字有过研究或论述。以上详见于省吾主编、姚孝遂按语编撰：《甲骨文字诂林》，中华书局，1996年，第689～694页；李圃主编：《古文字诂林》第二册，上海教育出版社，2000年，第650～653页。

②　王长丰：《殷周金文族徽整理与研究》，郑州大学博士学位论文，2006年；苗利娟：《商代舌族地理蠡测》，《中国历史文物》2010年第2期；张军涛、席奇峰：《殷商舌族考》，《三峡大学学报》2008年第12期。

实指小篆之字。综览甲、金文之舌字，其共性均是上部从、、等，下部皆从口，且多带有附属小点。关于附带的小点，于省吾先生谓之像食物残靡；董作宾先生则言舌上有口水，故以水点滴为解[①]。董说为是。下面，以水点的多少及有无，对甲、金文的“舌”字进行分类，见表一。由表一分析，甲、金文“舌”字带水滴的为多，并有多种变化与组合；而且金文“舌”字90%以上的都带水滴，不带的仅为少数。

表一　甲骨文、金文“舌”字分类表

水滴数量	甲骨文舌字	金文舌字
八		Y06644
七	hj40845	
五	hj02201、hj02202	
四	hj00424正、hj06248、hj14950、hj15156、hj40470、《英藏》218	Y00376、Y01220、Y01221、Y03197、Y04767、Y04768、Y05019、Y06580、Y06581、Y07132、Y07161、Y07501、Y07502、Y07503、Y07504、Y08788、Y08978、Y08979、新收1849、总3281、近出176、郑5993、郑5996、郑5997a、郑5997b
三	hj02561、hj05004、hj14398、hj14523、hj14948、hj15154正、hj17410正、hj19092、《英藏》188	Y6033
二	hj01730正、hj05995正、hj10163、hj13634正、hj14951正a、hj14951正b、hj15153、hj15155、hj15157、hj18107、hj19125、补5799、6033、《英藏》0516、1697、珠790	Y05616、Y08522、郑1644
一	hj05532正	
无	hj00916正、hj05760正、hj07712、hj09472反、hj13635、hj13638、hj14949、hj17696正、hj17696反、hj19174、hj21118、hj22405、hj23527、hj27922、hj27923	Y10035、郑5995

注：个别著录拓片漫漶不清者未予收录统计在内。为节省排版空间，《甲骨文合集》简称hj[②]；《殷周金文集成》简称Y[③]。

① 董作宾：《王孙舌考》，香港大学《东方文化》1956年第3卷第1期，又载《董作宾先生全集》，台北艺术印书馆，1977年，甲编第三册，第793～801页。

② 郭沫若主编、胡厚宣总编辑：《甲骨文合集》，中华书局，1979～1982年。

③ 中国社会科学院考古研究所编著：《殷周金文集成》，中华书局，1984～1994年。

关于甲骨文舌字字形的演化，可参看表二。从表二数据可以看到，甲骨文“舌”字绝大部分都集中在一期卜辞，所占比例为95%，仅有三例分属于二、三期，四、五期则无一例。从时代较早的卜辞考察，如（《合集》21118，𠂤组肥笔）与（《合集》40845，𠂤组小字），前者不带水滴，后者水滴淋淋；时代最晚的（《合集》27923，无名组）也不带水滴。可见舌字带水滴的多少及有无，并不是时代早晚的标志特征。另外，从同属于宾一组的（《合集》01730正）、（《合集》02202）、（《合集》14949）、（《合集》18107）来看，舌字从属丫的变化及水滴的多少，即使在同一时段内，也有多种组合，表明当时舌字就存在着繁简之笔。

表二　甲骨文“舌”字分期表

分期	拓片著录号	数量	比例
殷墟卜辞一期	00424正、00916正、01730正、02201、02202a、02202b、02561、05004、05532正、05760正、05995正、06248、07712、09472反、09511、10163、13634正、13635、13638、13640、14398、14523、14948、14949、14950、14951正a、14951正b、14951反、15153、15154正、15155、15156、15157、15930反、17410正、17455、17696正、17696反、18107正、18492、19092、19125正、19174、21118、22405、40469、40470、40845；补5512、5799、6033；英藏0188、0218、0516、1697、1699、1700；珠790	56例	95%
殷墟卜辞二期	23527	1例	1.67%
殷墟卜辞三期	27922、27923	2例	3.33%
殷墟卜辞四期	—	0	0
殷墟卜辞五期	—	0	0

注：以上所列甲骨文著录拓片号除《甲骨文合集补编》（简称《补》）、《英国所藏甲骨集》（简称《英藏》）、《殷契遗珠》（简称《珠》）外，其余所引皆为《甲骨文合集》；另，《补编》5512正=《合集》424正+《续》5.147.1；《英藏》0218为《合集》40470摹。

2. 甲、金文中从舌之字

甲骨文中从舌之字甚多，如《合集》中的（03415）、（06353）、（07004）、（07005）、（07007）、（07009）、（19532）、（20228）等，皆像人侧面立状，有正、反两类，均张口伸舌于口外之形，卜辞中多释欠，假为人名①。武丁时期的家谱刻辞中，记录有商王某支旁出贵族数代相传的谱系，各代人物均为私名，其中就有或（《英国所藏甲骨集》2674），均含口舌形；另有（《合集》00775正）、（《合集》10137正）、（《合集》10405反）、（《合集》

① 王慎行先生将文中诸字均释为舌，我们认为值得商榷。见王慎行：《古文字与殷周文明》，陕西人民教育出版社，1992年，第72～74页。

10406反）等字，像人俯首在酒尊上伸舌饮酒之形，为饮字的初始象形字；还有（《合集》18389）、（《合集》18390正），两字可隶定为舙；《合集》13641言“疾”，可谓是舌的别体字。此外，《旅顺博物馆所藏甲骨》中还新发现有一（9.37反）字，亦从舌[1]。

金文之中亦有从舌之字，如新中国成立前安阳武官村大墓出土一铜爵，其铭为[2]；西周早期大盂鼎铭中的（《集成》02837）、旟鼎铭中的（《集成》02704）；此外，还有䑙鼎（《集成》01959）、史䑙簋（《集成》04030、04031）、䑙其卣（《集成》05012）、䑙其斝（《集成》09226）等器的䑙字，以及郑州高新区洼刘周初贵族墓出土陆组器的陆字[3]。以上从舌诸字，其组合部位的舌或侧或正，但舌字的本体特征都与独体的舌字完全一样。

3. 对舌字构形、本意的考察

通览甲、金文中的舌字，以及从舌之字中的舌部位，总体特征均为一致，即从口，从丫、屮（或丫）。舌为人们熟知的器官，藏纳于口，不伸则不见，其功用主要是辨味及帮助咀嚼和发音。然人体器官之舌字，缘何其尖端分叉，歧出于口，实为难解。徐中舒先生曾认为舌像仰置之铃，下像铃身，上像铃舌，本以突出铃舌会意为舌；又云其像木铎之铎舌振动之形。伍士谦、方述鑫亦持此类观点[4]。此说虽不无商榷之处，然可备一说。笔者认为，自然界物类之中，唯有蛇、蜥蜴为舌信歧出，其他物种皆不如此。因而，先哲造字之初，必是取象于此稀见者为记，故而所有的舌字，包括从舌之字，均为歧出顶端之象。

关于这一点，我们可以从出土文物的装饰纹样中窥探到先民对舌字形态特征的把握和认知，如山西陶寺遗址出土蟠龙纹陶盘[5]（图一，1）中的龙为细身、有鳞，并且口中吐信，其形象与蛇别无二致。其实，中国上古早期龙的艺术形象，大都具有类蛇

---

① 中国社会科学院甲骨学殷商史研究中心、旅顺博物馆：《旅顺博物馆所藏甲骨》，上海古籍出版社，2014年。

② 徐中舒：《殷周金文集录》，四川辞书出版社，1986年，第9页之33器。

③ 郑州市文物考古研究所：《郑州市洼刘村西周早期墓葬（ZGW99M1）发掘简报》，《文物》2001年第6期。

④ 徐中舒：《甲骨文字典》，四川辞书出版社，1990年，第85、208页。徐先生又在《怎样考释古文字》中指出舌与告、音、言一样，字形像张口伸舌之形，其字的上部是舌在口中运动之形。见《古文字学论集》，香港中文大学中国文化研究所吴多泰中国语文研究中心，1983年，第12～14页；伍士谦：《甲骨文考释六则》，《古文字研究论文集》，四川人民出版社，1982年，第91、92页；方述鑫：《甲骨金文字典》，巴蜀书社，1993年，第63页。

⑤ 中国社会科学院考古研究所山西工作队、临汾地区文化局：《1978—1980年山西襄汾陶寺墓地发掘简报》，《考古》1983年第1期。

图一　早期龙纹饰及其舌部的刻画

1. 蟠龙纹陶盘（山西陶寺遗址出土）　2. 郑州商城C8T62③：29陶片的复原图案（郑州商城宫殿区出土）　3. 龙纹觥侧面（山西石楼出土）　4. 龙纹石磬（殷墟宫殿区出土）　5. 三联甗上甑颈部的夔龙纹（殷墟妇好墓出土）　6. 蟠龙纹铜盘（殷墟小屯出土）　7. 蟠龙纹铜盘（上海博物馆藏）　8. 三羊尊圈足的龙纹饰（德国斯图加特林登博物馆藏）

的重要特征，如内蒙古三星他拉玉龙[①]、二里头遗址出土的绿松石龙形器等[②]。龙在中国有着数千年的崇拜传统，是古人综合包括蛇在内的多种动物形体特征而构成的复合型神灵之物。《说文解字》谓其乃“鳞虫之长，能幽能明，能细能巨，能短能长”。商周时期各类器物上龙的纹饰数量更多，先民们对龙的形象尤其是其口中之舌信的特征刻画，却有着出奇一致的共性，即龙本身的形象虽多有变化，但若张口嘘舌，则必是舌信歧出。例如，郑州商城宫殿区C8T62③：29陶片上的龙纹[③]（图一，2）、山西石楼龙纹觥侧面的龙纹[④]（图一，3）、殷墟洹水南岸宫殿区出土石磬的龙纹[⑤]（图一，4）、妇好墓出土三联甗上甑颈部的夔龙纹[⑥]（图一，5）、殷墟小屯出土蟠龙纹铜盘底的龙纹饰[⑦]（图一，6）、上海博物馆藏蟠龙纹铜盘底的龙纹饰[⑧]（图一，7）、德国斯图加特林登博物馆藏三羊尊圈足的龙纹等（图一，8）[⑨]。这些早期龙纹均具备舌信歧出的典型特征，可谓与甲、金文中舌字的形象如出一辙。值得注意的是，殷周青铜器上动物类型的图案占大宗，唯有龙舌是歧出之象，而其他诸类则均不见。

关于舌字造字本意的考究，特别是其上端歧出的原因，于省吾先生并未做过多臆测，但他却引徵典籍，指出：

> 《山海经·海外南经》：“歧舌国在其东。”郭注：“其人舌皆歧。或云‘支舌’也。”郝氏《笺疏》云“支舌即歧舌”也。《尔雅·释地》云“枳首蛇”即歧首蛇，歧一作枝，枝、支古字通也。又支与反字形相近，《淮南·坠形训》有反舌民，高诱注云：“语不可知而自相晓。”又注《吕氏春秋·功名篇》云：“一说南方有反舌国，舌本在前，末倒向喉，故曰反舌。”是支舌古本作反舌也。按郭说是也。郝氏谓支舌古本作反舌，非是。支舌谓舌端歧出，作反舌者，或支讹为反，或以其歧出异常，因而云然[⑩]。

于公的考证廓清讹误，至为精当。我们知道，《山海经》所载上古之事虽荒诞缥

---

① 翁牛特旗文化馆：《内蒙古翁牛特旗三星他拉村发现玉龙》，《文物》1984年第8期。

② 国家文物局编：《2004中国重要考古发现》，文物出版社，2005年，第52页。

③ 河南省文物考古研究所：《郑州商城——1953—1985年考古发掘报告》上册，文物出版社，2001年，第267页；汤威、张巍：《郑州商城“人兽母题”陶片图案复原及相关问题的探讨》，《中国历史文物》2008年第1期。

④ 蔡易安：《中国龙凤艺术研究》，河南美术出版社，1987年，第31页。

⑤ 范毓周：《关于殷墟1973年出土石磬的纹饰》，《文物》1982年第7期。

⑥ 河南省文物考古研究所编：《河南商周青铜器纹饰与艺术》，河南美术出版社，1995年，第52～60页。

⑦ 蔡易安：《中国龙凤艺术研究》，河南美术出版社，1987年，第28页。

⑧ 陈振裕：《中国古代青铜器造型纹饰》，湖北美术出版社，2001年，第124页图100。

⑨ 李学勤、艾兰：《欧洲所藏中国青铜器遗珠》，文物出版社，1995年，第89页34器。

⑩ 于省吾：《释舌》，《甲骨文献集成》第8册，四川大学出版社，2001年，第243页。

緲，但很多却是早期历史的孑遗，对考求古代地理、民俗、宗教极具研究价值。笔者认为，《山海经·海外南经》所载的“歧舌国”为一时代久远的古国，历史上确曾存在，并至迟在殷商时代业已有之，而且极可能是以“舌”为国族徽号，或者言其地、其国均以“舌”为名，这些在出土资料中已得到明证。本文将对殷墟卜辞及殷周青铜器铭文中显示的这个遥远的国族进行探讨和试析。

二、卜辞中舌字的性质综类

卜辞之中的舌字，在不同语境中，性质不一。综合各家之说，主要有以下几种。

1. 口中之舌

卜辞中的舌字在表示口腔器官之本意时，向无异议，且多与舌疾有关，如下揭：

（1）甲辰卜，古贞：疒舌，惟（㞢）壱？（《合集》13634正）

（2）贞：疒舌，㣇于妣庚？ 三（《合集》13635）

（3）（丁）巳卜，（贞）㞢疒舌（𢀛）……（《合集》13638）

（4）……疒（舌）（《合集》13640）

2. 祭名（或祭祀动词）

舌为祭典名，是殷人众多祭名之一种。此由吴其昌先生首创，于省吾从之，并复加推阐①。董作宾、杨树达观点迥异，另有他解②。饶宗颐同意舌为祭名之说，并认为舌读为“祏”③。《集韵》：“祏，报神祭也，本作𥛔”《说文解字》言：“𥛔，祀也。”目前看来，卜辞之中的“舌”确有多辞是言祭祀之事，如以下诸辞：

（5）勿舌祖辛（《合集》1730正）

（6）贞：……父……

贞：勿酉舌父乙（《合集》2201）

（7）贞：王舌父乙。 三

勿舌。 二 二告 三 二告（《合集》2202）

（8）庚辰卜，古贞：舌母庚？（《合集》2561）

（9）王占曰：惟匄舌，叀往？不往？（《合集》9472反）

---

① 于省吾：《释舌》，《甲骨文献集成》第8册，四川大学出版社，2001年。

② 董作宾释舌为王孙舌之人名，见《王孙舌考》一文。杨树达释舌为涉，详见杨树达：《卜辞求义》，上海群联出版社，1954年，第9页。

③ 饶宗颐：《巴黎所见甲骨录》附考释，1956年，香港影印本，一册第32～34页。

（10）贞：王舌岳。（《合集》14398）

（11）贞：王勿舌河，弗其……（《合集》14523）

（12）贞：王曰之舌？ 一二

勿曰之。 一二

叀幽牛又黄牛。一 二告 二

勿𤰇曰之舌，若。（《合集》14951正）

（13）王占曰：吉。其舌。（《合集》14951反）

（14）贞：（其）……夒舌。（《合集》15154正）

（15）勿舌……庚（《合集》15155）

（16）……王勿□舌（《合集》15157）

（17）丁……舌于丁。四月

□□（卜），□贞……梦集……乌。（《合集》17455）

（18）（王）占曰：吉。□舌（《合集》17696反）

（19）……其……季舌……（《合集》21118）

（20）贞：王勿入

贞：勿舌？

贞：用羌于祖乙，（正）？

贞：用羌于祖乙，正？（《补编》5512正，缀合含《合集》424）

（21）癸丑卜，争贞：㞢犬于娥，翌、舌，正？（《珠》790）

下辞言“㞢舌”，或其否定形式“无舌”，其意仍与殷人祭祀有关。

（22）贞：王㞢舌（羊）…… 一 二告 二（《合集》916正）

（23）贞：无舌于卯，廼复徝。 一 二 三 二告 四

（贞）：无舌告于妣庚，叀羊用。 一 二 三 不玄冥 四 五（《合集》5995正）

（24）贞：王㞢舌鼎。（《合集》14948）

（25）……不其㞢舌…… 告。（《合集》14949）

（26）……卜……（丑）㞢舌。（《合集》14950）

（27）……无舌。三 五（《合集》17696正）

（28）……如其㞢舌。一 二告（《合集》19125正）

（29）□酉（卜），贞：闻㞢舌。 四（《合集》19174）

（30）贞其㞢舌。（《合集》40469）

（31）□□卜，㱿（贞）：㞢舌？ 二（《英藏》218，《合集》40470摹）

（32）……㞢舌。（《英藏》1700）

例（5）至例（32）等祭祀卜辞均属于一期，即商王武丁时期，且多为宾组卜辞，涉及的贞人有古、争、㱿等；祭祀对象则为祖辛、父乙、母庚、妣庚、岳、河，甚至远世高祖夒、季，以及娥，其中父乙、母庚是时王武丁对先父小乙和已故母亲的尊称；与舌祭相伴的祭名有勺、翌、㞢。由此可见，舌祭确为殷人祭祀之一种。然而殷人的祭祀体系纷繁复杂，祭名更是名目繁多。据李立新博士统计，殷墟卜辞中各式祭名共有211种之多，按照董作宾先生的新旧派理论，他把舌祭归为旧派祭名来考察①。由于祭名的概念较为笼统，且不甚准确，故而也有研究者不称祭名，如日本学者岛邦男，就称其为祭祀仪式或祭仪，并将舌祭归为对先王、先妣内祭中的其他祭仪，同时也列为对自然神、高祖神、先臣神的外祭祭仪②。此外，还有研究者将所谓祭名改称祭祀动词，并做了很细致的分类与研究③。其实，对于第（5）（7）（8）（10）（11）等辞，若按照卜辞语法结构和语境来分析，将舌归为祭祀动词来考察也是可行的。

3. 人名、国族名或地名

以下诸辞中的舌可理解为人名、国族名或地名。由于在有些辞例中意可通解，要严格甄别是具体的人名、国族名，还是地名，有一定困难，权胪列如下：

（33）（贞）：余……闻舌……（《合集》5004）

（34）贞：允舌王。（《合集》5532正）

（35）甲戌卜，宾贞：攸侯令其𠧢舌曰𢆶若之。五月。（《合集》5760正）

（36）……（卜），争贞：乎伐舌（方）……

……（卜），口贞：王舌来？（《合集》6248）

（37）贞：（王）……往舌？（《合集》7712）

（38）……淄其来水……㞢𠧢舌。五月。（《合集》10163）

（39）丁亥卜，亘贞：王舌𢦏于…… 三 四（《合集》15153）

（40）辛亥卜，古贞：王梦㞢舌，隹之……（《合集》17410正）

（41）贞：叀臣舌戈令隻？（《合集》19092）

（42）□□卜，旅（贞）：舌其率……牛（《合集》23527）

（43）□寅卜……舌亡……（《补编》5799）

（44）贞曰之……舌父（《补编》6033）

上述诸辞中，根据一些习见的词语或组合，我们还是可以来研判舌字的具体性

① 李立新：《甲骨文中所见祭名研究》，中国社会科学院研究生院博士学位论文，2003年。

② 岛邦男：《殷墟卜辞研究》，上海古籍出版社，2006年，第620～654页。

③ 沈培：《殷墟甲骨卜辞语序研究》，北京大学博士学位论文，1991年，台北文津出版社，1992年；郑继娥：《殷墟甲骨卜辞祭祀动词的语法结构及其语义结构》，四川大学博士学位论文，2004年。

质的，如（37）辞的“往舌”，意指前往舌地。（41）辞卜问狩猎是否有所获，“臣舌”之舌，与戈并列，似为人名。但殷商时期的方国首领或国族族长又多以其国名、族名作为自己的私名，故而此处的舌、戈也可以理解为国族名，臣舌即舌族的族长。（34）（36）（39）诸辞言“王舌”“舌王”，齐文心指出这里的王应当不是至尊的殷王，而是指与侯伯地位略相等同的他王，可能是子姓宗室贵族被封为王，或是异姓的封国君长。“王舌”“舌王”，即为舌族的族尹或族长[①]。

（45）犬舌亡灾？（《合集》27922）

（46）叀宰犬舌比，弗悔？（《合集》27923）

此二辞较晚，为三期卜辞，分属于无名组与何组，是较明确的以舌为私名的例子。“犬舌”是名舌的犬职之人；“宰犬舌”指在宰地履犬职的名舌之人，此二者有可能为同一人。

4. 职官名?

（47）贞：勹羞多（舌）亡祸？　二

多舌亡祸？　二（《合集》22405）

此辞属妇女类的非王无名组卜辞，辞中所言“多舌”，卜辞中与之类似的还有多伯、多侯、多臣、多田、多工、多马等，据徐中舒《甲骨文字典》统计，计有23种之多[②]。冠于前缀的多字，一般认为是用作集合数词，表示众多之意；多后缀加的字被认为是殷人文武职官的名称，多某则被视为与商代官僚体制有关。岛邦男即把此辞中的“多舌”归为殷人职官[③]。张亚初先生推测其与后世从事翻译的“舌人”可能有关[④]。也有人释“多舌”为众多舌职之人，但此意放在现实语境里，为贞问众多舌职之人有无灾祸，实难理解。近年，陈光宇提出新说，多某的“多”字应从其分胙的原始字意，多某指参与祭祀、分享祭肉之贵族臣工，是特定之人，而非众多之人。准此，则“多某”牵扯的许多问题即可迎刃而解。本辞中的“多舌”就可以理解为舌族中的族长或其中的某一贵族，而不是众多舌族之人或众多舌职之人[⑤]。

5. 言告之意

甲骨文舌、言、告字形接近，卜辞中多有通用之例。以下两辞的舌字，均可解为

---

① 齐文心：《关于商代称王的封国君长的探讨》，《历史研究》1985年第5期。

② 徐中舒：《甲骨文字典》，四川辞书出版社，1990年。

③ 岛邦男：《殷墟卜辞研究》，上海古籍出版社，2006年，第924～928页。

④ 张亚初：《商代职官研究》，《古文字研究》第13辑，中华书局，2005年。

⑤ 陈光宇：《商代多伯多臣与肉食者》，《花园庄东地甲骨论丛》，台湾圣环图书有限股份公司，2006年，第209～221页。

言于、告于之意。

（48）……舌攸侯。（《合集》9511）

（49）贞：舌攸侯。（《英藏》188）

6. 不确定

以下残辞，均含舌字，但缺漏太多，其意不可明辨。

（50）……王……庚……舌（《英藏》516）

（51）……舌（《英藏》1697）

（52）……舌（《英藏》1699）

（53）……舌（《合集》15156）

（54）……舌……（《合集》15930反）

（55）……舌……（《合集》18107正）

（56）……𦧇（舌）……（《合集》18492）

（57）丙寅……舌……人。一（《合集》40845）

三、出土或传世的舌铭铜器

舌铭铜器目前主要发现于中原河南地区，其他地区还未见出土。据笔者统计，出土及传世的各式舌铭铜器共计近70例（未见正式著录的暂不计内，见表三）。舌铭铜器在河南的分布主要以安阳、郑州两地为主，两地间的鹤壁、新乡沿线亦有零星发现。

表三　舌铭铜器统计表

序号	器名	释文	时代	出土（或来源）	现收藏（或存放）	《集成》著录号	备注（或曾著录）
1	舌爵	舌	商晚	1933年安阳薛家庄盗出	北京故宫博物院	07501	《邺二》1.28
2	舌觚	舌	商晚	1933年安阳薛家庄盗出	不详	06581	《尊古》2.41（《董文》误为2.40）/《三代》14.17.10/《总集》5904
3	舌鼎（扁足、圆）	舌	商晚	1933年安阳薛家庄盗出	不详	01221	《邺二》1.4

续表

序号	器名	释文	时代	出土（或来源）	现收藏（或存放）	《集成》著录号	备注（或曾著录）
4	舌方鼎	舌	商晚	1933年安阳薛家庄盗出	美国纳尔逊美术陈列馆	01220	《邺二》1.3/《劫掠》A61、R2/《总集》0069（误为《邺二》1.4）
5	舌曾戊觚	舌曾戊	商晚	1933年安阳薛家庄盗出	不详	07161	《邺二》1.22/《三代》14.22.7/《总集》5987
6	舌亚韋爵	舌亚韋（旧释舌亚止丁、舌亚正）	商晚	1933年安阳薛家庄盗出	北京故宫博物院	08788	《邺二》1.29
7	舌爵	舌	商晚	1933年安阳薛家庄盗出	*	未收	《賸稿》41/《总集》3281（误为《邺二》1.28）/新中国成立前存安阳古物保存会
8	舌觚	舌（底外阳文）	商晚	1933年安阳薛家庄盗出	*	未收	新中国成立前存安阳古物保存会，现仅见《董文》摹本
9	舌父己簋	舌父己	商晚（《集成》误为西周早）	1933年安阳薛家庄盗出	浙江省博物馆	03197	《賸稿》10/《总集》1957/先后存于安阳古物保存会、浙江省博物馆，另曾被中国文字博物馆借展
10	男舌卣	男舌（器、盖同铭，阳文）	商晚	1933年安阳薛家庄盗出	*	05019	《賸稿》24/《总集》5207/新中国成立前存安阳古物保存会
11	男舌斝	男舌（《集成》收残拓，释匕田丫）	商晚	1933年安阳薛家庄盗出	浙江省博物馆	09227	《賸稿》44/《总集》4321/新中国成立前存安阳古物保存会
12	舌鼎（柱足、兽面、圆）	舌	商晚	1933年安阳薛家庄盗出	不详	未收	《尊古》1.13/《三代》2.6.2/《总集》0070（误为《邺二》1.3）
13	舌卣	舌	商晚	1933年安阳薛家庄盗出	美国乌士特美术博物馆	04767	《尊古》2.10 /《劫掠》A588、R1

续表

序号	器名	释文	时代	出土（或来源）	现收藏（或存放）	《集成》著录号	备注（或曾著录）
14	舌卣	舌（器、盖同铭）	商晚	传1933~1934年安阳盗出	日本东京根津美术馆	04768	《京都》K14987/《总集》5039（误为《尊古》2.10）
15	舌鼎（柱足、圆）	舌	商晚	不详	英国伦敦富士比拍卖行	未收	《近出》176
16	舌鼎（扁足、圆）	舌	商晚	不详	瑞士玫茵堂	未收	《玫茵堂》73（此鼎铭文存疑，暂收）
17	舌父己鼎	舌父己	商晚	不详	不详	01616	《三代》2.25.4/《总集》0397
18	舌父乙尊	舌父乙（舌字倒置）	西周早期	1984年河南鹤壁鹿楼乡辛村出土	鹤壁市博物馆	05616	《中原文物》1986.1
19	舌父乙觯	舌父乙	西周早期	1984年河南鹤壁鹿楼乡辛村出土	鹤壁市博物馆	未收	《中原文物》1986.1
20	舌觯	舌	商晚	不详	中国国家博物馆	06033	—
21	舌父丁觯	舌父丁（器、盖同铭）	商晚	不详	北京故宫博物院	06260	《三代》14.43.7/《总集》6460
22	舌仲作父丁觯	舌仲作父丁宝尊彝	西周早（或中）期	不详	英国伦敦不列颠博物馆	06494	《西清古鉴》9.9
23	舌觚	舌	商晚	不详	不详	06580	《三代》14.17.9/《总集》5903
24	舌觚	舌	商晚	不详	不详	06644	《三代》14.17.11/《总集》5905
25	舌父己觚	舌父己	商晚	不详	不详	07132	《三代》14.26.4/《总集》6151
26	舌爵	舌	商晚	不详	不详	07502	《综览》173.105
27	舌爵	舌	商晚	不详	不详	07503	《三代》15.13.8/《总集》3279
28	舌爵	舌	商晚	不详	不详	07504	《三代》15.13.9/《总集》3280
29	舌父戊爵	舌父戊	商晚	不详	不详	08522	《三代》16.11.9/《总集》3848

续表

序号	器名	释文	时代	出土（或来源）	现收藏（或存放）	《集成》著录号	备注（或曾著录）
30	舌父己爵	舌父己	商晚	不详	上海博物馆	08552	《三代》16.15.4/《总集》3878
31	舌父己爵	舌父己	商晚	不详	新乡市博物馆	08553	《中原文物》1985.1
32	舌作妣丁爵	舌作妣丁	西周早期	不详	北京故宫博物院	08978	《总集》4121
33	舌作妣丁爵	舌作妣丁	西周早期	不详	不详	08979	《总集》4120
34	觚舌盘	俞舌	商晚	不详	不详	10035	《总集》6682
35	父舌觚	父舌	商晚	不详	德国科伦东亚艺术博物馆	未收	《新收》1849
36	舌铙	舌	商晚	不详	美国旧金山冈普氏处	00376	—
37	舌簋	舌	商晚	不详	首阳斋	未收	《首阳吉金》16
38	舌鼎（圆）	舌	商晚	不详	私人藏家	未收	《首阳吉金》16（插一）
39	舌爵	舌	商晚	不详	日本不言堂	未收	《中国青铜器清赏》12
40	舌铙	舌	商晚	1974年郑州废品公司拣选	郑州博物馆	未收	郑1644/《郑州青铜器》22
41	舌鼎	舌	商晚	1993年郑州市黄河大观项目筹建处征集	郑州博物馆	未收	郑5993/《辉煌》15
42	舌爵	舌	商晚	1993年郑州市黄河大观项目筹建处征集	郑州博物馆	未收	郑5995
43	舌韦亚爵	舌韦亚	商晚	1993年郑州市黄河大观项目筹建处征集	郑州博物馆	未收	郑5996/《郑州青铜器》18/《辉煌》16
44	韦舌爵	韦舌	商晚	1993年郑州市黄河大观项目筹建处征集	郑州博物馆	未收	郑6002

续表

序号	器名	释文	时代	出土（或来源）	现收藏（或存放）	《集成》著录号	备注（或曾著录）
45	舌戈	舌	商晚	1993年郑州市黄河大观项目筹建处征集	郑州博物馆	未收	郑5997/《郑州青铜器》27/《辉煌》49
**	鼎、卣、觚、爵、戈等20余件	（均有舌字）		2006年荥阳广武镇小胡村晚商墓地出土	河南省文物考古研究院		报告待出

注：①资料信息截止到2010年11月；

②*表中7舌爵、8舌觚、10男舌卣三器推测现藏于浙江省博物馆；

③**荥阳小胡村晚商墓地共出土青铜器155件，其中铸有“舌”字的20余件（《中国文物报》2007年1月5日第5版）；

④另有传世舌器近20件，为私人藏家收藏，未见正式著录，故不予统计在内。详见张光裕：《读首阳斋藏〈舌簋〉小记》，“二十年来新见古代中国青铜器国际学术研讨会：首阳斋藏器及其他”，芝加哥大学，2010年；

⑤河南省文物局、郑州市文化局：《辉煌的历史记忆——郑州配合基本建设考古成果展精品图录》（简称《辉煌》），香港国际出版社，2002年；郑州博物馆：《郑州青铜器》，香港国际出版社，2001年；刘雨、卢岩：《近出殷周金文集录》（简称《近出》），中华书局，2002年；汪涛：《玫茵堂藏中国铜器》（简称《玫茵堂》），*Chinese Bronzes from the Meiyintang Collection*，London: Paradou Writing，2009；锺柏生等编：《新收殷周青铜器铭文暨器影汇编及附录》（简称《新收》），台北艺文印书馆，2006年；首阳斋、上海博物馆、香港中文大学文物馆：《首阳吉金》，上海古籍出版社，2008年。

1. 安阳

出土或传出于安阳的舌铭铜器，大都比较明确，均集中来自安阳薛家庄。1933年，安阳洹河南岸后冈西的薛家庄殷墓被盗，出土一批殷商遗物，其中的青铜器多铸有舌铭。当时，正带领中央研究院历史语言研究所在殷墟进行考古发掘的董作宾先生获悉后亲至薛家庄殷墓现场，对有关资料精心收存，留有相关拓片或摹本，并于20年后著有《王孙舌考》一文（下简称《董文》）[①]，对上述情况详细追述，深加考证。

早期收录此批青铜器及铭文的著录，有黄濬辑的《尊古斋所见吉金图初集》（简称《尊古》）[②]和《邺中片羽二集》（简称《邺二》）[③]，以及孙海波辑的《河南吉金图志賸稿》（简称《賸稿》）[④]。此外，还有罗振玉所著《三代吉金文存》（简称

① 董作宾：《王孙舌考》，香港大学《东方文化》1956年第3卷第1期，又载《董作宾先生全集》，台北艺术印书馆，1977年，甲编第三册793～801页。

② 黄濬：《尊古斋所见吉金图初集》，北平尊古斋景印，民国二十五年（1936年）。

③ 黄濬：《邺中片羽二集》，北平尊古斋景印，民国二十六年（1937年）。

④ 孙海波：《河南吉金图志賸稿》，北平考古学社景印，民国二十八年（1939年）。

《三代》）[①]。据笔者考证，1933年薛家庄殷墓出土的舌铭铜器应当至少在14件以上（图二）[②]。

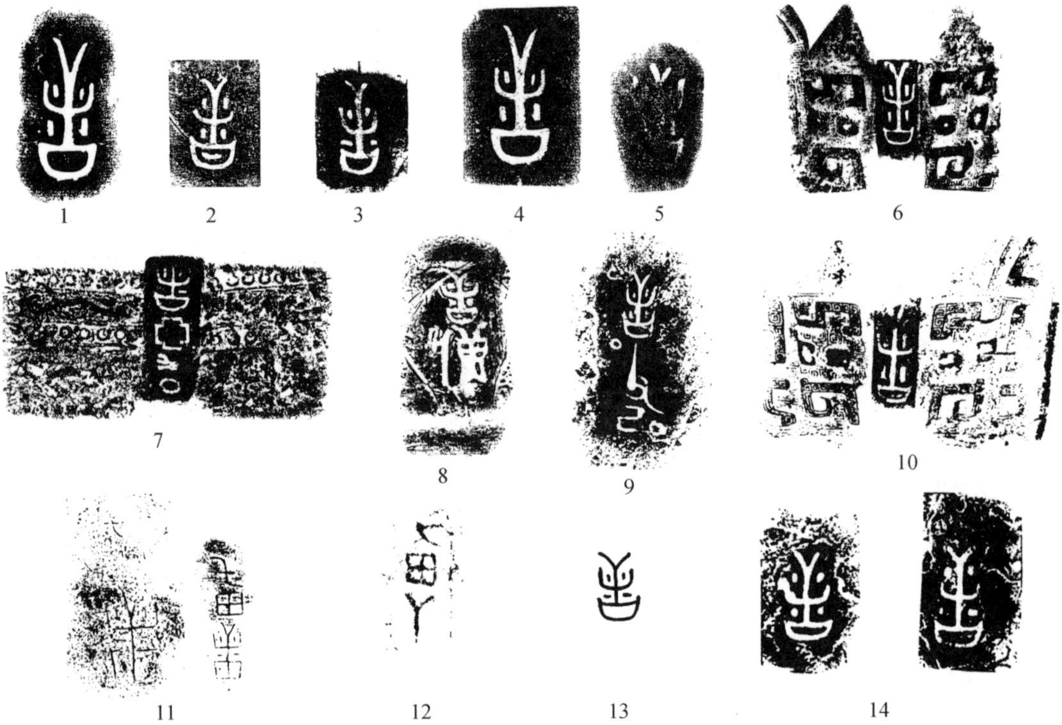

图二　1933年安阳薛家庄殷墓舌铭铜器早期著录拓本汇总

1. 舌鼎（《尊古》1.13）　2. 舌卣（《尊古》2.10）　3. 舌觚（《尊古》2.41）　4. 舌方鼎（《邺二》1.3）　5. 舌鼎（《邺二》1.4）　6. 舌爵（《邺二》1.28）　7. 舌亚韦爵（《邺二》1.29，韦字疑残拓）　8. 舌曾戊觚（《邺二》1.22）　9. 舌父己簋（《賸稿》10）　10. 舌爵（《賸稿》41）　11. 男舌卣（《賸稿》24，器、盖，阳文）　12. 男舌斝（《賸稿》44，阳文，残拓）　13. 舌觚（阳文，《董文》摹本）　14. 舌卣（《京都》k1497，器、盖）

2. 郑州

郑州地区出土的舌铭铜器，主要分前、后两批，加上征集所得，大约有30件。1993年1月3日，郑州博物馆从位于市区西北郊的黄河大观项目筹建处征集到一批商代遗物[③]，包括鼎、爵、觚、削、戈等铜器，以及1件玉戈。其中的青铜器从器形、纹饰而言，均属于商代晚期，并且显然出土于殷人墓葬。由于是征集所得，这批器物是否源出一墓，不能确论。若是同出于一墓，依其爵、觚的组合及数量看，文物似乎还

① 罗振玉：《三代吉金文存》，中华书局，1982年影印本。

② 汤威：《舌族探微——1933年安阳薛家庄殷墓稽考》，《中原文物》2011年第3期。

③ 市博：《黄河大观工地出土商代文物》，《河南文物工作》1993年第1期。

有流失。这批青铜器中铸有铭文的共6件，分别为舌鼎、舌爵、舌韦亚爵、韦舌爵、举觚、舌戈（表四）。此前，郑州博物馆早在1974年曾于本地废品公司拣选过一件铜铙，其上亦铸有舌铭（表四，5）。2006年，考古工作者在郑州西北郊的小胡村晚商墓

表四　郑州博物馆藏的舌铭铜器

序号	器名	藏品号	器物图	铭文拓片	铭文位置
1	舌爵	5995		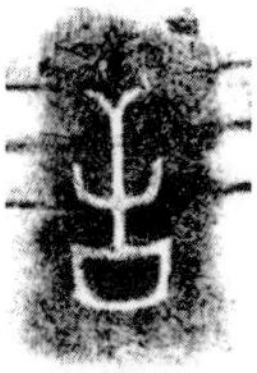	鋬下
2	舌韦亚爵	5996			鋬下
3	韦舌爵	6002			鋬下
4	舌鼎	5993			内壁上部
5	舌铙	1644			鼓部
6	舌戈	5997		 	内部正、反两面

地又新发现了一大批舌铭铜器[1]。小胡村晚商贵族墓地位于荥阳市广武镇小胡村东北，是郑州与荥阳行政区域的接壤地带，其所在区域和郑州博物馆20世纪90年代征集舌铭铜器的地域实为同一地区。小胡村晚商墓地出土遗物众多，其中青铜器礼器共49件，根据已发表的资料，随葬铜器上“舌”字铭文出现频率最高，共在鼎、卣、觚、爵、戈等20多件器物上出现。发掘者根据墓葬形制、葬俗及随葬器物的特征，指出小胡村晚商墓地应为殷商“舌”氏家族墓地，墓葬的年代也比较集中，大致相当于殷墟三、四期，个别墓葬的年代可能早到殷墟二期晚段。

众所周知，位于郑州市区内的商城遗址规模巨大、内涵丰富，是早于安阳殷墟的商代前期都城遗址，被誉为“20世纪中国一百项考古大发现”之一。50年来，有关郑州商城的重大考古发现层出不穷。据《郑州商城》发掘报告指出，郑州商城废弃于二里冈文化上层二期之后，但在商王都废弃以后，商族人并未全数而退，而是仍有相当数量的商人（主要是军事力量），居住或驻守在废弃的都邑旁。20世纪50年代，在市区内的人民公园遗址曾发掘43座商代晚期墓葬，其中有34%都是以随葬青铜戈、钺、矛、刀等武器为主，出土铭文有（鄘）[2]，其年代相当于安阳殷墟商代后期的较早阶段。因此，以上舌铭青铜器在郑州的相继发现是令人关注的，它丰富了本地区商代考古学文化的序列和分布，清楚地表明郑州西北郊地区在商代晚期也存在着商人的活动。

3. 郑州、安阳两地舌铭铜器的时代及比较

小胡村晚商墓地的发掘报告目前尚未刊出，其出土舌铭铜器的详细情况未知。由于郑州博物馆藏的舌铭铜器与安阳薛家庄所出舌铭铜器都不是科学发掘所得，因而器物的准确数量与组合，以及出土墓葬的详细情况，很难确知。不过，这并不妨碍我们将相关的舌铭铜器进行类比[3]。

安阳、郑州这两批舌铭铜器，多为单字铸铭；铭两字者为男舌斝、男舌卣及韦舌爵；铭三字者为舌亚韦爵、舌韦亚爵、舌父己簋。需指出的是，薛家庄所出舌亚韦爵，以往著录多释为舌亚正、舌亚止丁等，今比照郑州出土资料检视之，末尾字应释为“韦”，也许是原拓残收之缘故。以上铜器铭文多为习见的阴文，唯薛家庄舌铭铜器有三件是罕见的范铸阳文，分别为男舌斝、男舌卣和舌觚。从时代上而言，薛家庄舌铭铜器大都集中在殷墟青铜器三期，个别器形可早至殷墟二期晚段，但上限不会超

① 贾连敏、曾晓敏、梁法伟、于宏伟：《河南荥阳小胡村发现晚商贵族墓地》，《中国文物报》2007年1月5日第5版；又见《河南荥阳小胡村晚商贵族墓地》，《2006中国重要考古发现》，文物出版社，2007年。

② 河南省文物考古研究所：《郑州商城——1953—1985年考古发掘报告》中册，文物出版社，2001年，第946页。

③ 汤威：《郑州出土舌铭铜器考》，《中国国家博物馆馆刊》2011年第10期。

过武丁之世，下限不会晚至帝乙、帝辛时期①。郑州的这批舌铭铜器数量较少（指已正式发表的），形制上可资比较的材料并不充分，但总体上应与安阳薛家庄的舌铭铜器为同一时代，抑或两者时间上相距不会太远。

四、殷商舌族的族属性质、封地及流徙

通过前文对殷墟卜辞中舌字的综类分析和安阳、郑州两地出土舌铭铜器的统计比较，我们认为，殷商时代的中原地区存在着一个古老的国族——舌族，且其一支履职居于殷都，一支驻守于王畿之外的殷商旧都。下面对这一族氏的性质、封地及流布等内容分别进行探讨。

1. 殷商舌族的族属性质

由上可知，安阳、郑州两批舌铭铜器所处时代及铭文风格相同或相近，应当为同一族氏。特别是安阳薛家庄殷墓出土的舌亚韦爵和郑州博物馆藏的舌韦亚爵、韦舌爵，以及小胡村M22：7的亚韦舌爵，四爵的形制相近，铭文内容类似，显示出两地舌族之间可能存在着较为密切的亲缘关系。只不过，安阳薛家庄殷墓所出遗物中并无兵器，而郑州胡村舌族墓地则出土有大量戚、戈、矛、镞等兵器；在郑州博物馆藏的一批舌族铜器里，也有3件铜戈，且另有1件玉礼器戈。由此可推断，薛家庄殷墓墓主生前不掌兵权，可能是殷商王廷的文职官员；而郑州小胡村舌族墓地的家族成员则大都随葬有许多兵器，表明他们生前握有相当数量的军事力量，应是戍守王畿之外的贵族职官。

依董作宾先生的记述，1933年被盗的安阳薛家庄殷墓，其位置位于后冈之西、薛家庄村后。根据后冈遗址多年来的考古发掘成果，学者曾将后冈墓葬群分为六组：薛家庄北地，1971年西组（包括1933年大墓）、中组、东组，1972年西组和东组②。1991年，考古工作者再次在后冈西坡一带发现规格较高的殷墓③。根据目前资料统计，后冈殷墓中带两条墓道的“中”字形大墓共5座，带一条墓道的“甲”字形大墓有1座。薛家庄北墓地（包括1933年被盗的薛家庄殷墓）其实应是后冈墓地的西侧附属部分，而5座带两条墓道的“中”字形大墓则应是这片墓地的核心区域。由此可以推断，薛家庄

① 男舌斝、男舌卣、舌父已簋三器的形制在薛家庄舌铭铜器中应属最晚，但究竟是否能晚到殷墟青铜器四期，还需要更多的资料来类比。基于同墓所出铜器时代差距不应过大的原则，本文暂定其为殷墟三期晚段来考察。

② 杨锡璋：《殷墟的发现与研究》，科学出版社，1994年，第129页。

③ 中国社会科学院考古研究所安阳工作队：《1991年安阳后冈殷墓的发掘》，《考古》1993年第10期。

殷墓与后冈大墓存在着较为亲密的族属关系，抑或两者本就同属于一个族属，只是又衍分为家族内部的不同支系。关于后冈大墓，杨锡璋先生曾指出，应属于殷王室成员之墓[①]。因此，殷商舌族最初亦应隶属于王族，或者是由王族衍生出的分支族系。这样的话，就不难理解卜辞之中为什么会有商王室卜问舌族是否有灾祸，甚至还有商王梦到舌族、前往舌地的记载，这些信息都从不同侧面表明舌族在当时的地位显赫，其与殷商王室的关系非常密切。

2. 殷商舌族的封地及流徙

由前所述，殷商晚期的舌族有两支。根据郑州小胡村舌族家族墓地的规模、面积及出土青铜器等遗物的数量来看，此一支系的舌族应为族内大宗，而其胙土封地理应距其家族墓地不远，也即是在今郑州西北郊一带。

郑州西北郊地区古时有着荥泽大湖，周围河网纵横，植被丰茂，地势险要，在整个上古时期都是早期先民的重要活动区域，特别是夏商周三代，文化遗存更是十分丰富。据考古工作者早年的钻探调查，郑州西北郊地区（含邻近的荥阳一带）的商文化遗存普遍存在，如陈庄遗址、堂李遗址、兰寨遗址、关庄遗址、岳岗遗址、小双桥遗址、瓦屋李遗址、洼刘遗址和荥阳汪沟遗址、西史村遗址、西司马遗址、高村寺遗址等[②]。而近年新发现的还有荥阳薛村遗址[③]、关帝庙遗址[④]、小胡村遗址[⑤]等。这些商文化遗址时代从早到晚都有，分布密集、内涵丰富，特别是发现于1989年的小双桥遗址，曾是商代王室政治、宗教祭祀活动的重要场所。有学者认为其是商代前期王都的畿内寝庙、离宫别馆或祭祀商族先公的宗庙遗址所在[⑥]，更有学者判定其是商王仲丁之隞都[⑦]。商代舌族的封地应当就分布在这一浸染着浓厚商文化氛围的地区。只不过，舌族之名是因为舌地而得名，抑或是舌地之名由之于舌族族长之名，目前还不得而知。

---

① 杨锡璋：《殷墟的发现与研究》，科学出版社，1994年，第132页。

② 张松林：《郑州市西北郊区考古调查简报》，《中原文物》1986年第4期。

③ 夏正楷、张小虎等：《河南荥阳薛村商代前期（公元前1500～前1260年）埋藏古地震遗迹的发现及其意义》，《科学通报》2009年第12期。

④ 河南省文物考古研究所：《河南荥阳市关帝庙遗址商代晚期遗存发掘简报》，《考古》2008年第7期。

⑤ 贾连敏、曾晓敏、梁法伟、于宏伟：《河南荥阳胡村发现晚商贵族墓地》，《中国文物报》2007年1月5日第5版。

⑥ 张国硕：《小双桥商代遗址的性质蠡测》，《文明起源与夏商周文明研究》，线装书局，2006年，第249～252页。

⑦ 陈旭：《郑州小双桥商代遗址即隞都说》，《中原文物》1997年第2期。

至于舌族从何时开始在这一地区活动，还要随今后考古发现和研究的深入方可明断[①]。目前看来，殷商舌族在郑州西北郊地区的活动应止于商末周初。随着天命易改，殷周政权更替，作为殷商显族的舌氏家族也大抵是在这一动荡时期，或被翦灭，或被迁徙，或被分而治之，并最终湮没在历史的长河中。

1999年10月至2000年4月，考古工作者在郑州市区西北郊的洼刘遗址，发掘清理了一批西周早期墓葬，其中的ZGW99M1墓出土一批青铜礼器，如举父丁鼎、亚其父乙鼎、史父辛鼎、冉父癸盉等，显示出墓主人位高身尊，非同寻常[②]。洼刘贵族墓的墓葬规制不同于典型的殷人葬俗：不见腰坑，没有殉人、殉狗现象；随葬器物中殷人常见的酒器组合过于欠缺，不见晚商遗址中常见的爵、觚等器。发掘者据此推断墓葬的下葬年代为西周早期，是西周早期武王灭商后至成王时期的遗存[③]。洼刘贵族墓的青铜器群里有一组䛠器，包括䛠卣、䛠尊，其中两件䛠卣一大一小，形制相同，二卣与䛠尊协调相配，纹饰雷同，铭文多作“䛠作父丁宝尊彝”。䛠卣、䛠尊造型奇伟，纹饰瑰丽，为目前郑州地区此类青铜器的首次发现。䛠组器的器主均为䛠，此䛠与郑州西北郊的晚商舌氏家族是否有关联呢？甲、金文中的很多早期地名，后常有累加阜旁的倾向，阜旁后简化作“阝”，如井→邢、告→郜、于→邘等。如此说来，舌本为族名（人名）或地名，后又孳乳为䛠，䛠可能初为地名，后专指人的私名。要之，䛠组器的器主䛠应为入周后的殷遗民，其族属即是殷商的舌族，惜这组祭器最终却葬入周人的贵族墓葬，而自己和家族的归宿却不知所终。

根据考古学家对洼刘遗址西周早期墓葬43具人骨样本的体质人类学观测研究，发现洼刘遗址西周墓葬的人骨葬式之头向，与本地区早期原住民族的葬俗明显不同，而且人群的身材也偏矮[④]。这些研究结果似乎表明，“小邦周”一战而胜“大邑商”后，属于西北地区的周人民族入主中原腹心地区，随着舌族等本地区殷商族氏的迁徙流动，郑州地区的民族构成也随着此消彼长的变化而发生了较大改变。笔者认为，西周初年，郑州西北郊的舌族发生了迁徙，其重要的方向应是关中地区。1966年，陕西岐山贺家村曾出土一件史䛠簋（《集成》04030），北京故宫博物院亦藏有一件传世的史䛠簋（《集成》04031），二簋形制、铭文均同，作器者均为史䛠[⑤]。䛠为西周康王时期的朝臣，簋铭记述周王诰毕公和史䛠受赐贝十朋之事，䛠乃铸之于铭，并朝夕勉励自

① 李维明先生主张郑州西北郊地区商代本名为舌地，周至汉晋时期渐为嚣、敖所替代，前后应具有演变传承关系。此观点我们认为值得重视，但亦有商榷之处，详见李维明：《试论郑州隞、亳、管之地望》，《中国历史文物》2007年第4期。

② 郑州市文物考古研究所：《郑州市洼刘村西周早期墓葬（ZGW99M1）发掘简报》，《文物》2001年第6期。

③ 郑州市文物考古研究所：《郑州市洼刘村西周早期墓葬（ZGW99M1）发掘简报》，《文物》2001年第6期。

④ 张松林、杜百廉：《中国腹心地区体质人类学研究》，科学出版社，2008年，第194～200页。

⑤ 唐兰：《史䛠簋铭考释》，《考古》1972年第5期。

已。䶂虽贵为周王廷之史官，但其族属实乃入周后的殷遗民。这显示，舌族的一部分入周后臣服归附了周人，并迁徙至周人王畿之地。

五、殷商舌族与同时期其他殷人族氏的关系

殷商时代，殷民族内部由于血缘、宗法的关系，宗派林立、族氏众多。从卜辞及出土资料中，我们可以窥探到舌族与同时期其他殷商族氏之间的一些交往关系。由于目前可供研究的材料不多，能够进行初步考察的仅有韦、举等族氏。

1. 韦族

韦在夏商之际为方国名，与商都亳邻近。《诗经·长发》云："韦、顾既伐，昆吾、夏桀。"饶宗颐先生认为商汤所伐之韦即卜辞之韦[①]。殷商金文与卜辞中有人名"子韦"，是商王武丁之子。"韦"也是武丁时期卜人，与㱿、宾、争、亘、古等人见于同版卜辞[②]。其既称"子"，显然与殷王室有密切关系，而子韦殆殷王族之封于韦地者，韦之胙土为其族属及后人使用或继承。卜辞中，韦用作族名之例，如"比韦"（《合集》634正）、"令韦"（《合集》19791）等。另有"韦师"之称（《合集》26909），说明韦之族人是构成商王军队的一部分。

甲骨文中，舌、韦两族均见于宾组卜辞，但卜辞之中并无两族直接相关的记载。郑州、安阳两地出土的舌韦亚、舌亚韦、亚韦舌、韦舌四爵为我们考察两族关系提供了重要资料。四爵之中，"舌""韦"族徽并列，或前或后，间或有"亚"形符号。殷周金文中的"亚"形符号，数量颇多，占了全部族徽总数的一成以上。关于"亚"的神秘内涵，历来歧见纷纭，有宗庙说、职官或爵称说、宗族或宗法关系标志说、宇宙观说，以及装饰性花边等多种说法[③]。其中，职官与爵称说颇为流行，但此种解释有时却并不令人信服。不可想象只有充任"亚"职之人，才惯于将自己的官职铸于器上，而出任其他官职爵位者则罕见。从上述四爵的铭文构成来看，"亚"形符号的位置及存在与否，似乎呈现出郭沫若先生所言"可有可无"的装饰情形[④]。徐中舒先生指出，"与王族联姻之族，其族名或称号前皆冠以亚字"[⑤]，由是观之，与殷商王族关联颇深的舌、韦两族，似乎存在着联姻等较密切的关系。

---

① 饶宗颐：《甲骨文通检》，香港中文大学出版社，1994年，第540、541页。

② 周永珍：《殷代"韦"字铭文铜器》，《出土文献研究》第1辑，文物出版社，1985年，第41～60页。

③ 何景成先生对金文"亚"的各家之说进行了较全面整理，详见其《商周青铜器族氏铭文研究》，吉林大学博士学位论文，2005年，第27～30页。

④ 郭沫若：《殷周青铜器铭文研究》，人民出版社，1954年，第9页。

⑤ 徐中舒：《甲骨文字典》，四川辞书出版社，1990年，第1524～1525页。

2. 举族

举族是殷商雄族，目前发现铸有举铭族徽的青铜器约有230多例①，且分布范围甚广。举族铜器曾见于殷墟侯家庄西北岗王陵区和大司空村，刘家庄北还曾发现过举族家族墓地②，这反映商代的举族原本居住在殷都王畿，与殷王室关系密切。殷商举族铜器中多见“子赐某”或“某赐子”之记载，说明举族与子族或多子族密切相关。商王武丁时期的王卜辞中也有许多举族的记载，更反映出举族的地位尊显。

郑州博物馆征集的晚商舌族铜器里（多为舌铭），其中一件铜觚铸有举铭。此外，郑州洼刘贵族墓的铜器群里有一件举父丁鼎。这说明商代晚期以至商末周初，举族作为一支重要力量，曾经出现在商代旧都的今郑州市区附近。目前，郑州地区仅有的两次举族铜器的发现都与舌族有关，这也说明，殷商时期的舌族与举族关系密切，值得今后关注。

六、结　　论

综上所述，殷商时期有舌族，其地位显赫，可能隶属于殷王族，或是由王族成员分化出来的宗族支系。商代晚期，舌族的一支官居于殷都，其一贵族墓地位于安阳薛家庄，是整个后冈殷人家族墓地的一部分；一支戍守于商代旧都旁侧，其家族墓地位于今郑州、荥阳交界的胡村一带。舌族的胙土封地在今郑州西北郊地区，并与同时期的韦族、举族关系密切。商末周初，位于郑州的舌族或消亡，或流徙，其一支可能臣服入周。

附记：张光裕先生近年也曾关注并进行关于殷商舌族青铜器的研究，并先后撰有学术论文③，但张先生注明并提醒“所涉数据及内容，请暂勿引用”。考虑到本文主体部分成稿时间较早，且与张先生的论文内容并无冲突，故在此小记。另，刘源先生、王长丰先生曾在笔者检索资料时鼎力协助，在此一并致谢。

---

① 雒有仓：《商周青铜器族徽文字综合研究》，陕西师范大学博士学位论文，2007年。

② 安阳市文物工作队：《1983—1986年安阳刘家庄殷代墓葬发掘报告》，《华夏考古》1997年第2期。

③ 张光裕：《读首阳斋藏“舌簋”小记》，2010年11月提交于芝加哥大学顾立雅中心举办的“二十年来新见古代中国青铜器国际学术研讨会：首阳斋藏器及其他”；张光裕：《商周青铜器所见的“舌”族及相关诸器的考察》，2013年11月提交于台湾史语所举办的“第四届古文字与古代史国际学术研讨会——纪念董作宾逝世五十周年纪念会”。

王权：国家力量与中国古代城市的形成与变迁

何一民　王立华

（四川大学城市研究所）

摘　要　中国古代城市的发展变迁与王权——国家力量息息相关，中国古代城市的发展变迁深深打上了王权政治与伦理的烙印，作为国家代表的王权对中国古代城市发展产生了深刻的影响，主要表现在四个方面：一是王权是中国古代城市起源的直接动力之一，中国古代城市的建设过程必须依赖王权所拥有的聚合力，特别是在资金及人力方面；二是以王权为中心的国家权力体系深刻地影响着城市体系及区域城市体系的形成发展；三是以王权为核心的礼制思想深刻影响着中国古代城市的规划建设，城市成为等级伦理及王权至上原则的物质表现形式；四是军事城市作为一种特殊类型城市，是王权向地方及边疆延伸的物化表现，军事城市的兴衰与王权直接相联系。

关键词　王权　国家　城市

人类从无城市时代进入城市时代，是一个划时代的革命[①]。近年来，考古学的发展和大量古城的考古发现，为研究早期城市提供了丰富的资料，但关于早期城市的形成至今仍然是一个有争论的问题。我们在考察早期城市形成时，发现早期城市的形成，无疑是多种力量推动的结果，其中王权则是一种不可忽视的力量，城市的形成与王权有着直接的关系，而且在其后几千年的历史演变中，王权一直对城市产生着直接地和或间接地影响。中国古代王权的形成与中国早期国家和早期城市的形成是同步的。古代王权是一种“君主极权，君主的权力没有边界”[②]，王权是国家权力的核心，掌控并管理土地及人口等一切社会资源。以王权为核心的国家权力构架、行政建制、思想观念体系都深刻地影响着中国古代社会的发展。特别是在远古时期以农业为主的生产力发展相对不发达的条件下，王权对于国家的建立和发展、社会经济的进步有着重要的推动作用。“社会发展必须要国家权力的集中，只有在集权的国家，才能组织大规模的社会劳动，促进社会生产的发展。”[③]中国古代城市的变迁亦与王权息息相关，中

① 何一民：《第一次“城市革命”与社会大分工》，《甘肃社会科学》2014年第5期。

② 崔向东等编：《王权与社会——中国传统政治文化研究》，崇文书局，2005年，第12～17页。

③ 李玉洁主编：《中国早期国家性质——中国古代王权与专制主义研究》，河南大学出版社，1999年，第530页。

国古代的城市起源、城市建设、城市体系的变迁都是王权支配下的产物。目前学界从王权与城市变迁这一角度切入进行研究的成果较少。本文拟从中国古代王权与城市起源、城市规划、城市体系变迁及其对古代军事城镇的影响作一概述。

一、中国古代王权与早期城市的兴起

学界对城市起源的研究成果颇多，在此不需赘述。总的来说，大部分学者认为社会生产力的发展是城市产生的最根本动因，社会生产力的发展促使社会大分工出现，特别是第二次社会大分工（农业与手工业的分离），推动了中国早期城市的产生。但是第二次社会分工与城市起源并非简单的互为因果关系，中国城市的产生要早于农业与手工业相分离的第二次大分工，而促进了城乡分工和以脑力劳动与体力劳动为主的第二次社会大分工：城乡分工、脑力劳动与体力劳动的分工[①]。由于农业革命后，随着生产力的发展、阶段的分化，人类的居住形式发生了根本性的变化，即从无城市时代向城市时代变迁。但是只有分散的社会要素仍然不能形成城市，必须有一种聚合力将分散的社会要素集中起来，城市才得以产生。而王权便是聚合各种社会要素的直接动力，正是王权将农村中各种分散的社会要素聚合起来，并且用“城市”这一新型的“聚落”形式表现出来，城市便成为王权控制下的一种政治实体。正如刘易斯·芒福德所说：“在城市的聚合过程中，国王把一切新兴力量统统吸引到城市文明的心腹地区来，并置诸宫殿和庙宇的控制之下。”[②]具体来说，王权对早期城市兴起的影响主要表现在以下三个方面。

首先，中国早期城市大都基于以王权为核心的统治者为了政治、军事等目的而设立与修筑。国家建立的过程中，为了保护以王为首的统治集团的生命和财产安全，加强对所辖居民的统治，需要修筑坚固的城堡，以防御外敌侵略和内部的反抗，即所谓的“筑城以卫君”。从目前发现的早期古城来看，基本上都是地方政权的都城，即围绕王权而建立的早期城市，这些早期城市都是以政治功能和军事功能为主，如近年新发现的龙山晚期到夏早期的石峁古城，面积约425万平方米，是迄今为止所发现的规模最大的早期古城。石峁城址“由‘皇城台’、内城、外城三部分构成。其中‘皇城台’是四周砌筑层阶状护坡的台城；内城以‘皇城台’为中心，沿山势砌筑石墙，形成一个封闭的空间；外城则依托内城东南部的墙体修筑一道不规则的弧形石墙，与内

① 何一民：《第一次“城市革命”与社会大分工》，《甘肃社会科学》2014年第5期。

② 刘易斯·芒福德：《城市发展史》，中国建筑工业出版社，2005年，第37页。

城东南墙结合构成相对独立的外城区域”①。有考古学家认为，石峁古城极有可能为黄帝时期的都城昆仑城。我们认为现在还无证据说明石峁古城就是昆仑城，但从它的规划布局和建筑来看，无疑是一座早期的王城。中国早期城市大多为了御敌和保护统治者而建，相关的记载较多：“处士东里槐责禹乱天下，禹退作三城，强者攻，弱者守，敌者占，城郭禹始也。”②《淮南子·原道训》亦载：“昔者夏鲧作三仞之城，诸侯备之，海外有狡心。”③这与“城”的最初含义相符合：“城，以盛民也”④，“城也，盛也。盛受国都也”⑤。

其次，早期城市的修筑离不开王权来聚集各种资源。早期城市相比原始村落，规模大得多，而且构筑多是由“城墙”及内部宫殿等建筑构成的庞大物质实体，城市的规划、建设需要庞大的人力、物力、财力支撑，需要较为细致的社会分工和统一调配才能够完成，而分散的部落或部族没有能力整合这些资源并进行社会分工，只有依赖王权所拥有的权威和“聚合力”才能实现。王权是在原始社会后期以武力为基础形成的，中国古代社会的一个突出的特点就是“王权支配社会”，“不是经济力量决定着权力分配，而是权力分配决定着社会经济的分配，社会经济的主体是权力分配的产物”⑥。王权——国家力量在经济财政方面对所属资源拥有最大支配权力，古人对此高度概括为：“普天之下，莫非王土；率土之滨，莫非王臣。”“天下一家，何非君土，中外之财，皆陛下府库。”⑦由于王权在政治、经济、司法方面拥有最高权力，必然可以凝聚巨大的能量。因此，掌握全国最高政治权力的君主只要“灵机一动”，“就可能化作全社会、全民族的统一行动”⑧。正如刘易斯·芒福德所说：“社区的各种不同构成因素，在压力之下被动员起来并束缚在一起，统统进入了城市的高大围墙的封闭之中。就连自然界的伟力，现在也开始处于觉醒人类的指挥之下：成千上万的人，在集中统一的指挥下，像一架机器般地行动起来，开凿灌溉渠道、运河，构成城台、宝塔、祭台、庙宇、宫殿、金字塔。”⑨因而，城市作为伟大的发明，作为复杂的社会机构和体系，只有在王权的作用下才能建立和发展。

---

① 陕西省考古研究院、榆林市文物考古勘探工作队、神木县文体局：《陕西神木县石峁遗址》，《考古》2013年第7期。

② 李昉等：《太平御览》卷一九二“居处部二十”，中华书局，1985年，第926页。

③ 刘安等编：《淮南子·原道训》，上海古籍出版社，1989年，第7页。

④ 许慎著，段玉裁注：《说文解字》第十三篇“下土部”，上海古籍出版社，1981年，第688页。

⑤ 李昉等：《太平御览》卷一九二“居处部二十城上”，中华书局，1985年，第926页。

⑥ 刘泽华：《中国的王权主义》，上海人民出版社，2000年，第2页。

⑦ 顾炎武著，周苏平、陈国庆点注：《日知录·财用》卷二〇，甘肃兰州出版社，1997年，第553页。

⑧ 刘泽华等编：《专制权力与中国社会》，吉林文史出版社，2005年，第18页。

⑨ 刘易斯·芒福德：《城市发展史》，中国建筑工业出版社，2005年，第36～37页。

在早期古代社会生产力较低的历史条件下，建设一座城市需要较长的时间和大量的劳动力，而将分散的劳动力集中起来，并加以合理的分工、调配和使用，都需要权威力量和相应的机构来组织，而在当时的条件下，这种权威力量只能来自王权。例如，石峁古城面积超400平方米，其工程量非常巨大。石峁古城所在地位于“黄土高原与毛乌素沙漠过渡地带，地貌以黄土梁筛、剥蚀山丘、沙漠滩地为主”[①]。筑城所需的石头不是城址所在地就能直接获取，而是需要从远处的山上开采并搬运过来，这样，必须集合数量庞大的劳动力才能完成如此巨大的工程。那么，是什么力量才能从四面八方征集数量庞大的劳动力？当数量庞大的劳动力集中在一起后，如何对他们进行合理的分工和有效的管理？数量庞大的劳动力集中在一起，每天的吃、住、行等需要进行合理的安排，要有完备的后勤保障。这一切都不是组织松散的部落或部落联盟能够完成的，只有以王权为核心的国家力量，建立了严密的社会组织系统，并实行了层级管理，才能聚集资源并有效地发挥资源集合的作用。

据相关研究，目前中国所发现的百余座早期古城，基本上都是王城、都城。大量历史资料表明，中国早期城市的兴建，是国家建立和政权统一的政治需求，因而几乎所有的城市建设都是在以王权为核心的国家力量组织下进行的，如周朝时周公便强制调动国内诸侯及臣民来修建都城：“周公初基作新大邑于东国洛，四方民大和会。侯甸男、邦采卫，百工播民和见，士于周。”[②]春秋战国以后的城市更是王权——国家力量的产物，无论各国都城还是郡县城市，无论是“量地以制邑”还是“度地以居民”，都是在王权统一的调控下兴建，因而形成了中国古代城市“同源异”的特点[③]。秦统一中国后，王权更是提升到至高无上的地位，因而几乎所有的城市均是在王权的掌控下规划、修筑的。秦都咸阳为350年秦孝公所建，其后规模不断扩大，秦始皇在咸阳建立中央集权的多民族国家，并将六国宫殿按原样在咸阳北原重建，故而咸阳成为规模庞大的都城。汉代建立后，长安由一个村落建设成为都城也是王权意志的结果，从汉高祖刘邦到汉惠帝都曾调集大量的人力、物力来增筑长安城，据《汉书·惠帝纪》载：“惠帝元年，增筑之（长安）。正月，发近长安六百里男女一十四万六千人，三十日罢。六月，发徙奴隶二万人常役。又五年，复发十四万五千人，三十日罢。”[④]秦汉以后，随着国家组织的渐趋完备，以王权为核心的中央集权更加强大，王权——国家力量在城市建设和发展过程中更是发挥着重要的作用，如582年，隋文帝以

---

① 陕西省考古研究院、榆林市文物考古勘探工作队、神木县文体局：《陕西神木县石峁遗址》，《考古》2013年第7期。

② 黄怀信注训：《尚书·康诰》，齐鲁书社，2002年，第259页。

③ 卢涛、李先逵：《中国古代都城规划中的数理哲学与美学特征》，《城市规划》2002年第1期。

④ 骆天骧撰，黄永年点校：《类编长安志》，中华书局，1990年，第39页。

“十余万民夫”来修建大兴城，直到613年才完工，耗时31年[①]。其后修建东都洛阳动员的人数更多，据《隋书·食货志》记载：“始建东都，以尚书令杨素为营作大监，每月役丁二百万人。”[②]据《大业杂记》记载：“初卫尉刘权、秘书丞韦万顷总监筑宫城，一时布兵夫，周匝四面，有七十万人。……其内诸殿基诸墙院，又役十余万人。直东都土工监常役八十万人，其木工、瓦工、金工、石工又役十万人。”[③]从春秋战国，历经秦汉魏晋上千年的战争破坏和大规模的兴建城市，中原地区的森林早已砍伐殆尽，因而隋炀帝修建东都洛阳时，所建宫室所需“大木非附近所有，多从豫章（今江西）采来。二千人曳一柱，其下施毂以随之，终日不过三二十里。略计一柱已用数十万功，则余费又过于此”[④]。如此大规模的运输，除了王权——国家力量外，是很难办到的。明朝历代皇帝都大兴土木，营建都城和宫室，也是耗费巨资，并需要动员大量劳动力的，如明成祖修缮北京宫殿，永乐四年“遣尚书宋礼如四川，侍郎古朴如江西，师逵、金纯如湖广，副都御使刘观如浙江，都御史史仲成如山西。正德年间，采木湖广、川、贵，命侍郎刘丙督运。嘉靖二十六年，遣工部侍郎刘伯跃采于川、湖、贵州，湖广一省费用至三百三十九万余两。万历年间，采楠木杉诸木于湖广、四川、贵州，费用九百三十余万两”[⑤]。王权——国家力量不仅可以动员民间力量为建设劳役，而且还可以调遣军队，让军队参与筑城，不仅是修筑军事城市，而且也参与修筑一般治城和相关建筑，如明太祖分封各子，必先到分封之地筑城或修建王府。当时晋王府相曹兴便上书请求在太原古城修建晋王府，“请以兵民参之，王府鼓手欲选民间少壮，虑为动扰，宜于太原汉军内充选”。明太祖回道：“兴言筑城之役，宜令民计田每顷出一夫，参以太原、平阳、潞州诸卫军士。”[⑥]中国古代都城及地方城市的建设，充分说明了由王权主导的国家力量对人力社会资源、物质资源有极大的控制能力，并在城市形成与发展过程中发挥着重大作用，如果古代没有王权——国家力量来统筹和聚集资源，仅靠民间力量是难以完成数量巨大、规模庞大的城市建设工程的。

最后，在古代，城市的政治行政地位是城市发展快慢和城市发展规模大小的决定性因素之一。在中国早期国家的形成过程中就建立了等级明确的、严格的社会秩序，以等级为核心内容的礼制规定人与人之间的礼法关系，并极力维护以王权为首的统治阶级的利益和统治地位。城市作为统治中心也为礼制规定，天子之城方九里，公爵之

---

① 刘昫等：《旧唐书·张玄素传》卷七十五列传二十五，吉林人民出版社，1995年，第1668页。

② 魏征等：《隋书·食货志》第三册卷二十四，中华书局，1973年，第688页。

③ 杜宝：《大业杂记》，中华书局，1991年，第1页。

④ 刘昫等：《旧唐书·张玄素传》卷七十五列传二十五，吉林人民出版社，1995年，第1668页。

⑤ 张廷玉：《明史》志第五十八、食货六，吉林人民出版社，1995年，第1275页。

⑥ 李国祥、杨昶主编：《明实录类纂·宗藩贵戚类》，武汉出版社，1995年，第3页。

城方七里，侯爵、伯爵之城方五里，子爵之城方三里。礼制在城市规划和建设中的地位在秦以后转化为城市的政治行政等级，不同的历史时期，城市的行政等级划分虽然不同，但共同之处在于城市的政治行政地位对于城市的发展起着重要的作用，并形成了“政治中心城市优先发展规律”[①]。城市的规模大小和发展速度的快慢与城市的行政等级地位成正比，在一定区域范围内，城市行政地位越高的城市发展越快，而城市行政地位较低的城市发展相对较慢。比如，历代都城都是发展最快的城市，这是因为都城作为王权的物化所在——皇帝及上层统治者的所在地，因而统治者可以动员国家力量来修筑都城，聚集人口，聚集商业和手工业。同样在各地区城市发展过程中，不同层级的统治者作为王权的代表可以通过政治、军事等力量来聚合各种资源，进而使不同层级的城市得到不同的发展，可以说，中国古代每一时期规模的都城都是同时代规模最大的城市，也是发展最快的城市。《春秋公羊传》曾记载：“京师者，何谓也？千里之邑号也。京，大也；师，众也。天子所居，故以大众言之，明诸侯，法日月之径千里。”[②]都城作为最高行政等级的城市，其规模远较同时期其他城市为大。表一为历代都城的面积及人口数量的统计表。

表一　中国古代较大都城面积及人口数量表

朝代	都城	建设年代	面积（平方千米）	人口
汉代	长安（内城）	公元前220年	64.9	30万
北魏	洛阳	493年	73	100万以上
隋唐	长安	583年	84.1	100万以上
隋唐	洛阳	605年	45.2	140万左右
元代	大都	1267年	49	100万以上
明代	南京	1366年	43	100万以上
明（清）代	北京（内城）	1420年	37.9	100万以上

资料来源：根据董鉴泓主编《中国城市建设史》第三版中所载数据绘制而成。具体参见董鉴泓主编：《中国城市建设史》第三版，中国建筑工业出版社，2006年；何一民：《中国城市史纲》，四川大学出版社，1994年。

从表一中可以看出，中国古代每个都城都是同一时期规模巨大的城市，人口数量庞大，远远超过地方城市，这是因为都城的建立关系到国家大事，为了加强王权及聚合地方资源，历代王朝君王在定都之后，几乎无不使用国家力量，用强制的方式来聚集社会要素和经济要素人口，使都城得以快速发展。例如，秦王嬴政定都咸阳之后，

① 何一民：《从政治中心优先发展到经济中心优先发展——农业时代到工业时代中国城市发展动力机制的转变》，《西南民族大学学报（人文社科版）》2004年第1期。

② 段熙仲：《春秋公羊学讲疏》，南京师范大学出版社，2002年，第681页。

即运用国家力量，强制性“徙天下豪富于咸阳十二万户”①，而且“每破诸侯，迁其宫室，作之咸阳北阪上，南邻渭，已东殿屋复道相属，所得诸侯美人、钟鼓以冲之”②。隋炀帝修建东都洛阳，也是运用国家力量来推动洛阳的建设，“将作大将宇文恺营建东京，徙豫州郭下居人以实之”，又“于皋涧营显仁宫，采海内奇禽异兽草木之类，以实园苑。徙天下富豪大贾数万家于东京”③。明朝永乐年间，明廷迁都北京，明王朝曾先后两次以国家力量强制性向北京移民。永乐元年八月，“简直隶苏州等十郡、浙江等九布政司富民实北京”；永乐二年九月丁卯，“徙山西太原、平阳、泽、潞、辽、沁、汾民一万户实北京”④。都城建设在历朝历代都是国之大事，这不仅是一个聚落建设的问题，而且与国家政权建设紧密相连，正是由于都城作为行政等级体系的核心，在规模及财富上必须与其行政等级相一致，以突显王权的至高无上，所以，动员国家力量来建设都城是历代王朝的重要任务之一。

中国古代城市自诞生起便具有政治性质，城市是“王权”的物化实体，是“政治权力中心，是统治者加强其政治权力的手段”⑤。在中国古代部分时段，曾在个别都城出现有‘卫星城’，如汉代长安周边就相继建立有长陵、安陵、阳陵、茂陵、平陵等县城，并迁移富户到这些陵墓邑居住，这些陵邑城相继发展成为规模相对较大的卫星城。在王权直接作用下形成的陵邑城既可拱卫都城，又便于君主就近控制贵族和地方豪强。高祖九年，刘邦下令在关中长陵附近设置长陵县邑，将关东2000余名达官贵族、富豪和家眷迁徙至此居住，伺奉长陵。其后，惠帝、景帝相继效仿修筑安陵邑、阳陵邑；武帝元朔二年夏，“募民徙朔方十万口，又徙郡国豪杰及訾三百万以上于茂陵”⑥。成帝时“徙五百万以上五千户于昌陵，徙一百万以上居平陵”⑦。晋朝都城建康周边也建有卫星城，建康“东南四里有东府城，城周三里十九步，是东晋以来宰相办公的地方。城西南治城附近有西州城，是诸王府和扬州刺史的治所。城南秦淮河南岸是丹阳郡城，城西是石头城”。为了安置人口，晋朝在建康周围先后设置了“琅琊、淮南、广州、高阳、堂邑、南东海、南兰陵、南东平等9个乔郡”⑧。

总的来说，由于王权的建立和中央集权制的不断强化，形成了以都城为顶端的城

---

① 何清谷：《三辅黄图校释》，中华书局，2005年，第18页。

② 骆天骧撰，黄永年点校：《类编长安志》，中华书局，1990年，第38页。

③ 魏征等：《隋书·炀帝上》卷三，中华书局，1973年。

④ 李国祥等主编：《明实录类纂》北京史料卷，武汉出版社，1992年，第18、19页。

⑤ 鲁西奇、马剑：《空间与权力：中国古代城市形态与空间结构》，《江汉论坛》2009年第4期。

⑥ 班固：《汉书》，吉林出版集团，2010年，第67页。

⑦ 董鉴泓：《中国城市建设史》，中国建筑工业出版社，1989年，第26页。

⑧ 何一民：《中国城市史纲》，四川大学出版社，1994年，第90页。

市行政等级体系，而城市行政等级体系的构建和完善又对巩固大一统的中央集权起了十分重要的作用，中国千年来之所以“有统一之形，而无分裂之势”，统一始终是历史发展的趋势，其原因固然是多方面的，但与城市行政等级体系的建立，城市成为中央王朝加强统治的层级节点有着密切的关系。无论是在大一统时期，还是在短暂的分裂时期，城市行政层级体系始终都得以保存并发挥作用，这对国家的巩固、多民族统一国家的建立都起着至关重要的作用。各级城市的建设与发展既是王权的体现，又是古代君主加强王权，建立国家治理体系的一种手段。

二、中国古代王权与城市规划

早在先秦时期，古代君主为了加强王权以及为其政权寻求合法性，确立了一整套政治制度，而“礼制”是这套制度的核心。“礼制既是一种天地秩序，又是社会秩序。礼制是天人合一的体现，又是帝王体制的基础和依托。”[①]这套以“礼制”为核心的制度不仅规范了中国古代的社会秩序，而且也成为中国古代城市规划建设的基本原则，以礼制为核心的城市规划及建设体现了中国古代森严的等级制度。

中国古代城市设计规划大都体现“象天法地”“天人合一”“王权至上”等思想。君主往往以“象天法地”原则来寻求其政权合理性，城市规划布局都要求与“天”相通。据《类编长安志》记载：“秦始皇二十七年，作长信宫于渭南。通骊山，筑咸阳，端门四达，引渭水贯都，以象天汉，横桥南渡，以法牵牛。”[②]汉代以后，“天人合一”“君权神授”成为王权的合法性理论基础。

中国古代城市规划及布局大都以“礼制”为基础，体现等级秩序。周代“礼制”规定了都城的大小、街道的设置，以及宫殿、寺庙、市的具体布局原则。《考工记》中记载：“匠人营国，方九里，旁三门，国中九经九纬，经涂九轨，左祖右社，面朝后市，市朝一夫。”[③]宗庙作为王权及等级制度的重要象征，在都城建设中占据重要位置，建城先建庙成为定制：“凡邑，有宗庙先君之主曰都，无曰邑。”[④]《三礼》中也有记载：“君子将营宫室，宗庙为先，厩库次之，居室为后。”[⑤]庙宇大都建立在城市的中心位置：“古之王者择天下之中而立国，择国之中而立宫，择宫之中而

① 崔向东：《王权与社会——中国传统政治文化研究》，崇文书局，2005年，第2、3页。

② 骆天骧撰，黄永年点校：《类编长安志》，中华书局，1990年，第38页。

③ 张道一注：《考工记注译》，陕西人民出版社，2004年，第126页。

④ 王守谦等译注：《左传全译》庄公二十八年，贵州人民出版社，1996年，第165页。

⑤ 陈澔注：《礼记·曲礼下》，上海古籍出版社，1987年，第18页。

立庙。”①

中国城市自先秦以来一直是统治的中心，因而城市的空间格局也反映出政治统治的需求。为了加强中央集权国家对城市的管控和对城市居民的统治，中国古代城市规划布局自汉至宋形成了与欧洲城市完全不同的坊市制，即将居住区的“坊”和商业区的“市”严格分隔开来，并用围墙将坊和市围合成若干大小不同的封闭空间，晨启暮闭，严格限制城市居民的生产和生活方式活动。坊市制的建立具有多重功能，其中一个重要功能就是便于加强以王权为核心的国家力量对城市居民的管理，《类长安志》载：“畦分棋布，闾巷皆中绳墨。坊有墉，墉有门，逋亡奸伪，无所容足。”②坊市制的规划原则上以礼制为基础，体现严格的等级制度，“朝廷宫寺，居民市区，不复相参”③，如汉长安“皇城之东尽东郭，东西三坊。皇城之西尽西郭，东西三坊。南北皆十三坊，象一年有润。皇城之南，东西四坊，以象四时，南北九坊，取《周礼》九则之制”④。宋以后坊市制的封闭状态被打破，但在重要的城市仍然保留了官民居住区分开的格局，以“礼制”为核心的城市规划布局原则上仍然保留，一直延续到清代。

以“礼制”为核心的城市规划布局对城市建制及城市内部建筑产生的直接和间接影响：一是确立了城市行政等级制度的理论基础，即城市的规模与城市的行政等级有着直接的联系，早在西周时期就明确规定天子、诸侯及卿大夫所在城市规模大小有所差异，天子之城方九里，诸侯以下类推，严禁僭越。据《左传》载：“先王之制，大都不过参国之一，中五之一，小九之一。”⑤春秋战国时期，周天子王权势微，导致各诸侯王国城市纷纷突破原定城市规划的原则，但这种僭越仍然是以王权为中心的，不过是在突破传统礼制的同时，形成新的礼制。二是礼制对城市公共建筑的建设也产生了直接影响，如都城中的宫殿数量要最多，宫殿的建筑面积要最大：“（礼）有以大为贵者，宫室之量，……此亦大为贵也。有以高为贵者，天子之堂九尺，诸侯七尺，大夫五尺，士三尺。”⑥王城、诸侯城中宫殿中门台、宫台的大小也有明确的区别：“王宫门阿之制五雉，宫隅之制七雉，城隅之制九雉。门阿之制，以为都城之制。宫

---

① 吕不韦：《吕氏春秋·慎势》，线装书局，2007年，第396页。

② 骆天骧撰，黄永年点校：《类编长安志》（中国古代都城资料选刊），中华书局，1990年，第40页。

③ 吕大防：《隋都城图》题记，参见李晓聪：《唐长安地域结构与运作空间》，上海辞书出版社，2003年，第256页。

④ 骆天骧撰，黄永年点校：《类编长安志》（中国古代都城资料选刊），中华书局，1990年，第40页。

⑤ 王守谦等译注：《左传全译》隐公元年，贵州人民出版社，1998年，第3、4页。其中雉为量词，古代城墙长三丈，高一丈为一雉。

⑥ 叶绍钧选注：《礼记·礼器》，商务印书馆，1947年，第59页。

隅之制，以为诸侯之城制。”[①]祭祀建筑数量以多为贵：“（礼）有以多者为贵，天子七庙，诸侯五，大夫三，士一。”[②]天子、王侯及士所居厅堂的大小有明显不同，有明显的等级差别，王城中宫殿厅堂建筑要最大，其他公侯的房屋建筑依次变小。《仪礼释宫增注》中有天子、公侯及士的房屋建筑规模的相关记载：“天子之堂广九雉，……东房、西房、北堂各三雉；公侯七雉，……东房、西房、北堂各一雉；士三雉，……有室物房堂。”[③]周代王城的建城原则一直沿用至明清时期，自秦始皇建立中央集权之后，历代都城大都以“中轴对称”“择中”等思想作为建城原则。而地方上的行政性城市（省城、府城、州城、县城）大都沿用此种布局方式，只不过在形制上比都城更为简单，规模也相对较小，是缩影版的都城，从而形成了具有浓厚政治色彩的行政等级城市体系。礼制对城市规划及建设影响较多的是体现了一种文化构建，是王权通过礼制对城市规划及建设的间接影响。

总体来讲，都城作为全国的行政中心，作为王权所在地，其建制要远远超过其他行政性城市，王权所在中心的政治地位处于城市行政等级的最高位置，以凸显天朝权威。其他不同层级的城市在形制上虽然要求与王城相一致，但是在规模、布局及内部建筑的等级上要低于都（王）城，以作尊卑区分，往往都与行政等级的高低成正比。此外，古代君主为了加强王权，都城的规划及建设主要以礼制为范本，将“礼制”中的“等级伦理”“王权至上”等原则渗透到各级行政城市中，各级城市实则为等级伦理体系的物化形式。

三、中国古代王权与城市行政等级体系的构建

中国古代中央的权力体系分为两个阶段：先秦时期与秦朝统一全国之后。先秦时期，中国政治制度以宗法与血缘关系为基础。天子与诸侯之间的政治依附关系较为松散，每个王国具有相对独立性，且具有“强烈的排他性”[④]。秦朝建立之后，以王权为核心的中央集权体制形成，历代君主为了加强中央集权，不断将权力收归中央，弱化地方权力，与此同时在地方层级管理的基础上形成了城市行政等级体系。城市作为行政治所与权力中心，其分布必然随着地方权力中心的变化而有所改变。中国城市体系的变迁实际上是王权在地方空间秩序上重新构建的结果。

---

① 戴震：《考工记图》第二卷，商务印书馆，1955年，第108、109页。其中宫隅为城隅为城台，宫隅为门台。

② 叶绍钧选注：《礼记·礼器》，商务印书馆，1947年，第57页。

③ 《钦定四库全书·经部四》礼类二《仪礼释宫增注》。

④ 刘泽华：《中国的王权主义》，上海人民出版社，2000年，第2、3页。

（一）中央集权下的城市行政等级体系

先秦时期，中央集权并未形成。秦朝统一各国之后，确立起中央集权的君主专制体制，构建了从中央到地方的层级权力体系。这也使得中国古代城市的发展与西方中世纪城市有所不同，中国古代城市没有自治权力，城市是中国以古代君主为核心的国家权力层级体系的结点，统治城市的各级官员都是王权的化身，他们的官帽、权力和薪俸都是王权赐予的，而所有的官员无不以效忠于王权为天然使命，因而在中央集权制度下，城市也自然形成了自上而下的政治统属关系，形成具有特色的、与中央集权制适应的城市行政等级体系。

西周建立以后，实行分封制，先后有几次大的层层分封，分封之后，各分封王侯纷纷筑城，各地城市迅速发展起来。但是周王确立了严格的等级制度，分为“天子—诸侯—卿大夫—士”四个等级。在周代礼制下，城市的大小、规模随等级降低而递减。王城是唯一的政治核心城市，其他城市都属于政治依附关系，因而周代形成了以都城（王城）为中心，以侯、伯、子、男所在城市为次级中心城市的二级城市体系。

秦以后，随着中央专制集权王朝体系的建立，与中国行政体系变迁大体趋于一致的城市行政等级城市体系也逐渐确立。秦以后中国古代地方行政体系基本上经历了由郡（州）、县二级到省、府、县三级的转变。其间地方行政体制出现了两次较大的变化，一是秦朝郡县制的确立，无论是对中央集权制的形成，还是城市行政等级体系的形成都起了关键作用。秦始皇二十六年，“分天下以为三十六郡”[①]，并以郡统县，进而确立了郡、县二级行政体系。郡县制一直沿用到隋朝，隋朝建立，“改州为郡，依汉制置太守，以司隶、刺史相统治，为郡一百九十，县一千二百五十五”。唐朝时，唐高祖“改郡为州，太守为刺史”，后太宗改制，“因山川形便，分天下为十道，凡州府三百五十八，县一千五百五十一”[②]。二是元代行省制的设置，对城市层级体系产生了巨大的影响。元代建立行省制，地方行政体系分为“行省、路（府、州）、县”三个等级[③]。明代至清，一直到今行省制度一直都得到沿用，随着行省制度的建立，以

① 司马迁：《史记·秦始皇本纪》卷六，线状书局，2006年，第31页。三十六郡是秦朝建立之初的数量，后又增加至48郡县。

② 欧阳修、宋祁：《新唐书》卷三十七志第二十七，吉林人民出版社，1995年，第557页。

③ 其中路、府、州、县四个行政单位的政治地位在不同区域有所不同。据《元史》记载：“大率以路领州、领县，而腹裹或有以路领府、府领州、州领县者，其府与州又有不隶路而直隶省者。”参见宋濂等：《元史》卷五十八志第十，中华书局，1978年，第1346页。其中“腹裹”主要指行中书省所辖地方，即山东、山西、河北一带。

行省为行政单位，以省会为中心的区域城市行政等级体系形成。秦代到清代的地方各级机构设置数量如表二所示。

表二　秦、汉、唐、宋、元、明、清代各级行政区划单位的数量变化

时期	一级行政机构	数量（个）	二级行政机构	数量（个）	三级行政机构	数量（个）
秦	郡	40	县城	800 ~ 900		
汉	郡	130	县	1314		
	侯国	241				
隋	郡	190	县	1255		
唐	道	10	府	358	县	1551
宋	路	26	府	34	县	1234
			州	254		
元	行省	13	路	158	县	1127
			府	33		
			州	359		
明	布政使司	13	府	40	县	1138
			羁縻府	19	州	193
			直隶州	193	羁縻县	6
			羁縻州	47		
清前中期	行省	18	府	194	县	1257
			直隶州	65		
清晚	行省	23	府	220	散厅	85
			直隶厅	60	散州	148
			直隶州	78	县	1382

资料来源：具体数据可参见谭其骧主编：《宋史地理志汇释》《两唐书地理志汇释》，安徽教育出版社，2002年；宋濂等撰：《元史》卷五十八“志第十”，中华书局，1978年，第1346页；张廷玉：《明史》卷四十“志十六”，吉林大学出版社，第580页；赵尔巽：《清史稿》卷五十四“志第二十七”，第8册，中华书局，1976年，第1891页；《清朝通典》卷三十四“职官十二”，商务印书馆，1935年，第2209 ~ 2011页；晚清部分参见何一民：《清代城市数量的变化及原因》，《社会科学》2014年第8期。

从表二中可知，中国古代历朝的行政层级逐渐增多，只有县城一级的数量较为稳定，数量变化不大。这是中国古代王权不断强化的结果，王权通过行政层级的设置，通过城市来有效的控制地方，城市作为各级机构政府所在地，成为中央集权制的权力体系在全国地域空间上的分布节点。城市行政等级体系本质上是以王权为中心的权力体系在城市形制上的一种直接反映。元代以后，出于行政管理的需要，省一级机构与府一级行政机构往往同城，府（州）一级行政机构与县一级行政机构也会同城。但是总的来说，中国古代的行政等级城市体系大体分为两类：一是以是郡统县的，郡、县二级城市体系；二是省统府、县的，省、府、县三级城市体系。城市体系的变迁说明了中国古代区域城市体系之所以大都与行政区划相一致，根本原因就在于中国古代王权的不断强化，城市体系深深打上了专制王权的烙印。

（二）地方权力的增长与区域城市体系的变迁

中国古代有三次较大的社会动乱时期：春秋战国时期、三国两晋南北朝时期、五代十国时期。在这些时期内，由于王权衰落，地方权力增长，天下一统的政治局面被打破，多个政权并立，因而单一的城市行政等级体系也被分割成多核心的城市行政等级体系。

春秋战国时期，周王朝衰微，打破了原有的以“周礼”为准则的城市建制，诸侯国的城市数量增加，城市规模也较前扩大，以王城为核心的二级城市体系也被打破，以较大诸侯国都城为中心的区域城市体系开始形成，其中包括以王城为中心的豫西城市体系；以曲阜、临淄为中心的齐鲁区域城市体系；以邯郸为中心的燕赵城市体系；以郢都为中心的两湖地区区域城市体系①。先秦诸侯国城市在建制和规模上的突破，反映了中央王权的衰弱与地方权力的增长，先秦区域城市体系的变化是中央与地方权力博弈的直接反映。

三国两晋南北朝时期，蜀、吴、汉形成三足鼎立的政治局面。全国统一的行政体系不复存在，以都城为单一中心的区域城市体系被改变，洛阳、成都、建业分别为魏、蜀、吴三国的都城，中国城市体系则分为三个大的区域城市体系部分，即以洛阳为中心的北方城市体系，以成都为中心的西南地区城市体系，以建业为中心的南方城市体系，这个时期的区域城市行政等级体系，实际上也是以不同区域的王权为中心进行等级划分。

五胡十六国时期及南宋时期，中国再次出现统一王朝的解体，中央王权衰落，多个民族政权并立，对城市行政等级体系也产生了重要的影响。4～5世纪，北方先后经历汉、前赵、成汉、前凉、后赵、前燕、前秦、后燕、后秦、西秦、后凉、南凉、南燕、西凉、北凉、夏、北燕、代、冉魏、西燕等十六个少数民族政权更替的政治格局。这些国家分别定都长安、成都、姑臧（甘肃武威）、襄国（河北邢台，邺：河南安阳）、长安（西安）、中山（河北定州）、长安（西安）、苑川（甘肃榆中东北）、姑臧（甘肃武威）、乐都（属青海）、广固（山东益都）、酒泉（属甘肃）、张掖（属甘肃）、统万城（陕西横山西）、龙城（辽宁朝阳）、盛乐（内蒙古和林格

① 顾朝林：《中国城市地理》，商务印书馆，2002年，第34页。

尔）、邺（河南安阳北）、长子（山西长治）。每个少数民族政权建立自己的地方行政等级体系，因而形成多个以不同城为中心的区域城市行政等级体系。

总之，城市作为中国古代行政机构所在地，是中国古代以王权为中心的权力网络的节点，城市行政等级体系的构建与发展实为王权由中央向地方延伸的结果。古代王朝更替及王权的强弱变化，深刻地影响着区域城市体系的变化。

四、王权与军事城镇的建立与变化

在中国城市体系中，军事型城市是一个特殊的类型，从先秦至清代历朝统治者为了巩固王权及加强对所辖领土的统治，往往在一些具有战略地位的要冲设置了以军事功能为主的城市。军城是中国古代城市的重要类型，也是王权向下延伸的产物，加强王权、巩固国防和强化地方统治成为军城设置的重要原因，军事城市也成为古代城市体系的重要组成部分。

在春秋战国时期，随着各国之间战争频发，为了保卫疆土和加强统治，各诸侯国多在战略要冲或边境地区建立一些军事城市，"郡"便是较早出现的军事城镇。《史记·晋世家》记载："六卿乃遂法尽灭其族，分其邑为十县，各令其子为大夫。"[①]这些郡的治地中心便是以政治、军事功能为主的军城。最初的"郡城"与以政治行政功能为主的县城有所不同，这从诸侯对大夫的奖赏上也可以看出郡县之间的地位差别，诸侯对有战功的大夫进行奖赏，"克敌者上大夫授县，下大夫授郡"[②]。由此可见，当时县的政治地位高于郡，郡更多的是军事功能。郡的地位提升在战国后期才发生变化，同时也才叠加更多的行政经济功能。

两汉时期，汉王朝在西北边疆和西南边疆修建了数量较多的军事城镇，以适应领土扩张、加强对边疆社会控制的需要。例如，公元前127年，汉王朝在河套地区修建城池，以巩固汉王朝对该地区的统治。公元前121年，当汉朝军队击退匈奴之后，又迁徙关东贫民72万人到陇西、北地、西河、上郡等地，并在原匈奴故地陆续设立威武、张掖、酒泉、敦煌四郡，每郡又下设若干县，这些郡、县城在最初也是以军事功能为主。元朔三年，汉王朝"罢西南夷，城朔方城市"[③]。同样，这些在西南边疆地区修筑的城市在初期都是以军事功能为主。这时军事城市的修筑也是王权扩张的产物。

北魏时期，北魏统治者为了加强对周边少数民族的控制，防范外敌入侵，也在北部边疆设置了若干军镇。"魏世祖破蠕蠕，列置降人于至濡源，西暨五原阴山，竟

① 司马迁：《史记·晋世家》卷三十九，线装书局，2006年。

② 王守谦等译注：《左传全译》"哀公二年"，贵州人民出版社，1990年，第1492页。

③ 班固：《汉书·武帝纪》，吉林出版集团，2010年，第68页。

三千里，分为六镇，今武川、抚冥、怀朔、怀柔、怀荒、柔玄，御夷也。”[①]魏世祖修筑军城，同样是与王权向周边延伸有着直接关系。唐朝，为加强中央集权和维护以王权为核心的国家的需要，也在北部边疆修筑一定数量的军城，“广阿泽在定、冀、相三州界，土旷人稀，多有寇盗，乃置镇以静之，以（韩）均在冀州，劫盗止息，除大将军广阿大将”[②]。

明朝在建立的过程中，即开始创建卫所制度，明太祖时，在全国设136卫，其中相当部分卫所与原有的城市相重叠，这对于加强明王朝的统治起到了十分重要的作用，另外，还建立了若干以军事功能为主的卫所军城，如沈阳卫（沈阳）、广宁卫、天津卫（天津）、左屯卫（锦州）、威海卫（威海）等军城。随着北方游牧民族对明朝统治威胁的加大，明成祖时期相继在长城沿线设置“九边”，分别建立了以辽东、大同、宣府、延绥、宁夏、甘肃、蓟州、偏头、固原9个军事重镇为中心的军事城镇体系，其中甘肃、宁夏、山西、大同等军镇城市后来都成为重要的综合性城市，足见军城的设置对后来城市发展的影响之大。明代“九边”所属城镇或在原有旧城基础上改建，或者是新修筑，如宣府镇东路主要城市有永宁城、保安新城、怀来城、保安旧城、庆州城，各城相继为永乐、宣德、景泰年间修筑；南路城市主要有顺圣川西城、川东城、蔚州卫城，则为洪武、天顺年间重修；西路城市有万全右卫城、万全左卫城、怀安城，为弘治、洪武年间重修或修筑[③]。这些军事城镇也形成了等级体系，以宣府镇为例，镇城规模最大，据其镇志记载，洪武二十七年，谷王所司改造旧城，“高三丈五尺，周围二十四里一百二十五步”，而其下属的路治所永宁城，“高三丈五尺，周围六里十二步”[④]。明代卫所军城的建设也是明朝中央集权加强的重要表现，王权所代表的国家通过卫所军城建设来加强疆域防卫和对内部的统治。

清朝建立，中央集权君主专制达到一个顶峰。由于清朝是一个少数民族建立的王朝，因而满族贵族更是注重加强军事控制，从而使中国的军城出现新的形式，即满城的建设，从清初开始，清廷为了构建满族权威及加强对地方的军事控制，在全国重要城市中或在一些军事要冲设置“满城”。《荆州驻防八旗志·序》对于满城对地方社会的控制作用有详细记载：“惟我朝以八旗禁旅分驻各直省形胜要冲，无事则抚卫控制，隐然有虎豹在山之势，有事则敌忾同仇，收干城腹心之用。”满城大都建在军事战略要地，如荆州满城的建设即因康熙帝以为“荆州为咽喉要害，首命都统巴布尔、

① 司马光著，胡三省注：《资治通鉴》卷一三六《齐纪二》，武帝永明二年，第4262页。

② 李延寿：《北史·韩茂传》卷三十七列传二十五，中华书局，2013年，第1350页。

③ 兵部主事曹南、王崇献编次，郡人杨百之校正：《宣府镇志》卷二《城堡》，明正德刻嘉靖增修本。

④ 兵部主事曹南、王崇献编次，郡人杨百之校正：《宣府镇志》卷二《城堡》，明正德刻嘉靖增修本。

前锋统领硕岱，率满洲精骑三千，兼程驰往荆州，以遏其冲”[①]。直到晚清，荆州满城发挥的作用仍然较为明显。咸丰年间，“粤匪跳梁，东南数省大半蹂躏，独我荆州完善安堵无惊”[②]。除此之外，满城还象征着“满族”以王权为中心的多民族国家的构建，塑造了满族至高无上的皇权。从满城的位置看，满城大都在部分重要城市的重要位置，从而使中国古代城市在空间布局上形成了一种较有特色的城市形态——“复式城市”。从满城中的居民构成看，满城居民主要为满族人，与汉族人分开居住，以保持满族人在生活和文化方面的独立性。《八旗通志·营建志》载：“满城者，均系直省都会或府州重地，驻防者主要为满洲旗人，且与驻地附近居民形成鲜明对比。”[③]

中国古代军事城市的设置与王权的强化有着十分密切的关系，尽管不同的军事城市建造的目的有所不同、构筑方式也各异，但都是为了加强王权统治，王权的盛衰对军事城市的盛衰有着直接影响。

五、结　　语

王权——国家力量对中国古代城市的形成与变迁有着重要而深刻的影响。首先，中国古代城市形成的直接动力之一就王权的建立，或者说早期城市的出现离不开王权的推动。在早期国家建立之初，只有王权才具有足够的权威，能够整合各种资源和力量，从而为早期城市的建立与发展提供物力、人力、财力的支撑，而早期城市正是以王权为中心的统治集团为了保护自己和亲人的人身安全及财产安全而修筑。其次，王权对于城市规划及建设也产生了极为重要的影响，古代城市都深深地打上了王权专制与王权伦理的烙印，城市规划及建设无不体现等级秩序及封建伦理观念，以王权为中心的天人感应、天人合一、王权至上等思想贯穿于几千年间中国古代城市的规划与建设之中，从而形成了具有中国特色的城市规划与建设的思想。再次，中国古代城市体系的变化也与王权有着密切的关系，主要体现在政治行政等级对城市发展的影响，由此而形成的政治中心城市优先发展规律，即城市政治地位的高低影响着城市的规模的大小和发展速度的快慢，并在此基础上形成了城市行政等级体系。最后，王权的强化和以王权为中心的国家疆域的扩张促进了军事城市的产生和发展，千百年来军城的兴衰与王权的兴衰紧密相连。

城市既是文明产生的标志之一，也是文明的载体。正如王国维先生所说：“都

① 希元、祥亨等纂，马协弟等点校：《荆州驻防八旗志》，辽宁大学出版社，1990年，第3页。

② 希元、祥亨等纂，马协弟等点校：《荆州驻防八旗志》，辽宁大学出版社，1990年，第3页。

③ 福隆安等续纂：《钦定八旗通志》第三册，卷一六〇《营建志》，吉林文史出版社，2002年，第1977页。

邑，政治与文化之表征也。”[①]因而我们可以从城市的变迁看到中国古代政治文明变迁的某些面相。从政治文明的角度看，城市是中国古代王权的“物化实体”，城市作为行政管理治所，是王权自上而下在空间上的延伸及构建过程。因而城市体系的变化反映出以王权为中心的国家的变化及中央权力与地方权力的消长。

① 王国维：《殷周制度论》，《王国维论学集》，中国社会科学出版社，1997年，第1页。

关于大理、赤峰、银川和临汾等古都城市“中国大古都”历史地位的讨论

叶万松

（洛阳市文物考古研究院）

摘　要　本文依据《试论中国大古都城市的构成要件与生成环境》一文提出的中国大古都城市的四个构成要件，分析古都大理、古都赤峰、古都银川无缘中国大古都城市的原因，同时把视线转向史前时期，指出在尧舜时期中国已进入国家时代，尧都平阳（陶寺遗址）所在的山西临汾，不仅是中国的古都城市，而且还有望入列中国大古都城市。

关键词　中国　大古都　临汾

我们在《试论中国大古都城市的构成要件与生成环境》一文中，提出了构成“中国大古都城市”的四个客观要件：一是古代都城占地规模；二是古代都城人口规模；三是累计建都年限；四是古代都城必须具备的“中国政治、文化的中心”的历史地位。前三个客观要件构成了中国大古都古代都城的时间、空间，以及城市的主体，第四个客观要件则构成了中国大古都古代都城的城市性质，四个构成要件互为依存，缺一不可。同时我们还认为古代都城占地规模和古代都城人口规模应该是一个动态的、发展的概念，不同历史时期有着不同的构成标准。该文还根据这四个构成要件，认为以前认定北京、西安、洛阳、南京、开封、杭州、郑州、安阳、大同为中国大古都城市，是符合历史客观实际的①。那么，中国是否还会有其他古都城市入列中国大古都城市？

上编：论大理、赤峰与银川无缘中国大古都城市

目前在古都学界有学者提出古都赤峰、古都银川和古都大理可望成为中国大古都

---

① 叶万松、安大钧、韦娜：《试论中国大古都城市的构成要件与生成环境》，《中国古都学会2013年（开封）年会论文集》，中国古都学会2013年（开封）年会筹备组，2013年，第16～39页。

城市[①]。为此，我们应对其都城历史做科学的考察。

（一）关于都城占地面积与人口规模的比较

根据现有的资料和研究成果，将古都大理、古都赤峰、古都银川有关都城的占地面积和人口规模介绍如下。

（1）古都大理。作为唐宋时期南诏国和大理国国都所在地，现大理市境内有南诏前期国都太和城和南诏后期国都、大理国国都阳苴咩城。根据考古调查，太和城遗址位于七里桥乡太和村，“城址平面似钟形，面积约近5平方千米。遗址西起苍山佛顶峰，东临洱海。南北城墙各长约2500米，残墙高1～3米，厚4～5米，夯筑”；阳苴咩城位于大理城西1千米，“城址在苍山中和峰下，平面近方形，边长约1900米，今仅存北城墙西段，残长200余米，厚8～10米，残高3～4米，大部分夯筑，充填河卵石，险要地段石砌”，占地面积约3.61平方千米[②]。也有学者认为，据唐代《蛮书》记载阳苴咩城“广袤十五里”，所以“南北约15里，南至龙溪，北至三阳城，东依洱海，西靠苍山，面积约近50平方千米”[③]。

唐代的里有大、小之分，1大里折合531米，1小里折合442.5米[④]。阳苴咩城若南北15唐里，则依唐大里者折合7956米，依唐小里者折合6637.5米。另据考古发现，阳苴咩城北城墙西起苍山中和峰下，东至洱海边，沿桃溪南侧呈东西走向，约5000米[⑤]。若按以上数据计算，阳苴咩城面积分别为依唐大里折约39.78平方千米，依唐小里折约33.18平方千米。所以，若依“广袤十五里”的说法，阳苴咩城的面积或为约40平方千米，或为约33平方千米，而不是有学者推测的约50平方千米。

查阅有关文献资料，在唐樊绰著《蛮书》中未见有阳苴咩城“广袤十五里”的记载。《新唐书·南蛮列传》载为“更徙苴咩城，筑袤十五里”，《资治通鉴·唐纪四十二》和《通鉴纪事本末·南诏归附》载为“筑苴咩城，延袤十五里，徙居之”，《蜀鉴·西南夷始末》则载为“筑羊苴咩城，延袤十五里，徙居之”。

---

① 笔者也曾提出过“内蒙古赤峰、宁夏银川，以其历史地位完全可以与北京、西安、洛阳、南京、开封、杭州、安阳、郑州等城市一样，称之为‘大古都’”（见《中国古都系列丛书·序》，《中国古都系列丛书》，杭州出版社，2012年）。关于主张大理为“中国大古都”的观点见杨周伟：《百二山河——南诏大理六朝古都探祕》，云南人民出版社，2012年，第226～238页。

② 国家文物局编：《中国文物地图集·云南分册》，云南科技出版社，2001年，第206页。

③ 杨周伟：《百二山河——南诏大理六朝古都探秘》，云南人民出版社，2012年，第86、88页。

④ 胡戟：《唐代度量衡与亩里制度》，《西北大学学报》1980年第4期。

⑤ 杨洪文等：《云南发现唐代南诏国古城墙遗址》，《中国文化报》2013年7月11日。

看来，从文献角度解开阳苴咩城城市规模之谜的关键，是如何正确解读“袤十五里”了。

“筑袤十五里”，有些学者解释为南北十五里。“袤，据《说文解字》，‘从衣矛声，一曰南北曰袤’。‘筑袤’，是指扩建城的南北而言。”[①]我们质疑这种解释，其一是，文献中为什么仅记载南北长度而不记载东西之宽度，难道是文献失载，还是这种解释本身就是误读。其二是，我们之所以认为这种解释是错的，是因为它导致了阳苴咩城侵占驿道空间的情况。

我们先依唐小里来计算有关数据。据唐代樊绰《蛮书·卷五》记载：“太和城北去阳苴咩城一十五里……大厘城南去阳苴咩城四十里。”也就是说，太和城北城门至阳苴咩城南城门，大厘城南城门至阳苴咩城北城门之间的距离，亦即两城间驿道（通衢）长度，分别是6637.5米与17 700米，若再加上阳苴咩城南北长度十五唐小里，即6637.5米，那么从大厘城南城门至太和城北城门的距离则是30 970米，约31千米。可是我们根据《中国文物地图集·云南分册》“大理市文物图”（该图比例为20万分之一）标出的大厘城遗址、阳苴咩城遗址、大和城遗址位置[②]，用尺子测量后，估算出从大厘城遗址经阳苴咩城至太和城的直线距离为24.5千米左右。这个数字与上述根据文献记载折合的距离相比，少约6.56千米。尽管我们这个测量不很精确，但至少说明一点，如果我们认同南诏阳苴咩城南北长度为唐小里十五里，那么在阳苴咩城通往太和城和大厘城的约18千米的直线范围内就会出现长度24.3千米的南北向驿道。驿道是传递政府文书，包括转输军用粮草物资、传递军令军情的官道，尽管我们没有查阅到更详细的南诏大理通衢（驿道）遗址考古资料[③]，但驿道的功能告诉我们，它即便不走直线，也应是近乎直线，因此不可能在18千米直线距离内修筑一条长24.3千米的驿道。我们若以唐大里来计算，那么在约17千米直线距离内则要出现一条长约29千米的驿道[④]，自然更是不可能的。由此，我们认为阳苴咩城南北长度绝对不是十五唐里。

其实在古汉语中，“袤”除了“南北曰袤”外，还有一个字意，就是“长”。

---

① 马长舟：《阳苴咩城之考察与研究》，《云南师范大学学报（哲学社会科学版）》1985年第2期。

② 国家文物局编：《中国文物地图集·云南分册》，云南科技出版社，2001年，第132～133页。

③ 根据考古发现，这条始建南诏的通衢（驿道），“南起下关，北至北关，顺苍山山麓。古道始建于南诏，历代均加修建。南北走向，全长46余千米，经过33个村寨，以及大和、阳苴咩等都城和崇圣寺、弘圣寺及大佛顶寺等著名佛寺、风景点，路面一般宽约3米，当中铺条石，两侧铺卵石。至今仍有好些路段保存完好”。见国家文物局编：《中国文物地图集·云南分册》，云南科技出版社，2001年，第207页。

④ 若按唐大里计算，太和城北城门至阳苴咩城南城门，大厘城南城门至阳苴咩城北城门之间驿道长度分别为7956米、21 240米，再加上阳苴咩城南北长度7956米，那么从大厘城南城门至太和城北城门的距离则是37 152米，亦即37千米，比从大厘城遗址经阳苴咩城至太和城的直线距离（约24.5千米）多出12.5千米，也就是说在阳苴咩城通往太和城和大厘城的约17千米的直线范围内出现约29千米的驿道。

《九章算术·音义》："袤，莫侯切。袤，长也。""长"者，长度也，《汉书·沟洫志》："赵中大夫白公，复奏穿渠引泾水，首起谷口，尾入栎阳，注渭中，袤二百里。"颜师古注："袤，长也。"

在古代文献中，"袤"往往与"延"连用，组成"延袤"一词，延者，延长、伸长也，其往往用于描述事物界域的规模。其被描述的事物的形状，或为带状，如长城、水域、山域等，或为环形闭合状，如国界、城池等：

"筑长城之固，延袤万里。"（《汉书·匈奴传》）

"自凿定昆池，延袤数里。"（《新唐书·安乐公主列传》）

"泰州有捍海堰，延袤百五十里。"（《宋史·张纶列传》）

"太行山延袤千余里，起于河南怀庆府济源县迤西，东北跨山西、河南、直隶界。"（《尚书地理今释·尧典》）

"林邑国……其国延袤数千里。"（《旧唐书·南蛮列传》）

"（辽）于是以白沟河为界，西至金山，迄于流沙，北至胪朐河，东至海，延袤万里。"（《五礼通考·体国经野》）

"石岭关……明初尝筑土城戍守，后圮。万历二十二年改为石筑，延袤二百丈有奇"。（《大清一统志·太原府·关隘》）

若记述的事物呈环状闭合者，"延袤"或可称为"周袤"，如"武帝广开上林，南至宜春、鼎胡、御宿、昆吾，旁南山而西至长杨、五柞，北绕黄山，濒渭而东，周袤数百里"（《汉书·扬雄传》）。

根据上述分析，我们认为文献记载的"更徙苴咩城，筑袤十五里"，"筑苴咩城，延袤十五里"，亦可称为周袤十五里，也就是说，阳苴咩城周长十五里。其实已有学者指出："我以为《新唐书》所说的'袤'，可看作是指城墙的长度，因为袤字也有长的意思，'筑袤'即将城墙延长，此有由北墙沿苍山而上至山上折向南的夯筑遗迹可证。"①但遗憾的是受阳苴咩南北长十五里的观点束缚，而未将研究继续深入下去。

至此，我们以为阳苴咩城的城池规模为周袤十五里，而其宫城（皇城）的规模，依元人郭松年的说法方围四五里，"又北行十五里至大理，名阳苴咩城，亦名紫城，方围四五里，即蒙氏第五主神武王阁罗凤赞普钟十三年甲辰岁所筑，时唐代宗广德二年也。自后郑、赵、杨、段四氏皆都其中，是城也"（《大理行记》）。

至于考古发现的那道长约5000米的阳苴咩城墙，我们认为除了是阳苴咩城的城墙外，还可能加长而成为一道军事防御设施，自然这有待于考古发掘来证实。许多学者认为，南诏京畿内诸城的东西城墙、苍山水溪，以及苍山、洱海天然屏障构成了大理

① 马长舟：《阳苴咩城之考察与研究》，《云南师范大学学报（哲学社会科学版）》1985年第2期。

都城“九重城”防御体系[①]。有学者指出了“九重城”的由来：“有关九重城的称谓记载，先后见于《寰宇通志》《肇域志·云南志》《古今图书集成》《读史方舆纪要》等古籍中。前三书所记过于简单，仅限于提及此名称而已，且误认为是阳苴咩城‘城有九重，基址尚存’，可能系听说一些民间传闻后，以为阳苴咩城自身有九重城墙，遂姑且记之；记载稍多者为最后一书，但也仅七十来字而已：‘九重城，在府境。九重，犹言九座。《志》云：南诏境内有九重城，皆备土番（吐蕃）而设，一在河尾里，一在关邑里，一在太和村，一在北国，一在蟠溪里，一在塔桥，一在摩用，其（余）二城则羊苴咩、史城也。’”他认为这个九重城的称谓是“到明代方才出现对此都城防御体系的概括性称谓”[②]。

史载“筑苴咩城，延袤十五里”，按唐里折合周长6637～7956米。所以笔者赞同阳苴咩城边长约1900米（周长约7600米）、占地面积约3.61平方千米的观点。

另据研究，南诏、大理京畿人口约30万人[③]。

（2）古都赤峰。辽代都城所在城市。现赤峰市境内有辽上京和辽中京遗址。辽上京临潢府位于巴林左旗林东镇南，占地面积约8平方千米；辽中京大定府位宁城县铁匠营子乡铁匠营子村，占地面积约14.7平方千米[④]。

关于辽代都城人口，有学者根据《辽史·地理志》记载，认为辽上京道人口12.09万户，辽中京道人口11.2万户。上京临潢府“户三万六千五百”，若以户均7口计，人口26万[⑤]。我们认为临潢府有籍人口26万人，再加之未入籍人口，估计在40万左右；辽中京大定府有籍人口若按临潢府人口占上京道总人口的30%比例进行估算，有户3.08万，口21万，加上未入籍人口，估计在35万左右。也有学者认为，辽上京道人口容量为75万人，其中农业人口35万，非农业人口即牧民40万；辽中京道人口容量70万人，其中农业人口60万，非农业人口即牧民10万[⑥]。若将其农业人口中的2/3集中于辽上京临潢府和辽中京大定府，则分别为23万和40万人左右。

（3）古都银川。西夏国都所在城市。据《嘉靖宁夏新志》记载：“国初，立宁夏府……实德明（按：西夏王李德明也）所迁之故址也，周回十八余里，东西长倍于南北。”西夏国都兴庆府位于现银川市区，占地面积约4.86平方千米。西夏兴庆府人口据

---

① 杨周伟：《百二山河——南诏大理六朝古都探秘》，云南人民出版社，2012年，第59页。

② 何金龙：《南诏都城防御体系“九重城”的梳理研究》，《边疆考古研究》第3辑，科学出版社，2004年。

③ 杨周伟：《百二山河——南诏大理六朝古都探秘》，云南人民出版社，2012年，第102页。

④ 国家文物局编：《中国文物地图集·内蒙古自治区分册》，西安地图出版社，2003年，第122、209页。

⑤ 武玉环：《辽代人口考述》，《学习与探索》2009年第6期。

⑥ 韩茂莉：《辽金时期西辽河流域农业开发与人口容量》，《地理研究》2004年第5期。

研究约30万人[①]。

南诏国、大理国分别是唐朝和宋朝时期我国西南边陲的王国，辽国是与宋朝南北对峙的王国，西夏则是割据我国西北地区的王国，这些国家中以辽国国力最盛，但依据中国大古都城市四个构成要件，笔者认为无论是城市占地面积还是人口规模，这三个古都城市都根本无法与同一时期的唐长安城、唐洛阳城、北宋汴梁城、南宋临安城等唐宋都城比肩，甚至连唐宋的一些州级城市亦不及，现仅举三例州级城市的城池、人口规模于后，以兹比较。

（1）唐晋阳（晋州）城。唐代北都，位于山西太原。该城始建于春秋周敬王二十三年（公元前479年），焚毁于北宋太平兴国七年（979年）。《新唐书·地理志二十九》“北都”注：“晋阳宫在都之西北，宫城周二千五百二十步，崇四丈八尺。都城左汾右晋，潜丘在中。长四千三百二十一步，广三千一百二十二步，周万五千一百五十三步，其崇四丈。汾东曰东城，贞观十一年长史李勣筑。两城之间有中城，武后时筑以合东城。”考古调查查明，晋阳古城遗址位于太原市晋源区，有西城、东城和中城之分，城址占地面积约20平方千米[②]。

（2）唐扬州城。日本和尚圆仁来唐求佛法曾路经扬州，其所著《入唐求法巡礼行记》记载：“扬府南北十一里，东西七里，周四十里。”[③]据北宋沈括《梦溪补笔谈》记载：“扬州在唐时最为富盛，旧城南北十五里一百一十步，东西七里三十步。”据考古发现，唐扬州故城由子城、罗城两部分组成，占地面积约18平方千米[④]。

关于唐代扬州的人口，有学者从扬州市档案馆查阅《嘉靖惟扬志》《嘉庆重修扬州府志》，并参照《二十五史》以了解扬州人口变化的过程，认为唐天宝到贞元年间（742～804年），扬州府人口达47万人[⑤]。

（3）唐宋苏州城。苏州古称吴，又称阖闾大城、姑苏、平江、茂苑、吴门、东吴等。据《吴地记》记载，唐代苏州城（阖闾城）“周敬王六年伍子胥筑，大城周回四十二里三十步，小城八里二百六十步”。据考古调查，唐宋苏州故城，占地面积约14.19平方千米[⑥]。

---

① 许成等：《中国大都系列丛书·古都银川》，杭州出版社，2010年，第78～84页。

② 国家文物局主编：《中国文物地图集·山西分册（中）》，中国地图出版社，2006年，第21页。

③ 江苏省住房和城乡建设厅：扬州市，江苏省地方志网http://www.jssdfz.gov.cn/index.php?m=content&c=index&a=show&catid=28&id=389，2013-01-25。

④ 国家文物局主编：《中国文物地图集·江苏分册》，中国地图出版社，2008年，第534页。

⑤ 广陵飞雪：《19世纪初，扬州人口世界前十，当时人口超50万》，扬州城市论坛，http://www.xici.net/d135392411.htm，2013-11-10。

⑥ 国家文物局主编：《中国文物地图集·江苏分册》，中国地图出版社，2008年，第355页。

关于唐代苏州人口，《元和郡县志》记载苏州“开元（713～741年）户六万八千九十三；元和（806～820年）户一十万八百八”，有学者认为，“《元和郡县志》上说苏州有100 808户，实际上只是税户，当时苏州总的户口数要高于这个数字，估计还会增加二三万户。至唐末乾符年间（874～879年），苏州的户口还在增加，已达14万户，比唐朝后期的‘中兴’时期还要多”①。若每户以5口人计算，苏州城人口当50万～70万人。笔者认为《元和郡县志》记载的户数应包括苏州及其管辖七县（吴县、长洲、嘉兴、海盐、常熟、昆山、华亭）的在籍户数。苏州繁华且人口集中，若以半数计算再加上无籍人口，当在40万人左右。

南诏国首都太和城、阳苴咩城的城池面积，分别为近5平方千米和3.61平方千米，辽国上京临潢府、中京大定府占地面积分别约8平方千米和约14.7平方千米，西夏国都兴庆府占地面积约4.86平方千米，不仅不能与唐长安城（约83平方千米）、洛阳城（约47平方千米）比肩，而且与唐晋阳城（约20平方千米）、唐扬州城（约18平方千米）相比，也相差甚远。

有学者认为，宋代的城市人口大量增加，10万户（按：以户均5口计算，即50万人）以上的城市有50个，其中临安人口过120万（1274年），汴梁人口过180万（1125年），是当时世界上人口最多的两个城市②。而南诏、大理的京畿人口约30万，辽上京临潢府和辽中京大定府，则分别为23万人和40万人左右，西夏兴庆府人口据研究约30万人。所以根本无法与唐长安城、唐洛阳城的百万人口相比，有的甚至连诸如苏州那样的州级城市也不及。

（二）关于建都累计建都年限的讨论

大理市为南诏、大理国都城太和城、阳苴咩城所在地，自738年建都太和城，779年迁都阳苴咩城，至1254年元忽必烈率蒙古军攻占阳苴咩城，大理国灭亡，共为都516年③。

银川为西夏国都城兴庆府所在地，1020年始建兴州，1038年李元昊称帝，定都兴庆府，至1227年蒙古军灭西夏国，为都189年④。

赤峰为辽国都城上京临潢府和中京大定府所在地。辽建国于907年，国号契丹；918年定都临潢府；936年南下中原，攻灭五代后晋后改国号为“大辽”；1120年女真

① 刘丽：《从苏州户口变化看唐代太湖东部地区经济发展的轨迹》，《苏州文博丛刊》2010年总第1辑。

② 邓广铭等：《中国大百科全书·中国历史卷·宋》，中国大百科全书出版社，2011年。

③ 杨周伟：《百二山河——南诏大理六朝古都探秘》，云南人民出版社，2012年，第44～48页。

④ 许成等：《中国大都系列丛书·古都银川》，杭州出版社，2010年，第62页。

攻占上京；1122年女真改国号为金，金攻占辽中京，天祚帝逃亡夹山；1125年天祚帝被俘，辽亡[①]。赤峰为都205年。

（三）关于是否为中国古代政治、文化中心的讨论

南诏国、大理国、西夏国，或建于西南边陲，或割据西北，都没有成为中国政治、文化的中心，没有对中国历史产生过全局性的影响。若有学者认为，辽国与宋朝南北对峙，是北中国的政治中心，此说是客观历史事实。但我们可以讲，当时中国的文化中心在宋朝，而辽国从未成为当时中国的文化中心。宋朝的文化，无论是诗词、绘画、理学之登峰造极，还是活字印刷、火药、指南针对人类的伟大贡献等，都是辽国无法比的。正如明代学者徐有贞所说的，“宋有天下三百载，视汉唐疆域之广不及，而人才之盛过之，此宋之所以为宋者也”（《重建范文正公祠堂记》）；也如近代著名史学家陈寅恪先生所指出的“华夏民族之文化，历数千载之演进，造极于赵宋之世”[②]。两宋文化对中国文化的传承与发展影响深远，犹如一位外国学者所说的，“近代的中国文化，其实皆脱胎于南宋文化”[③]。这说明当时中国文化的中心当之无愧地在宋朝，在两宋的都城汴梁城和临安城。

今天，我们分析南北对峙时期的宋、夏、辽、金和大理，北宋的汴梁城和南宋的临安城为何能独占鳌头，成为中国的大古都城市，这是与宋代国内社会稳定、经济繁荣分不开的。一个最基本的历史事实是，宋朝社会安定，经济飞速发展，尤其是长江下游、太湖流域已逐渐成为世界上经济最为发达的地区，且成为京师漕粮主要供给地，如当代文献就记载，“天下之利，莫大于水田，水田之美，无过于苏州”（《吴郡志·水利》）；“吴中厥壤沃，厥田腴，稻一岁再熟……吴中之民开荒垦洼，种粳稻又种菜、麦、麻、豆，耕无废圩，刈无遗陇……吴中之农专事人力，故谚曰：‘苏、海熟，天下足’，勤所致也”（《鹤林集·隆兴府劝农文》）；“太平兴国初两浙既献地，岁运米四百万石……大中祥符初至七百万石，江南、淮南、两浙、荆湖路租籴于真、扬、楚、泗州，置仓受纳，分调舟船溯流入汴，以达京师”（《宋史·食货志》）。明代徐光启著《农政全书》则指出：“晋宋以降仓廪所积，悉仰给于浙西水田之利，故曰：‘苏、湖熟，天下足’。”宋朝经济文化发达的程度，犹如著名史学家邓广铭先生所指出的，“两宋期内的物质文明和精神文明所达到的高度，

---

① 辽朝，互动百科：http://www.baike.com/wiki/%E8%BE%BD。

② 陈寅恪：《邓广铭〈宋史·职官志〉考证序》，《金明馆丛稿二编》，生活·读书·新知三联书店，2001年，第277页。

③ 池田静夫：《中国水利地理史研究》，日本生活社，1940年，第303页。

在中国整个封建社会历史时期之内，可以说是空前绝后的”①。有研究认为宋朝是中国古代历史上经济高度繁荣的时代，北宋咸平三年（1000年），宋朝国内生产总值（GDP）为265.5亿美元，占世界经济总量的22.7%，人均GDP为2280美元②。

唐宋两朝的都城，50平方千米以上的占地面积，100万以上的人口规模，每年要从南方输入几百万石漕粮。若南诏、辽、大理和西夏国的都城也是如此规模，每年也需以数百万石的漕粮仰哺京师。可是南诏、大理地处西南边陲云贵高原，境内山高林密，可耕面积甚少，文献记载仅滇池、洱海及其周边地区的经济比较发达③。西夏“东据河，西至玉门，南临萧关，北控大漠”（《读史方舆纪要》卷七），“境土方二万余里”（《宋史·夏国列传》），但地处西北地区生态环境恶劣，土壤沙化，地薄人稀，仅黄河以东的“河南”之地可供耕牧，“夏国赖以为生者，河南膏腴之地，东则横山，西则天都、马衔山一带，其余多不堪耕牧”（《续资治通鉴长编·哲宗》），犹如学者所指出，“就全域来说，农产物种植面积究竟不大，收成远不够人民生活的

① 邓广铭：《谈谈有关宋史研究的几个问题》，《社会科学战线》1986年第2期。

② 有研究认为，北宋咸平三年（1000年），宋朝GDP总量为265.5亿美元，占世界经济总量的22.7%，人均GDP为2280美元［注：北宋税峰值达16 000万贯。1贯＝1两白银＝0.1两（5克）黄金；现黄金1克＝19美元；按黄金折价16 000万贯约152亿美元。当时税率1/15，农民没有额外负担，由于其他赋税也不多，所以GDP总量为152亿×15＝2280亿美元。当时北宋人口约1亿，人均GDP为2280美元］。西亚人均GDP为621美元；两者都超过当时西欧人均GDP427美元，而1820年清朝时中国人均GDP为600美元，当时经过第一次工业革命的英国人均GDP为1250美元。见“百度百科·宋朝”http://baike.baidu.com/subview/23604/5095152.htm?fr=aladdin。

③ 南诏除洱海、滇池及其周边地区生产力水平较高外，其他地区则为落后。文献记载“从曲靖州以南，滇池以西，土俗唯业水田，种麻、豆、黍、稷，不过町疃水田。每年一熟，从八月获稻至十一月十二月之交，便于稻田种大麦……每耕田用三尺犁，格长丈余，两牛相去七、八尺，一佃人前牵牛，一佃人持按犁辕，一佃人秉耒。蛮治山田，殊为精好……浇田皆用源泉，水旱无损”（《蛮书·卷七》）；“武宗乙丑会昌元年，佑遣军将晟君筑横渠道，自磨用江至于鹤拓，灌东皋及城阳田……更导山泉共泄流为川，灌田数万顷，民得耕种之利”（《南诏野史·上卷》），以致“邑落相望，牛马被野”（《蛮书·卷四》），“启塞流潦，高原为稻黍之田；疏决陂池，下隰树园林之业。易贫成富，徙有之无。家饶五亩之桑，国贮九年之廪”（《南诏德化碑》）。我们认为云南地区在南诏、大理时期虽经开发，经济有了长足发展，但其国家总体经济实力，远远不及唐朝和宋朝。

实际需要”①，旦遇灾害，国内则大饥②。若再遇战事，“横山一带，皆弃不敢耕。穷守沙漠，衣食并竭，老少穷饿，不能自存”（《续资治通鉴长编·哲宗》）。宋人曾巩指出：“西北少五谷，军兴粮馈止于大麦、荜豆、青麻子之类。其民则春食鼓子蔓、醎蓬子，夏食苁蓉苗、小芜荑，秋食席鸡子、地黄叶、登厢草，冬则畜沙葱、野韭、拒霜、灰蓧子、白蒿、醎松子，以为岁计。”（《隆平集·外国》）而辽国虽雄踞中国北方，经济有了很大发展，“自太祖及兴宗垂二百年，群牧之盛如一日……辽自初年，农谷充羡，振饥恤难，用不少靳，旁及邻国，沛然有余”，但由于自然环境限制，“辽地半沙碛，三时多寒”（《辽史·食货志》），依然是以畜牧为主、农业为副的经济形态。在如此经济状况下，摆在上述诸国面前一个非常现实的问题是，他们根本不可能年征数百万石租粮以供京师。所以南诏、大理、辽和西夏国诸帝王纵然有唐宗宋祖之雄风，也是枉然，正如谚语所说的“巧妇难为无米之炊”。正因为此，我们说，南诏、大理、西夏、辽国的自然环境和地域经济决定了其都城的城池规模和人口规模都不可能与同一历史时期的唐宋都城并驾齐驱。所以说尽管在赵宋一代，辽、西夏和大理国的都城是当时中国北方、西北和西南边陲的政治、文化中心，辽朝还国力强盛足以与宋朝形成南北对峙之势，但其在中国历史上的影响远远不及宋朝。可以认为当时中国政治、文化和经济的中心仍在宋朝，仍在两宋的都城汴梁和临安，所以无论是古都大理、古都银川，还是古都赤峰，都无缘中国大古都城市。也许有人为大理、银川、赤峰未能入列中国大古都城市而感到惋惜，对此，我们也只能诙谐地说：他们生不逢时，所谓“既生亮，何生瑜”也。

---

① 吴天墀：《西夏史稿》，四川人民出版社，1980年，第171页。

② 西夏生态环境之恶劣，犹如文献记载，“党项界东自河西、银夏，西至灵盐，南距鄜延，北连丰会。厥土多荒隙，是前汉呼韩邪所处河南之地，幅员千里。从银夏至青白两池，地惟沙碛”（《宋史·宋琪列传》）；“五代以及于宋，而河陇为西夏所据……盖河西之地，自唐中叶以后，一沦异域，顿化为龙荒沙漠之区，无复昔之殷富繁华矣”（《文献通考·舆地考·古雍州》）。昔日陕北地区，曾被南北朝时期大夏国王赫连勃勃誉为“美哉斯阜，临广泽而带清流，吾行地多矣，自马岭以北，大河以南，未有若此之善者也”（《元和郡县志》引《十六国春秋》），现在也已是“夏州深在沙漠”（《宋史纪事本末·西夏叛服》）之中了。北宋太平兴国六年（981年），宋使王延德出使高昌（新疆吐鲁番），穿越大西北，亲历大西北的贫困荒凉，“沙碛无水，行人皆载水……行入六窠沙，沙深三尺，马不能行，行者皆乘橐驼。不育五谷，沙中生草名登相，收之以食。次历楼子山，无居人。行沙碛中，以日为占，旦则背日，暮则向日，日中则止。夕行望月亦如之”（《宋史·外国列传六》）。脆弱生态环境难以抵御自然灾害，如天授礼法延祚五年（1042年）“至是秋旱，有黄鼠数万食稼且尽，国中大饥”（《西夏书事》卷一六）；天仪治平三年（1088年）“河南大旱，岁不登”（《西夏书事》卷二八）；天祐民安八年（1097年）“国中大困，民鬻子女于辽国、西蕃以为食”（《西夏书事》卷三十）等。有学者统计文献记载西夏历史曾发生二十余起重大旱灾、水灾、鼠灾、蝗灾（参见《西夏国自然灾害及其影响》，豆丁网，http://www.docin.com/p-479270.html）。

下编：论临汾为中国大古都城市的可能性

中国9座古都城市，北京、西安、洛阳、南京、开封、杭州、郑州、安阳和大同，囊括了我国疆域内自夏代以来各个历史时期的大都城。如果要继续探索中国大古都城市，那我们以为只有把考察的视线转向史前传说时代的五帝时期，转向史前农业经济最发达的黄河中下游中原地区，因为中原地区是中华文明、中华国家的起源地，而唯有中原地区顺利完成文明起源、国家起源的全部历史过程，成为我国第一个奴隶制中央王朝的诞生地①。

史传五帝时期，中华大地上就出现了许多古国，出现了这些古国的都邑。近60年来考古发现的仰韶文化时期和龙山文化时期的许多城址遗存，可与文献记载的黄帝、唐尧之时“置左右大监，监于万国”，“百姓昭明，合和万国”（《史记·五帝本纪》），“鲧筑城以卫君，造郭以守民，此城郭之始也”（《吴越春秋》）等互相印证。我们认为，这些城址中应该有中国最早的都城，如龙山文化时期许多重要城址的发现，为认定夏代早期，或者更早一些的五帝时期的都城遗址提供了可能。当前学术界在研讨这些城址的过程中就出现了河南新密古城寨城址“黄帝都轩辕之丘”说、“祝融城”说，山西襄汾陶寺城址“尧都平阳”说、“尧舜之都”说，河南登封王城岗城址“禹都阳城”说，河南新密新砦城址“夏启之居”说等。这些城址中我们发现有个别遗址的占地面积超过了夏代晚期的都城二里头遗址，于是我们认为有必要把“中国大古都”的探索工作扩大到五帝时期。

由于学术界一般都认为五帝时期正处于中国社会从野蛮时代向文明时代的过渡时期，亦即国家起源时期，所以本文在研究五帝时期的都城能否入列“中国大古都”之前，首要甄别的是，这些都城是国家的帝王都城，还是部落联盟的酋长城堡。

（一）史前五帝时期中原地区开始进入国家时代

文明时代是摩尔根—恩格斯社会发展史学说首先提出来的，该学说将人类社会发展分为“蒙昧”“野蛮”“文明”三个时代，人类在野蛮时代高级阶段，“从铁矿的冶炼开始，并由于文字的发明及其应用于文献记录而过渡到文明时代”②。现今的史学界一般把“文明”一词用来指一个社会已由氏族制度解体而进入有了国家组织的阶级社会的阶段，同时认为除了政治组织的国家外，又将城市的出现、文字的发明和金属

① 叶万松：《中国文明起源“原生型”辩正》，《中原文物》2011年第2期。

② 恩格斯：《家庭、私有制和国家的起源》，《马克思恩格斯选集》第4卷，人民出版社，1972年，第21页。

冶炼作为文明的三个主要标志[①]。笔者认为，在这些众多的标志中，国家是文明时代最核心的内涵。从本质上说，文明时代就是国家时代，如有学者从西欧词源学角度分析指出，“文明”就是“国家”，其本义就是“国家”[②]。那么，什么是国家呢？恩格斯在《家庭、私有制和国家的起源》中指出：“国家是文明社会的概括，它在一切典型的时期毫无例外地都是统治阶级的国家，并且在一切场合在本质上都是镇压被压迫被剥削阶级的机器。”[③]恩格斯的这一科学论述为研究我国从野蛮时代进入文明时代的历史确立了核心标准。本文下编首先要解决的问题，就是根据文献记载和考古发现，运用历史唯物主义国家学说的基本观点，来论述五帝时期最核心、最本质的社会内涵。

1. 贫富分化、阶级出现，矛盾激化、冲突频发——国家产生的社会基础

如果说“国家是阶级矛盾不可调和的产物和表现，它随着阶级的产生而产生，也将随着阶级的消灭而自行消亡”（《现代汉语词典·国家》），那么，五帝时期社会阶级矛盾的不可调和，则是国家产生的社会基础。

考古学界有学者认为，仰韶文化中、晚期约相当于黄帝时期，龙山文化早、中期约相当于尧舜时期，龙山文化晚期则开始进入夏代纪年。考古发现甘肃秦安大地湾二期（距今6500～5900年）大型、中型、小型房子面积分别为56平方米以上、25～50平方米、25平方米以下，其比数为1∶10∶37.5，至大地湾四期（距今5500～4900年）更是出现了面积400平方米以上的大型房址，这种差异“折射出聚落内部成员存在等级上的高低之分”[④]；河南灵宝西坡仰韶文化庙底沟类型遗址（距今约5500年）的墓地中出现大型、中型、小型墓葬以及出土玉钺、玉环等玉器，反映了当时社会贫富的分化，氏族成员间等级的发生[⑤]；河南孟津妯娌王湾二期文化比较完整的墓地里（距今约4800年）发现55座墓葬，除4座无骨架、1座为多人合葬外，其余的50座中，大型墓1座、中型墓7座、小型墓42座，其1∶7∶42的比数“表明氏族成员间已划分为等级，出现了金字塔式的社会框架”[⑥]。及至龙山文化陶寺墓地（距今4600～4000年）发现的墓葬，大型墓9座，中型墓80座，小型墓610座，分别占墓葬总数的1.3%弱、11%强、87%

---

① 夏鼐：《中国文明的起源》，《中国社会科学院学者文选·夏鼐集》，中国社会科学出版社，2008年，第33页。

② 有学者从西欧文字词源学的角度认为“文明”就是“国家”，本义就是“国家”，尽管这两个词强调的重点有所不同。前者的重点在于国土与人民；后者的重点在于这个社会管理组织的结构。见易建平：《从词源角度看“文明”与“国家”》，《古都郑州》2013年第4期。

③ 恩格斯：《家庭、私有制和国家的起源》，《马克思恩格斯选集》第4卷，人民出版社，1972年，第172页。

④ 甘肃省文物考古研究所：《秦安大地湾》，文物出版社，2006年，第698～701页。

⑤ 李新伟：《灵宝西坡遗址的发现与思考》，中国社会科学院哲学社会科学网：http://www.cass.net.cn/file/20100202257172.html，2010-02-02。

⑥ 李德方：《伊洛地区新石器时代薄葬习俗述考》，《黄河科技大学学报》2010年第2期。

以上[①]，其中大型墓，不仅墓室大，而且“使用朱绘木棺，铺撒朱砂，有成套的玉、石器、彩绘陶器、彩绘（漆）木器，数量可达一二百件……其中的5座，随葬鼍鼓、特磬、玉石钺、殳，表明墓主掌握祭祀、征伐全权，具有‘王者’身份。……从大、中型墓，我们看到部落贵族的等级差别；而大、中型墓同小型墓之间，在内涵和墓数上的强烈对比和反差，则展示出贵族同占人口80%以上的直接生产者即广大平民之间的阶级分野”[②]。其金字塔式比例关系，“恰是当时部落内部社会结构的形象写照。贫富分化，等级贵贱，阶级对立，在这里已可一览无余”，“陶寺早期墓地所揭示的情况，使我们有理由判断：当时可能处于军事民主制阶段，但也有可能已经冲决氏族制度的躯壳，进入了阶级社会，‘大人世及以为礼，城郭沟池以为固，礼义以为纪’（《礼记·礼运》）的国家（或国家雏形）已经产生。若此，则陶寺中晚期的社会性质毋庸再多论证了”。

在陶寺墓地的一些大墓，如M3002、M3016、M2001的左右两侧，有墓主为女性的中型墓，如M2001两侧中型墓主分别为25岁和35～40岁女性，有学者认为“从墓位上判断，应是大墓墓主的妻、妾。这种一夫多妻的并穴埋葬，在整个墓地中是很特殊的。在广大氏族成员实行一夫一妻制的同时，个别部落显贵拥有多妻的特权”[③]。这种考古现象可以与文献记载“有虞二妃者，帝尧之二女也，长娥皇，次女英”（刘向《列女传》）互为印证。恩格斯曾经指出：“事实上，一夫多妻制，显然是奴隶制度的产物，只有占居特殊地位的人物才能办到……多妻制是富人和显贵人物的特权，多妻主要是用购买女奴隶的方法取得的。”[④]

这种阶级对立必然导致阶级冲突。陶寺遗址的考古发掘和研究还表明，在陶寺中、晚期之交就发生了一场由阶级矛盾引发的暴力冲突，“手工业者侵占了原来的宫殿区”，“扰大墓、毁宫殿、废城垣、砍头残杀等一系列野蛮残酷的行为遗迹突显出来”；假如这场大动荡“确系尖锐的阶级对立所导致，那么陶寺文化的国家社会形态便显露出冰山一角，它将是中国早于二里头文化夏王朝的最早国家”[⑤]。有学者指出：“在有阶级的文明社会必然是国家社会。”[⑥]这一点儿也不假。

根据考古发现和研究，我们认为，在仰韶文化中、晚期（约当黄帝时期），父

---

① 高炜等：《关于陶寺墓地的几个问题》，《襄汾陶寺遗址研究》，科学出版社，2007年，第216、217页。

② 高炜：《中原龙山文化葬制研究》，《襄汾陶寺遗址研究》，科学出版社，2007年，第663、664页。

③ 高炜等：《关于陶寺墓地的几个问题》，《襄汾陶寺遗址研究》，科学出版社，2007年，第217页。

④ 恩格斯：《家庭、私有制和国家的起源》，《马克思恩格斯选集》第4卷，人民出版社，1972年，第56页。

⑤ 何驽：《陶寺文遗址——走出尧舜禹“传说时代”的探索》，《襄汾陶寺遗址研究》，科学出版社，2007年，第183页。

⑥ 中国社会科学院考古研究所：《中国考古学·新石器时代卷》，中国社会科学出版社，2010年，第799页。

权、私有制导致了社会分化，开启了中国文明（国家）起源的历史进程[①]。这个时期城址、宫殿建筑、文字、铜器炼冶技术、玉钺等礼器的出现，则意味着国家在中原地区的产生[②]。而在龙山文化时期（约当尧舜禹时期），社会分层突出，人殉人祭现象的出现，都表明阶级日益形成尖锐的对立，使社会完全进入了初级文明社会与邦国型国家。其考古物化现象表现为：①中心城址和宫殿性质建筑出现，主要功能演变为地区性政治文化统治中心和统治者的政务场所或寓所；②特殊大型墓出现，具有地方王者、君长墓葬性质，氏族社会首长蜕变为阶级社会的统治者；③流行武器——镞的性能改进和数量激增，反映了战争频繁，武力加强，高级玉钺成为军权王权的象征，反映当时统治者将军队作为统治的有力工具；④祭坛墓地、玉礼器中琮、璧等祭玉，以及卜骨的出现及祭祀礼仪活动制度化，成为确立社会成员等级关系、维护统治的重要政治手段[③]。恩格斯在研究欧亚史前民族学资料时曾指出："文明时代还有如下的特征：一方面，是把城市和乡村的对立作为整个社会分工的基础固定下来；另一方面，是实行所有者甚至在死后也能够据以处理自己财产的遗嘱制度。"[④]恩格斯所讲的文明时代（国家时代）两方面的特征，在龙山文化时期（尧舜禹时期）已经很充分地表现出来了。

如果说有人对黄帝时期进入国家时代还持有疑义的话，那么尧舜时期进入国家时代应该是毋庸置疑的。因为此时中国社会，很明显地处于恩格斯所明确指出的那个时代："氏族制度是从那种没有任何内部对立的社会中生长出来的，而且只适合于这种社会。除了舆论之外，它没有任何强制手段。但是现在产生了这样一个社会，它由于自己的全部经济生活条件而必然分裂为自由民和奴隶，进行剥削的富人和被剥削的穷人，而这个社会不仅再也不能调和这种对立，反而要使这种对立日益尖锐化。一个这样的社会，只能或者存在于这些阶级相互间连续不断的公开斗争中，或者存在于第三种力量的统治下，这第三种力量似乎站在相互斗争的各阶级之上，压制它们的公开的冲突，顶多容许阶级斗争在经济领域内以所谓合法形式进行。氏族制度已经过时了。它被分工及其后果即社会之分裂为阶级所炸毁。它被国家代替了。"[⑤]

---

① 叶万松：《中国文明起源"原生型"辨正》，《中原文物》2011年第2期。

② 叶万松：《仰韶文化时期开启了中国文明起源的历史进程》，未刊稿。

③ 中国社会科学院考古研究所：《中国考古学·新石器时代卷》，中国社会科学出版社，2010年，第799～801页。

④ 恩格斯：《家庭、私有制和国家的起源》，《马克思恩格斯选集》第4卷，人民出版社，1972年，第172页。

⑤ 恩格斯：《家庭、私有制和国家的起源》，《马克思恩格斯选集》第4卷，人民出版社，1972年，第165页。

2. 画野分州、巡守四方，设官治民、任土作贡——行使国家主权

恩格斯在论及国家与氏族组织的区别时指出，国家是“按地区来划分它的国民”，“第二个不同点是公共权力的设立”①。而公共权力即指国家所特有的“组织力量和物质力量，即特殊的社会权力”，包括“强迫被统治阶级服从国家意志的能力和有行使这种权力的官吏（干部），有实现这种权力的军队、警察、法院、监狱等强制机关，还有供养官吏与强制机关的捐税和国债”②。

根据文献记载，这些显示国家存在的特征在五帝时期便相继出现。

文献记载黄帝“旁行海内，方制万里，画野分州，得百里之国万区，以分星次，经土设井，以塞争端，立步制亩，以均不足。使八家为井，井开四道，而分八宅，同井而饮，存亡更守，男女交姻，有无相贷，疾病相扶，风俗可同，生产可一，性情可亲”（《通志·三皇纪》）。这条文献不仅记述黄帝“画野分州”将国土（亦即国民）划分区域，还实施了井田制，对百姓实行有效管理，“以塞争端”，“以均不足”，从而达到“疾病相扶，风俗可同，生产可一，性情可亲”和谐社会的目的。有学者认为，出现于庙底沟二期文化（距今5200～4800年）而兴盛于河南龙山文化的陶器方格纹图案，“纹饰上的方块很可能表示新出现的方块田”，“当是对当时新出现的一种农作土地形态的描绘，亦即对史言‘井田起于黄帝’的‘井田’（方田）的图案化”③。

此外，文献还记载虞舜摄行天子之政，“岁二月东巡守至于岱宗。柴，望秩于山川……五月南巡守至于南岳，如岱礼。八月西巡守至于西岳，如初。十有一月朔巡守至于北岳，如西礼……五载一巡守，群后四朝，敷奏以言，明试以功，车服以庸。肇十有二州，封十有二山”（《尚书·舜典》）。此条文献说得更具体更清楚，翻译成现代语言就是虞舜将领土分为十二个州，还封了十二座山禁止砍伐。此外还规定每五年一次巡视国土，祭祀四岳，听取四方诸侯述职，以功行赏。

据《史记·五帝本纪》记载，黄帝以瑞兆置官，官名“皆以云命”，此外还“置左右大监，监于万国”，又“举风后、力牧、常先、大鸿以治民”，又《管子·五行》记载“黄帝得六相而天地治，神明至”，《路史·黄帝纪》还记载黄帝“立四辅、三公、六卿、三少，二十有四官，凡百二十，官有秩以之，共理而视四民”。他们施政治国，“抚万民，度四方”（《大戴礼记·五帝德》），营造了“天地治”

---

① 恩格斯：《家庭、私有制和国家的起源》，《马克思恩格斯选集》第4卷，人民出版社，1972年，第166、167页。

② 国家，百度百科，http://baike.baidu.com/subview/8426/6365277.htm?fr=aladdin。

③ 李德方：《妯娌遗址陶器方格纹与黄帝方田》，《河洛春秋》2010年第1期。

（《管子·五行》）、“万国和”（《史记·五帝本纪》）的政治局面。及至尧舜之时，任命官员已是政务分解，各执一事，责任明确，“皋陶为大理，平，民各伏得其实；伯夷主礼，上下咸让；垂主工师，百工致功；益主虞，山泽辟；弃主稷，百谷时茂；契主司徒，百姓亲和”（《史记·五帝本纪》）。

黄帝及其以后的尧舜禹诸帝，除了设官治民外，还以划分的行政区域，征收赋税。文献记载黄帝提倡赋税有度，“赋敛有度则民富，民富则有耻，有耻则号令成俗而刑罚不犯”（《黄帝四经·经法·君正篇》）。尧舜之时则已建立起比较完备的贡赋制度。《尚书·禹贡》云“禹别九州，随山浚川，任土作贡”。《传》：“任其土地所有，定其贡赋之差，此尧时事。”《疏》：“禹制贡法，故以禹贡名篇。贡赋之法其来久矣，治水之后更复改新。言此篇贡法是禹所制，非禹始为贡也。”在《禹贡》中，九州除冀州之外，其余八州均有贡。宋代学者陈祥道认为“采邑有赋而无贡，邦国有贡而无赋……《禹贡》八州有贡，惟冀州畿内无贡，以畿内王之所食，特敛其赋而已，非所谓贡也”（《周礼集说·天官冢宰》）。文献记载“尧都平阳，舜都蒲坂，禹都安邑，相去不盈二百里，皆在冀州”（《尚书全解·甘誓》），所以《禹贡》所反映的贡入王畿冀州，正如孔安国所说的，“此尧时事”也。也有学者将禹贡称之后“虞夏贡赋之法”，指出“禹贡畿内之赋，专以米粟之属，而周礼则杂以他物代之，此特其微异者耳，不害其为同也……虞夏贡赋之法自三代以來，所谓相承而不废者，至春秋而扫地矣”（宋·郑伯谦《太平经国书·税赋》）。虞夏之时，还建立了会计审核制度，对纳贡有功的诸侯实行奖励。《史记·夏本纪》：“太史公曰……自虞、夏时，贡赋备矣。或言禹会诸侯江南，计功而崩，因葬焉，命曰会稽。会稽者，会计也。”《集解》：“《越传》曰：‘禹到大越，上苗山，大会计，爵有德，封有功，因而更名苗山曰会稽。’”

文献记载帝尧之时制定刑法。“象以典刑，流宥五刑，鞭作官刑，扑作教刑，金作赎刑，眚灾过，赦；怙终贼，刑。”共工、驩兜、三苗、鲧被定为有罪的“四凶”，帝尧“流共工于幽陵，以变北狄；放驩兜于崇山，以变南蛮，迁三苗于三危，以变西戎；殛鲧于羽山，以变东夷：四罪而天下咸服”（《史记·五帝本纪》）；舜还设称为“士”的狱官，“主察狱讼之事”（《尚书注疏·舜典》）。

自黄帝开始还建立了一支对外战争的军队，“轩辕之时，神农氏世衰。诸侯相侵伐，暴虐百姓，而神农氏弗能征。于是轩辕乃习用干戈，以征不享，诸侯咸来宾从”；“天下有不顺者，黄帝从而征之，平者去之”（《史记·五帝本纪》）。

根据上述记载，黄帝、颛顼、帝喾、唐尧、虞舜等五帝，在中原地区行使对住民和土地的控制权和治理权，实际上成了夏朝建立以前出现的初期国家的君主、帝王。

3. 始创礼制、允执厥中，发展经济、和谐社会——实行国家社会管理职能

恩格斯在论述国家起源时指出：国家是以保护私有财富为宗旨的公共权力机构，“它不仅可以使正在开始的社会划分为阶级的现象永久化，而且可以使有产阶级剥削无产者的权利以及前者对后者的统治永久化”，同时它又是作为阶级矛盾不可调和的产物和表现出现在历史舞台，国家作为“第三种力量似乎站在相互斗争着的各种阶级之上，压制它们的公开的冲突，顶多容许阶级斗争在经济领域内以所谓合法形式进行”，所以，国家社会管理的职能充分表现为，“为了使这些对立面，这些经济利益互相冲突的阶级，不致在无谓的斗争中把自己和社会消灭……把冲突保持在‘秩序’的范围以内”①。

在中国古代，体现这种国家社会管理职能的理论被称之为“修身齐家治国平天下”：“古之欲明明德于天下者，先治其国；欲治其国者，先齐其家；欲齐其家者，先修其身；欲修其身者，先正其心；欲正其心者，先诚其意；欲诚其意者，先致其知，致知在格物。物格而后知至，知至而后意诚，意诚而后心正，心正而后身修，身修而后家齐，家齐而后国治，国治而后天下平。”（《礼记·大学》）过去，包括笔者在内的很多人，都错误地以为“平天下”是平定天下的意思，其实不然。“治国平天下”，或“国治而后天下平”之“平”，是指天下平均，建立一个公平、公正的秩序，即所谓“修身及家，平均天下”（《礼记·乐记》）是也。在古代中国，“修身齐家治国平天下”理论的核心，就是公正、公平，也就是“中正”“中和”，“政者，正也。子帅以正，孰敢不正？”（《论语·颜渊》）也即所谓的“治民若水之溉灌，平等而执中正，遍于天下”②。

根据先秦文献记载，“中和”的“中”，最初是指一种治国施政的理念——“执中”，就是执行不偏不倚的“中”“中正”“中道”“王道”“仁政”，即帝喾“执中而获天下”（《大戴礼记·五帝德》）；“舜好问而好察迩言，隐恶而扬善，执其两端，用其中于民”（《礼记·中庸》）；“天生民而制其度。度小大以正，权轻重以极，明本末以立中。立中以补损，补损以知足。□爵以明等极，极以正民。正中外以成命，正上下以顺政”（《逸周书·度训解》）。而“中和”的“和”，则指和谐，是“执中”所达到的社会效果，“宽而有制，从容以和”（《尚书·君陈》），“庶政惟和，万国咸宁”（《尚书·周官》），“咸和万民”（《尚书·无逸》）。

---

① 恩格斯：《家庭、私有制和国家的起源》，《马克思恩格斯选集》第4卷，人民出版社，1972年，第104、165、166页。

② 《史记·五帝本纪》：“帝喾溉执中而遍天下。”《索隐》：即《尚书》“允执厥中是也”。《正义》：溉音既。言帝喾治民，若水之溉灌，平等而执中正，遍于天下也。

我们以为，我国中原地区在五帝时期就出现了以“中和”为核心的治国安邦的理念。文献记载“中和”最早是黄帝提出来的，“黄帝始作制度，得其中和”（《白虎通义·号》）。然后为帝喾、尧、舜五帝所继承和发展，如帝喾“执中而获天下”（《大戴礼记·五帝德》），唐尧、虞舜“允执厥中”（《论语·尧曰第二十》），而且世代传承，所谓“尧命舜曰‘执中’，舜命禹曰‘执中’，禹以是传之汤，汤以是传之文武”（《易传·卷八》）。文献还记载虞舜将这种治国之策整理成典章，“修五礼”，命伯夷“典朕三礼”（《尚书·舜典》），被称为“虞礼”。而2008年清华大学收藏的战国竹简《保训》，则是周文王遗言，他连续用了“恐救中”“既得中”“借中”“归中”，向周武王讲述了古代帝王尧、舜、上甲微执政的故事，传授君王必备的“中和”治国理念①。

文献记载周武王和周公制定的周礼，其主要内容是严格规定了天子、诸侯、大夫、士等贵族必须遵守的等级制度，充分体现了“中和”的治国理念，即所谓“夫礼所以制中也”（《礼记·仲尼燕居》），“乐者，天地之和也，礼者，天地之序也”（《礼记·乐记》）。由于周礼涉及周代一系列政治制度和社会行为规范，而被学者们视为现存于世的中国奴隶制国家法典。但周礼是流而不是源，文献说“虞、夏、商、周各有当代之礼”（《礼记·曲礼》孔疏）。由于虞礼久远，加上“书篇散失，夏商之礼绝灭”，已无从知晓其具体内容，但它与周礼一脉相承，“虞礼与周礼相表里者”（《尚书广听录·卷一》）；“殷因于夏礼，所损益可知也，周因于殷礼，所损益可知也”（《论语·为政》），毫无疑问地从虞礼到周礼，贯穿着“中和”思想，而文献记载的“黄帝、尧、舜垂衣裳而天下治，盖取诸乾坤”，其要义就是“辨贵贱，乾尊坤卑”（《周易注疏·系辞下》），建立国家秩序。我们认为，从黄帝始创“中和”到周礼，详细规定了不同等级贵族享受不同等级的政治和物质待遇以及行为规范，而不允许僭越，这就有效扼制了奴隶主贵族的贪婪和贵族思想的日益无限制膨胀，建立起奴隶主统治的秩序，以缓和阶级矛盾，而不致在无谓的阶级斗争中把自己和社会消灭掉②。犹如东晋学者孙绰在《喻道论》中所指出的：“结绳之前，陶然太和。暨于唐虞，礼法始兴，爰逮三代，刑网滋彰。刀斧虽严，而犹不惩。至于君臣相灭，父子相害，吞噬之甚，过于豺虎。圣人知人情之固于杀，不可一朝而息，故渐抑以求厥中……”（《弘明集》卷三）

综观周礼有两个主要内容：一是“亲亲”，以亲其所亲者为大事；二是“尊

① 刘国忠等：《清华简〈保训〉座谈会纪要》，光明网，http://www.gmw.cn/01gmrb/2009-06/29/content_941514.htm. 2009-06-29。

② 叶万松、李德方：《中华传统文化本原考略》，《中国智库》第4辑，红旗出版社，2013年，第79～104页。

尊”，以尊敬其所尊者为大事。“仁者人也，亲亲为大。义者宜也，尊贤为大，亲亲之杀，尊贤之等，礼所生也”（《礼记·中庸》）；“观三代损益，乃知缘人情而制礼，依人性而作仪，其所由来尚矣。人道经纬万端，规矩无所不贯，诱进以仁义，束缚以刑罚”（《史记·礼书》）。而这种充分利用亲情血缘关系，模糊阶级界线、淡化阶级斗争，以维系社会安定、和谐的奴隶制、封建制思想体系，其源头还在五帝时期，“黄帝作为君臣上下之仪，父子兄弟之礼，夫妇妃匹之合”（《商君书·画策》）；虞舜“明于五刑，以弼五教”（《尚书·大禹谟》），五教者，“父义、母慈、兄友、弟恭、子孝”[①]也。

根据文献记载，我们曾在一篇文章中把黄帝“中和”治国施政的史迹，归纳为“经土设井”，发展经济；“修德振兵”，以“中”惩暴；“始作制度”，以礼治国；“选贤与能”，置官治民；勤政廉政，节用材物，使当时的中国社会出现了“天地治”“万国和”的和平景象[②]。从而为五帝时期社会和谐、道德升华的“大同世界”奠定了基础。

公元前2000年前后，全球气候转向干冷，自然灾害频发，对各地文化发展和社会演变产生了不同程度的影响，位于辽河流域的红山文化、长江流域中下游的良渚文化由盛转衰，而位于黄河中游的中原文化则强盛崛起。笔者以为中原文化强盛的原因除了中原地区优越的自然生态环境、发达的农业经济之外，更是得益于中原地区统治者的“中和”治国施政理念，“施仁政于民，省刑罚、薄税敛、深耕易耨”（《孟子·梁惠王》）。相传黄帝之时，不仅“时播百谷草木”（《史记·五帝本纪》），而且还提出“人之本在地，地之本在宜，宜之生在时，时之用在民”（《黄帝四经·经法·君正篇》）[③]，成为我国数千年来奴隶制、封建制国家“以农为本”经济思想的源头[④]；尧舜之时，除了运用公共权力观测天象，“历象日月星辰，敬授民时”（《尚书·尧典》），以指导农业生产外，还任命官员，管理经济，主持刑罚，亲和百姓。特别是遇到严重的自然灾害，统治者也不是束手无策，而是倾国家之力量，率领国民抗灾自济。文献记载尧舜之时，“汤汤洪水滔天，浩浩怀山襄陵……尧

---

① 《史记·五帝本纪》：“五教于四方，父义、母慈、兄友、弟恭、子孝，内平外成。”

② 叶万松、徐圣选：《“黄帝始作制度，得其中和”——“和合”文化源头考略》，《第七届寒山寺文化论坛论文集》，上海三联书店，2014年，第456、466页。

③ 《黄帝四经》，《马王堆汉墓帛书》，文物出版社，1980年，第66页。

④ 《汉书·食货志》：“《洪范》八政，一曰食，二曰货。食谓农殖嘉谷可食之物，货谓布帛可衣及金刀龟贝，所以分财布利通有无者也。二者生民之本。兴自神农之世，斲木为耜，煣木为耒。耒耨之利以教天下而食足，日中为市，致天下之民，聚天下之货，交易而退，各得其所而货通食足。货通然后国实民富而教化成。黄帝以下通其变，使民不倦。尧命四子以敬授民时，舜命后稷以黎民祖饥，是为政首。”

于是听岳用鲧。九岁，功用不成”（《史记·五帝本纪》），“舜举鲧子禹，而使续鲧之业……禹伤先人父鲧功之不成受诛，乃劳身焦思，居外十三年，过家门不敢入”（《史记·夏本纪》），则是中国古代国家公务员恪尽职守、大公无私的楷模。他们修身自律，勇于自责，从而使国家兴旺，所谓“禹、汤罪已，其兴也悖焉；桀纣罪人，其亡也忽焉”（《左传·庄公十一年》）。而舜及其所任命官员，如禹、契、弃等，之所以能流芳史册，其主要功绩还在于发展生产和构筑和谐社会，“夫成天地之大功者，其子孙未常不章，虞、夏、商、周是也。虞幕能听协风，以成物乐生者也；夏禹能单平水土，以品处庶类者也；商契能和合五教，以保于百姓者也；周弃能播殖百谷蔬，以衣食民人者也。其后皆为王公侯伯”（《国语·郑语》）。以至于周礼规定，凡祭祀的先王都是有功于人民、获得人民敬仰的人，“夫圣王之制祭祀也，法施于民则祀之，以死勤事则祀之，以劳定国则祀之，能御大菑则祀之，能捍大患则祀之……此皆有功烈于民者也。及夫日月星辰，民所瞻仰也”（《礼记·祭法》）。

恩格斯在《家庭、私有制和国家起源》一文的结尾引用了摩尔根《古代社会》中的一段话：“自从进入文明时代以来，财富的增长是如此巨大，它的形式是如此繁多，它的用途是如此广泛，为了所有者的利益而对它进行的管理又是如此巧妙，以致这种财富对人民来说变成了一种无法控制的力量。人类的智慧在自己的创造物面前感到迷惘而不知所措了。然而，总有一天，人类的理智一定会强健到能够支配财富，一定会规定国家对它所保护的财产的关系，以及所有者的权力的范围。社会的利益绝对地高于个人的利益，必须使这两者处于一种公正而和谐的关系之中……”①其实，黄帝始创的以“中和”思想为核心的礼制，以国家的名义明确规定贵族的权力范围，而不允许僭越，从而表明古代中国在进入文明（国家）时代的同时，统治者已经意识到社会的利益高于个人的利益，从而努力使这两者处于一种公正而和谐的关系之中。

孔子曾高度评价黄帝的“中和”史迹：“时播百谷草木……劳心力耳目，节用水火材物。生而民得其利百年，死而民畏其神百年，亡而民用其教百年，故曰三百年。”（《大戴礼·五帝德》）我们以为“黄帝始作制度，得其中和”功绩之伟大，不仅造就了五帝时期“天下为公，选贤与能，讲信修睦”的“大同”世界（《礼记·礼运》），还如文献所说的“尧命舜曰‘执中’，舜命禹曰‘执中’，禹以是传之汤，汤以是传之文、武”（《易传·卷八》），形成了我国整个奴隶制时代的治国安邦理论体系。由于“中和”事关国家安危、天下太平，所以在古代中国长期以来被视为治理天下的根本理论：“中也者，天下之大本也，和也者，天下之达道也。致中

① 恩格斯：《家庭、私有制和国家的起源》，《马克思恩格斯选集》第4卷，人民出版社，1972年，第174～175页。

和，无地位焉，万物育焉。”（《中庸》）恩格斯在《家庭、私有制和国家起源》中指出：“国家是从控制阶级对立的需要中产生的，同时又是在这些阶级的冲突中产生的。”①五帝时期出现的以“中和”为核心的治国安邦理论，就是恩格斯所指出的国家在“控制阶级对立的需要中产生”的理论体系，其形成与实践的过程，也正是奴隶制国家形成的过程。正如马克思、恩格斯在《德意志意识形态》一文中所指出的，“一切划时代的体系的真正的内容都是由于产生这些体系的那个时期的需要而形成起来的”②。

4. 习用干戈、以征不享，监于万国、诸侯咸服——联盟国家在中国出现

恩格斯在研究欧美史前民族学资料时曾指出：“在战胜了罗马帝国的德意志人中间，国家是作为征服外国广大领土的直接结果而产生的，氏族制度是不能提供任何手段来统治这样广阔的领土的。”③根据文献记载，黄帝、颛顼、帝喾、唐尧、虞舜五帝之时，中国出现许多古国（邦国），“黄帝时万诸侯，而神灵之封居七千”（《史记·封禅书》），而黄帝“天下有不顺者，黄帝从而征之，平者去之”；“轩辕乃习用干戈，以征不享，诸侯咸来宾从”（《史记·五帝本纪》），这种政治现象直至夏禹时仍没有改变，“禹合诸侯于涂山，执玉帛者万国”（《左传·哀公六年》）。然而从黄帝开始就“置左右大监，监于万国”（《史记·五帝本纪》），所以五帝乃是万国诸侯（邦国）拥立的共主，总领诸侯万国（邦国）的最高统治者④，有学者把这种政治联合体称之为“多氏族部落联盟的初期国家形态”，即“联盟国家”⑤，不过笔者认为这种“联盟国家”应是“众多邦国联盟的初期国家形态”更为符合历史事实。由于五帝处于这个联盟国家的帝王地位，于是在古代文献就有了关于他们都城“黄帝之所都”“帝颛顼之虚”“帝喾的墟”“尧都平阳”“舜都蒲坂”及其地望的记载。这种历史现象正如有学者所总结的，中国早期国家形成过程中的特点是，地方性小政治组织（万国）的普遍存在是形成真正国家制度的基础与前提；超强政治实体以其对小政治实体的控制和组合，对国家组织的出现具有关键作用；大地域控制模式是中国早

---

① 恩格斯：《家庭、私有制和国家的起源》，《马克思恩格斯选集》第4卷，人民出版社，1972年，第168页。

② 马克思、恩格斯：《德意志意识形态》，《马克思恩格斯全集》第3卷，人民出版社，1960年，第544页。

③ 恩格斯：《家庭、私有制和国家的起源》，《马克思恩格斯选集》第4卷，人民出版社，1972年，第166页。

④ 在我国古代汉语中，所谓帝者，指人间的最高统治者，“汉王立为帝”（《史记·樊郦滕灌传》）。在《史记·五帝本纪》《集解》中还特意指出天下为公的最高统治者称为帝，“德配天地，在正不在私曰帝”。在《白虎通义·号》中还指出为什么称轩辕为黄帝，是由于他是第一个执行“中和”思想的人间最高统治者，“黄者，中和之色，自然之性，万世不易。黄帝始作制度，得其中和，万世常存，故称黄帝也”。

⑤ 王克林：《陶寺文化与唐尧、虞舜》，《襄汾陶寺遗址研究》，科学出版社，2007年，第376～393页。

期国家化进程的平衡点[①]。而考古学界有学者认为，“综合考察目前的考古发现，在公元前2600年至前2000年左右黄河长江中、下游的几种发达考古学文化，即龙山文化、河南龙山时期文化、陶寺文化、石家河文化和良渚文化等，以汇集了社会经济文化发展成就并具有地区统治中心地位的重点城邑为基地，包括周围一定地域内众多从属性二三级聚落，已建立起了王权国家，进入初级文明社会……传说五帝时代天下就有‘万邦’‘万国’，言其以地域划分为基础的政治实体之多。他们在各自建立了邦国的同时，还曾联合许多邦国建立起地缘性联盟。大盟主由强有力的邦国君长出任并随着实力变化而发生更替，这当是儒家称颂的尧、舜、禹禅让说的实质”[②]。

如果说，“从广义的角度，国家是指拥有共同的语言、文化、种族、血统、领土、政府或者历史的社会群体。从狭义的角度，国家是一定范围内的人群所形成的共同体形式”[③]，那么，综合分析考古发现和文献记载，我们认为，中国版图内的这个“拥有共同的语言、文化、种族、血统、领土、政府或者历史的社会群体”，亦即中华民族共同体，约在仰韶文化中期庙底沟类型时期（约当黄帝时期）就开始形成。根据考古发现，约当公元前4000年，中国形成了中原、东方、甘青、北方、中南、东南、西南八大文化区，它们之间不断交流和互补吸收。其中以居天下之居地域优势的中原仰韶文化，主要分布在陕西、河南、山西境内，旁及甘肃、湖北、河北和内蒙古邻近中原的边缘地区。尽管该文化可分为若干个文化类型，分别代表仰韶文化的时代早晚或区域特点，但从总体看整个仰韶文化处在同一的经济发展状况，有着共同的文化特征，形成了仰韶文化共同体。有学者认为在八个文化区中，中原文化区是“起着联系各文化区的核心作用”[④]；但有学者指出，在仰韶文化中期庙底沟类型时期，“中国大部分地区的考古学文化首次交融联系形成以中原为核心的文化共同体，这个文化共同体所处的新时代即为‘庙底沟时代’”，它是在庙底沟类型文化的“强力扩张影响下形成的”。“其空间结构自内而外至少可分为三个层次。核心区在晋西南、豫西及关中东部……向外是主体区即黄河中游地区（南侧还包括汉水上中游、淮河上游等），也就是除核心区之外的整个仰韶文化分布区……再向外是边缘区，即黄河下游、长江中下游和东北等仰韶文化的邻境地区。”同时还指出，“庙底沟时代这个三层次的文化共同体，与商代政治地理的三层次结构竟有惊人的相似之处。这一共同体无论在地理还是文化上，都为夏商乃至秦汉以后的中国奠定了基础，因此可以称为

---

① 谢维扬：《禹会涂山之意义——中国早期国家形成过程的特点（提纲）》，《禹会村遗址和淮河流域文明研讨会论文摘要》，中安在线：http://ah.anhuinews.com/qmt/system/2013/12/18/006238952.shtml，2013-12-18。

② 中国社会科学院考古研究所：《中国考古学·新石器时代卷》，中国社会科学出版社，2010年，第801页。

③ 国家，百度百科：http://baike.baidu.com/subview/8426/6365277.htm?fr=aladdin。

④ 严文明：《中国史前文化的统一性与多样性》，《文物》1987年第3期。

‘早期中国文化圈’，或者文化上的‘早期中国’，简称‘早期中国’”（图一）[①]。我们以为，仰韶文化共同体空间结构既是黄帝时期联盟国家的疆域（领土），也是中国疆域（领土）的最早形态。而文献记载黄帝的足迹，往东到过东海，往西到过陇右，往南到过长江，往北到过河北怀来。“东至于海，登丸山及岱宗；西至于空桐，登鸡头；南至于江，登熊、湘；北逐荤粥，合符釜山”（《史记·五帝本纪》），可与考古研究发现的上述文化共同体空间结构互相印证。

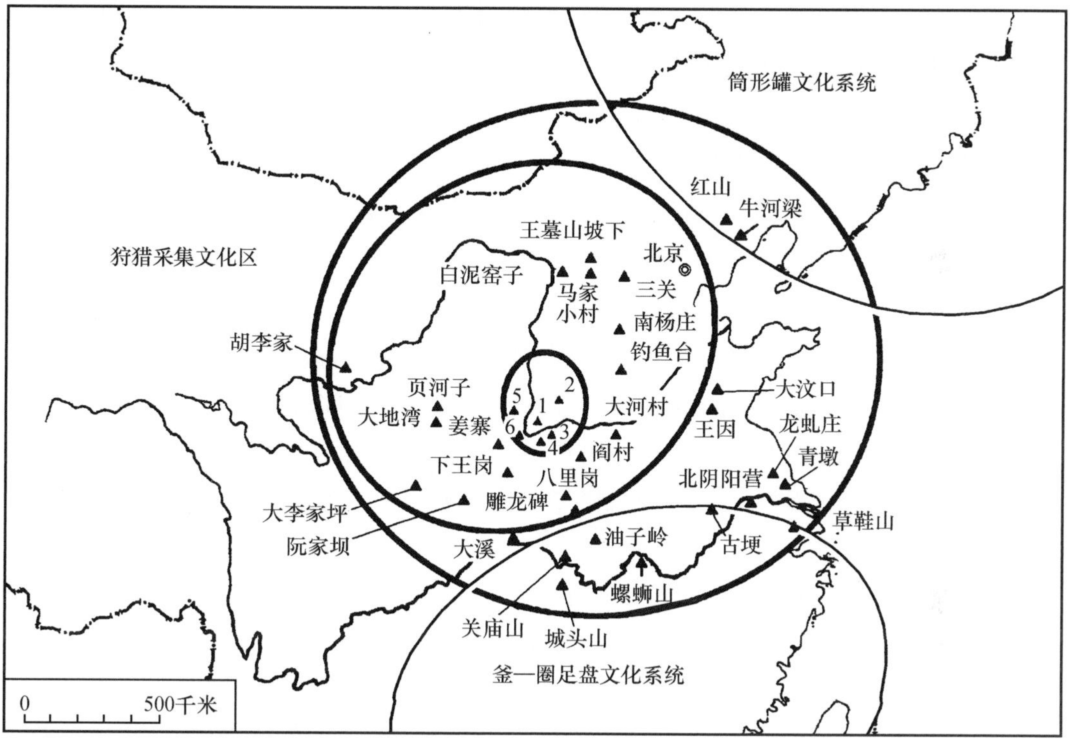

图一 仰韶文化庙底沟时代“早期中国”三层次文化结构图

1. 东庄 2. 北橄 3. 庙底沟 4. 西坡 5. 下河 6. 泉护

（采自《考古》2012年第3期）

五帝时期伴随着国家出现的是我国民族[②]的形成。从20世纪30年代开始，就有学者根据文献记载，提出中国在古史传说时代就形成了若干民族集团，如傅斯年先生“夷

① 韩建业：《庙底沟时代与“早期中国”》，《考古》2012年第3期。

② 民族系“指历史上形成的、处于不同社会发展阶段的各种人的共同体”，亦“特指具有共同语言、共同地域、共同经济生活以及表现于共同文化上的共同心理素质的人的共同体”。见《现代汉语词典》“民族”条，商务印书馆，2005年，第951页。

夏东西说”[①]；蒙文通先生“洛河民族”“海岱民族”“江汉民族”三系说[②]；徐旭生先生“华夏集团”“东夷集团”和“苗蛮集团”说，并指出“（仰韶文化）彩陶大约就是当日华夏集团居住时的留遗”[③]，翁独健先生则在华夏、东夷、苗蛮三大集团的基础上，提出华夏、东夷、北狄、西戎、南蛮五大民族集团，并认为“关于新石器时代考古文化的分布和族属……不管它们的名称如何，当时已经存在广义的华夏、东夷、北狄、西戎、南蛮五大民族集团。到了传说时代的五帝时期，这五大民族集团当然也是客观的存在，而且在各个集团之中还正在形成着狭义的民族”[④]。而在这些民族集团中，仰韶文化共同体（华夏民族集团），以其经济最为发达、领土最为广阔、文化积淀最为深厚，且居“天下之中”地缘优势，率先建立国家（早期中国）并成为中华民族的主体和中华国家的京畿地区。

正如有学者所指出的：“华夏民族集团生活和活动的中原地区，自然条件较好，经济、文化等方面的发展水平比较高，酝酿建立国家的条件也优于其他四个民族集团及其所处的地区，因而华夏族率先建立了国家。实际上，在夏朝建立以前的传说时代，华夏族集团的领袖人物，就以其所据的中原地区为中心，向四周东伐西讨，南征北战，与东夷、北狄、西戎、南蛮争夺地盘，扩大辖区。此后，五大民族集团及其地区历经沿革，但以中原地区（或历经沿革扩大了的中原地区）为中心，以中原外围为边疆（包括陆疆和海疆）地区的疆域格局，贯穿着整个中国古代史，可见其影响之深远。”[⑤]

本文专题论述史前五帝时期的社会形态，无非是想说明这一点，在我国传说时代的五帝时期，无论是社会经济基础，还是上层建筑，甚至意识形态，都表明中原地区已经进入了文明（国家）时代，同时对我国整个古代史的发展产生了极为深远的影响。笔者认为，认定五帝时期那些地方性小政治组织（万国），以及超强政治实体（联盟国家）的国家性质，是本文研究史前时期是否存在大古都的前提与基础。

（二）临汾有望成为“中国大古都城市”

认定史前五帝时期都城性质的标准，是我们在《试论中国大古都城市构成要件与生成环境》一文中所提到的，“凡都城者，都有城郭、宫殿、宗庙、社稷、衙署等建

① 傅斯年：《夷夏东西说》，《庆祝蔡元培先生六十五岁论文集》，国立中央研究院历史语言研究所，1933年。

② 蒙文通：《古史甄微》，《蒙文通文集》第5辑，巴蜀书社，1999年，第4页。

③ 徐旭生：《中国古史的传说时代》（增订本），文物出版社，1964年，第37～57页。

④ 翁独健：《中国民族关系史纲要》，中国社会科学出版社，2005年，第19～36页。

⑤ 林荣贵：《中国古代疆域史》上卷，黑龙江教育出版社，2007年，第73页。

筑，这是其共有的特征”。认定史前五帝时期大古都城市的标准，依然是我们在《试论中国大古都城市构成要件与生成环境》中所提出的四个构成要件：占地面积、人口规模、累计建都年限以及中国古代政治、文化中心的城市性质。古人云：“天子之居，必以众、大之辞言之”（《春秋公羊传·桓公九年》），短短的一句话十二个字，指出了构成大古都城市的三个客观要件：一是“天子之居”，《礼记·曲礼》：“君天下曰天子。”“君天下”者，君临天下也，即发号施令，管理天下的人。“天子之居”即是国家最高统治者的居所——国都，也就是今人所说的国家政治文化中心；二是城市人口众多；三是占地面积大。所以认定五帝时期大古都城市，其一必须是“天子”，即所谓五帝的城址；其二必须选择其中面积最大，人口最多的城址。

五帝时期的都城除了地望之外，别无任何文献记载。幸有考古学家多年来根据文献记载，在五帝都城地望所在地域，开展考古调查与发掘工作，多有成绩。现将史前时期中原地区考古发现的都邑性遗址罗列于下，以兹比较。

1. 陶寺遗址

位置：山西襄汾陶寺村南。

面积：实测为430多万平方米（4.3平方千米）①。

考古学文化与年代：陶寺文化，公元前2600~前2000年。

遗址布局及内涵：由城址和城外遗址组成。城址位于遗址的中心区域，发现大、中、小3座城址。城内有大型建筑区（宫殿和贵族居住区）、祭祀区、仓储区、手工业作坊区、公共墓地及一般平民居住区。大城属陶寺文化中期，平面大体为圆角长方形，南北长1725~2150、东西宽1650米，复原总面积约2.8平方千米，目前城址的东、西、北三面发现夯土城墙及其夯筑基址②。中型城址位于大城东北隅，属陶寺文化中期建筑，平面为不规则圆角长方形，南北长约1000、东西宽约560米，面积约56万平方米。在中型城内的南部发现宫殿区（约5万平方米），探出多座正方形或长方形大型夯土建筑基址。小城位于大城东南角，属陶寺文化中期建筑，平面呈刀把形，东西长约1000米，面积约10万平方米。在小城祭祀区内发现总面积约1400平方米的大型建筑基址，初步认定它是与天文观测和相应祭祀活动有关的重要遗迹。此外在早期中型城址外发现一处面积在3万平方米以上的大型公共墓地，清理墓葬1300多座。在中期小城内

① 高炜：《关于陶寺遗存族属的再思考》，《手铲释天书——与夏文化探索者的对话》，大象出版社，2001年，第331~338页。

② 据考古报告附图，南城墙似遭宋村北的沟壑“宋村沟”破坏。见中国社会科学院考古研究所山西队等：《山西襄汾陶寺城址祭祀区大型建筑基址2003年发掘简报》图一，《襄汾陶寺遗址研究》，科学出版社，2007年，第101页。

发现一处面积约1万平方米墓地①。在中期大城外东北部发现面积约800平方米早期夯土建筑，中、晚期的房址和灰坑②。

遗址性质：陶寺文化早、中期都邑，也是黄河流域史前最大的都邑性遗址。由于其地理位置与文献记载的“尧都平阳”地望相近，许多学者认为陶寺文化就是尧舜文化遗存，陶寺遗址就是“尧都平阳”③。

2. 王城岗遗址

位置：河南登封告成镇告成村西。

面积：34.8万平方米（0.348平方千米）。

考古学文化与年代：河南龙山文化晚期，公元前2050～前1994年。

遗址布局及内涵：1977年考古学家在河南登封市告成镇告成村西发现龙山文化晚期的“王城岗城址”，引起学术界高度重视。由于其地理位置与文献记载的“禹都阳城”地望相近，有学者认为就是“禹都阳城”，但面积甚小，仅1.5万平方米，有学者戏称为“小羊圈”。2002～2005年，考古学家又在该小城址的西边，发现一座大城，平面呈长方形，复原面积34.8万平方米。不仅发现夯土城墙、城壕，而且还发现祭祀坑、玉石琮和白陶器等高规格器物，还发现几处大面积夯土基址④。

遗址性质：是目前河南境内发现的面积最大的龙山文化晚期都邑性城址，有学者认为小城址西邻的大城址很可能就是“禹都阳城”。

3. 瓦店遗址

位置：河南禹州火龙乡瓦店村。

面积：约100万平方米（1平方千米）。

考古学文化与年代：河南龙山文化晚期，公元前2050～前1994年。

遗址布局及内涵：遗址西北台地有由数条围沟组成的“回”字形大型夯土建筑，每边长约30米，建筑基址或沟内发现数具用于奠基或祭祀的身首分离的人牲遗骸和动物骨骼。另有长方形和圆形夯土建筑，基址铺垫层中发现人头骨，推测与祭祀有关。

---

① 中国社会科学院考古研究所：《中国考古学·新石器时代卷》，中国社会科学出版社，2010年，第562、568～571页。

② 中国社会科学院考古研究所山西队等：《2004～2005年山西襄汾陶寺遗址发掘新进展》，《襄汾陶寺遗址研究》，科学出版社，2007年，第191页。

③ 参阅《襄汾陶寺遗址研究》载高炜、董琦、李民、罗琨、田昌五、卫斯、王文清、许宏诸先生论文。科学出版社，2007年。

④ 张松林：《中国古都系列丛书·古都郑州》，杭州出版社，2011年，第52～57页。

发现牛、羊肩胛骨制作的卜骨。有学者认为该遗址为“禹都阳翟”[①]。

4. 古城寨遗址

位置：河南新密曲梁乡大樊庄古城寨村。

面积：约28万平方米。

考古学文化与年代：河南龙山文化晚期，公元前2050~前1994年。

遗址布局及内涵：遗址由城址（17.65平方米）与城外遗址（10万多平方米）两部分组成，城址平面呈长方形，东西长约353、南北宽约500米，其南、北、东三面至今仍保存有夯土城墙，并发现护城河。城内发现面积近400平方米的夯土高台宫殿建筑基址[②]。

遗址性质：都邑性遗址。或有认为是“祝融之墟”“轩辕之丘”，也有认为与鬼方氏或大隗氏有关。

5. 新砦遗址

位置：河南新密刘寨乡新砦村。

面积：约100万平方米（1平方千米）。

考古学文化与年代：初建于河南龙山文化晚期，兴盛于向二里头文化过渡的“新砦期”，公元前2050~前1750年。

遗址布局及内涵：城址平面呈方形，南面以双洎河为自然屏障，是一处有外壕、城壕、城墙和内壕组成的防御体系。城墙内面积约70万平方米，城内西南隅地势高，由内壕围绕，面积约6万平方米，内壕中心部位发现浅地穴式刀把形大型建筑基址，东西长92.6、南北宽14.5米，可能是露天祭祀性建筑[③]。

遗址性质：是目前河南省境内发现的面积最大的龙山文化晚期至新砦期的都邑性遗址。或有认为它是“夏启之居”“启居黄台之丘”“启都夏邑”，意见不一。

毫无疑问，上述五处史前都邑性遗址中，唯有陶寺遗址占地面积最大，这是其一。其二，陶寺遗址的都城性质毋庸置疑。陶寺遗址的发掘和研究成果表明：陶寺城址位于遗址中部，由早期城址、中期城址组成，均有城墙环护。中期城址是在继续使用早期城址基础上向东、南、西三个方向扩建而成。陶寺宫殿区（或说面积约6.7万平方米）位于早期城址中南部，中期沿用，周边由宽20米左右的空白地带隔离环护，形成真正的宫殿区，通过钻探，宫殿区中南部为核心建筑区，发现一座大型长方形台

---

① 许宏：《公元前2000年：中原大变局的考古学观察》，《古都郑州》2012年第4期。

② 张松林：《中国古都系列丛书·古都郑州》，杭州出版社，2011年，第43~47页。

③ 张松林：《中国古都系列丛书·古都郑州》，杭州出版社，2011年，第57~60页。

基，东西宽85、南北长80～100米，面积约7800平方米①，其面积若与偃师二里头遗址夏代晚期的大型宫殿台基相比，则是二号宫殿台基（约4000平方米）的2倍。早期王族墓地位于早期城址城外东南方，大型礼仪建筑位于早期城址外西北方；中期王族墓地和以观象台为主体的祭祀建筑群，紧贴于中期城址城外东南方，周边筑有城墙，形成王族墓葬和礼仪祭祀区。大型仓储区位于早期城址外东部，中期继续沿用。仓储区长约100、宽10米，面积近1000平方米，周边是宽20米左右的空白隔离带，该范围内窖穴密集，多系圆角方形或长方形大坑，有螺旋形坡道下至坑底，窖边长大者约10米，小者约5米，深4～5米，容积100～400立方米②。手工业作坊已知有两部分，以竖窑ⅠY7为代表，可能与铜器熔铸有关的作坊紧邻宫殿建筑，系王室直接控制；制石作坊位于中期城址西南角，为官营手工业作坊区。陶寺城区的居住区分布：国王住在宫殿区，大贵族居住在宫殿区周围，下层贵族居住区位于早期城址西南部；平民聚居则远离宫城，早期集中在城址的北部和城外南部，中期则集中在城址的西北隅。陶寺城址四周1750平方千米范围内分布着54处陶寺文化遗址，形成陶寺遗址群，分为超大、大型、中型、小型、微型聚落五个等级，形成都—邑—乡镇—村四级行政组织结构③。在出土遗物中，大型墓葬中出土彩绘龙盘的蟠龙图案，就是文献记载社神句，“实际就是夏社的形象”④，象征着国家社稷；石磬、鼍鼓、玉钺等，被一些学者称之为“王”者之器，“王权的象征”⑤，“鼍鼓、土鼓、巨磬都是乐器，这些乐器主要是祭祀使用的礼仪乐器，特别是巨磬和鼍鼓，其主人恐怕非王莫属了”。有学者认为，陶寺遗址是“王者”所居的城市，大墓的主人又具有“王者”气派，他列举古代文献记载与考古材料（共17项）进行比较研究，认为“上古时期乃至尧舜时期的资料与陶寺遗址大中型墓与遗迹的情况十分相似”，从而“将这位‘王者’大胆地定为‘帝尧’”⑥；还有学者认为，“现在我们还不能断定陶寺M3015号墓主就是‘唐尧’，但至少可以说这座具有王墓性质的大墓在陶寺遗址的发现，反过来可以证明：这里曾经是一座‘王都’”⑦。

---

① 何驽：《陶寺：中国早期城市化的重要里程碑》，《中国文物报》2004年9月3日第7版。

② 何驽：《陶寺：中国早期城市化的重要里程碑》，《中国文物报》2004年9月3日第7版。

③ 何驽：《从陶寺遗址考古收获看中国早期国家特征》，《中国古代文明与国家起源学术研讨会论文集》，科学出版社，2011年，第141～155页。

④ 冯时：《夏社考》，《21世纪中国考古学与世界考古学》，中国社会科学出版社，2002年，第227、228页。

⑤ 王克林：《陶寺文化与唐尧、虞舜》，《襄汾陶寺遗址研究》，科学出版社，2007年，第376～393页。

⑥ 解希恭、陶富海：《尧文化五题》，《襄汾陶寺遗址研究》，科学出版社，2007年，第398～405页。

⑦ 卫斯：《“陶寺遗址”与“尧都平阳”的考古学观察——关于中国古代文明起源问题的探讨》，《襄汾陶寺遗址研究》，科学出版社，2007年，第436～451页。

"凡邑有宗庙先君之主曰都"（《左传·庄公二十八年》）。根据考古发现，早在裴李岗文化时期（公元前6200～前5500年），中原地区就出现了对祖先的崇拜①。根据文献记载，我国宗庙、社稷建筑最早出现在虞舜时期，《尚书·大禹谟》："正月朔旦，（禹）受命于神宗。"孔传："受舜终事之命。神宗，文祖之宗庙。"《墨子·明鬼（下）》则直接指出："昔者虞夏商周三代之圣王，其始建国营都日，必择国之正坛置以为宗庙，必择木之修茂者立以为菆位（社稷）②，必择国之父兄慈孝贞良者以为祝宗，必择六畜之胜腯肥倅毛以为牺牲。"所以尽管陶寺遗址宫殿区的考古发掘工作尚未开始，但可以预见宫殿区内应该有宗庙、社稷之类祭祀建筑物。而陶寺墓地大型墓葬中出土的彩绘龙盘，其蟠龙图案"夏社"说若成立，那彩绘龙盘或应为"军社"之遗物，《周礼·春官·小宗伯》："若大师，则帅有司而立军社，奉主车。"郑玄注："王出军，必先有事于社，及迁庙，而以其主行，社主曰军社"。贾公彦疏："社主曰军社者，以其载社在于军中，故以军社言之。"

"国之大事，在祀与戎"（《左传·成公十三年》），鼓、磬都是乐器，根据礼乐制度他们又都是用于祭祀。根据民族学材料"在父权制时期，木鼓便是氏族首领执掌祭祀与征伐大权的象征，是他们用以指挥军事和通神的工具"③，而"钺在三代一直是王权也就是军队指挥权力的象征"④；除了上述大型墓葬中出土祭祀礼器和象征军权的钺、鼓以外，城址中还出土大型祭祀与观象授时基址，印证了《尚书·尧典》"历象日月星辰，敬授人时"的文献记载。在《尚书·尧典》中，"乃命羲、和，钦若昊天，历象日月星辰，敬授人时"被视为尧的第一政务，有学者推测"最早的公共权力可能与观象、制历、授时有关，而在典籍中则有尧、舜、禹把历法作为禅让时的嘱托，显见其为核心权力"，而"陶寺的观象祭祀遗迹这一实物遗存可以标志国家的出现"。足见该基址的发现，"其意义和价值超过了二里头宫殿基址的发现"⑤。有学者认为这"是一座古观象台基址，非王都所不能有！"它表现出了"陶寺城址的王都气

---

① 中国社会科学院考古研究所：《中国考古学·新石器时代卷》，中国社会科学出版社，2010年，第139、562页。

② 清代学者惠士奇曰："菆位者，社稷也。《战国策》'恒思有神丛'，盖本之茂者，神所凭，故古之社稷恒依树木。"（《礼说·地官》）

③ 高炜：《陶寺龙山文化木器的初步研究》，《襄汾陶寺遗址研究》，科学出版社，2007年，第452～463页。

④ 侯毅：《从陶寺城址的考古新发现看我国古代文明的形成》，《襄汾陶寺遗址研究》，科学出版社，2007年，第698～706页。

⑤ 赵瑞民、郎保利：《中原地区公共权力形成的可能途径》，《襄汾陶寺遗址研究》，科学出版社，2007年，第707～713页。

魄”[①]；也有学者认为，它的发现是“找到了陶寺城址的宗教中心……从聚落形态角度看，高规格的宫殿建筑、宗教建筑和与天文历法有关的建筑设施，应当是‘王都’级聚落所应当具备的标志性建筑单元。它们与陶寺早、中期‘王级’贵族大墓以及陶寺早、中期城垣相匹配，丰富了陶寺城址作为‘王都’的聚落形态、社会形态和文明化程度”[②]。

如此等等，陶寺遗址的城墙、宫殿区、王陵区、大型礼仪建筑、王室控制大型仓储区、官营手工业作坊区，以及城市和周边地区的都邑四级行政管理体系，构成了陶寺遗址的都城性质。

根据上述考古重要发现，结合文献记载的“尧都平阳”地望，以及陶寺遗址年代测定，我们认为都城性质的陶寺遗址就是尧舜都城平阳城遗址。其实，早在2006年，就有学者明确指出：“20世纪80年代，已有不少学者把陶寺遗存与帝尧陶唐氏或尧舜禹联系起来，其后赞成其说者颇多，虽然未成定论，却蔚为大国，渐成其不可动摇之势。”[③]

根据上述研究成果，我们试按照《试论中国大古都城市构成要件与生成环境》一文中提出的大古都城市构成要件，对陶寺遗址所在城市——山西临汾市按图索骥，对号入座。

第一个要件，都城占地面积：“尧都平阳”陶寺遗址占地4.3平方千米，为史前中国都城遗址中面积最大者。

第二个要件，都城人口规模：“尧都平阳”陶寺遗址有4万～5万人口。

五帝时代都城人口规模对我们来讲都是未知数。不过《战国策·赵策》记载说“古者四海之内分为万国，城虽大无过三百丈者，人虽众无过三千家者”，这三千家若按户均3口人计算，则为1万人左右，这个数字或应是五帝时期都城人口规模的参数。

不过有学者对陶寺遗址的人口规模进行了研究。例如，有学者认为：“上古时代都邑人口平均密度指数约为每户160平方米。依此推算，陶寺早期城址当有3500户，按一家3口计算，总数在1万人以上；而陶寺中期城址当有17 500户，按一户3口计，总数

① 卫斯：《“陶寺遗址”与“尧都平阳”的考古学观察——关于中国古代文明起源问题的探讨》，《襄汾陶寺遗址研究》，科学出版社，2007年，第435、436页。

② 何驽、严志斌：《山西襄汾陶寺城址发现大型史前观象祭祀与宫殿遗迹》，《中国文物报》2004年2月20日第1版。

③ 赵瑞民、郎保利：《中原地区公共权力形成的可能途径》，《襄汾陶寺遗址研究》，科学出版社，2007年，第707～713页。

在52 500人以上。”[①]另有学者认为：“据简报公布，陶寺遗址墓地的面积在‘4万平方米以上’，其‘墓地使用时间同居住址相始终，按墓葬密度计算，原有墓葬在万座以上’。这是陶寺早、中、晚三期间死者的数字，若按生者，其人数则要超出这个数字，至少要增加一两倍，这是按当时每个家庭3口人计算的。由此知陶寺遗址人口数目，约在3万以上。”[②]该学者的研究发表于2001年，是基于2001年以前的考古发现和研究成果。在此我们要提出的是，2002年“在陶寺中期小城的西北角钻探出一处陶寺文化中晚期墓地，面积约1万平方米左右。大、中、小型墓分布密集”[③]。根据这一发现，或许可以将上述陶寺遗址人口规模研究成果从3万人以上修正为约4万人。

根据上述研究成果，笔者认为陶寺遗址人口规模当在4万～5万人。

根据现有的考古发现和研究成果，可以这样认为，在五帝时期都城占地面积最大者、人口规模最众者，非陶寺遗址莫属。

若陶寺遗址所在的城市临汾入列中国大古都城市，还必须具备其他两个要件：累计建都年限和中国古代政治、文化中心。

第三个要件，累计建都年限：“尧都平阳”陶寺遗址为都300年。

陶寺城址始建于陶寺文化早期，毁于陶寺晚期一次政治动乱之中，所以它是陶寺文化早期到中期的都邑。根据^{14}C年代测定数据，陶寺遗址早期测定年代值集中在距今4415年±130年（公元前2465年）至4290年±130年（公元前2340年），中期测定年代值在距今4080年±95年（公元前2130年）至4030年±95年（公元前2080年）。由此可见陶寺城址年代在公元前2465～前2080年，累计延续300余年[④]。也有学者根据^{14}C测定年代数据认为，陶寺遗址早期年代为公元前2300～前2100年，中期为公元前2100～前2000年，累计延续300年左右[⑤]。本文采纳陶寺遗址早期年代为公元前2300～前2100年，中期为公元前2100～前2000年的学术意见，陶寺建都年限在300年左右。

陶寺城址建于陶寺聚落遗址（约400万平方米）的中部，在陶寺文化早期城址面积仅约56万平方米，至中期扩建，城址面积达280万平方米。我们认为，这是一座城乡结合，融城与邑为一体的都城遗址，这种现象也正如有学者指出的，“古都空间的范围

① 杜勇：《从陶寺文化看尧舜部落联合体的性质》，《中华文化论坛》2009年第3期。

② 王克林：《陶寺文化与唐尧、虞舜——论华夏文明的起源》，《襄汾陶寺遗址研究》，科学出版社，2007年，第392页。

③ 何驽：《陶寺文化遗址——走出尧舜禹“传说时代”的探索》，《襄汾陶寺遗址研究》，科学出版社，2007年，第181页。

④ 高天麟等：《龙山文化陶寺类型的年代与分期》，《襄汾陶寺遗址研究》，科学出版社，2007年，第222～233页。

⑤ 何驽：《陶寺文化谱系研究综论》，《襄汾陶寺遗址研究》，科学出版社，2007年，第424页。

必然地要在城郭的基础上向外拓展”[①]。在早期它可能是强盛邦国陶唐氏的都城，到了中期，尧、舜即“天子位”，并都平阳[②]，陶寺便成了尧舜时期联盟国家的都城。文献记载帝尧时期“一年而所居成聚，二年成邑，三年成都”（《史记·五帝本纪》），或许就是陶寺城址发展历程的真实写照。

第四个要件：古代中国政治和文化中心。

中国先秦时期营建国都，都遵循“立都必居中土”的原则，“王者受命创始，建国立都，必居中土。所以总天地之和，据阴阳之正，均统四方，以制万国者也”（《太平御览·叙京都》）。依据先秦文献记载，这里有两层意思，一是“此天下之中，四方入贡道里均”（《史记·周本纪》），指的是中国地理的中心；二是“王来绍上帝，自服于土中”（《尚书·召诰》），指的是中国的政治中心。

先秦的这种“立都必居中土”原则，始于五帝尧舜时期。

文献记载的“尧都平阳”地望在山西临汾，《太平寰宇记·晋州》：“晋州，平阳郡。今理临汾县。禹贡冀州之域，星分参宿。尧舜所都平阳，即是此地。”今发现的陶寺遗址所在地陶寺村，属临汾市襄汾县管辖，距今临汾市尧都区不足20千米。无论是地望、年代还是文化内涵，陶寺遗址当为尧都平阳遗址，学术界文化争论不大。

位于中原地区的尧都平阳，之所以会成为当时中国的政治文化中心，其源远流长。首先，黄河中下游的中原地区及其周边地区，或为平原，或为黄土高原，并有黄河、淮河、长江相贯通，“地四平，诸侯四通辐辏，无名山大川之限”（《史记·张仪列传》），这种无险可守的自然环境为史前中国的文化交流和大统一创造了条件。如前所述在公元前4000～前3500年仰韶文化中期庙底沟时期，中原地区“文化发展趋于统一并向四方扩展”[③]，以致“中国史前文化第一次出现了大范围统一的局面，其影响甚至渗透到了周边更远的黄河上游、黄河下游、东北的辽河流域和长江中游等地”[④]。在公元前2600～前2000年，中原地区出现了中原龙山文化，其中包括河南全境的王湾三期、后冈二期、王油坊类型、陕西全境及陇东的客省庄类型、山西晋南地区的陶寺类型等。“这些文化具有一定程度的共性和同步性，因而被纳入中原龙山文化系统。”[⑤]显

---

① 萧正洪：《相对边界：古都的空间特征——兼论古都学的学术空间问题》，《中国古都研究》第24辑，陕西师范大学出版总社有限公司，2013年，第1～8页。

② 《水经注·汾水》：“汾水又南，径平阳县故城东，晋大夫赵晁之故邑也。应劭曰：‘县在平河之阳，尧舜并都之也。’”

③ 段宏振：《中原的形成》，《北京大学考古学丛书·考古学研究》（九），文物出版社，2012年，第407页。

④ 戴向明：《中原地区早期复杂社会的形成与初步发展》，《北京大学考古学丛书·考古学研究》（九），文物出版社，2012年，第496页。

⑤ 严文明：《略论仰韶文化的起源和发展阶段》，《仰韶文化研究》，文物出版社，1989年。

然是继承仰韶文化共同体而存在于中原地区的龙山文化共同体。对于中原龙山文化共同体，有学者认为"大约到第三千纪中叶的龙山时期，中原地区已初步成为全国史前文化的核心区域，中原以其强劲的活力和居中的地理位置，在交流与争斗的交织中，多方文化于此融会凝聚，又向外辐射影响。这是建立在各地多元基础上、与周围文化的互动中逐渐形成的中原核心"①；"从陶寺文化，我们看到公元前2500年前后，已形成黄河、长江流域及周围地区各文化系统辐辏中原之势。《禹贡》中条条贡路通冀州，大致正是这种情况的真实记录"②。有学者更为具体指出，"陶寺文化的形成以庙底沟二期文化晚期文化因素为主体，汇聚长江中游屈家岭文化、石家河文化一些因素和黄河中游客省庄二期文化部分因素以及其他一些尚不明来源的文化因素，构成了一个内涵异彩纷呈的都邑文化"③。

五帝时代的尧、舜，建都平阳，对其疆域行使主权。《尚书·尧典》和《史记·五帝本纪》记载舜摄天子位，巡守四方、祭祀四岳，对国土进行巡视；《史记·五帝本纪》又记载舜将国土分为十二个州，"十二牧行，而九州莫敢辟违"。《尚书注疏·禹贡》还记载了尧舜之时就任土作贡，贡入冀州。还有学者根据《管子》有关记载④指出尧舜之时的玉石和珠分别来自北方和南方邦国诸侯的贡品⑤。直到联盟国家的末期，已将疆域扩大到东南沿海，"帝禹东巡狩至于会稽，而崩"（《史记·夏本纪》）。这一切都表明，在尧舜时期的联盟国家，形成了以中原冀州为中心（直接辖区），以四岳为四方（间接辖区）的国家疆域，其联盟国家的影响，"方五千里，至于荒服。南抚交阯、北发，（西）西戎、析枝、渠廋、氐、羌，北山戎、（北）发、息慎，东长（夷）、鸟夷。四海之内，咸戴帝舜之功。"（《史记·五帝本纪》）⑥

从"轩辕乃习用干戈，以征不享，诸侯咸来宾从"，到"十二牧行，而九州莫敢辟违……四海之内，咸戴帝舜之功"（《史记·五帝本纪》），"三苗不服，禹请攻

① 中国社会科学院考古研究所：《中国考古学·新石器时代卷》，中国社会科学出版社，2010年，第799页。

② 高炜：《晋西南与中国古代文明的形成》，《襄汾陶寺遗址研究》，科学出版社，2007年，第672～679页。

③ 何驽：《陶寺文化谱系研究综述》，《考古学集刊》（16），科学出版社，2006年，第169～171页。

④ "至于尧舜之王，所以化海内者，北用禺氏之玉，南贵江汉之珠。"（《管子·揆度》）"吴越不朝，珠象而以为币乎……禺氏不朝，请以白璧为币乎……夫握而不见于手，含而不见于口，而辟千金者，珠也，然后八千里之吴越可得而朝也……怀而不见于抱，挟而不见于掖，而辟千金者，白璧也，然后八千里之禺氏可得而朝也。"（《管子·轻重甲》）

⑤ 叶舒宪：《玉石之路与中原文明形成的资源依赖》，《古都郑州》2013年第4期。

⑥ 《史记·五帝本纪》索隐："此言帝舜之德皆抚及四方夷人，故先以抚字总之。北发当云北户，南方有地名北户。又案《汉书》北发是北方国名，今以北发为南方之国，误也。此文省略，四夷之名错乱。西戎上少一西字，山戎下少一北字，长字下少一夷字，长夷也，鸟夷也，其意宜然。"

之。舜曰：‘以德可也。’行德三年，而三苗服”（《吕氏春秋·离俗览》），这些文献记载说明从黄帝到尧、舜，联盟国家的疆域及其周边地区的大大小小邦国诸侯，都拥立黄帝、尧、舜为联盟国家最高领导，承认联盟国家为唯一的中央王权并服从管理。在这种政治格局下，我们就能理解为什么陕西神木石峁的都邑性古城址（占地4.25平方千米）也只是一个“强大的地方性方国政权”“权倾一时的巨大方国”“河套地区北方豪强势力”①，“具有邦国特征的，更高层次的北方地区中心聚落”，“神秘古国”②的考古遗存罢了。

五帝时期这种政治格局为我国古代疆域的形成奠定了基础，意义极为深远。如根据考古发现，在上海、浙江北部沿海地区、安徽江淮地区、湖北江汉平原和峡江地区、四川成都平原、甘肃青海地区、山西晋中地区和内蒙古南部地区，一些与二里头文化同时期的古代遗址，都发现有二里头文化因素的器物，所以有学者就认为，上述地区，北起塞外，南越长江，东临大海，西抵河湟，都属于夏王朝间接管辖，或者是受影响的区域③。也有学者根据二里头文化风格的玉礼器玉璋出土于珠江出海口的香港，以至于越南河内等情况分析，认为“二里头文化风格的陶器、玉礼器的空间扩散，甚至突破了《尚书·禹贡》所载‘九州’范围。或许，‘中国’的空间轮廓，早在公元前两千纪前叶的二里头时期，就已显现了它的雏形”④。

“王来绍上帝，自服于土中”，通过以上文献资料与考古材料的分析，尧都平阳之所以会成为当时中国政治文化中心，是历史发展的必然。

“诸侯朝觐者不之丹朱而之舜，狱讼者不之丹朱而之舜，讴歌者不讴歌丹朱而讴歌舜。舜曰：‘天也！’夫而后之中国，践天子位焉。”《集解》刘熙曰：“天子之位不可旷年，于是遂反格于文祖而当帝位。帝王所都为中，故曰‘中国’。”（《史记·五帝本纪》）

由此，司马迁说：“昔唐人都河东，殷人都河内，周人都河南。夫三河在‘天下之中’若鼎足，王者所更居也。”（《史记·货殖列传》）唐代学者杨士勋认为“盖冀州者，天下之中州。自唐虞及夏殷皆都焉，则冀州是天子之常居”（《春秋谷梁传·桓公五年》疏）。

唯物史观认为：“统治阶级的思想在每一时代都是占统治地位的思想。这就是说，一个阶级是社会上占统治地位的物质力量，同时也是社会上占统治地位的精神力

---

① 叶舒宪：《玉石之路与中原文明形成的资源依赖》，《古都郑州》2013年第4期。

② 张天恩、丁岩：《石摞摞山龙山古城及相关问题浅论》，《古都郑州》2013年第4期。

③ 吴迪等：《古都洛阳》，杭州出版社，2011年，第41页。

④ 中国社会科学院考古研究所：《考古华夏》，科学出版社，2010年，第113～141页。

量。支配着物质生产资料的阶级，同时也支配着精神生产的资料……”[①]在奴隶制社会，文化——作为社会的精神财富，如文学、艺术、教育、科学等，是被奴隶主贵族所垄断的，因而都城必然是当时文化的中心。这从陶寺遗址也得到清晰地反映。

文字是贵族政治生活中最需要的工具之一。文献记载“尧之为君……其有文章”（《论语·泰伯》），说明尧舜之时已有文字典章。陶寺灰坑H3404内出土一件残陶扁壶的器表，发现毛笔朱书文字。其中一字释为“文”，其文字结构与甲骨文几乎没有区别[②]，古文字学大师张政烺先生认为：“这个字同大汶口陶文、殷墟甲骨文和现在通行的汉字属同一个系统。”[③]在与“文”字相邻一侧发现另有符号或文字，有学者与“文”字合释为“易文”两字[④]，也有学者释为“文尧”两字[⑤]，但不管是释为“易文”，还是释为“文尧”，都认为该朱书陶文与《尚书·尧典》记载的“光被四表，格于上下”有关联。

音乐是礼乐制度的重要内容。文献记载“（舜）帝曰：‘夔，命汝典乐，教胄子，直而温，宽而栗，刚而无虐，简而无傲。诗言志，歌永言，声依永，律和声。八音克谐，无相夺伦，神人以和’。夔曰：‘于！予击石拊石，百兽率舞’”（《尚书·舜典》）；文献还记载“夔曰：戛击鸣球，搏拊琴瑟以咏，祖考来格，虞宾在位，群后德让，下管鼗、鼓，合止柷、敔笙、镛以间，鸟兽跄跄，《箫韶》九成，凤凰来仪”（《尚书·皋陶谟》）。可见虞舜之时音乐之盛。今陶寺遗址贵族墓葬中出土陶埙、铃、土鼓、鼍鼓、石磬等乐器，都是当时重要的礼乐器。

陶寺贵族墓葬中出土的彩绘陶器和彩绘木器，反映了当时画工高超的艺术水平；而具有观象授时功能的大型建筑的发现，既印证了《尚书·尧典》“历象日月星辰，敬授人时”的文献记载，也反映了当时天文学的发展水平。

由此，笔者认为陶寺遗址，作为尧舜时期的都城，应是当时中国政治、文化的中心。

我国五帝时代在中原地区始建国家，尧舜之时，“帝王所都为中，故曰‘中国’”，从此“中国”登上了世界历史的舞台，开始形成了以中原地区为中心加上外围边疆的中国疆域格局，并从此影响了中国数千年疆域史的发展。尧舜时期君临天下，不仅巡视四方，祭祀四岳，任命官员，管理百姓，行使国家主权，而且实行“执中”路线，以缓和矛盾，和谐社会。始创于黄帝的“中和”思想，数千年来缔造了五

---

① 马克思、恩格斯：《德意志意识形态》，《马克思恩格斯全集》第3卷，人民出版社，1960年，第52页。

② 中国社会科学院考古研究所：《中国考古学·新石器时代卷》，中国社会科学出版社，2010年，第572页。

③ 引自高炜：《陶寺出土文字二三事》，《襄汾陶寺遗址研究》，科学出版社，2007年，第175页。

④ 罗琨：《陶寺陶文考释》，《襄汾陶寺遗址研究》，科学出版社，2007年，第624～628页。

⑤ 何驽：《陶寺遗址扁壶朱书“文字”新探》，《襄汾陶寺遗址研究》，科学出版社，2007年，第633～636页。

帝“大同天下”、西周“成康之治”、西汉“文景之治”、李唐“贞观之治”、赵宋“咸平之治”，以及清初“康乾盛世”，有力地推动了中国古代社会的健康发展。可以这样认为，“中和”思想是中华传统文化的本原，它所包含的“天下为公”“讲信修睦”“礼义廉耻”，则是中华传统文化的核心价值观、道德观。

尧舜时期是五帝时代最辉煌的时期。《尚书·尧典》评价这个时期“克明俊德，以亲九族。九族既睦，平章百姓。百姓昭明，协和万邦。黎民于变时雍”。由于尧舜忠实执行“中和”路线，广施仁政，被后世视为古代明君，国民拥护的榜样，“尧舜率天下以仁，而民从之”（《礼记·大学》）。唐尧和虞舜的形象，历经千年沧桑，也依然崇高不衰，“大哉！尧之为君也。巍巍乎！唯天为大，唯尧则之。荡荡乎！民无能名焉。巍巍乎！其有成功也。焕乎！其有文章”（《论语·泰伯》）。“四海之内咸戴帝舜之功……天下明德皆自虞帝始”（《史记·五帝本纪》）。

到底是什么样的历史人物，竟然如此辉煌，恒世不衰？马克思曾经指出：“如爱尔维修所说的那样，每一个社会时代都需要有自己的伟大人物，如果没有这样的人物，它就要创造出这样的人物来。”[①]结合本文我们认为，黄帝、唐尧、虞舜所代表的正是我国古代社会刚刚跨入国家时代的新兴生产关系。当时以奴隶主为统治阶级的奴隶制生产关系正处于上升时期，他们顺应历史发展规律，创立“执中”治国理念，不仅使当时社会生产力和科学文化获得空前的发展，社会获得巨大的进步，而且还奠定了中国数千年奴隶制和封建制国家“治国平天下”扎实的理论基础。使得中华民族告别野蛮，走向文明，走向数千年的繁荣昌盛。

“天子之居，必以众、大之辞言之”（《春秋公羊传·桓公九年》）。我们将在《试论中国大古都城市的构成要件与生成环境》一文中所叙述到先秦“天子之居”和“尧都平阳”（陶寺遗址）的占地面积和人口规模，按时间顺序排列如下：

襄汾陶寺遗址，公元前2300～前2000年，面积约4平方千米，人口4万～5万；

偃师二里头遗址，公元前1850～前1550年，面积约3平方千米；

偃师商城遗址，公元前1600～前1400年，面积约2平方千米；

郑州商城遗址，公元前1600～前1400年，面积约25平方千米；

安阳殷墟遗址，公元前1250～前1046年，面积约30平方千米，人口14万；

西安丰镐遗址，公元前1046～前771年，面积约25平方千米，人口15万；

洛阳王城遗址，公元前770～前256年，面积约10平方千米，人口30万。

根据上列数据，尧都平阳陶寺遗址的占地面积（约4.3万平方千米），当然不能

① 马克思：《1848年至1850年的法兰西阶级斗争》，《马克思恩格斯全集》第7卷，人民出版社，1961年，第72页。

与我国都城规模第一个高峰期——商代和周代的都城比肩，但比探索中的夏代诸都城要大得多，如是“禹都阳城”王城岗遗址（约0.34平方千米）的12倍，“禹都阳翟”瓦店遗址（约1平方千米）、“夏启之居”新砦遗址（约1平方千米）的4.3倍，“少康之都”稍柴遗址（约2平方千米）[①]的2.25倍，也是夏代晚期都城二里头遗址（现存面积约3平方千米）的1.43倍，这种考古现象所反映的历史事实，莫非正如文献所说的：“帝者之盛，莫隆于唐、虞……忠臣茂功，莫著于伊、周。”（《汉书·王莽传》）

若将陶寺遗址的占地面积和人口规模，纳入整个中国大古都数千年演变历史过程予以考察，那么我们对尧都平阳城历史地位的认识，可能会更清晰一些，更直观一些。为此本文将其补入《试论中国大古都城市的构成要件与生成环境》一文的附图之中，形成本文的图二和图三。

若此说成立，临汾将是中国古都史上建都年代最早的大古都城市。“帝者之盛，莫隆于唐、虞。”之所以会如此，其一是，中原地区发达的农业经济，文献记载尧舜奖励农业生产，“帝曰：弃黎民阻饥，汝后稷，时播百谷”（《尚书·舜典》）；“禹平水土，主名山川。稷降播种，农殖嘉谷”（《尚书·吕刑》）。而考古发掘和研究表明中原地区在龙山时期已是中国当时农业最为发达、最为先进的地区[②]。而尧舜时期出现的“十二州”（禹时改为“九州”，联盟国家“中国”的疆域），任土作贡，贡入国都所在地冀州，又开创了中国古代以国都为中心的自然资源的开放型系统。其二是，尧舜时期“九族既睦，便章百姓；百姓昭明，合和万国”，“四海之内咸戴帝舜之功”（《史记·五帝本纪》）；而整个五帝时代则又是“选贤与能，讲信修睦。故人不独亲其亲，不独子其子，使老有所终，壮有所用，幼有所长，矜寡孤独废疾者，皆有所养。男有分，女有归，货恶其弃于地也，不必藏于己，力恶其不出于身也，不必为己。是故谋闭而不兴，盗窃乱贼而不作，故外户而不闭”（《礼记·礼运》）。尧舜时期“中国”社会的和谐稳定，跃然纸上。所以我们认为，尧舜之时发达的经济和“中国”社会的统一稳定，乃是平阳城（陶寺遗址）得以形成与发展的外部环境。

有学者将我国历史上的夏、商、西周、春秋、战国称之为“国家形成和酝酿统一时期”，并认为“夏朝建立，国家产生，揭开了古代中国疆域的形成和政府对疆域主

---

① 据郑州市文物考古研究院调查资料，稍柴遗址位巩义市芝田镇稍柴村，遗址东西长2000、南北宽1000米，面积约2平方千米。有学者认为该遗址为夏王少康之都（张松林：《中国古都系列丛书·古都郑州》，杭州出版社，2011年，第63、64页）。也有学者依据《括地志》“故鄩城在洛州巩县西南五十八里，盖桀所居也”记载，以为稍柴遗址为夏都斟鄩（见偃师古都学会：《古都偃师史话》，三秦出版社，1999年，第8页）。

② 叶万松：《中国文明起源“原生型”辩正》，《中原文物》2011年第2期。

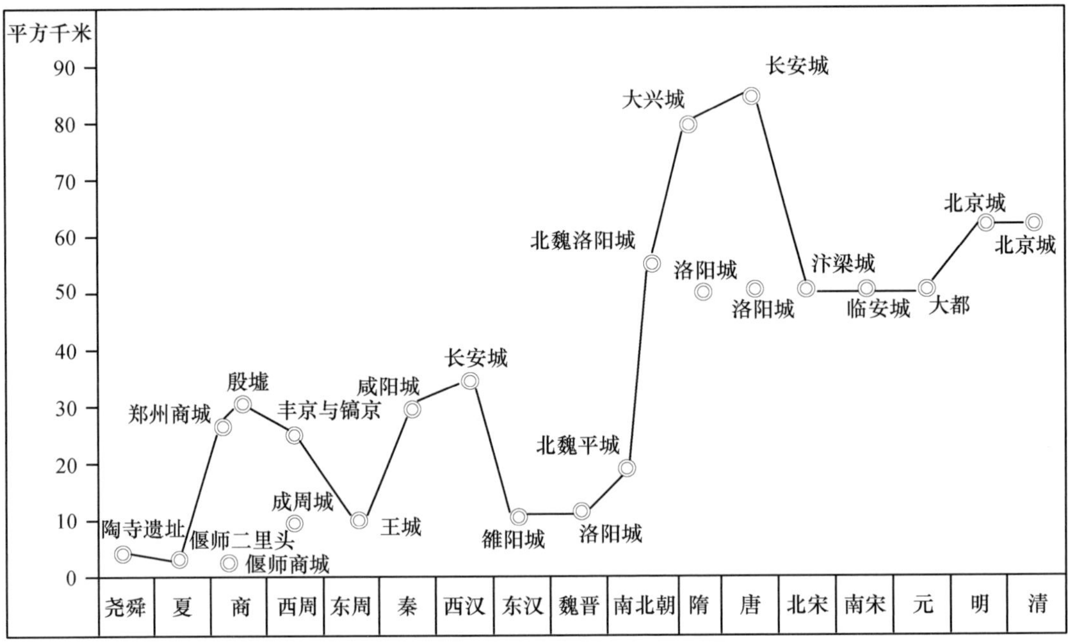

图二　中国大古都都城占地面积演变示意图

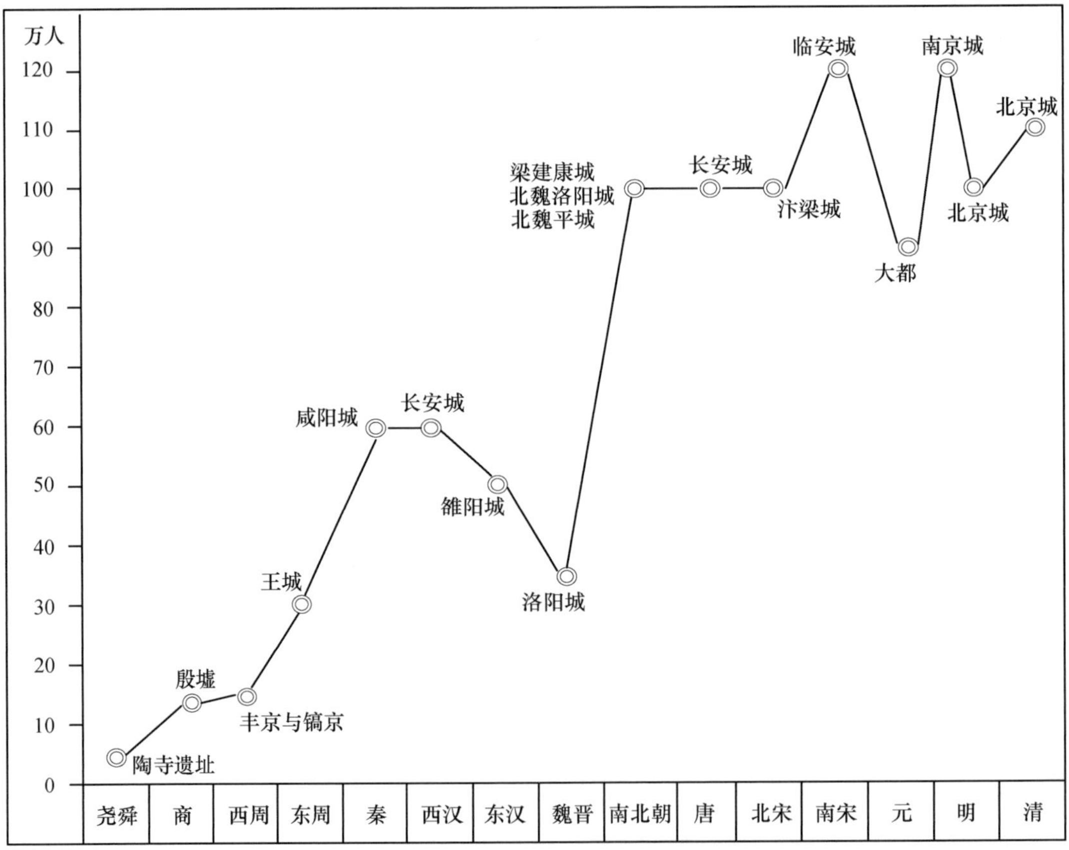

图三　中国大古都都城人口规模演变示意图

权行使的历史序幕”[①]。根据上述考古资料和文献记载，我们认为，五帝时代国家已经产生，当时的联盟国家，是中国境内出现的第一个国家，当时联盟国家管辖区，包括直接管辖的“中国”（中原地区），以及以四岳为标志的四夷，形成了中国最早的疆域（领土）。舜将领土分为十二个州，规定每五年巡视一次国土，祭祀四岳，听取四方诸侯述职，以功行赏，揭示了古代中国以中原为根基地的疆域的形成和政府对疆域行使主权的历史序幕，由此，五帝时期应纳入“国家形成和酝酿统一时期”，而其都城尧都平阳，作为公元前23世纪龙山时代（尧舜时期）至公元前15世纪二里头时代（夏代）八百年间中国大都城，屹立在中国中原大地之上，以其“土中”营国理论诞生地[②]和“中和”治国安邦理论重要源头[③]所显示的历史地位，是中国古都史上任何其他大古都城市都无法替代的。

依据中国大古都城市的四个构成要件，我们是否应该赋予尧都平阳（陶寺遗址）所在城市——山西临汾以中国史前时期大古都城市的历史地位呢。

由于在我国史前都城的研究尚属开始阶段。以上观点只是作为一种不成熟的意见抛砖引玉，殷望中国古都学界加强对史前都城的研究。

① 林荣贵：《中国古代疆域史》上卷，黑龙江教育出版社，2007年，第5、18页。

② 叶万松：《先秦都邑“土中”考略》，拟提交中国古都学会2014年（郑州）年会论文。

③ 叶万松、李德方：《中华传统文化本原考略》，《中国智库》第4辑，红旗出版社，2013年，第79～104页。

中国古都旅游开发利用原则与模式试析

叶骁军[1]　吴　瑞[2]

（1. 苏州科技大学旅游系　2. 苏州大学社会学院旅游管理系）

摘　要　本文将中国古都分为完整型、半完整型和残址型三大类，分别对其开发原则和开发模式进行了分析论证。文章主要对残址型古都遗址的开发利用进行重点论述。对残址型古都的濒危性和残迹性遗址如何进行开发利用是我们面临的重大问题。本文在论述和分析了几种开发保护模式后，提出借鉴外国遗址开发利用的模式，选择比较有代表性的遗址进行复建，是对古都遗址旅游开发利用的正确道路之一。

关键词　古都类型　旅游利用　开发模式　利弊

引　　言

中国古都是中国旅游业的重要旅游资源。相当多的旅游者，特别是境外旅游者在中国的游程几乎都会涉及中国古都。因此中国古都的旅游开发是我们必须认真研究的重大课题。

中国古都现存大大小小200多座，大体可以分为三种类型：完整型、半完整型和残址型。完整型的古都很少，大体只有明清北京、清代奉天（沈阳）和民国旧都南京。半完整型的比较多，残址型的更是占据了主导地位。

对旅游者而言，遗址就是一种吸引物。旅游者离开本身居住的地方出门远行，为的是追求和体验一种自己以前不熟悉的异质文化。这种异质文化，此前旅游者也许曾在文献上看过，但没有实地游历过。在这些异质文化中，遗址和众多景点一样，成为使旅游者流连忘返、益智怡神的重要载体。因为遗址的内涵十分丰富，借助眼前的残垣断壁这类触媒，加上丰富的想象力，会使遗址的内蕴如剥竹笋，一层层展示出来。

遗址同时具有历史文化价值、美学价值、旅游观赏价值、经济开发价值和科学认知价值、教育熏陶价值和情感影响价值①。随着人类社会的进步，如何看待遗址，已成

① 曹丹：《跨文化视野下的中国世界文化遗产研究及其意义》，四川师范大学硕士学位论文，2005年。

为一个现代人类不可回避的问题。一个地区、一个国家对待遗址的态度和行动，可以折射出这个地区或国度的人们的文明层次、现代化程度的高低①。遗址容易使人升腾起一种沧桑感，使人感到一种高岸为谷、深谷为陵的变化美。

一个国家和民族的重要史迹，哪怕只剩下残垣断柱，也仍然是最能吸引外来游客的地方，具有永恒的美丽。正是基于对人类价值的这种统一认识，人们越来越认识到对濒危性和残迹性遗址的保护和开发利用不仅有利于全人类共同的遗产，也为子孙后代留下了宝贵的精神财富。

一、中国古都及遗址的分类

笔者在前几年写过一篇文章《中国古都的遗存度分析》②，对古都各组成部分的要素进行评分计算，得出各大古都的遗存度。这种方法是对古都进行翔实的科学研究时用的。作为旅游利用与开发，需要用比较模糊的方法进行研究。所以，我们只把古都分为三大类进行研究。

1. 完整型古都

中国的古都是复杂的。现存的著名古都几乎都是复式即多朝代重叠的古都。任何古都都不可能将所有古都要素保存完整。完整是相对的，只是其中某一代的古都要素相对完整，即为完整型的古都。北京是五朝古都（燕、金、元、明、清），明清时代宫殿、王府、陵寝基本完整；南京曾是九朝古都，近代时是民国首都，其民国时代行使政府职能的总统府、院会部委职能建筑、陵寝墓群全部完整保留；清初的奉天（沈阳）故宫等相对完整，因此这三个古都列为完整型的古都。

2. 半完整型古都

虽为多朝古都，但每一朝代遗留物较少。宫殿、王府、礼制建筑、陵寝已荡然无存，或者只有地下暂不可见文物是半完整型的古都。西安汉唐古都地面遗存只剩唐代大小雁塔，汉代长安城只剩断垣残壁的土墙。未央宫等诸多宫殿和各朝陵寝地面只见土堆，唐陵遗存相当多的陵前石刻。洛阳、开封、郑州等都城大体相同，都应该归入半完整型古都。

① 郭黛姮：《关于文物建筑遗迹保护与重建的思考》，《建筑学报》2006年第6期。

② 叶骁军：《中国古都的遗存度分析》，《三门峡职业技术学院学报》2010年第1期。

3. 残址型古都

一些古都地面仅有不甚清晰的遗迹，即遗迹的确切原貌、形制与作用等均不甚了了。这类古都我们称为残址型古都。燕国下都、楚国纪南城、齐国临淄、鲁国曲阜、新郑郑韩故城属于残址型古都。

二、关于古都的旅游开发利用

1. 完整型和半完整型古都的旅游开发原则和路径

完整型和半完整型古都是我国旅游业发展的重要载体。一方面，他们是旅游资源；另一方面，他们又是旅游业开展活动的重要基地。

这两类古都现在仍然是重要的大中城市，是首都或省地级城市，为一方之翘楚。对它们的开发原则应该是重在保护、原汁原味，向旅游者展示完整的政务运作和管理的理念、方法等，如北京故宫，展示的是封建社会王宫的权力体系；南京总统府展示的是推翻封建王朝以后，学习西方民主的中央政权的运作。对它们的旅游开发主要是以下几个方面。

（1）交通开发，提高城市和景区的可达性。

（2）食宿条件开发。提供足够的适合旅游者需要的住宿设施和特色餐饮。北京烤鸭名闻遐迩，进京者必尝。南京鸭馔甲天下，民国菜肴亦闻名。西安泡馍、肉夹馍、饺子宴等都是成功开发的实例。

（3）地方土特产和旅游纪念品研发与生产。

（4）旅游从业人员和中介机构的建设。主要是建设和培养合格守法、业务能力强的旅游从业队伍和中介机构。

（5）间接有关的，城市特色街区和城市形象建设与维护。当然，只是与旅游有关，主要是城市建设问题。

此类古都景点不能进行大规模的改造建设等，连租房开店等都要限制。北京故宫出租房屋开咖啡店引起全国吐槽，终究撤出。山东曲阜三孔曾惨遭洗劫：某管理者指使用高压水枪冲洗梁架等处灰尘，严重破坏了原有表层绘画，真是无知。完整保留下来的古都景点，应绝对遵循“太岁头上不能动土”的原则。至于完整型和半完整型古都中的残址型遗址遗迹应与残址型古都中的遗址遗迹遵循同样的原则和路径。但是，因为这些古都已有大量的、质量较高的旅游景区景点吸引游客观赏，开发的必要性就不那么急迫了。

2. 残址型古都遗址遗迹的开发原则和路径

讨论残址型古都遗址遗迹的开发原则和路径是本文的重点，也是各古都非常关注的。今日各古都都有大量的遗址遗迹及文物，亟待开发和利用。为了讨论方便，我们先界定几个概念。

遗址是一个和遗产有区别的概念。按照联合国教科文组织属下的世界遗产委员会的定义，世界文化遗产包括文物、建筑群和遗址三大部分。

文物：从历史、艺术或科学角度看，具有突出、普遍价值的建筑物、雕刻和绘画，具有考古意义的成分或结构铭文、洞穴、住宅区及各类文物的综合体。

建筑群：从历史、艺术或科学角度看，因其建筑的形式、同一性及其在景观中的地位，具有突出、普遍价值的单独或相互联系的建筑群。

遗址：从历史、美学、人种学或人类学角度看，具有突出、普遍价值的人造工程或人与自然的共同杰作的残迹以及考古遗址地带①。

遗址不同于文物，文物是相对完整的“遗址”。遗址则可以说是残缺不全的文物，或曰遗址即文物原生的环境。遗址不同于文物之处还在于：文物有可移动和不可移动之分，而遗址则不可能移动。遗址之于建筑和建筑群，其最大区别在于“遗址”是残存的建筑和建筑群。

遗址，本是一个考古学名词，它指的是前人留下的具有社会经济和文化价值的建筑物等人类活动遗迹。它是历史的化石，文明的碎片，文化的载体，旅游的对象。本文涉及的遗址大部分是古都遗址遗迹，为了研究方便也涉及少数重要的非古都遗址遗迹，因为开发原则和路径是同样的。

一般而言，遗址都是指人类活动留下的遗迹。世界文化遗产委员会的专家将遗址界定为“人类工程”遗址、“自然与人联合工程”遗址和“考古遗址”三大类别②。这个分类涵盖面很大，几乎所有遗址都不出这三大范围。

遗址也有按遗址所属时代划分的。国家文物局公布的一、二、三、四批全国重点文物保护单位名单，有关遗址保护单位均归入“古遗址”和“革命遗址”两大类中。

从保护遗址的观点，结合遗址与地面的关系观察划分古遗址，大致可分为地面遗址和地下遗址。

3. 濒危性和残迹性遗址

2005年6月21日，世界纪念性建筑保护基金会（World monuments fund，WMF）在组

① 《世界文化和自然遗产》，世界知识出版社，1992年，第13～16页。

② 严明：《文物保护法律适用手册》，人民法院出版社，1998年，第351～356页。

约公布了2006年世界100个濒危的建筑遗址观察名录，中国六处遗址榜上有名。对许多遗址来说，能入选这个名录，是生存下去的最大希望。被列入濒危遗址必须具有以下条件：

（1）具有内在的艺术、建筑、历史或社会价值。

（2）面临迅速的破坏，需要立即得到关注。

（3）具有建议实施方案的可行性。

残迹性遗址是指那些地面几乎没有完整的遗迹，而地下却还保存着不少遗存的遗址。

按照全国重点文物保护单位对遗址的分类，可将濒危性和残迹性遗址划分为文物保护点、区级文物保护单位、县级文物保护单位、市级文物保护单位、省级文物保护单位以及全国重点文物保护单位6个级别。还有刚发现或发现已久但没列入文物保护的单位，如南京的李鸿章祠堂等也属濒危性和残迹性遗址。全国重点文物保护单位不得拆除或损毁。需要迁移的，须由省（自治区、直辖市）人民政府报国务院批准，如北京圆明园遗址、南京明故宫遗址、常州淹城遗址、郑州商代遗址、巩义宋陵、隋唐洛阳城遗址、西安大明宫遗址、银川西夏陵等。

三、我国濒危性和残迹性遗址开发现状及利弊分析

（一）我国濒危性和残迹性遗址概况

我国是历史悠久的文明古国，较大的、有一定保护和旅游开发价值的遗址很多。我们列举几个开发利用方面代表性遗址介绍和分析。我国遗址旅游等开发利用方面既有合理的一面，又有不足之处。特别考虑到濒危性和残迹性遗址的现状，在旅游开发利用中要尤其应该注意。下面选取几个具有代表性的遗址阐述其概况。

1. 大明宫遗址

龙首原位于陕西省西安北郊，这里坐落着举世闻名的大明宫宫殿遗址。作为唐代长安城禁苑组成部分之一的大明宫遗址兴建于贞观八年（634年），是皇帝举行朝会之所。后来，唐王朝出现了中国历史上唯一的女皇帝武则天，她将大明宫更名为蓬莱宫，以蓬莱宫作为王朝的政权中心。随着时间的流逝，历史的更迭，曾经辉煌荣耀的大明宫也受到了多次兵火的洗礼，最终在唐昭宗乾宁三年（896年）的大火中被焚毁。为了重现大明宫的壮观与瑰丽，让现代的人们重新感受到盛世大唐的气势和庄严，大明宫的考古发掘和修复研究工作最终被中国科学院于1980～1984年提上了日程。

大明宫宫殿周长7.6千米。该城的主要街道丹凤门大道宽达17.6米，40多处的宫殿楼阁遗址被发掘，这些遗址主要有含元殿、麟德殿、三清殿、清思殿、宣政殿和紫辰殿等，集中分布在城市的北部太液池周围。

位于北部的宫廷园林区建筑布局十分开阔明朗，建筑形式也有多种类型，被誉为唐代园林建筑的集大成之作。近年恢复重建了丹凤门城墙和门楼，遗址整体开发为遗址公园。

2. 洛阳王城公园

洛阳王城公园位于洛阳博物馆西边的东周王城遗址上，跨越涧河，中间以仿玉拱桥连接，占地面积72公顷（1080亩），20世纪50年代不仅是洛阳市也是全国唯一的遗址公园。

3. 郑州商代遗址

中国商代中期都城遗址位于河南省郑州市城内和郊区，总占地面积约25平方千米。该遗址于1950年发现。1952～1953年，第一届考古人员培训课程和河南文物考古工作者在二里冈两次探索，发现了很多重要的商代遗址和文物，并以二里冈期文化命名。于1955年的秋天在商代遗址中部的白家庄发现了商代夯土层。之后，对夯土的走向进行了钻探调查，发现了坐落在郑州老城和沿北关被称为郑州商城的矩形商代城墙。从此，河南省文物部门对此进行了多次发掘。经考古发掘证明该城市早于安阳殷墟。

4. 西夏陵

西夏陵墓距银川约35千米，坐落在银川市西郊，位于东部贺兰山脚下的中间地段，南至贺兰山榆树沟，北到泉齐沟，东达西干渠，西至贺兰山都属于陵墓区。东西宽约4.5、南北长约10千米，总面积50平方千米。陵墓内现有9座帝陵、207座陪葬陵，每座帝陵都可以看作是一个独立存在的建筑，占地面积100 000多平方米，规模相当于北京的“十三陵”，陵园内有碑亭、月城、内城及角台等建筑。西夏王陵既具有唐代皇陵的基本特点，也效仿了宋代陵墓的建筑布局格式，同时还有西夏独特的特点。这种将独特形式的布局和建筑特色相结合的陵园，是传统文化与汉族、党项族西夏文化相互融合的结果。西夏王朝灭亡后，陵墓遭到严重破坏，地面建筑被完全摧毁，碑刻、砖雕等作品成为一堆碎片。然而，虽然外观被摧毁，但土冢和插在其中的木骨架一直存在。其规模宏伟，布局严谨，残存的夯土墓冢仍可显示出西夏王朝特有的时代气息与风貌，素有“东方金字塔”的美誉①。

① 黄婧：《宁夏旅游资源类型与功能结构分析》，《宁夏大学学报（自然科学版）》1999年第2期。

5. 淹城遗址

淹城遗址坐落在春秋时期吴国领地内，今在江苏省常州市南门外约7千米的武进区湖塘镇。这是保存最好的春秋时代地面城池遗址，也是一个三城三河形制的古代城市的典型，有中国第一龟形城市和中国第一水城的美誉。

建于春秋晚期的淹城距今已有2700多年的历史，是我国目前同时期古城遗址中保存最为完整的一座。淹城从里向外，由子城、子城河，内城、内城河，外城、外城河三城三河相套组成，这种建筑形式在中国的城池遗存中是独一无二的。

（二）濒危性和残迹性遗址的开发现状和开发模式

1. 大明宫遗址开发模式——原貌保护式

保护机构为确保遗址的完整划定了大明宫保护规划改造的范围，遗址及周边地区19.16平方千米的面积都属于第四次城市总体规划和改造的任务，必须实现整体改造。大明宫遗址区改造的周期为5年，与世界文化遗产的申报相配合，将分为以下三个步骤来完成实施。

第一步（2007～2008年）。启动建设大明宫遗址公园，基本完成了大明宫国家遗址公园范围内的拆迁工程，对大明宫遗址区19.16平方千米规划范围内的城市基础设施进行规划建设；

第二步（2009～2010年）。大明宫国家遗址公园开幕，周边地区开工建设，拆迁工作基本完成；

2007～2008年落实完成大明宫遗址区保护改造，初步建成一个功能齐全、环境优美、历史文化特色突出的现代城市示范新区。

2008年1月，西安唐大明宫遗址保护示范园区和国家遗址公园概念设计国际招标评审会召开。来自澳大利亚、以色列、日本、意大利、挪威等世界领先的机构的设计方案通过初选的评估；大明宫遗址展示示范园区的规划设计有了这些国内外专家团队的智慧结晶和优秀的设计理念，具备了充分的科学规划依据。

大明宫国家遗址公园是在原址3.2平方千米的基础上规划建设的，既属于保护区，也是现代城市生态文化公园的典范。

2. 洛阳王城公园开发模式——公园占压式

王城公园建设于1955年，名字的由来是因为建造在东周王城的遗址上。公园集牡丹文化、历史文化、人文花园与自然景观为一体，被称为“城市氧吧”，形成了独特的“精品牡丹、周鼎雄踞、河图洛书、靓思飞瀑、凤阙迎毂”等城市景观。公园辟有牡丹观赏区、牡丹文化区、历史文化区、游乐场、动物园五大景区。

历史文化区主要有河图洛书碑、根在河洛碑、纪胜柱、周鼎、九鼎壁、朱雀阙、周王城地面模拟图、韶乐台、东周故事墙等。王城遗址，记录着历代洛城的兴废更迭，并目睹了重大的历史事件，彰显了华夏古国的文明，所有这一切无不流露出放肆张扬的“王”气。

3. 郑州商代遗址开发模式——部分保护式

河南省人民政府于1956年8月将其列为文物保护单位。1961～1966年，经河南省文化局文物工作队调查，初步划定了保护范围，树立了保护标志，建立了群众保护小组。1975年，河南省、郑州市文物部门重划重点保护区和一般保护区，建立了永久性标志，建立了文物保护组织机构，发布了关于文物保护规定的通知公告等。河南省文物研究所于1981年建立郑州工作站，配合郑州商代遗址范围内的基础设施建设开展考古工作。成立于1985年的郑州商城文物保管所，负责保护商代遗址的文物。

4. 西夏王陵开发模式——博物馆式

西夏王陵虽然有9座帝陵和不下于200座陪葬墓，但目前开发力度很小，只开发了位于陵区东南部的被公认为是西夏开国皇帝的李元昊的泰陵，也就是3号陵。西夏王陵3号陵景区，旅游产品的开发如下。

第一，西夏博物馆。西夏博物馆坐落在陵东侧，建成于1998年8月，同年9月在这个我国第一座专题性的博物馆中举办了《西夏历史文物展》和《西夏研究成果展》。《西夏历史文物展》以实物、照片、图形、绘画、模型、声音和光等多种手段，力求充分展示西夏王朝丰富多彩的历史和文化。《西夏研究成果展》展示了西夏遗址的考古发现及历代研究成果。

第二，西夏艺术馆。根据史料记载的历史故事，以雕塑的形式配合人物的活动，再现西夏从拓跋部的崛起到西夏建国的历史进程，且馆内还建有西夏佛塔微缩景观。

第三，西夏民俗风情园。公园里有一个聚会包，工作人员穿着西夏服饰，名厨烹饪西夏美食如柴禾羊等。公园内有赛马场、射箭场、西夏行宫、西夏迷宫和其他娱乐设施。

第四，接待服务设施。现建有大夏宾馆客房、餐厅、娱乐中心、网球场等接待服务设施，并且西夏王陵景区内的道路堆石造景，绿树掩映，对园林式庭院进行了初步建设布局，并以游览观光车的形式接送游客进行全程游览①。

① 韩小忙：《西夏王陵》，甘肃文化出版社，1995年，第76～80页。

5. 淹城遗址开发模式——古今双轨风格开发式

春秋淹城遗址公园，规划总投资10 亿元，总面积230公顷（3450亩），分为三个部分：核心区域、入口服务区和野生动物世界（超过130公顷，2000亩）。出于对城市旅游资源的整合研究将野生动物公园建在了遗址周边。根据管理委员会的介绍，淹城遗址不是一个单独的收费景点，游客参观完动物园，可以从仿古建筑的入口直接进入核心区。野生动物园的选址为了维持城市发展与保护的平衡，建在了远离城市的郊区——古遗址的边缘。

遗址公园项目分两期，第一期规划面积约290公顷（4350亩），二期规划四五十公顷（600～700亩）的土地。通过项目的开发，建成中国唯一的体现春秋历史的文化品牌旅游区。淹城的开发有一个很好的构思，使城外博物馆式的实物展览与城内的古遗址相呼应，展现了浓郁的古文化氛围①。

6. 黄鹤楼开发模式——重建开发式

中国建筑和人工构筑物多为土木建筑，容易损毁。西方精雕细琢的典型建筑是石头材质的，可历千年而不朽。所以中国的遗址，特别是古建，屡屡重建重修。北京故宫虽只有数百年历史，但也经历了多次维修和重建。今南昌滕王阁是第29次重建，所以笔者赞成各地在保护好现有文物珍品的同时，选择一些代表性的遗址和名楼名阁恢复重建。朱元璋和宋濂都写过《阅江楼记》，南京600多年来却有记无楼。20世纪末，阅江楼终于建成，成为南京重要一景。重建部分已经圮毁的古建筑，一方面是旅游文化开发，另一方面也是文化传承工程，重现了文化标志。

（三）利弊分析

濒危性和残迹性遗址的开发利用根据具体情况，各显神通。国保单位几乎都是太岁头上不能动土，条条框框限制太多，这也是非常必要的。对此，我们简略地进行利弊分析。

1. 原貌保护式

为了保护遗址，大明宫院内建设符合国际惯例，并没有对大明宫建筑进行大规模重修，只是依据历史推理，建成大明宫正南门丹凤门，这不失为一种保护性展示遗址的方式。就连大明宫的宫墙也没有恢复建造实体墙，而是用树、竹子、石块等组成抽

① 王岳群：《虚拟现实技术在淹城原貌再现中的应用研究》，《东南文化》2004年第5期。

象的墙体，既让游客体会原貌，又没有破坏遗址本身的风韵[①]。

大明宫国家遗址公园以其极具代表性的十大看点受到了众多游客的青睐。十大看点分别为：①盛唐时期最具代表性的宫殿遗址；②世界上规模最大的考古遗址公园；③世界经典园林园艺景观系统；④经典的东方大遗址保护示范工程；⑤西安最大的城市“绿肺”、中央公园；⑥世界上最大的IMAX影院系统；⑦中国最具创意的“穿越唐朝”宫墙展示系统；⑧“体验考古”与“生态旅游”完美结合的文化展示系统；⑨世界遗址保护、建筑设计大师荟萃、著名机构共同参与完成的遗址保护作品；⑩具有21世纪世界先进水平及中国特色的文化遗产保护展示示范性工程。

然而，和许多拆迁工作一样，大明宫遗址区的拆迁面临着原住民因不满赔偿等原因引起的种种问题。因房地产的介入，使人产生一种“遗址公园可能是地产的噱头”之感。已开发出的众多项目，只有两三个是博物馆类的项目，其余的是已经计划好的商业建筑、酒店、住宅等。大明宫遗址公园建设高达100亿元的投资基金，以及预计建成后每年大约2亿元的遗址公园维护费用只依靠国家文物局等部门的支持是远远不够的，必须引入投资基金。

2. 公园占压式

王城公园大门楼为仿古建筑，红墙绿瓦，古朴端庄。以洛阳市金村出土的周鼎为模型，建造者复制了一个王权重器巨鼎设在迎门石壁前。园内东中部为牡丹亭，分布着牡丹园、人工湖、溜冰场、动物园和儿童乐园，以及大片草坪、假山、树木；公园西，变成了一个历史文化名胜，有竹迷宫、“河图洛书碑”、韶乐台、翠环廊、纪成亭、德胜门、纪胜柱碑群、天成阙、风湖、靓思斋茶室等，整个建筑再现了周代、汉代、唐代的风采。整个公园风景优美、树木繁茂、楼阁殿堂、布局紧凑。四季皆有风景：春天的牡丹、盛夏的荷花、秋季的菊展、寒冬的腊梅，令人目不暇接。

在遗址公园内滥为兴建的今天，王城公园是否还能保持其原有的优势，有待时间的验证。

3. 部分保护式

原来计划成立“郑州商代遗址博物苑”对郑州商代遗址进行开发，但并没有实行。虽然遗址早在1961年就已经是国务院公布的全国第一批重点文物保护单位，一个名副其实的“国保”。但是，随着郑州市现代化步伐的加快，破坏遗址的现象也频繁地发生着。实践证明，仅仅竖立几块“国保”单位的牌子，是无法保护遗址不遭到破

① 中国科学院考古研究所：《唐长安大明宫》，科学出版社，1959年，第30～34页。

坏的，行之有效的措施之一就是尽快成立郑州商代遗址保护机构，划定重点保护区域和一般保护区域①。

4. 博物馆式

西夏陵园是西夏历史、文化、建筑和社会的一个缩影，具有很高的历史和文化价值，也展示着历史年代中一幅幅美丽的画卷。它的存在对了解曾经辉煌一时的充满神秘和奇特感的西夏王朝具有不可替代的作用，能激发人们对古老历史的思考和记忆，以及追求人类发展历史真谛的激情。它以其特有的苍凉之美、独特的建筑风格、诱惑的“神秘”吸引着众多游客前来探寻历史的秘密。但它的缺点也是不容忽视的，目前旅游主题的文化意识不强，旅游资源开发的力度不够，已开发的旅游产品存在不足之处，基础设施不完善等是需要我们重点关注的。

5. 古今双轨风格开发式

淹城遗址公园的优势是项目的整体计划更合理，遗址的核心区保护及配套的硬件设施已建设到位。入口配套区建筑风格、广场雕塑等与遗址的固有风貌相协调，保持了风格的整体一致性。缺点是淹城遗址公园的整体保护理念贯彻尚不到位，各种文化资源展现衔接欠缺，遗址文化内涵挖掘不足，现已展示的文化资源与游客期待的还有距离②。

6. 适当重建式

适当重建是正确的选择。我们认为，适当重建可以重现昔日辉煌，更好的展示中国文化风貌。例如，南京明故宫是北京明故宫的范本。《明史》记载，北京故宫其“门达规制，悉如南京”。只是在太平天国时被拆毁。如果重建，应该寻求新的用处。南京自两晋以来，在北方战乱时相对稳定，因而，原汁原味地保存了中原文化的精华。南京，多次是中华民族中文化的复兴基地，是中华民族优秀文化的代表。很好的研究和展示这个专题是必需的。因此恢复建设南京明故宫三大殿连同周围相关遗址，作为中华文化复兴博物苑是否可行，是可以研究的。

当然，恢复重建部分该遗址古建筑不是大兴土木，全面开花。时过境迁，历史虽有惊人的相似，但并不会重演。我们只是主张重建部分精华。南京明故宫也不可全面重建。东西宫遗址已全部被军队建筑占压，也无必要重建。珠海圆明新园不伦不类。横店试图全面重建圆明园被有关部门叫停（当地已自行复建）。圆明园是中国国耻之

① 〔美〕贾斯廷·哈德森著，孙硕译：《博物馆建筑》，中国轻工业出版社，2001年，第43～46页。

② 王景慧：《城市历史文化遗产保护的政策与规划》，《城市规划》2004年第10期。

碑，清王朝的腐败之碑，不可造次。目前的遗址公园式保护绝对正确。

唐大明宫遗址复建了丹凤门，其余采用遗址公园的保护方式比较合适。但笔者认为，大明宫最具代表性的建筑是含元殿，如能重现昔日风采，将是影响国内外的大工程。

四、国外残存遗址开发利用及对中国的借鉴

（一）国外濒危性和残迹性遗址的开发利用方式

保护文化遗产并不排斥对其进行合理利用。无论是德国、法国等发达国家，还是埃及等发展中国家，多姿多彩的文化遗产是吸引游客的重要旅游资源。国外许多国家在遗址开发与利用方面取得了很大的成就，但各国在开发和利用方式上又各具特色①。

1. 整体开发利用方式

遗址公园。在德国、意大利和日本，建遗址公园成为保护利用遗址的主要整体方式之一。例如，德国明斯特的古城墙已经全部被破坏，该市在原城墙所在位置建成了环城带状园林，植物造景上选择树木花卉，并与游乐和休闲设施配合，既让游客看到了作为纪念意义的城墙，又能感受到古城墙的宏大气势，同时还为游客提供了娱乐和休息的地方。法兰克福把城墙遗址建成了一个有高大树木的公共绿色空间，布置了很好的步行小道。意大利的一些遗址则是把考古遗迹维修的建设同保护文化生态景观融为一体，具有迷人的魅力，令人震惊。日本极为重视遗址公园建设，许多遗址在考古发掘工作完成以后都进行了保护利用方面的建设。现在已建成一大批环境风貌协调、各具特色的遗址公园，如奈良的平城宫遗址公园、京都的平安京遗址公园②。

遗产廊道。美国采取遗址区和绿色走廊相结合的方式整体保护遗址，大面积使用遗产廊道的保护模式。遗产廊道包括各种各样的遗产，它将文化遗产保护提在首位，同时强调经济价值和自然生态系统的平衡。遗产廊道不但保护了线形遗址，而且通过适当的生态恢复措施和旅游开发手段，使区域内的生态环境得到恢复和保护，使一些原本缺乏活力的点状遗址重新焕发青春，成为现代生活的一部分，为城乡居民提供休闲、游憩、教育等生态服务③。

---

① 苏伯民：《国外遗址保护发展状况和趋势》，《中国文化遗产》2005年第1期。

② 李海燕、权东计：《国内外大遗址保护与利用研究综述》，《西北工业大学学报（社会科学版）》2007年第3期。

③ 王志芳、孙鹏：《遗产廊道—— 一种较新的遗产保护方法》，《中国园林》2001年第5期。

2. 局部开发利用方式

（1）原貌保存。韩国注重文化遗址的原貌保存，严格保护文化遗址及其周边环境，不允许盲目开发，一些古墓群、古窑址保存得相对完好。对遗址区发掘出土的一片瓦当、一块方砖或高丽时代的一小段墨等都精心地保护并进行展示①。

（2）局部多方式展示。日本对遗址保护的展示方式主要有露天保护、覆罩保护、地上复原、陈列和发掘现场展示。即使对同一类遗址也采用不同的展示方法②。

（3）渐进式复原保护展示。日本对没有被现代城市叠压的故城遗址多采取遗址公园的整体保护利用模式，而对被现代城市完全叠压的遗址则采用了保护与城市建设协调共进、逐步复原保护的方式。

（4）遗址博物馆。在德国，古建筑遗址在历史文化遗迹中所占的比例很大，对其利用的局部方式主要是建设博物馆、展览馆、缩微景观，如柏林的夏洛滕堡宫博物馆就是在遗址原地进行了同比例的全面修整恢复③。

（二）对中国遗址保护的借鉴

国外在遗址保护管理和保护与利用模式方面各有特色，这与各国的国情是分不开的，在遗址保护与管理方面有很多值得我们学习的地方。

1. 遗址保护管理存在的问题

在2351处国家重点文物保护单位中，古遗址、古墓葬达710处，符合遗址标准的为583 处，占总量的1/4，由此可见我国的遗址数量是十分可观的。鉴于目前的形势，各级政府仍然没有分配足够的资金用于保护和管理遗址，遗址正面临着快速城市化和自然破坏的威胁。保护管理主要靠国家和地方政府有限的资金，而很多遗址保护机构的拨款仅能支付员工的薪酬，何来资金保护遗址？这也正是有资源却没有收益的一个主要原因。

若要打破这种循环，就要变“输血”机制为“造血”机制，鼓励企业参与管理和运作遗址，政府主要负责保护与监督遗址，从法国政府管理的“国家建筑师”制度得到启发，派驻监督员到遗址区，对企业的行为进行约束。

---

① 谊邻：《鱼与熊掌之兼得——韩国保护文化遗产的启示》，《当代韩国》2000年第1期。

② 张松：《日本历史环境保护的理论与实践》，《清华大学学报（自然科学版）》2000年第1期。

③ 周干峙、郑孝燮等：《关于保护和展示历史文化名城风貌的建议》，《城市规划》2002年第7期。

遗址的开发和保护投资大，见效慢。因为其被社会和旅游界所认识需要有一个漫长的过程，且对遗址的欣赏也并不是一个大众的概念，只有那些具备了一定文化欣赏能力的游客才能更好地从遗址中得到旅游的美感。因此，对遗址的开发一定要找准切入点，做好投资估算分析。

2. 遗址的整体保护模式

国外遗址保护与利用最普遍的模式是建立遗址公园，将遗址本身及周边的自然环境进行妥善保存并有效展示。遗址公园是对有效保护下来的文物及遗址进行展示，即将已经发掘或尚未发掘的遗址完整地保存在公园范围内，同时它又是有所展示的遗址[①]。通过遗址公园来保护历史环境风貌，加强生态环境建设，既有效保护了遗址，又改善了生态环境，满足人们“回归自然”的愿望，提醒人们关心和爱护人类未来的生存空间。

遗址公园的模式适用于对城市建成区内的或者城市近郊的遗址，如圆明园遗址、大明宫遗址、兴庆宫、洛阳王城公园、淹城遗址等均可采用遗址公园的模式。至于线形的遗址，如大运河遗址、丝绸之路遗址等采取遗产廊道的模式不失为一种很好的方法。通过遗产廊道的多点建设，不但可以整体保护线形的遗址，而且对植被的恢复和保护也能优化当地的生态环境。建设遗产廊道，变原先零散的遗址点为区域性的整体，再加上系统解说、游道组织，肯定能使大量的遗址焕发活力，从而促进文化旅游的兴盛。南京正在着手建设的明代外郭城垣遗址带状郊野公园也是一种遗产廊道模式。

3. 遗址的局部保护模式

建造遗址博物馆是国外对遗址进行局部展示采取的最普遍模式，但我国遗址众多，不可能每个都建博物馆，只能选其典型进行建设，如西夏陵、郑州商代遗址等已经建设或准备建设博物馆。在世界范围来说，我国的遗址与日本的遗址在性质上是最为接近的，因此可以多向日本学习，针对不同的遗址类型制定不同的保护展示措施，一切从实际出发，如遗址的露天保护、地上复原、现场展示、覆罩保护和建陈列室等，当然对同一类型的遗址同样能用多种不同的措施，在设计意图、环境衬托、细部处理上制造差异，避免有雷同之感，以独特之美存在。总之，在有效保护的前提下，

① 孟宪民：《梦想辉煌：建设我们的大遗址保护展示体系和园区——关于我国大遗址保护思路的探讨》，《东南文化》2001年第1期。

应该综合运用多种展示手段，使游客在身临其境时有所感觉、有所体会、有所领悟，达到重温历史、增长知识、荡涤心灵的目的。

五、结语：积极进行旅游开发利用是正确道路

综上所述，残址型古都的濒危性和残迹性遗址（也包括完整性古都和半完整性古都的同类遗址）的旅游开发利用，大体有积极保护开发和消极保开发两大类。建设博物馆和适当重建是积极保护开发；建立保护机构，设立保护标志是消极保护开发。

总而言之，对残址型古都濒危性和残迹性遗址必须积极地开发利用，消极地保护难度很大。对其有选择地进行复建重建，是旅游开发利用的正确道路。此类遗址很多，全部复建不仅没有可能，而且没有必要。圆明园遗址的重建提议绝对是劳民伤财、腐朽没落的思维方式。圆明园遗址应该永远成为中国人民声讨侵略者的铁证而存在，而不是一个不伦不类的新修的建筑。

各地成功复建的一些代表性的名楼名阁，如黄鹤楼、滕王阁、阅江楼、鹳雀楼选址重建事实证明是成功的。这些景点耗资不多，影响极好，旅游吸引作用明显。

当然，早期遗址复建应该相当慎重，因其艺术价值和观赏价值都不高。

民族学的材料记载，可以帮助我们了解当时的情况：顾炎武在《历代帝王宅京记》引《大金国志》记载："女贞之初无城郭。国主常浴于河，牧于野。屋舍、车马、衣服、饮食，与其下无异。国主所独享者，唯一殿，名曰乾元。所居四外栽柳，以作禁宫而已。其殿宇饶壁尽置火坑，平居无事则锁之。或时开锁，则与臣下坐炕，后妃躬侍饮食。"由此可见初期王室宫殿的大致情况。

从时代和民族学的材料看，早期的遗址，建筑简陋粗糙。西汉长安城，遗迹显示转角处用双柱（不会一柱两面使用），柱础只是用大卵石平面向上，可见重建意义不大。张衡的《西京赋》夸张成分很大，不可真信。汉代尚无瓦顶建筑，雕刻技艺极其原始。试想，我们如果在汉长安城遗址建了很多土墙茅顶的简易宫殿，恐怕不是大家愿意看到和欣赏的。西安半坡遗址、安阳殷墟、郑州大河村，都曾经仿建过民居和宫室，效果是大家都知道的。中国的瓦顶建筑普遍流行是在魏晋南北朝时期，并且出现了琉璃瓦。洛阳永宁寺遗址有大量的黑色琉璃瓦，大同北魏遗址近年发现彩色琉璃瓦。西安兴庆宫公园局部选择性复建沉香亭等，是成功的范例。采用绿色琉璃瓦也是有根据的。

濒危性和残迹性遗址的旅游开发利用是一个漫长的过程，也是一个不断探索的过

程，国外的保护与利用模式为我们提供了借鉴的蓝本，但绝不能盲目照搬。由于我国的国情不同，遗址的遗存现状、特征、类别、价值等各有不同，不可能简单地采用几种保护与利用模式就能解决所有的问题，模式只是为我们在处理保护与开发的关系时提供了新的思路。因此针对遗址个案，需要对遗址进行综合调查研究，找出自身特点，制定具体的保护与旅游等开发利用对策。

“以水为屏，以水为景”是中国早期王都的重要特点之一

郭胜强

（安阳师范学院甲骨学与殷商文化研究中心）

摘　要　水是生命之源，是人类赖以生存、发展的基础性资源。在中国早期王都建设中，人们就充分认识到水的意义，千方百计地利用水资源。夏代的都城阳城、商代早期的都城郑州商城和晚期的都城安阳殷墟，在都城的营建中都较好地利用了自然水系，形成了“以水为屏，以水为景”的特点。

关键词　禹都阳城　郑州商城　安阳殷墟　洹水

水是生命之源，是人类赖以生存、发展的基础性资源。在中国早期王都建设中，人们就充分认识到了水的意义，千方百计地利用水资源。位于现在登封市告城镇的王城岗遗址，经我国几代考古工作者的努力，特别是2002～2005年，“中华文明探源工程”的正式启动。课题组采用考古学和现代科技手段，将人文社会科学与自然科学相结合，对王城岗遗址重新发掘，在这里又发现了一座面积达30余万平方米的带护城壕的龙山文化晚期大城址，这是目前在河南境内发现的最大的龙山文化晚期城址。经过^{14}C采样测定，推定大城城墙年代上下限的中间值为公元前2055年，与文献推定的夏之始年大致相符。经过多学科众多专家的联合攻关，最后夏商周断代工程委员会宣布：王城岗是夏朝初期都城即禹都阳城，约在公元前2070年。禹都阳城位于登封市告成镇告成村西北五渡河与颍水交汇处的土岗上，充分利用了水资源。

郑州商城是商代早期的都城遗址，是商汤之亳都。郑州商城遗址坐落在今河南省郑州市区偏东部的郑县旧城及北关一带。商城平面为长方形，城垣周长6960米。其中南墙与东墙各长约1700、西墙长约1870、北墙长约1690米。墙基最宽处达32米，地面上残留最高约5米。郑州商城内出土数以万计的文物，其中最珍贵的有青铜器、玉器、骨蚌器等，反映了商汤开国后的繁荣发展。郑州商城周边有金水河、贾鲁河、索须河、熊耳河等河流，纵横交错，滋养润泽了厚重的中原文化。

商代后期的都城安阳殷墟同样重视水利，注重生态环境因素，充分利用了洹水资源。中国社会科学院考古研究所安阳工作队的专家曾指出：“商王朝长期定都于殷，

大概与这一带生态环境的优越不无关系。殷墟地处太行山东麓，从历次发掘的居住遗址和墓葬内出土的家畜和多种野生动物的遗骸，不难看出当时的生态环境较现在更具有多样性。”他们分析了殷墟出土的褐马鸡、丹顶鹤、翠鸟等大型的栖息于水泽地的鸟类骨骼后进一步明确：“几种不同的生态环境中生活的鸟类，在安阳殷墟的发现，是这一地区生态环境、自然景观多样性的反映……殷墟时期安阳一带除洹水之外，溪流、沼泽也较多，气候较现代温暖。”①中国社会科学院历史研究所研究员孙亚冰、林欢在《商代地理与方国（商代史）》卷十中也论述了殷墟的生态环境：“殷墟动物、古土壤、植物三方面的证据证明商代中、后期以殷墟为代表的北方地区，气候较今日温暖湿润，环境适宜，既有茂密的森林，广阔的草原，也有大片的沼泽，丰富的河流，这里的动植物兼有北方和南方两种特征。”②

洹水发源于太行山深处，至西向东流经安阳，在安阳东部注入当时的黄河。小屯一带地势高旷，洹水在这里形成一个港湾，折向南然后东去，北部、东部两面都濒临洹水（图一）。殷都选择在这里，既便于取水灌溉方便人们的生产生活，也不至于遭受水淹之患。这种环境，正是中国古代风水方家所称道的“水口吉方”，河水绕经呈现“河曲环抱”状，可以“聚气留财”。还有论者指出：“洹河的北段流向与我国西北高，东南低的地理环境一致。因河水是冬暖夏凉，冬季刮西北风，夏季刮东南风多，这样可利用大自然的风吹动河水之气来调节殷王都城的小气候。”③撇开迷信色彩，其中包含一定的科学道理，经钻探安阳市的地下水蕴藏呈葫芦形状，殷王宫正好位居葫芦的中央，为“强富水区”，也是今天人们科学选择城市居住环境的理想之地④。

为了充分的利用自然水系，人们在殷都的西部和南部又开挖了一条大壕沟。经过20世纪50～80年代的殷墟发掘，基本揭示了殷墟大壕沟的全貌。大壕沟在宫殿宗庙中心区以西约200米处，北端伸向洹河南岸，与洹水相接，由北向南略偏西方向延伸，由殷墟花园庄村西直达村南大道。至此大壕沟向东延伸，东端与洹河西岸沟通。大壕沟南北全长1100、东西全长650米，恰好环绕在宫殿宗庙区的西、南两面，与东、北两面洹河河道形成一个外环整体。大壕沟是人工挖成的防御性设施，当然也可用来汲水灌溉、排泄洪水，并美化自然环境。

池苑是古代王都宫城不可或缺的组成部分，文献中也有晚商池苑的记载，《尚

① 中国社会科学院考古研究所编著：《安阳小屯·夏商周断代工程丛书》，世界图书出版公司，2004年，第2页。

② 孙亚冰、林欢：《商代地理与方国（商代史）》卷十，中国社会科学出版社，2010年，第26页。

③ 殷墟博物苑导游解说词。

④ 安阳市水利局安阳市水利志编辑委员会：《安阳市水利志》，黄河水利出版社，2005年，第一章第一节“水利资源”。

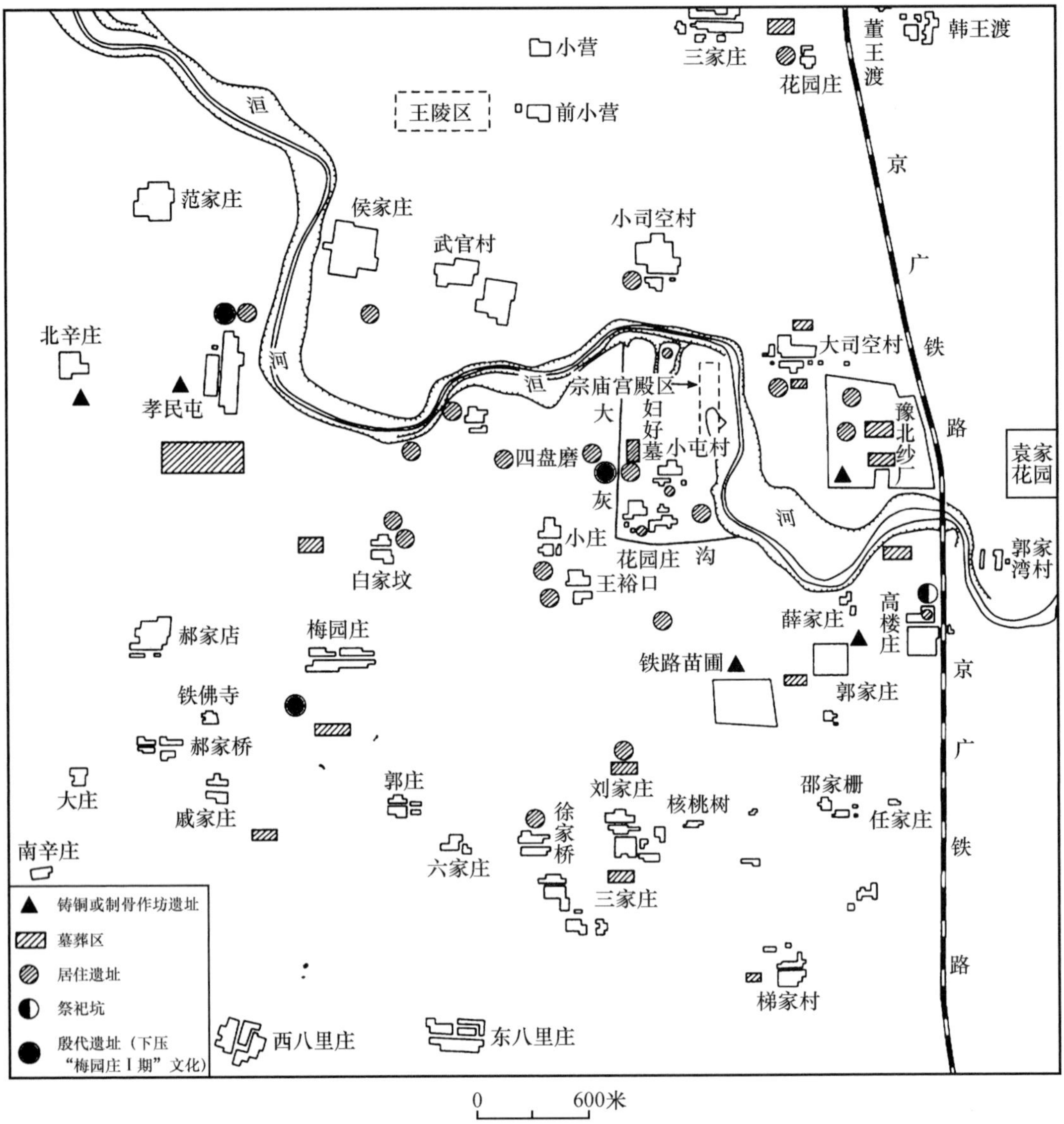

图一　殷墟示意图

（采自中国社会科学院考古研究所：《夏商周断代工程丛书·安阳小屯》，北京：世界图书出版公司，2004年，第3页）

书·秦誓》：“今商王受（殷纣）……惟宫室台榭陂池侈服。”在殷墟考古发掘中也曾发现了一些池苑遗址的迹象，20世纪30年代中央研究院历史语言研究所考古组在殷墟小屯发掘建筑基址时曾发现众多的水沟，在乙九基址下面发现一个方形水池（编号

K1），既是排水系统，也是池苑的一部分[①]。

2004年社会科学院考古研究所安阳队在小屯宫殿宗庙区进行钻探时，在丙组基址的西北，乙组基址的西侧，发现一个面积不小于5万平方米的大水池遗址。大水池平面呈东西长的椭圆形，东西径不少于250米，南北径不少于170米。其东北部有一条宽阔的水道，向北伸出直通洹水南岸。水池和水道整体形状犹如一只靴子，靴子口与洹水相通（图二）。20世纪30年代发现的众多水沟，都向西汇入了大水池和水道中。

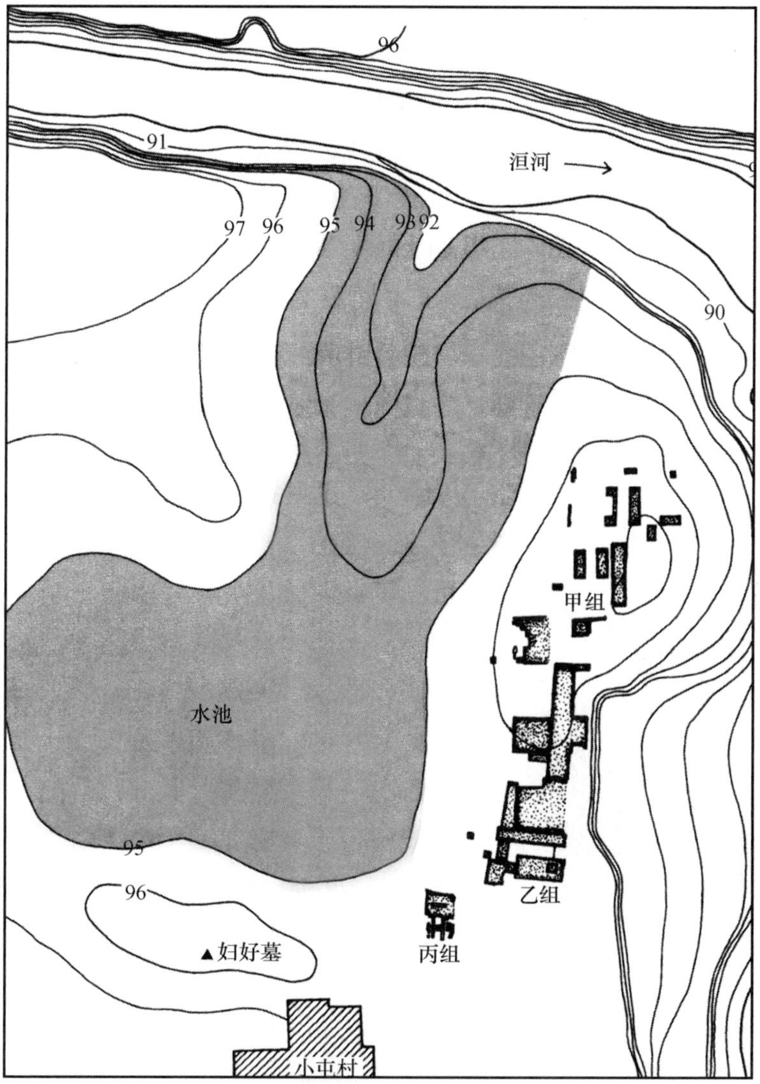

图二　殷墟宫殿区大型水池平面图

（采自杜金鹏：《殷墟宫殿区建筑基址研究》，科学出版社，2001年，第37页）

① 石璋如：《小屯第一本·遗址的发现与发掘乙编·殷墟记载遗存》，“中央”研究院历史语言研究所，1959年，第237页。

在水池和水道的东侧和南侧，发现数座夯土建筑基址，基址边缘距离水池仅数米，当是旁临池苑的亭阁台榭之类的建筑遗迹。发掘者认为："小屯宫殿宗庙区的甲、乙、丙三组建造基址以及妇好墓以东的数十座夯土建筑，都是围绕大型池苑的遗址。所谓池苑遗址，就是宫殿宗庙区建筑之初规划好的取土坑，房子建好之后，将取土坑进行修整即成为即可排水、储水又可以游玩的池苑。不仅小屯宫殿宗庙区如此，各族邑聚落也是如此。"①

四周河水环绕，城中沟渠溪流纵横，池苑碧波荡漾。中国社会科学院考古研究所研究员杜金鹏总结殷墟宫殿建筑风水制度是"泽高而处，据阜而建；以水为屏，以水为景"②，是对中国古代早期王都建设利用水资源的一个很好总结。

殷都的水源主要依赖洹水，人们对洹水无限热爱、崇拜，并视之为神灵。甲骨文中有洹，写作《粹》1061、《簠地》47或《缀》476，论者说其为形声字，从水为形，从亘为声。其实亘乃是洹水曲折迂回的形象。甲骨卜辞中多有对洹水的记载，董作宾的《殷墟文字甲编》（简称《甲编》），郭沫若主编的《甲骨文合集》（简称《合集》）等甲骨文著录著作中都有祭祀洹水的内容。姚孝遂先生在《殷墟甲骨刻辞类纂》（简称《类纂》）中列出了26条③，内容较完整的有一半左右，其中有：

（1）燎于洹。（《甲编》903）

（2）戊子，贞：其燎于洹泉，三羊，宜羊。（《合集》34165·4）

（3）戊子，贞：其燎于洹泉，大三牢，宜牢。（《合集》34165·5图三）

（4）□□卜，出贞：侑于洹，九犬、九豕。（《类纂》22413）

（5）庚午卜，其侑于洹，有雨。（《类纂》28182）

图三　甲骨文祭祀"洹泉"的记载
（采自王宇信、杨升南、聂玉海主编：《甲骨文精粹释译》，云南人民出版社，2004年，第1141页）

"燎"是殷商时期的一种祭祀，常用来祭祀祖先、天地、神灵等，前三辞都是对洹水进行燎祭的记载。后两辞中的洹泉，当是洹水之泉源。第二辞祭祀用品是三对羊，并俎陈剖杀一对羊。第三辞祭祀用品是三对牛，并俎陈剖杀一对牛，可见对洹水祭祀之隆重。"侑"也是一种祭祀，第四辞对洹水祭祀用九只狗，九头猪。狗看家狩猎，对主人忠心

① 岳洪彬、何毓灵、岳占伟：《殷墟都邑布局研究中的几个问题》，《三代考古》（四），科学出版社，2011年，第271页。

② 杜金鹏：《殷墟宫殿区建筑基址研究》，科学出版社，2010年，第426页。

③ 姚孝遂主编：《殷墟甲骨刻辞类纂》，中华书局，1989年，第487页。

耿耿，很受殷人喜爱，也是为主人殉葬的必需品，一次祭祀用九只狗可见其重视程度。

但是，毕竟水火无情，洹水泛滥也会给人们带来灾难，因此人们进行预测天是否会下雨，洹水是否会泛滥带来灾难，并采取措施对洹水进行初步的治理，以减轻灾害。甲骨卜辞载：

（6）癸未卜，兹夕有大雨。兹御，夕雨。于之夕，有大雨。（《后编》下18）

（7）□□卜，殻贞：洹其作兹邑祸。（《合集》7982·4）

（8）辛卯卜，大贞：洹引否敦邑。七月。（《合集》23717）

第六辞是说在癸未日举行占卜，晚上是否会有雨，为此举行了御祭，当晚有大雨。第七辞是贞问洹水会不会泛滥危害城邑。第八辞是一条完整的卜辞，其中的"引"原来释为"弘"，现学者认为当释作"引"[①]。大意是说在辛卯日举行占卜，由贞人大主持，贞问引导分流洹水是否会危害城邑。殷墟大壕沟的作用洹水泛滥时就彰显出来，可以疏导分流洪水，城中的大水池也可蓄水，减轻主河道的压力，这乃是人们初步治理洹水，改善生态环境的成果。

① 于豪亮：《说"引"字》，《考古》1971年第5期。

中国城市与古都自然生态环境初步研究
——兼论开挖第二黄河，改善河南生态环境

叶骁军[1]　温一慧[2]

（1. 苏州科技大学旅游系　2. 昆山登云科技职业学院商务系）

摘　要　本文以人类社会发展为主线，论述城市的概念和特殊的城市——首都及首都圈的概念和作用。文章总结了城市生态系统的特点，提出城市是不完全的生态系统，分析城市对生态系统的破坏。文章赞同专家提出的把自然引入城市，建设“山水城市”的理论。文章最后提出，开挖第二黄河，改善河南生态环境。

关键词　城市　古都　自然　生态环境　第二黄河

引子：人类社会发展的三个阶段

生产工具决定生产方式，生产方式影响人的思维。人类社会产生以来，从工具学的角度看，经历了三个发展阶段：粗制工具时代、精制工具时代和大机器生产时代。

粗制工具时代主要指旧石器和新石器时代。那时的工具极其简陋，经过简单的一次加工就可使用。社会的主要功能是保证充足的食品。

精制工具时代是铜铁器时代。这时的工具要进行二次或多次加工。

大机器生产时代开端于西方的工业革命。至今天，又加入了信息化及软件时代。但软件的发展与掺和并没有终结大机器生产方式。信息软件的植入，使大机器生产时代进入机器和软件并存的局面。

现代意义的城市是与机器大生产同时产生的。大机器生产时代的城市是现代城市的滥觞。

在粗制工具时代，是不可能有城市的，虽然这个时代很长，大约占了人类社会的99%以上。

中世纪属于精制工具时代，城市从萌芽到逐步发展成熟。城市主要是政治军事功能，经济功能不很突出。城市运行的支撑是靠广大地区征收的税负。城市本身产生的经济效益不足以支撑城市的运转。城市已经有手工工场，也有了商业和货币，但人数

较少。经济效益规模不大。在中国汉魏六朝时代，已经有相当规模的城市。唐代以前，商业等活动还限于在市场内进行。宋代才开始有沿街商店和手工工场。明初有了资本主义的萌芽，明清时代才开始有现代意义的城市。

一、城市，包括古都，是超级综合社会系统

（一）关于城市的概念

城市，是谁也说不清楚的一个概念，但城市却是一个客观存在。面对生机勃勃、车水马龙的城市，专家们众说纷纭。

经济地理学家认为，城市的产生与发展是与劳动和地域分工的出现和深化分不开的。

社会学家把城市看作生态社区并认为城市是社会化的产物。

经济学家认为，所有的城市都存在人口和经济活动在空间上的集中这一基本特征。

生态学家把城市看作人工建造的聚居地，是当地自然环境的组成部分。

建筑学家认为，城市是多种建筑形式的空间组合，主要是为聚集的居民提供有良好设施的适宜于生活和工作的良好环境。

市政管理专家和政治家过去把城市看做是法律上的实体，现在把城市看做是公共事业的经营部门，提倡有效的规划和管理。

说到此，我们对城市的概念真是有些模糊不清了。

系统论认为，城市首先是一个社会系统，只有有了人类社会，才能有城市，没有人类社会的城市外壳，充其量只是城市废墟。

直到20世纪初叶以前，实际上的城市已是长期存在的客观事实。在行政体制上，城乡一体。但法律意义上的城市的出现，却是20世纪20年代的事。我们现在指称的“城市”，是指以一定的立法和行政程序设置的不同级别的一种行政单位。1921年，中华民国北京政府以“大总统教令”的形式，颁布了《市自治制》。但此时的“市”，仅是一种自治团体，不是一级行政实体，各自有不同的暂行条例，既没有共同适用的组织法，也没有明确的区划界限。

1928年7月，南京中华民国国民政府对原来的市建制进行了改革，颁布了《特别市组织法》和《普通市组织法》，正式将市定为地方行政区域，并根据地位与规模，将市分为隶属于中央政府的特别市和隶属于省政府的普通市。1930年，颁布了《中华民国市组织法》，不再区分特别市与普通市，而根据其行政地位与隶属关系，分为行政院辖市与省辖市。至此，市，也就是我们通常所说的城市，由实际存在的城市实体，

转而成为法定的行政区划。它们从一般省、县行政区划中分离出来而成为城乡分立的特殊行政区域。

欧洲在奴隶制时曾经孕育了著名的奴隶制城邦国家，如雅典、斯巴达克等，从而创造了灿烂的古希腊文化。

到了中世纪，欧洲的城邦国家蜕化为军事政治城堡。然而，资本主义的发展，给西方城市注入了新的巨大的活力，使西方涌现了像伦敦、巴黎、纽约、洛杉矶这样具有世界意义的国际大都会。

马克思曾经指出："只有法国这样的国家才能创造巴黎。只有当你看到了这一美丽国家的惊人财富时，你才懂得这个光辉灿烂、宏伟壮丽的无与伦比的巴黎是怎样产生的。"

"城市本身表明了人口、生产工具、资本享乐和需求的集中。"

今天，现代意义的城市，从系统论的观点来看，已由最初的军事城堡，发展为一个超级的综合社会系统。

系统论把城市看作一个耗散结构。

耗散结构理论是由比利时物理学家普利戈金（I. Prigogino）提出来的。他认为，一个远离平衡的开放系统，在外界条件变化达到一定阈值时，量变可能引起质变，系统通过与外界不间断地交换能量与物质，就可以从原来的无序状态变为一种时间、空间和功能的有序状态，这种非平衡状态下的新的有序结构，就叫做耗散结构。一座城市就是一个耗散结构，它每天输入食品、燃料、日用品、工业原料、商品。同时输出产品废料，才能保持稳定有序的状态，才能生存下去。

城市系统，包括古都系统，是人工创造的，是一个超级系统。系统分为一般系统和控制论系统，多个矛盾要素的统一体就叫系统。这些要素也叫系统成分、成员、元素或子系统。如果用{A}表示组成系统S的要素全体，{R}代表各要素间的各种关系（矛盾），则S={A，R}。

这是按系统定义列成的集合数式。从城市学的观点看，S代表城市系统，而A是组成城市系统的子系统，R表示子系统之间的相互关系。物理、工程系统称为硬件系统，而以人的主观意识为转移的系统是软件系统。城市系统中有建筑物、道路等硬件系统，也有城市管理、城市文化意识等软件系统。

硬系统的内部结构一目了然，如房屋，我们可以清楚地看到各部分的结构、形状和功能；而软系统却不是如此简单。控制论中，把前者叫做白箱，后者叫做黑箱。生物系统、生态系统介于软、硬系统之间，叫做灰箱。城市系统是白、黑、灰三箱兼而有之。城市的建筑物、道路系统是白箱，城市的有机运行是黑箱，而城市生态系统是灰箱。即使是城市建筑物、道路系统，它也不同于一般的白箱。建筑物的功能、道路的功能必须正在发挥作用。建筑物的居住、办公或存储等功能，道路的行车或行人的功能，正在发挥作用。它才是城市系统的一部分，即城市系统的子系统。否则，如前所述，它只是废墟，而不是组成城市系统的元素。

（二）城市控制系统的回眸

城市系统论和控制论的观点虽然是现代科学，但任何科学都不是无源之水，无本之木。我国古代很多城市已经运用了朴素的不自觉的系统控制观点来进行管理和控制。它们创造了光辉灿烂的控制理念。

对城市体系和形态功能的控制，主要体现在首都圈的规划和陪都制的久远流传，共同发挥着政治控制和经济控制的作用。

西汉时代采用城市经济区控制全国经济，是充分发挥城市经济、交通地域特色的典范。

历史已成过去，今天对城市历史遗产的回眸和控制亦不可忽视。

1. 特殊城市圈——首都圈及其控制系统

城市不是孤立的一座城池，城市总是力图控制其周围的一定区域，使其为自己服务，这就是我们所说的城市圈。首都是特殊的城市圈。我们从控制论的观点出发主要讨论首都的行政辖区与卫星城、首都的行政机构及职官设置等。这几个问题联系比较密切，行政管理工作会有一定的借鉴作用。比如城市的管辖范围，就都城而言，自秦汉以来一直是较大的，只是到了北洋政府时期才突然缩小了。新中国成立后，我国城市在实行大郊区制（管辖数县）与小郊区制（不辖县）问题上，摇摆过多次。20世纪80年代初，首先在江苏、辽宁推行市管县体制，大大扩大了城市的管辖范围，有利于消除城乡分割，充分发挥中心城市的作用，促进城乡经济、文化交流。也可以说，这是对古代“大郊区制”的一种借鉴。

作为首都，它不能是孤立的一座城市，必须有一定的地域范围作为支撑的基础。自古以来，中国历代都城都是当朝的大城市，无论在政治、经济、文化、交通上，都是全国最重要的中心。这个情况与西方的一些国家不同。西方有些国家的首都，如美国首都华盛顿、澳大利亚首都堪培拉都只是政治中心，城市规模也不大。我国只是在明清以来，东南地区出现资本主义萌芽后，首都经济地位才开始退化。

所以古代首都必须有较大的地域范围才能更好地发挥作用，这个地域，我们称之为首都圈。首都圈可以分为直辖区和外围区两部分。首都直辖区是首都行政上直辖的近郊区，一般为数县、十余县，大者二十余县。首都外围区一般不在首都行政机构的直接管辖之下，但在同一大行政系统，即同一个国家一级行政区的管辖之下。

对于首都圈的范围与作用古人已有论述，《汉书 · 地理志》以王畿为中心，每500里内为一个单位，分别称为甸服、侯服、要服与荒服。

“五百里甸服，百里赋内总，二百里（内）铚，三百里纳戛服，四百里粟，五百里米。”①

这就是说，首都四面五百里内称为甸服。甸服之内，又分五个等级，每百里一个等级，分别规定不同的任务，内（纳）总、制、戛服、粟和米。

当然，这仅仅是一个理想的王国，自然界的复杂情况不可能是这样机械的，但古人的设想给我们一个启示：首都内距离的远近应有不同的分工与作用。

西汉的都城长安城是我国第一个系统的封建王朝的首都（秦咸阳是战国时秦都咸阳的继续，不在此例）。汉长安的首都圈很明显地分为直辖区和外围区两部分。汉京兆尹所辖长安等12县，面积达8599平方千米，19万户，68万余人。在京兆尹之外尚有“三辅”的左冯翊与右扶风45县。它们捍卫在首都长安的周围，形成严密的首都圈。整个“三辅”实际上囊括了全部关中地区。

关中当时称为“天府”“陆海”之地。“其民有先王遗风，好稼穑，务本业，故《豳诗》言农桑衣食之本甚备。有鄠、杜竹林，南山檀柘，号称陆海，为九州膏腴。始皇之初，郑国穿渠，引泾水灌田，沃野千里，民以富饶。”②司马迁曾明确提出：“故关中之地，于天下三分之一，而人众不过什三；然量其富，什居其六。”③

在这样一块富庶之地建立的长安，“京师之钱累巨万，贯朽不可校。太仓之粟陈陈相因，充溢露积于外，至腐败不可食”④。可见，当时的京师长安，不仅富室“千室万户”，亭台楼阁高耸，而且在经济与物质的供应上有着坚实的基础。

首都圈内，京城周围着意发展和建立起一系列县级城市，这是首都的卫星城。汉代在首都长安周围奉行陵邑制，即在每个皇帝的陵园附近建立一座陵邑。汉初共置陵邑7座。它们不隶属于郡，直属太常。元帝永光元年（公元前43年），诸陵邑分属三辅。“汉初徙关东豪族以奉陵邑，长陵、茂陵各万户，其余五陵各五百户。”⑤所以每个陵的周围除了护陵的官员、臣僚、宫女、守陵卫队，加之五百户或一万户由各地迁来的富豪，形成一个数万人的繁华城镇。这些城镇的作用一方面是“奉陵邑”，另一方面也使长安周围更加繁荣，形成一系列卫星城，对长安的繁荣起了烘云托月的作

① 《汉书 · 地理志》，中华书局，1964年。

② 《汉书 · 地理志》，中华书局，1964年。

③ 《史记 · 货殖列传》，中华书局，1963年。

④ 《史记 · 平准书》卷三十。

⑤ 《太平寰宇记》卷二六，中华书局，2007年。

用。《汉书·地理志》上说："汉兴，立都长安，徒其诸田、楚昭、屈、景及诸功臣家于长陵。后世徒吏二千石，高訾富人及豪杰并养于诸陵，该以强杆弱支，非独为奉山园也。"可见汉代在长安周围设置陵邑是一箭双雕，既奉守山陵，又强化了首都周围的政治经济力量。

在首都圈周围设置一系列的卫星城，形成一个以京城为中心的城市群，非独长安，他例亦不少见。南朝的首都建康，无论都城或宫城城池，范围都不大。吴晋南朝时，庞大的中央机构和众多南迁居民都不住在城内，而是住在城外。"梁都之时，城中二十八万余户。西至石头城，东至倪塘，南至石子岗，北过蒋山，东西南北各四十里。"①即是说，在都城周围，形成一个约400平方千米的城市区域，在这个区域内住着28万户居民。如果以每户4或5口人来计算，则当时的建康人口已达一百几十万。汉代的长安仅有24万人（一说达40万），不能与建康相比。南朝的建康是我国历史上第一个人口超过一百万的大城市。

在建康周围有一系列的附城及卫星城，环绕在都城周围，形成群星捧月之势。也可以说，建康是我国继秦都咸阳、汉都长安以后形成的又一个城市群。在这个城市群里，有孙权在楚金陵邑旧址建立的石头城，有丹阳郡治所丹阳城，有曾作为宰相办公处所的东府城。城北有白下城、宣武城，城西有西州城。周围还有一系列的县城，如琅琊、秣陵、陵沂、同夏等。这些城堡，环列京城周围，作为都城的犄角，是首都圈的中心区域。

2. 首都圈在全国的地位

首都周围的外围区历代大小不一，但总的来看，范围都比较大。西汉首都长安，划京兆尹数县为直辖区。其外有左冯翊、右扶风，构成三辅。而"三辅"又是司隶校尉管辖区的一部分。整个司隶校尉部，包括7郡、133县。其后东汉的司隶部，隋的雍州，唐的关内道，都在京城周围形成一个庞大的外围区。唐初的关内道，领20府州、川县。后来的京畿道，亦辖6郡、51县。北宋的河南道，辖35个府州军（后河南道改设三路一府）。元代的中书省直接管辖28路州府。明代置南、北直隶，两直隶范围相当大。北直隶辖8府、2州、116县，南直隶辖14府、4州、97县。

实际上，作为首都，周围必须有一块核心区域作为统治基础，对比周人已有所认识。"昔周公营雒邑，以为在于土中，诸侯蕃屏四方，故立京师……初雒邑与宗周通封畿，东西长而南北短，短长相覆为千里。"颜注："八八六十四……为方百里者三十六。［二］都得百里者［百］，方千里也。故《诗》云'邦畿千里'。"②颜师古

① 《太平寰宇记》卷九十引《金陵记》，中华书局，2007年。

② 《汉书·地理志》，中华书局，1964年。

过于机械地理解了这段对话，但颜氏所阐明的思想，也基本上是按照这个模式来规划定京师周围的行政区域的。

历代首都圈内的直辖区，即首都圈直辖区，如果从所辖户数来看，占全国总户数的比例为1%～4%。而首都圈外围区，为10%～20%。如果从人口总数着眼，也同样如此。由此可见，历代统治阶级划出如此巨大范围首都圈外围区，是不无道理的。首都圈内，强大的政治、经济、军事优势，保证了首都地位的稳固，使首都能顺利行使其职能。在陪都制比较健全的朝代，首都圈与陪都圈或是连成一片的，或是遥相呼应的，共同成为王朝的中枢。明人在评论明代两京制度时说："汉唐宋皆并建两京。然汉唐以长安为西京，洛阳为东京；宋以汴为东京，洛为西京，其地皆接壤相去不甚远。……高皇帝定鼎金陵……文皇帝迁都金台……盖天财富出于东南，而金陵为其会；戎马盛于西北，而金台为其枢。并建两京……用东南之财富，统西北之戎马，无敌于天下矣。"①这是首都圈与陪都圈遥相呼应、共同发挥作用的例子。

当然，一旦形势发生变化，首都圈的地位下降，则必定动摇首都的地位，王朝大厦亦可能顷刻瓦解。唐朝的首都圈与陪都圈，即关中与河洛地区紧密相连，但由于唐代中央机构庞大，加之长安首都圈周围沃地狭小，由于水旱灾害，至唐代中后期，需大量从东南地区运粮接济。玄宗开元二十一年（733年）至二十三年，共运粮700万石。而到开元二十九年，达到400万石。可见虽号称"天府""陆海"的关中，已不足以供给京师。这么多粮食要运到长安，还要经过黄河的三门砥柱之险，是很不容易的，以致斗米百钱，宫中存粮不足10日；禁军无粮，上街游行，致使皇上不得不领文武百官"就食洛阳"，整个中央政府迁至东都洛阳办公。唐以后建立的宋王朝，索性定都开封，以缩短漕运路线。自此以后，国都东去，再未复返。这个现象说明，关中、河洛地区由于客观情况的变化，已无力在建立强大的首都圈，以支持京城对全国的统治和管理。

二、原始自然生态系统的特征

从整个城市系统观察，城市有人文系统和自然生态系统。二者的和谐统一运行是城市延续和发展的必然条件。

本文仅就城市的自然生态系统做些初步研究。从宇宙学的大观点来看，人类社会真正是宇宙空间的沧海一粟。大自然是何等的神奇与伟大，大自然给又予了我们赖以生存的客观条件，这个条件就是原始的自然的生态系统。

---

① 《图书篇》卷五，文渊阁《四库全书》本。

从地球形成的时刻起，地球就处于原始自然生态系统的环境中，原始自然生态系统就是未经人类活动而原始存在的生态系统。

自然生态系统是占据一定空间的组合，是具有一定生物和非生物成分的空间结构。它不仅研究生物及其环境，如光照、热、声音、空气、水、土地、岩石、森林、气候、房屋、道路、栖息场所等的相互关系，还要研究其间的相互作用，研究自然生态系统和人工系统之间的相互依存和制约关系。

生态控制论则以更积极的姿态研究生态系统中信息的传递过程，并按信息反馈规律寻求自律控制规律和人工控制途径。归根结底，我们的目的是要通过研究生态系统达到控制的目的。

1. 生态系统的四个生态特征

（1）食物链。

（2）生产率。

（3）能量交换。

（4）物质循环。

生态系统的能量来自太阳。这个总能量我们是不能控制的，而只能加以利用。

能量流动的轨迹是食物链。能量通过食物链源源不断地单向流动，而物质也就在食物链与生命环境之间反复循环。

太阳提供的能量通过光合作用进入植物，植物成为一次生产者，它们也是消费者。

食草动物消耗植物，食肉动物消耗食草动物，它们是第二次生产者，也是消费者。

2. 按功能划分生态循环的基本组成

（1）非生物要素。

如太阳辐射、热、碳、氮、氧、水、土地、一切无机物。

（2）生产者。

能以简单的无机物制造有机物的自养生物，主要是绿色植物，如森林、草原、苔藓谷物等，也叫一次生产者。

（3）消费者。

也叫二次生产者，即能直接或间接依赖生产者制造有机物的生物。其中，植食动物是初级消费者，肉食动物是次级消费者。

（4）分解者。

主要是微生物，即厌氧生物。分解者把复杂的有机物分解为简单的无机物，供生产者利用或返回环境。分解过程中产生的热量向环境释放。

整个生态系统占据着地表上下十分广阔的空间范围，下至海平面以下11千米的海洋最深处，上至海平面以上20千米的大气对流层、平流层和部分同温层。在这个能量转换过程中，一部分能量被释放到环境中，被食物链以外的过程利用和“消费”。一般地说，后一级生物量只是前一级生物量的1/10。

3. 生态平衡自发自动完成遵循的原则

在没有人类参与的情况下，生态平衡是自发的自动完成的，而且遵循了以下的原则。

（1）物质最佳循环原则。

生物圈的物质是有限的，自然生态系统之所以得以延续，是因为营养物质的多重利用和循环再生。在生物圈中，没有废弃物的概念。

（2）能量最大利用原则。

能流是生命系统的生命线，一切生命形式都以最大限度的方式利用能量，占领一切可以利用的生态位，形成高效复杂的平衡共生网，以利用各自种群的繁衍和休养生息。

（3）最小风险原则。

能量是守恒的，即不能凭空产生，也不能任意消灭。能流是能量形式的转换，它使生态系统生机勃勃，形成螺旋式上升的演进过程。能量的绝大部分以热的形式耗散，另一部分则以信息记录形式（如基因）存储下来，按反馈机制自我调控，在生存适应和自然选择中力求以最小的风险、最大的生存能力向前进化。

人类的生产是地球上惊天动地的大事，虽则从物种学的的观点来看，人类只不过是自然界的一个物种，是生物圈循环中的一个要素。

作为以人类为主体的生态系统，人类改变了自然生态系统的大部分，创造了规模不同、种类繁多的人工生态系统，在生物圈中日益突出人为的作用因素，甚至连生物圈以外的宇宙空间也受到人类航天活动的介入，使人类生态系统与人类诞生前的自然生态系统有了本质的区别。而城市，作为人类文明发展的高度结晶，是一个不完全的人工生态系统。

三、城市是不完全的生态系统

人类生态系统有以下三个特点。

1. 人类成了生物圈中处于主导地位的力量

人类成为食物链的终端环节，占据“生态金字塔”的顶级位置。人所利用的食物资源分布在生态金字塔的各个营养等级之上，使能量和物质受到人类生存需要的强烈影响。

2. 人造环境日益扩大

人类生态演替经历过三个历史阶段，即主要靠自然生态系统谋生的游牧生活阶段、主要靠农田生态系统谋生的田园生活阶段和主要靠城市生态系统谋生的工业化、城市化阶段。人类创造的城市、村镇、田园、水库、林区、运河、工厂、矿山、道路等大量人工生态系统代替了自然生态系统，使地球的地貌和循环发生了深刻的变化。

3. 人类对生态环境的破坏在加剧

人类的各种活动正在破坏其自身生存所必需的大自然平衡。严酷的全球性生态危机正在日益逼向人类，对人类生态系统的正常功能产生了威胁。自然生态系统的形成和平衡，是自然界长期“自然淘汰”和“自然选择”的结果。人类文明所创造的城市，打破了原始自然生态系统的平衡与宁静，创造了一个巨大的、不完全的，亦即失衡的人工生态系统。

在自然生态系统中，按食物链和营养级的关系，形成了生态金字塔，即植食动物的数量和活质总量小于绿色植物，肉食动物的数量和活质总量小于植食动物。各营养级的产量也是呈金字塔式逐渐递减。

在以人类为主体的城市生态系统中，植物和动物都居于微不足道的地位。在数量和活质总量的关系上，呈倒金字塔。单位面积上的人类活质总量，远远超过植物活质总量。

北京大学江美球等所著《城市学》一书中，列表说明了北京和东京人类与植物活质总量之比，如表一所示。

表一　北京与东京人类与植物活质总量之比

项目 地区	人类活质总量A/（吨·平方千米$^{-1}$）	植物活质总量B/（吨·平方千米$^{-1}$）	A/B
北京（城区）	976	120	8/1
东京（城区）	610	60	10/1

资料来源：江美球等：《城市学》，科学普及出版社，1988年

从表一中可以看出，城市生态系统是不完全、不平衡的，它无法通过自身的能流交换形成一个自我封闭的系统，而只能是大进大出的开放性的人工系统。

城市建设的道路及其他类似的设施，如空中航线、水上航道、各种管道，与域外进行能流和物流的交换，以实现自己的生态平衡。

城市依靠农业生态系统输入粮食和蔬菜，依靠江河湖海输入淡水和水产品，依靠矿山油田输入燃料、原料和动力。城市还必须将废气物运出城市域外，以保持城市的卫生。

城市的出现对环境造成巨大影响。俗话说“乡下的风，城里的雨”，是说在乡村，风无阻挡，横行肆虐；在城里，大厦林立，雨水倾泻在有限的空地上，加之铺装的水泥路面、沥青路面阻断了雨水下渗的通道，即使很小的雨，城市也往往会是沧海横流，一片汪洋。只有依靠排水系统，甚至是排水泵站，将雨水排出城域以外。城市生态系统一切都靠人工来调节。城市高楼大厦林立，妨碍了空气的流动，加之种种密布的发热体，如锅炉、人体、厨炊的影响，导致城市气温上升的热岛效应，使城市的气温通常要比郊区高1～2℃。

四、城市对原始自然生态系统的破坏

城市为人类提供了广阔的舞台，但也对原始自然生态系统造成了广泛的破坏。

1. 城市对土地资源的破坏

土地资源是人类赖以生存的物质基础，土地除了为人类提供存在空间外，还为人类提供维持生命的食物。土地资源为城市所占用之后，一般地说，永不能再为人类提供食物。到目前为止，我们的大部分食物仍然是土地提供的。有些在原地存续数百年，甚至一两千年的城市，其所占用的土地也就再没有为人类提供过任何食物。全世界的土地资源是有限的，从当前的生产力水平出发，要养活全世界近70亿人口，土地资源之宝贵是毋庸置疑的。我们绝不能把全世界大部分土地建设成为城市，那等于是人类的自杀。我们通常所说的城市化，是指把大部分人口集中到城市，是为了节约土地，把“人”重叠起来（建设楼房），最大限度的少占土地。尽管城市创造了巨大的财富，但仅有财富而没有食物的世界是不能存在的。

2. 城市对水源质量的破坏

今天，我们很难在一座发达的城市里找到清洁的可供直接饮用的水源。从上游、从乡间、从山区流出的清清河水，到了城市都面目全非。上海的苏州河、昆明的滇池，已经目不忍睹。地处长江三角洲的太湖，因靠近无锡、苏州、湖州等城市，水质日益恶化。特别是无锡境内的太湖水域，数次发生蓝藻大爆发，致使自来水厂停产停水。号称中国水都的苏州，古城周围的条条大河小河，河水脏污发臭，实在有损城市声誉，也有害居民的健康。排入水中的污物之多，远远超过了水的自净能力。

再则，在一个狭小的地域内聚集了数百万乃至上千万的人口，水资源严重短缺。靠近大江大湖的城市，如我国的南京、武汉等，直接从长江取水。而我国北方一些城市，如北京、天津、西安，因无较大江河，水资源严重短缺。北京近几十年来陆续修建了官厅、十三陵、密云等水库。天津不得不远距离“引滦入津”解决水资源问题。近年又花巨资修建南水北调工程，试图解决北京等地的缺水问题。靠海的大城市大连、青岛，虽然“水”近在咫尺，却不能饮用，同样是淡水严重缺乏的城市。这些城市解决水循环失衡的根本办法是立即停止聚集，不再扩大城市规模。超长距离的南水北调，从南方调集水源，从经济上看是得不偿失的，实际社会效果如何，还有待实践证明。在战争时期，输水线路又很容易遭到破坏。

3. 城市对空气质量的破坏

空气也是一个无限循环系统，有一定的自净能力。但城市成片工厂的聚集，如林的烟囱，将滚滚浓烟排入大气中，使空气中的有害物质、悬浮颗粒大量增加。

从地区分布看，空气污染大户大体主要分布在黄河沿岸以北、辽河流域以南这一片地区内。年降水量大体在400～800毫米的区域范围内，平均气温一般在7～12℃。这些城市工业废气污染严重，冬季属于人工取暖区，烟尘大量散发。加之干旱少雨，悬浮颗粒物不易降落，严重恶化了大气质量。有些城市，内外环境又特别差，如北京官厅水库旁的沙丘，距北京仅数十千米。近年来，北方城市的雾霾现象已经向南方扩散。西北华北近几年频发沙尘暴，往往遮天蔽日，暗无天日。沙尘暴也有南下的趋势，苏南就曾经出现过飘落黄尘的天气。

4. 城市对生物系统的破坏

生物系统包括植物系统和动物系统两个子系统。由于城市的出现，原始自然生态系统下的植被已不复存在，代之以小片的人工植被。大中型动物早已逃之夭夭，飞鸟也不再光顾，仅剩下微不足道的昆虫、蚂蚁之类在有限的未经覆盖的地面和空中活动。

城市的人工植被早已不是自生自灭的自然循环而达到平衡，其栽培、品种、布局等，一切都是人为的，甚至连生长形态也受到种种干扰和限制。修剪得平平的草坪，整齐的绿篱，各种几何形状的树木，完全失去了植物本身固有的形态和发展的自由，变成了人类随心所欲的工具。

在自然界，生物资源是人类食物的来源。但城市的生物资源早已变质，失却了这种作用。城市的植被被人们用来观赏，改善小气候，根本不考虑生态平衡循环问题。

5. 城市对景观的破坏

景观是各种条件和要素综合作用的结果。它分为自然景观和人工景观两部分。自然景观在城市中已不存在。鳞次栉比的房屋，灰色杂乱的墙面，充斥着城市，让人厌倦。

在自然界，花红柳绿，微风摇曳，使人兴奋，觉得是一种舒畅的享受。今日之城市，只有在公园里、风景区，才能看到使人惬意的自然景观。生硬的、使人厌倦的黑色马路，奇形怪状的建筑，无序的各种信息标志，还有什么美感可言呢？

6. 城市对光资源的破坏

光资源有天然的和人工的两种。太阳提供天然的免费的光资源，在这里不再是人类生存所必需的。光合作用在这里退居次要地位。有时，太阳光变得多余。而城市中另一部分人却缺少阳光的照顾，他们终年生活在高楼大厦的阴影区内。人工光源的滥用，已经影响了城市人的健康。巨大的玻璃幕墙，数不清的各种玻璃窗、玻璃门，五光十色的霓虹灯，使人目眩，甚至精神错乱。

7. 城市对气候的破坏

气候资源是人类赖以生存的条件之一。在现代社会，气候资源作为劳动对象进入社会生产过程，成为人类生存和工农业生产必需的物质和能量。

城市对自己区域小气候的影响，除了前面提到的热岛效应，高楼大厦的峡谷，通衢大道和小街小巷，极大地改变了气候和风的方向，也改变了风的强度和速度。城市里诸味杂陈，再不见往日乡间田园的清风和花香。

由于人类的活动和人类在城市的过分聚集，温度和风向的改变，也使城市降水发生变化。一般来说，降雨量是增加的。当然，由于城市把一些化学物排入大气，导致城市附近降酸雨、红雨、黑雨等，严重地影响了当地的农业生产。

8. 城市对声音系统的破坏

声音是人类社会生存的物质条件之一，没有声音的世界是不可能想象的。在乡间，在风景区，我们可以听到泉水叮咚，溪流潺潺，莺啼婉转，林海松涛，人生天籁，各有其情。“小楼一夜听春雨，深巷明朝卖杏花”已经久违了，有的是无穷无尽的噪声污染。汽车卷起阵阵尘土，按着难听的汽车喇叭。虽然部分闹市区已限制机动车按喇叭，但仍不能根本解决问题。气锤的撞击声，电锯嘶哑的尖叫声……不绝于耳。何时能在闹市区“此时无声胜有声”？

声音对人的情绪产生的影响最为显著。人可以几小时不喝水，但让人在连续噪声的环境中待上几小时却受不了。城市，是破坏宁静的罪魁祸首。

9. 城市对人类安全心态的破坏

人类在一个熟悉的环境中有很好的安全感。城市是一个陌生的环境，由于它易于隐蔽和逃逸，加之又有一些无栖身之所的流浪者，所以城市也是犯罪率较高的地方。

在城市，人们往往丧失心理上的安全感，虽然实际上并非那么严重。人们加装安全门、防盗网罩，把自己禁锢在铁笼里。心理安全感消失，也导致心理上的高度紧张与不安，极大地影响了人类本身的心态平衡。从心理学的角度看，城市破坏了人类的心理生态系统。

五、人，自然生态与社会生态的关系脆弱

人类的任何一项活动都在改变自然，或者说，人类打破了自然界原始的生态平衡，又在设法创造新的人工平衡。人类的这种活动越演越烈，最后到了无法控制的地步。当新的平衡无法在短期内建立起来的时候，大自然就开始大发脾气，人类遭到惩罚。

1998年夏季，中国长江流域遭到特大洪水的袭击。客观上，是因为厄尔尼诺现象使这一地区增加了降雨量。另外，是因为人类活动破坏了长江流域的生态平衡。长江是全流域水资源集聚和排出的通道，在没有人类的时候，它横冲直撞，左弯右突，形成一条滔滔大江。这条大江好比一条通水管，它把水资源汇集和存储起来，特别是沿岸的许多湖泊，是长江天然的储水库。

人类的行动反其道而行之。为了争夺土地，人们修筑江堤、湖堤，即所谓的“江边围垦”“围湖造地”。无数的农场、养殖场在江滩湖滩上建立起来，生产了供人需要的食品和其他物品。我们把长江比作一条通水管，沿岸的湖泊体系比作水袋子，这种做法实际缩小了水管子，也缩小了水袋子，储水和过水能力明显缩小。一到大自然发脾气的时候，在大自然被驯服时候形成的脆弱的平衡就毫不留情地被打得粉碎。

据统计，长江流域的原始森林覆盖率已失去85%。过去那些森林吸收和保持大量季风雨，季风雨又慢慢渗入土地。现在大部分森林荡然无存，雨水毫无阻拦地直冲入长江，被缩小的长江怎经得起如此冲击？1998年的大洪水经左堵右挡，终于颤颤巍巍地过去了，如果再来一次未知的“九八”洪水，甚至超过“九八”，我们还能兵来将挡、水来土掩吗？

整个长江流域，面积约205万平方千米，占全国的21%；水资源总量12 346.2亿立方

米，占全国的43%；总人口5.21亿，占全国人口的44%；国内生产总值占全国的42%，下游为最，占全国的19.7%；全流域城市数占全国的33%。1998年的大水灾，450万公顷农作物被淹，占全国可耕地总面积的3%。武汉、九江等大中城市的安全受到严重威胁，不得不准备爆破部分长江大堤，进行分洪，以确保大中城市的安全。

长江流域的自然生态是如此的脆弱，黄河流域呢，情况同样不妙。

黄河的断流是近几年来国人议论纷纷的热点。1972～1998年有21年出现断流。1991～1998年，黄河连续8年出现季节性断流。1997年，断流竟长达226天。千年水患为害的黄河干涸了，报纸上出现了“焦渴的母亲河”等标题，有人甚至提出，黄河会不会变为季节性河流，黄河会不会消失，快被遗忘的黄河三角洲会不会在一场令人猝不及防的情况下而突然改道，或长期断流而无水如海，黄河就失却往日的尊严由入海大河变为一条内陆河。

湖泊的情况同样令人震惊。曾是我国第一大湖的洞庭湖，从东晋以来一直到19世纪中期，洞庭湖都是扩展的。《水经注》记载，北魏时洞庭湖“湖水方圆五百里，日月若出没于其中”。唐宋时，已号称“八百里洞庭”。《巴陵志》载:“洞庭湖在巴丘西，西吞赤沙，南连青草，横八百里。”1825年，洞庭全盛时期面积6300平方千米。其后100多年，每年平均缩小14平方千米。

1932年，面积仅剩4700平方千米，并被分割成东、西、南洞庭和大通湖等四个大湖和数十个小湖。1935年一场大洪水，90%的堤岸被冲毁，受灾人口达300多万，淹死1400多人。江湖沃野，万户萧疏。

1949年以后，几十年的围垦和变迁，洞庭萎缩了1209平方千米，湖区面积变为2820平方千米，20世纪80年代末期出版的地图，标明洞庭湖面积为2740平方千米。1954年大洪水时，据该年7月30日观测的资料，由于洞庭湖的蓄洪作用，使长江洪水流量削减了39.7%。但到1998年大洪水时，昔日“容纳四水，吞吐长江”的洞庭湖，却自身难保。澧水更先于长江成灾，沿岸一片汪洋，这是大自然对人类的报复。

其他湖泊的遭遇同样不佳。鄱阳湖1954年时面积5050平方千米，1957年为4900平方千米，1976年为3841平方千米，至20世纪80年代变为3587平方千米。

贵州西部的草海（位于威宁彝族回族苗族自治县境内），3000多年前曾一度消亡，19世纪中叶复苏，水面达45平方千米。20世纪70年代，大规模排水造田，湖面仅剩5平方千米，草海的生态遭到严重破坏。局部地区空气湿度减小，大气降水量减少，平均气温降低，灾害性天气加剧，周围村庄地下水位下降，水井干涸，水质矿化度增高，生物种群减少，鸟类几乎绝迹。

草海储存了高原湿地生态系统自然演化和人类活动的大量信息，对研究现在和将来的发展，保护和改善人类生存环境有着重大意义。草海经历了多次生成、消亡、复苏的变化，说明其生态系统尚不稳定，生态环境是十分脆弱的。20世纪80年代，贵州省政府决定恢复草海。1982年开始蓄水，草海面积恢复到25平方千米。现在，草海的生态环境得到明显恢复和改善，昔日群鹤起飞、渔舟唱晚的景象已经重现。

资源是生物圈可供利用的一切能源、物料和信息的总称，是生态系统动态平衡的物质基础。从地球生态资源即自然资源的总量来看，人类社会生态系统和自然生态系统的关系也是脆弱的。世界上只有一个地球，人类移居其他星球的理想何时能实现还是一个未知数，一切问题的考虑我们都要从“一个地球”去思考。

资源可分为自然资源和社会资源两大类。社会资源包括人力资源、财力资源和信息资源。自然资源包括永恒资源、非再生资源和可再生资源。

永恒资源主要指太阳能，这里指太阳能的直接辐射。太阳能来自太阳内部连续发生的热核反应，持续了至少几十亿年。反应温度约为200万摄氏度，每秒钟要把440万吨物质（氢核和其他元素，如氦）变为3.9×10^{26}焦耳的能量，以电磁辐射的形式释放出来。其中40%为可见光，50%为红外线辐射。地球能截获到的太阳辐射仅约为十亿分之一。又有三至五成被大气反射回去，剩下的被大气、地表和海洋吸收掉2/3，还有1/3通过水的蒸发形成水文循环，只有0.2%的部分驱使大气和海洋形成对流和缓流，并引起海洋波浪，仅有微不足道的约0.02%参与植物的光合作用产生碳水化合物。就这么一点太阳能，就足够生物圈之用。

非再生资源又叫可耗尽资源，包括煤、气、油等化石燃料和地层蕴藏的矿物资源。可再生资源是通过培养而重新生产，或在物资循环中保持着重复活化能力。可再生资源的能量来自太阳或其他形式（如潮汐和地下热能、波浪、风力等）。

在自然生态平衡中，对可再生资源的合理利用和促进其再生产，是资源控制论的主要论题之一，也是城市控制论的主要目标之一。

六、把自然引入城市——关于“山水城市”的理论

“山水城市”的提出，实际上是追求城市的生态和谐。既然城市是不完全的生态系统，我们就不可能使城市生态达到完全的平衡。我们只能做出努力，缩小不平衡，尽量把自然生态引入城市人工生态，以改善城市生态系统。

“山水城市”的理论是著名科学家钱学森先生提出来的。他在1990年7月31日给清华大学城市规划专家吴良镛先生的信中说:“我近年来一直在想一个问题：能不能把中国的山水诗歌、中国古典园林建筑和中国山水画融合在一起，创立‘山水城市’的概念。人离开自然又要返回自然。”其后，钱学森先生又在给一些专家的多封信中提到关于建设“山水城市”的问题。他在给顾孟潮的一封信中说：“对中国城市，我曾

向吴教授（吴良镛）建议，要弘扬中国园林建筑，特别是皇帝的大规模园林，如颐和园、承德避暑山庄等，把整座城市建成一座超大型的园林，我称之为‘山水城市’，人造的山水！”钱老在信中提出，能否开一个“山水城市”讨论会。1993年2月，“山水城市”座谈会在北京召开，共27位专家在会上发言。清华大学朱畅中教授介绍了如何把海南省通什市（今名五指山市）规划建设为山水旅游城市的构想和体会。

“山水城市”的概念提出以后，一些地方纷纷提出×××是山水城市，这实际上是降低了山水城市的标准。

“山水城市”是要把自然引入城市，促进城市生态系统的和谐，创造优良的人居环境，不是有山有水的城市就是“山水城市”。无水的城市不能生存下去。除平原地区以外，有山的城市亦不少，这些都不能看作“山水城市”。

中国城市科学研究会常务副秘书长鲍世行先生在《山水城市——中国未来城市的模型》一文中提出关于“山水城市”概念的七点看法。

（1）“山水城市”是具有深刻人民性的概念，它要求“把整座城市建成一座超大型园林”。

（2）“山水城市”具有深刻的生态学哲理，它是从生态的角度研究和考察城市问题。钱学森先生在给吴良镛教授的信中指出：“人离开了自然，又要返回自然。”人类生态演替过程大致可分为三个历史阶段：主要靠自然生态系统谋生的游牧生活阶段；主要靠农田生态系统谋生的田园生活阶段；主要靠城市生态系统谋生的城市化阶段。由于城市物质能量的集聚、人类活动密集、环境变化剧烈，因此研究城市生态已成为当今世界的紧迫任务和研究的热点。建立生态平衡的城市环境，重新回归自然成了人们梦寐以求的目标和理想的境界。“山水城市”则是这种生态平衡的具体化。

（3）“山水城市”是对城市环境中的生态环境、历史背景和文化脉络做综合考虑的结果。山水城市的概念也包括历史与文化概念。它不仅追求自然美，也追求人文美。不仅重视物质文明，还重视内在精神文明的建设。不仅重视人与自然的协调，更强调人与社会的协调。总之，是为了人的各种需要，包括物质的需要和精神的需要。

（4）“山水城市”应该有中国的文化风格。“山水城市”是中华文化的继承延续和发扬光大，“山水城市”应该有深邃的文化内涵，要有诗情画意，园林情，建筑意。也就是说，它应该融合祖国优秀文化中的诗词、园林、绘画三个部分。

中国的不少城市，风景名胜区、园林，有所谓“八景”“十景”……它往往点出了这些景点的特色，是文化内涵的深层次的挖掘。近年来一些城市讨论会公布了一批“新八景”“新十景”，很受群众欢迎。又如，南京的雨花石（玛瑙），如果赋以文化内涵，就会进入较高的文化层次，就会变得身价百倍。这种情况西方是很少有的。

中国人最早懂得自然山水的美，至少在宋代就欣赏山石。一块山石刻上“顽石点头处”，就将这块石头人格化了。苏州留园的冠云峰，成为庭院的主景，旁立瑞云、岫云两峰，还有专门的观赏点，以观赏这组石峰。北京颐和园乐寿堂庭院内的“青之岫”，横卧在一雕刻精美的海浪纹青石座上，乾隆还为此石作序咏诗。扬州个园叠成四季假山，表现春夏秋冬的不同意境，以竹间插置峰石，寓意雨后春笋；利用湖石的明暗强烈对比，倒映湖中，犹如巧云，来表达夏境；以夕阳西下，映照黄山丹枫，来增加秋意；更用白宣石堆叠，如冰峰雪覆来表示冬景。

中华民族是世界上最早欣赏自然美的民族之一。我国古代有许多士大夫、诗人、画家，他们发现了大自然的美，向往大自然。中国古代文人很注意人与自然的关系，讲究在自然的优美环境中来陶冶情操，注意环境对人的情感起着一种潜移默化的塑造作用。这就是所谓的“行万里路，读万卷书”。

（5）建设“山水城市”和城市现代化是并行不悖的。

“山水城市”的建设中应十分重视现代科学技术的吸取和利用。早在20世纪80年代初，钱老在讲到园林如何实现现代化，即现代化科学技术和园林学的结合的问题时说：“我国园林学还要发展。为此，我国园林工作者要打开眼界，要看看国外有什么好的东西，可以吸取，可以借鉴。”在谈到国外如何把工程技术，如水利工程和电光技术引用到园林建设中来的情况以后，又说：“现代建筑技术和现代建筑材料也为园林学带来了一个新元素。”

钱学森在给鲍世行的信中说：“缩微21世纪，那是信息革命的时代了，由于信息技术、机器人技术以及多媒体技术、灵境技术（virtual reality）和遥控技术（telescience）的发展，人可以坐在居室通过信息电子网络工作，这样住地也是工作地。因此，城市的组织结构将会大改变：一家人可以生活、工作、购物、让孩子上学等都在一座摩天大厦，不用坐车跑了。在一座座容有上万人的大楼之间，则建成大片园林，供人们散步游憩。这不也是‘山水城市’吗？”

（6）“山水城市”的概念是从整个城市的角度来理解的。

也就是说，钱学森先生所说的是“山水城市”，而不是“山水建筑”。所需研究的问题属于城市科学，而不是建筑科学，范围要大得多。

（7）“山水城市”还应该是有层次的。

钱学森把中国园林分成四个层次：盆景、窗景、庭院和宫苑。城市的规划设计者可以布置大片森林，让小区的居民可以去散步、游憩。钱学森先生认为，如果每个居民平均有70平方米的林地，称得上是森林城市了。“山水城市”的设想是中外文化的有机结合，是城市园林与城市森林的有机结合。鲍世行先生批评了有的城市把城市旧城区称为“城中有园”，新区称为“园中有城”，认为这是一种“误解”，他认为“山水城市”应该是“园中城”和“城中园”的结合。

通过介绍鲍世行先生对钱学森先生提出的“山水城市”概念的阐述，我们认为，什么是“山水城市”已经比较清楚了。用这个概念和标准来衡量，中国今天还没有哪一座城市能称得上是真正的“山水城市”。

诚然许多中国城市山水兼备，形势天成，加上规划建设亦有特色，为人称道。

南京城东有钟山似龙盘，西有石头城似虎踞，生就“龙盘虎踞”之势。城北有玄武湖，城西有莫愁湖。秦淮河蜿蜒曲折，明城垣巍巍高耸，像一个宝葫芦日夜汲取长江之水。南京背山，襟江，抱湖，是一座天然的山水型城市。南京城内城外，林荫蔽日。人们把南京城概括为“山水城林”一体的城市，称为“山环水绕画金陵”。

北京西北燕山拥戴，东南渤海拱卫。城内城外，宫殿巍峨，红墙红瓦，园林点缀，三海（北海、中海、南海）碧波映白塔，城楼昏鸦绕殿梁，不是一幅绝妙的风情画吗？

济南“一城山色半城湖”，齐烟九点，黄河映带。“家家泉水，户户垂杨”，以“泉城”而闻名遐迩。

当然，这仅仅是建设钱学森先生所说的“山水城市”的基础。这些城市，鲍世行先生认为是我国城市发展历史上的成功实例。

七、开挖第二黄河，作为改善河南生态环境的重要措施

众所周知，河南地区生态环境脆弱。既有严重的洪水威胁，又是极易发生旱灾的地区。

花园口事件我们记忆犹新。今日开封段黄河河底高出开封城地面十余米。真是让人提心吊胆。一旦洪水失控，后果不堪设想，历史上的惨景将会再现。2013年开封会议[①]笔者曾经提交论文并在大会上发言，讨论郑汴一体化建设和提出开挖第二黄河的问题。

为使人民安居乐业，改善河南省部分地区的生态环境，保证郑汴一体化以后的特大城市（我们从历史文化等角度考虑，主张叫大开封）的安全，彻底消除洪水威胁，我们建议开挖第二黄河，作为新的黄河泄洪通道，同时可利用灌溉和航运。最理想的是从郑州附近适当的地方向南开口分流，绕过目前的郑汴二市，一直向东，在合适的地方再回归黄河，形成黄河新河套[②]，既有分洪之功，又有灌溉运输之利。多级水闸的设置还可以发电、航运等。河型大致是倒“Π”形。

自古以来，淮河易发生洪涝灾害，是有名的害河。其洪水潴留在苏皖边界形成的

---

① 中国古都学会2013年开封年会。

② 黄河在内蒙古自治区杭锦后旗至五原地区有袖套形平行河流，称河套地区。

洪泽湖，湖底亦高于周围地面，对江苏里下河地区形成严重威胁。江苏于1951年开挖苏北灌溉总渠，从高良涧至扁担港入海口，全长168千米。“总渠设计引水流量500立方米/秒，计划灌溉里下河和渠北地区360余万亩农田。汛期排洪流量800立方米/秒，当渠北地区内涝加重时，调度洪水经总渠排泄入海，以减轻渠北排水渠的排水负担。”①

苏北灌溉总渠的设计可以灌溉里下河平原和渠北地区的360多万亩农田。20世纪80年代，在紧靠总渠北堤外又平行开挖的排水渠一条，用于排除总渠北部地区的内涝积水。苏北灌溉总渠的经验是成功的，可以为第二黄河的规划和建设提供有益的借鉴。

借鉴苏北灌溉总渠的经验，我们认为，开辟第二黄河的提议是可行的。苏北灌溉总渠修建以后，尽管有多次大洪水的威胁，但60年来苏北里下河地区从未决堤。昔日锅底洼变成了米粮仓。在江苏，江南大米已是过去时。现在，在苏南受欢迎的是苏北大米。

第二黄河的开辟，将为河南增加一条东西向的水道，使常有水旱灾害的河南中东部地区受益。它的排水和灌溉等功能将会极大地展现出来。至于它的水资源，可以通过多级水闸的控制，留住部分上游来水，减少的仅仅是黄河白白流入大海的水量。近年建设的南水北调中线工程，不应该只为少数城市供水服务。城市缺水完全可以靠缩小城市规模改变城市功能来解决。改善调水工程沿线地区的生态环境和改善数千万平民百姓的生活条件和生活质量才是第一要务。

至于在何处开口，线路走向和宽度深度，何处再回归，这是地质和水文专家的事情，不属于本文探讨的范围。

参考书目

[1] 列尔涅尔：《控制论基础》，科学出版社，1981年。
[2] 叶骁军：《城市论》，甘肃文化出版社，1998年。
[3] 温一慧：《组合算法理论与应用》，兰州大学出版社，2006年。
[4] 叶骁军、温一慧：《控制与系统——城市系统控制新论》，东南大学出版社，2000年。
[5] 鲍世行、顾孟潮主编：《钱学森　城市学与山水城市》，中国建筑工业出版社，1996年。
[6] 朱庆芳等：《世界大城市社会指标比较》，中国城市出版社，1997年。
[7] 沙里宁著，顾良源译：《城市——它的发展、衰败与未来》，中国建筑工业出版社，1986年。
[8] 杨邦杰等：《城市生态调控的决策支持系统》，中国科学技术出版社，1992年。

① 百度百科：苏北灌溉总渠。

"中央之岳"与"三河鼎足"*
——解读先秦都邑居"天下之中"

叶万松　扈晓霞

（洛阳市文物考古研究院）

提　要　本文首先从考古发现印证先秦都邑地望，继而对"天下之中"文献资料进行解读，指出晋南临汾、豫北安阳、豫西洛阳、豫中郑州均为"天下之中"。

关键词　先秦　天下之中　中央之岳　三河鼎足

"天下之中"又称"天中""土中""地中"。2006年笔者曾在《浅析"河洛"与"土中"》一文中认为"天下之中"有两层意思：一是古代中国的地理中心；二是古代中国的政治中心①。

我国古代的都城建设，也就是古代文献所称的"营国"，都遵循着"立都必居中土"的原则，并成为礼制的重要组成内容。"王者受命创始建国，立都必居中土，所以总天下之和，据阴阳之正，均统四方，以制万国者也"（《太平御览·叙京都》），远在东周时期就有学者指出，"故之王者，择天下之中而立国，择国之中而立宫，择宫之中而立庙"（《吕氏春秋·慎势》）。本文所讨论的是，这种"择中而立"营国思想源远流长，可以追溯到国家出现的传说时代。

一、从考古发现印证先秦国都地望

在我国奴隶制国家夏朝之前的五帝时期，就出现了许多国家，即文献所讲的"万国"，"黄帝时万诸侯，而神灵封之居七千"（《史记·封禅书》），而黄帝、颛顼、帝喾、唐尧、虞舜五帝，正是这众多诸侯国拥立的共主，"（黄帝）习用干戈，

---

* 到了春秋末年至战国时代，另外有一个新的"天下之中"的都会兴起，就是济水流域的陶。据文献记载陶是经济都会而不是政治都会（见史念海《释〈史记·货殖列传〉所说的"陶为天下之中"兼论战国时代的经济都会》，《人文杂志》1958年第2期），故不在本文讨论范围之内。

① 叶万松：《浅析"河洛"与"土中"》，《河洛文化研究——第五届河洛文化国际研讨会论文集》，解放军外语音像出版社，2006年，第41～57页。

以征不享，诸侯咸来宾从……置左右大监，监于万国，万国和”，“（帝尧）能明驯德，以亲九族。九族既睦，便章百姓。百姓昭明，合和万国”（《史记·五帝本纪》）。

“故之王者，择天下之中而立国。”这个王者，在传说时代不是万国诸侯，而是他们的共主五帝；在夏、商、周诸朝，不是方国诸侯而是他们的共主夏王、商王和周王即周天子。“京师者何？天子之居也。京者何？大也，师者何？众也。天子之居，必以众、大之辞言之”（《春秋公羊传·桓公九年》），因而这些王者居住的都城都应该是当时占地面积最大、人口最多的城市。所以在讨论本课题时，首先弄清这些王者都城的确切地望，并在考古发现上予以证实（尽管其中某些城址学术界尚未达成共识）。

现根据文献记述传说时代至周朝诸历史时期主要都城的地望，以及近百年来勘查、发掘先秦都城的考古收获。

（一）黄帝、帝喾时期

1. 黄帝都轩辕之丘

黄帝之都地望主要有两种说法：一说在河北涿鹿，文献如《后汉书·郡国志》上谷郡涿鹿县引“《帝王世纪》曰：黄帝所都”；“黄帝居轩辕之丘，邑於涿鹿之阿”（《历代帝王宅京记·总序》）。另一种说法认为在河南新郑，文献如《后汉书·郡国志》河南尹新郑县引“皇甫谧曰：古有郑国，黄帝之所都”；《水经注·洧水》：“又东过郑县南，溍水从西北来，注之。《帝王世纪》云，或言县故有熊氏之墟，黄帝之所都也。郑氏徙居之，故曰新郑矣”；《明一统志·开封府·古迹》：“轩辕丘，在新郑县境，古有熊氏之国。轩辕黄帝生于此，故名。”

2. 颛顼都帝丘

位于今河南濮阳。《春秋左传·僖公三十一年》：“狄围卫十有二月，卫迁于帝丘。”杜注：“帝丘，今东郡濮阳县。故帝颛顼之虚，故曰帝丘。”

3. 帝喾都亳

位于今河南偃师，《水经注·汳水》引阚骃曰：“亳本帝喾之墟，在《禹贡》豫州河洛之间，今河南偃师西二十里尸乡亭是也。”

目前上述都城遗址在考古上均未被发现。

（二）尧舜时期

尧都平阳，舜都蒲坂，禹都安邑。

都邑均在山西南部，文献记载如《汉书·地理志》河东郡平阳县颜师古注引应劭："尧都也，在平河之阳"；《帝王世纪》："帝尧氏，始封于唐……及为天子都平阳"；《尚书全解·甘誓》："尧都平阳，舜都蒲坂，禹都安邑，相去不盈二百里，皆在冀州"；《太平寰宇记·晋州》："晋州平旧县，今理临汾县。禹贡冀州之域，星分参宿。尧舜所都平阳，即此地。"

20世纪50年代以来，我国考古学家在晋南地区发现被称为陶寺文化（或称为龙山文化陶寺类型）的史前文化，年代在公元前2600～前2000年。21世纪初，在山西临汾市襄汾县陶寺村南发现陶寺文化的城址，命名为"陶寺城址"。城址位于总面积达400多万平方米的陶寺遗址中心区域，发现大、中、小3座城址。大城属陶寺文化中期，中、小城分别位于大城东北隅和东南角，分属于陶寺文化的早期和中期。城址平面大体为圆角长方形，南北长1725～2150、东西宽1650米，复原总面积约2.8平方千米。目前城址的东、西、北三面发现夯土城墙，城内有大型建筑区（宫殿和贵族居住区）、祭祀区、仓储区、手工业作坊区、公共墓地以及一般平民居住区①。陶寺城址是中原地区目前发现的史前最大的城址，应是当时中国一处重要的都邑性城址，由于其地理位置与文献记载的"尧都平阳"地望相近，许多学者认为陶寺文化就是尧舜文化遗存，陶寺城址就是尧都平阳②。

（三）夏　代

清初学者顾炎武说：尧舜禹都城都在黄河之北，至夏太康失国，才"侨国河南"（《日知录》卷二）。这种意见源自东汉学者服虔，"尧居冀州，虞、夏因之，不迁居，不易民。其陶唐、虞相近，不出河东之界。故《书》责太康亡失"（《毛诗注疏·毛诗谱·魏谱》）。

但有古代文献记载禹都阳城，启都夏邑，其地望均在河南。

---

① 中国社会科学院考古研究所：《中国考古学·新石器时代卷》，中国社会科学出版社，2010年，第568页。

② 参阅《襄汾陶寺遗址研究》载高炜、董琦、李民、罗新、田昌五、卫斯、王文清、许宏诸先生论文，科学出版社，2007年。

1. 禹都阳城

《史记·夏本纪》："帝舜崩，三年之丧毕。禹辞辟舜之子商均于阳城。"《集解》刘熙曰："今颍川阳城也。"《汉书·地理志》颍川郡阳翟条注引："应劭曰：'夏禹都也'；臣瓒曰：'《世本》禹都阳城，《汲郡古文》亦云居之，不居阳翟也'。"

1977年考古学家在河南登封市告成镇告成村西发现龙山文化晚期的"王城岗城址"，引起学术界的高度重视。由于其地理位置与文献记载的"禹都阳城"地望相近，有学者认为其就是"禹都阳城"，但面积甚小，仅1.5万平方米，有学者嬉称为"小羊圈"。2002～2005年，考古学家又在该小城址的西边，发现一座大城，平面呈长方形，复原面积34.8万平方米。不仅发现夯土城墙、城壕，而且还发现祭祀坑、玉石琮和白陶器等高规格器物，是目前河南境内发现的面积最大的龙山文化晚期城址，所以有学者认为小城址西邻的大城址很可能就是禹都阳城所在①。

2. 启都夏邑

《竹书纪年》："帝启，元年癸亥帝即位于夏邑。"《统笺》按："《郡国志》颍川阳翟，禹所都。盖禹始封于此，为夏伯。启即位居此，故曰夏邑。《帝王世纪》曰禹都平阳。或在安邑，或在晋阳，何以知此夏邑非安邑、平阳诸地也？以启飨诸侯于阳翟之钧台，故知启即位于夏邑，即阳翟是也。"

2004年，考古学家在河南新密市刘寨乡新砦村发现一座古代城址，命名为"新砦城址"。城址平面呈方形，南面以双洎河为自然屏障，是一处有外壕、城壕、城墙和内壕组成的防御体系。城墙内面积约70万平方米，若加上外壕与城墙间的面积，城址总面积约100万平方米。城内西南隅地势高，由内壕围绕，面积约6万平方米，内壕中心部位发现浅地穴式刀把形大型建筑基址，东西长92.6、南北宽14.5米，可能是露天祭祀性建筑。它是河南省境内目前发现的面积最大的龙山文化晚期至新砦期的城址，许多学者认为是都邑性的城址。或有认为它是"夏启之居""启居黄台之丘""启都夏邑"，意见不一②。

3. 夏都斟鄩

文献记载，自太康至夏桀，都城均在洛阳盆地，如《汲冢古文》云："太康居斟鄩，羿亦居之，桀又居之。"《括地志》云："故鄩城在洛州巩县西南五十八里也。"

---

① 张松林：《中国古都系列丛书·古都郑州》，杭州出版社，2012年，第52～57页。

② 张松林：《中国古都系列丛书·古都郑州》，杭州出版社，2012年，第57～60页。

自1957年考古学家徐旭生先生在洛阳偃师翟镇乡二里头村南发现二里头遗址以来，历20余年的考古调查与发现，揭露出宫城、祭祀、青铜铸造、制骨、制陶作坊遗址。遗址现存面积约3平方千米。被学术界确认为夏代晚期的都城遗址（约公元前19世纪中叶至公元前16世纪中叶），约历300多年①。有学者认为该遗址即“夏都斟鄩”②。

（四）商　代

1. 商汤居亳

据文献记载，商汤灭夏之后，建都于亳。“十八年癸亥，王即位，居亳，始屋夏社”（《竹书纪年》）；“汤受命而王，应天变夏作殷号……作宫邑于下洛之阳”（《春秋繁露·三代改制质文》）。其地望在汉河南郡偃师（今洛阳偃师）尸乡亭。《汉书·地理志》：“河南郡……偃师，尸乡，殷汤所都。”

1983年，考古学家在偃师城关镇塔庄村北，一处被称为“尸乡沟”的地方，发现商代早期城址，命名为“偃师商城”，城址由大城、小城和宫城组成，面积约2平方千米。在1996～1998年“夏商周断代工程”中，该城被认定为商汤灭夏之后在夏都附近营建的都城。许多学者认为，偃师商城即汤都西亳③。

自1950年在郑州市二里冈发现二里冈文化以来，历经半个世纪的考古发掘工作，认定在郑州市区地下埋藏着一座商代早期城址“郑州商城”。城址由宫城、内城和外城（外郭城）组成。内城呈不规则长方形，四周为夯土城墙，总面积约3.18平方千米，外城呈不规则形，南、北、西三面有夯土城墙和护城河，东部则以湖泊为天然屏障。郑州商城总面积约25平方千米。有学者认为该城是汤都郑亳④，著名考古学家许顺湛先生认为它与偃师商城构成了商代早期的东西两京，称为“西亳”与“郑亳”，东西两京并存，形成了商代早期的王畿⑤。

2. 盘庚居殷

文献记载“盘庚迁于殷，民不适有居”（《尚书·盘庚上》），其地望在河南安阳，如《汉书·地理志》：“河内本殷之旧都。”《诗地理考·殷商》引《竹书纪年》：“盘庚自奄迁北蒙，曰殷墟，南去邺四十里。”《元和郡县志·相州》：

① 中国社会科学院考古研究所：《中国考古学·夏商卷》，中国社会科学出版社，2003年，第63～81页。

② 吴迪等：《中国古都系列丛书·古都洛阳》，杭州出版社，2012年，第12页。

③ 吴迪等：《中国古都系列丛书·古都洛阳》，杭州出版社，2012年，第47～49页。

④ 张松林：《中国古都系列丛书·古都郑州》，杭州出版社，2011年，第76、81页。

⑤ 吴迪等：《中国古都系列丛书·古都洛阳》，杭州出版社，2012年，第60页。

"《禹贡》冀州之域，又为殷盘庚所都，曰殷墟。项羽与章邯盟于洹水南，殷墟是也。"

殷墟遗址位于安阳市西北郊洹河两岸。自1908年被发现以来，历70余年考古发掘，取得辉煌成果。殷墟属于商代晚期武丁到帝辛的都城遗址（公元前1250～前1046年），总占地面积约30平方千米，洹河以南以小屯、花园庄为中心是宗庙宫殿区，洹河以北侯家庄、武官村北是王陵区，在洹河两侧分布着其他居住址及手工业作坊，家族墓地则分布在居住区附近及外围地区①。

1999年考古学家在洹河北岸发现一座商代中期城址"洹北商城"。城址西南方紧邻殷墟保护区，平面呈方形，边长2100～2200米，面积约470平方米。四周城墙，城内中部偏南位置发现类似宗庙、宫殿的建筑群，亦当属都城遗址。有学者认为，该城是盘庚迁殷的最初地点，或认为是河亶甲所居的"相"②。

（五）周　代

1. 西周丰京、镐京

文献记载西周初年周文王迁丰、周，武王营建镐京。周成王、周康王之际（公元前1055～前995年）的《诗经·大雅·文王有声》就这样记载："文王受命，有此武功。既伐于崇，作邑於丰……考卜维王，宅是镐京。维龟正之，武王成之。"顾炎武《历代帝王宅京记·卷一》："《括地志》云周丰宫在雍州鄠县东三十五里，今陕西西安府鄠县……镐在雍州西南二十五里。"

自20世纪30年代开始，经考古调查与发掘基本确定了丰、镐两京的方位。丰京位于陕西长安县马王镇灵沼乡，镐京位于长安县斗门乡；丰京在沣河西岸，镐京在沣河东岸，两京隔河相望，总面积约25平方千米，现已发现规模宏大的夯土基址约30处，可能是王室的宫殿或宗庙遗址③。

2. 西周成周城

文献记载"（武王）营周居于洛邑而后去……成王在丰，使召公复营洛邑，如武王之意"（《史记·周本纪》）；"成王合诸侯，城成周，以为东都"（《左传·召

---

① 中国社会科学院考古研究所：《中国考古学·夏商卷》，中国社会科学出版社，2003年，第295～304页。

② 中国社会科学院考古研究所：《中国考古学·夏商卷》，中国社会科学出版社，2003年，第276～277页。

③ 国家文物局：《中国文物地图集·陕西分册（下）》，西安地图出版社，1998年，第96～99页。

公三十二年》）。其地望当在河南洛阳瀍河两岸①。

自20世纪50年代，考古学家先后在洛阳市东北郊瀍河两岸发现西周贵族墓地、西周王室铸铜遗址、大型夯土基址等重要遗迹遗物。许多学者认为此处即西周洛邑成周城遗址②。

3. 东周都王城

地望在河南洛阳。《史记·周本纪》："平王立，东迁于雒邑，避戎寇。"《正义》："即王城也，平王以前号东都。"《括地志》云："故王城一名河南城，本郏鄏周公新筑，在洛州河南县北九里苑内东北隅。自平王以下十二王皆都此城。"

1955年，东周王城遗址在河南洛阳市被发现。遗址位于涧河两岸、南临洛河。城址呈不规则长方形，南北长约3500、东西宽约3000米，占地约10平方千米。发现有城墙、宫殿、王陵、手工业作坊以及仓窖遗迹。

二、先秦国都居"天下之中"解读

根据上述文献记载并佐以考古发现，我们可以确认先秦时期的都城遗址（以距今时间先早后晚顺序排列），有襄汾陶寺城址、登封王城岗城址、新密新砦城址、偃师二里头遗址、郑州商城和偃师商城（时间并列）、安阳洹北城址、安阳殷墟、长安丰镐遗址、洛阳王城遗址，此外再加上探索中的西周成周城遗址。其地望可以分为：

尧舜时期：山西临汾市（晋南地区）；

夏代前期：河南郑州市（豫中地区）；

夏代晚期：河南洛阳市（豫西地区）；

商代早期：河南郑州市和洛阳市（豫中和豫西地区）；

商代晚期：河南安阳市（豫北地区）；

西周时期：陕西西安市和河南洛阳市（关中地区和豫西地区）；

东周时期：河南洛阳市（豫西地区）。

由此可见，先秦时期都城主要集中在豫西、豫中、豫北、晋南以及关中地区，也就是《尚书·禹贡》的豫州、冀州和雍州地区。那么，这些都邑是否都处于"天下之中"，现在我们按地区逐个解读。

---

① 据《尚书·洛诰》记载，在营建洛邑之前，周公占卜选址："我乃卜涧水东、瀍水西惟洛食。我又卜瀍水东，亦惟洛食。"卜兆大吉，遂营成周于涧水以东的瀍水两岸。

② 叶万松等：《关于西周洛邑城址的探索》，《西周史研究》（《人文杂志丛刊》第2辑），1984年。

1. 洛阳——"乃作大邑成周于土中"

洛阳古人亦称河洛，它是夏、商、周三期都城所在，"昔三代之居，皆在河洛之间"（《史记·封禅书》）。为什么会出现三代均以洛阳为都城这种历史现象呢，用西周周公的话来说就是，"此天下之中，四方入贡道里均"（《史记·周本纪》）。在有关先秦文献中，以洛阳为"天下之中"的记载是很多的。例如：

"王来绍上帝，自服于土中。（周公）旦曰：'其作大邑，其自时配皇天。'"（《尚书·召诰》）

"（周公）乃作大邑成周于土中……南系于洛水，北因于郏山，以为天下之大凑。"（《逸周书·作雒解》）

"唯王初迁宅于成周……唯武王既克大邑商，则廷告于天，曰：'余其宅兹中国，自兹乂民。'"（西周"何尊"铭文）

洛阳居"天下之中"是毫无疑义的。那么晋南与豫北地区呢?

2. 临汾——"夫而后之中国，践天子位焉"

《史记·五帝本纪》："诸侯朝觐者不之丹朱而之舜；狱讼者不之丹朱而之舜；讴歌者不讴歌丹朱而讴歌舜。舜曰：'天也！'夫而后之中国，践天子位焉。"《集解》刘熙曰："天子之位不可旷年，于是遂反格于文祖而当帝位。帝王所都为中，故曰'中国'。"根据这条记载，我们认为，位于晋南地区的尧都平阳、舜都蒲坂，都应为天下之中，而且还应是我国历史上都城"择中而立"最早记载。

《周礼·大司徒》曾记载周初"以土圭之法测土深，正日景，以求地中"，在洛阳营建东都洛邑。2003年陶寺古观象台的发现，以及"陶寺史前天文台考古天文学研究"项目组利用陶寺遗址出土的"圭表"复制品测量日影的成功，印证了《尚书·尧典》"乃命羲和，钦若昊天，历象日月星辰，敬授民时。分命羲仲，宅嵎夷曰暘谷。寅宾出日，平秩东作。日中，星鸟，以殷仲春"的记载，同时也说明我国早在距今4000年前就开始了以圭表测地中的活动，从而奠定了陶寺作为"帝尧古都"、作为"中国"（天下之中）的历史地位[1]。有学者认为，"我们在遗址中发现了圭尺，这是通过测量日影来判断节令的工具，由此才有了地中这一说法。'中国'的最初含义，即在由圭表测定的地中建立都城，在中土建立国家。中国的出现或形成的物化标志应当是陶寺的圭尺'中'的出现，因为它是在'独占地中以绍上帝'的意识形态指导下，通过圭表测影立'中'建都立国的最直接物语，它既标志着控制农业社会命脉的

① 陶寺古观象台，百度百科，http://baike.baidu.com/view/2256738.htm?fr=wordsearch。

历法作为王权的一部分，又依据其大地测量功能成为国家控制领土的象征”[①]。

3. 安阳——“商邑翼翼，四方之极”

商代盘庚迁都安阳，开始改“商”为“殷”。《太平御览·帝盘庚》：“《纪年》曰：‘盘庚旬自亳迁于北蒙，曰殷。’《帝王世纪》曰：‘帝盘庚徙都殷，始改商曰殷。’”

为什么要改“商”称“殷”？在古代汉语中，“殷”字的本意就是“中”，《尔雅·释言》：“殷，齐，中也。”《尔雅·释地》：“岠齐州以南，戴日为丹穴。”郭璞注：“岠，去也，齐，中也。”邢昺疏：“齐，中也。中州犹言中国也。”又，《列子·周穆王》：“四海之齐，谓中央之国。”由此可见，改“商”称“殷”，就是表示商都“殷”居天下之中。《诗经·商颂·殷武》“商邑翼翼，四方之极”。极者，中也，说的就是殷都安阳居天下之中。

就是因为先秦时期自尧舜开始直至西周，人们头脑中长期形成了尧都平阳、商都安阳和周都洛阳都居“天下之中”的共识，所以才有了尔后司马迁的“三河鼎足”（《大清一统志·河南府》）的科学总结：“昔唐人都河东，殷人都河内，周人都河南。夫三河在天下之中若鼎足，王者所更居也，建国各数百千岁。”（《史记·货殖列传》）司马迁的这种叙述为许多学者所认同，如唐代学者杨士勋就认为“盖冀州者，天下之中州。自唐虞及夏殷皆都焉，则冀州是天子之常居”（《春秋穀梁传·桓公五年》疏）。

4. 郑州——“其景适与土圭谓之地中，今颍川阳城地为然”

《周礼·大司徒》认为“日至之景尺有五寸，谓之地中。天地之所合也，四时之所交也，风雨之所会也，阴阳之所和也，然则百物阜安，乃建王国焉”。周王室为营建东都洛邑（成周）城，还专门到嵩山之南登封告成，“以土圭之法测土深，正日景，以求土中”。东汉郑玄为《周礼》作注时明确指出：登封告成“禹都阳城”之地就是“土中”，“土圭之长尺有五寸，以夏至之日立八尺之表，其景适与土圭谓之地中。今颍川阳城地为然”。今登封告成观星台南有周公祠，祠前有唐代著名天文学家一行和尚于唐开元十一年立的石圭表，上书“周公测景台”，系西周初年周公测景“求土中”之遗迹。观星台西南不远处为王城岗城址，即探索中的“禹都阳城”遗址。

---

① 《襄汾陶寺：帝尧之都亮出“最早中国”》，山西新闻网：http://www.daynews.com.cn/sjdsb/Aban112/A7/1633922.html，2012-10-12。

既然周公是在登封告成“求土中”，那么为什么都城不选告成“土中”之地，而选洛阳，我们认为二者相比较，洛阳除了“昔三代之居，皆在河洛之间”（《史记·封禅书》）历史优势外，还具有地处淮河流域的登封告成所无法比拟的地理优势，一是洛阳临近黄河，居中央应四方，交通方便，“此天下之中，四方入贡道理均”（《史记·周本纪》）。二是地势险要，犹如汉代傅毅《洛都赋》所指出的，“寻往代之规兆，仍险塞之自然；被昆仑之洪流，据伊洛之双川；挟成皋之严阻，扶二崤之崇山”。

根据文献记载，西周初年武王、文王营建东都洛邑，其中一个很重要的原因是周族发源的岐山（周原）和以后定都的丰镐两京都不在天下之中，“周岐镐之域处五岳之外，周公为其于政不均，故东行于洛邑，合诸侯谋，作天子之居”（《周礼·大司徒》郑玄注）。这也就是说，在西周初年人们的认识中，雍州居西岳华山之西，即“天下之中”之外。

在我国古代中岳嵩山、东岳泰山、南岳衡山、西岳华山、北岳恒山，并称“五岳”，那么在先秦时期它们又都包含着怎样的地理信息和政治信息呢?

根据文献记载，虞舜曾巡狩四岳，“《尚书》曰：舜在璇玑玉衡，以齐七政。遂类于上帝，禋于六宗，望山川，徧群神。辑五瑞，择吉月日，见四岳诸牧，还瑞。岁二月，东巡狩，至于岱宗。岱宗，泰山也。柴，望秩于山川……八月，巡狩至西岳。西岳，华山也。十一月，巡狩至北岳。北岳，恒山也。皆如岱宗之礼。中岳，嵩高也。五载一巡狩，禹遵之”（《史记·封禅书》）。

巡狩是天子视察国土民俗的政务活动。“天子适诸侯曰巡狩，巡狩者，巡所守也”（《孟子·梁惠王下》），就是指天子巡视诸侯所守的土地，“省观万方，以察民俗，因其土风而设为教化”（宋·李光《读易详说》卷四），《史记·五帝本纪》记载虞舜“五岁一巡狩，群后四朝，遍告以言，明试以功，车服以庸”。《集解》：“郑玄曰巡狩九年，诸侯见于方岳之下，其间四年，四方诸侯分来，朝于京师也。”用现代的政治语言为虞舜巡狩四岳，听取四方诸侯述职，以功行赏，就是视察国土，行使国家主权。

根据《尚书·尧典》记载：“帝曰咨四岳。”《传》“四岳即上羲和之四子，分掌四岳之诸侯，故称”，也就是说尧舜之时，掌管四方的诸侯亦被称之为“四岳”。据此，我们认为，尧舜之时，泰山、衡山、华山、恒山被称为“四岳”，同时掌控此四山周边地区的诸侯亦被称之为“四岳”，说明这两者之间，或者是以山称人，或者是因人袭山，其关系是一致的。

虞舜在巡狩途中特意祭祀四岳，说明国土与四岳之间紧密关联。“《尧典》之篇，舜巡狩东至岱宗，南至霍山，西至太华，北至恒山，以为四岳者。四方之中，诸侯之来，并会岳下”（《论衡·书虚篇》）；“昔三代之君皆在河洛之间，故嵩高为中岳，而四岳各如其方”（《史记·封禅书》）；“中央居四方之中而高，故曰嵩高山”（《白虎通》）；“嵩高正当天之中极”（《尚书·舜典》孔颖达疏）。这些记载正表明中岳与四岳分别代表中央与四方，这种方位关系，犹如《诗·大雅·民劳》所说：“惠此中国，以绥四方。”

殷墟甲骨卜辞提到“商”“东土”“南土”“西土”“北土”①，说明商代的疆域由中土“商”“东土”“南土”“西土”“北土”组成。而这种对四方疆域的称谓延及西周，文献记载“我自夏以后稷，魏、骀、芮、岐、毕，吾西土也。及武王克商，蒲姑、商奄，吾东土也。巴、濮、楚、邓，吾南土也。肃慎、燕、亳，吾北土也。吾何迩封之？有文、武、成、康之建母弟，以蕃屏周”（《左传·昭公九年》）。我们是否可以这样认为，嵩山、泰山、衡山、华山、恒山，这五座山分别是先秦时期中国疆域“中土”“东土”“南土”“西土”“北土”的地理坐标。古人云“国必依山川”（《国语·周语上》），祭祀四岳便是五帝以来历代帝王“与神会”（《史记·孝武本纪》），上通神明，以神道和谐社会，安抚四方。

通过以上叙述，我们大体上可以理解为什么虞舜、夏禹“五载一巡狩”四岳，周初周公旦定洛邑为“天下之中”，但又要跑到中岳嵩山脚下的登封告成“求土中”的根由。

根据以上先秦至汉代文献资料以及现代考古资料的分析，我们认为，先秦时期的“天下之中”包括晋南、豫北、豫中、豫西广大地区，即《尚书·禹贡》的冀州和豫州境内。自然，我们也承认历史上一些学者对晋南、豫北居天下之中持有异议，如唐代贾公彦认为“若然五帝以降，尧治平阳，舜治安邑，唯汤居亳得地中以外，皆不得地中”（《周礼·天官冢宰》疏）；宋代王與之认为“尝考自古帝王都邑，黄帝都涿鹿，少昊都曲阜，颛顼都濮阳，尧都冀州，舜都河内，禹都平阳，汤都亳，多不得天地之中，而转徙无定所”（《周礼订义·天官冢宰》）；明代王志长认为“王居何必地中，尧都平阳，舜居蒲阪，文王居镐，非地中也”（《周礼注疏删翼·大司徒》）。

“中土”就是“土中”“华夏”“中国”，“东土”“南土”“西土”“北土”就是“四夷”。“中国”（中土）与“四夷”合称“五方”，所谓“中国、戎夷，五方之民，皆有性也，不可推移。东方曰夷……南方曰蛮……西方曰戎……北方曰狄……中国、夷、蛮、戎、狄，皆有安居、和味、宜服、利用、备器”（《礼记·王制》）；“莅中国而抚四夷”（《孟子·梁惠王》），“天子有道，守在四夷”

① 中国社会科学院历史研究所：《甲骨文合集》12册，36975，中华书局，1983年。

(《晋书·江统列传》),“居天地之中者曰中国,居天地之偏者曰四夷”(宋·石介《徂徕集·中国论》),如此等等,这就是先秦时期中国社会对世界的基本认知,并对后世产生了极大的影响。

其实“四夷外也,中国内也”这种中国疆域格局,起源于五帝时代。

约当距今6000年前,中原地区就聚居被称为“仰韶文化”的文化共同体,其分布范围以陕西、河南和山西南部为中心,西达河西走廊,东至鲁西地区,北至河套一带,南抵汉水流域。有学者将史前文化划分为中原、甘青、燕辽、山东、江浙和长江中游六大文化区,指出“(其他)五个文化区都紧邻和围绕着中原文化区,很像一个巨大的花朵,五个文化区是花瓣,而中原文化区是花心,各文化区都有自己的特色,同时又有不同程度的联系,中原文化区更是起着联系文化区的核心作用”[①]。类似的比喻我们也可以在古代文献中找到,“中原者,天下之根本也;四方者,中原之枝叶也”(宋·徐梦莘《三朝北盟会编·炎兴下帙》)。我们认为,仰韶文化时期这种以中原(中土)为中心的花朵形布局就是中国国家疆域的源头。

《尚书·禹贡》记载,禹将中国境内划分为冀、兖、青、徐、扬、荆、豫、梁、雍州九州,“任土作贡”,向虞夏王室缴纳贡赋,有研究认为夏王期时的疆域,分为以王畿为中心的三个层次,王畿政区、同姓诸侯国封地和异姓诸侯国封地,其中王畿政区就是中原[②]。根据考古发现,在上海、浙江北部沿海地区、安徽江淮地区、湖北江汉平原和峡江地区、四川成都平原、甘肃青海地区、山晋晋中地区和内蒙古南部地区,一些与二里头文化同时期的古代遗址,都发现有二里头文化因素的器物,所以有学者就认为,上述地区,北起塞外,南越长江,东临大海,西抵河湟,都属于夏王朝间接管辖,或者是受影响的区域[③]。也有学者根据二里头文化风格的玉礼器玉璋出土于珠江出海口的香港,以至于越南河内等情况分析,认为“二里头文化风格的陶器、玉礼器的空间扩散,甚至突破了《尚书·禹贡》所载‘九州’范围。或许,‘中国’的空间轮廓,早在公元前两千纪前叶的二里头时期,就已显现了它的雏形”[④]。这说明在夏代,我国以中原地区为中心,周边地区为边疆的国家疆域形态已经出现。

“王来绍上帝,自服于土中。”“择中而立”的思想,是中国古代礼制的重要组成部分,“欲近四旁,莫如中央,故王者必居天下之中,礼也”(《荀子·大略》)。这种“立都必居中土”(《太平御览·叙京都》)的思想,主导着中国古代都城的建设,并对中国疆域形成与发展产生长达五千余年的深远影响。有学者在研究

---

① 严文明:《中国史前文化的统一性与多样性》,《文物》,1987年第3期。

② 林荣桂:《中国古代疆域史》上卷,黑龙江教育出版社,2007年,第83~86页。

③ 吴迪等:《古都洛阳》,杭州出版社,2010年,第41页。

④ 中国社会科学院考古研究所:《考古华夏》,科学出版社,2010年,第113、141页。

我国古代疆域史时指出："在夏朝建立以前的传说时代，华夏族集团的领袖人物，就以其所据的中原地区为中心，向四周东伐西讨，南征北战，与东夷、北狄、西戎、南蛮争夺地盘，扩大辖区。此后，五大民族集团及其地区历经沿革，但以中原地区（或历经沿革扩大了的中原地区）为中心，以中原外围为边疆（包括陆疆和海疆）地区的疆域格局，贯穿着整个中国古代史，可见其影响之深远。"①

现在我们许多人一提到"天下之中"，以为唯有洛阳，其实是不全面的。通过本文概述，对于先秦时期"天下之中"的概念，我们是否可以用古人的话"中央之岳"和"三河鼎足"来概括：中岳嵩山者，"中央之岳"，"天之中极"也；"三河"者，河东、河内、河南，"在天下之中，若鼎足"矣。总而言之，豫中、晋南、豫西、豫北，古之冀州、豫州之地，天下之中也。"帝王所都为中，故曰'中国'"，它构成了自五帝至三代以来"中国"（中土）的核心区域。

① 林荣桂：《中国古代疆域史》上卷，黑龙江教育出版社，2007年，第73页。

史前至北魏时期洛阳民居建筑举隅

商春芳

（洛阳市文物考古研究院）

提　要　古民居是中国古代建筑的重要组成部分。史前人类从穴居到北魏时期里坊制度的形成，是我国民居发展的第一个高峰时期。但这一时期民居的实物非常鲜有。本文列举洛阳地区考古发现的民居遗址及墓葬明器、壁画中的民居，以期从中探索这一时期民居建筑的发展轨迹。

关键词　史前　北魏　洛阳　民居建筑

洛阳位于黄河中下游地区，处于我国第二阶地向第三阶地的过渡地带，具有多种多样的地理类型；气候温暖湿润，日照充足，具有有利的气候条件，适宜农林牧渔各业发展，自古以来就是人类理想栖息地、华夏文明的最重要发源地。洛阳长期成为王者之都，为中华民族的文化发展做出了重要贡献，其中考古发现的各个时期民居建筑便是考察洛阳地区古建筑极为重要的一个方面。在这个发展过程中，从史前穴居到周代地面建筑的成熟，至北魏时期达到了中国民居建筑的第一个高峰。本文选取考古发现中可资参考的实物资料，从中寻找这一时期民居建筑的发展轨迹。

一、洞穴时期的考古发现

2009年文物工作者在栾川县庙子乡蝙蝠洞遗址发现的人类活动遗迹，是河南省境内发现的第一个含古人类化石的洞穴遗址，从而明白无误地表明，这里在晚更新世早期就有了人类居住，居住形式是原始洞穴。

1998年、2007年洛阳市文物工作者对洛阳北窑旧石器遗址进行了两次考古发掘后发现，这里有石核石器、砍砸器等人工使用痕迹的石器，还有少量动物化石及人类用火的遗址。这表明在距今10万～3万年的晚更新世晚期，洛阳近瀍河一带，有人类居住和活动的场所，他们使用火和石器，居住在天然洞穴，过着群居的生活。

1978年在洛阳市凯旋路东段施工中发现的石核、石片、刮削器、砍砸器及诺氏古菱齿氏象化石，经中国科学院古脊椎动物和古人类研究所裴文中先生鉴定，属旧石器时代文化遗存，年代距今约5万年，表明在与北窑旧石器大致同时代的临洛河处也有古人类居住。

二、地面建筑的形成——从穴居到半地穴

从距今8000年的裴李岗文化时期到距今约2000年的龙山文化时期，在中国历史上被称为新石器时代，即以使用磨制石器为标志，陶器制作普遍。此时洛阳境内分布了数十处新石器时代文化遗址，文化的核心地位显著，在洛阳众多的新石器时代遗址中，居住生活和场所发生了很大的改变。《易系辞》中说："上古穴居而野处。"《礼记》中也说："昔者先王未有宫室，冬则居营窟，夏则居橧巢。"这里的"橧"指聚柴木以作居处，"巢"指在高处筑巢。它形象地反映了史前时期人类的居住形式，有穴居和巢居两种构筑形式，也就是从穴居到高地的发展过程。

1. 仰韶文化遗址

在洛阳地区发现的仰韶文化遗址中，有少部分的袋状窖穴，是仰韶文化早期人类的居住场所。但多数仰韶文化遗址表明，这一时期是以半地穴式居住场所为主，已经开始向地面建筑过渡。

考古发现表明，洛阳地区早期的居住遗址以袋状竖穴为主，偃师汤泉沟遗址H6地穴式居室平面为椭圆形，坑底有烧灶，坑底和坑壁有柱洞[①]。孙旗屯遗址中的地穴居室呈口小底大的袋状，深度变浅，呈现出向半地穴过渡的趋势[②]。

偃师高崖仰韶文化遗存发现有房基2座，较完整的1座。平面为圆形，地坪平整被处理过，西半部有大小不等的圆形柱洞10个，洞直径5～15厘米，深10～15厘米不等，个别洞的底部还套有小洞，与立柱有关。另外还发现两处居住面，系用草拌泥经火烧而成的硬面，面上抹白灰一层，白灰面上有一层灰土[③]。

王湾一期仰韶文化发现居住房基7座，可分大、中、小三种，全为地上建筑。居住面的结构可分为两类，一为草拌泥的红烧土，表面坚硬龟裂；一为石灰质物质做成，坚硬而光滑。墙基结构多为挖槽建造，内填碎红烧土，墙基内外都有柱洞房基，F15和F11采用挖槽和铺砌石块的建筑方法，在F15房子的一端还有附加连接的一间小屋，这

① 河南省文化局文物工作队：《河南偃师汤泉沟新石器时代遗址的试掘》，《考古》1962年第11期。

② 河南文物工作队第二队孙旗屯清理小组：《洛阳涧西孙旗屯古遗址》，《文物参考资料》1955年第9期。

③ 洛阳市第二文物工作队、偃师县文物管理委员会：《洛阳市偃师县高崖遗址发掘报告》，《华夏考古》1996年第4期。

种建筑结构的制造技术高于半坡类型[①]。

2. 龙山文化遗址

孟津妯娌遗址是一处从仰韶文化晚期延续到龙山文化早期的新石器时代聚落遗址。位于洛阳市西北约45千米的黄河南岸。该遗址居住区位于北半部，在居住区发现15处房基。这些房基多呈圆形，房基的入口处有台阶，室内的地面用粗沙铺垫，地面平整坚实，有的房基内设有烧灶和壁灶，房基周围还有灰坑等[②]。

洛阳王湾三期文化遗址中的房层平面布局以圆形为主，兼有方形。地基处理较简单，有的房基，先行夯打生土面，再铺上一层料姜石，有的地面经过火烧，有的则无任何防潮处理设施。墙壁以草拌泥为主，但没有两间以上的房屋[③]。

偃师高崖龙山文化 Fl，形制为口小底大的椭圆形半地穴式。口径东西1.8、南北2.2米，底径东西2、南北2.7、深1.12米。该房基是以早期壕沟的北壁为依托挖凿而成，南墙是用厚0.2米的草拌泥筑成。门道在南壁中间，宽5米，门槛是用草拌泥筑起的土埂，门道中间是阶梯式通道。门道外东西两侧有对应的2个圆形柱洞。房基内地坪中间有1个口大底小的圆形大柱洞，周围贴土壁处有3个小柱洞，都向中心倾斜。门道内西侧与3号柱洞南北并列也有一个小柱洞。室内地坪平整，质硬[④]。

偃师高崖房屋遗址表明，此时的半地穴式房屋，地面经过平整处理，使用草拌泥筑墙，有门槛等防护措施，阶梯式通道，房屋中间以立柱支撑，四周壁辅以斜支柱支撑。

可以看出，从仰韶到龙山时期，半地穴居住方式一直是民居的主要建筑形式，地面建筑呈现增多的趋势，大多数房屋平面为圆形或椭圆形，但单间的面积呈现缩小的趋势。此期建筑居住面分为两种，一种为草拌泥，表面经过火烧；另一种是室内地面与墙面使用石灰涂抹，不仅增加了防潮的作用，还使室内显得明亮、整洁，居住质量进一步提高，后一种应用较为普遍。墙基采用挖槽和铺砌石块的方法。从洛阳地区考古发现来看，新石器时代即是从穴居到半地穴的发展阶段，在建筑史上意味着处于土木结合的建筑方式，是从以土为主到以木为主的过渡时期。

---

① 北京大学考古实习队：《洛阳王湾遗址发掘简报》，《考古》1961年第4期。

② 河南省文物管理局：《黄河小浪底水库考古报告》，中州古籍出版社，2006年。

③ 北京大学考古文博学院：《洛阳王湾》，北京大学出版社，2002年。

④ 洛阳市第二文物工作队、偃师县文物管理委员会：《洛阳市偃师县高崖遗址发掘报告》，《华夏考古》1996年第4期。

3. 二里头文化至商代遗址

二里头文化至商代，洛阳地区发现的民居建筑较少，但夏商两座宫殿遗址表明，此时，仍处于“茅茨土阶”的原始时期，可以推测洛阳地区的居住区仍沿用龙山晚期的建筑方式，半地穴兼有地面建筑。

二里头遗址中的民居面积不大，一般在10平方米左右，一类为半地穴式，平面为方形或长方形，深约1米，在南面正中设有阶梯和门道，在中部设有立柱，地穴地面部分竖立木柱，用以支撑屋顶，以此构成墙壁的骨架。另一类为地面建筑，先将地面进行处理，再挖柱洞置入石柱础，并埋入木柱作为骨架，其上绑以横木。

洛阳皂角树遗址共发现二里头类型文化的房基5座、水井1孔。其中带有壁龛的长方形半地穴式房屋，属二里头类型文化的考古新收获①。

侯城遗址是龙山晚期至商时期的大型聚落遗址，其总面积约有10万平方米。其中发现商代房址15座，环壕1条。环壕为东北—西南走向，整条环壕呈较陡的坡状，平底。15座房址均为半地穴式，平面呈长方形，有门道、柱洞和烧灶。柱洞均在屋内，大部分位于墙壁附近，烧灶均在屋内，有些烧灶还保存有完整的排烟结构，门道以南向和东向为主②。

地面建筑的出现意味着人类的建筑技术已取得了相当的进步，尤其是已初步掌握了力学、物理学原理。从洛阳地区商代遗址民居建筑来看，虽然仍保存了不少半地穴式居住形式，但地面建筑已渐占优势。

从商代甲骨文中“家”“高”“门”“席”等象形文字可以看出，这一时期地面房屋大多为坡顶，有梁架、高台式，室内以席子铺地。从甲骨文和青铜器可以推知，这一时期室内有床、案等较低矮的家具，人们生活起居以席地而坐为主。

三、周代建筑技术的进步与成排民居的出现

周代是夯土技术的成熟阶段，这时逐步出现了成排的民居，木构建筑成为主要居住形式。

洛阳地区西周时期完整的居住遗址尚未发现，但从发掘的西周遗址和出土的零星西周时期建筑材料中，仍能窥见当时的面貌。

洛阳北窑西周铸铜遗址共清理房址3处，这3处房址有大小柱基25个，柱基为方形或长方形，长20～80、宽25～50、深30厘米，经过夯打，其中一个柱基中还发现有圆

① 洛阳市文物工作队：《洛阳皂角树》，科学出版社，2002年。

② 洛阳市文物工作队：《历程——洛阳市文物工作队三十年》，文物出版社，2011年。

锥形的柱洞。其中F3为深窖式，是这里时代最早的一座房址，属西周早期，房基为长方形，南北长6.5、东西宽8.6米。南边有斜面向上，居住面三层，比较平整。中间有大型鹅卵石4块，放在居住面下面的夯土柱基上，应是柱基石。残高1.6米，上距地表3.5米。F2为一浅窖式房子，中期前段，房基也为长方形，南北长7.2、东西宽11.2米。东边和南边有斜坡向上，居住面铺一层厚约0.4米的黄色细泥。房址F1，为椭圆形半穴式，南北长5、东西宽3、坑壁残高1.4、上距地表2.8米，房子分南北两部分，南部较低，北部较高。房子门向南，留有可供上下的台阶三级，属西周中期后段①。

西周铸铜遗址为西周宗室的铸造作坊，虽不能就此判断西周时期民居状况，但仍能给我们提供一些建筑上的参考，可以看出，这时已经具备了夯筑技术，是地面建筑发展的重要表现。

此外，西周时期已出现了陶水管和板瓦等建筑材料。西周铸铜遗址出土泥质灰陶水管，筒状，大口端侈口斜平沿尖唇，小口端敛口圆唇，体饰弦纹粗绳纹。长39、大口径18、小口径15厘米②。洛阳王湾遗址中出土有西周晚期的板瓦③，也证实了《考工记》中“瓦屋四分，葺屋三分”的记载，关于西周时期已经开始使用瓦是可信的。这些瓦的数量较少，可能仅用于屋脊、屋檐等关键部位。

这些考古发现说明，此时很可能已经有了成排的民居，以木构房屋为主，地基的处理已经使用夯筑技术。规则的柱洞成网状分布，光滑坚硬的地面，说明了建筑技术的进步；已经开始使用瓦作民居的建筑材料，提高了房屋的防水能力，改善了建筑的造型和面貌，同时也意味着陶质材料进入了建筑领域；在民居周围已经有专门铺设的排水设施，说明西周时期洛阳地区民居已经具备了完整的设计。

东周时期，东周王城已有了城市规划和布局，据《考工记·营国制度研究》记载，这一时期的住宅应是多种形式并存的。《礼记·儒行》记载：“儒者有一亩之宫，环堵之室。筚门圭窬，蓬户瓮牖。”这里的“环堵之室”是形容很小的房屋，“筚门圭窬”说的是荆条编的小门，这些都反映了当时地面建筑的简陋，应是一般平民居住情况的写照。而语出《左传》的“丹楹刻桷”，则说的是柱子上涂成红色，木椽上刻出花纹；《论语·公冶长》中则说：“臧文仲居蔡，山节藻棁。”这两句话至少可以反映出这样的事实：一是当时的豪华建筑有大型的柱子、椽子，柱子上还有斗拱，梁架上有瓜柱；二是在这些建筑构件上涂有红色，绘有山形或藻状的花纹。表明此时已有了彩绘、涂饰及镂刻等装饰手段。

---

① 洛阳市文物工作队：《洛阳北窑西周墓》，文物出版社，1999年。

② 洛阳市文物工作队：《洛阳北窑西周墓》，文物出版社，1999年。

③ 北京大学考古实习队：《洛阳王湾遗址发掘简报》，《考古》1961年第4期。

从考古发现来看，东周时期居住区位于东周王城遗址区内，目前发现既有成排的建筑基址，还有小型半地穴式的房屋。这些建筑基址虽然无法还原东周时期民居的全貌，但可以从中获知一二有参考价值的数据。

1999年，洛阳市行署路与临涧路交叉口西南侧，西距涧河约250米，北距汉河南县城南城墙约150米的东周王城遗址区内发掘出一处大型建筑基址。该建筑基址平面呈长方形，东西长55、南北宽30米。在夯土基址南部为墙基基槽，基槽内南侧部分地段用一排竖砖包边。基址东北部为一排东西向打破夯土的沟槽，槽内用筒瓦、板瓦隔离。与排瓦并行其北部发掘有排列整齐，间距一致的柱洞数排。在夯土基址北25米处有一条与基址平行，长达数百米的墙垣，墙外有深达7米以上的沟渠，在基址北部、东部各发掘出一条陶质圆形排水管道①。

2001年在洛阳市第19中学院内清理了一座东周时期半地穴式房址。房址南北向，方形，边长9米。建造程序为：先在生土地面上挖出方形大坑，然后在四周夯筑宽0.5米的墙基。房内底部先垫一层10厘米厚的土，经夯打，然后抹一层2～3厘米厚的黄胶泥。墙基与房内夯土的夯窝均为圆形、平底，直径5、深0.1厘米，夯层厚10厘米左右②。

从东周时期的铜器纹饰上可知，当时已有了台基、栏杆、屋檐，另外屋顶上瓦垄的出现，说明瓦的使用数量增加。从考古发现上看，洛阳发现的东周时期建筑材料有瓦当、筒瓦、板瓦、瓦钉等。其中瓦当时代最早的属春秋时期的素面瓦当，此外1957年和1998年分别在东周王城西北部发现的战国时期烧窑15座和18座，其中陆续发现了筒瓦、板瓦、瓦当、瓦钉等建筑材料，在《洛阳发掘报告：1955—1960年洛阳涧滨考古发掘资料》中还公布发现有少量的瓦当陶范③，其中标本T401②和T434②两件为“V”形花纹，标本T417③、T425③和T480三件为涡形纹范。1974年在洛阳市金谷园路中段发现一个规模较大的窑址，时代一直延续到西汉时期，其中出土有半瓦当9种，圆瓦当6种，是一处官营的窑址，是为大型建筑烧制建筑材料所在④。

瓦当、瓦当范以及窑址的出现，说明东周时期已经出现大型建筑，也使民居中木构泥瓦的建筑形式成为可能。至于民居中仍有半地穴式孑遗，显然已不占主要地位。因此东周时期木构建筑成为主流。

① 洛阳市文物工作队：《历程——洛阳市文物工作队三十年》，文物出版社，2011年。

② 洛阳市文物工作队：《历程——洛阳市文物工作队三十年》，文物出版社，2011年。

③ 中国社会科学院考古研究所：《洛阳发掘报告：1955—1960年洛阳涧滨考古发掘资料》，北京燕山出版社，1989年。

④ 洛阳市文物工作队：《洛阳出土瓦当》，科学出版社，2007年。

四、秦汉至三国时期洛阳城内的民居

秦汉时期贵族豪宅有了极大的变化，表现在住宅规模扩大，出现大型宅第。这是儒学和宗法制度共同影响的结果。礼仪和尊卑有序体现在宅第布局上呈现前堂后寝、左右对称、正厅高敞、主次分明、层层套院的格局。这种住宅制度一直延续到封建社会末期。1975年12月湖北省云梦县睡虎地秦墓出土的睡虎地秦墓竹简《睡虎地秦墓竹简》中有“封守 乡某爰书：……（士伍）甲室·人：一宇二内，各有户，内室皆瓦盖，木大具，门桑十木”的记载，即一间堂屋（客厅）和两间房（卧房）之结构。是战国末期至秦代民居的样式。

《史记·魏其武安侯列传》《汉书》卷五十二《窦田灌韩传》第二十二记载：“武安由此滋骄，治宅甲诸第。田园极膏腴，而市买郡县器物相属于道。前堂罗钟鼓，立曲旃。”《西京杂记》：“（汉）哀帝为董贤起大第于北阙下，重哀帝五殿。洞六门。柱壁皆画云气蕚蘤山灵水怪，或衣以绨锦。或肴以金玉。南门三重。署曰南中门。南上门。南更门。东西各三门。随方面题署亦如之。楼阁台榭。转相连注。山池玩好。穷尽雕丽。”说的都是贵族宅第的大型化。

东汉洛阳城大体上可以划分出东西、南北向的干道各5条，也可以各自的城门命名。南北向的干道有“开阳门大街”“平城门大街”“小苑门大街”“津门大街”“谷门大街”；东西向的干道有“上东门大街”“中东门大街”“上西门大街”“雍门大街”“旄门—广阳门大街”。被这些干道所分割的区域就是居民区和市场。东汉洛阳的居住区共有多少里，目前尚未知晓，但贵族多居住在上东门内，称为步广里、永和里。从史书记载来看，东汉中期以后，土地兼并问题严重，豪强占地越来越多，生活也越来越奢华，他们所居住的房屋，正如《盐铁论·散不足》所言：“富者积土成山，列树成林，台榭连阁，集观增楼。中者祠堂屏阁，垣阙罘罳。”东汉建筑平面、外观日趋复杂，高台建筑渐少，楼阁建筑逐步增加，并开始使用大量成组斗栱。汉代的居室砖石结构迅速发展，各种空心砖墓、砖券、石板墓出现，这一切使汉代成为民居建筑发展的第一个高潮时期。

墓葬出土的建筑明器就是这一历史事实的形象反映，这些明器反映出死者生前的居住环境及其地位，对研究汉代民居有一定的帮助。洛阳地区出土的建筑遗迹有陶宅院、陶望楼、陶仓楼、陶猪圈，以及瓦当、板瓦与筒瓦等建筑材料。

灵宝张茅村出土东汉早期农家宅院，正面为面阔四间的房屋，一侧开有门道。院内主要房屋为两座两屋楼屋，一座面阔两间，其右边为磨房；另一座面阔一间。房屋为悬山式屋顶，筒瓦、板瓦覆屋面。两座楼屋后面有后院，建有厕所猪圈①。

洛宁出土陶望楼，泥质灰陶，平面作方形，分为五层。底层正面与一院落相连。五层楼每层上部皆为筒瓦结构的四面坡形歇山式屋顶。第一层和第五层檐下四角分别以斜柱支撑，第二层和第三层设一斗三升仿木结构斗拱，第四层设一斗二升拱支承。每层楼板正中有圆孔，象征上下的通道。陶楼各层大小依次递减，整体呈宝塔形状。被称为“塔式陶楼”。除一层外每层都设有窗户②。

洛阳南昌路出土陶仓楼。1992年洛阳市南昌路出土一件类似的二层刻划纹陶仓楼。四足为方柱形，楼身正面用细线刻划出窗和平座的形象。二层以斗拱承托歇山式屋顶③。

洛阳东关东汉殉人墓中出土的陶仓楼楼顶为硬山式，顶檐下四周各作二或三朵斗拱，承托着挑檐枋，楼身中部冲出三个梁头，承托着平座台④。

河南新安县C12M262西晋墓出土陶仓楼则在屋顶形式上出现变化，屋顶歇山式，正脊有装饰性瓦垄，脊两端上翘，前壁设有高阶梯伸向右侧窗户下面⑤。

洛阳涧西七里河东汉墓出土了一套陶作坊模型，为悬山式顶，屋顶覆瓦，檐头饰圆形乳钉纹瓦当，正脊两端微翘⑥。

洛阳东关夹马营路东汉墓出土3件屋顶模型，均为歇山式，正脊两端微翘，屋面覆瓦，檐饰圆瓦当⑦。

洛阳东汉墓中出土的陶猪圈模型，分为长方形和圆形两种，形制大致相同，现试举一二加以说明。

洛阳唐寺门汉墓出土陶猪圈，为长方形，两面设有围墙，一角有阶梯，屋顶为歇山顶，屋门为方形，屋下为养猪圈⑧。另一种为圆形，较简单，洛阳苗南新村528号汉墓出土圆形猪圈，圈内厕所为歇山式屋顶⑨。洛阳偃师杏园村东汉壁画墓出土的陶猪圈平面为长方形，一面有阶梯，两对角为方形小屋，屋顶盝顶式覆瓦⑩。

汉魏洛阳城西东汉墓园遗址中，墓侧有由三间院落组成的大型建筑群，结构非常

---

① 河南省博物院编：《河南出土汉代建筑明器》，大象出版社，2002年。

② 洛阳地区文化局文物工作队：《河南洛宁东汉墓清理简报》，《中原文物》1987年第3期。

③ 洛阳市第二文物工作队：《洛阳市南昌路东汉墓发掘简报》，《中原文物》1995年第4期。

④ 余扶危、贺官保：《洛阳东关东汉殉人墓》，《文物》1973年第4期。

⑤ 洛阳市文物工作队：《河南新安西晋墓发掘报告》，《文物》2004年第12期。

⑥ 洛阳博物馆：《洛阳涧西七里河东汉墓发掘简报》，《考古》1975年第2期。

⑦ 洛阳市文物工作队：《洛阳东关夹马营东汉墓》，《中原文物》1984年第3期。

⑧ 洛阳市文物工作队：《洛阳唐寺门两座汉墓发掘简报》，《中原文物》1984年第3期。

⑨ 洛阳市第二文物工作队：《洛阳市苗南新村汉墓发掘简报》，《文物》1994年第7期。

⑩ 中国社会科学院考古研究所河南第二工作队：《河南偃师杏园村东汉壁画墓》，《考古》1985年第1期。

严谨，殿堂、廊房、天井错落有致，从发掘情况得知，这个建筑为进深五间，面阔七间，参照慢道所得数据复原得知原高应为2米，殿基四面设有登道，周边应有青石栏杆①。

曹魏时期出土的建筑形式与东汉相似，屋顶有歇山式和悬山式两种，前者如曹魏正始八年墓中出土的陶猪圈，为长方形歇山式屋顶，正脊微翘，正面一侧设有长方形门和阶梯②。后者如河南偃师杏园村M6出土陶猪圈。

从西晋墓出土的房屋模型可看到，这一时期屋脊稍有变化。洛阳东郊M177西晋墓出土陶猪圈和屋顶各一件，屋顶形式相似，均为歇山式，屋项正脊两端上翘较前期高，覆瓦③。河南新安县西晋墓C12M262出土陶猪圈为歇山式屋顶，两端上翘，正脊上有装饰性和瓦垄④。

汉晋时期建筑材料无论是种类还是数量都较前期增加，主要有瓦当、板瓦、筒瓦及陶水管等。

从这些考古发现的陶望楼、陶仓楼与陶猪圈等民居形式可以看出，洛阳地区民居建筑除单体建筑外，还出现了规模较大的由多幢房屋及周围廊庑组成的多进庭院，具有不同的用途，这表明在平面与空间组合上已有一定的形制要求，功能上更趋于人文化。究其背后的社会背景可以看出，这与汉代社会对礼制的推崇有关，汉代儒学讲求尊卑有序，表现在宅第布局上出现左右对称、前堂后寝、厅堂高广、主次分明，这种建筑形式影响了其后一千多年的民居建筑。同时，这种人文化的建筑形式充满了理性化的宗法制度影响，功能复杂的大型院落布局紧凑、实用，反映出的是亲切宁静而充满理性的现实生活。

这一时期的建筑结构与构造以及装饰艺术上已经达到了相当高的水平。房屋结构普遍采用了抬梁构架，已经普遍利用屋顶形式和各种瓦件来产生的装饰作用，这时期的屋顶以歇山顶较为常见，悬山顶、盝顶也有。屋顶正脊与戗脊的前端上翘。民居中已经有大量的筒瓦与板瓦用在屋檐上；斗拱广泛应用于各式建筑，这时的斗拱在建筑结构中起到支撑腰檐和平座的作用，斗拱包括栌斗、小斗，曲拱、一斗三升或二升。较大型的楼阁上层平座可用来遮阳、避雨和眺望之需，腰檐与平座有节奏的挑出与收进，成为中国古代民居具有特殊风格的建筑形式。

由此可见，这一时期在民居结构上木构建筑形式复杂多样，而且已经能够运用较多的装饰手段。在一些大型建筑上，装饰手段多样，规模宏大。

---

① 中国社会科学院考古研究所洛阳汉魏城队：《汉魏洛阳城西东汉墓园遗址》，《考古学报》1993年第3期。

② 洛阳市文物工作队：《洛阳曹魏正始八年墓发掘报告》，《考古》1989年第4期。

③ 洛阳市文物工作队：《洛阳市东郊两座魏晋墓的发掘》，《考古与文物》1993年第1期。

④ 洛阳市文物工作队：《河南新安西晋墓发掘报告》，《文物》2004年第12期。

五、北魏时期洛阳城内的民居新形式——里坊的形成

北魏时期的洛阳城，有内城和外城两重城垣，宫城主干道铜驼大街两侧的东西两侧为居住的里坊区，各坊间有十字形道路将居民区分隔为方格网，城内里坊整齐划一，且有严格管理制度。宣武帝元恪“于景明二年九月丁酉，发畿内夫五万五，筑京师三百二十二坊，四旬而罢”。“方三百步为一里，里开四门，里置里正二人，吏四人，门市八人。”这一时期一改官私杂居形式，官制与民居泾渭分明。西郭城的寿丘里为皇室新居，民间称为“王子坊”，另外在都城西面的西阳门外建有著名的洛阳大市，附近是商人的手工业者居住区；西市的西面为北魏贵族居住地；都城南面宣阳门外是四通市和四夷馆、四夷里等外国商人居住区。据《洛阳伽蓝记》卷一记载，当时的建中寺，“本是阉官司空刘腾宅。屋宇奢侈，梁栋逾制，一里之间，廊庑充溢，堂比宣光殿，门匹乾明门，博敞弘丽，诸王莫及也……以前厅为佛殿，后堂为讲室”，说明贵族宅第是以前堂后寝，四周廊庑为主要格局。

考古发现的建筑遗迹比汉代大为减少，主要是碑刻画像石上的建筑遗迹，壁画中的建筑模型。

洛阳孟津北陈村北魏壁画墓中绘有一幅帷屋画，屋顶为悬山式，以朱彩绘出屋檐，屋檐内填画卷云纹和弧线纹，屋檐下有帷幔。一侧墙上绘有直棂窗①。

刻于孝昌三年（527年）、现藏美国波士顿美术馆的宁懋石室石刻中，生动刻画了贵族宅院生活的场景。石室高约1.5米，用石材雕筑成一房屋，内外壁均线刻绘画。石室仿木结构，为单檐悬山顶、进深二架椽、面阔三间的房屋。无门，下有基石。每间刻出人字拱二朵及檐柱等，山面刻蜀柱、叉手，正脊两端用鸱尾，屋面以筒瓦、板瓦覆顶。在内外壁画上以阴线刻满绘画，依一定规制，将不同内容的画幅安排在特定的位置上。在丁兰、舜、董晏及庖厨图中都画有庭院、房舍，较真实地表现出当时民居以及几种不同类型单体建筑的结构特点。画面中的屋顶为庑殿或悬山式②。

在这些考古发现中看到，北魏时期贵族宅院由若干厅堂和庭院、回廊等组成，建筑屋顶形式多样，正脊上装饰有鸱尾，围墙上设有直棂窗，室内多悬挂帷帐。另外，贵族住宅后部多建有园林，园中山、池、台阁形成风景式园林，印证了《洛阳伽蓝记》中关于贵族宅院中建有园林的记载，这种建筑形式对后期园林的发展有直接影响。

纵观史前时期到北魏时期洛阳地区的民居建筑遗迹，从天然洞穴到史前时期的穴

---

① 洛阳市文物工作队：《洛阳孟津北陈村北魏壁画墓》，《文物》1995年第8期。

② 黄明兰：《洛阳北魏世俗石刻线画集》，人民美术出版社，1987年。

居再到半地穴，这些穴居逐步发展为地面上的成排建筑，是人类居住形式的一次飞跃，开始出现大型聚落。夏商周时期，随着夯土技术的成熟，使木构架建筑有了发展，格局整齐的大型群体建筑开始出现。汉魏时期，民居建筑已从建造单层房屋开始建造木构楼阁，大量成组使用斗拱，砖石建筑增多，屋顶样式多样。这个发展过程在民居建筑形式上是从以土为主到以木构为主的发展过程，是中国古代建筑独特体系形成的时期，成为中国古代民居建筑发展历史上第一个高峰的代表。

开封究竟为几朝都会

徐伯勇

（开封古都学会）

摘　要　开封除公认为八朝古都外，尚有西汉的梁、唐代的大楚、宋金时期的大齐、元末的韩宋曾在此建都，有“十二朝都会”的说法。本文对照“古都”一词的流行含义，做了一一分析，提出了自己的看法。

关键词　古都　诸侯国　封建割据　册封　扶立

建都是立国的大事，是任何一个王朝都十分关注的事。作为所在地也以被选为都城视为荣耀。开封究竟是几朝的都会，开封人民一直萦绕于心头。去年中国古都学会的年会在开封举行，原来认定战国魏大梁，五代梁、晋，汉，周的东都，东京，北宋的东京，金的南京在开封建都的历史称为七朝都会，由于之前认为夏代是一个传说时代，夏代的都城老丘没有得到确认，现在经过“夏商周断代工程”，确认了夏代的存在，夏的都城老丘自然得到认可，确立了开封“八朝都会”的地位。

自从开封改称“八朝都会”以后，开封究竟为几朝都会的议论并未平息。议论的焦点集中反映在刘顺安先生发表在2007年《开封文博》的《开封七朝古都刍议》这篇论文中。该文认为除了当时已认定的七朝外，还应增加夏的老丘、西汉梁国、唐代李希烈的大楚、金代刘豫的大齐、元末的龙凤政权，称为十二朝都会。该文中除老丘已达成共识，列为在开封的都会，已改称八朝都会外，其余4个各有其具体的情况应该如何对待，笔者谨提出一些不成熟意见，供参考讨论。

称为一朝的都会应该有一定标准，但这个标准在史学界、古都学界没有达成一致。至少影响大的有两个：一个是《百家讲坛》著名主讲人、中国古都学会首任秘书长闫崇年先生在他的《北京“十二为都”谀议》专文中提出：“一般地说来，都城是在一定历史条件下国家政权的所在地，或民族、农民、偏霸、方国、‘僭逆’政权的所在地。由此似可说，尽管都城的时间有长短，范围有大小，位置有中偏，民众有多寡，城墙有筑毁，名分有奇正，然而凡是历史上载有登极建元者，其最高政权所在地，都可以称之为都城。”[①]根据这个标准，北京就有12朝建都，包括武王克商以前的蓟、燕，南北朝时期的前燕、大燕、中燕，辽的燕京，金、元、明的北京，李自成的大顺，清的北京，民国前期的北京共12朝，这是一种说法。

第二种说法是中国古都学会原会长史念海先生提出的：“作为一个独立的王朝或政权，不受外来的控制，其都城已成为政治中心，就皆应视为古都。但由于作为保护和研究的对象，就要受到一定因素的制约。这就是说，古都不仅是独立的王朝或政权的都城，抑且还应该具有较为长久的而不是过分短促的年代，其遗址的现在地理位置应是确切的而不是推测的意定，还应是距现在有关的城市较近，而不是相离很远的废墟。所谓独立的王朝或政权，乃是这个王朝或政权的建立不隶属于其他王朝或政权，对于所据有的疆土，有绝对统治的权力。这样的王朝或政权，不论其所统治疆土的大小，统治年代的久暂，它的都城在现在看来，都应视为广义的古都。”[②]

以上两种意见看似不同，但仅是广义和狭义的区别，目前狭义的都城概念，一般为群众所接受。

结合开封来说，现在通行的“八朝都会”是符合狭义都会的概念的，所以也是为普遍接受的。那么，其余的情况如何，我们不妨做一点具体的分析。

一、西汉梁国

梁国是一个诸侯国，是被宗主国分封出去的国家。对于诸侯国有一个不成文的约定：武王克商以前各个民族集合的诸侯国，因为中央政权的控制较松懈，所以他们的政权中心一般都认为是广义的都会。西周建国以后，分封出去同姓或异姓的诸侯国受宗主国的约束较强，一般不认为他们是独立的政权，直到东周末期，三家分晋，形成了战国的局面，这时七国成了独立的政权，司马光作《资治通鉴》也以此作为分界线，开封作为魏国的都会亦为大家所默认。秦统一六国，实行郡县制，诸侯国的建制被取消。汉代秦后，刘邦鉴于郡县制对皇权不巩固，乃分封八男为齐、赵、代、梁、淮阳、淮南、燕、楚及元子濞为吴王，非刘氏功臣吴芮子臣为长沙王。以后惠、文、景帝又分封了一些诸侯国。“吴楚七国之乱”被平定后实行“推恩之令，使诸侯王得分户邑以封子弟，不行黜陟而藩国自析”[③]，又规定“诸侯唯得衣食租税”[④]。西汉时的诸侯国受宗主国的约束是十分明显的，诸侯国都奉宗主国的正朔，也没有自立年

① 参见中国古都学会：《中国古都研究》第3辑，浙江人民出版社，1987年，第108页。

② 史念海：《中国古都和文化》，中华书局，1998年，第38、39页。

③ 《前汉书·诸侯王表序》。

④ 《前汉书·高五王传赞》。

号，“七国之乱”后梁国又分封为梁、济川、济东、山阳、济阳五国，对梁国的建都问题没有引起更多的注意，何况梁国早期都会是否曾在大梁、有多长时间目前尚无定论，因此西汉梁国曾建都于大梁（开封）对古都学的研究是没有意义的。

二、唐代的大楚

唐代后期经过安史之乱以后，各地握有实权的节度使割据一方，自立为帝，先是朱泚于783年据长安称大秦皇帝，次年改号汉，称汉元天王。李抱真、王武俊大破朱泚，朱泚死。建中三年（782年）范阳节度使朱滔、魏博节度使田悦、成德节度使王武俊、淄青节度使李纳纷纷称王，朱称冀王、田称魏王、王称赵王、李称齐王，淮西节度使李希烈称天下都元帅、太尉、建兴王其势最盛。诸节度共向希烈劝进，李希烈于兴元元五年（784年）攻陷汴州后称楚帝改元武成。贞元二年（786年）淮西将陈仙奇毒杀李希烈，不久吴少诚又杀陈仙奇降唐。

李希烈的大楚政权，名义上虽然存在2年，实际他于784年春天在汴州称帝后当年11月就被逐出汴州，不到一年的时间。在称帝期间也建有年号，但这是中央政权没落时期的封建割据，不能列为开封的一朝都会。

三、宋金的刘豫

北宋灭亡以后，金军在宋境内受红巾军、八字军等民间武装的侵扰，先是在东京立张邦昌伪楚政权，不久伪楚政权自行取消，东京又被宋军收复，先后由宗泽、杜充等占有。宋臣中济南知府刘豫在抗金中杀死坚持抗金的守将关胜，以济南降金。金人得到这名死心塌地的降将，立即任命其为京东西、淮南等路安抚使、东平知府，其子刘麟被任命为济南知府，其时江淮地区，自长江以北今豫西向东有薛庆、张荣、李荣、邵青、王善、董平、孔彦舟、张用、唐城、桑成等武装集团，这些集团依违不定，谁对他更有利就投靠谁。宋军仅控制东京、陕州、楚州等孤立据点。金人则集中兵力南下，曾一度取建康（南京）、平江（苏州）、杭州、明州（宁波）、赵构逃入海中；另一路金军则从湖北渡江，追逐孟太后至江西太和县。二路人马没有追寻到孟太后和赵构，在北返途中宗弼被宋军困于镇江，险些全军覆没。从此金人不敢轻易南侵，金人为了“安民息兵”采取以汉人治汉人的办法于建炎四年（1130年）九月册立刘豫为齐帝，用天会年号，此年又改用阜昌年号，定都北京（大名）将黄河以南地区交刘豫管辖，次年又将陕西地赐刘豫。刘豫受到金的册封以后即在宿州设立招讨司实行对内镇压抗金活动，对南宋及散处的武装集团开展诱降活动。刘豫诱降了李成、王善、徐文等人，又出兵西北，宋熙河路总管关师古战败投降，伪齐尽有洮岷之地。

伪齐政权连连得手，遂于绍兴二年（1132年）四月将都城迁驻汴京。绍兴四年（1134年）岳飞破齐军收复襄阳、郢州（湖北钟祥）、唐州（河南泌阳）、随州（湖北随州）、邓州（河南邓县），伪齐政权汇集金军渡淮攻宋，金兵攻除滁州，围庐州，被牛皋击退，金兵缺粮又闻金太宗患病，遂渡淮北撤，齐军得迅，弃辎重逃走，伪齐政权走向下坡路。

伪齐受岳家军打击，连连失利，丢失了卢氏、长水等地，几次向金人求援，金人不予理会。刘豫为了表示他的力量在境内收罗兵源，于绍兴六年（1136年）以签发乡兵的名义，纠集了30万人马，号称70万，兵分三路南下侵宋，东路军在经定远南下时在藕塘（定远东南）被杨沂中、张宗颜部南北夹击下大破齐军，一直追击到寿春（安徽寿县），夺得了大量军用物资。中路军在霍邱、正阳一带与宋军相遇，齐军大败。正在围攻光州（河南潢川）的西路军得知东、中两路失败的消息后慌忙退兵。这次声势浩大的南侵以失败而告终，也暴露了刘豫虚弱的本质。

刘豫的表现使金人已看透他已没有多少利用价值，史籍描写金人废立刘豫："金主因与兀术定谋伪称济师，长驱到汴，先遣人召刘麟谋事。麟至军，兀术即指挥骑士，将麟擒住，随即率轻骑驰入汴城。豫尚率兵习射讲武殿，兀术已突入东华门，下马呼豫。豫出殿相见，被兀术扯至宣德门，喝令左右将他拥出，囚住金明池。翌日，集百官宣诏废豫，改宣行台尚书省。""豫拘于琼林苑，告挞懒曰：父子无负上国，乞元帅哀怜，挞懒曰：刘蜀王，刘蜀王，尔犹不知罪过，赵氏少主出京日，万姓燃顶炼首，香烟云雾，号泣声闻数十里，今废了尔，京城内无一人为尔烦恼，尔误做人，犹不知罪过。"[①]刘豫的这副乞怜相为挞懒耻笑，也为后人留一笑柄。

与刘豫堪可参照的要算是清废帝溥仪。溥仪在1932年3月9日在长春被扶立为"满洲国"执政，改长春为新京，立年号为大同。1933年10月，关东军司令官正式通知日本准备承认溥仪为"满洲帝国"皇帝，于是溥仪精心准备在1934年3月1日即帝位并改年号为康德。在溥仪称帝时日本派了秩父宫雍仁亲王来满庆贺登极大典，仪式极为隆重，1935年4月6日溥仪赴日本，答谢日本庆贺登极大典，4月6日从大连出发，登上日本派来的比睿军舰，此舰为日本天皇检阅海军专用，至日本东京车站时日本天皇亲率王公贵族、全体内阁大臣迎接，接住在昭和天皇为皇子时居住的皇宫"赤坂离宫"，接着参观了东京、京都、大阪、神户等城市，5月2日返长春，规格可谓极臻，但有两件小事可以看出溥仪的处境：一是所谓登极，当皇帝是溥仪日夜盼望的事，得知即将

---

① （宋）徐梦莘：《三朝北盟会编》。

成为事实时，他想到的第一件事是龙袍，他马上派人到北京从荣惠太妃（瑾妃）那里借来光绪穿过的龙袍，但是关东军司令官说日本是承认“满洲国皇帝”不是“清朝皇帝”，不能穿清朝皇帝的龙袍，只能穿“满洲国”海陆空军大元帅正装。几经交涉才允许登极大典中祭天时可以穿龙袍，大典时必须穿大元帅正装。第二件事是溥杰婚姻。溥杰是溥仪的亲弟，其元配夫人是他母亲的侄女，二人意见不合十四岁即已离婚。溥杰即去日本士官学校学习，毕业后回国在伪满洲国禁卫军中任职，尚未婚配。关东军司令官向溥杰透露，为了日满亲善，希望溥杰与日本女子结婚。溥仪知道后感得此举大有文章，在家庭中集议如何应对，因为溥仪自知无生育能力，溥杰如果娶了日本女子，则皇族皇裔就有了日本血统，那是违背祖训，不能保证皇族血统的纯粹。家族通过积极活动，由溥仪的岳父崇源物色到一位在北京的满族女子。这个消息被关东军侦知，关东军司令官通知溥仪日满亲善，溥杰身为御弟应做出表率，日本的本庄繁大将正积极在东京物色对象，北京的活动应该立即停止。不久关东军选择了日本嵯峨实胜侯爵的女儿嵯峨浩配于溥杰并于1937年4月3日在东京举行婚礼。不到一个月满洲国颁布了“帝位继承法”规定皇帝死后由子继立，如无子则孙继之；如无子无孙则由弟继之，如无弟则由弟之子继之。一部“帝位继承法”将日本血统替代满洲血统成为合法①。穿衣、娶亲本是生活中的常事，但事关政治时，主子是不会通融的。平时礼节性交往，表现十分隆重、尊重，主子要利用的时候，节庆、生日派个使节，给足了面子，原则性问题是不容含糊的。溥仪的“大同”“康德”政权前后经历13年，直到日本投降为止，新京（长春）一直是所谓的都城，但长春耻于被选为都城，古都学界也没有人提起它。刘豫大齐政权与它相仿，开封也没有提到它，以免自取其辱。

四、韩宋都汴梁

元代末年政治腐败、经济凋敝、群雄并起，反元势力立国建元者多起，先是至元十七年（1280年）杜可用起义改元一称万乘。次年至元十八年（1281年）陈吊眼、邱细春起义，改元昌泰。至元二十年（1283年）林桂芳、赵良钤起义自称罗平国王，改元延康。至元二十六年（1289年）杨镇龙起义，改元安定。大德元年（1297年）陈空崖起义改元正治。顺帝至元三年（1337年）朱光卿起义，称大金国改年号赤符。此年合州大足（四川大足）韩法师起义称南朝赵（越）王。至元四年（1338年）周子旺起义称周王。至正元国（1347年）蒋丙等起义。此后连年山东、河南、河北、江苏、广西等地人民纷纷起义，其中声势最大的推以白莲教为号召的起义，其领袖为韩山童、

① 丁燕石编：《落日残照》，档案出版社，1988年。

刘福通等人。韩山童系栾城（河北栾城）人，其祖父为白莲教主，被元政府以“烧香惑众”的罪名驱逐到永军（河北邯郸东北），至韩山童时仍是北方白莲教的首领之一，他与刘福通以白莲教做工具积聚了大量信徒，韩自称是宋徽宗的八世孙，在群众中威信更高。韩刘利用元廷征调15万民夫整治黄河的机会，预先在黄陵岗（河南兰考）埋下了独眼石人，广泛散布“石人一只眼，挑动黄河天下反”的童谣，至正十一年（1351年）五月当河工挖出了这个独眼石人，群众议论纷纷认为是天意时，韩刘组织起义，由于时机不密，官军搜捕韩山童，韩不幸被捕牺牲，韩妻和儿子林儿逃脱到武安（河北武安）。刘福通在河南起义成功，义军头裹红巾，打着红旗，被称为红巾军。短短几个月在淮河流域，大江南北形成反元斗争高潮，此年十月徐寿辉在蕲水（湖北浠水）称帝，国号天完，改元治平。徐军亦以红巾裹头，称天完红巾。至正十四年（1354年）正月张士诚在高邮称诚王，国号大周改元天祐。至正十五年（1355年）二月刘福通立韩山童之子林儿为帝号小明王，国号宋改元龙凤定都亳州（安徽亳县）。这时中原各地的义军都接受韩林儿的领导，把反元斗争推向新高潮。义军接连攻克颍州（河南许昌）围攻庐州（安徽合肥），元军组织反扑，义军失去亳州，退守安丰（安徽寿县），经过休整，义军于至正十七年（1357年）初分兵三路北伐，在三路大军胜利进军的同时，刘福通率军转战在安徽、河南一带，先后攻占了曹州（山东菏泽）、濮州（河南县），卫辉（河南汲县）至正十八年（1358年）五月攻占汴梁，并迁都汴梁。此年为龙凤四年，由于红巾军三路北伐大军配合不力，元军纠合汉族地主武装合围汴梁。龙凤五年（1359年）围汴三月，于八月陷落，刘福通拥韩林儿突出重围走安丰。红巾军北伐的三路大军被元军各个击破，红巾军走向下坡路。龙凤九年（1363年）张士诚派吕珍攻安丰，激战一月，刘福通战死，三月安丰陷落，朱元璋救安丰，城已破，朱击破吕珍军，救韩林儿南还，将韩安置于滁州。龙凤年号继续为朱元璋使用，但实际仅存空名。龙凤十二年（1366年）十二月朱元璋命廖永忠等滁州迎小明王，迎至瓜步（江苏六合县东南）舟中，舟覆，小明王溺死，龙凤政权结束。次年正月朱元璋称吴元年，又一年正月朱元璋在应天（南京）即帝位，国号明，年号洪武[①]。

经过梳理，元代末期群雄并起，称王、改元是当时的风气，龙凤政权存在12年，从刘福通起事算起到改号龙凤年号时尚有4年时间，但在16年的时间里，安丰陷落、刘福通战死，小明王安置滁州的期间，实际是朱元璋袭用龙凤年号的时间，因此对龙凤政权的作用，尤其是在汴梁一年又3个月的影响要做具体的分析。这与李自成在北京42天，称帝仅一天，有些相似，与闫崇年先生提出李自成大顺政权应列为北京的一朝都

---

① 《明史》卷一二二《韩林儿传》。

会的说法没有形成共识一样，龙凤政权在汴梁，作为广义的都会是可以成立的，但需要时间做充分讨论，才能达成共识。

总论以上所谓四朝，西汉的梁国是诸侯国不是独立的政权；唐代的李希烈是封建割据，时间又短，不能列为一朝；宋金之间的刘豫大齐政权，其地位与民国时期的满洲国新京（长春）相当，不是一个独立的政权，把他列入开封的一朝都会，有损东京的名声。最后一个龙凤政权在汴梁可以认为是广义的都会。史念海先生在论列我国的217处古都时，将小明王的都城列在亳州[①]，这是值得讨论的问题。

① 史念海：《中国古都和文化》，中华书局，1998年，第97页。

开封从河南省省会到新兴副中心城市

——省会离汴迁郑60周年回想

郭书学

（开封古都学会，开封市人民政府地方史志办公室）

摘　要　开封是举世闻名的八朝古都和中原名城，在历史上曾经有过长时期的辉煌。中华人民共和国成立之初，河南省省会由开封迁至郑州。开封以巨大的牺牲支持了郑州乃至全省的发展，导致其城市地位与社会经济跌宕起伏。当前，河南省委、省政府确定开封为全省的新兴副中心城市，表明开封在发展复兴的道路上迈出了坚实的步伐。但要建成真正意义上的新兴副中心城市，还需要开封、郑州以及河南省共同付出艰苦的努力。

关键词　开封　郑州　省会　发展

河南省省会离汴迁郑整整过去了60个春秋。在这漫长的岁月里，开封经历了由省会城市向地区级城市的跌落，由经济社会相对先进到发展滞后、再到发展复兴的过程。开封的起伏与省会的迁离有着密切的关系。今天，当我们面对河南省的发展进步和省会郑州迅速崛起的时候，不应该忘记开封曾经为之付出的巨大牺牲。在经过了较长时间的徘徊、蓄势之后，开封已经步入了稳步发展的新阶段。正是在这样的基础上，省委将开封确定为正在建设中的河南省新兴副中心城市，这无疑对促进古都名城的复兴会产生不小的影响。而要将开封建成真正意义上的新兴副中心城市，还需要河南省及开封市共同付出艰苦的努力。

一、八朝都会与中原省城——开封曾经的辉煌

开封位居中原腹地，是早期华夏文明重要的发祥地之一。早在4000多年以前，人文始祖带领部族人民就在这一地区繁衍生息，从事农业生产及生存发展活动。我国第一个世袭制王朝——夏建立后，其统治中心先后经过多次迁徙，最终选定了地理位置适中、物产丰富的开封（老丘）作为永久国都。历时200余年，几近夏王朝470年历史

的一半。定都开封对推动夏朝的兴盛和中原地区的开发，发挥了十分重要的作用[①]。

战国时期的魏都大梁，是开封建都史上第二个国都，历6位君主、139年，不仅有力地促进了古代城市的进步和中原地区经济文化的发展，客观上也对秦朝大一统社会的形成产生了影响。

隋朝修筑大运河，为地处大运河中枢的汴州（开封）提供了新的发展机遇。自隋唐而后，五代时期的梁、晋、汉、周，都把这里作为政治中心——都城，对结束唐“安史之乱”以后的藩镇割据、促进民族融合与社会发展发挥了巨大作用。

北宋王朝以东京开封为国都，历经9帝168年，使之成为全国的政治、经济、文化中心，成为当时世界上人口最多、经济文化最为发达、城市功能最为完备的国际大都市。以它为中心所铸就的大宋文化，在中华民族的发展史上散发着恒久的不可磨灭的光辉。尤其是它的京城规制，为金中都（今北京）所汲取。而由大宋文化与此前的汉唐文化和后来的明清文化共同构成的华夏文化，则成为我国古代民族文化的支柱和精髓。

金朝统治下的开封，先设为陪都，继定为国都，前后一百多年，依然保持了北方政治、经济和文化中心的地位。

元朝在开封设立河南江北行中书省（河南省），开封降为中原地区的中心城市。朱元璋建立明朝，试图把开封（汴梁）作为首都。后以陪都规格在北宋里城的基础上重新修筑了开封城。10年后撤销陪都建制，封其第五子朱橚为周王，并在开封原宋金皇宫旧基上建设了规模宏大的周王府。明开封城的规模仅次于南京城，如今在全国仍属第二。明代开封在全国13个省会城市中名列前茅，《如梦录》形容开封是“八省通衢，势若两京”，并非过誉之词。

清朝建立后，仍以开封为河南省省会。开封依然是中原地区的政治、经济、文化中心，为中原八方货物贸易的集散地，商业异常繁荣。

中华民国时期，开封承袭省会建制未变，直至中华人民共和国建立初期的1954年。

开封的辉煌历史主要包括三大亮点：一是文化孕育的时间之早，对我国早期华夏文明贡献之大，超过了其他古都城市。二是以开封为都城的夏、宋两朝，均是历史上影响巨大的著名朝代。尤其是宋代，将我国封建社会的发展推向了顶峰，有继往开来、承上启下之功。三是开封建城历史久远，发挥作用持久独特。特别是进入后都城时代以后，作为河南省省会长达700年之久，这在全国古都城市中并不多见。

开封作为八朝古都和中原省城，虽然曾经的辉煌早已载入史册，但它的光环依然闪闪发亮，照耀着今日开封奋然前行的征程[②]。

---

① 参见中国古都学会：《中国古都研究》，三秦出版社，2013年，第47页。

② 参见郭书学：《关于古都开封历史地位问题的再认识》，《汴梁晚报》2013年11月2、9、16日。

二、省会在并非具有充分说服力理由的情况下迁离，开封人民承受的失血之痛

河南省省会迁移郑州事宜，始于1952年。是年8月，河南省人民政府将省会迁址事宜提交中南军政委员会。同月，省政府分别接到了中南军政委员会和中央人民政府政务院“同意迁址”的答复。按照计划，省会迁郑拟定1953年进行，因为“三反”运动搁置了一年。1954年5月，河南省委成立迁移委员会；8月确定了省直各单位搬迁时间表。10月31日，随着省委、省政府等41个单位9649人迁入郑州，标志着省会迁移任务基本完成。

与此同时，已改称中共开封地委的原中共郑州地委及专区一级机关，由荥阳迁往开封，搬进了刚刚腾出的省府大院。这一搬一迁，标志着开封由省级城市下降为了地区级城市。

省会离汴迁郑的理由，是开封“位置偏于全省东部，指导全省工作多方不便”，而郑州为“中原交通枢纽，为全省经济中心”。“偏东”不是理由，郑州是“交通枢纽”才是主要原因。

实事求是地对当时情况加以分析，我们认为，省会迁移的理由并无充分的说服力。且不说开封历史上的八次建都，单就省会而言，元、明、清、民国四代省会从未间断。即使是明朝末年开封遭遇了黄河的灭顶之灾，省署流亡外地办公多年，而开封城一旦修复之后，依然迁回原址。这一切，皆因开封地理位置优越，物华天宝，人杰地灵，地望天择，自古乃帝王之州。而就铁路交通而言，开封虽不是京广、陇海铁路的交汇之地，但紧邻陇海铁路，且西距交汇地郑州仅数十千米之隔。这与当时诸多省会城市比较，开封的交通优势还是十分明显的[①]。

但无论如何，省会还是离开开封，定在了郑州。为此，古城开封付出了巨大的牺牲。

1954年，开封的市区人口接近40万。是年，近万名省属单位的公务人员迁往郑州。伴随着省直机构的迁移，一大批省直二级单位随迁郑州。其中，尤以文化事业单位为最：

1953年9月，河南省第一护士学校迁郑；

1954年6月，开封艺术师范学校迁郑，组建郑州艺术学院；

1955年3月，河南省人民医院迁郑；

---

① 参见中共郑州市委：《风雨前程八十年》，中共党史出版社，2001年。

1956年5月，河南农学院迁郑；

1956年12月，河南师范专科学校的中文、历史、艺术、体育等科迁郑，组建郑州师范专科学校。后在此基础上一分为三，分别组建了郑州师专、郑州艺专和河南体院；

1957年，河南省图书馆迁郑；

1958年6月，河南医学院迁郑；

1958年9月，河南中医进修学校迁郑，改称河南中医学院；

1958年河南医学院附属医院迁郑；

1961年河南省博物馆迁郑；

即使到了20世纪80年代，仍有河南省工艺美术学校和河南省民族中专相继迁郑。

伴随着机构的迁移，一大批教育、医务、科研及技术人员随迁郑州。在此后的一段时间内，由于开封城市地位的急剧下降与郑州城市地位的迅速上升，不少精英人才赴郑州寻求更好发展①。

1983年实行市带县体制，开封地区撤销，所属10县一分为二，又有一批公务人员及专业人才随机构流入郑州。

改革开放以后，郑州经济的飞速发展带来了更多的就业机会，故而又吸引了开封一大批从事商贸服务业的能工巧匠赴郑寻求发展。

从开封迁出的机构和流出的人才，是公共资源，是社会购买力，同样是就业机会。总之，它流出的是开封的血，最终为郑州注入了活力。

丧失了省会带来的政治资源和经济资源的支持，开封的发展只能靠自身的力量。虽然20世纪60年代前后国家投资兴建的国有企业一度产生了较好效益，创造了一批名牌产品。但终究由于自然资源的匮乏，导致工业发展的滞后，继而又影响到了商贸服务业和城市建设。20世纪80～90年代，当全国大多数城市乘改革开放的东风，如雨后春笋般竞相发展之际，开封却背负着沉重的历史包袱，步履艰难地缓慢前行。至20世纪末，其经济社会的发展终被落在了河南省18个地市级城市的倒数。

郑州的发展与开封的徘徊形成鲜明对照，省会迁入对郑州的发展产生了巨大的推动作用。1954年以前，郑州不过是一个不足5万人的小城。省会迁入的第三年，郑州的国内生产总值就超过了开封，人口也以连续翻倍的速度增加，并迅速超越开封成为中原第一大城市。

在计划经济体制下，政治因素起着很大的主导作用。省会郑州汇集政治、经济、文化等诸多中心于一体，利用自身优势，将全省的各类资源向其倾斜。而改革开放以

① 参见开封市地方史志编委会：《开封市志》第4册，北京燕山出版社，1999年。

来所引入的外来投资、高新技术产业开发等，绝大部分落在了省会郑州。

从上述情况不难发现，开封的滞后发展与省会的迁离有着密切关系，而郑州的崛起与开封的付出同样紧密相连[①]。

就当时的情况来看，省会一定要迁郑，开封一定要付出那么大的牺牲吗？

我们认为，通过另一种安排是可以避免的。那就是省会不做迁移，即继续保留开封的政治文化中心地位，依据郑州的交通区位优势，将其作为全省经济中心加以扶持。这样做的结果，两个相距不远的中心城市并行发展，相得益彰。如此而来，今日正在建设的郑汴一体化乃至郑汴同城，恐怕早已成为现实，一座超级大都市已经矗立在了中原大地上。

可惜这只能是一种假设，历史是不可以推倒重来的。

三、迈向河南省新兴副中心城市——开封迎来了再度复兴的曙光

2013年12月25日，河南省委九届六次全会审议通过的《中共河南省委关于科学推进新型城镇化的指导意见》中提出："郑汴一体化取得新进展，开封向新兴副中心城市迈进。"[②]

所谓副中心城市，指的是在一个省的范围内，拥有独特的优势资源或产业，其经济实力较周边地市强大，经济辐射力超出了自身管辖的行政区范围。且与主中心城市有一定距离，未来能够带动周边区域发展的大城市或特大城市。诸如广东省的深圳市，山东省的青岛市，江苏省的苏州市、徐州市，福建省的厦门市，河北省的唐山市，等等。

60年之前，开封是河南省的中心城市，那时它在全省首屈一指。1954年省会迁离导致开封中心地位丧失。1983年撤销地区建制，实行"市带县"体制，原开封地区所属十县，较为发达的西五县划归郑州市，相对落后的东五县划归开封市，而东五县中尚有国家级贫困县。自此以后，开封的地位再度被弱化，与郑州的差距也越拉越大，并被一些发展较快的后起城市超越。

尽管如此，开封毕竟有着多方面的潜在优势。在经历了徘徊彷徨、缓慢蓄势等艰难的过程之后，终于厚积薄发，迎来了发展复兴的曙光。开封能够被河南省委确定为建设中的新兴副中心城市，就是明显的发展复兴的标志。

---

① 参见郭书学：《从省会迁郑到郑汴一体化发展》，《开封日报》2014年5月13日。

② 中共河南省委：《关于科学推进新型城镇化的指导意见》，《河南日报》2014年1月6日。

开封之所以能被确定为河南省的新兴副中心城市，主要因为其具有诸多独特的优势：一是城市的历史地位较高，是举世公认的八朝古都。北宋一朝更为国际都会，举世无双，影响极大。自元代至新中国成立之初一直是河南省省会，在全省首屈一指。二是开封具有古都名城孕育的历史文化，底蕴丰厚。历史文化名城、书法名城、收藏名城、菊花名城等，光环照耀，增辉添彩。三是开封位居中原腹地，地理位置优越，且紧邻全省中心郑州，近年来文化旅游的强势发展和郑汴一体化的推动，极大地增强了自身的影响力。四是作为中原经济区核心增长极的郑汴一体化战略，取得了辉煌的成果。随着“五同城一共享”目标的逐步实施，郑汴全面同城不再是遥不可及的事情。

开封能够被确定为全省新兴副中心城市，更重要的原因还是其近年来经济社会出现的良好发展态势，主要经济指标增速持续位居全省前列，经济发展的后劲和竞争力逐步显现。开封最大限度地发挥比较优势，实现各种生产要素的优化配置，形成了汽车及零部件、化工、光伏、生物医药、电子信息等十大产业集群。遍布全市各县区的八大产业集聚区成为开封工业持续增长的重要支撑。随着经济转型升级的不断提高，开封的一、二、三产业结构不断优化。为了将文化优势转化为现实生产力、竞争力，开封精心做好传承、创新两篇文章，通过对宋文化的挖掘、开发、利用，推动旅游经济迅速发展。2011年宋都古城被确定为“国家文化产业示范园区”，2013年的“一河两街三秀”，成为开封文化产业迅速发展的重要标志。

开封的经济实力及城市品位有了大幅度的提升。从旅游带动到建设文化旅游强市，再到打造国际文化旅游名城，开封正在向河南省新兴副中心城市阔步迈进。这既是一种机遇和动力，又是一种压力和挑战。开封必须迎难而上，以百倍的努力去争取最后的胜利。

四、建成真正意义上的新兴副中心城市，还需要省、市联动，采取强有力的措施和方法

开封要建成真正的全省副中心城市，还需要付出艰苦的努力。市委书记吉炳伟说：“工业和文化产业将成为开封扮演副中心城市角色的两大重要砝码，而有着浓厚文化底蕴的古都开封，文化则成为城市发展的先导和旗舰。”

建设河南省新兴副中心城市，首先开封自身应做出努力。全市上下要齐心向前，采取得力的措施和方法，推动社会经济及城市建设大幅度地晋位升级。鉴于开封历史上曾经对河南省和郑州市做出过巨大贡献，以及在今天全省发展布局中扮演的特殊角

色，我们认为，省委、省政府和省会郑州应该在互惠共赢的前提下，大力支持开封发展，通过省市上下联动，合力推进，早日实现开封建设新兴副中心城市的既定目标。具体的措施和方法应包括如下几个方面。

（一）强力推进郑汴大都市建设，引领中原经济区向前发展

当前，以京津冀协同发展为标志，新一轮经济社会的调整改革已在全国拉开帷幕。河南省应在本轮调整改革中抓住机遇，科学谋划，大干快上，尽快缩小与东部省区的差距。河南是上亿人口的大省，中原经济区又是一个涵盖面广阔的区域，不可能齐头并进、平行发展，迫切需要塑造龙头，发挥引领作用。作为中原经济区核心极的郑汴两市，正在通过一体化建设发展超大城市，并取得了十分明显的成效。建成后的超大城市规模将是：市区面积2000余平方千米，建成区面积1000平方千米；人口逾千万；地区国民生产总值将达万亿元。这样的城市规模和经济实力，有可能挤入我国城市的第一方阵①。

郑汴大都市的建成必将对引领中原经济区建设发挥作用，对提高河南省在国内国际的声誉和地位产生影响。因此，河南省应采取有力措施和方法，推进郑汴大都市建设。针对开封，要给予政策支持，在项目、资金的安排上要优先考虑，拿出实实在在的措施帮助开封建设新兴副中心城市。

（二）郑汴两市做到优势互补，尽快解决不平衡发展问题

作为全省第一大城市的省会郑州，经过近二三十年的高速发展，已成为中原地区的特大城市。但同时产生了过度膨胀、交通拥堵等诸多问题。为了安置日益膨胀的人口，不断地扩张城市面积。而城市面积扩大之后，外围到中心的半径越长，交通阻塞就越严重。另外，巨大的人口数量又需要更多的就业机会，以及更多的资源与能源消耗，这无疑对城市的自然承载力造成了更大的压力。

相对于郑州而言，开封的发展明显滞后。旧城区至今没有完成改造，新城区建设也不尽如人意。近年来虽强力发展文化旅游，又缺乏大量项目资金的投入。但是，由于开封文化资源丰富，区位优势明显，城市发展的空间和潜力还是巨大的。

开封与郑州是难以分割的兄弟城市。历史上，郑州长期沉寂于普通州县的规模，开封则凭借国都、省城、府治三位一体的政治地位，长期领导郑州。省会迁郑后，两

① 《郑汴新区总体规划方案》。

地的领导与被领导关系发生了互换。开封虽由强变弱，但在郑州的崛起中功不可没。

当前，郑州和开封的发展不平衡问题十分突出。为了实现共同建设中原大都市目标，郑州应该从项目、资金、技术等方面支持开封发展，首先是支持开封建设新兴副中心城市。郑州可以借助开封的文化优势，发展文化旅游，提升城市的地位和影响。两市最终通过互动互补促进同步发展。

（三）将全省经济中心与政治中心分离，省会重新迁设开封

解决郑州当前存在的过度膨胀问题，最有效的方法是将政治中心与经济中心分离。也就是说让郑州脱离省政治中心，将政治中心（省会）迁移出去。依据郑州的交通区位优势和数十年打下的基础，进一步充实和巩固其全省经济中心的地位。我们认为，在一省范围内，将经济中心与政治中心分开设置，有利于两个中心同步发展。从国际上欧美先进国家和国内诸多发展较好的地区城市来看，不乏通过如此安排而取得成功的范例。当前，首都北京为了解决过度膨胀问题，正在实施城市功能的分解，基本定位为政治文化中心，其他功能正在向周边分散。京津冀协同发展的方法应该引起河南省的足够重视。

省会迁出郑州、重新迁回开封是最佳选择。开封是国内外公认的古都名城，历史上又长期是河南省省会，其知名度远超郑州。将河南省的政治中心（省会）重设开封，有助于传承开封历史，焕发古都名城生机，支持开封的新兴副中心城市建设；有助于解决郑州城市过度膨胀问题，促进郑汴两市平衡发展，进而组建能带动全省的中原大都市。省会新址应选在开封新区的杏花营一带，实际位于郑汴之间偏近开封一侧，这对郑州不会产生任何的负面影响，却能对开封建设副中心城市产生极大的促进作用。所以，恢复开封作为河南省省会，既是现实的需要和时代的呼唤，也是历史的责任。相信这一举措能够得到社会各界和广大群众的认可①。

我们殷切期望决策层能够高瞻远瞩，权衡利弊，做出合乎实际的恰当安排。相信经过多方面的共同努力，开封一定能把复兴之梦变为现实，一定能以崭新的姿态屹立在中原大地上！

---

① 郭书学：《从省会迁郑到郑汴一体化发展》，《开封日报》2014年5月13日。

西周两京制度与崤函古道交通

李久昌

（三门峡职业技术学院）

摘　要　西周东西两京制的建立，使东都洛邑与西都丰镐构成了西周王朝统治中心的两极。在以宗周、成周为核心的周道交通地理格局中，崤函古道不仅在里程上占两京道路的1/2强，而且因地势险要，有“崤函之固”之称，也是最为崎岖的一段，在贯通两京的周道道路系统的地位十分重要。西周两京制度的创立，使崤函古道开始表现出稳固而成熟的道路特质，并确立了国家主干交通道路的地位。而崤函古道亦为西周两京制的实施提供了很大的便利条件，既是两京之间政治文化交流的地理舞台，更是西周两京实现战略不可缺少的纽带。

关键词　西周　两京制　崤函古道　形成　交流通道

一、西周两京制的形成

西周两京制是周人对中国古代都城制度的一项伟大创造，它的产生是西周国家重大战略的需要与地理现实相协调的产物。周人本土偏居西方，至武王克商，始得东方即原殷商地区，这种疆域地盘上的扩张，必然在政治以及地理上带来如何进行控制的新问题。《逸周书·度邑》载，武王克商后曾“具明不寝”，周公问何故，武王答：“我未定天保，何寝能欲。”他把在接近殷商故地的伊洛河谷地区建立新都，看作巩固新王朝统治的大事，并为此做了初步规划，亲自选择了洛邑地址。《何尊》铭文记载说：“王诰宗小子于京室，曰……武王既克大邑商，则廷告于天，曰：‘余其宅兹中或（国），自之（此）乂民。’”“宅兹中国”，就是在天下四方的中心，即洛邑营建新都，并以此为中心治理天下民众。武王灭商后两年病逝，成王年幼，周公摄政，发生了三监和武庚叛乱。周公花费三年时间，虽最终赢得东征胜利，但严酷的现实也使西周统治者更加明确：丰镐对已经拥有广大东方和天下四土的西周王朝来说，位置相对偏西。如果东部缺乏较大的行政管理中心，单凭渭河平原的力量来遥控东部平原，实属鞭长莫及。尤其是受崤函多山与险要的地形的影响，从丰镐到洛邑的道路相当费时[①]，因此西周国家的政治中心与东部平原实际上处于一种隔绝的状态。三监叛乱，部分也是因驻扎在东部平原的管叔、蔡叔等军事将领与京畿内周公等新领导层之间由于缺乏交流而产生猜忌的结果。为有效控制东方，客观上需要周人的政治中心东移，兴建一个新的政治、军事中心，此即武王所说的“定天保，依天室”[②]。于是成王和周公遵照武王遗愿，开始大规模营建新都洛邑。《史记·周本纪》载：“成王在丰，使召公复营洛邑，如武王之意。周公复卜申视，卒营筑，居九鼎焉。曰：‘此天下之中，四方入贡道里均。’”洛邑因其位于“天下之在，四方入贡道里均”，便于对四方的统治，可以弥补丰镐远在西方，远离主要威胁源和可能的扩张方向的地理缺陷，而被营建为东都。《汉书》卷二八《地理志下》云：“昔周公营雒邑，以为在于土中，诸侯蕃屏四方，故立京师。”《通鉴地理通释·历代都邑考》亦载：“周公相成王，以丰镐偏处西方，乃使召公卜居洛水之阳以即土中，遂筑新邑，营定九鼎，以为王之东都洛邑。”新建东都洛邑又称为“成周”，镐京称为“宗周”。可见，西周东西两京制的形成完全是西周国家的重大战略需要，而崤函险要崎岖的地势，也是促成这一重大战略实现的交通因素。

---

① 关于从丰镐至洛邑的时间问题，李峰先生曾举金文和文献中的三项记录作为代表：《晋侯苏编钟》载周厉王从镐京出发抵成周，历时44天；《令方彝》载明保走同样道路，费时56天；《尚书·召诰》载召公从二月乙未至三月戊申，完成两京之间的旅程，用时14天。李先生认为，如果在第二个月与第三个月之间有一个闰月，则召公所费时间与前两人旅程时间也将符合，而那种情况是很可能的。因此，他认为西周时期横越豫西崎岖的山路，需要耗费40～60天的时间。而一旦叛乱爆发，将军队带出渭河谷地并且布置在东部平原之上，则需近两个月（参见李峰：《西周的灭亡：中国早期国家的地理和政治危机》，上海古籍出版社，2007年，第77页及脚注①）。这一判断可能并不准确。以武王伐纣为例，王国维先生于《生霸死霸考》一文中推断：一月二十六日癸巳，武王兴师伐纣；二月二十七日甲子，牧野之战，克商。凡历时32天。江晓原等先生谓：公元前1045年十二月四日戊子，周师出发；公元前1044年一月三曰戊午，师渡孟（盟）津；公元前1044年一月九日甲子，牧野之战，克商。凡历时37天（江晓原、钮卫星：《回天——武王伐纣与天文历史年代学》，上海人民出版社，2000年，第146页）。罗琨先生结合《世经》所载及近人研究成果，认为驻于宗周的部分军队于一月戊子（二十一日）先行，癸巳（二十六日）武王始发，第十四日丙午（二月九日）抵洛邑，与大军汇合（《从〈世俘〉探索武王伐商日谱》，《周秦文化研究》编委会编：《周秦文化研究》，陕西人民出版社，1998年，第134、144页）。赵光贤先生所列武王伐商日程，是殷一月二十七日（癸巳）武王率师自宗周出发东征，二月二十三日（戊午）周师渡孟津（据《周本纪》）（《说〈逸周书·世俘〉篇并拟武王伐纣日程表》，《历史研究》1986年第6期，第92～102页）。蔡运章先生考证，从武王十年殷十一月戊子到十一年周正月丙午，周师由镐京出发抵达孟津，历时19天（《周初金文与武王定都洛邑——兼论武王伐纣的往返日程问题》，《中原文物》1987年第3期，第90～99页）。诸家推断的时间虽有不同，但都明显低于李峰先生的估计，可见李先生的说法虽有所据，但可能并不是通过这条道路的常态。但无论如何，在当时交通条件下，从丰镐到洛邑需要花费相当长的时间是肯定的。

② 黄怀信、张懋镕、田旭东：《逸周书汇校集注》卷五《度邑解》，上海古籍出版社，1995年，第503页。

虽然在西周之前的夏商时期，两京制已经起源和存在[①]，但就对后世影响而言，当以西周的丰镐与洛邑两京为最。西周东西两京制的建立，保持和强化了都城的轴心地位和作用，使周人的统治可以有效地推行至全国，最终决定了西周二百余年的发展方向和进程，如钱穆等先生所说："武王灭殷，把黄河东西两都更紧密的绾合起来，造成中国古史上更灿烂更伟大的王朝是为西周。"[②]"这对于加强西周时期全国的统一，乃至于东周迁都以系江山暂为不坠，无疑发挥了重大的历史作用。"[③]汉唐的东西两京长安与洛阳格局完全是西周两京的重复。从西周至北宋两千余年，古代王朝虽然不停地更迭，但国家的发展始终是围绕着东西轴线运转的。

二、西周两京格局中崤函古道的地位

西周东西两京制的建立，使东都洛邑与西都丰镐构成了西周王朝统治中心的两极，亦标明了整个国家的发展轴线。《逸周书》卷五《作雒》说，洛邑建成后，"制郊甸方六百里，因西土为方千里"。《汉书·地理志下》曰:"初，洛邑与宗周通封畿，东西长而南北短，短长相覆为千里。"韦昭注："通在二封之地，共千里也。"西周王畿就是以西都宗周中心和以东都成周为中心的两个相互连接的行政区域。按周里计算大约为方千里，即一百万平方里，故称王畿千里。它不仅是周王对全部疆域实行政治统治的核心地区，而且是王室最主要的财政基地[④]。在千里王畿之内，"天下之中"的洛阳与"表里山河"的关中，东西呼应，相互依存，功能互补，可以将周人统治中心由关中延向中原，执一中而控全局。如此既不失周人立国的根本，又便于加强对广大东方（包括南方和北方）地区的统治，从而使西周统治力量的分布达到一种较佳状态。东西两京都是西周王朝的政治中心和行政中枢、军事指挥中心和军事基地，贡赋聚集之地以及举办大型典礼的政治宗教中心。周王往来其间，适时根据政治军事形势的变化而不断改变统治重心，如清人严杰所说："四面环峙，而王畿则东西长，南北短，短长相覆方千里。无事则都洛阳，宅土中，以号令天下；有事别居关内，阻四塞以守，竭尝不据形胜以临制天下哉。"[⑤]

---

① 杨宽：《中国古代都城制度史研究》，上海人民出版社，2003年，第34页；张国硕：《夏商时代都城制度研究》，河南人民出版社，2001年，第66~88页；李久昌：《国家、空间与社会——古代洛阳都城空间演变研究》，三秦出版社，2006年，第91~98页。

② 钱穆：《国史大纲》（修订本），商务印书馆，1994年，第36页。

③ 杜勇：《周初东都成周的营建》，《中国历史地理论丛》1997年第4期，第45~65页。

④ 吕文郁：《周代的采邑制度》（增订版），社会科学文献出版社，2006年，第2、3页。

⑤ 严杰：《春秋列国疆域表后续》，《经义丛钞》卷二。

在政权机构设置上，东都洛邑曾与宗周同样设有中央最高行政官署机构“卿事寮”，由召公以太保之职主管宗周卿事寮，周公以太师之职主管成周卿事寮，两人分治的界限就在今陕县一带，这就是有名的“分陕而治”。《公羊传》隐公五年载：“天子三公称公，……天子三公者何？天子之相也。天子之相则何以三？自陕而东者，周公主之，自陕而西者，召公主之，一相处乎内。”《史记》卷三四《燕召世家》亦云：“成王时，召公为三公，自陕以西，召公主之；自陕以东，周公主之。”“陕”之具体地点又有数说，一曰陕县。《史记·燕召公世家》集解引何休注曰：“陕者，盖今弘农陕县是也。”二曰陕城。《水经注》卷四《河水》云：“河南即陕城也。昔周、召分伯，以此城为东西之别。”三曰陕陌。《后汉书》志一九《郡国志》弘农郡载，陕“有陕陌”，章怀太子注引《博物记》：“二伯所分。”陕陌即今陕州故城一带。四曰陕原，即今陕县张汴塬。《水经注》熊会贞疏引《括地志》：“陕原在陕县西南二十五里，分陕不因其城，乃从原为界。”大体而言，都在今陕州故城一带。陕州故城原城墙上，曾镶嵌一石柱，高3.5米，上刻有“周召分陕石柱”等字样，欧阳修《集古录》载：“陕州石柱，相传以为周召分陕所立，以别地里。”后因修三门峡水库，城墙被毁，“周召分陕石柱”被移送三门峡市文物陈列馆保存。

“分陕而治”是西周初期实行的一项重大政治制度，反映了崤函地理形势对周王朝统治格局的宏观影响，它把西周政治统治区域划分为两大部分，即所谓“东土”和“西土”，陕则被看做天下之中，王畿以此划分。孔颖达《尚书正义》谓：“《公羊传》，汉世之书，陕县者，汉之弘农郡，所治其地居二京之中，故以为二伯分掌之界。”《白虎通》卷一下《封诸侯》引用《王制》说：“所以分陕者，是国中也。”杨宽先生分析说，当时西都和东都的王畿是通连的，东西长而南北短，有所谓“邦畿千里”，而以“陕”作为其分界线，正当东西都王畿的中心点[①]。陕以西，为周之本土，由召公以太保之职主持政务；陕以东为周人新拓展的领土，由周公以太师之职主管政务。先秦文献中常可以看到“东土”“西土”的说法。如《尚书·泰誓中》：“王乃徇师而誓日：‘呜呼，西土有众，咸听朕言。’”孔传：“武王在西，故称西土。”《牧誓》：“王左杖黄钺，右秉白旄以麾，曰：‘远矣，西土之人……以役西土。’”《洛诰》：“大相东土。”《蔡仲之命》：“肆予命尔侯于东土。”《史记·周本纪》：“晋唐叔得嘉谷，献之成王，成王以归周公于兵所。周公受禾东土，鲁天子之命。”《国语·郑语》：“桓公为司徒，甚得周众与东土之人。”韦昭注：“东土，陕以东也。”可见，由“分陕而治”造成的这样的一种政治地理划分，已经深入周人心目中。

---

① 杨宽：《西周史》，上海人民出版社，1999年，第321页。

史籍与金文上常见的“西六师”“成周八师”也是根据上述划分而设立的。西六师驻扎丰镐，其任务是保卫宗周与王畿。成周八师常驻洛邑，担有征服东夷、淮夷和威慑残殷势力的重任。“分陕而治”使东西两京统治力量配置经常化，对发挥两京作用起到了重要作用。从分陕而治的史实，可知“陕”在西周两京制中的特殊地位。王夫之《诗经稗疏》卷一《周南》指出：“盖周公、召公分陕而治，各以其治登其国风。则周南者，周公所治之南国；召南者，召公所治之南国也。北界河洛，南逾楚塞，以陕州为中线而两分之。”“陕”地“因正当东西都王畿的中心点”①而被选定为千里王畿的分界线，它不仅仅是一个地理概念，更重要的是，它反映了西周王朝统治之不同区划及其“陕”在这一区划中的连接作用。这也是历史上以关中为中心的陕以西地区第一次与中原平分秋色，在政治上取得一视同仁的地位。战国秦汉时期以崤函划分关东、关西或山东、山西的做法，实滥觞于此。

丰镐洛邑两京制的建立，客观上要求周王和贵族大臣经常走动于两京之间，人员的频繁流动是必然的。换言之，西周东西两京制的建立，尽管最初是出于巩固周王朝统治的考虑，但一旦东西两京结构形成之后，便会对当时的政治、军事、经济、文化等诸方面产生广泛而深远的影响，因而也不可能不引起交通的联动效应，尤其是沟通和连接东西两大都城之间的两京通道。因为两京制作用的发挥，一方面取决于两京自身的政治、军事、经济、文化实力和地理优势；另一方面，也取决于两京之间的通道是否畅通，通道越畅通，两京的内聚力与对外辐射力也越强，反之，则越弱。这就如一个哑铃，东西两京分处哑铃两端，两京之间的王畿通道即是连接两铃的铃杆，由此将两京及其各自的都城圈连为一体，彼此相互呼应，相互补充，相互配合，一同构成范围更大、力量更强的都城圈，并一同发挥轴心作用。如此，既强化了两端哑铃的轴心功能，也强化了哑铃之间铃杆的连接与运动力量。而对全国交通版图来说，亦因此形成向天下四方伸展的交通格局：以连接丰镐、洛邑两京的道路为枢纽，自此轴心向四方辐射，构成一个巨大的交通网络。如果把这个巨大网络比喻为密布人体的血管，那么两京之间的通道——两京道就好比连通心脏的那条最粗壮的管道，在整个交通体系中居于关键位置，成为沟通和连接东西两大都城之间声息相通的脉络，不可有一日阻塞。

根据文献和金文记载，这条连接东西两京的通道，称为“周道”“周行”。朱熹《诗集传》释“周道”为“大道”“大路”，是“适周之路也”②。杨升南先生说：“道路而冠以‘周’，无疑是与周王室有关。所以‘周道’应是指由周王室修筑，通

① 杨宽：《西周中央政权机构剖析》，《历史研究》1984年第1期，第78～92页。

② 朱熹注、王逸注、洪兴祖补注：《诗集传》，岳麓书社，1989年，第4、97、114、200页。

向王室各地（各类诸侯国境内）的一种道路的专称。”[1]顾颉刚先生则将诸侯国境内的道路与王畿大道加以区分，认为“当时诸侯之国亦皆有其境内之大道，各以其国名或邑名冠之，用以示其下于‘周道’之级别也”。而“‘周道’者，周王畿之大道，殆自岐山至丰、镐，又东行至成周者”[2]。可知“周道”就是当时由周王室主持修筑的连接东西两京的国家级交通干道。它不仅通过较为平坦、坚固的道路将宗周、成周结为一体，一条路肩挑两京，快捷地协调王朝政令，而且在两端又分别形成以宗周为西核心、成周为东核心的双核心放射状交通格局，通向诸侯国都和战略要地。《墨子·兼爱》曾细致描绘了周道的宏壮场面：“王道荡荡，不偏不觉；王道平平，不觉不偏。其直如矢，其易若底。君子之所履，小人之所视。”《诗·小雅·大东》亦有诗云：“维北有斗，西柄之揭!”周道正是一把朝着西方的柄，让周王朝握在手上，随时向东方各国酌取琼浆，不仅成为友善时期最重要的“朝觐”“贡纳”之路和“驿传”之路，而且也是征战时期重要的军用公路。周王朝的政令资讯、财税贡赋、军事征伐和礼仪祭典等攸关王朝命脉的交通需求，均是经由周道完成的，有学者称“它既是西周王室的生命线，也是甸服交通的中轴线”[3]，毫不为过。

在以宗周、成周为核心的周道交通地理格局中，崤函古道不仅在里程上占两京道路的二分之一强，而且因地势险要，有“崤函之固”之称，也是最为崎岖的一段，在贯通两京的周道道路系统的地位十分重要。如果没有周道及相应的交通体系，则宗周、成周两京难以连接在一起，更不可能驾驭东方广大地区内分散的诸侯和淮夷诸邦。而如果没有崤函古道，则宗周、成周两京同样也难以连接在一起，同样也不可能驾驭东方广大地区内分散的诸侯和淮夷诸邦。可以说，如果没有崤函古道，就不可能形成西周宗周、成周这种两京体系。崤函古道在西周所创造的两京体系的交通作用，由此可以得知。

三、周道对崤函古道的开辟、改进及其意义

周道建设始于古公亶父经营周原时期，随着周人的兴起及其向东发展，周道也步步东进。孙作云先生曾称周道为周人的“军用公路”[4]，既道出了周道的重要功能，也

---

① 杨升南：《说“周行”“周道”——西周时期的交通初探》，《西周史研究》（《人文杂志丛刊》第2辑），1984年，第51～66页。

② 顾颉刚：《“周道”与“周行”》，《史林杂识初编》，中华书局，1963年，第121～124页。

③ 郑若葵：《中国古代交通图典》，云南人民出版社，2007年，第199页。

④ 孙作云：《小雅大东篇释义》，《孙作云文集》第二卷《诗经研究》，河南大学出版社，2003年，第405～422页。

表明了周道随着周人的扩张而逐步形成的历史轨迹。在文王实施翦商大业、东进崤函的进程中，崤函古道也得到了逐步的开辟或整治。商末以来，马车被周人广泛运用于战争之中，则客观上推动了这一过程。

据《尚书·甘誓》《史记·夏本纪》等记载，夏商时期已经使用车战。夏商时期的一些考古遗址中也发现了车痕和车马坑。但直到商代晚期战车的使用仅是辅助，始终未被大规模使用于战争中。车战正式登上历史舞台，成为主要的作战方式，是周人在军事史上的一大贡献[①]。《诗·大雅·皇矣》描写文王伐崇之战中，已经使用"临冲"这两种攻城的战车："帝谓文王，询尔仇方，同尔弟兄，以尔钩援，与尔临冲，以伐崇墉。临冲闲闲，崇墉言言。执讯连连，攸馘安安。是类是祃，是致是附，四方以无侮。临冲茀茀，崇墉仡仡，是伐是肆，是绝是忽，四方以无拂。"在武王灭商，牧野之战中，周人更首次投入了"戎车三百乘"这样较大数量的战车，并在战斗中发挥了巨大的威力。马车的成功利用，不仅是人类对马力利用的一个具有划时代意义的进步和重要发明，而且对道路建设也提出了更高的要求，它需要有一定的良好的道路建设水平来提供保障。对主要以车战为主要形式的西周大军来说，道路与军事相互依存，利于高速运兵和运载辎重粮草的车马大道，不仅是极为重要的硬件设施之一，同时也可以说是军队的生命之道和胜利之路。因此，为军事行动开辟道路，或战前开辟、疏通道路便成为当时一项重要工作。西周金文称之为"省道""贯行"。

西周昭王时期的《中甗》铭载："王令中先省南国，贯行，埶（设）应在曾。"（《集成》949）《中方鼎》："隹（惟）王令南宫伐反虎方之年，王令中先省南或（国），贯行，埶（设）王应在夒陣真山。"（《集成》2751、2752）与此二器同时的《静方鼎》铭文曰："隹十月甲子，王在宗周，令师中眔静省南或（国），□埶（设）应。"[②]上述三器所载，反映了昭王南征江汉之前，委派中、静等臣属先行"省道""贯行""设应"，开辟周道的完整过程。根据唐兰、黄盛璋和朱凤瀚等先生考证[③]，所谓"省道"即巡视、视察道路状况；"贯行"即据所勘路况，分别进行开

① 杨英杰：《论车战的兴衰》，《辽宁师范大学学报（社会科学版）》1983年第5期，第43～48页；杨英杰：《先秦战车编制探讨》，《辽宁师范大学学报（社会科学版）》1986年第3期，第66～68页；杨泓：《战车与车战二论》，《故宫博物院院刊》2000年第3期，第36～52页；郭物：《国之大事——中国古代战车战马》，四川人民出版社，2004年，第50页；郭妍利：《夏商时期的作战方式蠡测》，《人文杂志》2008年第4期，第151～158页。

② 徐天进：《日本出光美术馆收藏的静方鼎》，《文物》1998年第5期，第85～87页。

③ 唐兰：《西周青铜器铭文分代史征》，中华书局，1986年，第285、283页；黄盛璋：《关于柞伯鼎关键问题质疑解难》，《中原文物》2011年第5期，第46～58页；朱凤瀚：《湖北随州叶家山西周墓地笔谈》第三部分，《文物》2011年第11期，第67～69页。

路、拓宽或夷平等工作，以便战车通行；“设应”则是为王在王所要经过的地方设立行宫。此外，昭王时期的《史强盘》①、穆王时期的《师雍父鼎》②也有“省道”“贯行”的记载。可见，除“设应”在周王亲征时才有外，“省道”“贯行”是西周重大军事行动之前一种较为普遍的交通道路开辟和拓展行为。昭王南征时，“南国”西部区域尚未完全在周人有效控制之下，故无论交通、安全性均要通过“先省”“贯行”才能保障。则文王占领崤函，东征邗、崇，很可能也带有疏通和拓展进军道路的目的，以保障大部队进军商都的交通基础。杨向奎先生分析历史上所谓“崤函之固”的地理形势，指出在“三千年前，挟带重兵而度险关，按常规行程绝不可能，地方是‘车不能双轨’，而当时的主要武器已是战车”，欲以重车度险途，唯有“筚路蓝缕，以启山林”③。可见，文王占领崤函不仅取得了政治和军事上的重大胜利，而且也取得了重新开通与拓展崤函历史通道和新建大道的重大成果。

随着东西两京制的建立，对两京间的交通需求骤增，西周王朝又对这条道路进行了系统地规度和修治。《逸周书·大聚解》载，“武王胜殷，抚国绥民，乃观于殷政”，周公告之以“相土地之宜，水土之便，营邑制命之曰大聚，劈开修道”。所谓“观于殷政”，当包括效法殷商的路政，而“劈开修道”，则主要是指成周地区交通道路的规度和修治。崤函古道作为连接两京交通“周道”的重要路段自然包括在内。从道路的走向判断，周王朝对崤函古道的规度和修治，基本上应是在夏商原有道路基础上改筑或整治而成，以适应两京繁忙的交通及车马行驶的需要。

文献和金文中有周道的诸多记载，从中可以窥见周道的基本形态和要素：一是路面平、路身直。《诗·小雅·小弁》说：“踧踧周道。”毛传：“踧踧，平易也。”《左传》襄公五年所引逸诗，赞扬说：“周道挺挺。”杜注：“挺挺，正直也。”《诗·小雅·大东》说得更为明白：“周道如砥，其直如矢。”形容它像磨刀石一样平坦和牢固，像箭杆一样挺直。二是路幅较宽，四马战车可以通行无阻。《诗·小雅·四牡》说：“四牡騑騑，周道倭迟。”描写行者乘着用四马驾的车，不停地奔驰在一望无垠的大道上。《诗·小雅·何草不黄》还记有辎重车行驶于周道的情况，说“有栈之车，行彼周道”。三是周道的利用有一定的等级规定。一般平民除了出征打仗或服劳役外，平日很少行走。《诗·小雅·大东》在言“周道如砥，其直如矢”后说：“君子所履，小人所视。”只有“君子”即贵族才能在“周道”上通行，“小人”只可遥望而已。但是，一般商旅往来，却也是可以从“周道”上行走的。四是周

① 《史墙盘》记昭王“广能楚荆，惟寏南行”。裘锡圭先生指出“寏”应读为“贯”，“贯南行”实际上指金道锡行。参见裘锡圭：《古文字论集》，中华书局，1992年，第374、375页。

② 《师雍父鼎》载：“隹十又一月，师雍父省道之于胡。”

③ 杨向奎：《宗周社会与礼乐文明》，人民出版社，1992年，第75页。

道两侧往往种有树木。《国语·周语》说：“周制有之曰：列树以表道。”《诗·大雅·绵》说：“柞、棫拨矣，行道兑矣。”孔疏：“柞、棫生柯叶拔然。”道旁植树，不仅可起遮阴、标识作用，而且也起遮蔽、障碍作用。五是周道沿路还有供应食宿一类的设施，并有专人管理与维护。《周礼·遗人》：“凡国野之道，十里有庐，庐有饮食。三十里有宿，宿有路室，路室有委。五十里有市，市有候馆，候馆有积。”此外，周王朝还设有专门“掌达国道路”的官员“野庐氏”，“掌修城郭沟池树渠之固”的官员“掌固”和管理各种障碍设施的官员“司险”等官员，管理“周道”。

周道的这些特点，反映了周道建设已经达到了相当的水准。这些特点虽然并不局限或针对崤函古道，而在周道范围具有普遍意义，文献和金文也没有明确说明崤函古道的具体形态，且受制于地形限制，崤函古道可能还会与平原河谷有所差别，但其作为周道的主要路段，崤函古道也当同样建立了一套具有上述形态和要素的道路系统。

此外，在崤函黄河两岸，西周王朝还先后建立了一批封国：黄河南岸有焦国（今三门峡）、虢国（今三门峡、平陆），北岸有虞国（平陆）、魏国（芮城东北）、韩（芮城西）等。封建亲戚，以蕃屏周的过程，事实上也是西周时期开拓新道路和激活老道路的重要过程[①]。这些封国沿着黄河两岸，呈明显的带状分布，其位置与崤函古道、晋南通道交通线路相重叠，南岸的焦国、虢国，足以把守住崤函古道险关隘道，保障两京交通的畅通，防止敌人向东西两面偷袭。北岸虞、魏、韩三国分别可把守豫晋间的茅津渡口、晋陕间的风陵渡口等，越过黄河可与焦、虢联合。这种分布态势，说明是周王室为确保崤函古道交通要冲而有意识地做出的安排，不仅为崤函古道交通线路畅通起到保障作用，而且也为建立王朝政治秩序和屏藩周王室方面起到了支撑作用。

崤函古道的重新规度和修治，为西周两京制的实施提供了很大的便利条件。金文中经常见到周王施政于洛邑的记载，或周王派使臣到成周会见诸侯。梁晓景先生曾历举57件西周铜器铭文，说明西周诸王（除康王外）都曾施政于洛邑[②]。不过这57件铜器中有一些涉及“周”“康宫”所在，新近研究证明西周金文中的“周”“康宫”，并非全部是指成周洛邑[③]，因此有必要对此问题做一番梳理。这里重新统计西周金文中明确言及周王活动于“成周”（含“新邑”）的铜器于此。成王时期：何尊、王奠新邑鼎、鸣士卿尊、圉鼎、司鼎、小臣易鼎、史兽鼎、小臣单觯、叔夨方鼎；康王时

① 郑若葵：《中国古代交通图典》，云南人民出版社，2007年，第197页。

② 梁晓景：《西周建都洛邑浅论》，《中国古都研究》第4辑，浙江人民出版社，1989年，第198～213页。

③ 李学勤：《柞伯簋铭考释》，《文物》1998年第11期，第67～70页；刘士莪、尹盛平：《微氏家族青铜器研究》，《西周微氏家族青铜器群研究》，文物出版社，1992年，第93～108页。

期：盂爵；昭王时期：静方鼎、鲜钟、德方鼎、厚趠方鼎、伯寛父盨、令方尊、鸿叔簋、作册申卣、士上卣；穆王时期：丰卣、录㦰卣、兢卣；恭王时期：应侯视工钟、询簋；厉王时期：颂鼎、敔簋、十三年瘐壶、曶壶盖、晋侯苏编钟、史颂鼎、小克鼎、颂鼎、𪉡簋、颂簋、虢仲盨；宣王时期：叔专父盨、兮甲盘。以上合计37器，属成王时有9器，康王时1器，昭王时9器，穆王时3器，恭王时2器，厉王时11器，宣王时2器。此外还有西周早期的小臣夌鼎、盂爵和西周中期的格伯簋铭载“王在成周”等。以上各器，涉及周王在洛邑进行册命、赏赐、征伐、祼祭、土地交换等重大政治、军事活动，或令大臣管理成周事宜，或自此征伐等内容，说明周王及贵族大臣经常奔走于两京之间。而周王每次往返于两京之间，自然还会有大批贵族大臣、军队及随从人员和物资相随。陕西扶风庄白出土微氏家族窖藏铜器《三年㾓壶》铭云：“唯三年九月丁已，王在奠（郑），飨醴，呼虢叔召㾓，……己丑，王在句陵。”[①]杨升南先生考证，“句陵”当指肴山南北二陵[②]。这不仅证明周夷王亦曾往来于两京，还说明了当时周王往返两京的道路是取道崤函古道的。

频繁的军事与政治活动也是西周崤函古道上人员往复的主要交通现象。西周主要军事力量是分别驻扎在丰镐和洛邑的西六师和成周八师，它们除分别拱卫两京外，遇有战事，还需随王出征。从武王伐纣灭商，到周公东征平叛，以及对西戎的进攻和对淮夷、荆楚的征伐，西六师和成周八师都是主要征战部队，西六师东调与成周八师配合作战，崤函古道是其东出西归的主要交通道路。而被分封于各地建国的诸侯，按制要定期朝拜周天子述职，向周王缴纳贡赋，还要听从周王室的召唤派兵随从周王作战。遇到王室的重大祭祀，诸侯要亲自前往助祭。遇到周王有死丧、嫁娶和出巡，各国都有特定的义务。周天子不时到诸侯国进行巡狩、赏罚活动，约见诸侯进行会盟。成王七年，成王在洛邑举行盛大“成周之会”，《逸周书·王会》详细记录了四方诸侯及“四夷”使节前来朝贺、贡献方物的盛况。成周之会作为周王朝定制，定期举行。见于记载的西周著名会盟，据《左传》昭公四年载：“周武有孟津之誓，成有岐阳之蒐，康有酆宫之朝，穆有涂山之会。”此外，幽王有“太室之盟”。孟津即盟津，在今孟津县南，岐阳在今陕西岐山县，酆宫即丰宫，在今户县东，涂山即三涂山，在今伊洛二水之间，太室在今登封嵩山。从这几次著名的会盟的举办地，可见参加上述政治活动的部分诸侯当是取道崤函古道往返的。

西周时期，周王朝多次有组织地进行大规模的民族迁徙。史载武王在牧野之战胜

① 陕西周原考古队：《陕西扶风庄白一号西周青铜器窖藏发掘简报》，《文物》1978年第3期，第1～18页。

② 杨升南：《说“同行”“同道”——西周时期的交通初探》，《西周史研究》（《人文杂志丛刊》第2辑），1984年，第54页。

利后离开商都时将一部分殷遗民上层分子迁居关中王畿地区，周公东征胜利后，这一迁徙达到了高潮。《史墙盘》记载了微氏归顺周武王迁居宗周的史事。它如微子之子、箕子以及盂氏、戈氏、庚氏、散氏等，也都是殷商世家大族被周王从原殷商王畿强迁到关中地区聚族而居的史例[①]。同样，在洛邑附近，也居住有大量的从关中盆地迁徙过来的周族人。无论是殷商遗臣由东向西迁徙到关中，还是周族人由西向东迁至洛邑，崤函古道都是必经之途。

东都洛邑的主要政治功能主要体现在对四方贡赋的管理及转运上，东方诸侯和南方淮夷的贡赋是西周四方贡赋的主要来源。对此，周公就说得很清楚："此天下之中，四方入贡道里均。"意思是说，成周位于天下的中心，四方的贡赋缴纳到成周，再由成周转运到丰镐，更为方便。《左传》昭公十三年载："昔天子班贡，轻重以列，列尊贡重，周之制也"。宣王时期《兮甲盘》铭载："王令甲政司成周四方积，至于南淮夷。"征收的贡赋包括幣帛、冠服、奴隶等。这些贡赋在洛邑集中后，大部分或相当一部分又经崤函古道转运至丰镐。崤函古道是东方诸侯和南方淮夷贡赋由洛邑转运丰镐的主要交通线。

以上交通行为和设置，为我们呈现了崤函古道日渐发达的交通状况，既反映了当时崤函古道的主要交通功能，更说明两京之间周道上的交通流量比灭商以前大为增加，间接说明了两京之间道路交通条件比前代大为改观，否则便无法承担如此繁重的交通流量，更不可能有效地发挥两京制的作用。

在中华文明的早期发展历程中，西周是一个重要时期。许倬云先生说："西周以蕞尔小国取代商崛起渭上，开八百年基业，肇华夏意识端倪，创华夏文化本体，成华夏社会基石，是中国古代史上一个重要的历史阶段。"[②]就交通史而言，西周亦代表着一个重要的历史时期。李约瑟在《中国之科学与文明》一书中指出："我们可以追溯公路的起源至史前时代的小径，铜器时代的山溪等，但直到强大而集权的政府兴起，始建设复杂而令人印象深刻的道路体系。"[③]周道就是最早的由"强大而集权的政府"修建的"复杂而令人印象深刻"的道路体系。西周统治者不仅建立了影响深远的两京制度，从而掌控驾驭着西周礼乐文明的稳定和迅速的发展，而且还高速度、高质量地建立和开拓出可以有效地连接东西两京，并辐射全国的庞大而复杂的道路交通

---

① 许倬云：《西周史》（增补本），生活·读书·新知三联书店，2001年，第113～121页；张怀通：《武王伐纣史实补考》，《中国史研究》2010年第4期，第59～74页。

② 许倬云：《西周史》（增补本），生活·读书·新知三联书店，2001年，封底。

③ 〔英〕李约瑟著，陈立夫主译，张一麟、沈百先译，段品庄、刘拓校：《中国之科学与文明》第10册，台湾商务印书馆，1980年，第4页。

网。西周时期最高级最快速的交通工具——马车，与最高水平的交通设施——“周道”相配合，使得宗周、成周间的交通往来较为便捷，解决了两京相距较远而交通联系又十分迫切的问题，从而在西周时期保证了宗周与成周之间的密切联系。在这一过程中，西周统治者在政治文化上表现为对崤函地区重视有加，不仅在崤函地区分封重要宗亲建立诸侯国，而且还将崤函古道作为连接两京交通“周道”的重要路段进行规度和整治，使之更加适宜于两京间的交通。由此，也形成了崤函古道交通道路的基本格局。从那时起，直到民国时期近代公路兴起以前，崤函古道一直在继续沿用，其间后世在此基础上不断丰富和发展，改进了道路的通行状况和交通工具。但是，崤函古道交通路线所在的地理位置，却在自然环境和人文背景制约下呈现出显著的历史继承性，而不再随时局的变化而轻易改移，总的趋向一直没有从根本上被改变。

从交通的兴起到道路的形成，是道路发展的第一步，而由偶然踩踏形成的小径到稳固而成熟的道路，并受制度化的管理，则是道路发展的一大进步。崤函古道的起源和早期开发可以追溯到史前时代和夏商时期，但是，还没有哪一个时代（朝代）完成了横贯东西的道路建设，西周东、西两京制度的创立，使两京间交通需求骤增，导致了由西周中央政府直接介入，有计划、有组织地按一定计划、规格、布局在两京间开辟修建宽阔平直道路的兴起，开始表现出稳固而成熟的道路特质，并确立了国家主干交通道路的地位。包括崤函古道在内的周道，既是西周王室的生命线，也是国家交通的中轴线。“它的修整与否，也就象征着周人政治势力的消长。”①“周道”成为政府统治力和社会秩序稳定与否的指标，路政完善象征政治清明、国力强盛与社会和谐；当其衰败荒残，则为衰世的征兆。“不仅如此，由于这条周道具有独特的历史地理和人文环境的优越性，致使西周而后的东周、秦、汉和大唐等朝的政治经济文化重心，都特别刻意地置放在这条轴线上，乃至到了宋、元、明、清时期，这条交通线路仍然是受时人注重青睐的横贯东西的大动脉。周道可谓是中国古代一条最负盛名且最富政治、军事魅力和经济价值的东西大干道。它对中国古代东西道路干线的发展和完善无疑具有重要开山作用和影响意义。”②正是在这个意义上，我们说，西周是崤函古道形成、稳固和定型时期，而这一时期正与西周两京制的形成基本同时。

① 孙作云：《小雅大东篇释义》，《孙作云文集》第二卷《诗经研究》，河南大学出版社，2003年，第405～422页。

② 郑若葵：《中国古代交通图典》，云南人民出版社，2007年，第199、200页。

佛图澄与邺都的佛教传播

吕何生

（安阳市地方史志办公室）

摘　要　魏晋南北朝时期是佛教在中国的鼎盛时期。作为当时北方的重要都会之区，各地高僧纷纷会聚邺下传法布教。最早来到邺都的高僧是佛图澄。佛图澄采用了多种办法传播佛教，如利用方术推行佛教，凭借帝王传播佛教，广收弟子授业布道。魏晋时期，佛教在以邺都为中心的河北地区迅速传播，除了佛图澄及其弟子积极传教外，还有深刻的历史社会原因。首先，战乱中的人民期望寻求精神慰藉；其次，作为外来宗教的佛教，符合来自中原周边民族的需要；最后，魏晋玄学助推了佛教的传播。

关键词　佛图澄　邺都　佛教传播

魏晋南北朝时期，是佛教在中国的鼎盛时期。作为当时北方的重要都会之区，各地高僧纷纷会聚邺下传法布教。最早来到邺都的高僧是佛图澄。

据慧皎《高僧传》记载，佛图澄是西域人，本姓帛，“少出家，清真务学，诵经数百万言，善解文义。虽未读此土儒史，而与诸学士论辩疑滞，皆暗若符契，无能屈者”①。晋怀帝永嘉四年（310年），佛图澄来到洛阳，“志弘大法”②。他本想在此建立寺院，可是翌年匈奴刘曜攻入洛阳，晋怀帝被俘。京城扰乱，惶惶不安，他立寺的愿望因而未能实现。于是乃潜隐草野，以观世变。

晋永嘉五年（311年）十月，石勒屯兵于葛陂（今河南新蔡县北），以滥杀树威，许多僧人亦未能幸免。佛图澄看到这种情形，“悯念苍生，欲以道化勒”③，于是仗策来到军门，投住石勒部下的大将郭黑略。郭黑略素奉佛法，通过他的引见，佛图澄得到了石勒的信服。

晋永嘉六年（312年），石勒自葛陂北还，进据襄国（今河北邢台）。东晋咸康元年（后赵建武元年，335年），石虎自襄国迁都于邺。东晋永和四年（后赵建武十四

① 慧皎：《高僧传·佛图澄传》，陕西人民出版社，2010年。

② 慧皎：《高僧传·佛图澄传》，陕西人民出版社，2010年。

③ 慧皎：《高僧传·佛图澄传》，陕西人民出版社，2010年。

年，348年）十二月八日，佛图澄卒于邺宫寺，享年117岁。佛图澄在襄国23年，在邺城13年。佛教自东汉传入中国之后，佛图澄是第一位到邺下传播佛教的高僧。

一、利用方术推行佛教

佛教是外来宗教，要想在中原地区推行之，没有某些有效的办法是难以奏效的。佛图澄采用了多种办法，其中一个办法就是方术。

佛图澄由郭黑略引荐，在葛陂第一次见到石勒的时候，石勒问他："佛道有何灵验？"佛图澄知道石勒不懂佛理，讲解佛教理论不起作用，就说："佛法虽然深奥，但也可用眼前的事来验证。"他当即取来一个容器，盛上水，然后烧香祈祷，口念咒语。一会儿工夫，盛水的容器里便生出青色莲花，光彩夺目。石勒由此信服了佛法灵验。佛图澄这里用的方术实为一种魔术。

佛图澄还会医术，利用医术为患者治病，获得世人的相信。一些久病不愈的患者经他医治，很快就好了。石虎有个儿子名叫石斌，后来给石勒做了养子，石勒很爱这个石斌。石斌忽然得暴病而死，已过了两天。石勒说："我听说春秋时虢太子死后，扁鹊能将他救活。大和尚（指佛图澄）是我们国家的神人，赶快去告诉他，必定能带来福气。"佛图澄取来杨柳枝，念起咒语。片刻后，石斌即能坐起，又停了一会儿，就恢复如常了。从此，石勒便把几个年幼的儿子全都寄养在佛寺中。每年到了四月八日佛诞节这一天，石勒都要亲自到寺院为佛像洗沐，替儿子们祈祷。

佛图澄还以因果报应和生死轮回的佛教理论对某些已发生的事情进行解释。建元元年（343年），东晋桓温率军进入临淮地区，对后赵构成威胁。接着，石虎侵犯前凉又遭惨败。在此情况下，后赵人心浮动，石虎发怒说："我信奉佛法，供养僧人，但却遭来外敌，佛法不灵了。"次日晨，佛图澄早早入见石虎。石虎向佛图澄问起此事，佛图澄说："大王前世是一位大商人。有一次举行僧众大会，您曾给予供奉。那次僧众大会中有六十位罗汉，我也参加了这次大会。当时有已经得道的僧人对我说：'这位主人死后，当转生为鸡，后来会成为晋地的皇帝。'现在，大王您已经为王了，岂不是应验了您的福气了吗？疆场上的打仗厮杀，本是国家的常事。您为何怨恨佛法，而产生恶毒的念头呢？"石虎相信了佛图澄的话，这才醒悟过来，向佛图澄跪下谢罪。佛图澄编造的这个故事，对石虎确实起到了作用。

利用预言是佛图澄获取石氏信任的又一个重要方法。晋永嘉六年（312年），鲜卑族段疾陆眷、段末波率五万大军进攻石勒，来势汹汹。石勒面露惧色，问询于佛图澄。佛图澄对他说："昨天寺院里悬挂的铃发出鸣响，铃音说：明天吃早饭时，就会擒获段末波。"石勒登上城墙，只见鲜卑军队多得望不到尽头，大惊失色，说：

“这么多人，行动起来，大地都要倾覆，怎么能捉住段末波呢？这是佛图澄安慰我罢了。”于是派夔安去问佛图澄。佛图澄说：“已经擒获段末波了。”那时，埋伏在城北的军队出动，正好遇到段末波，将其活捉。佛图澄劝石勒宽恕段末波，把他释放回国。石勒听从了佛图澄的话。后来，段末波终于为石勒所用。

东晋咸和三年（328年），前赵国主刘曜进攻洛阳，石勒打算亲自前往抵拒，内外官吏无不加以谏阻。石勒乃拜访佛图澄，佛图澄对他说道：“佛塔上的铃音说，军队出动就能捉住刘曜。”当时徐光也劝说石勒率兵出战。石勒就留下长子石弘和佛图澄一起镇守襄国，亲自率领中军步兵和骑兵，直抵洛阳城下。两军刚一交战，刘曜军便溃败了。刘曜的坐骑陷于河里，石堪遂将其擒获，送给了石勒。这件事不仅《高僧传·佛图澄传》记述得较为详细，而且《晋书》亦记有此事：佛图澄谓勒曰，“大军若出，必擒刘曜”[①]。

后赵建武十四年（348年）八月，佛图澄让弟子们离开佛寺，住到别的地方去，他自己也暂时住进东阁。石虎和皇后杜氏来看望问候佛图澄，佛图澄对他们说：“时下出了贼，十天之内，自佛塔以西，此殿以东，当有流血之事发生。请千万不要向东行走。”杜后说：“和尚老了，哪里会有贼呢？”佛图澄却未予以明说。两天后，石宣派人将石韬（石宣、石韬均为石虎的儿子）杀死在佛寺中，并且准备在石虎来吊丧时，乘机行弑父之大逆，企图篡位自立。石虎因有佛图澄的告诫在先，幸免于难。事发后，石宣被石虎诛杀。

上述所举预言三例，第一例是用预言增强石氏的作战信心，第二例是用预言坚定石氏出兵的意念，第三例是用预言提醒石氏避开祸害。

二、凭借帝王传播佛教

凭借后赵统治者传播佛教，是佛图澄传教的一个显著特点。佛图澄在葛陂初次见到石勒的时候，就进谏说：“如果用王道的仁政化育天下，则会有麟、凤、龟、龙四种祥瑞的灵物出现；如果政治败坏，治国无道，则会有扫帚星出现在天上。一定的天象总是应和着人世的吉凶出现，这是古今不变的天象征兆，是天人感应明白无误的告诫。”石勒听了甚为欣然。那些被他下令诛杀而尚未行刑的人，十之八九因佛图澄的话而获得赦免。于是，中原的胡人和晋人大都信奉起佛教来。

石勒对佛图澄甚为敬重，“有事必咨而后行”[②]，尊称其为“大和尚”（僧人称

---

① 《晋书·石勒载记》，中华书局，1974年，第2744页。

② 慧皎：《高僧传·佛图澄传》，陕西人民出版社，2010年。

和尚，即自佛图澄始）。石勒死后，其子石弘继位。不久，石虎（石勒之侄）废弘自立，迁都于邺。石虎“倾心事澄，有重于勒”①。石虎下诏书说：“大和尚是国家的大宝，但他不接受荣耀的爵位，也不接受丰厚的俸禄，如何来表彰他崇高的德行呢？从此以后，应给他穿绫罗锦缎，乘坐豪华的车辇。朝会之日，当和尚到来时，常侍（国君左右之官）以下官员，都要帮助推辇。太子和公卿要搀扶他上殿。主持朝仪的官员呼叫一声‘大和尚’，众人都一齐肃立，以彰显其尊贵。”又命司空李农：“早晚都要亲自前去问候，太子和公卿每隔五天要去拜谒一次，以表示我对他的崇敬。”

石虎常问佛图澄：“佛法主张不杀生。我为天下之主，不用刑罚和征战无法肃清海内。既然这样做违背了佛法不杀生的戒律，那么，我虽然信奉佛法，还会获得福分吗？”佛图澄说：“帝王奉佛，应当在行为上敬佛，心里顺从佛，使佛法得以显扬畅行。不为暴虐之事，不害无辜之人。至于那些凶恶愚顽的无赖，不是教化所能改变的，有了罪就不得不杀，做了恶事就不得不施之刑罚。但只是杀那些当杀之人，处罚那些应当处罚的人。如果残暴肆虐，任意妄为，滥杀无辜，就是用尽全部财产来奉佛，也逃不脱恶报灾祸。愿陛下节制欲念而发善心，广施于一切之人，则佛教就会永远兴隆，您的福分和国运就会长久。”石虎虽然不能完全做到，但这些话也对他起到了不少有益的作用。这段话里的“显扬三宝”②（指佛、法、僧），表明佛图澄希望佛教能得到统治者的保护而畅行无阻，借助统治者的力量进行传播的思想，这一点意义重大。

由于佛图澄的教化逐渐普及，民众信奉佛教的越来越多，营造寺庙，竞相出家，真伪混淆，致使常有犯罪之事发生。石虎下诏书给中书省说：“佛主号称世尊，为国家所崇奉，那些没有官爵的市井平民，是否应当允许他们事奉佛法？又，僧人都应该是品德高洁纯正、行为能够精进者，这样的人才可以为僧人。现在，僧人很多，其中或有奸邪之徒，原是为逃避官府差役，不是真正的僧人。今应加以品评甄别，详辨真伪。”中书著作郎王度上奏，大意说：佛出自西域，是外国之神，其功德不施于中国的民众，所以，天子和华夏不应祀奉之。佛教自汉明帝时传入中国，只听说允许西域人建立寺庙，祀奉他们的神，汉人皆不得出家。今大赵国受天命而统治天下，应当遵循前朝的典章规制，以显示华戎制度的不同，人神有别。朝廷应颁布命令，凡赵国人均不允许到寺庙烧香礼拜，上自百官公卿士大夫，下至黎民百姓，一律加以禁止。如有违反者，与淫祀（非其所祭而祭之曰淫祀）同罪。凡赵国人出家为僧者，一律还俗。石虎下诏批驳了王度的主张，说：“王度的意见，说佛是外国之神，不是天子和

① 慧皎：《高僧传·佛图澄传》，陕西人民出版社，2010年。

② 慧皎：《高僧传·佛图澄传》，陕西人民出版社，2010年。

华夏所应祀奉的。朕出生于边壤，现在秉承天命，君临诸夏。至于祭祀，理应兼从我原来的风俗。佛是戎神，正所应奉。制度是由国家推行的，可以作为永久的准则。但现在所做的事情如果允当，并无缺失，又何必拘泥于前代的规章呢？凡夷人和赵人的百姓有愿舍弃淫祀，而乐于礼佛者，任其出家为僧。”石虎的这个诏书①，是中国历史上统治者第一次明令汉人可以出家。

三、佛图澄的传教活动

佛图澄是个学问渊博的高僧。他“妙解深经，旁通世论”②，即不仅精通佛教经典，而且对其他书籍也很有研究。佛图澄讲授佛经的时候，往往只揭示经文的宗旨大意，而不具体详细地讲解，但听讲者就能够将经文贯通起来，清楚明了。

佛图澄的弟子众多，追随他授业的常有数百。前后门徒，将近万人。有些僧人甚至来自印度、西域，不远万里，足涉流沙，来到邺城拜师学习。佛图澄到过的地方，前后兴建佛寺893所③。著名佛学家汤用彤先生说：“相台（即安阳）为六朝佛法重镇，盖始于佛图澄之世。河北（指黄河以北）佛法之盛，亦起自澄和尚。”④

石勒、石虎暴虐滥杀，佛图澄以方术和预言取得二石的信任，并参与军政机要大事。佛图澄的劝谏使二石的残暴行为有所收敛，从而使百姓蒙益。《高僧传》的作者慧皎对佛图澄评论说：“慈洽苍生，拯救危苦。二石凶强，虐害非道，若不与澄同日，孰可言哉？但百姓蒙益，日用而不知耳。”⑤

佛图澄临终前，对来佛寺看望慰问他的石虎说：“现在，我所感到未尽满意的，是陛下您心怀佛理，不吝惜钱财来奉佛。兴建的寺庙，巍峨壮丽。您的这一德行，是能获得福祉的。可是，您施政猛烈，滥用酷刑，这既违背了世俗的圣典，也违背了佛家的戒律。如果不罪己更新，终究还是得不到佛祖的福佑。倘若能谨慎行事，转变思想，给人民以恩惠，则大赵国运就可延长，僧俗就会一同庆幸，即使为您献出性命，也毫无怨言。”在生命的最后一刻，佛图澄依然在劝说统治者不要“布政猛烈，淫刑酷滥”，要“惠此下民”⑥，这一思想贯穿了他传播佛教的始终。著名哲学家任继愈主编的《中国佛教史》指出：“佛图澄是中国佛教史上第一个争取封建最高统治者把佛

① 慧皎：《高僧传·佛图澄传》，陕西人民出版社，2010年。
② 慧皎：《高僧传·佛图澄传》，陕西人民出版社，2010年。
③ 慧皎：《高僧传·佛图澄传》，陕西人民出版社，2010年。
④ 汤用彤：《汉魏两晋南北朝佛教史》，昆仑出版社，2006年。
⑤ 慧皎：《高僧传·佛图澄传》，陕西人民出版社，2010年。
⑥ 慧皎：《高僧传·佛图澄传》，陕西人民出版社，2010年。

教纳入国家保护之下，利用国家力量帮助佛教发展的僧人。”①

佛图澄的弟子在佛学造诣上卓有成就的很多，其中尤以道安最为著名。道安（312～385年），俗姓卫，常山扶柳（今河北冀县西北）人。12岁出家。东晋咸康元年（335年），石虎迁都于邺，佛图澄随至邺。其后道安来到邺城师事佛图澄。佛图澄见到道安，即对其表示了惊叹，交谈终日。道安形貌丑陋，佛图澄的弟子们都看不起他。佛图澄说："此人远见卓识，不是你们所能比配的。"每次佛图澄讲授经文后，都要道安复述一遍。众弟子不服气，往往提出一些怪诞问题为难他。道安则"挫锐解纷，行有余力"②。

佛图澄去世后的第二年，即东晋永和五年（349年），后赵石遵请道安入居华林园。其时，道安的僧徒已达数百。冉闵乱后，道安避难于濩泽（今山西阳城县西北），后北往飞龙山（在今河北获鹿县南）。道安在恒山立寺后，永和十年（354年），慧远（后成为佛教一代宗师）来到恒山出家师从道安。后道安应招至武邑（今河北武邑县）。东晋升平元年（357年），道安还邺都，住受都寺。其后又至邺西北的牵口山、王屋女林山。复渡河居陆浑（今河南嵩县东北）。东晋兴宁三年（365年），慕容氏侵扰河南时，道安南往襄阳。东晋太元四年（379年），前秦苻丕攻陷襄阳，道安西赴长安。太元十年（385年），道安卒于长安，年七十四岁。

在道安的生平经历中，他在河北（黄河以北）传教30年，在襄阳14年，在长安6年。道安在河北因世乱多次迁移，然而就是在颠沛流离的境况中，他也斋讲不断，殷勤弘法。太元七年（382年）八月，年已七十一岁的道安专程从长安到邺城看视他的老师佛图澄的寺庙。

道安在弘扬佛法上的主要贡献表现在三个方面。其一，他是创立寺院戒律的第一人；其二，他是最早撰写《经录》（即中国佛经目录）的人；其三，他是最早注释佛经的人，并提出"五失三不易"的译经理论。著名历史学家白寿彝主编的《中国通史》评价道安说："在中国佛教史上，道安对于佛教是有重大贡献的"，"为中国佛教史上具有深远影响的一位名僧"③。

四、结　　语

魏晋时期，佛教在以邺都为中心的河北（黄河以北）地区得以迅速传播，除了佛图澄和道安等僧人积极传教的因素外，还有其深刻的历史社会原因。首先，最主要的

① 任继愈主编：《中国佛教史》，中国社会科学出版社，1985年。

② 慧皎：《高僧传·道安传》，陕西人民出版社，2010年。

③ 白寿彝主编：《中国通史》，上海人民出版社，1995年。

原因是，由于当时战乱频仍，人民处于生死无常的境地，他们期望摆脱困苦，这样，从佛教中寻求精神慰藉就成为一件很自然的事了。“由于当时各族人民受尽阶级和民族的双重压迫以及战争带来的痛苦，容易接受佛教所散播的幻想。”[①]其次，东晋时期出现了十六国割据的局面，这些少数民族政权大都出自边陲之地，而佛教为外来的宗教，正好符合来自中原周边民族的需要。最后，魏晋盛行玄学，而玄学中的老庄思想与佛教的教义暗自契合。魏晋玄学助推了佛教的传播。

① 王仲荦：《魏晋南北朝史》，上海人民出版社，1980年。

“钧台”“黄台之丘”地望与阳翟关系考

贾俊侠

（西安文理学院长安历史文化研究中心）

摘　要　启即位后都于何处？学者虽然从不同角度做过各种有价值的探讨，但由于先夏及夏初资料的极度匮乏及田野考古资料的复杂性，存在的问题仍有不少。依据相关文献和考古学材料，结合启活动的“钧台”“大隗之野”“黄台之丘”地望与阳翟的关系，以及禹州瓦店遗址年代与遗存特征，以为启都阳翟（今河南禹州境内）更合乎史实。

关键词　钧台　黄台之丘　阳翟　瓦店遗址

《史记·夏本纪》记载：“及禹崩，虽授益，益之佐禹日浅，天下未洽。故诸侯皆弃益而朝启，曰：‘吾君帝禹之子也’。于是启遂即天子之位，是为夏后帝启。”①启即位后以何处为都？学术界仁智各见，有启都禹州阳翟说②，有都新密、新郑间说③，有都新密新砦说④，有阳翟、新砦二都说⑤。本文在学术界已有的研究成果基础上，以《史记》《汉书》《后汉书》《淮南子》《水经注》《吴越春秋》等传统文献为基本依据，结合近几十年来考古发掘新成果，尤其是征引《山海经》《竹书纪年》

---

① 司马迁：《史记》卷二，中华书局，1959年，第83页。

② 孙华：《夏代都邑考》，《河南大学学报（社会科学版）》1985年第1期，第77～82页；方燕明、韩朝会：《河南禹州市瓦店龙山文化遗址1997年的发掘》，《考古》2000年第2期，第16～39页；周书灿：《〈穆天子传〉“启居黄台之丘”考——兼论周穆王东巡的地理问题》，《中国历史地理论丛》2005年第2期，第126～134页；《新砦城址非“启都”新论》，第八届黄帝文化国际论坛网，2014-4-2，等等。

③ 丁山：《由三代都邑论其民族文化》，《中央研究院历史语言研究所集刊》第五本第一分，1935年；郑杰祥：《夏史初探》，中州古籍出版社，1988年，第15页；史念海：《中国古都和文化》，中华书局，1998年，第43、53页，等等。

④ 张国硕：《夏纪年与夏文化遗存刍议》，《中国文物报》2001年6月20日；许顺湛：《寻找夏启之居》，《中原文物》2004年第4期，第46～50页；赵春青：《新密新砦城址与夏启之居》，《中原文物》2004年第3期，第12～16页；程平山：《新砦古城性质与启时期的夏文化》，《考古与文物》2007年第3期，第59～63页；顾万发：《启居黄台之丘及相关问题考证》，《东南文化》2004年第6期，第49～51页，等等。

⑤ 张国硕：《夏王朝都城新探》，《东南文化》2007年第3期，第23～28页。

《归藏》《连山》《帝王世纪》等古文献资料，对启所都地望进行翔实论证，认为"启都阳翟"（今河南禹州境内）更合乎情理。例如《吴越春秋·越王无余外传》记载："启遂即天子位，治国于夏。"此"夏"所在，即夏后氏之地，亦即阳翟。《史记集解》引徐广曰:"夏居阳城。初在阳城，后在阳翟。"① "初在阳城"应指禹都阳城，"后在阳翟"应指启都阳翟，此说与《史记·夏本纪》中"禹居阳城，启都阳翟"可互证。以下结合启与钧台、大隗山、黄台之丘等几条相关文献资料考察，以期为启都于阳翟之说提供新的佐证。

一、"钧台"地望与阳翟关系

1. 启有"钧台之享"

钧台是夏启祀天享神及政治盟享之地。《竹书纪年》记载：夏启承袭帝位后，"大飨诸侯于钧台"，即召集众部落酋长在钧台举行大宴会，表示自己正式继位、新王朝建立，此事史称"钧台之享"。《左传·昭公四年》也有"夏启有钧台之享"的记载。杜预注："启，禹子也。河南阳翟县南有钧台陂，盖启享诸侯于此。"②《太平御览》卷八二《皇王部》"帝启"条引《归藏》云："昔夏后启筮，享神于大陵，而上钧台枚占，皋陶曰：'不吉'。"又"昔者夏后启筮享神于晋之墟，作为濬台，于水之阳"③。秦简《归藏》也云："晋曰：昔者夏后启卜鬺帝晋之墟，作为□。"④这几则文献内容近乎相同，说的都是夏启在钧台进行祭祀天神的活动情况。古代会盟诸侯时要行祭天神之礼，而且祭祀礼仪场所选在较高台地之上，以显示对天神的尊敬。而上述文献中"晋之墟""濬台"以及秦简脱落"□"，指的就是"钧台"。唐徐坚《初学记》卷二十四《居处部·台》第六云："其后夏有璿台、钧台。"注引《归藏》曰："夏后启筮享神于晋之墟，为作璿台。"又曰："享神于大陵而上钧台。"⑤《一切经音义》卷四："古文璿、濬二字，今作浚。"⑥《周易·恒》："浚恒。"郑玄释文作"濬"，可见，古时"璿、濬、浚"与"晋""均"音通。另外，《离

---

① 司马迁：《史记》卷四，中华书局，1959年，第130页。

② 孔颖达疏：《春秋左传正义》，《十三经注疏》，中华书局，1980年，第2035页（上栏）。

③ 李昉编著，夏剑钦校点：《太平御览》第1册，河北教育出版社，1994年，第704页。

④ 王明钦：《王家台秦墓竹简概述》（江陵王家台15号秦墓336简），《新出简帛研究》，文物出版社，2004年，第32页。

⑤ 徐坚：《初学记》，中华书局，1962年，第574页。

⑥ 释慧琳：《一切经音义》，江苏古籍出版社，1988年，第133页。

骚》中有“夏台”，为一地。《吕氏春秋》卷十三《有始》“中央曰钧天”[①]，《淮南子·天文训》解释“何为九野”时亦说“中央曰钧天”[②]。古时“钧”与“均”同，《说文》有“均，平偏也”之解。钧天是天上之中，钧台是天下四方之中。《山海经·中山经》：“帝台之所以觞百神也。”天上天下正好对应。建钧台祭天，礼乐文明从此开始。

钧台在何地？《水经》：（颍水）“又东南过阳翟县北。”注云：“颍水又迳上棘城西，又屈迳其城南。《春秋左传》襄公十八年，楚师伐郑，城上棘以涉颍者也。县西有故堰，堰石崩褫，颓基尚存，旧遏颍水枝流所出也。其故渎东南迳三封山北，今无水。渠中又有泉流出焉，时人谓之嵎水，东迳三封山东，东南历大陵西，《连山》亦曰启筮亭。启享神于大陵之上，即钧台也。《春秋左传》曰：夏启有钧台之飨是也。杜预曰：河南阳翟县南有钧台。”[③]刘庞生先生亦认为今古钧瓷之名，源自钧台[④]。钧台在今禹州市，故无异说，如今禹州城内仍有钧台亭故迹[⑤]。《汉书·地理志》《帝王世纪》《水经注·颍水》《元和郡县志》也都记载钧台在阳翟境内。《史记·夏本纪》载：桀“乃召汤而囚之夏台”。司马贞《索隐》云：（夏台）“狱名，夏曰钧台”；皇甫谧云：“地在阳翟是也。”[⑥]东周时期的阳翟古城位于今禹州市北朱阁乡八里营村北侧，夯筑的城垣遗址至今尚可辨认[⑦]。1959年徐旭生先生调查“夏墟”时，禹城县城内还有一个用砖砌筑的土台，正中镶嵌石板一块，上镌刻“古钧台”三个字[⑧]。这个纪念性的建筑，仍不失启居阳翟的一项重要物证。

2. 启在钧台盗《九歌》《九辩》

启不只在钧台祀天享神，传说他在钧台有盗《九歌》《九辩》之疑。《山海经》《左传》《归藏》等许多文献都有记载。郭璞《山海经注》引《归藏·郑母经》：“夏后启筮，御飞龙登于天，吉。”[⑨]关于夏后启乘龙宾天的神话，《山海经·大荒西经》记载甚为翔实。其曰：“西南海之外，赤水之南，流沙之西，有人珥两青蛇、

① 吕不韦等撰，汉高诱注：《吕氏春秋》，上海书店，1980年，第124页。

② 刘安等撰，张双棣校释《淮南子校释》（上）卷三，北京大学出版社，1997年，第262页。

③ 郦道元注，陈桥驿校释：《水经注校释》，杭州大学出版社，1999年，第386页。

④ 刘庞生：《阳城、阳翟是先夏伯都，非早夏帝都——〈全夏都初探〉之一》，《西北大学学报（哲学社会科学版）》2001年第4期，第73～77页。

⑤ 谭其骧:《中国历史地图集》第1册《夏时期全图》，中国地图出版社，1985年，第9、10页。

⑥ 司马迁：《史记》卷二，中华书局，1959年，第88页。

⑦ 国家文物局主编：《中国文物地图集·河南分册》，中国地图出版社，1991年，第319页。

⑧ 徐旭生：《1959年夏豫西调查“夏墟”的初步报告》，《考古》1959年第11期。

⑨ 袁珂校注：《山海经校注》，巴蜀书社，1996年，第254页。

乘两龙，名曰夏后开，开上三嫔（宾）于天，得《九辩》与《九歌》以下。此天穆之野，高二千仞，开（启）焉得始歌《九招》。”[①]《太平御览》卷八十二引《帝王世纪》：“启升后十年，舞《九韶》。”[②]《九辩》《九歌》《九招》《九韶》，当为一事。郭璞注曰：《九歌》《九辩》“皆天帝乐名也，开（启）登天而窃以下用也”。启何以“三嫔于天，得《九辩》与《九歌》以下”，这应与他是人神交配所生之子，本身具有神性相关。神话之外，史书相关史实多有记载，如《墨子·非乐》[③]《离骚》[④]中对启窃天乐《九辩》《九歌》以自娱自纵的行为给予刺讥。在这里我们不讨论启窃天乐以助兴的事实本身，而启舞《九辩》《九歌》于“天穆之野”却尤为重要。《大荒西经》提到的“天穆之野”，王念孙《读书杂志》校改作“大穆之野”，实际上依据其他经书内容应作“大隗之野”。“天”“大”古本一字，“隗”“穆”形近易讹。“大隗之野”的地名是对的，但《大荒西经》所述“西南海之外，赤水之南，流沙之西”的方位以及“高二千仞”都是不对的。大隗之野在今大隗山、大隗镇一带。下面将会讨论，此不详述。

3. 钧台与“大隗之野”地望

启不仅在钧台上进行政治及祭祀天神的宗教活动，而且所居之地也在钧台之北的地区。

《山海经》中有启“舞于大隗之野”的记载，“大隗之野”的地望正在钧台之北。《海外西经》曰：“大运（運）山高三百仞，在灭蒙鸟北。大乐之野，夏后启于此舞《九代》；乘两龙，云盖三层。左手操翳，右手操环，佩玉璜。在大运（運）山北。一曰大遗之野。”[⑤]按“大运山”即“均（钧）台之丘”，“均”“钧”皆以“匀”为声符；“運”以“軍”为声，而“軍”亦以“匀（去掉两点）”为声。且云“山”，但只有300仞，不到500米的山，也只能称之为“丘”。因不算太高，故一般称之为“钧台”。“大乐之野”即“大栎野”。钧台之北有“栎”，西周称“历”，春秋时称“栎”。“乐”是“历”的音变，春秋时可称“栎”。“大遗之野”，应是以“騩山”而命名的，古时“遗”“騩”二音常通用。“大隗山”在古文献中出现的次数不少，如《山海经·中次七经》：“苦山之首，……又东三十里，曰大隗之

① 袁珂校注：《山海经校注》，巴蜀书社，1996年，第473页。

② 李昉编著，夏剑钦校点《太平御览》第1册，河北教育出版社，1994年，第705页。

③ 吴毓江撰，孙启治点校：《墨子校注上》（新编诸子集成本）卷八，中华书局，1993年，第383页。

④ 闻一多：《离骚解诂》，上海古籍出版社，1985年，第31页。

⑤ 袁珂校注：《山海经校注》，巴蜀书社，1996年，第253页。

山。”[①]郭璞注：“今荥阳密县有大隗山。”毕沅《山海经集解》云：“《说文》作大隗山，在今河南新郑县西南四十里。”[②]今在河南省密县之东南有“大隗镇”，原是“大遗之野”命名之处。

4. 大隗（騩）山即具茨山

《汉书 · 地理志》“河南郡密县”下班固自注云：“有大騩山，瀵水所出。”[③]《水经》有“瀵水出河南密县大騩山”，郦道元注：“大騩即具茨山也，黄帝登具茨之山，……即是山也。”[④]《庄子 · 徐无鬼》云：“黄帝将见大隗于具茨之山。”[⑤]唐李吉甫《元和郡县图志 · 河南道一》：“大隗山在县（密县）东南五十里，本具茨山，黄帝见大隗于具茨之山，故亦谓大騩山，溟水出于此。”[⑥]“溟”与“瀵”《说文》二字并存。而位于禹州之西北部、北部、东北部，新密之南部、东南部及新郑西部、西南部的具茨山，古称大隗山，是没有歧义的。明代天顺五年李贤《大明一统志 · 山川》：“具茨山，在新郑县西南四十里，又名大隗山。”[⑦]王先谦《庄子集解》注：“司马云：‘具茨在荥阳密县东，今名泰隗山’。”《开封府志》：“大隗山在禹州北四十里，接密县东界、新郑县西南界，……”由此可以证明夏启“舞于大隗之野”“舞于大遗之野”的地方，在今河南禹州北四十里、密县东南四十余里、新郑县西南四十里处，离夏代钧台故迹也不远。

二、“有夏之居”“黄台之丘”地望与“阳翟”关系

1.“有夏之居”即“阳翟”

《逸周书 · 度邑》记载:“自洛汭延于伊汭，居阳（易）毋固，其有夏之居。”又曰:“武王问太公曰：‘吾将因有夏之居，南望于三涂，北瞻望于有河，有夏之居，即河南也。’”黄怀信先生《逸周书汇校》引《史记集解》徐广语：“夏居河南，初居阳城，后居阳翟。”[⑧]意思是说河南的阳城、阳翟，都是夏居之地。《水经注 · 颍

① 袁珂校注：《山海经校注》，巴蜀书社，1996年，第180页。

② 毕沅：《山海经集解》，广益书局，1936年，第77页。

③ 班固：《汉书》卷二十八上，中华书局，1962年，第1556页。

④ 郦道元注，杨守敬、熊会贞疏：《水经注疏》卷二十二，上海古籍出版社，1989年，第1859页。

⑤ 王先谦：《庄子集解》（新编诸子集成本）卷六，中华书局，1986年，第212页。

⑥ 李吉甫撰，贺次君点校：《元和郡县图志》，中华书局，1983年，第135页。

⑦ 李贤、彭时等修：《大明一统志 · 河南府》卷二十六，台湾影印本，1965年，第1805页。

⑧ 黄怀信、张懋镕、田旭东注：《逸周书汇校集注》，上海古籍出版社，2007年，第512页。

水》亦云：“颍水自堨东迳阳翟县故城北。夏禹始封于此，为夏国。故武王至周曰：‘吾其有夏之居乎。’遂营洛邑。”[①]由此说明，禹都阳城、启都阳翟与东都洛邑相距不远，阳城与阳翟也相距较近。阳翟在春秋时期称“栎”，属郑，常见于先秦秦汉文献之中。《穆天子传》卷五谓周穆王有十虞，其中“西虞曰栎丘”；晋郭璞注曰：“栎，今河南阳翟县。”[②]阳翟西周时作“历”，《国语·郑语》中郑武公所取新郑十邑中有“历”（今河南禹州），《逸周书·世俘》记武王克商后所伐有“磨”国，即“历”国。《中国历史地图集》第1册《宗周、成周附近》就有“历”[③]。可知西周称“历”，春秋称“栎”，战国时称“阳翟”，均为一语之音变。《水经注·颍水》云：“《春秋经》书：秋，郑伯突入于栎。……服虔曰：檀伯，郑守栎大夫。栎，郑之大都。宋衷曰：今阳翟也，周末韩景侯自新郑徙都之。王隐曰：阳翟，本栎也，故颍川郡治也。”[④]从《春秋经传》《逸周书》《国语》《水经注》等文献记载看，周武王所选的“有夏之居”应该是阳翟。

2. “黄台之丘”在“阳翟”（“夏启之居”）北

今本《穆天子传》卷五记载：“丙辰，天子南游于黄□室之丘，以观夏后启之所居，乃□于启室。”[⑤]丁山先生据《文选·雪赋》李善注，将穆天子所游的“黄□室之丘”定为“黄台之丘”，并引《水经注·洧水》“洧水又东南，赤涧水注之，水出武定冈东南，流迳皇台冈下”记载，认为赤涧水旁的“皇台冈”就是“黄台之丘”，推测夏后启所居之地在洧、黄间[⑥]。郑杰祥、史念海等先生也重视此说法[⑦]。随着新砦城址与城内建筑遗存的相继发现，有些学者直接将启都与今河南新密市新砦城址关联起来[⑧]。周书灿先生不同意此说法，他从启的活动地域及《穆传》东巡路线综合考察，把

---

① 郦道元撰，陈桥驿校释：《水经注校释》，杭州大学出版社，1999年，第387页。

② 王贻樑：《穆天子传汇校集释》，华东师范大学出版社，1994年，第259页。

③ 谭其骧主编:《中国历史地图集》第1册《宗周、成周附近》，中国地图出版社，1985年，第19页。

④ 郦道元撰，陈桥驿校释：《水经注校释》，杭州大学出版社，1999年，第387页。

⑤ 王贻樑：《穆天子传汇校集释》，华东师范大学出版社，1994年，第392页。

⑥ 丁山：《由三代都邑论其民族文化》，《中央研究院历史语言研究所集刊》第五本第一分，1935年。

⑦ 郑杰祥：《夏史初探》，中州古籍出版社，1988年，第15页；史念海：《中国古都和文化》，中华书局，1998年，第43、53页。

⑧ 张国硕：《夏纪年与夏文化遗存刍议》，《中国文物报》2001年6月20日；许顺湛：《寻找夏启之居》，《中原文物》2004年第4期，第46～50页；赵春青：《新密新砦城址与夏启之居》，《中原文物》2004年第3期，第12～16页；贾俊侠：《先夏与夏初都城迁徙考》，《陕西历史博物馆馆刊》第20辑，三秦出版社，2013年（文中持“新砦城址即夏启之都”之观点，本文予以修正）。

“启居黄台之丘”定位在今禹州境内的“钧台”[①]。这些观点虽可言之成理，且在目前夏文化研究中备受关注，但仔细比照古文献与考古成果，仍有许多值得思考和商榷之处。

依据《水经注疏》所引《地形志》记载，在颍水、洧水流域有两处叫黄台岗的地名，如《水经注·洧水》杨守敬疏：“《地形志》，黄台县有黄台岗。即《濮水》篇所谓皇台七女岗也。在今禹州东北。北黄台岗在今密县东，中隔洧水，判然各别，《一统志》混而一之，疏也。”这段史料表明，黄台岗在黄台县，又叫皇台七女岗，位置在禹州东北，与密县黄台岗显然不是一地。《洧水注》引《太平寰宇记》曰：“黄台在阳翟县东北四十里。”这里的黄台县因黄台岗而得名。据《魏书》《太平寰宇记》《禹州志》等记载，禹州曾设过“黄台县”，附近又有“黄水”“均台”等水名及地名。据清道光《禹州·山川志·禹山》引“《魏书·地理（形）志》云：魏时分阳翟东北境置黄台县，则今之东北境为黄台地，今州西南境为魏阳翟地也”。又“皇台岗，《魏书·地形志》阳翟郡黄台有黄台岗”。古时黄、皇通用，皇台岗即“黄台岗”，即指“黄台之丘”。东魏时的黄台县、黄台岗在阳翟东北约四十里的地方，现禹州市东部偏北与许昌、长葛交界附近仍保留有黄台的地名。而有些学者却把此“黄台岗”与密县“黄台岗”等同，并依据清康熙《密县志》、雍正九年《河南通志·古迹下》，将位于密县东四十里被当地人称为“黄台岗”的“力牧台”[②]，误以为《穆天子传》中的“黄台之丘”，实在是太牵强附会。黄水在密县新郑之间亦有，丁山先生把它与“黄泽”等同，作为考证“黄台之丘”地望的重要依据。但据现代学者研究考证，汇入古洧水的黄水河原本是古溱水，西晋时才改名为黄水[③]。因此，因黄水、黄崖而得名的黄台，与周穆王曾游过的黄泽（或黄池）及“黄台之丘”关联并不很大。而文献中较早出现在禹县、长葛一带的地名“皇台岗”“黄台（寨）”“黄水”等，与前面所论述的启有“钧台之享”“舞于大隗之野”等活动，从方位、地名、事件等多与《穆天子传》相吻合。

3. 阳翟地望与禹州瓦店遗址

如今在今禹州市的颍水两岸，有多处属于河南龙山文化晚期和新砦期的文化遗

---

① 周书灿：《〈穆天子传〉“启居黄台之丘”考——兼论周穆王东巡的地理问题》，《中国历史地理论丛》2005年第2期，第126～134页。

② 马世之：《新砦城址与启都夏邑问题探索》，《考古与文物》2007年第3期，第54～58页。

③ 朱士光：论《〈水经注〉对溍（溱）水之误注兼论〈水经注〉研究的几个问题》，《郑韩故城与溱洧水研讨会论文集汇编》，中国古都学会（打印稿），2008年，第11～21页；马世之：《郑韩故城的选址与溱洧水》，《郑韩故城与溱洧水研讨会论文集汇编》，中国古都学会（打印稿），2008年，第76～79页。

存。新密市东南刘寨镇一带发现的新砦龙山城址、新砦二期文化及城址，填补了河南龙山文化晚期与二里头文化一期的研究空白，意义重大。有不少学者依据《穆天子传》将新砦城址称其为夏启之都①，或启之离宫别都②，也有学者从聚落性质分析将其认定为夏代启之都城③。这与文献比照，有再商讨的余地。根据夏商周断代工程之年表的考古学年代、新的^{14}C数据，将夏王朝的始年定在公元前2070年。又《新密新砦》公布夏文化分二期3段，夏前期禹、启二代当在新砦龙山文化一期早段，绝对年代为公元前2030～前2000年；而龙山文化城址建于一期晚段即公元前2000～前1900年，绝对年代下限为公元前1880～前1850年④。按古本《竹书纪年》的记载，夏禹在位45年（包括受禅前治水的13年），夏启在位39年（一说29年），太康在位29年，三代君王在位时间加起来为98年。按以上年代推算，夏启在位之年正好是在新砦一期的前段略晚，新砦龙山城址已进入太康时代，明显晚于启所处的时代。因此，从城址的时代、文化属性、地望来看，新砦城址应与“启居阳翟”关联不大。而禹州瓦店遗址从其年代和遗存特征看，与文献中有关夏启时期政治中心位于颍水上游地区以及启居（都）阳翟的记载正好相符合。瓦店遗址位于河南省禹州市火龙乡瓦店村东部和西北部，已探出面积达20万平方米，包含有龙山文化早、中、晚期遗存，以龙山文化晚期遗存为主。该遗址规模较大，遗物的规格、档次较高⑤；加之，文献所记启所都阳翟地望在禹州，许多学者认为瓦店作为启时期政治中心的可能性很大⑥。笔者以为目前即使难以确认禹州瓦店遗址就是阳翟故城，但将阳翟古城定位在今河南禹州市境内是没有多大问题的。

三、“钧台”“阳翟”与古代天文意义上的“天下之中”

战国阳翟，春秋为“栎”，有钧台。谭其骧《中国历史地图集》第1册《春秋郑宋卫》中“钧台”在栎南⑦，与武王所见“宅兹中国”的“有夏之居”是同一地点。从文

---

① 马世之：《新砦遗址与夏代早期都城》，《中原文物》2004年第4期，第51～54页；许顺湛：《寻找夏启之居》，《中原文物》2004年第4期，第46～50页。

② 程平山：《新砦古城性质与启时期的夏文化》，《考古与文物》2007年第3期，第59～63页。

③ 李龙：《新砦城址的性质探析》，《中州学刊》2013年第6期，第118～121页。

④ 《新密新砦——1999—2000年田野考古发掘报告》，文物出版社，2008年。

⑤ 方燕明、韩朝会：《河南禹州市瓦店龙山文化遗址1997年的发掘》，《考古》2000年第2期，第16～39页。

⑥ 马世之：《新砦城址与启都夏邑问题探索》，《考古与文物》2007年第3期，第54～58页；刘庞生：《阳城、阳翟是先夏伯都，非早夏帝都——〈全夏都初探〉之一》，《西北大学学报（哲学社会科学版）》2001年第4期，第73～77页；周书灿：《〈穆天子传〉“启居黄台之丘”考——兼论周穆王东巡的地理问题》，《中国历史地理论丛》，2005年第2期，第126～134页。

⑦ 谭其骧:《中国历史地图集》第1册，中国地图出版社，1985年，第24、25“春秋郑宋卫图”。

献资料看，“钧台”既是夏代祀天享神卜筮盟诸侯的重要场所，也是最早的观天台。《水经注·颍水》谓钧台又名“启筮亭”；《太平御览》卷八二引《归藏》有启享神上钧台与“作璿（璇）台”之说。“璿台”，即“钧台”，“璿”盖即今文《尧典》“璿玑玉衡”之类。钧台或璿台应为观测天象台。童书业先生曾指出“钧台”即“天台”“钧天之台”，并以为《山海经·大荒西经》、《楚辞·天问》、古本《纪年》所说启上宾于天，窃《九辩》《九歌》以下等神话与此有关①。笔者认为其说是可信的。《吕氏春秋·有始览》与《淮南子·天文训》均有“中央曰钧天，其星角亢氐”之文。高诱注《有始览》曰：“钧，平也。为四方主，故曰钧天。角亢氐，……韩郑分野。”②钧台就是地处中央的“钧天”之台，它为“四方主”，故可祀天享神。钧台春秋时期属郑，战国时属韩，与分野说也正好一致。依此看，钧台就是一个最早的祀天测影观天象的天文台。它的地理纬度约34° 05′ 与《周礼·大司徒》所提供的“建王都”之“地中”纬度34° 04′ 一致，绝不是偶然的。也就是说，钧台北所在的阳翟就是西周何尊铭文所说武王“廷告于天”，并打算“宅兹中国”的地方③。这也符合中国古代天子“择天下之中为都”的观念。

除以上资料外，古阳翟境内的夏亭古城亦可作为一例。《史记·夏本纪》正义引《括地志》云：“夏亭古城在汝州郏城县东北五十四里，盖夏后启所封也。”④郏城即今郏县，在禹州西南，其东北正在古阳翟境内。范文澜先生曾经指出：“战国以前书，从不称夏禹，只称禹、大禹、帝禹；称启为夏启、夏后启。这种区别，还保存两人时代不同的意义，开始居大夏的是启，子孙虽然迁居，夏的名称仍相沿不改。”⑤以上证据说明夏启建都在阳翟（今河南省禹州）的论据是可信的。

综上所述，通过对考古发掘成果、出土文献以及传世文献，尤其是《山海经》《归藏》等古文献的比对研究，可以得出以下结论：启出生于阳城，嵩山的启母石遗存可为据；启建立夏王朝后，都于阳翟，即河南禹州市境内；如今颍水两岸发现了多处属于河南龙山文化晚期和新砦期的文化遗存，古文献中所记载的“钧台”（夏台）“大隗之野”“黄台之丘”“夏亭古城”等地望，都与启都阳翟不远。不

---

① 童书业：《春秋左传研究》，上海人民出版社，1980年，第22、295页。

② 吕不韦撰，高诱注：《吕氏春秋》第十三卷，上海书店，1985年，第124页。

③ 王晖：《周武王东都选址考辨》，《中国史研究》1998年第1期，第14～24页。

④ 司马迁：《史记》卷二，中华书局，1959年，第89页。

⑤ 范文澜：《中国通史简编》（修订本）第1册，人民出版社，1964年，第104页。

仅如此，这里还是古代天文意义上的“天下之中”，“有夏之居”曾是周武王打算“宅兹中国”的理想之地。由此证明，今河南境内黄河以南，伊、洧之间，汝水、颍水流域以北的嵩山一带，既是先夏、夏初时夏人活动的主要地理空间和夏文化的发祥地，也是中国早期国家政治组织形态形成并发展的源地。

龙山岗城址探索

马世之

（河南省社会科学院）

摘　要　龙山岗城址是一座仰韶文化晚期城址，位于南阳盆地的丹江流域。根据始建年代与所处地域分析，该城似与黄帝南巡有关，可能是历史上黄帝所筑“五城”之一。

关键词　龙山岗城址　仰韶文化　黄帝南巡

龙山岗遗址过去被称为黄楝树遗址，位于淅川县滔河乡黄楝树村西丹江与闹峪河（又称肖河）交汇处的龙山岗下，东北距县城约56千米，北距丹江约2.5千米，遗址地理坐标，东经111° 18′ 54″ 、北纬32° 58′ 48″ ，海拔165～179米。遗址地貌东南高，西北低，略呈缓坡状。南靠红石山，西北侧闹峪河自西南向东北缓缓注入丹江。

1957年，长江流域规划办公室考古队河南分队对丹江流域进行文物普查时发现该遗址。1956年、1966年，河南省文化局文物工作队为配合丹江口水库工程，曾在此两次发掘，发掘面积980平方米。发现仰韶文化建筑遗迹2处，窖穴5个，墓葬4座及遗物百余件。2008年5月至2012年12月，河南省文物考古研究院为配合南水北调中线工程丹江口水库建设，又对该遗址进行了大规模的考古勘探和发掘，发掘面积13 600平方米。获知龙山岗遗址现存面积约20万平方米，新石器时代遗存堆积范围约14万平方米，文化堆积厚度1～4.2米，以新石器时代遗存为主，包括仰韶文化晚期、屈家岭文化、石家河文化、龙山文化等遗存，同时发现有少量西周、汉代、宋元、明清等历史时期遗存。特别重要的是发现了一座仰韶文化晚期城址。

勘探和发掘表明，该遗址仰韶文化晚期的地貌与现今地貌差别较大，有一条古河道穿遗址南部而过，在遗址东面折向西北，两端均与现代的闹峪河河床相连。

仰韶文化晚期城墙依遗址当时所处的地理环境而建，共修筑两段，现均埋在地表以下。一段位于遗址东北部边缘，沿古河道修建，呈东南—西北走向。东南端起于古河道转弯处，西端止于遗址西北部。长约166.6米，底宽14～28米，现存最高处约2.1米，东南端宽，西北端窄。方向135° 。墙体剖面呈梯形，上窄下宽，中间为宽约4.4米的主体，主体内外两侧为护坡。城墙的主体与护坡均系夯筑而成，夯层厚15～30厘米，结构细密，但未见明显的夯窝。城墙外侧挖有城壕，壕沟紧挨城墙，和城墙的走向一致。东南段和古河道有交叉现象，西北段逐渐偏离河道。城壕宽约14米，比古河道深1米，和城墙底部的高差2～2.4米（图一）。

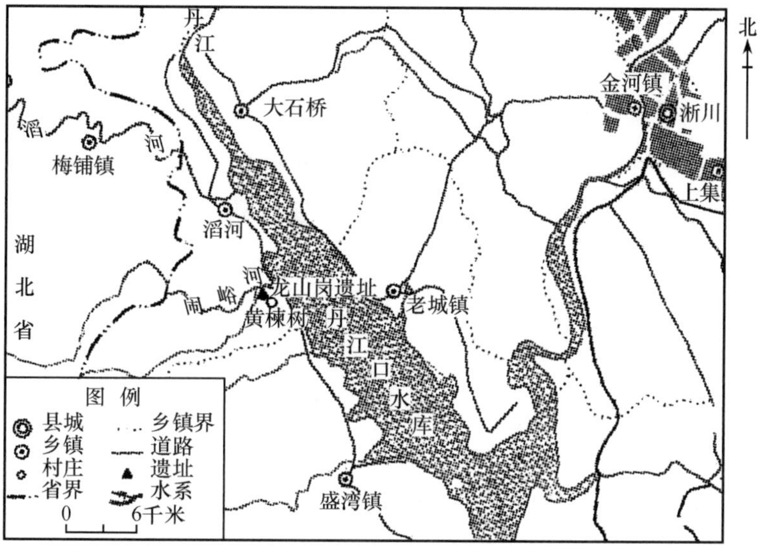

图一 龙山岗遗址位置图

另一段城墙位于遗址的东南部边缘，呈东北—西南走向，和遗址东北部城墙大体垂直。长约165米，底宽20～31米，现存最高处约1.6米。其建筑方法与结构和遗址东北部城墙一致，由主体与内外护坡构成，其中内护坡第2层青灰色土下压有陶窑、瓮棺葬等遗迹，从土层与下面所压遗迹分析，该护坡至少经过四次加筑。城墙外侧挖有城壕，壕沟宽17～20米，深5.6米。紧挨城墙的壕沟当为人工挖成，遗址南部东西向壕沟应是借助自然冲沟加以整修而成。

仰韶文化晚期堆积大致可以分为两个阶段。第一阶段为城墙建造以前时期，主要遗迹有房址、灰坑、灰沟、瓮棺葬等。这里已经成为拥有相当人口规模的聚落。第二阶段为城墙建造及其使用时期，出现了宽阔的道路、大型分间式房屋及祭祀区等重要遗迹。道路位于遗址中北部，呈东北—西南走向，东北端叠压城墙内护坡。长约230米，宽8～13米，用沙和细小鹅卵石铺成，局部铺垫有红烧土碎块。道路两侧有路边沟，同时期遗存分布于道路两侧。大型分间式房屋共发现三座，为F4、F10、F16，均位于遗址中南部，每座房屋的建筑面积约在100平方米以上，其中F16由四间组成，平面布局略呈“田”字形，建筑面积达200余平方米。F10为长方形地面四间房屋，东西长10.5米，南北宽9.6米，建筑面积100.8平方米，方向240°（以西门方向计）。共分四间，分别编为东一室（南）、东二室（北）、西一室（南）、西二室（北），其中东一室面积最大，室内面积约30.65平方米。房屋下有“田”字形基槽，基槽互相贯通，口部略宽，斜壁、平底。口宽0.5～1米，底宽0.4～0.9米，深0.8～1.15米。基槽内填土结构均较致密，经过夯打。基槽以上部分保存较差，在西墙北段、南北向隔墙北段、东西向隔墙东段保存有部分墙体。门道发现两个，一个位于西墙北部，另一个位于东西向隔墙东段。在门道外侧发现有灶两个。房屋基槽和墙内发现有圆形柱洞。这三座房屋面积大、规格高，在同期遗址中比较罕见。祭祀区位于遗址西部，面积约600平方米，发现埋葬猪下颌骨的坑9个，每个坑内埋葬的数量不等，有的还有用火烤过的痕迹。此类坑性质特殊，应为祭祀遗存。另外，在遗址东南部城墙的内侧护坡上发现属于这一时期的陶窑3座，均为横穴窑。窑室周围的活动面上残留有仰韶文化晚期的陶器碎片。第二阶段出土的陶器较多，主要有鼎、瓮、罐、缸、钵、盆、器盖等，另外还发现有少量陶塑人物、动物形器纽残块（图二）。

抵御洪水可能是龙山岗城址筑城的直接原因。在遗址东南部，挖断山梁，修建城墙，不仅可以利用壕沟疏浚山洪，也切断了由东南山丘进入聚落的通道，这样就利用古河道、壕沟、城墙，共同构成了一个坚固的防线。不仅防御了洪水，也起到了防御别的聚落居民或外族入侵的作用①。

龙山岗仰韶文化晚期，应属仰韶文化下王岗类型三期，根据枣阳雕龙碑遗址二期和大河村三期公布的一批^{14}C数据，估计该期的年代为距今5280～4730年②。龙山岗城址始建于仰韶文化晚期，迄屈家岭文化时期仍在沿用。

仰韶文化城址在我国为数甚少，从已公布的考古资料来看，仅有郑州西山与淅川龙山岗，对众多的新石器时代城址来说，真可谓是凤毛麟角。西山城址的年代在距今5300～4800年，龙山岗城址的年代与之十分接近。关于仰韶文化晚期的断代，学术界一般都将这一历史阶段定为黄帝时代。苏秉琦先生根据我国考古界几十年来所取得的丰硕成果，主张“五帝时代上限应不早于仰韶时代后期”③。史学大师范文澜先生认为“仰韶文化所在地，当是黄帝族的文化遗址”④。许顺湛先生把黄帝时代与仰韶文化庙底沟类型和大河村类型相对应，把颛顼、帝喾、尧、舜与河南龙山文化相对应，从而以公元前4420～前2900年为黄帝时代⑤。仰韶文化晚期即黄帝时代，已有城邑出现。

---

① 梁法伟：《河南淅川龙山岗仰韶时代晚期城址发掘收获》，《中国文物报》2013年3月29日第8版；河南省文物考古研究院、河南省文物局南水北调文物保护办公室：《河南淅川县龙山岗遗址2008—2009年发掘简报》，《华夏考古》2004年第4期。

② 杨育彬、袁广阔：《20世纪河南考古发现与研究》，中州古籍出版社，1997年，第188页。

③ 苏秉琦：《中华文明的曙光》，《东南文化》1988年第5期。

④ 范文澜：《中国通史简编》，人民出版社，1964年，第99页。

⑤ 许顺湛：《中原第一城——黄帝时代的郑州西山古城》，《炎黄文化研究》第1辑，大象出版社，2004年。

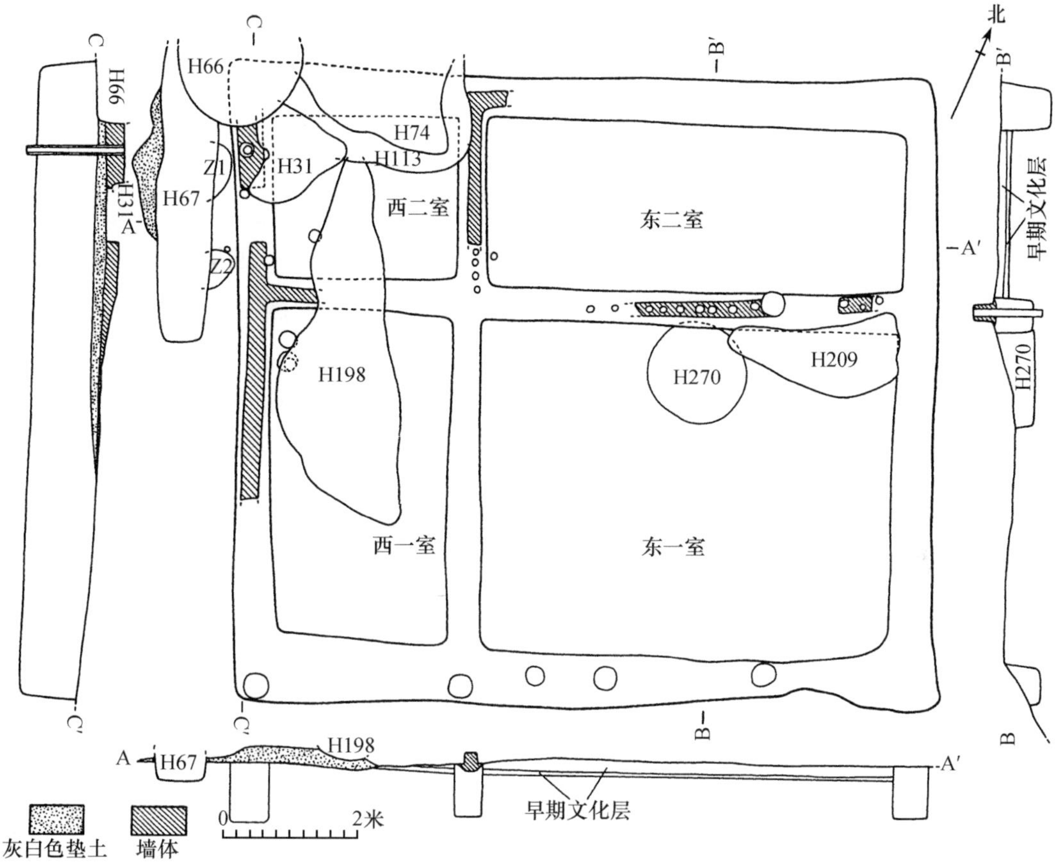

图二　龙山岗遗址F10平、剖面图

《史记·封禅书》谓："黄帝时，为五城十二楼。"《事物纪原》引《黄帝内传》说："帝既杀蚩尤，因之筑城阙。"又引《轩辕本纪》云："黄帝筑邑造五城。"《汉书·郊祀志》载："黄帝为五城十二楼。"《淮南子·原道训》云："黄帝始立城邑以居。"《汉唐地理书钞》辑《河图括地象》曰："昆仑之墟，西有五城十二楼。"李白《经乱离后天恩流夜郎忆旧游书怀赠江夏韦太守良案》诗："天上白玉京，五城十二楼。"可见黄帝之世已经掌握了筑城技术。郑州西山与淅川龙山岗两座城址的发现，印证出黄帝筑城造邑的史实。

关于西山城址的性质，许顺湛先生把它定为"有熊国国都"。他说："郑州古城属于秦王寨类型（即大河村类型）……如果把秦王寨类型的仰韶遗址分布结合文献来分析，西山古城应属于黄帝城。《史记·五帝本纪》说：'黄帝者，少典之子，姓公孙，名轩辕。'《集解》引徐广曰：黄帝'号有熊'。引谯周曰：黄帝是'有熊国君，少典之子也'。有熊国地望何在？《集解》引皇甫谧曰：'有熊，今河南新郑县也。'《帝王世纪辑存》说：'新郑，古有熊国，黄帝之所都。受国于有熊，居轩辕之丘，故因以为名，又以为号。’《路史·后纪五》注：‘（黄帝）有圣德，授国于有熊，郑也。’由此可知：第一，黄帝是有熊国君少典之子；第二，黄帝都有熊；第三，黄帝所都的有熊其地望在新郑。从秦王寨类型遗址分布来看，有熊国的地域并不局限于新郑，它至少应包括密县、郑州和荥阳等地，均可称为有熊国。在有熊国所辖的区域内（即秦王寨类型分布区）其文化遗址应属于有熊国文化，当时的氏族部落应属于有熊国的组成部分，在西山发现的古城只能是有熊国的城，如果别处没有第二座城的发现，西山古城必是有熊国国都。黄帝都有熊，是有熊国君，因此把西山古城称为‘黄帝城’是无可非议的。”[①]这就是著名的“西山城址为黄帝之都”说。龙山岗城址的规格应与西山城址性质近似或相当，当是黄帝所筑“五城”之一，可以称之为“黄帝城”。《史记·五帝本纪》载：“轩辕乃修德振兵，治五气，艺五种，抚万民，度四方。……而诸侯咸尊轩辕为天子，代神农氏，是为黄帝。天下有不顺者，黄帝从而征之，平者去之，披山通道，未尝宁居。东至于海，登丸山，及岱宗。西至于空桐，登鸡头。南至于江，登熊、湘。北逐荤粥，合符釜山，而邑于涿鹿之阿。迁徙往来无常处，以师兵为营卫。”黄帝统一华夏以后，成了华夏集团的“天子”，即最高军事首长，自然要向天下的诸侯施以恩威，巡视民情，关注四方安危。因而彼时他要带着妻子嫘祖及臣僚、师兵巡视天下，龙山岗古城的兴建，除了防洪之外，可能还与黄帝南巡有关。黄帝南巡的路线，在离开都城之后，经熊山而到达湘山。《庄子·天运》云：“黄帝张咸池之乐于洞庭之野。”《抱朴子》说：“黄帝过洞庭从容成子受《自然之经》。”徐灵期《南岳记》谓：“黄帝受戒于衡山金简峰。”《湖南风物志》载：“君山……山上有轩辕谷，传为黄帝铸鼎的地方。”唐代胡曾诗云：“五月扁舟过洞庭，鱼龙吹浪水云腥。轩辕黄帝今何在？回首巴山芦叶青。”清人李元度重修《南岳志》引《湘衡稽古》曰：“雷祖从帝南游，死于衡山，遂葬之。今岣嵝有雷祖峰，上有雷祖之墓，谓之先蚕冢。其峰下曰西陵路，盖西陵氏始蚕，后人祀之为先蚕也。”雷祖即嫘祖，从黄帝南巡，死于途中。根据五帝时代的地理形势，龙山岗古城是黄帝南巡往返必经之地。黄帝一行从有熊出发，一路南下，经方城隘口，到达南阳盆地南部的龙山岗。龙山岗所在的丹江下游，正是华夏与苗蛮两大文化体系的交汇地带，许多史前文化在这里相互碰撞、交汇、融合，并最终形成了多元一体的中华文化格局。黄帝早就派人在这里驻军，并修建城池，疏浚河道，防止山洪侵害，发展农业生产，举行祭祀大典，使之成为华夏与苗蛮两大族群共同仰慕的名城。黄帝迁徙往来无常处，其南巡不会只有一次，于是这里便成了迎来送往的重要驿站。

黄帝族是以龙为图腾的。传说黄帝容颜似龙，《河图稽命征》与《帝王世纪》均

---

① 许顺湛：《郑州西山发现黄帝时代古城》，《中国文物报》1995年11月12日。

说黄帝“龙颜有圣德”。《史记·五帝本纪·正义》说他“生日角龙颜，有景云之瑞”。《竹书纪年》也称黄帝“龙颜”。《山海经·海外西经》载：“轩辕之国……人面蛇身，尾交首上。”所谓蛇身，指的就是龙体而言。黄帝之星座似龙，《史记·天官书》云：“轩辕，黄龙体。”《太平御览》卷六引《大象列星图》说：“轩辕十七星在七星北，如龙之体。”黄帝豢龙、御龙和以龙为兽，《遁甲开山图》云：“绛北有阳石山，中有神龙也。黄帝时，遣云阳先生养龙于此。”《大戴礼记·五帝德》谓黄帝“乘龙扆云，以顺天地之纪”。《韩非子·十过篇》说：“昔者黄帝合鬼神于西泰山之上，驾象车而六蛟龙。”《拾遗记》说：“帝（指黄帝）乘云龙而游，殊乡绝域，至今望祭焉。”《淮南子·天文训》云：“中央土也，其帝黄帝，其佐后土，其兽黄龙。”黄帝兴兵，应龙参战，《山海经·大荒北经》载：“蚩尤作兵伐黄帝，黄帝乃令应龙攻之冀州之野。”黄帝之世常有龙出现。《史记·封禅书》云：“黄帝得土德，黄龙、地螾见。”《开元占经·龙鱼蛇占篇》引《春秋合诚图》云：“黄帝将亡，则黄龙坠。”《史记·封禅书》载：“黄帝采首山铜，铸鼎于荆山下。鼎既成，有龙垂胡髯下迎黄帝。黄帝上骑，群臣后宫从上者七十余人，龙乃上去。余小臣不得上，乃悉恃龙髯。龙髯拔，堕，堕黄帝之弓。百姓仰望黄帝，既上天，乃抱其弓与胡髯号，故后世因名其处曰鼎湖，其弓曰乌号。”后人在黄帝升天的灵宝铸鼎，原黄帝陵前建有黄帝庙，其中门匾书“骑龙遗踪”。唐代诗人李白来此拜谒，赋诗凭吊云：“黄帝铸鼎荆山涯，不炼黄金炼丹砂。骑龙飞去太清家，云愁海思令人嗟。”从上述记载可见黄帝与龙的特殊关系。淅川丹江流域的黄帝城以龙山岗命名，也许不是偶然的现象，其中可能存在着深刻的原因，或与黄帝以龙为图腾有关。

淅川龙山岗与郑州西山古城，分布于中原地区的南北两翼，一座是都城，一座是要邑，像两座高耸的灯塔，照亮了华夏文明开端的历程。

动与静结合之美*
——什刹海对北京城的影响分析

朱永杰

（北京联合大学北京学研究所）

提　要　经过漫长历史演变的什刹海，对北京城市布局和景观产生了相应的影响。城市布局方面，不仅影响了北京城市规划的格局和水道的脉络，而且形成了城内重要的商业区和园林休闲功能区；城市景观方面，勾勒了北京自然和人文结合的绚丽园林风貌，塑造了城市动静结合的美丽水环境，也孕育了城市积淀深厚的多彩文化风貌。

关键词　什刹海　北京　布局与景观　影响

什刹海位于北京城的核心部，是北京旧城历史文化保护街区中“水文化”面积最大的一片[①]。作为北京重要的区域，什刹海与北京城的命运有着千丝万缕的关系，为北京城市的发展注入了勃勃生机。从发展的角度来说，什刹海经历了一个漫长的演变过程。而就什刹海对北京城市结构风貌的作用而言，一方面影响了北京城市的结构布局，另一方面也勾画了北京城与众不同的风貌景观。

一、什刹海的历史变迁

1. 元代以前的发展变化

什刹海的历史可以追溯到很久以前，自古以来，它就是北京城内的一串水上明珠。距今3万年左右，什刹三海的西海、后海和前海的部分河床就已经形成，是永定河古河道的一部分。

永定河大约成河于数千万年前的燕山运动，后来切开北京西山之后在三家店一带

---

*　基金项目：本文是“北京市北京学研究基地资助项目《新形势下北京运河文化遗产保护与利用研究》（BJXJD-KT2015-YB08）”“北京市属高等学校青年拔尖人才培育计划项目（CITTCD201404094）”的研究成果。

①　傅华主编：《北京西城文化史》，北京燕山出版社，2007年，第83页。

出山，向东北的巴沟低地流去，再经海淀镇以西、圆明园、清河，与温榆河相汇合。然后向东经紫竹院、什刹海，沿今坝河方向东流。这一时期，古永定河作为古蓟城天然的护城河和赖以维持民众生存的水源地，一直在蓟城的北面和东面静静地绕城流淌着，如今的什刹海，当年就位于这条河拐角的关键之处。

春秋至西汉时，永定河又从什刹海向南经天坛东向东南流注。东汉以后，由于新构造运动，北京地区的东北盘持续上升，巴沟低地不断填高，永定河河道南移，同时流经海淀区的田村、徐庄、北洼村、紫竹院，与今日所见的长河（高梁[①]）相接，再经积水潭、什刹海、北海、中南海、龙潭湖流出城外。这次改道后，原故道上留下的河流中积水面较大的是什刹海、北海、中海。这片水域成为北京城发展的重要因素。

可以说，什刹海和附近诸多水面，都是在永定河故道（更确切地说应该是高梁河故道）的基础上，经过人们数百年苦心经营的结果[②]。

辽金时期，曾开发什刹海一带水域，将天然河道挖深展宽，取名为白莲潭。该水系当时位于京城外的东北方向。由于那时北京地区的水资源十分丰沛，白莲潭一带水域连成一片，形成了巨大的荒野水泊。水面随着季节和水量的变化而改变，多雨季节水量增加，水泊面积扩大，枯水季节水量减少，水泊面积缩小，并形成了港湾、湖汊。

2. 元代的积水潭

13世纪初，北方草原蒙古族兴起。1206年铁木真统一了蒙古各部，号称“成吉思汗”，旋即南下伐金。金代的中都城（今北京城西南广安门一带）宫殿尽行焚毁。元世祖忽必烈决定放弃金中都城，在其东北新建一座都城。大都城兴建之后，原称之为“白莲潭”的水域被全部圈入城中，白莲潭的南部水域，即日后的北海和中海，也被圈入元大都的皇城之内，成为皇家御苑的一部分，而被隔在皇城之外的原白莲潭的北部水域，人称“积水潭”，又称海子。

为了满足大都城内对粮食的巨大需要，必须从长江中下游等地调运粮食抵京。陆运官粮，耗费人力、财力很大。元世祖至元二十九年（1292年）春至三十年（1293年）秋，由郭守敬献策并主持修通了通州至大都城的通惠河，引昌平的白浮泉（距大都城西北六十里外的神山下）“西折而南，经瓮山泊，自西水门入城，环汇于积水潭。复东而折南，出南水门，合入旧运粮河。每十里一置闸，比至通州，凡百闸七……”[③]工程完成后，南来的运粮船可由通州直达大都城内，停泊于海子中。

---

① 或称高梁水，金代称高良河，发源于平地泉（现今紫竹院湖），是古代永定河水系中的一个小水系，西汉以前是永定河出西山后的一条干道。东汉以后，永定河河道南移，原来的河道即成为高梁河。

② 朱祖希：《话说什刹海》，《北京档案》2006年第11期，第49页。

③ 宋濂、王濂主编：《元史》卷一六四。

通惠河的开凿，使什刹海地区水量大增，形成浩瀚之势。当时的积水潭成为通惠河的主干及南北大运河船只停泊的大码头，出现了“舳舻蔽水”的盛况。而且这一时期的积水潭地区商贾云集、市肆连骈，可以说是历史上最为兴盛繁荣的时代。

3. 元代至今的发展变化

什刹海在明代变化很大。明初北城墙南移，将什刹海北面部分割于城外。城外积水潭又分南、北两部分，由一条土堤分隔。南部作为北护城河的一部分，北部为湖泊，即后来的太平湖。在北护城河上建有松林闸，另辟引水入城的渠道。在河南岸开一条矩形渠道，通向城内，渠道上建闸，城墙下设铁棂闸。这是什刹海的总进水口。当时还打通了什刹海与北海的通道，在连接处建一座西压桥闸，桥的上游为西压闸，以控制什刹海水位和进北海的流量。明代的什刹海因白浮泉水断流，来水量减小，水位下降，水面积缩小，水中出现了陆地和岛屿。

清代将前海一分为二。清朝曾在什刹海岛上扩建住宅，仿照西湖苏堤，在前海修筑了一条南北向的堤，命名“和堤”。这条堤将前海分成东西两部，以一座响闸联结两处水面。东部水面仍为什刹海，西部水面名为小海或西小海。

新中国成立后，在20世纪50年代大规模治理中，对什刹海进行了废田还湖，恢复了水面。并修建了一条渠道将什刹西海与什刹后海连接起来，并将西小海建成游泳池。改建了西压闸，废止了古澄清闸，修建了地安闸，将地安闸以下的通惠河改建成暗沟。20世纪60～70年代另建引水渠道，跨越地铁进入什刹西海。这一时期西城区将西小海的游泳池填平，建成了体育馆。70年代后期，重建了汇通祠和汇通祠岛，祠内修建了郭守敬纪念馆。90年代打通了地安桥，将暗河改为明沟，什刹海水经桥下东流，并将地安闸移建至地安桥东。另外还废止了西压闸，以三海闸取代之。

什刹海水系以元代水面最大，晚清及民国时期水面最小。元代充分开发了城市水利，发展了经济。明代对城市水系做了调整，切断了航道，使什刹海由一个水陆交通要津成为封闭宁静的区域。新中国成立后至今，什刹海不断得到修整，人文景观和自然风景相融合的特征更加突出。

二、什刹海对北京城市布局的影响

1. 影响了城市规划格局

什刹海是北京城规划设计最基本的依据之一。元朝元太祖十年（1215年），蒙古骑兵攻占金中都，中都城内一片废墟，加之金中都水系（莲花河水系）水量不足，已不能满足城市日常用水需要，只能另选都城新址。都城选址要从政治、经济、交通和地理位置上综合考虑，水则是其中重要的地理因素。元朝在建大都时放弃金中都旧址，重要因素之一就是从水源和漕运考虑的。元世祖忽必烈（1215～1294年）命精通天文地理、律历数术的大臣刘秉忠另行选址兴建新都。正是什刹海及中南海这片水域，成为刘秉忠规划中最基本的依据之一。当时全城自北向南的中轴线就是紧傍积水潭东岸而选定的。大都城四面的城墙位置也是根据与积水潭东南岸的距离而建的，其西城墙的位置刚好在积水潭西岸以外，其间仅容一条顺城街的宽度。恪守《周礼·考工记》提出的“左祖右社，面朝后市” 规划原则，积水潭地区位于皇城之后，属于“市”的位置，从功能布局上奠定了元代这一区域市井繁华、柳绿花红的景观基调。

什刹海的存在，影响了元大都城的整个平面布局，甚至还影响到了明、清、民国、新中国成立以来北京城的规划布局。从这个意义上来说，确实是“先有什刹海，后有北京城”。

什刹海紧傍的这条中轴线，后来得到了不断地延伸发展。明灭元后，改建了元大都。经过明朝的改建，中轴线获得了进一步的延伸和发展，格局基本形成，成为南起永定门、北达钟鼓楼、由不同层次空间构成、长达7.8千米的城市建筑长廊。清末以来，中轴线开始遭受不同程度的改造和破坏。1990年以来，中轴线向南、北继续延长，形成目前南起南苑机场、北达奥林匹克公园、全长26 千米的城市线性空间，建筑风格由单一的传统建筑转而融汇古今。

2. 丰富了城市水道脉络

什刹海丰富了城市的水道脉络，尤其金代以来曾与运河连通，形成城内外新的水道线路，在满足漕粮运送的同时，也满足了一定的城市用水需求，调节了北京的水环境。

金代，闸河以高梁河为水源，以白莲潭为调节水库，由中都北城壕直至通州。这样一来就能够引水南下入中都北护城河，为北京城注入新的水源。而且，在白莲潭的调解下，河道从中都护城河流经，既有利于城市用水的供应，也有利于调节护城河旁的水环境，支撑北京城的发展。

元代，通惠河从大都城穿流，形成城市内部引人注目的新水脉景观。据《元史·河源志》《郭守敬传》等书记载：通惠河由郭守敬亲自主持，循金代闸河故道开挖，源头主要是白浮泉，途中汇合一亩泉、马眼泉，又筑白浮堤，穿玉泉山流入昆明湖，再东出长河，从和义门（西直门）北侧进入大都城。河道在今德胜门小关转向东南，注入积水潭（什刹海、西海、后海等）和太液池（今北海、中南海）。然后从前海向东南流出，经今东不压桥、地安门大街转南流，经今南、北河沿大街出南水关流入护城河。又出皇城过北御河桥（北京饭店西侧），经台基厂二条、船板胡同、泡子河再向东去通县、高丽庄接白河，全长82千米[①]。

由此可知，元代通惠河在大都城内流经了和义门、德胜门、积水潭、地安门大街、河沿大街、南水关等地，流域广阔、水道漫长，形成了都城之内的壮丽水景，也改变了旧时的水道格局。作为城内河道的重要部分，积水潭连接着前后的水道，承载着漕运的主要功能，一时舟楫众多，十分繁盛。由于通惠河的开凿，积水潭水量丰沛，水面宽阔，形成了运河重要的调节水体。

元末明初，通惠河因上游河道堵塞，水流不畅，导致河中不能行船，多次修疏收效不大，积水潭码头逐渐废去。有明一代虽然运河不再连通积水潭水面，但是元代形成的运河水道仍然没有完全消失，尤其是什刹海区域，仍是城内重要的水域，延续着从前的风貌。清代什刹海的水源与明代相同，仍仰仗玉泉山、昆明湖之水，下游流入大通河。这一时期的什刹海依然是漕运的主要水源调节库，并且一直持续到清末漕运全停为止。民国至今，什刹海水域屡有变化，但还是城内的重要水面。

3. 改变了商业区结构

什刹海改变了北京城的商业区结构，成为城内重要的商业区。元代通惠河工程完成后，南来的运粮船可由通州直达大都城内，停泊于海子中。当时的积水潭水深面阔，东西宽二里，汪洋如海，北起德胜门西，东南至太液池，中间没有房屋、堤坝、街道，水天一片，南北往来货船在这里停泊，漕运功能达到顶峰。大都城的规模和其繁华的程度，在当时世界是无与伦比的。什刹海周围地区是京杭大运河北端的码头所在，“川陕豪客，吴楚大贾，飞帆一苇，经抵辇下”[②]。钟鼓楼前更是大都城内最繁华的商业区，鼓楼前大街（今地安门大街）和积水潭北岸的斜街（今鼓楼西大街）两旁酒楼茶肆密布，繁华非凡，有米市、面市、绸缎市、珠宝市、鹅鸭市、果子市等。特别是北岸街坊市肆繁荣，南北客商聚集，茶房酒肆、客栈会馆林立，是大都城的商业中心。

到了明清之际，什刹海不再作为码头，这里逐渐建立起了寺庙和王公贵族的王府宅院。尤其是清代，什刹海附近王府众多，有许多旗人居住。旗人的消费习惯和消费方式，在一定程度上影响了什刹海地区的商业发展。旗人好吸旱烟，烟袋斜街出现了许多烟袋铺；旗人每日焚香拜佛，鼓楼大街附近出现了许多香铺；旗人好吃喝玩乐，什刹海地区涌现了众多饭馆、酒肆、古玩店。现存银锭桥畔的中华老字号饭馆“烤肉季”，便是从什刹海岸边摆摊子而发展起来的。

---

① 宋濂、王濂主编：《元史》卷一六四。

② 于敏中：《日下旧闻考》卷六。

民国以来，每到夏季什刹海的集市更加热闹。20世纪30年代，北京城内形成了两个最热闹的游乐场所，一处是天桥，另一处就是什刹海的“荷花市场”。每到荷花盛开前后，长堤两侧席棚鳞次栉比，众多商贩和杂耍曲艺艺人聚集于此，叫卖和喝彩的声浪飘满了什刹海。很多高搭的席棚下设有座位，出售饭食茶点和各种小吃，有馅饼、褡裢火烧、灌肠、莲子粥、荷叶粥等熟食和菱角、白藕、莲子、鸡头米、豌豆黄、驴打滚、酸梅汤、雪花酪等清凉食品。品种繁多的食品和文艺演出使得游人流连忘返，久久不愿离去。

现在的什刹海，更是北京十分重要的特色商业街区。什刹海旁边的各类酒吧以及“九门小吃店”的各种老北京传统小吃，迎接着慕名而来的中外食客。步行在什刹海，可以发现河边沿街的酒吧里坐着一群群金发碧眼的老外，“烤肉季”门前人力车、自行车、小轿车来来往往，伙计们正从“烤肉季”里抬着送饭木匣桶上船……一幅繁盛的景象。烟袋斜街店铺林立，有古玩店、渔具店、珠宝店、浴池、修车铺、书店等各种店铺。

4. 形成了重要的园林休闲区

什刹海园林众多，是北京城园林景观体系的重要组成部分。元代由于运河的推动，城内园林选址往往以临近海子为佳，如万春园、望湖亭。万春园曾是元代进士及第后的聚会之所，被比拟为唐长安的曲江池。清《渌水亭杂识》载：“元时海子岸有万春园，进士登第恩荣宴后，会同年于此。宋显夫诗所云：临水亭台似曲江也。”①

明代的什刹海一带，因为临近大片水面，引水借景仍十分方便，依旧是城内最集中的园林区。《帝京景物略》中曾述及什刹海一带的名园胜境：“沿水而刹者、墅者、亭者。因水也，水亦因之。凡各钟磬，亭墅各歌声，而致乃在遥见遥闻，隔水相赏。立净业寺门，目存水南。坐太师圃、晾马厂、镜园、蓬花庵、刘茂才园，目存水北。东望之，方园，宜夕。西望之，漫园、杨园、王园也；望西山，宜朝。深深之太平庵、虾菜亭、莲花社，远近之金刚寺、兴德寺，或辞远眺，或谢韦游矣……西湖春，秦淮夏，洞庭秋，东南人自谢未曾有也……”②太师圃是徐达的园子，位于德胜桥西，进门处即一座宽敞的大堂，堂后沿曲折小径可达一片小湖，周围树木成荫，错杂如织。在小湖的北面，则有一宽阔的水榭，后拥全湖，院内种植垂柳，“袅袅拂地”。堂左右两侧是书室，西部筑起了高台，是环湖宅园中最佳远眺处。镜园即刘百川别墅，有堂三楹，南面正对的就是一片湖水，湖光如镜，园后沿着蜿蜒的小路往下

① 纳兰性德：《通志堂集》，上海古籍出版社，1979年（据清康熙刻本影印）。

② 刘侗：《帝京景物略》卷一。

走，可通到湖边。路的尽头是一个水边平台，坐在这里，“望山色遥青可鉴”。

清代什刹海沿岸格局并无巨变，只是因朝代更迭，沿岸原明代的宅园别业或衰落，或为清朝府邸所代替，沿湖景观中心也由西海向前海、后海偏移。比较有名的是前海西街的恭王府花园，为什刹海平添了些许贵气。恭王府花园曾是乾隆宠臣和珅的私宅，后由慈禧赐给了恭亲王，因此得名恭王府。恭王府分府邸、花园两部分，拥有建筑群落30多处，布局讲究、气势非凡，是什刹海沿岸王府附园的经典之作。

什刹海还是北京城内引人注目的休闲区。元代通惠河的开掘，对启动什刹海附近市民的休闲活动，起到了重大推动和刺激作用。运河将通州京杭大运河段与积水潭、高梁河、玉泉山西湖等水体连接起来，沿线修筑了很多闸门，形成了一个著名的城内外相互连接的水上休闲娱乐活动线路[①]。积水潭是其中比较重要的休闲活动区域。由于此处为都城后市所在，形成了以文艺娱乐宴饮服务为特色的斜街市和以专业市场集中而闻名的钟鼓楼市。积水潭的繁荣也刺激了水上游览活动的兴盛，使积水潭南临皇城壮丽建筑景观、东临繁华街市以及自身景色秀丽的休闲功能凸现出未，吸引了大批各阶层市民前来踏青、游玩、宴集，最终成为大都最著名的公共水上休闲地。元代什刹海附近一些寺庙的建设，也大大提升了该处游览的价值，如在中心阁海子东成宗大德九年（1305年）建造的大天寿万宁寺，就是深受游人青睐之处。

自明代始，什刹海一直都是休闲娱乐的好去处。每年夏天，荷花市场游人如织，盛况空前，是一处平民大众极富野趣的消夏休闲场所。沈太侔《春明采风志》云:“什刹海，地安门迤西，荷花最盛，六月间仕女云集，皆在前海之北岸，同治间忽设茶棚，添各种玩艺。”荷花市场不仅是百姓的乐园，亦是一些文化名人的光顾之所。鲁迅和胡适都曾来过这里，鲁迅先生喜欢文物，常到什刹海看看，或与朋友一起品茶；尽管胡适认为此处多是下等游戏，但也去走走，还买了古董。

当前，什刹海的景色依然诱人，仍是北京城内重要的园林休闲区，更是很多游客来北京的必游之地。在这里，不仅能欣赏到美丽的水上景色，还能领略到内涵深厚的亭台楼阁园林建筑。现代的酒吧街，悠久的老北京居民区，富于北京特色的传统风景和民俗小吃，总会让人流连忘返。

三、什刹海对北京城市景观的影响

1. 勾勒了自然和人文结合的绚丽园林风貌

什刹海是北京城的一处绚丽多彩的自然美和人文美相结合的园林。

① 吴承忠、韩光辉：《元大都休闲文化景观研究》，《北京社会科学》2006年第1期，第35页。

什刹海与北海、中南海虽然水脉相连，却没有皇家园林那种多由人工构筑的富丽堂皇，依然保持着几分自然淳朴的性格。什刹海的荷花极具自然味道。元代书画家赵孟頫在其《海子即事》诗中写有“家近荷花似锦湖”之句，描写了海子荷花的繁簇自然景色。明代蒋一葵在《长安客话》中描述积水潭“草树青葱，鸥凫上下，亭榭掩映，列刹相望，烟云水月，时出奇观，时都下第一胜区也”，也被眼前的自然景色所折服。当代著名作家刘心武称什刹海为“都城中的野景”，是一处“富于野趣的情调空间”，认为什刹海营造出了“银锭观山”的意趣，晴天时在银锭桥头西望，可以望见一脉青黛色西山，极具自然情趣。

什刹海的人文景观也十分美丽。这里多历代名刹、名人故居、王公府第。郭沫若故居、恭王府及其花园等，保持着虽然陈旧、却依然原汁原味的传统风貌。这里绿荫匝地，还分布着格局严整、极富生活情趣的胡同、茶馆、酒楼。而且，历史上这里寺庙林立，素有“九庵一庙”之说，据说“什刹海”因此而得名。依文献记载，北京的寺庙曾多达千余座，仅在什刹海地区就有90余座。在所有现存的庙宇中，广化寺最为著名。寺庙始建于元代，后经明、清三次修建，是北京著名的佛教十方丛林，也是北京市佛教协会所在地。该寺坐落在风景秀丽的后海北岸，东邻银锭桥，西傍宋庆龄故居，寺内古柏苍翠，花草溢香，曲径通幽。

总之，什刹海园林风貌多姿多彩，融自然人文与一体，正如明代蒋一葵在《长安客话》中的描述:“积水潭，西山诸泉从高粱桥流入北水门汇此。内多植莲，因名莲花池。池上建有莲花庵、净业寺，及王公贵人家小轩、水亭，最为幽胜。”①

2. 塑造了动静结合的美丽水环境

什刹海风光秀丽，碧波荡漾，沿河垂柳，满塘枝荷，水环境十分动人，是北京城市风貌不可忽略的重要区域。其宽阔的水面和流动的水道与周围的景物结合起来，将“动”与“静”之美发挥得淋漓尽致。这种风貌体现了帝国都城的威严，并以湖光山色赋予城市灵气和美感。

什刹海动静结合的环境曾得到很多名人的赞美。如元代马祖常诗句：“影园云渡鸟，波静藻依鱼。石栈通星汉，银河落水渠”。明代胡伊诗云：“浩荡东风海子桥，马蹄轻蹴软尘飘。一川春水冰初泮，万古西山翠不消。”曾推诗云：“鲸海遥通一水长，沧波深处石为梁。平铺碧甃连驰道，倒泻银河入苑墙。青绿乍添垂柳色，春流时泛落花香。微茫迟隔蓬莱岛，不放飞尘入建章。”

春天的什刹海春风拂水，水面影影绰绰倒映着黛色的远山和天上的云朵，湖畔晚

① 蒋一葵：《长安客话》卷一，北京古籍出版社，1960年，第12页。

樱如雪、碧桃似霞、丁香嫣紫、梅花姹红。夏日的什刹海，乌篷船在湖面上缓缓地滑动，撸桨掀起的浪花把月影搅得有些游离。湖岸边随处可见一排排直抵云霄的白杨，树影幽幽，宽硕的叶片在夜风中婆娑起舞，屏帐似的与湖水相依相伴。秋天的什刹海碧波数里，几艘游船在湖水中慢慢地行驶，湖水掀起浪花，拍打堤岸"砰砰"作响。不知疲倦的鸥鹭们在蓝天与碧水之间翱翔，王府宅第、居民庭院树木莘莘，层林尽染。冬日的什刹海，湖水被厚厚的冰层覆盖，透过洁白如玉的冰层，可隐约见到水下生长的草儿、游动的鱼儿。西山白雪皑皑，银锭桥融于冰霜白雪之中，温润多情。

总之，什刹海动中有静，形成了京城一道亮丽的风景线。

3. 孕育了积淀深厚的多彩文化风貌

什刹海是一个多元文化的荟萃之地，既有官宦文化、市民文化，又有宗教文化和多民族文化；既有传统文化、时尚文化，又有建筑文化和古代园林造景文化。可以说，什刹海是中华文化的全景图。

具体而言，什刹海的文化建置丰富，积淀十分深厚。

（1）寺观。什刹海附近的寺观众多，大体分为三种，一为佛教丛林，规模最大的为广化寺；一为道教宫观，以火德真君庙最为悠久；一为纪念祠堂，以贤良祠为代表。目前，被列入市、区级文物保护的庙宇共有20处，其中市级文物保护单位5处，分别是：广化寺、关岳庙、火德真君庙、护国寺金刚殿、贤良祠。区级文物保护单位15处，分别是：大藏龙华寺、净业寺、普济寺、拈花寺、双寺、寿明寺、正觉寺、保安寺、三官庙、真武庙、广福观、丰泰庵、天寿庵、永泉庵、旌勇祠。

（2）王府。什刹海周围曾建有醇亲王府、恭亲王府、庆王府、罗王府、涛贝勒府、德贝子府等清代王府和花园，末代皇帝溥仪就曾在醇亲王府内生长和居住。醇亲王府位于后海北岸，府邸分为正院、住院、花园及马圈四部分。另外在府后建有醇贤亲祠堂一所，占地共约80余亩。宋庆龄曾经在醇亲王府的西花园工作、生活了18年，给这座古色古香的园林增添了不少亮色，西花园也因此被辟为宋庆龄故居。位于前海西街的恭王府花园，是北京现今保存最完整的清代王府。

（3）名人故居。什刹海附近的故居，是京城文化中独一无二的，国内其他地方找不到如此集中的文人墨客、达官大贾的故居。梅兰芳故居、郭沫若纪念馆等是其中比较有名的建筑。梅兰芳先生一生中的最后10年是在什刹海护国寺街 9 号度过的。这是一座典型的北京四合院，占地716平方米，如今成为人们缅怀大师的观光景点。1963年秋天，郭沫若迁居前海西街18号，在什刹海西畔这座古朴的四合院里走完了人生的最后14个年头。现在故居正房的客厅、办公室、卧室依旧是主人在世时的陈列。

（4）胡同民居。什刹海地区街巷结构最早形成于元代，具有北京传统建筑的典型特征。曲折的空间形态和水面景观增添了什刹海地区胡同和四合院的特色。烟袋斜街、白米斜街保留了传统街道的线型、空间尺度及风貌特点；金丝套地区保留了传统四合院的整体格局。在一片青砖灰瓦的胡同中漫步，你会有曲径通幽、步移景异的感受。据学者考察，以银锭桥分界的前海北沿、后海前沿、柳荫街与前海西街之内的地区，有18条蜿蜒曲折的胡同。

（5）水工建筑及其他。还有钟鼓楼、德胜门箭楼等城池建筑，以及闸、桥等众多水利建筑。什刹海地区的闸、桥种类很多。作为大运河码头及水源调节水库，什刹海必须具备控制进出水量的闸坝和便于交通的桥梁等水工建筑物。历史上，这些水工建筑物随着什刹海功能的变化产生过巨大变化。闸坝类，进水控制闸曾包括朝宗闸、水关、松林闸，出口控制闸曾包括澄清闸和西压闸。什刹海的桥也很多，元代最为突出，当时进入什刹海水道上的桥梁曾包括万亿库桥（盈进桥）、铁平章桥（安济桥）；出口水道上的桥梁包括万宁桥（海子桥、洪济桥）、西步粮桥、升平桥；内水道上的桥梁则包括德胜桥、银锭桥、李广桥、清水桥、三座桥（三转桥、月桥）。这些桥中以银锭桥和万宁桥最为有名。

参考书目

[1] 计成著，陈植注：《园冶注释》，中国建筑工业出版社，1981年。

[2] 刘侗、于奕正：《帝京景物略》，上海古籍出版社，2001年。

[3] 于敏中等编著：《日下旧闻考》，北京古籍出版社，1983年。

[4] 孙承泽：《天府广记》，北京古籍出版社，1984年。

[5] 北京什刹海研究会、什刹海景区管理处编：《什刹海志》，北京出版社，2003年。

[6] 秦德纯：《旧都文物略》，北京出版社，2000年。

[7] 侯仁之主编：《北京城市历史地理》，北京燕山出版社，2000年。

[8] 赵兴华编：《北京园林史话》，中国林业出版社，1994年。

[9] 朱祖希：《北京城——营国之最》，中国城市经济社会出版社，1990年。

[10] 赵志忠：《北京的王府与文化》，北京燕山出版社，1998年。

[11] 北京什刹海研究会、什刹海景区管理处编：《诗文荟萃什刹海》，北京出版社，1998年。

[12] 张世俊主编：《西城名人故居》，中国档案出版社，1997年。

[13] 傅华主编：《北京西城文化史》，北京燕山出版社，2007年。

[14] 侯仁之：《古代北京运河的开凿和衰落》，《北京文史》2001第2期。

[15] 刘树芳：《北京城的沿革与水——元朝》，《北京水利》2004第1期。

[16] 王瑞成：《运河和中国古代城市的发展》，《西南交通大学学报（社会科学版）》2003第1期。

世子王府今何在：清代宗室世子制度与世子府制初探

郑永华[1]　史文锐[2]

（1.北京社会科学院历史研究所　2.中共北京市朝阳区委党校）

摘　要　王公府第具有独特的建筑艺术风格与深厚的历史文化价值，近年来成为古都文化研究的重要内容。位于今北京东城区的清代惠王府，其规制始于康雍年间的弘昇世子府。作为分封制度的产物，宗室世子在汉、晋、元、明、清数代均有施行。但清代世子制度自顺治年间初步确立，又经康雍两朝的完善与发展后，到乾隆年间即未再封授，因而世子府在清代成为相对罕见的王公府第。由弘昇世子府演化而来的惠王府是古都北京仅见的清代世子王府遗存，也是目前国内唯一传承有征的宗室世子王府遗迹，成为见证中国世子封爵制度的珍贵历史文物，在丰富中国古都建筑文化方面也有其独特意义。

关键词　世子　世子府制　宗室封爵制度　清代

王公府第具有独特的建筑艺术风格与深厚的历史文化价值，近年来得到了社会各界的高度重视，成为古都文化研究的重要内容。学者对北京历经劫难留存下来的王公府第，陆续进行实地考察与文献梳理，发表了大量的论文与著述①。但对于曾经爵尊位崇的清代世子王府，相关论著却甚少提及。本文对中国世子制度的沿革以及目前国内仅见的宗室世子府遗迹略作介绍，以期引起研究者的兴趣。

---

① 相关论文如刘之光《北京清代王府概述》（《北京文物与考古》，1983年）、孙景瑞《北京清代王府今昔》（《文史春秋》1995年第5期）、爱新觉罗恒顺《清代北京宗室王公府第全面考述》（《满族研究》1998年第1期）、成一农《清末北京王府分布研究》（《北京联合大学学报》2001年第1期）、李宝臣《清代宗室王公府制与“乾隆京城全图”记录的王公府第》（《北京古都风貌与时代气息研讨会论文集》，北京燕山出版社，2003年）与《东城区历史上的清宗室王公府第概述》（《北京历史文化保护区研究》，北京燕山出版社，2006年）、王其明《中国王府建筑述略——明清王府建筑研究有待开展》（《古建园林技术》2005年第1期）、白皓《京城的王公府第概述》（《北京档案史料》2007年第1～4期连载）等。史料公布，有《咸丰年间部分王公府第》（《历史档案》1994年第4期）。著述近年有王梓《王府》（北京出版社，2005年）、冯其利《寻访京城清王府》（文化艺术出版社，2006年）、王彬《府第寻踪》（中国文史出版社，2006年）、窦忠如《北京清王府》（百花文艺出版社，2007年）、完颜亮《王府的前世今生》（中国书店，2007年）等，不胜枚举。

一、世子制度沿革与清代宗室世子之制的实行

何谓“世子”？《辞源》称世子是“帝王和诸侯的正妻所生的长子，也叫太子”。所举二例，一为《礼·文王世子》载“文王为世子”，二为“清代亲王的嫡长子封世子”①。《中国历史大辞典》对于“世子”的解释相对详细，列举史料也更多，现全录如下：

> （1）天子、诸侯之嫡子。《仪礼·聘礼》：“世子之丧。”贾公彦疏：“世子，惟居天子、诸侯之子。”《白虎通·爵》：“所以名之为世子何？言欲其世世不绝也。”后世则称继承王位、爵位者为世子，多由长子充任。
>
> （2）清代宗室封爵的第二等。位列亲王之下，郡王之上。亲王嫡子奉特旨始得封，成为亲王爵位的特定继承人。②

可见“世子”是中国古代诸侯或亲王法定继承人的正式封号，清代则成为宗室封爵之一，位列第二等。因商末王季为殷商之诸侯，故《礼记》即称其子文王为“世子”，此为“世子”最早的记载。所谓“世”，有世袭、继承之意，《公羊传》称“世子，犹世世子也”，陈立义疏《白虎通》“爵篇”更明确说世子“明当世世父位也”。因此，作为正式的封爵称谓，世子指的是王侯爵位的法定继承人，相当于太子之于皇位的关系。朱熹注解《孟子》卷五“滕文公为世子”一句时，即径称“世子，太子也”。

世子是分封制度的产物，以春秋时期最为盛行。学者认为，“世子制度是春秋时代统治权力继承的典型模式”，并具有两个显著的特点：一是世子身份在形式上表现出先天性和神圣性，但实质上则具有很强的现实性和功利性；二是世子享有崇高的政治地位，国君立黜世子的行为要受到宗法制度的制约，人们对于破坏世子继承制度、以次代长、以庶替嫡的行为是坚决反对的③。但西周晚期以后，随着自上而下破坏传承秩序现象的发生，世子制度受到严重冲击。尽管如此，随着分藩制度的复兴，世子之制在汉、晋、元、明数代仍继续实行。

明代以宗室藩卫朱姓统治，实行世子制度，并制定了严格的封爵礼仪。《明史》载：“明制，皇子封亲王，授金册金宝，岁禄万石，府置官属。……亲王嫡长子，年及十岁，则授金册金宝，立为王世子，长孙立为世孙，冠服视一品。诸子年十岁，则授涂金银册银宝，封为郡王。（郡王）嫡长子为郡王世子，嫡长孙则授长孙，冠服视

① 《辞源》修订本，商务印书馆，2002年，第78页。

② 《中国历史大辞典》上卷，上海辞书出版社，2002年，第629页。

③ 秦平：《试论春秋的世子制度》，《武汉大学学报（人文科学版）》2006年第3期。

二品。……亲亲之谊笃矣。”[①]世子制度在明代施行总计200多年，因而文献中留下大量的世子史料。明代最有名的世子当为朱高炽。朱高炽在洪武年间被封为燕王世子，后因其父朱棣以“靖难之役”夺得帝位，又于永乐二年立为皇太子，承继帝位后，是为明仁宗。朱高炽虽在位仅一年，但于明初的“仁宣之治”不乏开创之绩。又有河南沁阳九峰寺西配殿内发掘的《郑端清世子赐葬神道碑》残片，碑主为编纂《乐律全书》、在世界上首创十二平均律的明世子朱载堉，其中“郑”是封邑，“端清”为谥号，“世子”则是朱载堉的最高爵位。朱载堉为明太祖朱元璋的九世孙，郑藩的第六代世子。其爵始于明仁宗封少子郑靖王于陕西凤翔,后迁河内（即河南沁阳）。六传至朱载堉，因其淡泊名位，力辞王爵，最终于万历三十三年（1605年）将王位让于三支盟津王的曾孙朱载玺，遂特赐“以世子世孙禄其身”，因而以“世子”铭其墓，其长子朱栩锡，亦“受封郑世子”[②]。又如明代封镇西安的秦藩为诸藩之首，传至明末朱存枢，于万历四十三年（1615年）十一月晋封为秦世子，次年七月十七日在秦王府接受册封，其妻张氏同日册封为秦世子妃。至崇祯二年（1629年）三月卒，因其父尚健在，故朱存枢虽位居世子前后计有14年，然亦未及承袭王爵，而以世子之爵终其身。朝廷遂又册封其弟朱存机为秦世子，10年后袭封为秦王[③]。由此三例，可窥明代世子承袭之概。

清代前期，也仿效明代实行世子制度。清代宗室封爵始于皇太极称帝后的崇德元年（1636年），当时分为九等，依次为和硕亲王、多罗郡王、多罗贝勒、固山贝子、镇国公、辅国公、镇国将军、辅国将军、奉国将军，并无“世子”一级。但清廷入关后，借鉴明代荫封宗室的做法，开始对个别亲王之子特封“世子”，后来又逐渐纳入宗室封爵序列。经过顺康时期的实行与调整，乾隆十三年最终钦定“宗室封爵之等十有四”，为和硕亲王、世子、多罗郡王、长子、多罗贝勒、固山贝子、奉恩镇国公、奉恩辅国公、不入八分镇国公、不入八分辅国公、镇国将军、辅国将军、奉国将军、奉恩将军。其中“亲王嫡子奉特旨始封”的世子，位列宗室封爵第二等，仅在亲王之下，而在郡王之上[④]。但学者又认为清代世子（亲王法定继承人）、长子（郡王法定继承人）这两个宗室封爵较为特殊，且清代中期后即基本上不再实行，故一般只将清代宗室封爵分为十二等，而不将世子、长子两爵列入。或许正是如此，学术界对清代

① 张廷玉等：《明史》卷一一六《列传第四·诸王》，中华书局，1974年，第3557页。

② 田中华：《〈神道碑〉与朱载堉生平考述》，《中国科技史料》2004年第4期；并参见张红军《河南沁阳发现王铎撰书〈郑端清世子神道碑〉残片》，《文物》1995年第2期。

③ 《大明秦世子暨妃张氏合葬墓志》《大明宗室秦景王墓志》，转自梁志胜、王浩远：《明末秦藩世系考》，《陕西师范大学学报（哲学社会科学版）》2010年第5期。

④ 《大清会典事例》卷二《宗人府·封爵等级》，中华书局，1991年影印，第20页。

宗室世子、长子的关注一直较少①，对其具体施行情况更需加以讨论。

事实上，在清代前期的顺治、康熙、雍正三朝，是一直实行宗室世子封爵制度的。首先来看清代宗室“世子”出现的最初时间。对此学术界多定于顺治八年，雷炳炎则认为这一制度“早在顺治四年正月即已议定”②。据《清实录》记载，顺治四年正月礼部曾讨论册封世子的礼仪，最终得旨：“其顶戴用珠视郡王，俱增一颗。所用金、珠、玉，及所服朝衣蟒缎，从库内给发。制金册金印，告竣之日，即行册封。其祭告太庙，及册封日所行典礼，再行具奏。世子仪仗，照亲王例制造。”顺治五年十一月，因追尊太祖施恩，又提到由大臣集议对摄政王多尔衮之“妃、世子应得封号”，并由礼部察议具奏“王妃、世子、嗣子等应得封典”。但上述两处史料，似为动议，是否实行未见明确记载，尚待考察。而到顺治八年闰二月，清廷正式下令“封和硕郑亲王济尔哈朗子富尔敦为世子”，此为所见清代宗室“世子”封爵制度实行的最早资料③。《清会典事例》亦载：“（顺治）九年议准：给亲王世子俸银六千两、郡王长子三千两。”这是《清会典事例》中首次出现世子、长子俸禄的记载，顺治七年、八年议准宗室俸禄时，均只列亲王、郡王、贝勒等，而未及世子、长子。这似亦可从侧面证明，至顺治七年时尚未有世子、长子之封爵。因此综合来说，清代世子制度，应该是在顺治四年前后开始动议，但直到顺治八年方首次正式册封，其中可能经历了三四年的酝酿时间。

世子制度在顺治年间初步确立后，又经历了一个较为长期的完善与发展过程。康熙二十三年八月，宗人府议奏：“诸王之子减等册封，应将亲王一子册封为世子，候袭亲王，其余诸子皆授为贝子。将郡王一子册封长子，候袭郡王；其余诸子，皆授为镇国公。”康熙下旨称“亲王诸子，著授为贝勒；郡王诸子，著授为贝子”④。其中明确规定，世子之设，旨在“候袭亲王”，长子之设为“候袭郡王”。梳理史料，可见清代前期多次册封世子，亦有世子因咎而革去爵位者。从顺治四年动议、八年予封，到雍正十年册封最后一位世子，清代宗室世子制度的具体实行情况，略见表一。

---

① 参见雅路：《谈清代宗室封爵等级》，《满语研究》1990年第2期；晏子有：《清朝宗室封爵制度初探》，《河北学刊》1991年第5期；杜家骥：《清代的宗室封爵及其等级差别的特殊性》,《满族研究》1997年第1期；李宝臣：《清代宗室王公封爵制度考析》,《清代王府及王府文化国际学术研讨会论文集》，文化艺术出版社，2005年；雷炳炎：《清代八旗世爵世职研究》，中南大学出版社，2006年。又，清代朝鲜、越南等藩属国的王位继承人，以及蒙古王公的爵位继承人，亦有“世子”之封；晚清农民起义建立的太平天国实行封王之制，亦有“世子”之谓，因均非本文主旨，皆不多及。

② 雷炳炎：《清代八旗世爵世职研究》，中南大学出版社，2006年，第58页。

③ 《清世祖实录》卷三十、卷四十一、卷五十四，中华书局影印，1985年，第248、329、425页。

④ 《清圣祖实录》卷一一六“康熙二十三年八月”，中华书局影印，1985年，第211页。

表一　清代宗室世子制度实行情况简表

时 间	清代宗室世子制度实行情况	史料出处
顺治四年正月	礼部议封世子例	《清世祖实录》卷三十
顺治八年闰二月	封和硕郑亲王济尔哈朗子富尔敦为世子	《清世祖实录》卷五十四
顺治八年五月	定世子及福金顶戴、坐褥、仪仗制	《清世祖实录》卷五十七
顺治八年九月	封多罗简郡王济度为和硕郑亲王世子	《清世祖实录》卷六十
顺治八年九月	定世子以下官属、甲喇章京品级	《清世祖实录》卷六十
顺治九年七月	定诸王世子大朝、常朝及京城内行走仪仗	《清世祖实录》卷六十六
顺治九年	议准：给亲王世子俸银六千两、郡王长子三千两	《清会典事例》卷二四八
顺治十四年五月	册封和硕郑亲王济尔哈朗世子济度为和硕简亲王	《清世祖实录》卷一〇九
顺治十七年	定：亲王、世子、郡王妻封亲王福晋、世子福晋、郡王福晋	《清会典事例》卷二
顺治十七年	题准：世子、郡王女多罗格格，汉文称县主。又题准：亲王、世子、郡王正室，汉文称亲王妃、世子妃、郡王妃	康熙《大清会典》卷一
康熙十六年正月	封和硕安亲王岳乐子马尔浑为世子	《清圣祖实录》卷六十五
康熙十八年	郡王罗科铎第四子纳尔图封世子	《清史稿》皇子世表
康熙二十二年	纳尔图袭平郡王	《清史稿》皇子世表
康熙二十三年八月	宗人府议奏：诸王之子减等册封，应将亲王一子册封为世子，候袭亲王，其余诸子皆授为贝子；将郡王一子册封长子，候袭郡王，其余诸子皆授为镇国公。贝勒以下皆有减等授封之例，仍应照见行例行。得旨：亲王诸子著授为贝勒，郡王诸子著授为贝子，余如所议	《清圣祖实录》卷一一六
康熙三十六年十二月	封和硕简亲王雅布子雅尔江阿为世子	《清圣祖实录》卷一八六
康熙四十一年正月	以和硕简修亲王雅布世子雅尔江阿袭封和硕简亲王	《清圣祖实录》卷二〇七
康熙四十一年四月	封和硕裕亲王福全长子保泰为世子	《清圣祖实录》卷二〇七
康熙四十二年十月	封裕亲王福全世子保泰为和硕裕亲王	《清圣祖实录》卷二一三
康熙五十九年十二月	封和硕诚亲王允祉子弘晟、和硕恒亲王允祺子弘昇俱为世子，班次俸禄照贝子品级	《清圣祖实录》卷二九〇
康熙六十一年十二月	封裕亲王保泰子广善为世子	《清世宗实录》卷二
雍正元年	和硕淳度亲王允祐第一子弘曙封世子	《清史稿》皇子世表
雍正二年	裕亲王世子广善革退，封公品级	《清史稿》皇子世表
雍正五年闰三月	旨令弘昇革去世子，交其父允祺在家训诲	《清世宗实录》卷五十五
雍正五年	允祐第一子弘曙革去世子	《清史稿》皇子世表
雍正五年	和硕淳度亲王允祐第六子弘暻封世子	《清史稿》皇子世表
雍正八年	弘暻袭淳郡王	《清史稿》皇子世表
雍正十年正月	封顺承亲王锡保子熙良为世子	《清世宗实录》卷一一四
乾隆十三年	钦定宗室封爵为十四等，世子位列第二	《清会典事例》卷二

需要指出的是，雍正朝之后，又有乾隆年间庄亲王允禄之子弘普、履亲王允裪之子弘昆去世后，朝廷谕命赏以世子品级。但这与正式册封世子是有区别的。对此学者曾出现误解，说“清代有两位王子封世子未及承袭亲王即去世，一为弘普卒谥恭勤，文献中称恭勤世子；另一位为郑亲王济尔哈朗之长子富尔敦，初封世子卒谥悫厚”。文中将弘普与富尔敦相提并论，其实是不准确的①。因富尔敦于顺治八年闰二月册封为世子，四月因病去世，年仅19岁，确为没来得及承袭郑亲王之爵即去世的世子。而乾隆年间的庄亲王之子弘普，虽生前受到康熙、雍正两帝“养育宫禁，读书内廷，原欲造就成材”的恩遇②，葬后又立有“恭勤世子碑”（今存北京房山区磁家务），但他并未被实封为世子，不过是死后赏给“世子品级”。因此，雍正年间的顺承亲王锡保之子熙良，是清代见于《实录》记载的最后一位实封宗室世子，而不是乾隆年间的庄亲王允禄之子弘普、履亲王允裪之子弘昆。事实上，清代乾隆朝以后，就未见再封授世子了，其中原因尚待讨论，但与雍正帝创立的秘密建储制度或有关联。

由上统计，可见从顺治八年（1651年）到雍正十年（1732年）80多年的时间内，清代宗室有富尔敦等12人实膺世子之爵。其中受封为世子后来又承袭亲王爵位的，也就是真正体现“世子”这一封爵设置职能的，不过顺治年间郑亲王济尔哈朗世子济度、康熙年间的简亲王雅布世子雅尔江阿与裕亲王福全世子保泰3人而已。而由于各种原因，后来并未按照预定计划承袭亲王爵位的，则有郑亲王济尔哈朗世子富尔敦（顺治八年早亡）、安亲王岳乐世子马尔浑（康熙二十九年降袭郡王）、平郡王世子纳尔图（康熙二十二年袭平郡王）、诚亲王允祉世子弘晟（雍正二年革退）、裕亲王保泰世子广善（雍正二年革退）、恒亲王允祺世子弘昇（雍正五年革退）、淳度亲王世子弘曙（雍正五年革退）、淳度亲王世子弘暻（雍正八年袭淳郡王）、顺承亲王锡保世子熙良（雍正十一年革退），计9人。也就是说，清代实封世子的12人中，因之按计划承袭亲王者仅为3人。从这个意义上看，学者将世子排除于清代封爵序列之外，也是有一定道理的。但我们同时要注意到，宗室世子制度不仅在清代始终存在，且实行过较长的时间，在清代社会的各方面都产生了一定影响。世子府第的规制与营建，即为其中的一个方面。

二、清代宗室世子府制及现存遗迹

清代世子位列宗室封爵第二等，其待遇仅在亲王之下，在郡王之上，极为尊贵。

① 程大鲲：《清代宗室贵族的封爵与谥号》，《兰台世界》1997年第4期。

② 《清高宗实录》卷一八七，中华书局影印，1985年，第411页。

世子最终要继承亲王爵位，故其称谓只是短暂的、临时的，但清代世子仍然有分府别居的权利。我们可从《清会典》和《清会典事例》等资料中，对清代世子府第规制稍做勾勒。

清入关之前，规定“诸王各随旗分居住，其营建规制，各有定式”。定鼎北京之后，逐渐接受汉文化有关等级尊贵的观念与制度，王府规制开始相应的制度化、精细化进程。经过顺治元年、顺治五年的调整，到顺治九年基本定型。《清会典》“王府规制”载明：

顺治九年，题准：亲王府，台基高一丈，台基上盖房五座，内盖两层楼房一座，贴金彩画五爪龙及各样花草，柱施纯色红青，不许雕刻龙首，用绿脊绿瓦。殿楼门基，高与府台基等。座位高八尺，长一丈一尺，阔九尺，座基高一尺五寸。施以朱漆，贴金彩画五爪龙，后屏五爪龙及五色云，止用彩绘，雕刻有禁。殿前门首，用石栏杆。

世子府，台基高八尺，殿楼房屋及门，绘金彩四爪龙，余与亲王同。

郡王府，与世子府同。[①]

可见自世子制度实行伊始，就明确规定世子府的规格仅次于亲王府，而与郡王府相同。这一礼制原则后来得到贯彻，一直沿用。康熙朝之后，随着统治的稳固，清廷关于王公府第的规范不断强化，皇子封爵分府也由清初的以王公自建为主改由政府出资建造，纳入朝廷统一管理的行政与预算范围，因而对其标准做了更为详密的规定。《清会典事例》记载：

顺治九年定：亲王府，基高十尺，外周围墙。正门广五间，启门三。正殿广七间，前墀周围石栏。左右翼楼各广九间。后殿广五间。寝室二重，各广五间。后楼一重，上下各广七间。自后殿至楼，左右均列广庑。正门殿寝，均绿色琉璃瓦；后楼翼楼旁庑，均本色筒瓦。正殿上安螭吻、压脊仙人，以次凡七种，余屋用五种。凡有正屋正楼门柱，均红青油饰。每门金钉六十有三。梁栋贴金，绘画五爪云龙，及各色花草。正殿中设座，高八尺，广十有一尺，修九尺，座基高尺有五寸，朱髹彩绘五色云龙。座后屏三开，上绘金云龙，均五爪，雕刻龙首有禁。凡旁庑楼屋，均丹楹朱户。其府库仓禀厨厩，及祇候各执事房屋，随宜建置于左右，门柱黑油，屋均板瓦。

---

① 雍正《大清会典》卷一九七《工部一·内府·王府》，文海出版社，1995年，第13287、13289页。关于顺治元年及顺治五年王府规制变更的情况，参见鄂尔泰等修：《八旗通志初集》卷二十三《营建志》，东北师范大学出版社，1985年，第429～431页。

世子府制：基高八尺，正门一重，正屋四重，正楼一重。其间数修广及正门金钉，正屋压脊，均减亲王七分之二。梁栋贴金，绘画四爪云蟒各色花卉。正屋不设座。余与亲王府同。

郡王府制：与世子府同。①

此处称该规制亦定于顺治九年，其实则是酝酿于顺康年间，在康熙中后期开始实施，到乾隆年间方最后定制的。文中对世子府第的详细规定，又见于《清会典》。内容基本相同，但详略却颇有差异，与《会典事例》所载既相互印证，又相互补充，现全引如下：

凡府第，各颁其制。

亲王府制：正门五间，启门三，缭以崇垣，基高三尺。正殿七间，基高四尺五寸。翼楼各九间。前墀环护石阑，台基高七尺二寸。后殿五间，基高二尺。后寝七间，基高二尺五寸。后楼七间，基高尺有八寸。共屋五重。正殿设座，基高一尺五寸，广十一尺，后列屏三，高八尺，绘金云龙。凡正门殿寝，均覆绿琉璃瓦，脊安吻兽，门柱丹雘，饰以五采金云龙文，禁雕刻龙首，压脊七种，门钉纵九横七。楼屋旁庑均用筒瓦。其府库仓廪厨厩，及典司执事之屋，分别左右，皆板瓦，黑油门柱。

亲王世子府制：正门五间，启门三，缭以崇垣，基高二尺五寸。正殿五间，基高三尺五寸。翼楼皆五间。前墀护以石阑，台基高四尺五寸。后殿五间②，基高二尺。后寝五间，基高二尺五寸。后楼五间，基高一尺四寸。共屋五重。殿不设屏座。梁栋绘金采花卉四爪云蟒。金钉压脊，各减亲王七分之二。余与亲王同。

郡王府制：亦如之。③

综合以上记载，我们可以大略得出康雍年间朝廷为世子修建府第的法定标准。总体而言，世子府中路建筑，尤其是正门、正殿、翼楼、后殿、后寝、后楼等项，俱有详细规定，其规格均与郡王府相同。但学者指出："整个清代，世子、长子受封分府之例并不多见。"④因为世子是清代最为特殊的封爵之一，本来就少见册封，且其施行时间集中于前期的顺、康、雍三朝，因而清代大多数世子分府居住的情况，现在已颇

---

① 嘉庆《钦定大清会典事例》卷六六六《工部·府第房屋规制》，文海出版社，1992年，第4686～4688页。

② "后殿五间"，有误书"后殿三间"者，见《北京古都风貌与时代气息研讨会论文集》，北京燕山出版社，2003年，第246页；《北京档案史料》2007年第1期，第287页。

③ 光绪《清会典》卷五十八《工部》，中华书局影印，1991年，第545、546页。

④ 白皓：《京城的王公府第概述》，《北京档案史料》2007年第1期。

难考索，关于清代王府的著述更少涉及，使之成为清代王公府第中最难觅踪影的建筑形式。但经过检索，我们发现北京仍存有世子府遗迹，这就是东城区内的惠王府。

惠王府位于灯市口西街路北，为晚清时期嘉庆帝第五子惠亲王绵愉的府邸。关于惠王府的沿革与现状，前贤已提及，但对其特殊身世则多未注意。由于各方面的原因，清代中晚期的王府，多由清代前期的王公府第改建而来。晚清文献记"惠王府在（奶子府）路北"，其后附按语称："（惠）王讳绵愉，仁宗五子，咸丰三年授奉命大将军，谥曰端，其府即公宏（弘）昇旧第。"①说明清晚期的惠王府，是由清前期的弘昇府邸演变而来。此又见于清代中期记载，其中明确称："公弘昇宅，在奶子府。"前言又说到吴长元《宸垣识略》对有些王府未经记载，乃是"不知（王公）名位之先后，故多遗佚"②。上引两文中均称弘昇为"公"，其实这并非清代宗室的正式封爵。弘昇为康熙帝第五子恒亲王允祺的长子，最高封爵为康熙五十九年（1720年）特封的恒亲王世子，然于雍正五年（1727年）革退。此后虽续有任职，却未再膺封爵。乾隆十九年（1754年）四月弘昇去世后，堂弟乾隆帝念其在日劳绩，特颁谕命："予故领侍卫内大臣、宗室弘昇祭葬仪如贝勒，谥恭恪。"③可证弘昇死时仅为闲散宗室，而无爵位。故后人称弘昇为"公"，乃是泛泛尊称，与清代宗室封爵序列中的辅国公、镇国公等正式爵位是不一样的。也就是说，弘昇如果有朝廷的赐府，就只能是雍正五年前所得的世子府，此后不会再有其他规格的府第。李宝臣先生即认为，该府当时的全称，应作"恒亲王世子弘昇府"④。白皓先生也将东城奶子府的弘昇府第，归在"世子府邸"一节中进行介绍⑤。此从弘昇府第的传承情况，亦可略见端倪。

弘昇获封世子时，康熙帝谕命他只能享受"班次俸禄照贝子品级"的待遇，但最迟到雍正五年，弘昇世子府就已经建好，并经分府入住。弘昇革退后是否即从府中搬出，未见档案，不过雍正、乾隆年间未发现其他宗室王公搬入弘昇府的记载。学者认为，乾隆四十年（1775年）弘昇第三子永泽封不入八分辅国公时，就可能已经居住于此，尤其是乾隆五十五年（1790年）永泽承袭恒亲王一系的贝子之爵后，弘昇府更代

---

① 朱一新：《京师坊巷志稿》引《采访录》，北京古籍出版社，1982年，第77页。

② 昭梿：《啸亭续录》卷二《京师王公府第》，《中国少数民族古籍集成（汉文版）》第64册，四川民族出版社，2002年，第662页。

③ 《清高宗实录》卷四六三，中华书局影印，1985年，第1006页。

④ 李宝臣：《东城区历史上的清宗室王公府第概述》，《北京历史文化保护区研究》，北京燕山出版社，2006年，第79页，这或是"世子府"的称谓首次见于今人著述。

⑤ 白皓：《京城的王公府第概述》，《北京档案史料》2007年第3期，第330、331页。文中称"弘升（应为弘昇）于康熙五十八年（1719年，误，应为康熙五十九年即1720年）被封为世子，赐府于东城灯市口西街原奶子府"，但未提及该府后来与惠亲王府之间的沿革关系。

替烧酒胡同的旧恒亲王府，“成为奉祀恒亲王的大宗”。也就是说，弘昇革退世子后，府第并未安排给其他王公。而五十余年后又由其子永泽入主，成为贝子府。这似可说明，雍正五年交其父“在家严加训诲”，以及乾隆初年由宗人府“永远圈禁”期间，弘昇虽有因处分而迁出的可能，但后来朝廷又将其府邸发回，由其后裔居住。此后虽爵位递降，一直四传至弘昇的玄孙奕奎（其时已降袭至镇国公），道光帝才将府第改赐给绵愉，成为惠郡王府[1]。清前期弘昇世子府的传承情况如表二所示。

表二　清前期弘昇世子府府主传承简表

序号	姓名	世系	府主封爵变化及府第变更情况
1	弘昇	恒亲王允祺第一子	康熙五十九年特旨封恒亲王世子。随为之建世子府，以分府居住
			雍正五年弘昇世子之爵革退，但该府没有其他王公入住。乾隆十九年去世，予祭葬仪如贝勒，谥恭恪
2	永泽	弘昇第三子	乾隆四十年封不入八分辅国公
			乾隆五十五年承袭恒亲王一系的贝子之爵，该府遂成为奉祀恒亲王的大宗。嘉庆十五年卒
3	绵疆	永泽第三子	嘉庆十五年袭镇国公。嘉庆十六年卒
4	奕奎	永泽第四子绵崧之子	嘉庆十六年袭镇国公。嘉庆二十五年此府改赐惠郡王绵愉，奕奎举家迁往大佛寺

嘉庆二十五年（1820年）道光帝封其幼弟绵愉为惠郡王时，将原弘昇府转赐为惠郡王府，说明其府原来规制应大体符合郡王府的要求，也从另一侧面证明了原弘昇府就是世子府。盖从主体建筑的规制而言，郡王府与世子府本来就是一致的。前面对此已有详细考证，无须再赘。绵愉在晚清道光、咸丰、同治三朝深得尊崇，后晋封为亲王，但所居府第并未做大的更改，后人甚至称其“只是正殿改用绿色琉璃瓦”以显示其亲王身份而已。绵愉薨逝后，惠王府由后代奕详（绵愉第五子，袭郡王）、载润（奕详第一子，袭贝勒）先后承继，并在民国年间分两次卖给教会宗座驻华代表公署与伪满洲铁道株式会社（表三）。其基本格局至20世纪40年代末犹存，此后方被逐渐占用改建。据今人实地考察，惠亲王府尚存正殿、后寝和部分配房，现属于某政府机关办公用场所。这些保存至今的王府主体建筑，虽来自晚清时期的惠王府，然溯其原始规制，则始于康雍年间的弘昇世子府。这是北京仅见的传承有征的清代宗室世子府

① 李宝臣：《东城区历史上的清宗室王公府第概述》，“北京历史文化保护区文献整理与研究”课题，2006年。第78、79、101页。但白皓认为弘昇被革爵以后即迁出原世子府，搬到西城东斜街，当永泽承袭恒亲王一系的贝子爵位时，“东斜街的永泽府已然成为恒亲王府”。见白皓：《京城的王公府第概述》，《北京档案史料》2007年第3期。此尚待考察，姑取一说。

遗存，颇为难得①。经由惠王府存留下来的弘昇世子府遗迹，无疑成为见证中国世子封爵制度最珍贵的历史文物。这对于加深古代宗室封爵制度研究，补充王公府第的建筑形制，丰富古都建筑文化，也具有独特的文物价值与历史意义。

表三　晚清绵愉惠郡（亲）王府府主传承简表

序号	姓名	世 系	府主封爵及府第变更情况
1	绵愉	嘉庆帝颙琰第五子	嘉庆二十五年封惠郡王，赐原弘昇世子府为惠郡王府。道光八年十月分府，正式入住
			道光十九年晋惠亲王。惠郡王府升格为惠亲王府，但未大规模改建。同治三年卒
2	奕详	绵愉第五子	咸丰十年封不入八分辅国公。同治三年晋镇国公，寻袭惠郡王。同治十一年加亲王衔。光绪十二年卒
3	载润	奕详第一子	光绪十二年袭贝勒。1928年将王府西路、中路卖给教会宗座驻华代表公署。十年之后，又将王府东路卖给伪满洲铁道株式会社

① 白皓认为北京西城果亲王府，也是一座世子府邸遗存，乃由诚亲王允祉之世子弘晟的府第改建而成（见《京城的王公府第概述》，《北京档案史料》2007年第3期）。然未见所据史料，有待详细考察。

民国西安的日常用水困境及其改良

程 森

（西安工业大学思政部暨渭河流域红色资源研究中心）

摘 要 民国西安城市用水困境表现为水环境基础薄弱，城市缺水，是典型的“干燥”城市；城区地下水水质低劣；民众用水卫生观念淡薄。这些都影响到了城市居民的日常生活和生命安全，也对城市形象造成负面影响。民国中期以来，陕西省政府采取尝试建立自来水、开凿现代化机井、引水入城规划、提倡用水卫生等举措，一定程度上改善了用水形势，但因各种因素的限制，城市发展与水资源短缺的矛盾并未得到充分解决。制约民国西安城市用水困境解决的根本因素是军事、政治因素，而民众对城市水环境保护不力也起到了推波助澜的作用，这些都反映了西北内陆城市的日常生活在追寻现代化进程中的曲折与艰难。

关键词 民国 西安 日常用水 卫生 现代化

目前，有关近代城市日常生活史的研究方兴未艾，国内外学者多关注中东部（如汉口、上海、济南、北京等）、西南地区（如成都等）的城市，西北地区相对阙略。近代以来，传统城市的现代化进程各地并不一致，西北地区城市研究的薄弱不足以为其他地区的研究提供一个很好的对比参照。

西安作为西北地区最大的城市，近代城市日常生活史的研究无疑具有代表意义。就“水”的问题而言，以往对西安城市周边水系变迁、水利建设、水源、城市用水的水质等研究较多[①]，主要集中于民国以前和新中国成立后，民国时期则以城市水利建设

---

① 代表性论著有黄盛璋：《西安城市发展中的给水问题以及今后水源的利用与开发》，《地理学报》1958年第4期；李健超：《汉唐长安城与明清西安城地下水的污染》，《西北历史资料》1980年第1期；马正林：《由历史上西安城的供水探讨今后解决水源的根本途径》，《陕西师范大学（哲学社会科学版）》1981年第4期；史念海：《论西安周围诸河流量的变化》，《陕西师大学报（哲学社会科学版）》1992年第3期；李昭淑等：《西安水环境的历史变迁及治理对策》，《中国历史地理论丛》2000年第3辑；包茂宏：《建国后西安水问题的形成及其初步解决》，《中国历史上的环境与社会》，生活·读书·新知三联书店，2007年；史红帅：《明清西安城市地理研究》，中国社会科学出版社，2008年；史红帅：《民国西安城市水利建设及其规划——以陪都西京时期为主》，《长安大学学报（社会科学版）》2012年第3期等。

与规划研究为重，多数研究较为宏观，城市中的“人”或隐而不见，或为抽象之“人类”，缺乏勾勒日常用水中细腻而丰富的历史场景。此外，有关民国西安城市史的研究学者们倾向于一种越往后期越繁荣的“积极态度”，将陪都时代、开发西北、铁路时代等多种“现代化”的因素直接“叠加”于西安之上，将其作用充分放大，而忽视了史料运用的多样性。笔者在前人研究基础之上，尝试从日常生活史的角度，对民国西安日常用水的困境、改良以及用水卫生观念等问题做一探讨，以之来观察近代以来西部城市日常生活现代化进程中的曲折与艰难。

一、水环境与水质

古都西安为世人所乐道的水源环境常被概括为“八水绕长安”。八水乃是城北的泾水和渭水，城南的潏水和涝水，城东的灞水和浐水，城西的沣水和鄗（滈）水[①]。然而，这些河流距离西安城址较远，尤其是唐以后。此后，在同一时期为西安城提供水源的河流仅有一两条而已，而且引水工程常发生“周期性”淤废，凿井而饮可以说是西安民众最主要的用水方式，民国时期更是如此。

（一）缺水环境

西安所在的西安小平原，地势并非一马平川。西安城址附近出现多个起伏，由秦岭峪口到渭河30千米的土地上分布着一些原和隰，这是关中地区特有的地貌。西安地处黄土高原，地下水埋藏较深，史籍多有记载，不过西安城址的这种微地貌决定了地下水的埋藏深度和水质在此小区域内会出现差异。原的地方埋藏较深，隰的地方埋藏较浅，人类活动频繁的扰动会加剧低地区地下水水质的污染。隋唐都城放弃汉长安城基址，而于龙首原一带营建大兴城，就是因为“汉营此城，经今将八百岁，水皆咸卤，不甚宜人”[②]。其后随着城市居民生活污水的排放，更加剧了城市地下水污染。可以说，汉唐以来，长安城地下水污染主要是由生活污水长期经渗井、渗坑、渗池下泄而致，污染后的地下水虽不含有毒物质，呈现透明、无色、无臭状态，但味苦、涩、咸，多为中性或碱性[③]。水质低劣也影响到饮食生活，如宋代碑刻称“长安寔汉唐之故都”，“然而寫卤之地，井泉惟咸鹹，凡厥膻羞烹饪皆失其味。求其甘者，略无一二

① 史念海：《环绕长安的河流及有关的渠道》，《中国历史地理论丛》1996年第1辑。

② 《隋书》卷七十八《庾季才传》。

③ 李昭淑等：《西安水环境的历史变迁及治理对策》，《中国历史地理论丛》2000年第3辑，第45页。

焉”[①]。以故，西安历史上也会选择引入天然河水作为城市用水之补充，不过因政治动荡、战争或行政管理的不力，引水工程常发生“周期性”淤废。在都城时代，引水入城的主要功能在于漕运，汉唐以后引水工程之功能开始由漕运向主要为城市居民提供日常用水水源转化。宋大中祥符七年（1014年），因西安城内井水咸涩不堪饮用，又恢复唐龙首西渠的故道，引入城市坊里供日常生活所用，兼为城壕水源，自此城内方食甘水[②]。至明清时期，引河水入城仍主要是这种功能[③]。可以说，民国以前多数时期西安并不怎么缺水，只是一度水质有问题而已。

到了民国时期，西安城干燥、缺水就屡著史籍了。究其原因，首先是民国关中迭经战乱，政治形势跌宕起伏，影响到前代城市供水工程的修缮。其次是西安南边秦岭北麓“树少，因樵采者太多，遂至童山濯濯”[④]，以至于出山河流流量大减，无复前代盛况，影响到城市周边水环境。最后是自然环境本身的变化所致。西安地处西北，大陆性气候明显，虽然历史上曾有过温暖湿润气候期，但受明清以来小冰期气候的影响，干冷气候愈发盛行，一直持续至民国时期。时人记述曰：“地势崇高，雨泽稀少，故空气干燥。夏令酷热如炽，冬季严寒凛冽。朔风乍起，尘埃蔽天。”[⑤]又如：“雨量稀少，附郭水道大多干涸……即园艺植物亦不堪以灌溉，以致池沼干涸，尘埃弥漫。”[⑥]1944年来到西安的记者沈毅在调查民国西安的降水量时说道：“长安在最近十八年来的平均雨量每年仅有五百公厘，约及江浙一带最少的七百公厘的十分之七。”[⑦]

缺水的城市环境，加之民国时期社会政治环境的风云变幻，使得那些曾仰慕汉唐盛世的东方游人到达西安后留下的游记中平添了几分“悲风”，这些游人多为文化人，他们往往会将西安城市的落寞与缺水环境联系起来。邵潭秋曾这样写道：“西安为周秦汉唐之古都，文物风俗宜应杰出其他都会之上，顾一按实际，则与吾人理想所估定之价值相距甚远。如言天候地理，则自沙漠南移之后，天气干燥，黄尘涨弥，水道枯竭，木卉不番。如昔日之曲江、杜曲，水木清华者，今则多为黄沙所布，茂草更不多见。江南人士初来此地，每不惯莫水土，……渴望思去。”[⑧]历史学家顾颉刚也曾

---

① 宋熙宁七年（1074年）《京兆府长安慈感禅院新井记》，碑存西安碑林。转引自史红帅：《明清时期西安城市地理研究》，中国社会科学出版社，2008年，第135页。

② 史红帅：《明清时期西安城市地理研究》，中国社会科学出版社，2008年，第134页。

③ 参见史红帅：《明清时期西安城市地理研究》，中国社会科学出版社，2008年。

④ 王桐龄：《陕西旅行记》，文化学社，1928年，第54页。

⑤ 王荫樵：《西京指南》上册，中国文化服务社陕西分社，1946年，第3页。

⑥ 西安市档案局：《筹建西京陪都档案史料选辑》，西北大学出版社，1994年，第343页。

⑦ 沈毅：《水和西安》，《西北通讯》1947年第6期，第32页。

⑧ 邵潭秋：《关中游憩观感录》下，《旅行杂志》1945年第7期，第12页。

来到西安，其对西安缺水印象深刻，甚至将西安城的落寞也归咎于这种缺水环境，他说："'八水绕长安'……现在却是无从谈起了。这八条水流除开泾水和渭水之外，其他六条本来都是小水，古时因为有人利用，所以常常培修，河道没有什么变迁。后来人们不加利用，河道也就慢慢淤塞开来。到今天，这八水之中，潏水和镐（滈）水早已淤塞成为平地，……就是河道本身也不容易看见了。所谓'八水绕长安'，真成了一句古话。……这八水既失去了绕的意义，那么'陆海'和'天府之国'一些话也就不能再来形容长安附近的地方了，长安城中自然也不会再和以前一样的繁华了。"①

记者沈毅也说："在今天，西安仅傍着泾、渭两水，其余六条水淤的淤，干的干，甚至有些连河床的遗迹也已经无影无踪，更谈不到'绕'了。"②而在历史时期西安周边地区的河流，如滈水、沣水、潏水等或为漕渠水源，或可以航船，前后差异相当悬殊③。在民国时期曾经数次讨论过首都选址问题，一些学者曾主张定都西安，也有学者反对之。反对之重要理由即是长安亢旱缺水，不适宜做"二十世纪之首都"。地理学家白眉初就说："渭水平原东西六百里，坦平如掌。……浸假风雨调和，宁非乐国。奈北风卷地，击退东海水分，秦岭凌云，隔断南洋蒸汽。三春六旱，长夏不雨，禾苗枯死，习以为常。……长安居亢旱气象之中，殆永无解脱之一日。二十世纪之国都，必欲居此赤地千里之内，哭声迎野之中，长为悲凉沉闷之空气所压迫，斯政象将永无发扬之岁矣。"④

城市缺水自然也影响到市政和城市景观的改善，加剧了城市的"干燥度"，街区灰尘较大。当时多数旅行者的游记中常会谈及西安城市环境和卫生状况的不堪。有旅行者说道："（西安）街上一二寸厚的泥灰，把黑鞋染成了黄色。"⑤也有一位旅行者说："今日旧地重游，……只有风沙依旧，在机场至西京招待所途中，我们被风沙新织了一件黄衫，那些初来的同业，初尝风沙滋味，不由大叫，'好大的灰呵！'"⑥尽管这些旅行者所反映的问题也有气候干旱、市政工作开展不力等原因，然而他们多会联系到西安的缺水环境，即因城市缺水而导致城市清洁、绿化工作开展受阻。

（二）水　　质

民国西安民众最主要的水源是地下水。在新式"洋井"出现之前，主要利用"旧

① 顾颉刚：《八水绕长安》，《中国边疆》1944年第5、6期合刊，第17页。

② 沈毅：《水和西安》，《西北通讯》1947年第6期，第32页。

③ 史念海：《环绕长安的河流及有关的渠道》，《中国历史地理论丛》1996年第1辑。

④ 白眉初：《洛阳与长安》，《地学杂志》1933年第2期，第177、178页。

⑤ 王家俊：《西安点滴》，《杂志》1943年第2期，第132页。

⑥ 琼子：《西安风情画》，《公理报》1948年第11期，第4页。

井”使用地下水。民众饮用之水时人称为“饮料水”，因旧式打井技术所限，采用地下水只能是“浅井取水”，水质拙劣，常遭诟病。时人感叹“西安城区无河道，俗称‘八水绕长安’，均远在城外，居民饮用均汲取井水”①。尽管西安市内有一些甜水井，然而大多数水井“多为苦水，味咸而气臭，不堪为饮料”②。记者沈毅又说：“记者三年前初到西安，当天对西北的第一个印象就是口里呷到咸味极重、浑浊不清的白开水，喝不下口也得喝。回头看看院里的水井，深约五丈有余，工友摇了大半天，才在井底汲出半桶混稠的水。当时，我不禁羡慕江南的水井常常水满到齐平井栏之可贵。也想起杂志上说的香港常用半尺口径的水管来冲刷街头的一派‘豪华’气概。西北黄土多含碱质，水味不免带点苦头，不但苦，而且还少得可怜。”③

再看水质的空间分布。就东西分布来说，城东北隅多属苦水，城西则属甜水；南北分布，则“南甜北咸，以东、西大街分界，愈北愈苦，愈南愈甜”④。虽则如此，真正堪用的甜水井并不多见，在西安“饮水苦的多”。这些少量的甜水井分为公有井和私有井。公有井以西门瓮城内之大甜水井最为著名，其次甜车家巷、柏树林、西南隅一带一些小井水质也较甘洌⑤。私有井之著名者包括：东仓门十九号，东仓门十六号；柏树林街十六号，柏树林街十七号；三学街二十三号；东号巷十号；县仓巷二号；安居巷四号，安居巷十三号；大车家巷十七号，大车家巷三十一号；大保吉巷八号；西举院巷三十五号；牌楼巷十号；新市巷公字五号；西举院三十三号；嗦啰巷二号；新郭巷八号；曹家集十四号，曹家集二十九号、曹家集三十号；喇嘛寺巷十三号；中架村十八号；郭上村一号，郭上村三号，郭上村五号；蔡家巷公字一号⑥。此外，1936年《西安市工月刊》刊载了西安市甜水井地点调查表，可资比较（表一）。

表一 1936年西安市甜水井分布

地点	数目	地点	数目
东门内	1	西举院巷	2
东县内	1	半截巷	4
南院门	2	大车家巷	1
香米园	1	安居巷	1
西九府街	1	柏树林	2

① 王望：《新西安》，中华书局，1940年，第21页。

② 刘安国：《陕西交通挈要》，中华书局，1928年，第37页。

③ 沈毅：《水和西安》，《西北通讯》1947年第6期，第32页。

④ 王荫樵编：《西京指南》上册，中国文化服务社陕西分社，1941年，第61页。

⑤ 倪锡英：《西京》，中华书局，1936年，第133页。

⑥ 王荫樵编：《西京游览指南》，天津大公报西安分馆，1936年，第245页。

续表

地点	数目	地点	数目
东仓门	1	西举院巷	1
东号巷	1	大保吉巷	1
炭市	1	大车家巷	1
正学街	1	三学街	3
西仓门	1	柏树林	2
雷神庙	1	东号巷	1
民乐园	1	青凉寺	1

资料来源：《本市甜水井地点调查表》，《西安市工月刊》1936年第1卷第6、7合刊。

然而，当时西安城内外居民几乎“家家有井，全市约有土井万余口”[①]，甜水井之少可见一斑。这些土井水质极差，因而城内少量的甜水井就成为西安民众争相饮用的水源，于是“专以运送甜井之买卖甚盛”。西安市用手推车、大车卖水者络绎不绝，昼夜排队取水，沿街叫卖。西门瓮城内大甜水井相传系清康熙初年“为善识地脉工人刘某穿凿，水清质冽，为全城冠。井口四面均有辘轳，汲水者终日不绝”。“每日水车蚁集，不断向城内输送，该井日夜汲取不涸，赖此以营生者，达数百人。”[②]而那些私有甜水井的主人也会用其“私有”甜水进行卖水，也由推车水夫收取费用，运送至各商店住户。除了贩卖甜井之水，卖水者甚至从城外河流运水入城贩卖，那些在西安短期工作的“东方人”出城玩的时候，“往往看到一车一车的水，‘既厄既厄’地由城外送来，川流不息”[③]。其所选河流有渭河、灞河等。总体上，水夫所卖之水价格高昂，“煮沸者每杯价约六七厘”。东部地区的游人比较东部城市水价则说“大约在上海，老虎灶上用一枚铜元买得来的一瓶沸水，在西安就要八个铜元（约合大洋两分）”[④]。即使如此，甜水井所出之水“里面还满含泥汁”，而“其余各处的井水，全是苦汁不能取饮”[⑤]。

当现代旅游业在西安地区发展的时候，西安缺水且饮用水水质低劣也一度影响了其营业额的增加。中国旅行社在西安所设的西京招待所，是当时西北地区最大、最现代化的招待所，其所赖以招揽游客的广告中，竟然也刻意突出了该招待所为便利旅客应对西安缺水和水质低劣问题所做的努力。其广告词这样说道：

---

① 王望：《新西安》，中华书局，1940年，第21页。

② 鲁涵之、张韶仙编：《西京快览》，西京快览社，1936年，第14页。

③ 严济宽：《西安地方印象记》，《浙江青年》1934年第2期，第253页。

④ 陈必贶：《长安道上纪实》，《新陕西》1931年1期，第22页。

⑤ 倪锡英：《西京》，中华书局，1936年，第133页。

中国旅行社对于开发西北之特殊贡献特创办——西安西京招待所

本社为旅居西北诸君舒适起见，特出巨资建造西京招待所。……又因西安每感饮料缺乏，特开凿自流井，水质甜美洁净。供给本招待所全部应用，清洁卫生，可免水土不服之虞。①

总之，民国时期西安城内居民所用之水总体上水质是低劣的，这也“丰富”了城市缺水的含义，也就是说，水质低劣不堪饮用也是城市缺水的表现，无怪乎旅居西安之人尤其感叹“在西京市内的人民饮料尤其成了严重的问题”②。低劣的饮用水水质不仅给市民卫生健康带来隐患，当将之放置于“东方人”来西安游历或开发西北的背景下来考量，其对西京“形象”造成的负面影响也是明显的，使得“偏僻”的西安徒增了几分暗淡。1924年7月，北京师范大学王桐龄来西安讲学，期间对西安饮水状况及用水卫生印象深刻，他说西安井水“颇咸卤不适用”，“水内含有硝质，于卫生殊不相宜，洗衣服亦多不洁”③。这位历史学家来西安之后写下了《陕西旅行记》，书中表达了其对西安缺水、饮用水水质低劣乃至陕西落后的隐忧与思考。其在西北大学所做报告《陕西在中国史上之位置》也强调了关中乃至陕西森林破坏、城市缺水对西安乃至陕西文化地位下降的影响，这些反映了当时一个东部或“现代化”地区的学者对西安乃至陕西的“地理认识”。当然，王氏及所有东部地区游人所言也是站在那些“先进地区”“先进”的知识分子角度来看一个西北古都的饮水状况，对当时普通西安民众来说，日常用水环境历来如此，只能“身在庐山之中了”。

二、饮水改良

民国西安日常用水环境的恶劣，当局并非不加关注。只因民国前期军阀混战，关中政局不稳，政府无暇顾及。从20世纪20年代末开始，关中政局渐趋稳定，此后西安经历了陪都时代、开发西北、铁路时代等“春风”的洗礼，迎来了城建新阶段，当局对于西安饮水问题日渐关注。不过需要指出的是，现代化的诸多因素，在作用于各地的过程中，响应这些“春风”的“度”和能力并不一致，西北地区的城市尤其缓慢而曲折。就日常用水而言，西安虽然也曾亦步亦趋的尝试日常用水的现代化，表现为政府尝试规划自来水厂、开凿“洋井”和引水入城等方面，但因各种因素的干扰，有的并未施行，有的效用有限，用水环境并未得到多大改善。

---

① 胡时渊编：《西北导游》卷首西京招待所广告，上海中国旅行社，1935年。

② 倪锡英：《西京》，中华书局，1936年，第133页。

③ 王桐龄：《陕西旅行记》，文化学社，1928年，第28页。

（一）规划自来水厂

民国二十一年（1932年），随着局部抗战形势的发展，南京国民政府将西安定为陪都，改名“西京”，随后相继成立了直属于国民政府行政院的西京筹备委员会（1932～1945年）和西京市政建设委员会（1934～1942年），借鉴欧美城市建设经验，着手规划陪都西京，企望“渐复汉唐繁荣之旧”。此后，西安市政建设逐渐繁荣，城市建设取得了不少成就。

就城市用水而言，1935年何幼良拟订了《西安自来水工程初步计划书》，着眼于改善西安城市水环境和居民日常生活用水困境。该计划书除对引水和建设自来水厂的可行性进行深入分析外，何幼良还有意借鉴了国内其他大城市如上海、天津、广州、汉口等城市自来水厂建设的经验，具有重要的理论与现实意义。该计划书就引水水源、水质化验、建坝蓄水、水厂选址、工程测量、工程设计与估价等问题都做了深入分析[①]。计划书所拟水源为沣河，建议引水入城，之后建立自来水厂，再分流入各个住户。计划书尤其结合西安地区实际状况，对西安城市需水量之估计和水源地进行了深入的研究，联想到今天西安城市供水的水源，该计划书的远见卓识令人钦佩。不过该计划书“工程伟大”，估计整个供水工程及管理、运输等款项合计需1 942 290元，“需款浩繁，当此灾祲余年，喘息甫定，经济仍感拮据，计划遂未实现”[②]。

（二）开凿“洋井”

民国十八年（1929年），时任陕西建设厅长的李仪祉由天津引进人力弓冲击凿井新技术，邀请技工张凌云来陕指导，由建设厅三科在长安杜曲寺坡村打成一眼自流井，出水量15立升每秒。该厅举办凿井训练班，户县、长安等县派员学习，长安县即成立打井队，属省内第一家[③]。这实为关中采用现代凿井技术的开始。

此后，城市居民用水也尝试开凿“洋井”。陕西省建设厅鉴于民众饮水困难着手开凿“洋井”。至1935年年底，陕西省建设厅已凿成数十眼井，水质较土井为佳，市民称便，当时称为“公共水利”，由建设厅凿井队开凿，以便民众汲饮。新式“洋井”分布于开元寺、炭市街、东县门街、正学街、南院门、建国公园、西仓门街、西门口、新西街、雷神庙街、西九府街、莲湖公园、平民巷、后宰门、民乐园、通济坊

---

① 西安市档案局：《筹建西京陪都档案史料选辑》，西北大学出版社，1994年，第284、289页。

② 王荫樵编：《西京游览指南》，天津大公报西安分馆，1936年，第242页。

③ 西安市水利志编纂委员会：《西安市水利志》，陕西人民出版社，1999 年，第94页。

等地[①]。当然，取用公有“洋井”之水也要收费，不过价格低廉，居民乐于购买[②]。此外，私人出资也可开凿“洋井”，西京筹备委员会与西安市建设局“均有凿井队之组织，以便民众付低价凿自流井，以求饮料之解决”[③]。

不过，西安城地下水含水“粗沙层”埋藏较深，“洋井”中上层含杂质之水和民众日常污染之水皆会渗透到井水之中，也不消毒、过滤，水质并非俱佳，“上层含有杂质之水多渗入，颇咸卤不适用”[④]。综观西安城区地下水水质，时人皆谓西安西门附近井水水质为佳，无需沉淀、过滤即可饮用，上述何幼良在其引水计划书的末尾也附上“水源取给于地下水”的计划，并建议在西门外“旷地凿数人造井，井旁安置抽水机，以之供给市民用水，备一清水池储水”，只是并未付诸实践[⑤]。

因前文所述西安城区地下水水质空间分布的限制，新式“洋井”仅分布于上述地点。民国二十五年（1936年）为进一步改善民众日常用水之需，陕西省建设厅又与上海德威洋行订立合同，在西关南侧筹建利用地下水的自来水厂。合同规定由德威洋行出技术、器械，于西安开凿机井筹建自来水厂，第一期工款所需75万，先由该行垫付，分30个月拨还，每月还25 000元。同时，陕西省建设厅要求德威洋行对其所承包的自来水厂工程应承诺“以每日出清水三百万加仑，水质须合于上海市公用局之自来水标准，清水应由水网送至全城各处。管内水压须能达五十英尺以上，水管网之装置，应照拟定之西京水管网图红线及白线所示”[⑥]。这说明此时西京自来水网管道也已规划好，而且整个工程是按照上海地区的水质标准订立的合同。而且自来水厂的所有材料皆取自上海，运输手续由陕西省建设厅办理，而经费则归德威洋行预先垫付，其后再由陕西当局按期拨还。遗憾的是开工不久即因“西安事变”一度停工。1937年，“抗战军兴，材料来源断绝，工程无法进行，迫不得已半途停工”[⑦]。直到1951年方才复工，1952年10月1日开始正式供水[⑧]，因此民国时期西安民众一直未享受到现代自来水之便利。

---

① 王荫樵编：《西京游览指南》，天津大公报西安分馆，1936年，第245页。

② 倪锡英：《西京》，中华书局，1936年，第133页。

③ 胡时渊编：《西北导游》，上海中国旅行社，1935年，第25页。

④ 王桐龄：《陕西旅行记》，文化学社，1928年，第28页。

⑤ 西安市档案局：《筹建西京陪都档案史料选辑》，西北大学出版社，1994年，第290页。

⑥ 王荫樵编：《西京游览指南》，天津大公报西安分馆，1936年，第242页。

⑦ 王荫樵编：《西京指南》上册，中国文化服务社陕分社，1941年，第61页。

⑧ 西安市城建系统方志编纂委员会：《西安市城建系统志》（内部资料），第41页。

（三）修复旧渠与引河水入城规划

1. 修复西龙渠

明清时代的通济渠，亦称西龙渠，从城西南丈八沟处引潏水入城。清末慈禧避难西安时，曾经重修一次，名为新龙渠。入城后路线“一股顺西城墙北趋（现十七路军修械所水源之处），达玉祥门一带；一股蜿蜒曲折，注入莲湖”[①]。民国以来，年久塌陷。民国十七年（1928年）曾翻修一次，其后日益损坏，甚至渠水不通。1932～1933年西京筹备委员会致函陕西省建设厅商讨修浚西龙渠事宜，认为此举成功后，“不但本市饮料问题解决，即卫生、消防用水亦可无缺。兼可灌溉城垣附近农田花圃”。可以看出，重修西龙渠目的除了解决民众饮水问题外，还在于改善城市环境，亦有改善城市卫生之考虑。西京筹备委员会指出：“本城莲湖、建国等公园之水，皆来自潏河，由碌碡堰引水入龙渠，经丈八沟、南窑头等村流入城内，灌注建国公园池塘，复转注于莲湖。故此渠之通塞，关系城市风景及市民卫生极为重要。乃年来淤垫，水流断绝，致公园内池沼涸竭，气象枯燥，风景减色，无以资市民游览而调剂其精神。”[②]西京筹备委员会并未言明龙渠“水流断绝”的具体时间，龙渠可用可能在民国以前亦可能在民国之后，但1932～1933年断流可谓无疑了。

1933 年起开始重修西龙渠[③]。不过西龙渠引水入城后，由于常常出现“阴雨连绵，水无归路，致龙渠崩溃，渠水漏溢，民宅被淹”等情况。为“期市民之永久安全”，西京市政建设委员会于 1935 年决议再次整修，只是其结果并不理想。

2. 引沣水规划与实践

可能因潏水水量不及民国以前丰足，加之西龙渠渠道易于淤塞，此后西京筹备委员会又再着手引沣河水入城的规划。1935年何幼良所拟订的《西安自来水工程初步计划书》正是建议以沣河作为筹建自来水厂之水源，只是并未付诸实践。也有史料表明沣河一度也被拟用作西龙渠的水源。据1936年王季庐的《龙渠工程概况》言：“（龙渠）系由外向城市以内入水的引水的孔道……是引导沣河清洁之水入内，及宣泄雨水灌注莲湖及建国公园，以点缀风景为目的者，是一种分流系。”[④]王季庐所言龙渠工

① 王季庐：《龙渠工程概况》，《西安市工月刊》1936年第1卷第6、7期合刊，第2页。

② 西安市档案局：《筹建西京陪都档案史料选辑》，西北大学出版社，1994年，第155页。

③ 史红帅：《民国西安城市水利建设及其规划——以陪都西京时期为主》，《长安大学学报（社会科学版）》2012年第3期。

④ 王季庐：《龙渠工程概况》，《西安市工月刊》1936年第1卷第6、7期合刊，第2页。

程各方面考虑周详，实为一规划报告，实际工作恐怕并未开展。此后，西京筹备委员会鉴于西安人口日增，需水量加大，自来水工程一时难以底定，“拟定引浐、沣诸流入城计划，以资补救。并约建设厅，水利局，黄河水利委员会等各机关，共同协助进行”[①]。经过比较，西线水源水质和水量较东线为佳，于是着意西线引水。于是1941年1月西京筹备委员会颁布了《西京市引水进城计划书》，明确提出了引沣河水入城的规划。

《西京市引水进城计划书》指出：“西京市为陇海铁路之中枢，西兰、西荆各公路之起点，地势冲要、交通畅达，贸易逐渐繁盛，人口日趋稠密。自抗战以来尤为发展，匪特为军事上之重地，抑亦为工商业之要埠。惟以雨量稀少，负郭水道大多干涸。人民饮料夙仰给井水，井深约二十公尺，汲取困难。除城西南隅及少数自流井外，水质苦涩，饮用颇不相宜，即园艺植物亦不堪灌溉。以致池沼干涸、尘埃弥漫，对于市民之健康及工商业之发展影响至巨。如遇火警尤为可虑。且开发西北，增加后方生产，西京市为西北陪都，实有建设新都市之必要，而给水问题尤为目前之急务。本市各工程机关有鉴于斯，乃共同集议导引清洁水源流入城市，以供给居民饮料、园艺及卫生、消防等公共事业之用，俾市容整丽，景物日新，工商各业亦得长足之发展，奠定新都市之基础。”[②]该计划书指出了此前西安市组建了引水入城规划设计测量队，它由西京筹备委员会、陕西省建设厅、陕西水利局、黄河水利委员会派员合组，成立于1940年6月，主要对西安周边可以利用的河流进行水文、地质等的测量，至9月底完成野外测量工作。在对大峪口、浐河、沣河、潏河水量、含沙量以及沿途土质与渗透等分析的基础上，提出今后西安饮水入城应以引大峪口及引沣河两渠线为主，前者为东渠线，后者为西渠线。通过两渠优劣的比较，《西京市引水进城计划书》建议引沣河水入城。可惜因种种原因所限，从南山引水的计划在经营陪都时期一直没有付诸实施，西安城市居民的生产、生活用水仍主要依赖于开采地下水[③]。

无奈，1947年，陕西省政府使用中央善后救济总署赈济款再次整修西龙渠（通济渠），由建设厅负责全部工程。渠道由水磨村碌碡堰引潏水，以工代赈招用河北、河南来的难民为劳力，1947年7月建成通水，1956年前后龙渠关闸停水[④]。需要指出的是，当时修复西龙渠的目的应主要用于改善城市景观，“调剂市民精神”之上了，因为文献中明确指出龙渠入城后主要供给了莲花池、建国公园、成丰面粉厂。早在1945

① 王荫樵编：《西京指南》上册，中国文化服务社陕西分社，1941年，第61页。

② 西安市档案局：《筹建西京陪都档案史料选辑》，西北大学出版社，1994年，第343页。

③ 吴宏岐等：《抗战时期西京市政建设委员会的城市建设工作于都市规划》，《西北地区农村产业结构调整与小城镇发展》，西安地图出版社，2003年，第267页。

④ 西安市水利志编纂委员会：《西安市水利志》，陕西人民出版社，1999年，第71页。

年前有关人士就建议翻修龙渠，希望其入城后“使莲湖公园，常有清小一渠，荷苇满池”，甚至有人建议利用渠水开挖游泳池，以提倡西安市民游泳[①]。而且1947年前后到达西安的东部地区的游人，仍在其游记中不时提及西安饮水的困难。因此，尽管民国后期西安市政建设上对恢复明清旧渠做了相关努力，但总体上普通民众日常用水的“问题”，诸如缺水、水质低劣等困境并未得到多大改善。

三、用水卫生观念及其改造

西安地处黄土高原，地理上属于缺水地区，民众日常用水卫生观念有着“历史地理”的延续性。城市缺水，且水质拙劣，使得城乡居民对于用水卫生并不注意，形成了节水、惜水，甚至不舍“脏水”、重复用水的用水习惯；用水卫生观念反过来又能反映城市日常用水的状况，二者是一个问题的两个方面。可以说在上述“基础的”日常用水形势下，民国西安民众的用水卫生观念体现了特有的地域性，表现为一种背离现代化或者说是延续传统的“旧”的用水习惯，深刻地影响着当时民众的卫生健康，也有损于当时现代化进程中的城市形象。

（一）用水卫生观念

胡朴安在其《中华全国风俗志》中汇集了部分陕西风俗琐记，曾说：“（陕西）妇女晨起，皆撒溺于盆，溺温即以洗面，免费柴火。”[②]此情形当非陕南情形，应为关中和陕北地区之习惯。其说虽然突出了薪柴之可贵，但用水不讲卫生，缺水、惜水之情一望即知。所记虽然夸张，多半为农村实际情况，但“皆”字恐非虚言，并非一时一地之用水习惯而已。

曾经在西安待过四年的王雪庄这样记述西安乃至陕西关中地区民众用水情状，言语颇多讥讽，其称：“秦中八川，都仰于山瀑，秋冬多涸。饮用皆赖井水，井深在二十丈以上。关中西、北两隅，城村多在土原之，或火十数里不见井，以骡马向川中驮水，得水两桶，费时半日。故用水之节省，出乎想象，而生活习惯遂堕污秽。‘老陕儿不洗脚，除非过大河’，过河则不得不脱鞋涉水也。脚且不洗，遑论沐浴。”[③]

20世纪30年代，曾在西安当过几年中学教师的浙江人严济宽对西安缺水形势和民众重复用水印象深刻，回到浙江后即发表了追忆西安及周边地区生活的文章。其1934

① 曹弃疾、王蘖：《西京要览》，扫荡报办事处，1945年，第8页。

② 胡朴安：《中华全国风俗志》下编，河北人民出版社，1986年，第341页。

③ 王雪庄：《关中记》，《生活》1947年第1期，第90页。

年的文章说道："（面汤是这样来的）每顿吃面把汤留着，口渴时拿来当茶喝。没有喝完的，留到下次又煮面，汤是这样接着留下来的。所以每日的汤，也许有几天前或几星期前的汤在里面。这不是他们不讲卫生，实在是没有水的缘故。……的确，水，在西安是一个严重的问题，因为没有水，影响到饮食、洗浴等，这都是与卫生有极大的关系的，极堪注意。坐在不夜之城丰衣足食的绅士们，不要口口声声喊着'到西北西去'，'开发西北'应该要亲自到西北去看看呢！"①

他在1935年的文章又说："西安的水是很贵的，不容易看见。渭水最近也离城三十多里，要去取水是繁杂得很。城内的用水除了有井水的在外，都是从城外用车推进来的，有软水、硬水之分。一种是干净点的，作煮茶煮饭之用；一种是肮脏的，作洗涤沐浴之用，足见其来处不易。"②

节水、惜水甚至不舍脏水的用水观念势必导致民众对用水卫生的忽视，久之必然影响到个人卫生乃至疾疫的发生与传播。上述何幼良的《西安来自水工程初步计划书》，就深刻地指出了西安建设自来水的重要意义，尤其是着眼于改良城市居民的用水卫生。其谓："世界闻名各国都市，人口凡在二千以上者，皆有自来水设置，以供人民需用，诚以饮料至关民生"。"而在我国则不然，一般民众，昧于卫生知识，不论水质如何，只求有水可饮为已足，对于自来水事业，恒视为无足重轻，故城市瘟疫丛生，火灾迭起，良可叹也。西京为吾国陪都，人口已超过十二万五千以上，饮料庞杂，水质恶劣，且转运不便，疫疠时生，为害市民已久。欲冀今后工业、商务之发展，创置自来水尤宜视为急务也"③。只因限于多种制约因素，规划未得实践。

来到西北的旅行者们也早已注意到这个问题，如有人说西安最感苦闷的。莫如饮水问题了，"市民用水，真是珍贵极了，所以不洗澡的多得很，多数是肮脏的。尤其是小孩，积上来容易，退了难，形成卫生上的大问题"④。记者沈毅的报道，今人读来仍为之瞠目："记者看见过供给五十个人饮食的厨夫，为了节省一盆水，而宁愿耐心地在饭后把五十双筷子用一块布来逐一揩擦'干洗'。我看够了，中上等馆子的堂倌在客人吃完了就将筷子在围巾上一揩，放回筷筒里，等候第二个客人来使用。我也看够了，一个豆浆贩子和一个汤面担子，开市到卖完，从不使用半点水来洗涤匙、碗、食器……数不清的例子，证明了水的缺乏如何可怕，增加了传染疾病的机会。虽说有了水不一定就会把上述数种最流行的病症完全消灭，但是，无疑的，假如每个人都有充分的用水和食水，最低限度，必可大大地减少生病的机会。所以路基的返修，洋房

① 严济宽：《西安地方印象记》，《浙江青年》1934年第2期，第253页。

② 严济宽：《西安》，《中学生》1935年第54期，第101～103页。

③ 西安市档案局：《筹建西京陪都档案史料选辑》，西北大学出版社，1994年，第284页。

④ 平山：《西安漫记》，《茶话》1946年第5期，第34页。

的建造，在西安都不是当务之急，最重要的，是想办法来解决‘水’的问题，为了人民的生活和健康，应该急速争取大量的水。”①

总之，缺水导致用水观念的落后和民众对用水卫生的严重忽视，其对民众“身体”的危害甚大，疾疫传播不可避免。这也说明，在民国中后期，一些被研究者所称道的现代化因素的作用在西北内陆之西安并非获得“充分”的回应，反映出当局对民众日常用水改善不力和民众用水缺乏的无奈。

（二）用水卫生观念的改造

近代以来，西学东渐，现代用水卫生知识也传入中国。当中东部一些城市的民众久已明了用水卫生的重要性并已享受到现代化自来水、消毒水的时候，西安这座西部城市却要在疾疫发生后官方方才逐步强调正确的用水卫生观念，并做出改造举措。

1932年霍乱在陕西大流行，由潼关传入关中、陕北和陕南，形势迅猛，人口急剧减少。在防控疫情的过程中，医务工作者指出了不当用水、用水观念落后是造成疫情传播的重要原因，大声疾呼讲究用水卫生，不遗余力地宣传正确的用水卫生观念、知识。期间，官方采取了诸多举措：

首先，强调兴建自来水厂，饮用开水等。1932年的《西北文化日报》说：“水、苍蝇和手既是传播霍乱的媒介，就当注意改良饮水，……改良饮水最好是设备自来水，因为自来水是用砂滤及消毒的方法将水充分的处置过，并且时常检查细菌，不使污染，是应该很安全饮用的水。一城如果设置自来水，全城居民的饮水就可以有一个总管的地方。只要注意这总水厂的清洁与安全，就可保障全城居民饮水的安全，由水传播的各种疾病也就大可减少。……务必要吃煮开的水。”②也提倡“对于饮料必须注意，凡污秽不洁之水，禁止吸用，以免疫菌流传”③。预防霍乱等疾疫的办法，“务必要吃煮开的水……不使粪便染污饭水”④。

其次，强调夏季用水卫生。夏季暑热，病菌活跃，卫生工作者尤其提倡夏季卫生事宜，强调夏季卫生要点包括：“勿吃生水作的饮食物，例如生水作的凉粉、冰淇淋、冰块、汽水等。”⑤此外，在夏季开展新生活运动、卫生运动会，举行西安夏季井

① 沈毅：《水和西安》，《西北通讯》1947年第6期，第32页。

② 西安市档案馆编：《往者可鉴：民国陕西霍乱疫情与防治》，西安市档案馆编印，2003年，第126页。

③ 西安市档案馆编：《往者可鉴：民国陕西霍乱疫情与防治》，西安市档案馆编印，2003年，第148页。

④ 西安市档案馆编：《往者可鉴：民国陕西霍乱疫情与防治》，西安市档案馆编印，2003年，第234 页。

⑤ 西安市档案馆编：《往者可鉴：民国陕西霍乱疫情与防治》，西安市档案馆编印，2003年，第161页。

水消毒[①]。

再次，井水消毒。由于井水是当时最主要的水源，疾疫发生和之后的防控时期，政府较为重视井水消毒。1932年霍乱流行期间，卫生工作者把漂白粉（也叫氯气粉）投入市内机关井和公用井中，“以资杀绝井内疫菌”。只是当时漂白粉不易寻获，霍乱发生期间还是“北平中央卫生署技正孙润晨博士到陕”所携带[②]。1939年西安再发生小规模霍乱，政府又成立专门的井水消毒队，负责市内水井消毒[③]。

可以看出，霍乱这种突发性疾病加强了陕西省政府对公共用水卫生的关注，民国后期越来越明显（表二）。就西安而言，民国二十九年（1940年），成立陕西省卫生事务所，民国三十三年（1944年），改组为西安市卫生事务所，隶属于西安市政府，监督公共用水卫生为其职责之一。民国后期，西安市政府还设立了饮水井管理委员会负责管理全市公共水井的卫生及日常维护等工作，共有委员七人，“由本市卫生事务所所长及市政府建设社会、市参议会、警察局派员组织之，并以卫生事务所长为主任委员”，其组织章程要求“水井设备不得任意破坏或污染水源”[④]。

表二　陕西省环境卫生开展情况

时间	改良水井数	水井消毒数	河水分改处理数
1942年	507	743	337
1946年	2190	234	1907
1947年	3059	2865	1926

资料来源：据《陕西省志·卫生志》改编，西安：陕西人民出版社，1996年，第224页。

虽然特定疾疫的发生刺激了政府推动现代化用水卫生观念改造传统用水习惯的“欲望”，在突发情况下民众会“被动”地接受政府行为的干预，然而民众日常用水固有的缺水环境并未改变，加之传统用水卫生观念的持续影响，官方的积极努力对普通民众日常用水卫生观念的改造仍作用有限。上节所论用水卫生观念所引史料很多是民国后期之史料，各种场合不讲用水卫生仍历历在目，而且这些只是笔者所选择的众多“代表性”史料中的一小部分而已。医务工作者也不得不承认霍乱虽已平息，但西安市“每届夏令，而伤寒、赤痢等传染病，仍时常流行。考其发生原因，虽与霍乱不同，其传染方法及路径则一，概其发生原因，多由于饮食之不注意。换言之，即由于

① 西安市档案馆编：《往者可鉴：民国陕西霍乱疫情与防治》，西安市档案馆编印，2003年，第221页。

② 西安市档案馆编：《往者可鉴：民国陕西霍乱疫情与防治》，西安市档案馆编印，2003年，第164页。

③ 西安市档案馆编：《往者可鉴：民国陕西霍乱疫情与防治》，西安市档案馆编印，2003年，第235页。

④ 《西安市饮水井管理委员会组织章程》，《西安市政府公报》1948年第8期，第11页。

居民之卫生常识缺乏，而当局者对于环境卫生之管理及设备，则尤乏讲求”①。经年的卫生宣传之后，西安市防疫处化验全市井水报告后发现井水中大肠菌甚多，“由大肠菌之存在，即可证明粪便之存在，而赤痢患者之排泄物——大便——当然亦可混入饮料水中。由此视之，吾人日常饮用之井水，即证明含有粪便，则日常饮水吃饭，已含有粪便成分，且混杂有病原菌，其危险可想见一斑”②。其原因一是民众任意排便，缺乏用水卫生观念，因为粪便会经雨水携带渗透、混入井水之中；二是城市下水道年久失修，“已告废用”，降水时节漫溢混入井水之中。由此可见，使用自来水对于民众卫生健康具有何等重要性了，而终民国时期西安民众都未曾享受到这一现代化清洁卫生之水的便利，这不能不说是一件令后人唏嘘的事情。

四、结　论

民国西安居民日常用水匮乏，水质低劣，影响到居民的日常生活和生命安全，给城市形象也造成负面影响。西安地处西北内陆，受自然地理形势的制约，区域水环境有其固有的“劣势”，反映在城市日常用水上，缺水、少水、水质低劣一直困扰着民众生活。在此影响下也不可避免地造成民众用水卫生观念的淡薄，甚至为疾疫的传播起到了推波助澜的作用。民国时期西安城市环境呈现“干性”状貌，经过旅行者的“渲染”，使得民国西安更显“落寞”。

虽然民国中后期陕西省政府针对西安城市用水短缺所采取的诸多措施与尝试，一定程度上改善了城市用水危机，但城市发展与水资源短缺的矛盾并未得到充分解决。当国内一些大城市已经用上自来水、消毒水的时候，西安还在忙于筹措经费，即使兴建近代化的城市引水工程也终因各种因素的干扰而停滞不前。

此外，民国西安城内和周边居民对水环境缺乏保护意识，也加剧了城市用水危机。历史地看，西安城市用水的主要水源都来自秦岭北坡出山径流，这些河流流量的丰歉对西安城市用水乃至城市“湿润度”的改善都有着极其重要的作用。但民国时期的多种史料表明，这些河流流量大减，甚至湮塞，其重要原因即是秦岭北麓林木破坏严重，民众保护不力，致使出山径流流量大减，西安城周边湿地萎缩，城市水环境无复汉唐盛况，甚至不及明清时期。另外，尽管民国以来近代医疗卫生知识早已传入内地，但西安城区地下水因居民粪便、生活垃圾的污染一直持续不断，致使地下水水质低劣，进一步加剧了用水危机。这些都反映了西北内陆城市的日常生活在追寻现代化

① 西安市档案馆编：《往者可鉴：民国陕西霍乱疫情与防治》，西安市档案饰印，2003年，第288页。

② 西安市档案馆编：《往者可鉴：民国陕西霍乱疫情与防治》，西安市档案饰印，2003年，第289页。

进程中的曲折与艰难。

总之，当古老的西安亦步亦趋地追随现代化都市生活的潮流时，其步伐一直缓慢且易受影响而停滞。制约民国西安城市用水困境解决的根本因素是军事、政治因素。民国西安市政建设既受到关中地区政局演变的影响，又受制于全国性政治、军事形势发展的制约。民国前期，关中地区长期战乱，遑论大力改善城市基础设施。1937年抗战兴起，城市自来水建设又再度受阻。加之西安地处西部，城市建设资金、技术的筹措很大程度上受到了东部地区政治形势的制约。因此，我们尤其要摆脱以往单一的诸如“冲击—回应”式的研究视角，将陪都时代、开发西北、铁路开通等“新”的因素简单而直接地叠加于古都西安，并“美好地”认为西安对其就有良好而持久的“回应”。因为这些事件放置于长久的“地理结构”之上毕竟是短暂的，其对西安城市生活的影响并不能一概简单而过分持久地放大，在某些方面，城市生活仍然在延续着传统的套路前进。笔者更倾向于民国西安的城市生活以新旧因素的多样性共存和现代化进程的曲折性为特点，而非尽如一些研究论著中所表露的民国西安越往后越单一的繁荣的面貌。我们只有运用各种时空尺度下丰富而细腻的史料去展露城市生活的多样性场景，才能对当时城市生活的各种问题得出近乎真实的结论。在此，城市日常用水问题只是一个剖面而已。

《大唐回元观钟楼铭并序》考释

赖　俊

（陕西师范大学历史文化学院）

摘　要　大唐回元观钟楼铭碑详述了大唐回元观的历史沿革情况。经考证，回元观原为唐玄宗赐给安禄山在亲仁坊的新宅，安禄山于天宝九年（750年）入宅。唐玄宗之所以赐宅，是为奖赏安禄山的边功，而将宅第选在亲仁坊，则是亲仁坊的特殊位置以及唐玄宗豪奢心理所致，体现了唐玄宗对安禄山的优宠；回元观置观及得名与安史之乱的局势有关，此后回元观又经历了两次变迁。贞元十九年（803年）迁像设于肃明观一事可能与肃明皇后、唐德宗此年的含元殿修建之事关系紧密。唐文宗太和年间，回元观得到兴复。其后，该碑流入东市，这当与其艺术、收藏价值有关；通过对铭文撰写时间、令狐楚事迹的考述，可以推断该铭文为令狐楚晚年的作品。

关键词　回元观　安禄山　肃明观　令狐楚

《全唐文补遗》第1辑及《全唐文补编》卷七十[①]都收录了《大唐回元观钟楼铭并序》并作了录文，《全唐文补编》中提及该碑“1986年西安出土石刻”[②]，该碑现藏于西安碑林博物馆，马骥先生对此碑铭情况有专文的叙述，“碑为横式，长124、宽60、厚18厘米，青石质。碑面刻字……令狐楚撰文，柳公权中楷正书，四十一行，满行二十字，共七百六十一字”（图一）[③]。虽然马骥先生早于20世纪80年代已做考释，但窃以为其文尚有商榷和未及之处，故笔者不揣谫陋，对此碑文再做考释，敬请方家指正。为叙述方便，现将碑文转录如下：

---

① 录文参见吴钢主编：《全唐文补遗》第一辑，三秦出版社，1994年，第8页；陈尚君辑校：《全唐文补编》，中华书局，2005年，第862～863页。

② 陈尚君辑校：《全唐文补编》，中华书局，2005年，第863页。

③ 马骥：《西安新出柳书“唐回元观钟楼铭碑”》，《文博》1987年第5期，第3页。

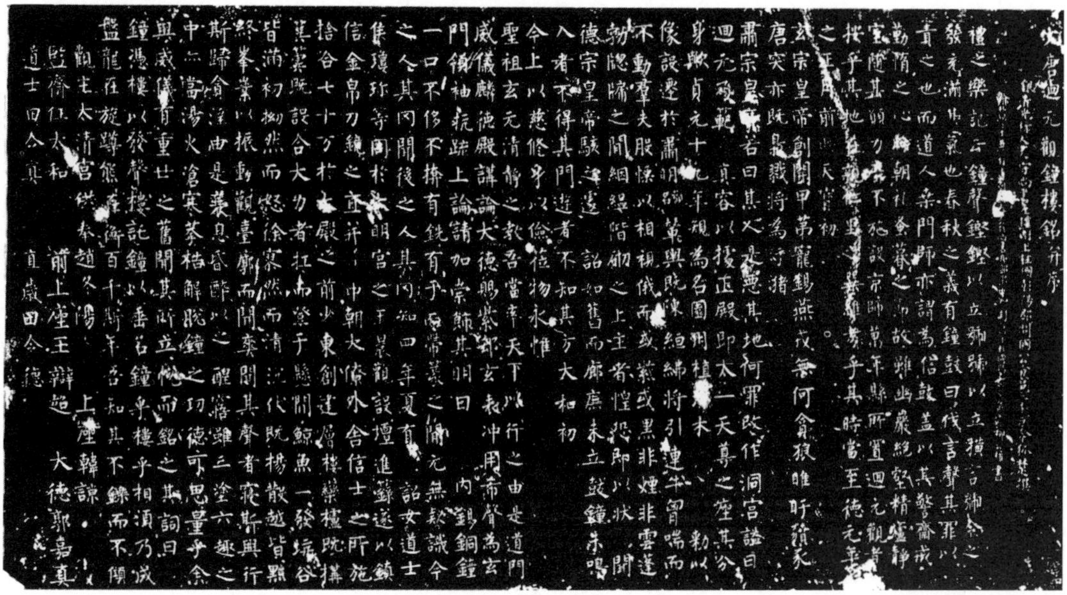

图一 《大唐回元观钟楼铭并序》碑石拓片

大唐回元观钟楼铭并序

银青光禄大夫守尚书左仆射上柱国彭阳郡开国公食邑二千户令狐楚撰

翰林学士兼侍书朝议大夫行尚书兵部郎中知制诰上柱国赐紫金鱼袋柳公权书

《礼》之《乐记》云：“钟声铿，铿以立号，号以立撗。”言号令之发，充满其气也。《春秋》之义，有钟鼓曰伐，言声其罪以责之也，而道人、桑门师亦谓为信鼓。盖以其警斋戒勤惰之心，时朝礼蚤暮之节，故虽幽岩绝壑，精庐静室，随其愿力，靡不施设。京师万年县所置回元观者，按乎其地，在亲仁里之巽维，考乎其时，当至德元年之正月。前此，天宝初，玄宗皇帝创开甲第，宠锡燕戎。无何，贪狼睢盱，豶豕唐突。亦既枭戮，将为汙潴。肃宗皇帝若曰：“其人是恶，其地何罪？改作洞宫，谥曰‘回元’。”乃范真容，以据正殿，即太一天尊之座,其分身欤。贞元十九年，规为名园，用植珍木。敕以像设迁于肃明（此处碑文小字注：观名）。辇舆既陈，絙绋将引，连牛朐喘而不动，群夫股慄以相视。俄而，或紫或黑，非烟或云，蓬勃窗牖之间，絪缊阶砌之上。主者惶恐，即以状闻。德宗皇帝骇之，遽诏如旧，而廊庑未立，鼓钟未鸣，入者不得其门，游者不知其方。

大和初，今上以慈修身，以俭莅物，永惟圣祖玄元清静之教，吾当率天下以行之。由是道门威仪麟德殿讲论大德赐紫郗玄表,冲用希声,为玄门领袖，抗疏上论，请加崇饰，其明曰：内锡铜钟一口，不侈不揜，有铣有于，而带篆之间，元无款识。今之人，其罔闻，后之人，其罔知。四年夏有诏，女道士侯琼珍等同于大明宫之玉晨观，设坛进箓，遂以镇信金帛刀镜之直，并中朝大僚、外舍信士之所以施舍，合七十万。于大殿之前少东，创建层楼，栾栌既构，簨虡既设，合大力者扛而登于悬间。鲸鱼一发，坑谷皆满。初拗然而怒，徐寥然而清。沉伏既扬，散越皆黜。终峰業以振动，观台廓而开爽。闻其声者，寝斯兴，行斯归。贪淫由是衰息，昏醉以之醒悟。虽三涂六趣之中，亦当汤火沧寒，拳梏解脱。钟之功德，可思量乎?

余与威仪，有重廿之旧，闻其所立，悦而铭之。其词曰：钟凭楼以发声，楼托钟以垂名。钟乎楼乎，相须乃成。盘龙在旋，蹲熊在衡。百千斯年，吾知其不铄而不倾。

观主太清宫供奉赵冬阳　　上座韩谅

监斋任太和　　前上座王辩超　大德郭嘉真

道士田令真　　直岁田令德

开成元年四月廿日立　　邵建和刻

一、唐玄宗赐第给安禄山事迹考

碑文追溯了回元观置观前的历史，“前此，天宝初，玄宗皇帝创开甲第，宠锡燕戎。无何，贪狼睢盱，豮豕唐突。亦既枭戮，将为汙潴”。马骥先生认为“燕戎”当指安禄山及其部将[①]。安禄山于天宝十四载（755年）“以同罗、契丹、室韦曳落河，兼范阳、平卢、河东、幽、蓟之众”[②]起兵反叛，占据东都自立为帝时“国曰大燕，自称雄武皇帝”[③]，据此可见“燕戎”确指时任范阳等节度使的安禄山。

这就不得不提及唐王朝的东北边疆的局势。吕思勉先生认为，“当时天下兵力，实以西北二边为重，以唐所视为大敌者，实为突厥与吐蕃也……东北去中枢较远，奚、契丹虽桀骜，尚非突厥、吐蕃之比，故唐人视之较轻。”[④]黄永年先生则指出，

① 马骥：《西安新出柳书“唐回元观钟楼铭碑”》，《文博》1987年第5期，第3页。

② 姚汝能：《安禄山事迹》，中华书局，2006年，第94页。

③ 姚汝能：《安禄山事迹》，中华书局，2006年，第101页。

④ 吕思勉：《隋唐五代史》，上海古籍出版社，2005年，第185页。

奚、契丹构成唐朝东北的边患这一问题是一个长期被忽视的问题[①]。事实的确如此，唐前期来自东北边徼的奚与契丹的威胁，尽管没有突厥与吐蕃的压力之大，但也是与日俱增，不可小觑，而且奚与契丹往往与北方的突厥呼应连兵，叛服无常。契丹早在武德年间便抄略边境，到万岁通天中，孙万荣和李尽忠起兵反唐，一度使得东北边患达到高潮。唐政府先派张玄遇、曹仁师、麻仁节，后派王孝杰等都不能平定。最后李尽忠死，力量削弱，又因“奚及突厥之众掩击其后”[②]与唐军前后夹击，才使得此次边患最后平定。另外，奚也是唐王朝东北边疆的重要威胁。“万岁通天年，契丹叛后，奚众管属突厥，两国常递为表里，号曰‘两蕃’。”[③]玄宗登基后，政局稳定，国力强盛，奚、契丹首领纷纷归顺，东北边境一度缓和。开元三年（715年），契丹“首领李失活以默啜政衰，率种落内附。失活即尽忠之从父弟也。于是复置松漠都督府，封失活为松漠郡王，拜左金吾卫大将军兼松漠都督。”[④]奚首领李大辅也于同一年“遣其大臣粤苏梅落来请降，诏复立其地为饶乐州，封大辅为饶乐郡王，仍拜左金吾员外大将军、饶乐州都督。”[⑤]

可是到开元十八年（730年），契丹可突于反叛，东北烽火又起。虽然唐军初期取得了胜利，但是不久遭到惨败。开元二十一年（733年），“官军大败，知义、守忠率麾下遁归，英杰、克勤没于阵，其下六千余人，尽为贼所杀”[⑥]。唐朝急忙调兵镇压，张守珪被朝廷委派经略东北之事，可突于的反叛才得以土崩瓦解。奚、契丹的侵扰使得东北边境的局势处于不稳定的状态，这成为唐玄宗的一块心病。此时，唐玄宗拓边之欲也急剧膨胀起来。《通典·兵序》就指出：“开元二十年以后，邀功之将，务恢封略，以甘上心，将欲荡灭奚、契丹，翦除蛮、吐蕃。”[⑦]

严峻的边疆局势使得唐朝不得不改变原来的府兵制，并且设置了十节度使。开元二十一年（733年），“又于边境置节度、经略使，式遏四夷”[⑧]。为了对付东北的少数民族奚、契丹，唐朝在幽州设置了节度使。到“天宝元年，更幽州节度使为范阳节度使，增领归顺、归德二郡。”[⑨]《旧唐书·地理志》明确指出，范阳节度使的职责是

---

① 黄永年：《六至九世纪中国政治史》，上海书店出版社，2006年，第289、290页。

② 《旧唐书》卷一百四十九下《北狄》，中华书局，1975年，第5351页。

③ 《旧唐书》卷一百四十九下《北狄》，中华书局，1975年，第5354页。

④ 《旧唐书》卷一百四十九下《北狄》，中华书局，1975年，第5351页。

⑤ 《旧唐书》卷一百四十九下《北狄》，中华书局，1975年，第5355页。

⑥ 《旧唐书》卷一百四十九下《北狄》，中华书局，1975年，第5353页。

⑦ 杜佑：《通典》卷一百四十八《兵一》，中华书局，1988年，第3780页。

⑧ 杜佑：《通典》卷一百七十二《州郡二》，中华书局，1988年，第4479页。

⑨ 《新唐书》卷六十六《方镇三》，中华书局，1975年，第1836页。

“临制奚、契丹，统经略、威武、清夷、静塞、恒阳、北平、高阳、唐兴、横海等九军”①。

安禄山于天宝三年（744年）代替裴宽接任范阳节度使。“三月，己巳，以平卢节度使安禄山兼范阳节度使；以范阳节度使裴宽为户部尚书。”②安禄山谙熟范阳一带的山川地形，史书称其“素习山川井泉”又“多智计，善揣人情，解九蕃语”③，因此颇立战功，深得张守珪的赏识，由此起家。后来接任范阳节度使继续推行遏制奚、契丹，捍卫唐王朝东北门户的政策，并且立下了不小的战功。天宝七载（748年）封赐安禄山的诏书中就赞扬安禄山：“河岳诞宝，雄武生材，万里长城，镇清边裔……外威戎落，稽颡以输诚”④。在后来进封安禄山为东平郡王的制书中也褒扬其功曰：“声威振于绝漠，捍御比于长城。战必克平，智能料敌。”⑤俨然唐玄宗已经把安禄山视为捍卫东北疆界的万里长城。虽然史书中不乏对安禄山的贬斥之词，认为安禄山旨在邀功求赏，但是也不得不承认唐玄宗对安禄山的宠幸来自于边功。玄宗为其“创开甲第”就是对其功劳的奖赏。

明确了“燕戎”的身份，再看此事发生的时间。碑文只交代了一个模糊的“天宝初”，并未给出一个具体的年份。《安禄山事迹》记载，天宝六载（747年）唐玄宗便为安禄山造宅，“九载{八月}{二一}，禄山献俘入京，方命入此新宅”⑥。《资治通鉴》中所载献俘时间与《安禄山事迹》相同，俱为天宝九年（750年），“辛未，禄山献奚俘八千人，上命考课之日书上上考”⑦，但提及安禄山入宅却下推至天宝十年（751年），“禄山入新第，置酒，乞降墨敕请宰相至第”⑧。事为同一事，两者却有一年之差，是何缘故？再看《资治通鉴》同一年所载后文，所叙的安禄山生日之事也与《安禄山事迹》基本一致，《安禄山事迹》作者姚汝能为唐代官员，曾任华阴县尉⑨，此书为记载安禄山的一手材料，可信度极高，《资治通鉴》的史料极有可能传抄自《安禄山事迹》。惜于编者不慎，未细察安禄山入宅与安禄山生日两事的年代差别，故将其置于同一年。这么说来，安禄山入宅的时间应与献俘时间同为天宝九载

① 《旧唐书》卷三八《地理一》，中华书局，1975年，第1387页。

② 《资治通鉴》卷二一五《唐纪三十二·玄宗天宝三载》，中华书局，1956年，第6978页。

③ 姚汝能：《安禄山事迹》，中华书局，2006年，第73页。

④ 姚汝能：《安禄山事迹》，中华书局，2006年，第78页。

⑤ 姚汝能：《安禄山事迹》，中华书局，2006年，第79页。

⑥ 姚汝能：《安禄山事迹》，中华书局，2006年，第77页。

⑦ 《资治通鉴》卷二一六《唐纪三十二·玄宗天宝九载》，中华书局，1956年，第7019页。

⑧ 《资治通鉴》卷二一六《唐纪三十二·玄宗天宝十载》，中华书局，1956年，第7022页。

⑨ 姚汝能：《安禄山事迹》，中华书局，2006年，第118页。

（750年）。玄宗为何要赐新宅给安禄山在亲仁里呢？

从地理位置上说，亲仁坊位置颇佳。碑铭记："京师万年县所置回元观者，按乎其地，在亲仁里之巽维"，"巽维"即东南部。《安禄山事迹》亦载："禄山旧宅在道政坊，玄宗以其陋隘，更于亲仁坊选宽爽之地，出御库钱更造宅焉。"[①]安禄山在长安的宅第原在道政坊，道政坊北接兴庆宫，东邻东市，其西有春明门[②]。开元二十四年（726年），玄宗为扩大花萼相辉楼前广场的规模，"十二月三日，毁东市东北角、道政坊西北角，以广花萼相辉楼前"[③]，原本道政坊就夹在西城墙、东市和兴庆宫之间，面积狭小，花萼相辉楼的扩建又进一步挤占了道政坊的空间，说道政坊"陋隘"其言非虚。与之相反的，亲仁坊居于东市西南，北邻宣阳坊，南毗永宁坊，西接安邑坊，处在万年县诸坊的中间地带[④]，不会受到周围建筑的限制，空间比道政坊宽阔许多。

唐玄宗挑选宅址的时候不只看重了亲仁坊的"宽爽"，更寄寓了他的特殊情结。《类编长安志》咸宜女冠观条："在亲仁坊西南隅。睿宗在藩之第，明皇升极于此。"[⑤]亲仁坊作为唐玄宗父亲睿宗皇帝为藩王时宅第，唐玄宗又登基于此，自然对亲仁坊瞩目异常。选择这么一个特殊的地方为安禄山营造新第，足见安禄山在唐玄宗心目中的地位。

有学者认为，赐第亲仁坊并不能体现唐玄宗对安禄山的猜忌，反而是投安禄山所好，充分考虑到了安禄山胡人的特殊身份[⑥]。笔者认为此观点前半部分是对的，至于安禄山胡人身份当与赐第亲仁坊关系不大。其文援引《资治通鉴》所载："上每令中使为禄山护役，筑第及储偫赐物，常戒之曰：'胡眼大，勿令笑我。'"[⑦]并且认为玄宗这句"胡眼大，勿令笑我"就是考虑安禄山胡人身份的明证。诚然，安禄山是胡人，《安禄山事迹》称："安禄山，营州杂种胡也。"[⑧]据出土的壁画和陶俑可知，胡人有"深目高鼻"等体貌特征，"眼大"是这些体貌特征的一种。然而，玄宗此言并不是要强调安禄山的胡人身份，只是借"眼大"这种表征性的事物指代安禄山的野心比较大，眼界比较高，同时也借此宣示自己的立场——要向安禄山展示皇室的显赫与财富以不使皇室的威严受损。唐玄宗认为自己贵为天子，富有四海，海内承平日久，物阜

① 姚汝能：《安禄山事迹》，中华书局，2006年，第77页。
② 史念海主编：《西安历史地图集》，西安地图出版社，1996年，第80、81页。
③ 《唐会要》卷三十《兴庆宫》，中华书局，1955年，第559页。
④ 史念海主编：《西安历史地图集》，西安地图出版社，1996年，第80、81页。
⑤ 骆天骧：《类编长安志》，中华书局，1990年，第155页。
⑥ 毕波：《隋唐长安坊市胡人考析》，《丝绸之路》2010年第24期，第74页。
⑦ 《资治通鉴》卷二一六《唐纪三十二·玄宗天宝十载》，中华书局，1956年，第7021、7022页。
⑧ 姚汝能：《安禄山事迹》，中华书局，2006年，第73页。

民丰，国库充盈，即使安禄山对住宅的要求和标准再高，以目前的财力也能够满足，不能因节省开支而给安禄山留下笑柄。正是在这种心理的驱使下，玄宗“敕所司穷极华丽，不限财物”，一面派出中使对新宅营建进行监督，一面又对中使不大放心，经常加以告诫。于是，又一座奢华精致的豪宅耀立于长安城中，令人惊叹。《安禄山事迹》中描述此宅：“堂隍院宇，重复窗寮，匼帀诘曲，窗牖绮疏，高台曲池，宛若天造，帷帐幔幕，充牣其中……至于厨厩之内，亦以金银饰其器……虽宫中服御殆不及也。”[①]正所谓楼台观设，穷其壮丽，豪奢程度可见一斑。归结玄宗赐第的深层次原因，恐怕与玄宗为笼络安禄山而极尽其能，以及与其好面子的豪奢心态不无关系。安禄山善于揣测人主之意，极尽讨好玄宗之能事，自然不会拒绝玄宗精心挑选的这份礼物。

二、回元观的置立、变迁与唐朝政局

上文已述，回元观是天宝初年玄宗赏赐给安禄山的新宅。回元观“考乎其时，当至德元年之正月”，也就是说，等到唐肃宗至德元年（756年）正月回元观才正式置立，此前一直是安禄山的私宅。一处私宅何以变为道观呢？这里面有个逐步转变的过程，首先得从回元观的置立与得名说起。

回元观的得名与肃宗皇帝颇有渊源。碑文说：“肃宗皇帝若曰：其人是恶，其地何罪？改作洞宫，谥曰‘回元’。”“其人”是发动安史之乱的安禄山。“其地”指安禄山的宅地。所谓：“洞宫”，“唐人称道院曰洞宫，杨巨源诗：‘洞宫曾向龙连宿，云径应从鸟外还。’”[②]可见“洞宫”是唐人对道观的习惯性称呼，碑文特指回元观。肃宗皇帝认为人的好坏跟他所居之地并无关系。这句话看似平常之极，表明了肃宗皇帝对安禄山旧宅的态度，但仅以此视之，不免皮相。其实，此话隐晦地透露出一个重要信息：安禄山发动叛乱后，他的宅地很有可能一度遭到唐政府的禁锢或毁弃，因人废地的情况曾长期存在。之所以如此，缘于唐朝天宝末年到至德元载（756年）复杂的政治局势。在此有必要稍费文墨对当时政局情况做简要回顾。天宝十四载（755年）十一月，安禄山率十余万蕃、汉之兵在幽州起兵反叛。渔阳鼙鼓之声震碎了盛世的浮华，久不知兵的唐朝陷入空前大乱。在叛军凌厉的攻势下，两京很快沦陷，唐玄宗仓皇携大臣、内侍、太子等人离京避乱。在沿途百姓的乞留下，时为太子的肃宗被委以负责平定叛乱、收复旧京之事，不久便前往灵武。至德元年（756年）七月，肃宗

① 姚汝能：《安禄山事迹》，中华书局，2006年，第77、78页。

② 杨慎撰，王大厚笺证：《升庵诗话新笺证》，中华书局，2008年，第797页。

于灵武即位。至德二载（757年）九月，唐军在香积寺西北大败安史叛军，才收复长安。十月，肃宗“丁卯，入长安”①。其实，早在天宝十四年（755年），安禄山反叛的消息传来，定居长安的安禄山之子安庆宗被唐政府诛杀。这时安禄山宅地已经处于废置状态，其后唐肃宗离京到至德二年（757年）才回去，安宅因战乱而无暇顾及。唐军收复长安后，安宅又受到了政治禁忌的影响。乾元元年（758年），这种政治禁忌愈加明显，“京城及坊门名有‘安’字者悉改之”②。那么，将安禄山宅改为道观并定名为“回元”，可以理解为乾元元年（758年）大规模改名的一种先声。存废在人，本不得已。尽管当时唐王朝笼罩在沉重的政治气氛之下，遭到废弃的安宅却被肃宗的一句话，幸运地保存下来，并以道观的新面目焕发价值。可是睹物思人，特别是对于肃宗这位亲身经历安史之乱并饱受战乱之苦的天子来说，颠沛流离的生活给他留下了刻骨铭心的印象，安史之乱似乎是一个消散不去的心结，因此，为这么一个特殊道观取名就颇费思量。笔者以为，将道观取名为“回元”不仅仅赋予了道教方面的意义，也可能寄托肃宗希望回归大唐正朔与纪元，回到开元年间太平景象的愿望，这大概更能贴近肃宗起名的初衷。得名后，“乃范真容，以据正殿，即太一天尊之座其分身欤”，回元观便供奉起太乙天尊的像设。

到了唐德宗贞元十九年（803年），回元观经历了一次重要变动。碑文上说回元观“规为名园，用植珍木”，按照原定计划，德宗想把回元观之地规划为种植珍贵花木的花园，于是，又下旨把太乙天尊的像设迁到肃明观中。肃明观，它原来在亲仁坊，始于仪坤庙，开元二十一年（733年），“玄宗又特令迁肃明皇后神主祔于睿宗之室，仍以旧仪坤庙为肃明观”③。等到天宝五载（746年），“贵妃姊裴氏请舍宅，置太真女冠观。宝应元年，与肃明观换名焉”④。《唐两京城坊考》咸宜女冠观条载：“宝应元年，咸宜公主入道，与太真观换名焉。”⑤徐松把太真女冠观列于安邑坊条目之下，辛德勇先生认为徐松未能理清肃明观和咸宜女冠观的关系，宝应元年（762年）在亲仁坊的咸宜女冠观是由太真女冠观改名的，而肃明观经过换名换地后已经到了安邑坊⑥。亲仁坊东邻安邑坊⑦，贞元十九年（803年），肃明观在安邑坊，回元观在亲仁坊的东南角，也就是说这年的迁移当计划从亲仁坊的东南角向东迁移到安邑坊的。

---

① 《旧唐书》卷十《肃宗》，中华书局，1975年，第248页。

② 顾炎武：《历代宅京城记》卷六《关中四》，中华书局，1984年，第101、102页。

③ 《旧唐书》卷二十五《礼仪五》，中华书局，1975年，第954页。

④ 徐松：《唐两京城坊考》卷三，中华书局，1985年，第76页。

⑤ 徐松：《唐两京城坊考》卷三，中华书局，1985年，第60页。

⑥ 辛德勇：《隋唐两京丛考》，三秦出版社，2006年，第77页。

⑦ 史念海主编：《西安历史地图集》，西安地图出版社，1996年，第80、81页。

将回元观的像设迁到肃明观，仅仅是因为要将回元观规划为花园？恐怕事实并非那么简单。上文追溯肃明观历史时已经提及，肃明观与肃明皇后有关的。肃明皇后刘氏为唐睿宗的皇后，文明元年（684年）受到册封，“长寿中，与昭成皇后同被谴，为则天所杀。景云元年，追谥肃明皇后”[①]。此处提及的昭成皇后，为玄宗生母，她是因“户婢团儿诬谮与肃明皇后厌蛊咒诅”[②]而被杀。肃明皇后同时被武则天所杀，遭受了与玄宗生母同样悲惨的命运，这很能触发玄宗对肃明皇后的悲悯。玄宗登基后，“玄宗奉昭成皇后祔睿宗室，又欲肃明皇后并升焉”[③]，玄宗希望肃明皇后与生母享受同等的祭祀待遇。因为不合礼制，很快遭到太常博士陈贞节的反对，最后玄宗只能做出让步，“留主仪坤庙，诏隶太庙，毋置官属”[④]。另外，肃明皇后“生宁王宪、寿昌、代国二公主”[⑤]，又《旧唐书》卷九十五《睿宗诸子》：“肃明顺圣皇后刘氏生让皇帝。”[⑥]肃明皇后所生的宁王宪正是被追谥为“让皇帝”的李宪。“让皇帝”之谥号得来正是因为嫡长子李宪主动把太子之位让给三郎李隆基，日后玄宗得以登基，感激之情自然会延伸到李宪的生母肃明皇后。面对肃明皇后，玄宗内心深处有两种复杂的情感交织在一起，一方面是悲悯其命运之可怜，一方面是感激其子的让位之举，这便使得玄宗对肃明观崇敬备至。后世虽历时代变迁，但是作为玄宗的直系子孙的唐德宗也能够体会并珍视先祖的这种情感。

迁像过程中出现了一些奇异的景象，“辇舆既陈，絙绋将引，连牛胸喘而不动，群夫股慄以相视。俄而，或紫或黑，非烟或云，蓬勃窗牖之间，细缊阶砌之上”。这些景象描绘地很细致，看起来似乎带有神秘迷信的色彩。德宗皇帝以为这些现象是上天有所感应，为之骇惧，急忙下诏恢复回元观原貌。但奇怪的是，既然是皇帝已经下令恢复原貌了何故道观依然“廊庑未立”？回元观历经多年即使已经残破，也不至于“廊庑未立”。唯一解释就是在回元观迁设像的同时，对回元观的房屋建筑进行了拆卸，因此就有了碑文中描述的“连牛胸喘而不动”的景象，也解释了为何下诏后依然“廊庑未立”。回元观的建材都是玄宗极尽搜罗而得的上等材料，一旦这些材料拆卸下来，要恢复原貌是不容易的。此年为贞元十九年（803年），唐德宗于这一年的“二月丁亥，修含元殿”[⑦]，而这次修葺可能缘于贞元四年（788年）含元殿的破坏，史

① 《旧唐书》卷五十一《睿宗肃明皇后刘氏》，中华书局，1975年，第2176页。
② 《旧唐书》卷五十一《睿宗昭成皇后窦氏》，中华书局，1975年，第2176页。
③ 《新唐书》卷二百《陈贞节》，中华书局，1975年，第5694页。
④ 《新唐书》卷二百《陈贞节》，中华书局，1975年，第5694页。
⑤ 《旧唐书》卷五十一《睿宗肃明皇后刘氏》，中华书局，1975年，第2176页。
⑥ 《旧唐书》卷九十五《睿宗诸子》，中华书局，1975年，第3009页。
⑦ 顾炎武：《历代宅京城记》卷六《关中四》，中华书局，1984年，第103页。

载，贞元四年（788年）“含元殿前阶基栏槛坏损三十余间，压死卫士十余人”[①]，而且史书所载同一年京城频发的地震更加恶化了含元殿的情况。当时的唐政府正处于内外交困的局面，既要进讨藩镇，又要应对入寇的吐蕃，因此一时无法筹措足够的钱财以支付庞大的修建开支，只能拆西墙补东墙。这种做法并非首创，纵观整个唐代，类似的做法就史不绝书。如唐代宗永泰二年（766年）为修国子监、祠堂、论堂、六馆院及官吏所居厅宇，就“拆曲江亭瓦木助之”[②]。正好回元观建材是精挑细选过的，自然能作为修补含元殿材料之需。既然回元观建材已经拆卸，其主体建筑也不复存在，太乙天尊的像设如还置于此处，对于崇尚道教的唐王朝来说，无论如何都是不合适的，因此这也成为像设不得不外迁的原因。

唐文宗太和年间是回元观变迁的第二个阶段。因为贞元十九年（803年）的迁址对回元观的破坏，回元观已经极为残破，以致“入者不得其门，游者不知其方”。当时的道教领袖郄玄表上书时也说“今之人，其罔闻，后之人，其罔知”，道出了回元观衰败不堪的尴尬境地。碑文载“今上以慈修身，以俭莅物”，“今上”指的是唐文宗，此句暗喻文宗戒奢行简，主张削减财政开支。尽管碑文对文宗皇帝节俭作风极力吹捧，但是既然李唐皇室追认老子为先祖，建立了割舍不断的联系，那么就要支持道教事业的发展，对回元观“加以崇饰”自然在情理之中。太和四年（830年），文宗下诏由女道士侯琼珍负责筹集兴修经费，并按大明宫的玉晨观的标准“设坛进箓”，最后共筹得经费七十万。此笔经费用于道观修缮和新建钟楼。钟楼本是用以“警斋戒勤惰之心，时朝礼蚤暮之节”，回元观因有此钟楼而光彩夺目，碑文赞扬钟楼发出的钟声有使人警醒，改过迁善之功，“闻其声者，寝斯兴，行斯归。贪淫由是衰息，昏醉以之醒悟”。幽邃的钟声回荡在长安城中，闻名遐迩。这是回元观的一大兴复。

有关唐文宗太和年间以后回元观和碑石情况，碑文中并未提及，但从碑石出土物品和有关史料，可做一番推断。马骥先生在其文指出，碑石出土的地点并不是回元观遗址所在地，原因有二：①碑文指出的回元观所在的亲仁坊与出土地东市有一段距离；②出土地可能是资圣寺遗址[③]。笔者认为马骥先生的结论和第一个原因是对的，但原因二仍值得商榷。马骥先生在文中援引史料“贾昌大历六年，依资圣寺僧运平，居东市海池，立陀罗尼石幢，建僧房佛舍，植美草甘木”。辛德勇先生认为，这条史料只能说明运平为资圣寺僧人，并没有指出资圣寺所在，建的所谓的僧房佛舍不过是简单的供奉佛像的屋宇，故并不能证明东市有资圣寺[④]。笔者认为此论颇为精到。既然出

① 《旧唐书》卷十三《德宗下》，中华书局，1975年，第363页。

② 顾炎武：《历代宅京城记》卷六《关中四》，中华书局，1984年，第102页。

③ 马骥：《西安新出柳书“唐回元观钟楼铭碑”》，《文博》1987年第5期，第4页。

④ 辛德勇：《隋唐两京丛考》，三秦出版社，2006年，第55、56页。

土地并非资圣寺遗址所在，那佛教经幢究竟从何而来？马骥先生认为，与碑石同时出土的佛教经幢就是“陀罗尼石幢”[①]，这一点笔者并不怀疑，陀罗尼石幢是镌刻陀罗尼经文的大石柱，这种石柱自唐代就开始流行，历代留下不少，并非稀罕之物。至于石碑，则远非陀罗尼石幢所能比。石碑是由令狐楚撰文，柳公权书写的，令狐楚是为时人所推重的大文豪，而柳公权是唐代极负盛名的书法家，“当时大臣家碑志，非其笔，人以子孙为不孝。外夷入贡者，皆别署货贝曰：‘此购柳书。’”[②]因此，此碑具有极高的艺术和收藏价值，从一墙之隔的亲仁坊流入东市也是有可能的。

三、碑文作者令狐楚事迹考述

碑文明确标明，撰写此碑文者为令狐楚。令狐楚在两《唐书》中均有传。据其传，令狐楚出身于书香门第，从小受到良好的儒学教育，因此，令狐楚很早便崭露头角，显示了极其卓越的才华。令狐楚幼学文章，弱冠之年中进士，26岁及第，可谓少年得志，意气风发。令狐楚历仕德宗、顺宗、宪宗、穆宗、敬宗、文宗六朝，位至宰相。检两《唐书》令狐楚在文宗朝的仕历，大和九年（835年）十月，令狐楚“守尚书左仆射，进封彭阳郡开国公”[③]。此职官和封爵正好与碑文所载“银青光禄大夫守尚书左仆射上柱国彭阳郡开国公食邑二千户”相对应。因当时宦官专权，令狐楚多次上疏辞位，是故开成元年（836年）四月令狐楚离京，出任山南西道节度使。紧接着第二年令狐楚又死在山南西道节度使任上[④]，可见令狐楚自从外任节度使后便未返京。那么这就可以断定，碑文的成文时间上限当为大和九年（835年）十月，下限为开成元年（836年）四月之前。碑文末“开成元年四月廿日立邵建和刻”又暗示了碑文在开成元年四月二十日之前就已经完成。令狐楚卒于开成二年（837年），卒时达到72岁的高龄。可知，此碑文当为令狐楚晚年的作品。

令狐楚死后被朝廷追谥为“文”。大臣的谥号是朝廷根据大臣生平做出一种褒贬评价，是对其生平事迹和品格的总的概括。根据《谥法》，“文”有“经纬天地”“博学多闻”等多种解释，这些都是对令狐楚卓越才能的最高评价。令狐楚一生著述颇丰，留下了文集百卷，其中所撰写的《宪宗哀册文》，文风典郁哀婉，为当时文人所推重。令狐楚交游广泛，与当时文士多有交集。著名诗人李商隐就得到过令狐

---

① 马骥：《西安新出柳书“唐回元观钟楼铭碑”》，《文博》1987年第5期，第4页。

② 《新唐书》卷一百六十三《柳公权》，中华书局，1975年，第5030页。

③ 《旧唐书》卷一百七十二《令狐楚》，中华书局，1975年，第4462页。

④ 《旧唐书》卷一百二十二《令狐楚》，中华书局，1975年，第4464页。

楚的真传。史载，李商隐“及在令狐楚府，楚本工章奏，因授其学”①。因之，史书有“宰相令狐楚一代文宗”②之称，足见对其赞誉之高。

碑文云：“余与威仪，有重廿之旧，闻其所立，悦而铭之。”这句话表露了令狐楚撰文的心迹。“重廿”即四十，也就是说令狐楚与威仪郄玄表是有四十年交情的老朋友了。四十年的交情不可谓不深。从个人感情上说，令狐楚的确有不可推却的理由。老朋友慕其才名，请其撰文。令狐楚受朋友之邀更是盛情难却，而撰文一事对令狐楚来说亦非难事，自然欣然应允，“悦而铭之”，遂为后世留此不世佳作。

参考书目

[1] 刘昫等：《旧唐书》，中华书局，1975年。
[2] 欧阳修、宋祁：《新唐书》，中华书局，1975年。
[3] 司马光：《资治通鉴》，中华书局，1956年。
[4] 杜佑：《通典》，中华书局，1988年。
[5] 王溥：《唐会要》，中华书局，1955年。
[6] 姚汝能：《安禄山事迹》，中华书局，2006年。
[7] 骆天骧：《类编长安志》，中华书局，1990年。
[8] 杨慎撰，王大厚笺证：《升庵诗话新笺证》，中华书局，2008年。
[9] 徐松：《唐两京城坊考》，中华书局，1985年。
[10] 顾炎武：《历代宅京城记》，中华书局，1984年。
[11] 史念海：《西安历史地图集》，西安地图出版社，1996年。
[12] 吴钢：《全唐文补遗》第一辑，三秦出版社，1994年。
[13] 陈尚君：《全唐文补编》，中华书局，2005年。
[14] 吕思勉：《隋唐五代史》，上海古籍出版社，2005年。
[15] 黄永年：《六至九世纪中国政治史》，上海书店出版社，2006年。
[16] 辛德勇：《隋唐两京丛考》，三秦出版社，2006年。
[17] 马骥：《西安新出柳书“唐回元观钟楼铭碑”》，《文博》1987年第5期。
[18] 毕波：《隋唐长安坊市胡人考析》，《丝绸之路》2010年第24期。

① 《新唐书》卷二百三《李商隐》，中华书局，1975年，第5793页。

② 《旧唐书》卷一百六十六《元稹》，中华书局，1975年，第4332页。

北魏都城平城人口问题辨证

宋涟圭

（邯郸职业技术学院赵文化研究所）

摘　要　本文着重对叶万松、安大钧、韦娜《试论中国大古都城市的构成要件与生成环境》一文提出的北魏都城平城“百万人口”的观点及其史料依据进行了逐项核查和辨证；对都城人口的计算方法进行了探讨，提出了其平城人口计算中只增无减、范围无限扩大的问题，列举了平城时代后期严重的人口灾减史料，并指出了其洛阳僧尼人数计算的失误。同时对南北朝时期都城洛阳、邺、建康与平城的人口状况进行了比较研究，在史料分析基础上，指出按曾经达到的最多人口数由多到少排列应为邺、建康、洛阳和平城，但均未达到百万之数。

关键词　南北朝　都城　人口　辨证

20世纪80年代末，笔者在《中国历史文化名城词典》中看到“平城（今大同）作为北魏都城……发展成为一个拥有一百余万人口、规模宏大的帝都，是当时中国北方政治、军事、经济和文化的中心”①，但同书称“北魏迁都洛阳后，对洛阳城加以扩建，东西20里，南北15里，十万九千余户”②，最少也有五十多万人。可是，平城“郭城周16公里”③，比洛阳小多了，人口反而是其约二倍？不过，笔者只是一个业余文史爱好者，对此也只是脑子里一闪而过。近日，有幸拜读了叶万松、安大钧、韦娜三位先生的《试论中国大古都城市的构成要件与生成环境》（以下简称《论中国大古都》）一文，又勾起了20多年前的思绪。而该文好像是专门回答笔者的疑问似的，把平城百万人口的文献依据说得一清二楚，并分析了平城的人、地矛盾和平城与洛阳前后都之间的承继关系，同时把洛阳（还有南梁都城建康）的人口也考定为百万。

我们还认为，其中一些具体问题还有待于深入探讨，如都城的人口规模与都城占地面积之间，本应该有个合于规律的对应关系，但有的文献记载却不甚对应，如北魏都城平城外郭城面积（约12.3平方千米），显然容纳不了

---

① 《中国历史文化名城词典》，上海辞书出版社，1985年，第153页。

② 《中国历史文化名城词典》，上海辞书出版社，1985年，第498页。

③ 《中国历史文化名城词典》，上海辞书出版社，1985年，第153页。

百万人口。这就是一个需要进一步深入研究的课题。我们认为，12平方千米面积仅仅只是平城早期北魏明元帝泰常七年（422年）的城市规模。在这以前的20年间，即从北魏天兴元年（398年）至泰常三年（418年），从外地徙入平城居民54万人，再加上原有的平城住民，平城12平方千米范围内的人口规模，已经超过东汉洛阳城10平方千米50万人左右的人口规模，这说明在泰常七年修筑外郭城时，平城外郭城内人口就已经接近或处于饱和状态。但其后依然是继续不断地徙民于平城，如自北魏太武帝始光三年（426年）至太平真君九年（448年）的22年间，仅有明确记载的徙入京师平城的人口就有23万人以上。

人口的大量徙入迫使平城后期城市规模突破外郭城的束缚，向城外扩张。文献记载北魏太武帝正平元年（451年），将徙民5万余户约25万余人安置于包括京城郊区的近畿之地，“以降民五万余家，分置近畿”（《魏书·世祖纪》）。在此提请注意的是，此时文献明确记载“降民……分置近畿”，而不是以前的“徙民于平城”“徙民于京师”，这正说明了在北魏太武帝正平年间，平城的城外人口已经处于饱和状态。从上述文献记载分析，我们看到平城人口和城市规模不断变化，即平城居住区由城内向外郭城，继而向外郭城外，最后向近郊不断扩张的历史过程。由此看来，平城的百万人口自然应是包括外郭城外的人口数，同时也反映出北魏平城的实际占地面积已远远超出12.3平方千米。我们还以为，北魏迁都洛阳，在东汉、魏晋时期都城的基础上，扩大城市范围，规划并建设了323个坊，修筑了外郭城墙，以安置居民。增建外郭城使得北魏洛阳城的城市面积，从汉、魏晋时期的约10平方千米，猛增到58平方千米。这种做法既是平城城市规划的继承，也应该是总结了平城外郭城面积过于狭小的教训。

从这段话及其图二《中国大古都都城人口规模演变示意图》①中，我们可看出，北魏都城平城在中国都城，尤其是大古都发展史上是一座里程碑：它开创了中国大古都发展的百万人口等级时代，此后的一千五六百年除了元大都之外，再没有百万人口以下的大古都。

不过，也许是笔者长期从事技术工作养成的“毛病”，凡事都要验证无误才安心。于是，不由自主地对《论中国大古都》一文中认定北魏都城平城、洛阳及南梁都城建康百万人口的史料及有关问题进行了核查、辨证，并对南北朝都城洛阳、邺

① 《试论中国大古都城市的构成要件与生成环境》（打印稿），第16、17页。

（城）、建康与平城的人口状况进行了比较研究和分析，不料却发现了一些问题。现不揣冒昧地提出来，以就教于方家。

一、关于外地向平城移民的人数

1.“从北魏天兴元年（398年）至泰常三年（418年），从外地徙入平城居民54万人”的核查、辨证

（1）《魏书·太祖纪》载：天兴元年（398年）“徙山东六州民吏及徒何、高丽、杂夷三十六万、百工伎巧十万余口以充京师”[①]，这件事在《魏书·食货志》中的记载稍有不同：“既定中山，分徙吏民及徒何种人、工伎巧十万余家以充京师。”[②]如以平均每户4.6人计算则人数相同。此事虽说记在天兴元年春正月，实际上应在皇始三年春正月。故此京师当为代都盛乐。因为该年六月才诏改国号为魏，“七月（拟）迁都平城。始营宫室，建宗庙，立社稷”“十有二月己丑，帝临天文殿，太尉、司徒进玺绶，百官咸称万岁。大赦，改年（天兴）”[③]。也许是考虑到《魏书·太祖纪》所载“京师”易引起误解，司马光在《资治通鉴·晋纪·安皇帝》记载此事改为：［（隆安二年、天兴元年（398年）］春正月“辛酉，魏主珪发中山。徙山东（今太行山以东）六州吏民杂夷十余万口，充实代”。他把“徒何、高丽等三十六万人”删去了。但在其后载：“十二月己丑，魏王珪即皇帝位，大赦，改元天兴……徙六州二十二郡守宰、豪杰、吏民二千家于代都。”元胡三省注称“魏都平城，以平城为代都，依汉建国之名也”[④]。更有甚者，《太平御览·太祖道武皇帝》对这四十六万人的迁徙完全失载，只是记载了改元后的“徙六州二十二郡守宰、豪杰、吏民二千家于代都”[⑤]一事。此事《魏书·太祖纪》也记在十二月改元后。

对于这件事，笔者认为周一良先生在《中国大百科全书·中国历史》“北魏道武帝拓跋珪”条中的处理最为妥当：“先徙太行山以东六州民吏及徒何鲜卑、高丽杂夷三十六万人，百工伎巧十余万口以实代国”，“又徙东方六州二十二郡守宰、豪杰、吏民两千家于平城”[⑥]。也就是说，这一年迁徙入平城的只有这两千家。而《论中国大古都》一文却未提及。周一良先生这样处理的理由没有明说，也许是受百科全书

① 《试论中国大古都城市的构成要件与生成环境》（打印稿），第16页注①。

② 《魏书·食货志》，《二十五史》，上海古籍出版社，上海书店，1986年，第2486页。

③ 《魏书·太祖纪》，《二十五史》，上海古籍出版社、上海书店，1986年，第2177页。

④ 《资治通鉴·晋纪·安皇帝》卷一百十，上海古籍出版社，1987年，第736、741页。

⑤ 《太平御览·太祖道武皇帝》卷一百一，河北教育出版社，1992年，第1册802页。

⑥ 《中国大百科全书·中国历史（Ⅲ）》，中国大百科全书出版社，1992年，1209页。

条目撰写规范限制不便铺陈吧。笔者认为可以从《魏书·太祖纪》同年三月的记载中看出端倪，“离石胡帅选屯卫，诏给内徙新民耕牛，计口授田”。这就是说，让他们在离石屯田，从事农业生产，并选任胡帅为屯卫官①。但这里指的只是“内徙新民（三十六万）”，似不包括“百工伎巧十余万口”。因为从《史记》等典籍记载可知，从西汉开始，“民”和“百工伎巧”就是分别编户的，甚至他们的服乘都不相同。因此，这十余万口“百工伎巧”，也可能另有“置用”，即参加新都平城的建设。至于为什么又要“徙六州二十二郡守宰、豪杰、吏民二千家于平城”，是因为这些人多为精英，新都初建需要他们参与管理，充当骨干。

（2）《资治通鉴·晋纪·安皇帝》载：隆安三年、天兴二年（399年），“魏军大破高车三十余部，获七万余口，……南抵平城。使高车筑鹿苑，广数十里”②。

《资治通鉴·晋纪·安皇帝》所载这段话的原文是：隆安三年、天兴二年（399年），“二月丁亥朔，魏军大破高车三十余部，获七万余口，马三十余万匹，牛羊百四十余万头。卫王仪别将三万骑，绝漠千余里。破（高车）七部，获二万余口，马五万余匹，牛羊二万余头。高车部大震。……魏主珪大猎于牛川之南，以高车人为围，周七百余里。因驱其禽兽，南抵平城。使高车筑鹿苑，广数十里”③。

这件事，《太平御览·太祖道武皇帝》记载：天兴二年“二月，破高车，以所获之众起鹿苑于南台阴，北距长城东苞白登属之西山，广轮数十里，凿渠引武川水注之苑中，疏为三沟，分流宫城内外。又穿鸿雁池。……秋七月，起天华殿。大阅于鹿苑，飨赐各有差”④。

《魏书·太祖纪》也载了这件事：天兴二年，“二月丁亥朔，诸军同会大破高车杂种三十余部，获七万余口，马三十余万匹，牛羊百四十余万（头）。骠骑大将军卫王仪督三万骑，别从西北绝漠千余里。破其遗迸七部，获二万余口，马五万余匹，牛羊二十余万头。高车二十余万乘并服玩诸物还次牛山及薄山，并刻石记功，班赐从臣各有差。……以所获高车众起鹿苑于南台阴，北距长城东苞白登属之西山，广轮数十里，凿渠引武川水注之苑中，疏为三沟，分流宫城内外。又穿鸿雁池。……秋七月，起天华殿。辛酉大阅于鹿苑，飨赐各有差”⑤。

三书所记载详略不同。也许是《魏书·太祖纪》失记大猎之事，没有“南抵平城”之语，故《论中国大古都》弃之，而用《资治通鉴·晋纪·安皇帝》所载。但细

① 《魏书·太祖纪》，《二十五史》，上海古籍出版社、上海书店，1986年，第2177页。

② 《试论中国大古都城市的构成要件与生成环境》（打印稿），第16页注①。

③ 《资治通鉴·晋纪·安皇帝》卷一百十一，上海古籍出版社，1987年，第742页。

④ 《太平御览·太祖道武皇帝》卷一百一，河北教育出版社，1992年，第1册802页。

⑤ 《魏书·太祖纪》，《二十五史》，上海古籍出版社、上海书店，1986年，第2177页。

读原文可知，“南抵平城”的是大猎所驱赶的禽兽，而不是“所获高车众”，即俘虏。这些俘虏是9万而不是7万，他们先被用于围住“周七百余里”的猎场，后又使其在南台阴修筑鹿苑。这鹿苑是可以进行“大阅”的地方，“广轮数十里”，而不是平城。因此，这7万（实为9万）也不能算是迁徙入平城的人口。

（3）《魏书·太宗纪》载：泰常三年（418年），“帝自突门岭待之，道生至龙城，徙其民万余家而还（京师）”，每户以平均5口计算，约5万人[①]。

其实，这一年的人口迁徙共有三批（次）。《魏书·太宗纪》记载：“魏泰常三年（418年）：春正月丁酉朔，帝自长川诏护高车中郎将薛繁，率高车、丁零十二部大人众北略。至弱水，降者二千余人，获牛马二万余头，河东胡蜀五千余家相率内属。夏四月己巳，徙冀、定、幽三州徒何（鲜卑）于京师。五月丙午，诏……遣征东将军长孙道生、给事黄门侍郎奚观率精骑二万袭冯跋。又命……北趋辽西为声势。帝自突门岭待之，道生至龙城，徙其民万余家而还。”[②]

《资治通鉴·晋纪·安皇帝》义熙十四年所记与此基本相同，只是第一次未记明具体人、户数，只说“至弱水而还”；第二次是把“京师”改作“代都”；第三次则详细说明是“道生拔乙连城，进攻和龙，与燕单于右辅古泥战，破之，杀其将皇甫轨。燕王跋婴城自守。魏人攻之不克，掠其民万余家而还”[③]。

也就是说，这一年真正迁徙入平城的只有“冀、定、幽三州徒何”，因为他们也是鲜卑人。

《魏书·太宗纪》所载，三次分别用“内属”“徙……于京师”和“掠……而还”的不同表述方式，说明作者魏收是很善于掌握分寸的，也是切合当时统治者的移民政策的。对于战俘和掳掠的吏民是决不会将他们大量安置在都城内的。道理很简单，以天兴元年（398年）“先徙太行山以东六州民吏及徒何鲜卑、高丽杂夷三十六万人，百工伎巧十余万口以实代国”为例，如把这46万人安置在都城，拓跋珪能睡得安生吗?

由此看来，从北魏天兴元年（398年）至泰常三年（418年），从外地徙入平城的居民只有两批，即“徙六州二十二郡守宰、豪杰、吏民二千家于代都”和“徙冀、定、幽三州徒何（鲜卑）于京师”，充其量也就是几万人。即使加上“百工伎巧十余万口”也只有十几万人。《论中国大古都》对这两次真正徙入平城的事都未提及，而其所谓“54万人（实际当为60万）”中的大多数44万（50万）都是充实了所谓内地，而非都城平城。因此，说“在泰常七年修筑外郭城时，平城外郭城内人口就已经接近或处于饱和状

① 《试论中国大古都城市的构成要件与生成环境》（打印稿），第16页注①。

② 《魏书·太祖纪》，《二十五史》，上海古籍出版社、上海书店，1986年，第2180页。

③ 《资治通鉴·晋纪·安皇帝》卷一百十八，上海古籍出版社，1987年，第792页。

态”，似不能成立。如果真是这样的话，明元帝拓跋嗣还会修这么小的郭城吗？

2.“自北魏太武帝始光三年（426年）至太平真君九年（448年）的22年间，仅有明确记载的徙入京师平城的人口就有23万人以上”的核查、辨证

（1）《魏书·世祖纪》载：始光三年（426年）袭据于统万城的“赫连昌，壬午至其城下。徙万余家而还……人在道多死，其能到都者才十（之）六、七”①。

这段记载的原文如下：

（始光三年）冬十月丁巳，（帝）车驾西伐，幸云中，临君子津。会天暴寒，数日冰结。十有一月戊寅，帝率轻骑二万袭赫连昌。壬午至其城下，徙万余家而还。语在昌传。至祚山班，所虏获以赐将士，各有差……

始光四年春正月乙酉，车驾至。自西伐赐留台文武生口，缯帛马牛各有差。从人在道多死，其能到都者才十（之）六、七。②

也就是说，这次西伐，因天寒地冻，从始光三年，“冬十月丁巳”从平城（都）出发，到“始光四年春正月乙酉”才回到都城。虽然“徙万余家而还”，但“所虏获以赐将士”，“赐留台文武生口，缯帛马牛”，并没有把他们带回平城。即使这样，还是损失很大，“从人在道多死，其能到都者才十（之）六、七”，即跟随帝西伐的人（兵将）死了百分之三四十。

（2）《资治通鉴·宋纪·太祖文皇帝》载：宋元嘉十六年、北魏太延五年（439年）北魏军东归，“徙沮渠牧犍宗族，及吏民三万户于平城”③。

《资治通鉴·宋纪·太祖文皇帝》载，宋元嘉十六年、北魏太延五年，“冬十月辛酉，魏主东还。留乐平王丕及征西将军贺多罗镇凉州，徙沮渠牧犍宗族及吏民三万户于平城”④。

《魏书·世祖纪》所载此事：魏太延五年，“冬十月辛酉，车驾东还。徙凉州民三万余家于京师。留骠骑大将军乐平王丕、征西将军贺多罗镇凉州”⑤。

两书所记基本相同。但这三万户不是战俘也不是强虏的吏民，而是归附内属的：“九月丙戌，牧犍兄子万年率麾下来降。是日，牧犍与左右文武五千人面缚军门。帝解其缚，以藩臣之礼收其城内户口二十余万，仓库珍宝不可称计。”而此时（九月）“戊子，蠕蠕犯塞，遂至七介山，京师大骇。太子命上党王长孙道生等拒之”，因

① 《试论中国大古都城市的构成要件与生成环境》（打印稿），第16页注②。

② 《魏书·世祖纪》，《二十五史》，上海古籍出版社、上海书店，1986年，第2181页。

③ 《试论中国大古都城市的构成要件与生成环境》（打印稿），第16页注②。

④ 《资治通鉴·宋纪·太祖文皇帝》卷一百二十三，上海古籍出版社，1987年，第826页。

⑤ 《魏书·世祖纪》，《二十五史》，上海古籍出版社、上海书店，1986年，第2183页。

此，帝“车驾东还”①。

（3）《资治通鉴·宋纪·太祖文皇帝》载：太平真君七年（446年）“魏主徙长安工巧二千家于平城”。太平真君八年“魏人徙定州丁零三千家于平城”②。

《资治通鉴·宋纪·太祖文皇帝》所载原文：宋元嘉二十三年、北魏太平真君七年，“魏主徙长安工巧二千家于平城”③。

《资治通鉴·宋纪·太祖文皇帝》：宋元嘉二十四年、北魏太平真君八年，“魏人徙定州丁零三千家于平城”④。

《魏书·世祖纪》所记：太平真君七年，“二月……（帝）幸雍城，田于岐山之阳。北道诸军乙拔等大破盖吴于杏城，吴弃马遁走。永昌王仁至高平，擒刘义隆将王章。略金乡方与，迁其民五千家于河北。高凉王那至济南东平陵，迁其民六千余家于河北。三月，诏诸州：坑沙门，毁诸佛像。徙长安城工巧二千家于京师”。

太平真君八年，“（二月）癸未，（帝）行幸中山。……三月，河西王沮渠牧犍谋反，伏诛。徙安州丁零三千家于京师”⑤。

两书所载基本相同，唯太平真君八年之事，《魏书·世祖纪》所记为“徙安州”，而《资治通鉴·宋纪·太祖文皇帝》则为“徙定州”。从《魏书·世祖纪》所记前后文看，似应安州（今河北隆化）为宜。

（4）《魏书·世祖纪》载：太平真君九年“徒（徙）西河离石之民五千余家于京师”⑥。原文如下：太平真君九年，“二月癸卯，（帝）行幸定州。山东民饥，启仓赈之。罢塞围作，遂西幸上党。诛潞叛民二千余家，徙西河离石民五千余家于京师”⑦。

《资治通鉴·宋纪·太祖文皇帝》所载：宋元嘉二十五年、北魏太平真君九年，“二月癸卯，魏主如定州。罢塞围役者，遂如上党。诛潞县叛民二千余家，徙河西离石民五千余家于平城河西当作西河”⑧。

（5）以上共4.6万～4.7万户，每户以平均5口计算。以上共计23万～23.5万人左右⑨。

通过以上核查，明确徒入平城的约4万户，每户以平均5口计算，约20万人。

---

① 《魏书·世祖纪》，《二十五史》，上海古籍出版社、上海书店，1986年，第2183页。

② 《试论中国大古都城市的构成要件与生成环境》（打印稿），第16页注②。

③ 《资治通鉴·宋纪·太祖文皇帝》卷一百二十四，上海古籍出版社，1987年，第835页。

④ 《资治通鉴·宋纪·太祖文皇帝》卷一百二十四，上海古籍出版社，1987年，第837页。

⑤ 《魏书·世祖纪》，《二十五史》，上海古籍出版社、上海书店，1986年，第2184页。

⑥ 《试论中国大古都城市的构成要件与生成环境》（打印稿），第16页注②。

⑦ 《魏书·世祖纪》，《二十五史》，上海古籍出版社、上海书店，1986年，第2184页。

⑧ 《资治通鉴·宋纪·太祖文皇帝》卷一百二十四，上海古籍出版社，1987年，第837页。

⑨ 《试论中国大古都城市的构成要件与生成环境》（打印稿），第16页注②。

二、关于平城人口的计算方法

《论中国大古都》一文计算平城人口的方法非常简单明了，就是把历年迁徙入平城的人口，加上平城建都前原有的居住民人数。先是说："北朝北魏平城。有学者认为，北魏太和十七年（493年），平城城区人口大约30万；也有学者统计，仅道武帝时期，从北方各地向平城京畿迁徙的人口就有150余万人，直至冯太后临期称制，'把平城建设成一座市井繁华，人口百万，中国历史上最大的城市'。"①虽然注明了三个数的出处，但未提供具体文献依据。后面说："从北魏天兴元年（398年）至泰常三年（418年），从外地徙入平城居民54万人，加上原有的平城住民，平城12平方千米范围内的人口规模，已经超过东汉雒阳城10平方千米50万人左右的人口规模，这说明在泰常七年修筑外郭城时，平城外郭城内人口就已经接近或处于饱和状态。但其后依然是继续不断地徙民于平城。如自北魏太武帝始光三年（426年）至太平真君九年（448年）的22年间，仅有明确记载的徙入京师平城的人口就有23万人以上。"②这就是说，原住民30万+54万+23万=107万。说平城有百万人口是有根有据的了。

这77万移民的情况是否准确，前面已做了核查、辨证。现在再说说这种计算方法是否合理。大家都知道，人口是一个动态的数字，除了自然的生老病死的增减之外，还有社会环境的影响也非常大，有时甚至比自然增减要大得多。从上述引文看，《论中国大古都》所说的"百万人口"当在太平真君九年（448年）左右实现，我们暂且设定为448年。这就引出了一个问题：从398年到448年的50年间，这77万移民都还活着且仍生活在平城吗？原住民是否能保持自然增减平衡，始终保持30万？看来，这是不太可能的。再退一步，真的实现了这种设想，能一直保持到迁都洛阳吗？因为，该文前面已说到"北朝北魏平城。有学者认为，北魏太和十七年（493年），平城城区人口大约30万"，而这正是迁都洛阳前一年的人口。遗憾的是，作者没有提供文献依据，未能核实。如果把这作为平城原住民的人口数，显然是不妥的。

《论中国大古都》一文的作者也许是意识到了这个问题，于是又提出：人口的大量徙入迫使平城后期城市规模突破外郭城的束缚，向城外扩张。文献记载北魏太武帝正平元年（451年），将徙民5万余户约25万余人安置于包括京城郊区的近畿之地，"以降民五万余家，分置近畿"（《魏书·世祖纪》），并说，"我们看到平城人口和城市规模不断变化，即平城居住区由城内向外郭城，继而向外郭城外，最后向近郊不断扩张的历史过程。由此看来，平城的百万人口自然应是包括外郭城外的人口

① 《试论中国大古都城市的构成要件与生成环境》（打印稿），第13页及其注②③④。

② 《试论中国大古都城市的构成要件与生成环境》（打印稿），第16页。

数”[①]。这样一来，不管平城建都前的原住民有多少，城内的移民77万加上这郭外近畿移民25万，就已经超过百万了。

这涉及古代都城（城市）人口计算方法的另一个问题：要不要计算城郭以外的人口？笔者认为不能算。《汉语大字典》对“城”的解释，其本义就是一条：“都邑四周用作防守的墙垣，内称城，外称郭。”其功能，一如《说文·土部》所谓：“城，以盛民也。”二如《孟子·七患》所言：“城者，所以自守也。”[②]也就是说，一是容纳老百姓（民）及其管理者帝王将相官吏居住的空间，还有管理与生活所需的衙署、市场、祠庙寺观等；二是便于守卫，防止敌人侵犯。如果包括城郭以外人口，那么对这部分人口来说，第二条功能就很难以实现了。而这在冷兵器时代是非常必要的。他们若不是迁入已有近畿城邑，就要在近畿另筑新城邑来安置。如前面提到的“使高车筑鹿苑，广数十里”。还有，“王畿千里，以象日月之大，中置国城，面各五百里”[③]。北魏“天兴初，制定京邑，东至代郡，西及善无，南极阴馆，北尽参合，为畿内之田”[④]。如果包括近畿，即《论中国大古都》所谓“京城附近地区，也包括京城郊外”，如此大的范围，哪里是界限？其实，“魏晋南北朝和隋唐时期都城的宫苑偏于城市北部或西北隅，分建宫城、皇城和外郭三重城垣，以加强防卫；民居、官衙、寺观被局限在皇城以外的郭城内，用高大的坊墙围成若干封闭的长方形或方形坊区，以助于强化对市民的控制。市肆集中在一二个坊内，由官府统一管理，定时启闭。整个城市呈现棋盘格状封闭式的格局”[⑤]。北魏时期对京城内外的管理也是有明确区分的。《洛阳伽蓝记》卷五末记载：“京师东西二十里，南北十五里。户十万九千余。庙社宫室府曹以外，方三百步为一里，里开四门，门置里正二人，吏四人，门士八人。合有二百二十里。寺有一千三百六十七所。天平元年迁都邺城。洛阳余寺四百二十一所。”接着列举了冯王寺、白马寺、照乐寺等十四寺后说，“如此之寺，既郭外，不在数限”[⑥]。也就是说，这些在城郭外的寺不在前述寺的统计数（1367所）之内。寺尚且如此统计，何况人的户口？前述的户数（109 000）当然也不包括郭城外的户数了。对平城人口的计算也应如此。

下面再讲讲人口的非自然减少问题。北魏自统一至分裂的一百多年间，战争频

---

① 《试论中国大古都城市的构成要件与生成环境》（打印稿），第17页。

② 《汉字大字典》（缩印本），湖北辞书出版社、四川辞书出版社，1992年，第84页。

③ 《周礼·地官·大司徒》贾公彦疏，转引自《汉字大字典》（缩印本），湖北辞书出版社、四川辞书出版社，1992年，第1067页。

④ 《魏书·食货志》，《二十五史》，上海古籍出版社、上海书店，1986年，第2486页。

⑤ 《中国大百科全书·中国历史（Ⅰ）》，中国大百科全书出版社，1992年，483页。

⑥ 《洛阳伽蓝记》，中华书局，2012年，第398页。

繁，天灾人祸不断。这里且不讲人祸（内外战乱）仅从天灾方面作一分析。

据宋王钦若等《宋本册府元龟》卷一四三“弥灾”条[①]记载，从464年到493年这30年间，光皇帝下罪己诏消弥旱灾就达五次：

（1）后魏文成和平五年（464年）四月，帝以旱故减膳、责躬。

（2）太和四年（480年）二月癸巳，诏曰：……膏雨不降，岁一不登，百姓饥乏。朕甚惧焉。其敕天下，祀山川群神及能兴云雨者……

（3）（太和）五年（481年）四月甲寅，诏曰：时雨不沾霑，春苗萎悴。诸有骸骨处，皆敕埋藏，勿令露见。有神祇之所，悉可祷祈。

（4）（太和）十五年（491年），正月不雨至于四月。有司奏祈百神，诏曰：……有罪在予一人。今普天丧恃，幽显同哀，神若有灵，犹应未忍……惟当考躬责己，以待天谴。

（5）（太和）十七年（493年），五月丁丑，以旱撤膳。

其中，太平五年的那次，饿殍遍地，竟至死后无人收尸埋骨，需要皇帝下诏解决的程度。可以想见，除了饿死，外出逃荒的人更多。

有人或许会说，这些灾害不一定都发生在平城。笔者考察《宋本册府元龟》的行文习惯，如发生在外地，都会写明地点，如“（延昌）三年（514年）二月，诏曰：肆州秀容郡敷成县、雁门郡原平县并自去年四月以来，山鸣地震，于今不已”，因此，没有写明的当在京师一带。

还有更严重的：“太宗永兴（409～413年）中，频有水旱，诏简宫人。非所当御及非执作伎巧自余，出赐鳏民。神瑞二年（415年），又不熟，京畿之内，路有行馑，帝以饥将迁于邺。用博士崔浩计乃止。于是分简尤贫者就食山东。”[②]（太和）十一年（487年）六月癸未，诏曰：“春旱至今，野无青草。上天致谴，实由匪德。百姓无辜，将罹饥馑。寤寐思求，罔知所益。公卿内外股肱之臣，谋猷所寄，其极言无隐，以救民瘼。”秋七月己丑，诏曰：“今年谷不登，听民出关就食，遣使者造籍，分遣去留，所在开仓赈恤。”九月庚戌，诏曰：“去夏以岁旱民饥，须遣就食，旧籍杂乱，难可分简，故依局割民，阅户造籍，欲令去留得实，赈贷平均。然乃者以来，犹有饿死衢路，无人收识。良由本部不明，籍贯未实，廪恤不周，以至于此。朕猥居民上，闻用概述。可重遣精俭，勿令遗漏。”[③]前者竟严重到拟迁都的程度，后者也严重到“饿死衢路，无人收识”，最后只能以向关外移民“就食”来渡过难关。

① 王钦若等：《宋本册府元龟》卷一四三《弥灾》，中华书局，1989年，第220、221页。

② 《魏书·食货》，《二十五史》，上海古籍出版社、上海书店，1986年，第2468页。

③ 《魏书·高祖纪》，《二十五史》，上海古籍出版社、上海书店，1986年，第2191页。

这些灾荒使平城减少了多少人口？由于“永安末年，胡贼入洛，官司文簿散弃者多。往时编户，全无追访”①，今天已无从查考了。

按《魏书》撰者魏收的说法，北魏“正光（524～534年）已前，时惟全盛。户口之数比夫晋之太康，倍而已矣”②。唐杜佑《通典·食货》也采此说。而平城时代末期，灾荒不断。除上引之外，“（太和）九年（485年）诏曰：数州灾，水，饥馑荐臻，致有卖鬻男女者……是年，京师及州镇十三，水伤秋稼”③。十二、十四年则是“京师大风拔树发屋”④。笔者认为，这不仅是统治者要不断向关内和平城移民补充人口的原因，也是促使魏孝文帝元宏决意迁都洛阳的原因之一。

三、平城与南北朝其他都城人口的比较

《中国大百科全书·中国历史》“魏晋南北朝都城”条目中列出南北朝时期比较稳定、定都时间较长的主要都城有长安、洛阳、邺城、建康和平城。

长安虽是西汉旧都，两汉之际因战乱已遭受严重破坏。东汉末和西晋末，长安又二度短暂为都并二度被毁。“此后，十六国的前赵、前秦、后秦及北朝的西魏、北周先后以长安为首都共一百二十五年。但有的政权为时甚短，如前赵仅存十一年，有的仅占关中部分地区，如前赵、后秦，故虽为都城，因战乱不息，长安城始终未能恢复昔日繁荣。”⑤因此本文仅对洛阳、邺城、建康和平城做一比较。

洛阳是东汉旧都。“190年董卓逼献帝迁长安时，‘悉烧宫庙官府居家’，洛阳惨遭毁灭性破坏。六年后，献帝东还时，‘宫室烧尽，街陌荒芜’。同年，曹操迎帝都许（今河南许昌东）。221年魏文帝曹丕才重新建都于此，重建宫室。265年司马炎代魏建晋，都洛不改。直至311年刘曜攻占洛阳，怀帝被俘止。魏晋两代以洛阳为首都共九十年。493年北魏孝文帝定计自平城迁都洛阳，495年六宫及文武百官尽迁洛阳，至534年分东西魏，北魏都洛凡四十年。”⑥

“北魏时的洛阳城，是在魏晋城基础上重建的，规模比魏晋时更大，史称‘东西二十里，南北十五里’。宫殿集中建在旧城中部稍偏西北的地方。现在金村以南，人们俗称‘金銮殿’的地方，还保存着南北六十米、东西一百米的高地，就是原来主要

---

① 《魏书·地形志·序》，《二十五史》，上海古籍出版社、上海书店，1986年，第2449页。
② 《魏书·地形志·序》，《二十五史》，上海古籍出版社、上海书店，1986年，第2449页。
③ 《魏书·高祖纪》，《二十五史》，上海古籍出版社、上海书店，1986年，第2190页。
④ 均见《魏书·灵徵志》，《二十五史》，上海古籍出版社、上海书店，1986年，第2492页。
⑤ 《中国大百科全书·中国历史（Ⅲ）》，中国大百科全书出版社，1992年，第1209页。
⑥ 《中国大百科全书·中国历史（Ⅲ）》，中国大百科全书出版社，1992年，第1209页。

宫殿的台基。宫城以外修建了三百二十三街坊、二百二十里弄，全城有十万九千多户。有三个热闹的市场。”“北魏盛行佛教，洛阳佛寺林立，多达一千三百六十七所。”①这与前面所引的《洛阳伽蓝记》记载是一致的。《论中国大古都》中说：“北魏佛事殷盛，洛阳寺院多达1300余所，国内外僧侣云集，各寺僧人少者数十，多者逾千。如《洛阳伽蓝记》记载，城东秦太上君寺，‘受业沙门，亦有千数’，城西永明寺‘百国沙门，三千余人’。若以均30人计算，洛阳僧人可达40万人。”②（按：此处平均人数似有误。若均30人，总数则只有约4万人。均300人，总数才可达40万人。）这样的大寺还有城内的永宁寺，（有）“僧房楼观一千余间”。该寺遗址“于1979年正式发掘。永宁寺寺院东西长303米，南北宽215米，东南西三壁尚存一门，方形夯土塔基位于寺院中央，高于地面约5米，塔北有殿堂遗迹”③。也就是说，该寺占地65 000多平方米，合97.5亩。但如此大寺毕竟只是极少数。否则在城里（郭城以内）是很难容纳下1367所平均300僧尼的大寺的。因为城内只有220里的地方，平均每里需建有6所多寺才行。而每里只有方三百步的面积，即90 000平方步，每亩为240平方步，计合375亩，约折合今260亩。寺院不是民居，除了僧尼的生活起居场所，还要有大量佛殿和法事用地等。就算300僧尼的寺院只有永宁寺的1/3计算，每寺32.5亩，6所就是195亩，占了3/4，留给民居及公共用地（道路、市场等）只有65亩，显然是不现实的。

那么，城内这一千多寺的僧尼人数应如何计算呢？《洛阳伽蓝记·自叙》说：“然寺数最多，不可遍写。今之所录，上大伽蓝。其中小者，取其祥异、世谛俗事，因而出之。”④遗憾的是，作者没有写明僧尼数。但在《魏书·释老志》上有一个与此几乎同时代的记载是：“自正光（520～524年）至此，京城内寺新旧且百所，僧尼两千余人。”⑤这百所当是比较大的寺，其他千余所寺或当更小。即使都按此计算，洛阳城内寺院的平均僧尼数也只约20人。1367所合计为27 340人。这一数字的可信度，还有一个时间相距不远的旁例可证：“（北）齐国佛教比（北）魏更盛，都下（邺）大寺约四千所，住僧尼将近八万。”⑥

至于洛阳的户口数，《中国城市发展史》谓：“孝文帝迁都洛阳，命大臣穆克、李冲、董爵等，重建洛阳城，营造宫室。其一，在洛阳营建320坊。其二，修建铜驼大街等城内道路，使之四通八达。其三，设洛阳三市：洛阳小市，也叫鱼鳖市；四

① 《名城史话》上册，中华书局，1984年，第105页。

② 《试论中国大古都城市的构成要件与生成环境》（打印稿），第13页。

③ 罗宗真：《魏晋南北朝考古》，文物出版社，2001年，第21页。

④ 《洛阳伽蓝记》，中华书局，2012年，第6页。

⑤ 《魏书·释老志》，《二十五史》，上海古籍出版社、上海书店，1986年，第2506页。

⑥ 范文澜：《中国通史简编》，人民出版社，1964年，第505页。

通市；洛阳大市。其四，迁移10多万手工业者到洛阳，洛阳人口增加到三四十万，促使洛阳手工业、商业较快发展。”[①]到了北魏末年，据《洛阳伽蓝记》所记，“户十万九千余”，没有区分民、吏、百工等，应是总数（军队不可能大量驻扎在京城内）。而这时已“检括户口”，实行三长制、均田制多年，豪强地主隐匿的户口已大大减少。因此，即按《论中国大古都》的计算法（以464年南朝宋孝武帝大明八年户口比率5.17），为56.3万。因此，当时洛阳的总人口约为60余万人。

再说邺城，今河北临漳西南。本系“东汉末年冀州治所，为河北平原统治中心。204年曹操破袁氏，攻下邺城后，自领冀州，即以邺为根据地经营河北。继而自署为丞相、封魏公，晋魏王。此后东汉名义上的都城在许，实际上政权中心在冀州、丞相府、魏都所在的邺。曹丕代汉建魏后，邺降为五都之一（曹魏以长安、谯、许昌、邺和洛阳合称五都）。十六国时，335年至352年的后赵、冉魏，357年至370年的前燕，北朝时534年至577年的东魏、北齐相继都邺，共七十三年”[②]。邺城在北魏末从洛阳迁都邺城前的人口未见明确记载。但有几件事可从侧面证明北魏时期的邺城还是相当繁华的。一是皇始三年、“天兴元年（398年）春正月，慕容德走保滑台，仪克邺。收其仓库，诏赏将士各有差……帝至邺，巡登台榭，遍览宫城，将有定都之意”[③]。这说明当时邺城市政人口状况比盛乐、平城要好。二是“太宗永兴（409～413年）中，频有水旱，诏简宫人。非所当御及非执作伎巧自余，出赐鳏民。神瑞二年（415年），又不熟，京畿之内，路有行馑，帝以饥将迁于邺。用博士崔浩计乃止。于是分简尤贫者就食山东”[④]。这表明当时邺城的经济繁荣，人口状况比平城要好。三是北魏孝文帝迁都洛阳前，频繁“幸邺”，并曾“起宫殿于邺西”。在已决定迁都洛阳后，还于（太和）“十有八年（494年）春正月丁未朔，朝群臣于邺宫澄鸾殿”。这表明当时邺城比此前（太和十七年）“庚午，（孝文帝）幸洛阳，周巡故宫基址，帝顾谓侍臣曰：‘晋德不修，早倾宗祀。荒毁至此，用伤朕怀’”的洛阳繁华多了[⑤]。正因为如此，孝文帝认为“邺城非长久之地，石虎倾于前，慕容灭于后，国富主奢，暴成速败”[⑥]，才没有迁都于邺城。此后四十年，邺城处于平稳发展状态。因此，参考平城、洛阳情况，北魏末从洛阳迁都邺城前，其人口不会少于30万。

北魏末年，孝武帝元修西入长安，高欢另立11岁的元善见为帝，下令迁都邺城。

---

① 傅崇兰、白晨曦、曹文明：《中国城市发展史》，社会科学文献出版社，2009年，82页。

② 《中国大百科全书·中国历史（Ⅲ）》，中国大百科全书出版社，1992年，第1209、1210页。

③ 《魏书·太祖纪》，《二十五史》，上海古籍出版社、上海书店，1986年，第2177页。

④ 《魏书·食货》，《二十五史》，上海古籍出版社、上海书店，1986年，第2468页。

⑤ 《魏书·高祖纪》，《二十五史》，上海古籍出版社、上海书店，1986年，第2192页。

⑥ 《太平御览·叙京都（下）》卷一五六，河北教育出版社，1992年，第316页。

永熙三年（534年）“冬十月丙寅即位于（洛阳）城东北，大赦天下，改永熙三年为天平元年。……丙子，车驾北迁于邺”“十有一月……庚寅，车驾至邺，居北城”[①]。“诏下三日，车驾便发，户四十万，狼狈就道”[②]，为安抚这庞大的随迁人群，“诏从迁之户，百官给复三年，安居人五年”，并“徙邺旧人西径百里以居新迁之人”[③]。这是一种腾笼换鸟的政策，即让邺城原有居民迁出，在邺城西部百里之地内安置，而把随迁的40万户官民安置在邺城内。即使按每户3人计算，则总人数也达120万。这无论如何也是原邺北城无法容纳的。因此，天平二年（535年）八月“甲午，发众七万六千人营新宫”[④]，“在邺北城之南增筑南城，‘城东西六里，南北八里六十步’（《北齐书·高隆之传》）。邺南城的营构由尚书令右仆射高隆之负责，‘上则宽章前代，下则模定洛京’（《北齐书·李业兴传》）。北魏洛阳城不但被‘模写（定）’，而且其宫殿的建筑材料等还被拆运到邺南城使用”。“经初步调查钻探，基本确定了邺南城的范围和平面布局。邺南城城址平面呈长方形，东西约2800、南北约3460米。东、南、西城垣为新筑，北垣借用邺北城之南垣。”[⑤]“曹魏至十六国时期的邺城，俗称邺北城。据《水经注·浊漳水》记载，曹魏邺城‘东西七里，南北五里’。经初步勘探实测，曹魏邺城平面基本呈长方形，东西长2400～2620、南北宽1700米。漳河历年泛滥，城内遗迹现在基本埋没于漫漫流沙之中。”“十六国时期（335～370年），邺北城先后成为后赵、冉魏、前燕的国都。由于西晋永嘉元年（307年）‘八王之乱’，邺北城遭到严重破坏，后赵遂对邺北城进行了大规模的营建，但在都城总体规制方面无大的改变。”[⑥]按当时的度量规制1里=300步×6尺×0.245米=441米计算，邺北城的面积为（7×441／1000）×（5×441／1000）=（3.087×2.205）≈6.82平方千米。邺南城既然“北垣借用邺北城之南垣”，两者应该一样长，即“东西七里”。《北齐书·高隆之传》所记或有笔误或刻误，这也为考古数据所证实，尽管受漳河历年泛滥影响，仍达约2800米。故邺南城的面积为（7×441／1000）×（8.2×441／1000）≈（3.087×3.616）≈10.66平方千米。南北城总计17.48平方千米。显然，城内还是很难容纳下120万人口的。也许是当时的统治者已考虑到这个问题，在腾笼换鸟的同时，采取了“分邺置临漳县”[⑦]的措施。具体分置出去多少户口，未见记载。但作为皇畿中

① 《魏书·孝静纪》，《二十五史》，上海古籍出版社、上海书店，1986年，第2205、2206页。

② 《北齐书·神武帝纪》，《二十五史》，上海古籍出版社、上海书店，1986年，第2512页。

③ 《魏书·孝静纪》，《二十五史》，上海古籍出版社、上海书店，1986年，第2206页。

④ 《魏书·孝静纪》，《二十五史》，上海古籍出版社、上海书店，1986年，第2206页。

⑤ 罗宗真：《魏晋南北朝考古》，文物出版社，2001年，第22、23页。

⑥ 罗宗真：《魏晋南北朝考古》，文物出版社，2001年，第11、15页。

⑦ 《魏书·孝静纪》，《二十五史》，上海古籍出版社、上海书店，1986年，第2206页。

的近畿，地方不会太小，人口也不会太少。如按分置出去1/4，即30万计算，那么邺都的人口为90万。至于僧尼人口，有两个数据可以参考。一是《洛阳伽蓝记·自叙》中说："永熙多难，皇舆迁邺。诸寺僧尼亦与时徙。"其卷五末尾又说："天平元年迁都邺城。洛阳余寺四百二十一所。"①也就是说，洛阳城里寺院拆迁到邺城的至少有946所，再加上原有寺院，应在千所左右，僧尼2万余人。二是按十几年后的"齐国佛教比魏更盛，都下（邺）大寺约四千所，住僧尼将近八万"②的一半计算，则为大寺两千所（含从洛阳迁邺之寺），僧尼4万人。两者取其中，即3万人。因此，当时邺城总人口约为93万。

建康，今南京。"东汉末，211年孙权自京城（今江苏镇江）迁治秣陵，次年改名建业。除211年至229年，265年至267年初两次徙都武昌（今湖北鄂城）外，建业始终是孙吴政权的首都，直至280年为西晋所灭。西晋末因避愍帝司马邺讳，改名建康。317年后又为东晋首都。以后南朝的宋、齐、梁、陈，除梁元帝时首尾有三年（552～554年）都江陵外，均以建康为首都。自孙权至589年隋灭陈，建康（建业）为六朝首都前后约三百三十年。"③《太平寰宇记·昇州》记载："按《金陵记》云：梁都之时，城中二十八万余户。西至石头城，东至倪塘，南至石子岗，北过庄山，东西、南北各四十里。"④这里写得明明白白，梁都城是以宫城为中心，"东西、南北各四十里"，即$(40\times441/1000)^2\approx311$平方千米。郭城范围内的户口为28万余户。但内城并不大。"480年（南齐建元二年），将建康城周围土墙全部改用大砖砌造，新修砖城周围20里19步，每边约有6里。"⑤按此计算，面积约为$(6\times441/1000)^2\approx7.2$平方千米。实际上，萧梁时期建康内城的人口，《资治通鉴·梁纪·高祖武皇帝》上有明确记载：太清三年（549年）"三月丙辰朔，立坛于太极殿前，告天地，以（侯）景违盟，举烽鼓噪。初，闭城之日，男女十余万。擐甲者二万余人。被围既久，人多身肿气急。死者什（之）八九，乘城者不满四千人，率皆羸喘。横尸满路，不可瘗埋，烂汁满沟"⑥。擐甲者，《南史》作三万。也就是说，侯景之乱之初，建康城（内城）原先有军民十二三万人，军队应是为了保卫皇城临时调防的 。另外，总拿近百年前，南朝宋孝武帝大明八年、魏和平五年（464年）的一次户、口比率来计算人口似也欠妥，如按此比率，从洛阳一带随迁到邺城的人口就达200余万了，显然不妥。梁武

① 《洛阳伽蓝记》，中华书局，2012年，第6、398页。

② 范文澜：《中国通史简编》，人民出版社，1964年，第505页。

③ 《中国大百科全书·中国历史（Ⅲ）》，中国大百科全书出版社，1992年，1210页。

④ 《太平寰宇记·昇州》卷九十《江南东道二》，武汉大学出版社，文渊阁四库全书原文电子版。

⑤ 傅崇兰、白晨曦、曹文明：《中国城市发展史》，社会科学文献出版社，2009年，第77页。

⑥ 《资治通鉴·梁纪·高祖武皇帝》卷一百六十二，上海古籍出版社，1987年，第1069页。

帝内政腐败，对外无能，农民曾多次暴动，终于导致侯景之乱。凡动乱时期人口必减少，和平时期人口必增加。户均人口也是如此。与萧梁年代较近的一次户口记载是北周静帝大象中（579～580年），户3 590 000，口9 009 604[①]。每户平均不到3人。笔者认为，萧梁时的口、户比率以3为宜。如照此计算，则都城建康的总人口人口约84万余人。至于僧尼数，“东晋时，建康有佛寺37所，梁武帝时已增到700所。著名佛寺有同泰寺、瓦官寺、栖霞寺”[②]。如按前述平均每寺20人计算，则为14 000人。因此，梁武帝时建康人口不会超过86万人。

平城，“今山西大同东北。398年北魏拓跋珪自盛乐迁都平城，至494年魏孝文帝元宏迁都洛阳，凡九十六年”[③]。其人口增（徙入）减（灾减和徙出）状况前面已做了阐述。但因缺乏基础数据，如平城建都前的户口数，因此很难得出某一时间节点，如最繁盛时的户口数。《论中国大古都》引用了边城玫女《世界各大城市历代人口考》的数据，笔者从网上查阅了此文，欲了解其依据，遗憾的是只有一句话：“493年，北魏太和十七年，平城城区人口大约30万。”并未提供文献出处。但从当时平城一带连年受灾，并几度“听民出关就食”的情势分析，有一定的可能性。正是因为如此，迁都洛阳时的随徙人口除了“六宫、文武百官”外，也只有重建洛阳所需的“10多万手工业者”[④]，而没有如从洛阳迁邺时的“户四十万”。至于僧尼，范文澜《中国通史简编》中说：“号称白脚禅师的惠始，就是鸠摩罗什的学徒，最早到平城传教，受到太武帝礼敬的一个名僧。凉州自从张轨以来，一向是西北方佛教中心。……魏灭北凉，俘虏僧徒三千人，（徙）北凉国人三万户（或说十万户）到平城，魏国畿内佛教开始盛行。沙门统昙曜建议魏文成帝开凿云冈石窟。”[⑤]但中间历经“拓跋焘受崔浩、寇谦之影响，奉道排佛。镇压盖吴过程中，在长安佛寺中发现大量兵器，认为佛寺与盖吴通谋，太平真君七年，决心废佛，诛杀僧人，焚毁经像，佛教在中国历史上第一次受到沉重打击”[⑥]，致使大批佛徒南下。虽然“魏文成帝即位后，下诏重兴佛教，起用昙曜为沙门统，铸造金像，开凿（云冈）石窟，建‘僧祇户’和‘佛图户’，促使佛教愈益发展”[⑦]，但未能达到洛阳时期的盛况。因此，其僧尼数不会多于洛阳。迁都洛阳前平城的总人口不会超过35万。否则，孝文帝就不会频繁“幸邺”了。

---

① 《通典·食货七》，武汉大学出版社，文渊阁四库全书原文电子版。

② 《中国大百科全书·中国历史（Ⅲ）》，中国大百科全书出版社，1992年，1210页。

③ 傅崇兰、白晨曦、曹文明：《中国城市发展史》，社会科学文献出版社，2009年，82页。

④ 傅崇兰、白晨曦、曹文明：《中国城市发展史》，社会科学文献出版社，2009年，第79页。

⑤ 范文澜：《中国通史简编》（修订本第二编），人民出版社，1964年，第510页。

⑥ 《中国大百科全书·中国历史（Ⅲ）》，中国大百科全书出版社，1992年，第1213页。

⑦ 杜继文：《佛教史》，江苏人民出版社，2006年，第186页。

综上所述，南北朝四大都城，按面积排列从大到小为建康、洛阳、邺城、平城；按曾经达到的最高人口数排列从多到少为邺城、建康、洛阳、平城。但是，都没有达到百万人口。

需要说明的是，笔者写这篇文章没有任何贬低北魏平城时代在南北朝乃至整个中国历史发展中的作用的意图。北魏平城时代统一了中国北方广袤的国土，尽管自身后来又分裂为东、西魏，但仍然为结束东汉末以来的大分裂、大动荡，为中国的重新统一奠定了基础。实行三长制、均田制等政策，使北方各游牧民族从氏族社会迈入了以农耕为主的封建社会，促进了经济结构的变革和发展，推动了社会进步；强力推行改姓、用汉语言文字、通婚等汉化措施，为中华民族的大融合做出了贡献。这些都是彪炳史册的。

限于史料缺乏，更由于笔者水平所限，本文对有些问题可能没有说清楚。敬请方家学者不吝指教。

东都与南都：南唐陪都人事考*

胡耀飞

（陕西师范大学历史文化学院）

摘　要　南唐前期，共计东都留守五人：李景遂、李景达、李弘冀、周宗、冯延鲁。在东都办公的官员有：江都少尹冯延鲁、艾筠、钟蒨，留守判官杨嗣、方讷，留守巡官田霖，左右巡使姚嗣骈，衙前虞候姚承礼，营屯使贾崇，东都场官姚彦洪，秘书郎分司东都徐锴，司农少卿分司东都崔万安，江都县令李浔、张某等。南唐后期，依次有何敬洙、李从善、李从镒、林仁肇、柴克贞等五位南都留守和南都巡检使黄延谦、太子右庶子分司南都韩熙载等东都官员。

关键词　东都　南都　南唐　陪都　人事

陪都是中国古代都城制度中的一个有趣现象，学界对此已有许多研究。不过，对于南唐时期的陪都，关注情况十分稀少①。本文即就南唐时期先后两个陪都（东都、南都）的人事进行考索，以期引起学界的进一步关注。

一、东都江都府人事

南唐东都江都府：就江都府而言，它管辖着江都、广陵、高邮、永贞、六合五县②；就东都而言，身为陪都，自然也承袭了唐代的旧制，设置有留司，或曰留台。留守即当皇帝离开这个都城时，留下一部分朝廷官员，以备下次皇帝再来驻跸③。留台的

---

*　本文系国家社科基金重大项目“五代十国历史文献的整理与研究”阶段性成果之一，编号：14ZDB032。

①　在笔者的硕士论文《南唐两都制研究》（陕西师范大学硕士学位论文，2011年）之后，仅有丁海斌的《中国古代陪都史》（中国社会科学出版社，2012年）在论及五代十国陪都时（第293～334页）稍有涉及南唐的陪都，惜未能深入。本文则是在笔者硕士学位论文相关内容基础上的增补，在此求教于方家。

②　周庆彰：《五代时期南方诸政权政区地理》，复旦大学博士学位论文，2010年，第63、64页。亦可参见清人徐庭曾、汪桂森所撰，今人曾学文整理：《扬州历代疆域沿革》，《扬州文化研究论丛》第5辑，广陵书社，2010年，第173～197页。此文第二十三、二十四则分别为《杨吴时代说略》和《南唐时代说略》，第189～191页。

③　勾利军：《唐代东都分司官研究》，上海古籍出版社，2007年，第23～28页。

长官称留守，据杜文玉所言，“多以亲王充任或遥领”①，但他并未进一步统计，故笔者先根据史料对历任东都留守进行考证如下：

（1）李景遂。李景遂（徐景遂）在其父徐知诰于金陵遥控吴政时，即代替其生病的二兄徐景迁前往扬州辅政，以门下侍郎参政事，时天祚二年（936年）六月②。禅代之后，江都府成为南唐东都，昇元元年（937年）十一月，“以（徐）景遂为侍中、东都留守、江都尹，帅留司百官赴东都”。对此，胡三省注曰：“南唐仿盛唐两都之制建东、西都，置留台百司于江都。”③可见，徐景遂兼任东都留守和江都尹。东都留守是作为东都留守院的最高长官，以管理留守院诸事务，所负责的是王朝的陪都管理；而江都尹则是江都府的最高长官，所管理的是王朝地方行政区江都府的事务。由于东都位于江都府，故而使一人身兼二任。另外，《资治通鉴》所云“赴东都”，似乎李景遂在禅代之时曾入觐金陵。

（2）李景达。李景达为东都留守，根据朱玉龙的考证，并无此事，他说：

> 《通鉴》卷二八三天福八年（943年）作七月，以东都留守景达为副元帅，徙封燕王；《五国故事》卷上云知诰疾革，密书召东都留守景达，将付后事；《江南野史》卷二又谓嗣主将禅位于三弟东都留守景达。而均不及何年景达代景遂为东都留守。今按两《南唐书》及《十国春秋》，俱无景达为东都留守事。烈祖诸子，元宗为长，而下依次为景迁、景遂、景达、景逷，《江南野史》所谓“三弟”者，当是景遂，因不取景达之说④。

朱玉龙所列举的史料，足以证明李景达曾任东都留守。观《资治通鉴》原文，保大元年（943年）七月，“唐主缘烈祖意，以天雄节度使兼中书令、金陵尹燕王景遂为诸道兵马元帅，徙封齐王，居东宫；天平节度使、守侍中、东都留守鄂王景达为副元帅，徙封燕王；宣告中外，约以传位。立长子弘冀为南昌王。景遂、景达固辞，不许”⑤。可知此时不仅李景达为东都留守，连南唐初年任东都留守的李景遂都已经成为“金陵尹”。则即便马令、陆游《南唐书》和《十国春秋》并未记载李景达为东都留守事，但根据《资治通鉴》《五国故事》《江南野史》这三种比《南唐书》和《十国春秋》在时间上远远靠前的史料，就足以证明李景达确实曾为东都留守。至于《江南野史》的“三弟”，因为当时徐景迁早已在杨吴年间去世，故而“三弟”指李景达

① 杜文玉：《南唐史略》，陕西人民教育出版社，2001年，第179页。
② 司马光：《资治通鉴》卷二八〇“唐末帝清泰三年六月”条，中华书局，1956年，第9145页。
③ 司马光：《资治通鉴》卷二八一“晋高祖天福二年十一月”条，中华书局，1956年，第9184页。
④ 朱玉龙：《五代十国方镇年表》，中华书局，1997年，第376页。
⑤ 司马光：《资治通鉴》卷二八三“晋齐王天福八年七月”条，中华书局，1956年，第9252页。

亦无不可，甚至有可能仅仅是传闻异辞。当然，李景达何时成为东都留守，尚待进一步考证。根据《五国故事》，则在南唐烈祖末年，李景达已经在东都留守任上。又据《资治通鉴》，昇元二年（938年）正月“丙寅，唐以侍中吉王景遂参判尚书都省”[①]，又昇元三年五月“辛亥，唐徙吉王景遂为寿王，立寿阳公景达为宣城王”[②]，又昇元六年二月，“唐左丞相宋齐丘固求豫政事，唐主听入中书；又求领尚书省，乃罢侍中寿王景遂判尚书省，更领中书、门下，以齐丘知尚书省事”[③]，则从昇元二年至昇元六年，李景遂一直在京城理政，似早已离开东都留守之职位。而李景达，恐怕正是因为李景遂的缺席，才被任命为东都留守，其时间或即昇元三年改封爵位之时。

（3）李弘冀。李弘冀为南唐元宗李璟的长子，元宗于保大元年（943年）三月即位之时，封其南昌王，所谓“避储副之位，留守东都”[④]。当时，南唐元宗欲“缘烈祖意”，传位于李景达。烈祖对李景达的属意，甚至临终之时尚有显现，前揭《五国故事》记载为：

> 知诰疾革，以其子景达类己，欲立之。时景达为成王，居守东都。知诰乃密为书以召景达，使入，将付后事。医官吴庭绍与知诰诊候，知其将终，且召景达之事，遂密告李景，使人追回其书（原文注：时书已出秦淮门而追及之）。俄而知诰殂，景乃即位。其后吴庭绍迁内职，人罕知其由。[⑤]

可见，虽然其事未成，但烈祖属意于李景达并非没有缘由，南唐元宗李璟（李景）也是经过一番宫廷斗争后才顺利即位的。又据《资治通鉴》，“唐宣城王景达，刚毅开爽，烈祖爱之，屡欲以为嗣；宋齐丘亟称其才，唐主以齐王璟年长而止。璟以是怨齐丘”[⑥]。考虑到元宗对宋齐丘的态度不怎么友好，可知元宗正是因为在这件事上对他心怀芥蒂[⑦]。另外，虽然元宗昭示中外欲传位于李景达，但是内心之中并不一定真正持有这样的想法，而让长子李弘冀留守东都以代替李景达，恐怕正是为了解除李景达坐镇一方的大权。

---

① 司马光：《资治通鉴》卷二八一“晋高祖天福三年正月”条，中华书局，1956年，第9185页。

② 司马光：《资治通鉴》卷二八二“晋高祖天福四年五月”条，中华书局，1956年，第9202页。附带一提，前文提及李之龙《南唐姚嗣骈墓铭初考》一文中，对孙岘《姚嗣骈墓铭》中所出现的“寿王衙通引官”之“寿王”未见于《十国春秋·百官表》表示不解，但《资治通鉴》的这条记载恰好可以解释“寿王”的存在，即李景遂。

③ 司马光：《资治通鉴》卷二八三“晋高祖天福七年二月”条，第9234页。

④ 马令：《南唐书》卷七《太子冀传》，《五代史书汇编》第9册，杭州出版社，2004年，第5312页。

⑤ 佚名：《五国故事》卷上《伪唐李氏》，《五代史书汇编》第6册，杭州出版社，2004年，第3184页。

⑥ 《资治通鉴》卷二八三“晋高祖天福七年二月”条，第9242、9243页。

⑦ 王安春：《宋齐丘评传》，江西师范大学硕士学位论文，2002年，第24页。

（4）周宗。周宗是南唐开国功臣，就任之前为宣州宁国军节度使，因传言北方中原王朝大军压境而代替李弘冀为东都留守[①]。徐铉于保大九年（951年）春有《还过东都留守周公筵上赠座客》一诗，即咏周宗在任时徐铉从泰州贬谪地返回经东都还京城事[②]。周宗此人，“累迁枢密使，宗亦淳谨自守而已”，“连历将相，奉法循理”，对他的任命似取决于需要一位能镇静一方的老臣。不过，传言中的军事行动并未来到，周宗本人却因老病而乞骸骨[③]。

（5）冯延鲁。在周宗致仕之后，由冯延鲁代替其为东都留守。然而不久，后周军队即趁其不备占领扬州。不过，奇怪的是，当冯延鲁在扬州城破之后化装成僧侣逃跑时，所书官衔却是“副留守”[④]，是何原因，尚待考证。

由上可知，南唐以扬州为东都时期，共有五任留守，其任期如表一所示。

表一　南唐东都留守人事表

东都留守	受任	卸任	任期
李景遂	昇元元年（937年）十一月		
李景达		保大元年（943年）七月	
李弘冀	保大元年七月	保大八年（950年）二月	约7年
周宗	保大八年二月	保大十三年（955年）十月	约6年
冯延鲁	保大十三年十月	保大十四年（956年）二月	约1年

其中，李景遂、李景达、李弘冀作为亲王，共在任13年；周宗、冯延鲁作为臣子，共在任6年。这样的时间对比，恰符合杜文玉前述之结论。

留守之外，则是留守院的属官和办公于东都的其他官员，根据史料记载，共有以下几类，兼考其人事。

（1）江都少尹。

冯延鲁。徐铉有《冯延鲁江都少尹制》曰：“顷者尹县留都，首变田制，克勤于事，以利于人。自归朝行，已踰周岁，如闻众庶，未甚乐成。矧彼浩穰，所宜均一。是用假尔亚尹，往毕旧功；其在条理得中，厚薄无挠。俾乃比屋，咸遂所安。止于刑

① 司马光：《资治通鉴》卷二八九“汉隐帝乾祐三年正月至二月”条，中华书局，1956年，第9419页。

② 徐铉：《还过东都留守周公筵上赠座客》，《全唐诗（增订本）》卷七五三，中华书局，1999年，第8658页。关于徐铉贬谪泰州的情况及年月考，参见贾晋华、傅璇琮：《隋唐五代文学编年史·五代卷》，辽海出版社，1998年，第438、439页；俞扬：《徐铉贬谪泰州年月考》，《扬州文化研究论丛》第2辑，广陵书社，2008年，第191～193页。关于徐铉行年，另可参见李文泽：《徐铉行年事迹考》，《宋代文化研究》第3辑，四川大学出版社，1993年，第98～112页，然而李文并未深论贬谪泰州事。

③ 马令：《南唐书》卷一一《周宗传》，《五代史书汇编》第9册，杭州出版社，2004年，第5336页。

④ 司马光：《资治通鉴》卷二九二“周世宗显德三年二月”条，中华书局，1956年，第9541页。

谳之繁，亦以公平为用。务令称职，无忝加恩。可以本官判江都少尹公事。”[①]此文因与《宋齐邱知尚书省制》同时，据李文泽考证，皆在昇元年间[②]，故而冯延鲁任江都少尹与前文所言其任江都留守，并非同时。又，制文中“本官”乃指“自归朝行”之后的京职。另外，从“顷者尹县留都，首变田制”来看，似乎冯延鲁之前也在东都任过职，并进行田制改革。

艾筠。徐铉《浙西判官艾筠可江都少尹制》曰：“勑：天下之大，建亲分陕以尹之；东夏之重，选能设贰以维之。兹用安民而政举也。某官艾筠，识量纯素，学术通明。奉我东朝，周知其善；辍借侯幕，载扬令名。海隅之康，筠有其力。夫以亚尹之难如彼，而有适用之才若此。俾膺慎选，不亦宜乎！勉励公方，更施勤绩。”[③]在此处，艾筠从浙西判官徙任为江都少尹，因为前文所言徐铉《冯延鲁江都少尹制》在徐铉文集中排在此制之前，故艾筠或当后于冯延鲁任江都少尹。另外，此处“东夏”用语，即指东都。

钟蒨。《全唐诗》有钟蒨诗一首，其小传云：“钟蒨，字德林。东都尹、勤政殿学士，国亡死节。诗一首。”[④]又据《十国春秋·钟蒨传》云：“保大九年，为东都少尹。交泰时，齐王景达都督抚州，朝廷慎选僚佐，除观察判官，检校屯田郎中。后主时，官勤政殿学士。”[⑤]若此条史料可信，则钟蒨为东都少尹当在周宗初任东都留守之时。

（2）留守判官。

杨嗣。《十国春秋·徐玠传》曰：“昇元初，东都留守判官杨嗣请改羊姓，玠白烈祖曰：‘陛下自应天顺人事，非逆取，而谄邪之人专事改更，咸非急务，不可从也。’烈祖深然之。”[⑥]这段史料似未见他书记载，不知吴任臣从何处得之。不过，就此事本身而言，符合当时的情景。不仅杨嗣会因避讳杨吴皇族姓氏而申请改姓，甚至连徐温的亲子也自求改姓李，以证明自己的忠心。但南唐烈祖并未同意杨嗣的请求，一如其没有答应徐温亲子改姓李的请求。

方讷。徐铉《唐故金紫光禄大夫检校司徒行少府监河南方公（讷）墓志铭》：“数岁，以皇孙就傅，命公侍读，讲道赞德，励裨益之诚；端己直躬，尽表微之节。俄迁水部郎中。明年，皇孙封南昌王、东都留守，以公为留守判官，迁主客郎中，参

---

① 徐铉：《冯延鲁江都少尹制》，《全唐文》卷八七九，中华书局，1983年，第9189页下栏至9190页上栏。

② 李文泽：《徐铉行年事迹考》，《宋代文化研究》第3辑，四川大学出版社，1993年，第98～112页。

③ 徐铉：《浙西判官艾筠可江都少尹制》，《全唐文》卷八七九，中华书局，1983年，第9197页上栏。

④ 钟蒨：《别诸同志》，《全唐诗（增订本）》卷七五七，中华书局，1999年，第8705、8706页。

⑤ 吴任臣：《十国春秋》卷二七《钟蒨传》，中华书局，1983年，第390页。

⑥ 吴任臣：《十国春秋》卷二一《徐玠传》，中华书局，1983年，第303、304页。

赞政务，事无违者。”[①]此处所谓“皇孙”，即元宗之子李弘冀，其为东都留守时，方讷因曾为侍读而受任留守判官。对此，徐铉又有《水部郎中方讷可主客郎中东都留守判官制》一道：“敕：某官方讷，朕以分陕之任，非亲贤不可，故选用子弟以居守。复以佩觿之齿，唯训导是务，故慎选名德以从行。而朕在东朝，先皇命尔讷列我宾席，恭慎文雅，挹其风度，将顺规讽，揖其忠诚。寻又奉予爱子，益固是道。今所授任，非讷而谁？客曹正郎，留台幕职，往士兼宠，而其敬哉！乃心不渝，懋典宁忘。”[②]从这道制文中，我们还可以看到南唐任命南都留守的一个标准，即“非亲贤不可，故选用子弟以居守”。另外，对于政治经验不丰富的宗室，也慎重地选择相关师傅以教之。

（3）留守巡官。

田霖。徐铉《秘书郎田霖可东都留守巡官制》曰：“勅：某官田霖，朕命爱子，表正东夏。管记之任，罇俎之间，唯才与行，乃可是选。而朕在储贰，则尝知霖，文艺直心，绰有余裕。累参载笔之任，近登秘籍之司。列于王宫，颇叶时望。故授以留台之职，副兹托乘之求。尔往敬哉，无忝予命。”[③]据赖瑞和研究，留守巡官是一种“低层的执行官，并无固定职掌，要看他所属的使府而定，主要职务是协助府主执行任务”[④]，而田霖即为协助东都留守者。

（4）左右巡使。

姚嗣骈。《姚嗣骈墓铭》云：“建都建业，改元昇元。以吴之宫阙为东都，左右金吾使为左右巡使，将俾警察，……兼降迁左天威军第七指挥使，兼东都左巡使、检校司空。”[⑤]左右巡使作为京城的治安官，自唐代起即负责京城长安的治安，隶属于中央监察机构御史台，由殿中侍御史充任[⑥]。但在这里，左右巡使由禁军将领兼任，在扬州由杨吴首都降为南唐的东都之后，由左右金吾使转化而来，显然与唐代的旧制不同。这里的左右巡使，其职能不知其详，但颇似于五代后梁在京城设置的军巡使，由禁军长官充任，负责京城的警备和防卫工作，以适应唐代的坊市门禁制度解体之后，

---

① 徐铉：《唐故金紫光禄大夫检校司徒行少府监河南方公墓志铭》，《全唐文》卷八八五，中华书局，1983年，第9254页下栏。

② 徐铉：《水部郎中方讷可主客郎中东都留守判官制》，《全唐文》卷八八〇，中华书局，1983年，第9200页上栏。

③ 徐铉：《秘书郎田霖可东都留守巡官制》，《全唐文》卷八八〇，中华书局，1983年，第9200页下栏。

④ 赖瑞和：《巡官、推官和掌书记》，《唐代基层文官》，中华书局，2008年，第242、243页。

⑤ 孙岘：《姚嗣骈墓铭》，《全唐文补遗》第7辑，三秦出版社，2000年，第192页。

⑥ 郭绍林：《隋唐治安制度》，《隋唐历史文化续编》，中国文史出版社，2006年，第41、42页。

愈加难以控制的治安现状[①]。

（5）衙前虞候。

姚承礼。《姚嗣骈墓铭》："有子七人：长曰承礼，留守衙前虞候。"[②]这里的"留守"，根据姚嗣骈本人即任职于东都这一情况来看，应该指东都留守府，"留守衙前虞候"，当即东都留守府衙官之一种。

（6）营屯使。

贾崇。马令《南唐书·嗣主书》："以侍卫诸军都虞侯贾崇为东都屯营使。"[③]此处马书虽然写作"屯营使"，杜文玉也在其著作中根据这一史料及其他几则史料，认为，"禁军屯驻各地称屯营，其领兵长官称屯营使，职级较低的称屯营都虞侯"[④]。不过，据笔者观察，史料中，"营屯使"而非"屯营使"出现的次数多。更重要的是，据《王仁遇墓志》，"以大和三年（931年）孟冬月，圣上御正殿，优诏我公为金陵营屯马步诸军判官，兼就加使持节颍州诸军事颍州刺史"[⑤]，和《龙兴寺钟款识》，"武昌军节度使兼营屯使、……林仁肇，舍俸钱重铸龙兴寺铜钟一口，……时唐乾德五年太岁丁卯二月"[⑥]这两则金石史料的记载，可知当以"营屯使"为确。当然，对于营屯使的性质问题，杜文玉的结论是正确的，贾崇以侍卫诸军都虞侯的身份任东都营屯使，正是禁军驻防地方的体现[⑦]。至于营屯使与东都留守之间的关系，尚待进一步考证。

（7）东都场官。

姚彦洪。据1971年出土于江苏南通的《大唐国右军散兵马使充静海指挥使兼都镇遏使屯田钤辖使把捉私茶盐巡检使东都场官银青光禄大夫检校礼部尚书右千牛卫将军员外置同正员兼御史大夫上柱国吴兴姚公夫人东海郡徐氏墓铭并序》，此吴兴姚公之

---

① 室永芳三：《五代时代の军巡院と马步院の裁判》，《东洋史研究》第24卷第4期，1966年，第16～38页。亦参见久保田和男：《五代宋初の洛阳と国都问题》，《东方学》第96号，1998年，第75～87、6～7页；中译文由赵望秦、黄新华翻译，发表于《中国历史地理论丛》2001年第3辑，第26页；又收入氏著《宋代开封研究》，上海古籍出版社，2010年，第55页。

② 孙岘：《姚嗣骈墓铭》，《全唐文补遗》第7辑，三秦出版社，2000年，第192页。

③ 马令：《南唐书》卷三《嗣主书》，《五代史书汇编》第9册，杭州出版社，2004年，第5279页。

④ 杜文玉：《南唐史略》，陕西人民教育出版社，2001年，第196、197页。

⑤ 杨德纶：《大吴金紫光禄大卿检校司徒行光禄卿使持节颍州诸军事颍州刺史兼御史大夫上柱国太原王公墓铭并序》，周阿根整理《五代墓志汇考》，黄山书社，2012年，第265页。

⑥ 《龙兴寺钟款识》，王昶：《金石萃编》卷一二二《五代四》，《石刻史料新编》第1辑第3册，新文丰出版公司，1977年，第2234页。

⑦ 关于对营屯使之名称的考证，和营屯使在加强地方军备上所起到的作用，参见胡耀飞：《唐末五代虔州军政史——割据政权边州研究的个案考察》，待刊于杜文玉主编《唐史论丛》第20辑，三秦出版社，2015年。

署衙中有“东都场官”一职，当是指南唐时期在东都所置之盐场的管理官员。对此，山根直生已有解释，并赞同穆烜的意见，认为此姚公当为出现于《吴越备史》之静海军制置使姚彦洪①。

（8）东都分司官：秘书郎、司農少卿。

徐锴。陆游《南唐书·徐锴传》曰：徐锴“重忤权要，以秘书郎分司东都。然元宗爱其才，复召为虞部员外郎”②。被授予东都分司官在唐朝即为左迁之象征③，南唐亦不例外，徐锴因为“重忤权要”而“分司东都”，可见其命运之坎坷。

崔万安。徐铉《稽神录》卷一“崔万安”条曰：“江南司农少卿崔万安分务广陵。”④此崔万安以司农少卿分司东都之记载，虽出自小说，但作为历史背景材料，当有其实据。

另外，徐铉有《寄江都路员外》诗曰：“吾兄失意在东都，闻说襟怀任所如。已纵乖慵为傲吏，有何关键制豪胥。县斋晓闭多移病，南亩秋荒忆遂初。知道故人相忆否，嵇康不得懒修书。”⑤此诗所提路员外，当为居江都任员外官者，并且因为难制当地“豪胥”而“失意”。又，其中“县斋”当指治于江都之江都县或广陵县，则路员外任职之所在两县衙中之一处。

（9）江都县令。

李浔。徐铉《权知江都县令李浔正授制》曰：“勅：四京令之重也，其选惟一，是必试可以进之，均庆以宠之，盖欲慎厥官而安其政也。某官李浔，屡为长吏，绰有能名，东夏之理，不易其操，事简俗便，予甚多之。爰用加恩，俾从真授，勉钦朝奖，无懈乃心。可。”⑥在此处，我们不仅可以知道当时的某位江都县令名为李浔，且能得知江都县令等京令的选择，需要经过一段试用期（即“权知”），在满意之后，方能得到正授。

张某。徐铉《送和州张员外为江都令》诗曰：“经年相望隔重湖，一旦相逢在上都。塞诏官班聊慰否，埋轮意气尚存无。由来圣代怜才子，始觉清风激懦夫。若向西

① 对于此墓志的相关研究，见穆烜：《南通县出土南唐东海徐夫人墓志》，《文博通讯》1977年第6期；穆烜：《对〈唐东海徐夫人墓志〉的一点研究》，《文博通讯》1979年第2期；山根直生：《南通市出土五代十国期墓志绍介》，《福冈大学研究部论集》第五卷A：人文科学编，第2号，2005年，第139、150页；前揭山根直生：《静海·海门の姚氏——唐宋间长江河口部の海上势力》，第124～133页。其中，穆烜的论文笔者暂时无缘拜读，其存在之信息得自于山根直生的论文。

② 陆游：《南唐书》卷五《徐锴传》，《五代史书汇编》第9册，杭州出版社，2004年，第99页。

③ 苏小华：《文献所见唐东都制度考略》，陕西师范大学硕士学位论文，2002年，第23～25页。

④ 徐铉：《稽神录》卷一《崔万安》，中华书局，1996年，第15页。

⑤ 徐铉：《寄江都路员外》，《全唐诗：增订本》卷七五二，中华书局，1999年，第8648页。

⑥ 徐铉：《权知江都县令李浔正授制》，《全唐文》卷八七九，中华书局，1983年，第9196页上栏。

冈寻胜赏，旧题名处为踌躇。”[①]此时题为“送和州张员外为江都令”，当指徐铉在金陵送张员外赴任江都，而张员外受任之前当从和州或其他地方赶来京城待命，故而诗云“相逢在上都”，“上都”即指南唐京城。

二、南都南昌府人事

欲迁都洪州，必然需要洪州本身在制度上做好准备。于是，显德六年（959年）十一月，先升洪州为南都：

> 唐更命洪州曰南昌府，建南都，以武清节度使何敬洙为南都留守，以兵部尚书陈继善为南昌尹（胡注：将徙都豫章也）。[②]

于是，南唐再一次建立起了两都制，是为“西都金陵府·南都南昌府”两都制。另外，从这里我们也可以看出，南都留守院与南昌府并存，但未合二为一。

首先来看何敬洙之后的后主朝历任南都留守情况：

（1）李从善。建隆二年（961年）七月，后主“封弟从善为韩王、南都留守”[③]。此事马令、陆游《南唐书》本传皆未提及[④]。然而从前文所提及从善在元宗末年积极谋求嗣立的情况来看，似是南唐后主为了安抚其心而做出的任命。

（2）李从镒。建隆二年十月，“唐主以南都留守韩王从善为司徒、兼侍中、诸道兵马副元帅，邓王从镒为司空、南都留守”[⑤]，此事马令、陆游《南唐书》本传亦皆阙之[⑥]。这项任命的原因，我们不得而知，或许是因为南唐后主为了防止李从善在南都坐大势力。

（3）林仁肇。马令《南唐书》云，乾德三年（965年）九月，“召南都留守、邓王从益还都，以鄂州林仁肇为南都留守、南昌尹”[⑦]。其中“从益”即“从镒”。也反映在徐铉《重修徐孺亭记》中：“甲子岁，入秉国钧，以武昌连帅、侍中、济南公代司宫钥。”[⑧]由马书可知，从林仁肇开始，南都留守兼任南昌尹。林仁肇死于任上，为

---

① 徐铉：《送和州张员外为江都令》，《全唐诗（增订本）》卷七五二，中华书局，1999年，第8642页。

② 司马光：《资治通鉴》卷二九四“周世宗显德六年十一月”条，中华书局，1956年，第9606页。

③ 马令：《南唐书》卷五《后主书》，《五代史书汇编》第9册，杭州出版社，2004年，第5289页。

④ 马令：《南唐书》卷七《韩王从善传》，《五代史书汇编》第9册，杭州出版社，2004年，第5313页；陆游：《南唐书》卷一六《从善传》，《五代史书汇编》第9册，杭州出版社，2004年，第5595、5596页。

⑤ 李焘：《续资治通鉴长编》卷二“太祖建隆二年十月”条，中华书局，1995年，第55页。

⑥ 马令：《南唐书》卷七《邓王从益传》，《五代史书汇编》第9册，杭州出版社，2004年，第5313页；陆游：《南唐书》卷一六《从镒传》，《五代史书汇编》第9册，杭州出版社，2004年，第5596页。

⑦ 马令：《南唐书》卷五《后主书》，《五代史书汇编》第9册，杭州出版社，2004年，第5291页。

⑧ 徐铉：《重修徐孺亭记》，《全唐文》卷八八二，中华书局，1983年，第9224页上栏。

南唐后主中北宋反间计而遭鸩杀，时间在开宝四年（971年）冬至五年春之间[①]。

（4）柴克贞。朱玉龙《五代十国方镇年表》“洪州”篇在林仁肇之后，系以朱令赟，盖朱令赟代林仁肇为镇南军节度使，然而当时的南都留守却不是朱令赟。据马令《南唐书·朱令赟传》，“会林仁肇卒，以令赟为镇南军节度使。王师问罪，后主召令赟赴难。令赟至湖口，与诸将议曰：‘今若前进，而王师据我后，则上江阻隔，退乏粮道，亟为虏矣。’乃以书招南郡留守刘克贞，代镇湖口。克贞病不能举，令赟迟之。”[②]其中，“南郡留守刘克贞”，据《续资治通鉴长编》、陆游《南唐书》的记载，当为“南都留守柴克贞”之误[③]。则当时的南都留守是杨吴旧臣柴克用之子柴克贞，不过从柴克贞“病不能举”的情况来看，南都的军事实权似乎掌握在身为镇南军节度使的朱令赟手中。另外，《江南别录》有“建邺初围，后主遣使征上江兵入援，以建昌制置使朱令斌（赟）为统将。时胜兵数万屯于湖口，不进，后主累促之”[④]之语，则朱令赟曾任属于洪州治下的建昌县之制置使。同时，这两条史料皆提及朱令赟掌握大军进援南唐后主，则朱氏确实有军权。最后，南唐因金陵城破而灭亡于开宝八年十一月，但许多州县尚且坚守，不过南都并未记载有坚守事，故暂且视其为随后主李煜之出降而降，柴克贞后事亦无闻。

根据上文，可得南唐历任南都留守如表二所示。

表二 南唐南都留守人事表

南都留守	受任	卸任	任期
何敬洙	显德六年（959年）十一月	建隆二年（961年）三月	1年有余
李从善	建隆二年七月	建隆二年十月	3月
李从镒	建隆二年十月	显德三年（965年）九月	约4年
林仁肇	显德三年九月	开宝四年（971年）末五年初	6年有余
柴克贞		开宝八年（975年）十一月	

其次是南都留守属下其他官员的情况（关于前文提及的南昌尹、镇南节度使，因并非直属南都留守管辖，且上文已经尽其说，故而不列）。

---

① 对于林仁肇遇杀时间的考辨，参见朱玉龙：《五代十国方镇年表》“洪州”篇“注一二”，中华书局，1997年，第453页。

② 马令：《南唐书》卷一七《朱令赟传》，《五代史书汇编》第9册，杭州出版社，2004年，第5374页。

③ 李焘：《续资治通鉴长编》卷一六“太祖开宝八年五月”条，中华书局，1995年，第341页；陆游：《南唐书》卷八《朱令赟传》，《五代史书汇编》第9册，杭州出版社，2004年，第5527页。

④ 陈彭年：《江南别录》“后主讳煜”条，《五代史书汇编》第9册，杭州出版社，2004年，第5140页。其中，“朱令斌”为“朱令赟”之误，邹劲风亦误，见氏著《南唐国史》，第148、149页。

（1）南都巡检使。

黄延谦。马令《南唐书》，建隆二年“八月，鄂州王崇文卒，以南郊巡检使黄延谦为武清军节度使留后”[①]。此处“南郊巡检使”，据朱玉龙注，当为“南都巡检使”之误[②]。虽然其没有给出修改原因，但是根据巡检使本身的职责来看，确实应该是作为行政机构的南都才可能会设置负责地方治安的巡检使[③]。

（2）南都东宫分司官：太子右庶子。

韩熙载。《江表志》卷下：“韩（熙载）以帷箔不修，谪授太子右庶子，分司南都。”[④]此事在《续资治通鉴长编》中系于开宝三年（970年）七月丙寅韩熙载去世之时，以追述的形式附见[⑤]。则应该发生于961～970年。太子右庶子，据《旧唐书·职官志》，其品级为正四品下[⑥]。然而，当时后主并未立太子，故而所谓太子右庶子仅仅是一虚职，更何况分司远离政治中心的南都，显然是仿照了唐代在东都的东宫分司制度[⑦]，韩熙载此任确属左迁。所以，在下达了这项任命之后不久，韩熙载即上表乞留，文辞颇为动容，后主遂收回成命[⑧]。

三、结　语

综观整个南唐时期，两都制贯穿始终。前期以江都府为东都，与金陵府并称两都；后期以南昌府为南都，与金陵府并称两都。而东都、南都的人事制度，根据本文整理，可以略得如下：南唐前期，共计东都留守五人：李景遂、李景达、李弘冀、周宗、冯延鲁。在东都办公的官员有：江都少尹冯延鲁、艾筠、钟蒨，留守判官杨嗣、方讷，留守巡官田霖，左右巡使姚嗣骈，衙前虞候姚承礼，营屯使贾崇，东都场官姚彦洪，秘书郎分司东都徐锴，司农少卿分司东都崔万安，江都县令李浔、张某等。南唐后期，依次有何敬洙、李从善、李从镒、林仁肇、柴克贞等五位南都留守和南都巡检使黄延谦、太子右庶子分司南都韩熙载等东都官员。

---

① 马令：《南唐书》卷五《后主书》，《五代史书汇编》第9册，杭州出版社，2004年，第5289页。

② 朱玉龙：《五代十国方镇年表》“鄂州”注九，中华书局，1997年，第426页。

③ 关于五代十国时期的巡检，参见刘琴丽：《五代巡检研究》，《史学月刊》2003年第6期，第34～41页。

④ 郑文宝：《江表志》卷下“柳宣为监察御史”条，《五代史书汇编》第9册，杭州出版社，2004年，第5093页。

⑤ 李焘：《续资治通鉴长编》卷一一“太祖开宝三年七月”条，中华书局，1955年，第247、248页。

⑥ 刘昫等：《旧唐书》卷四四《职官志三》，中华书局，1975年，第1909页。

⑦ 勾利军：《唐代东都分司官研究》，上海古籍出版社，2007年，第126～128页。

⑧ 马令：《南唐书》卷一三《韩熙载传》，《五代史书汇编》第9册，杭州出版社，2004年，第5349页；又见韩熙载：《分司南都乞留表》，《全唐文》卷八七七，中华书局，1983年，第9173页。

近代交通的发展与郑州城市的崛起

柴小羽　姜　维

（郑州嵩山文明研究院）

摘　要　随着铁路传入中国，近代商贸流通体系渐趋形成、近代工业开始大规模发展，人类文明进入了全新的时代，由于铁路的枢纽地位，一些新兴城市开始崛起。20世纪初，京汉、陇海两大铁路干线在郑州交汇，给郑州这个商朝古都的经济发展带来了新的机遇，郑州成为全国铁路的重要枢纽之一，交通运输业的发展带动了郑州工商业、服务业的发展，城市人口大幅度上升，城市布局也发生了很大的变化。铁路带动了郑州的崛起和繁荣，郑州因此被人们称作“火车拉来的城市”。本文重点考察京汉铁路、汴洛铁路在郑州城市崛起过程中所起的作用。

关键词　京汉铁路　陇海铁路　郑州　崛起

前　言

郑州市位于河南省中部偏北，北临黄河，西依嵩山，东南为广阔的黄淮平原。郑州地处中原腹地，煤炭资源丰富、天然油石矿质优良，同时也是重要的棉花产地。虽然郑州拥有如此丰富的经济资源，但是在铁路开通之前，还只是一个以农业经济为主的小村庄，直到1904年京汉铁路开通，才给这个城市带来了前所未有的发展机遇，郑州成为全国铁路中心、新亚欧大陆桥上的重要城市。交通的发达必然带动经济的发展，郑州一跃成为全省政治、经济、文化中心，在全国经济发展格局中具有承东启西、贯通南北的重要作用。正是铁路运输业这一近代经济发展的强势推动力，把郑州拉入了近代工业化和城市化进程。

随着铁路的传入，很多城市在铁路的带动下逐渐兴起，郑州是这类城市的典型。关于交通在城市崛起中的作用，这几年逐渐受到了学者们的关注，特别是铁路这一重要交通方式传入中国后对中国城市兴起的影响。但是对近代郑州城市崛起的研究，学术界涉及的还很少，目前还没有此方向的论文问世。本文将采取文献分析法、图表法等方法阐述交通的发展对近代郑州城市兴起的影响。由于近代郑州的交通方式主要是铁路，而且铁路对郑州的影响最深刻，所以本文着重分析铁路在近代郑州城市崛起中所起的作用，以期对郑州兴起的原因有一个更深入的认识，对铁路在促进近代经济发展中的作用有一个全面的认识。

一、近代郑州交通的发展

（一）铁路未开通前郑州的交通

在铁路还没有开通之前，郑州的交通主要有陆路和水路两种。在距今3000多年的商代，郑州的道路交通就已经有了一定的规模，车子已在长距离货物贩运中使用，郑州作为商王朝的都邑一度成为全国道路的中心枢纽。自春秋战国起，郑州境内就开凿了鸿沟、通济渠、汴渠等运河，把黄河中下游地带的主要天然河流串在一起。隋唐时期，郑州由于“地管御河，商旅往返，船承不绝”，而成为全国水路交通的重要枢纽。清代郑州陆路运输进入全盛时期，经过郑州的主要线路有三条：西线经荥阳、偃师、洛阳、灵宝至西安；北线过黄河可达新乡、安阳；西北线由荥阳广武驿北渡黄河至山西晋城，是晋豫交通的重要通道。清代初期，郑州的驿站路线已通向洛阳、西安、开封、商丘等地。清朝和民国时期，郑州的货物运输工具主要是以毛驴、手推车、架子车及畜力车为主，人力运输是货物运输的主要手段，与铁路运输相比，这种运输方式很落后，存在很多缺点。

（二）郑州铁路枢纽的形成

清末以后，伴随着京汉、陇海铁路的建成通车，为郑州的运输业带来了新的活力，在铁路的推动下公路建设也取得了新的成绩。铁路运输速度快等优点，使得铁路逐渐取代了先前的驿站运输和航道运输，成为郑州主要的运输方式。

郑州站修筑于20世纪初，郑州站的前身是1905年建立的京汉郑州站。京汉铁路原来又叫芦汉铁路（北京至卢沟桥），1900年芦汉铁路延伸至北京正阳门，改称京汉铁路。京汉铁路的修建分为南线和北线：南线1899年从东篁店开始动工，1902年12月修至信阳，1903年12月修至驻马店，1904年4月修至郾城，1904年10月修至许昌，1905年2月修到郑州。北线1904年10月修至安阳，1905年1月修至新乡，1906年4月1日京汉铁路全线通车。1905年，在京汉铁路修筑的过程中，清政府又向比利时借款修筑由开封经郑州到洛阳的铁路（汴洛铁路），作为陇海铁路的支线，1907年开封—郑州间通车，1908年修到洛阳，汴洛铁路全线正式通车，1913年5月分别由开封洛阳向东西展筑。1915年修至徐州，1931年修至潼关。至此，连通东西、贯穿南北的郑州铁路交通枢纽初步形成（图一）[①]。

（三）铁路与经济发展

郑州处在京汉铁路和陇海铁路交叉的十字位置，地理环境优越，为其经济的发展提供了条件和机遇。铁路是近代经济发展的基本前提和重要组成部分，能够引导和推动近代经济的发展。特别是铁路枢纽的形成，对当地的经济影响尤为剧烈。铁路不仅推动了当地运输业的巨大发展，而且加深了经济区域间的沟通和交流，促进了地区经济的发展和商业的繁荣。铁路与其他运输方式相比，运输成本低，提供了大量廉价的、快速的运输能力，激发了社会对煤、铁、资本和劳动力的大量需求，而且把新的地区和产品引入市场，这对工业的发展是极其有利的。在工商业的带动下，一些与之相关的服务业和金融业也逐渐建立并兴盛起来。可以看出，铁路在新兴城市的崛起中起着举足轻重的作用。郑州是中原经济区，郑州铁路枢纽是沟通华北、中南、西北、西南和华东的要冲，担负着四面八方旅客中转和物资转运的繁重任务，对郑州的铁路交通事业和郑州经济的发展起了促进作用，为郑州市的崛起提供了前提和可能。

二、铁路与郑州物资集散地的形成

京汉、汴洛铁路通车后，郑州位居东西南北的交通枢纽，各地货物接踵而来，郑州迅速成为国内农副土特产品的集散地，其标志是1912年10月15日，郑县商场在火车站附近建成开业。在农副产品中交易量最大的主要有棉花、油料、中药材、皮毛等农副产品，以及京、津、沪、汉等地商人运销内地的轻工业产品和各种“洋货”。1909年，京汉郑州站货物发送量2.3万吨，1912年增至4.3万吨，陇海郑州北站此年货运量5.2万吨，居陇海铁路各站之首，此后持续增长。1923年后，军阀混战，铁路运输受到严重影响，直至1934年才得以恢复，是年陇海郑州北站货运量5.4万吨[②]。

（一）棉　　花

随着铁路的发展和国内纺织业发展的需要，郑州铁路枢纽成为棉花运输的中转

① 邵文杰总纂，河南省地方史志编纂委员会编纂：《河南省志》（第三十七卷），河南人民出版社，1991年，第1页。

② 郑州市交通志编纂委员会编：《郑州市交通志》，方志出版社，1999年，第290页。

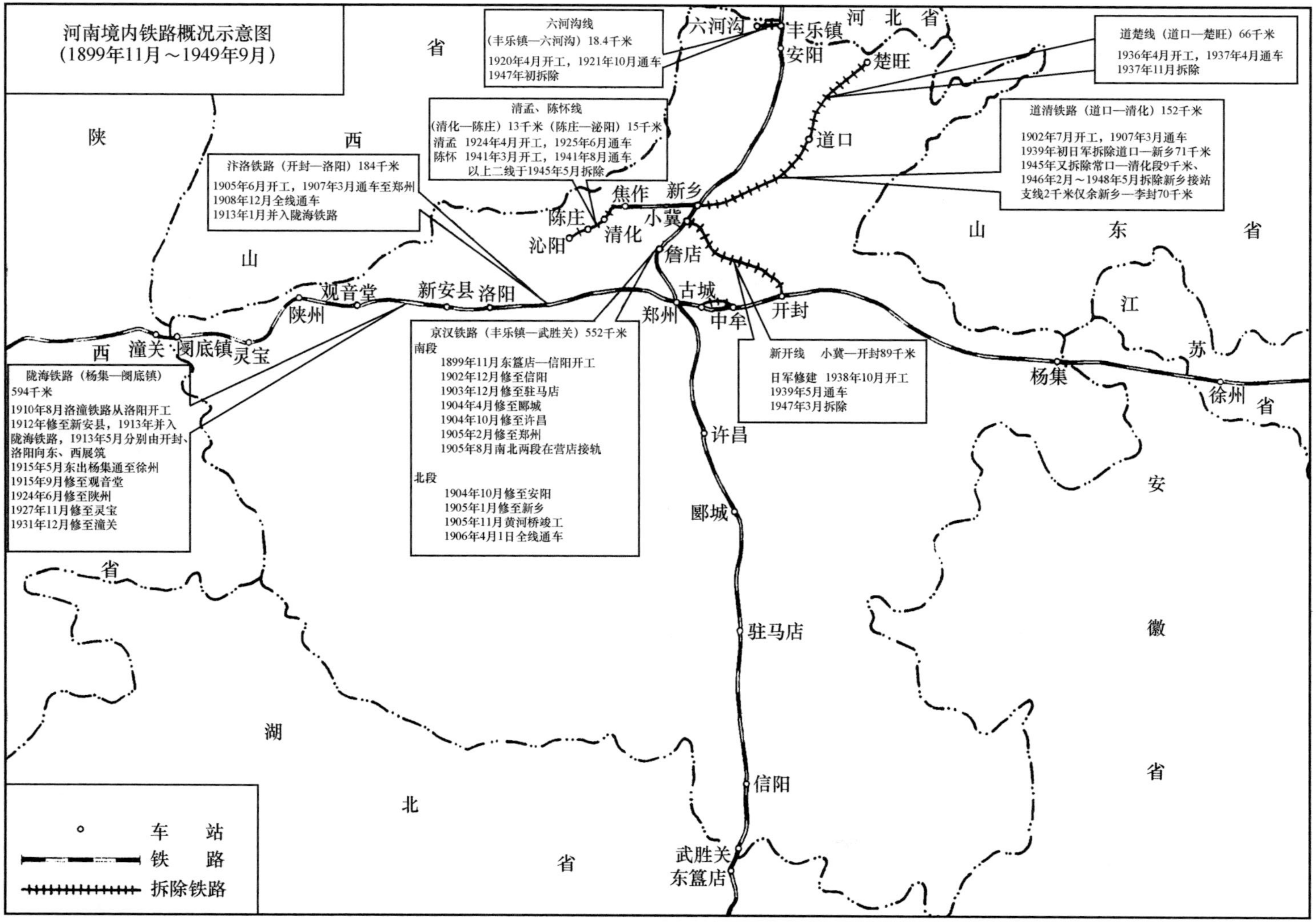

图一 河南境内铁路概况示意图

站。“郑州本地棉甚少，其棉花最大之来源，首推豫西，如灵宝阌乡陕州洛阳巩县等处，常年约产棉二十余万但，而陕西省所产之棉，亦须经过陇海铁路而抵郑州，每年产量，以年成丰歉之关系，年有不同，但折中言之，当已有三十万担左右，豫北如安阳彰德新乡等处，以为棉花发达之区，其棉花大部分运往天津，但运集郑州者尚多。此外尚有陕西棉花，惟其数量不多。查豫省产，因丰歉之关系由下颇大，但今岁之产额，预测当在六十万担之上，除一部分为当地纱厂消费外，各处棉花集中于郑州以等输出者，当有五十万担左右。”[①]在徐有礼老师编著的《郑州日本领事馆史事综述》中引用《河南省郑州事情》中的记述，也谈到了有关郑州棉花市场的记载：

河南省	1674729亩	148513担
山西省	1743529亩	236152担
陕西省	2284484亩	671121担

我们经常所说的郑州棉，其实并不是郑州本地所产的，而是山西、陕西、河南西部所产，然后经过郑州这个中转站运输到全国各大主要城市。

陕西棉到达郑州有三条途径：① 陕州—观音堂—郑州车站；② 陕州—南岸火车站—郑州车站；③ 陕州—汜水—郑州车站。山西棉到达郑州的途径只有一条，即先送到黄河对岸的渑池站，然后再由陇海铁路发送至郑州。到达郑州后再运往上海、青岛等地。

“每年到郑棉花数量之统计，在本部商会与棉业公会等机关方面，均无确实记录可查。兹谨据天成花行（规模最大者）经理萧乃成君估计如下：1）民十二年约三十余万包（人力打包每包约重一百八十斤）。2）民十三年约五十万包，此为收成最丰之年；3）民十六年约二十余万包；4）民十八年约十万余包；5）民十九年约五万余包。”[②]

关于棉花的运量问题在《平汉年鉴》中也有提及（表一）[③]。

表一　平汉年鉴中关于平汉铁路棉花运输情况的统计（1915～1924）

年份	数量（吨）
1915	18 929
1916	24 349
1917	21 991
1918	34 407
1919	42 124

① 《郑州棉业之调查》，《国际贸易导报》第2卷12号，1931年12月。

② 陈隽人：《郑州棉花市场概况》，《中行月刊》第2卷10期，1931年4月。

③ 平汉铁路管理委员会编：《平汉年鉴》，文海出版社有限公司印行，1932年，第185页。

续表

年份	数量（吨）
1920	25 252
1921	46 914
1922	67 090
1923	59 285
1924	35 307

依表一我们可以看出，平汉铁路棉花的运量从1915～1924年逐年增长，我们可想而知，作为平汉铁路的一个重要枢纽，郑州车站的棉花运量一定也十分可观。郑州成为最大的棉花集散地，郑州的棉纺织业迅速发展起来。

（二）药材和大米

在未通铁路之前，郑州药市以中草药为主，1908年，京汉、陇海两铁路在郑州交汇后，商人、外国传教士接踵而来，西医、西药相继传入郑州，由于交通运输的便利，大批药品在郑州聚集，每年除零售本省各县外，还远销北京、上海、天津、杭州和西北地区。由于郑州市全国药材集散的中转站，郑州的药材市场逐渐繁荣。1928年，第一家中药材货栈“普利公”药栈成立。此后的几年，一些大药行相继成立，1931年开始在郑州举办一年一度的“郑州药材骡马大会”，会间全国药商云集郑州，各地药材直接运郑进行交易，这大大促进了郑州药材市场的发展。

当时在郑州运输量最大的除了棉花和药材，还有大米。这个时期在郑州销售的大米多从江苏、两湖运来，同时本地的大米也在郑州销售，其中最著名的是郑州东郊的凤凰台大米，远近客商都争相购买。

京汉铁路和陇海铁路在郑州相继开通使得郑州迅速成为大宗货物和农副产品的集散地，这是郑州崛起的基础和前提。

三、城市人口与城市格局的扩大

铁路便利了资源的开发，也方便了人口的流动，这就导致了新地区的开发和新旧城市的兴衰变化，从而改变了原有城市布局和人口分布。李鸿章曾经说过：“铁路之市易既繁，夫车亦因之增众。至若火车盛行，则有驾驶之人，有修路之工，有巡瞭之丁，有上下货物、伺候旅客之杂役，月赋工糈，皆足以仰事俯畜，其稍饶于财者，则可以增设旅店，广买股分（份），坐权子母，故有铁路一二千里，而民之依以谋生者当不下数十万人。”[①]铁路运输的发展，带来了工商业的繁荣，刺激了就业需求量，带动着郑州人口的聚集，从而直接促进了郑州城市崛起。

（一）人口的增长与分布

1913年，郑州改为郑县，直属开封道，全县共31 850户，153 843人，1916年郑县总人口达205 145人，1928年年初设立郑州市后，时任河南省政府主席的冯玉祥倡导“建设新郑州运动”，市区人口达到20 513户81 360人。1930年市区人口增加到95 482人，1931年撤销郑州市后，郑县全县人口为257 083人，由于铁路对工商业的影响，从20世纪30年代开始郑州民族工业和手工业快速发展，城市人口急剧增长，1934年，郑县人口达329 635人，其中城市人口已发展到124 377人，1938年6月，花园口决堤，人民流离失所，人口下降，但仍有213 144人[②]。郑州市人口的增长与京广铁路和陇海铁路的发展是密切相关的，这可以从郑州车站历年的客运量体现出来。1909年京汉、陇海铁路郑州站旅客年发送量分别为8.3万人和8.9万人。1912年，京汉郑州站全年发送旅客13.4万人。在军阀混战时客运量受到影响。1932年，郑州车站定位头等站，至1936年间为京汉、陇海铁路运输最好时期[③]。

郑州人口的聚集最初是随着铁路自身修建及运行所需各类人员的进住开始的。铁路的修建带动了沿线工厂、煤矿的建立，一批近代产业工人产生了。1915年，在陇海铁路线旁兴建了孝义兵工厂，初期有几百人，1931年增至12 000余人，根据民国时期的《铁道年鉴》（卷2）对民国二十一年上学期铁道部部立扶轮学校的学生统计，郑州扶轮小学校有学生583人，学生家长583人（其中557人是铁道员工）；郑州扶轮第二小学校有学生227人，学生家长227人（其中220人是铁道员工）。

随着郑州铁路枢纽地位的确立，郑州火车站成为全国铁路最大的客运中转站之一，郑州车站的客运量逐年成倍增长。由于铁路运输业的发展带动了工商业的发展，很多外地商家纷纷来郑投资经商办厂，大大刺激了郑州对劳动力的需求，移民大量涌入，暂住人口增多。

铁路推动了城市的产生和发展，在带来大量外来人口的同时，也改变了郑州人口的分布。近代城市既是工商业中心，也是人口中心。原来郑县的人口主要分布在县城内，自从货车到来之后，火车站和老城之间的地段开始繁华起来，来往商旅、行人增多，大批人口开始在此聚集。

---

① 《洋务运动》六，上海人民出版社，1961年，第145页。

② 郑州市地方志市志编纂委员会编：《郑州市志》一，中州古籍出版社，1998年，第343页。

③ 郑州市交通志编纂委员会编：《郑州市交通志》，方志出版社，第285页。

（二）城市布局的改变

铁路的修建不仅影响了郑州人口的增加，而且还引导了郑州市的城市建设。京汉铁路和陇海铁路的修建，使郑州成为我国重要的交通枢纽。铁路的修建影响了郑州市的城市布局，为今天郑州城市的格局规划埋下了伏笔。

郑州老城从唐代到1904年基本没有什么大变化，上千年保持了稳定的规模和布局：县城衙门居中，城区内有东西南北大街交汇，街道、商店、居民都在老城内发展，城墙以外十分荒凉。1904～1906年，京汉、陇海铁路相继通车后，郑州城市的空间结构发生了很大变化，郑州城市的发展突破了老城区的界线，在郑州老城区与火车站之间逐渐形成了一片新街区及不很规则的道路系统。清末，郑州开辟为商埠，城市中心开始向火车站推移。

近代郑州城市的规划是从1927年开始的，1927年，冯玉祥任河南省政府主席，编制1：5000的《郑埠设计图》。规划范围内大致东起现在的经五路，西到京汉铁路，南起陇海铁路，北至农业路。中心位于现在的人民公园附近。城市的发展方向全部在京汉铁路以东，陇海铁路以北。1928～1929年《郑州市政月刊》第3～7期又刊登了《郑州新市区建设计划草案》，新市区拟建于京汉、陇海铁路交汇处的西南方向.《郑埠设计图》和《郑州市新市区建设计划草案》，是对郑州城市今后发展的两种不同的设想：一种是在铁路东围绕旧市区向南向北发展；一种是在铁路西开辟新市区，以向铁路西发展为主。今天郑州城市的布局早在一百年前就因两大铁路的交汇而逐渐定型。

四、商业的繁荣

关于铁路与近代工商业发展的关系，李毓芳曾以美国佘山郡的发展为例，指出：“工商业为国家之根本，而铁道又为发展工商业之先务。”①

商业是靠物的流通来进行的，商业的繁荣程度取决于商品流通的速度与范围的大小，铁路无疑为商业的发展、繁荣提供了可能。“商有铁路，则急需者应期，重滞者无阻。”②

---

① 李毓芳：《论铁道与工商业之关系》，《民国经世文编》（交通、宗教、道德分册），文海出版社，1966年影印，第4974～4979页。

② 白寿彝：《中国交通史》，商务印书馆，1937年，第235页。

（一）以棉花为主的商业

20世纪，平汉、陇海两大铁路在中国相继开通，郑州的铁路枢纽地位日益突出，郑州成为货品的集散地，商旅往来增多，郑州的商业面临着一个绝好的发展机会。随着铁路的发展，一些新的商业类型开始出现了。

1. 行栈业

这一时期，最先发展起来的是以棉花为主的行栈业，郑州原来并没有棉花这个行业。"铁路通车初期，西路棉商和少数棉农随身携带棉絮和籽棉，在郑州火车站附近出售，后来有些以经济为生的人，见棉花生意有利可图，便几个人结伙，手中拿根秤，为买卖双方撮合，收取佣金，后棉商增多，来郑出售棉花的人络绎不绝。有些商人就在火车站附近搭起席棚，建立小型花行，这就是郑州最初的棉花市场。"①随着棉花交易市场的活跃，一些从事棉花批发行业的花行相继成立。1916年郑州花行同业公会正式成立，棉花业开始稳步发展。当时成立的花行之中规模比较大的有立兴长、盛丰、怡源、玉庆长、聚兴恒、祥记花行、兴华棉业公司等。

当时活跃在郑州棉业市场上的还有各类花商，他们是从事棉花贩运的客商。"花行接到贩客后，即与驻在郑地之沪汉各方办货者接洽抖售，如本地有豫丰纱厂……以贩运为业者多家，各方之办货，咸视其需要如何，或价格之合宜与否为定，亦有本地之贩运商，运至各处贩卖……花行于买卖两方接洽成效后，收取佣金于卖方……有资本者，亦有预先货款于贩卖者。"②当时存在于棉花市场上的郑州的花商大致可以分为渭南、荣韩、朝邑、赤水、洛阳、野鸡六帮，详情如表二所示③。

表二　郑州花商

帮别	籍贯	家数	备注
渭南	陕西	67	渭南临近四乡
荣韩	山西	34	荣河韩城四乡
朝邑	陕西	28	朝邑四乡
赤水	陕西	40	赤水四乡
洛阳	河南	80	洛阳附近四乡
野鸡	不详	50	豫东豫南豫卫皆有

① 张学厚：《郑州棉花业的兴衰》，《郑州文史资料》第五辑，文史资料研究委员会编辑出版，1985年，第5页。

② 《郑州棉业之调查》，《国际贸易导报》第2卷12号，1931年12月。

③ 陈雋人：《郑州棉花市场概况》，《中行月刊》2卷10期，1931年4月。

从表二可以看出，当时活跃在郑州棉业市场上的花商主要来自于陕西、陕西和河南，共计299家。正是由于他们的存在，才使得郑州的棉业市场逐渐繁荣起来。

2. 转运货栈

在铁路的推动下，郑州迅速发展成为农副产品和大宗货物的聚集地，伴随着这个变化，一个新兴的商业类型——转运货栈发展起来了。这类货栈以代客转运为主，同时代为储存经过郑州转运的棉花、煤炭等货物，由陕西、山西、河南各地贩运棉花、布匹等各种货物转运销售；或由太湖、苏州一带贩运大米。为了方便起见，它们通常都修建在火车站的附近。在20世纪30年代，当时社会上存在的这类货栈主要有通成、惠元、豫安、公济、信丰、公兴、永丰、古宏、豫茂、豫西10家，其中以通成规模最大。

（二）商埠的建立与商业市场的繁荣

随着郑州铁路运输业的发展，以棉花业为主的商业发展起来，在它的带动下，郑州的其他商业也逐渐兴盛起来。铁路修通后，中外客商竞相来郑州开办商店，1912年，美国胜家缝纫机厂捷足先登，来到郑州推销他的商品。1920年，天津、北京、上海、汉口及怀庆等地的商人也陆续来到郑州开设布市、绸缎、鞋帽、时货、文具、图书、钟表眼镜等各种商号，市场渐趋繁荣。京汉铁路在郑州通车后，1905年河南巡抚就曾上奏申请开放河南为商埠，被获批准。但是商埠建设缓慢，随着清王朝的覆灭不了了之。1919年河南当局再次向北洋政府申请开郑州为商埠，1922年获得批准。“郑州为京汉陇海两路交通枢纽，商务颇称频繁，豫督赵倜屡请政府开为商埠，已有照准消息。并闻该省省长张风台愿自监督办之职。拟先行开始筹办，一俟告成，再由中央简派大员管理云。”①商埠的开辟加速了郑州经济的发展。

郑州辟为商埠后，到20世纪20年代末30年代初，从火车站到旧城区的各商业街已陆续形成。主要是以食货布匹业为主的各类零售行业，经营门类日益增多，品种更加齐全。随着经济形势的发展，大批来自北京、广州的“洋货”涌进郑州市场。以往以经营汴绸为主的布匹业，逐渐扩大经营规模，开始经营期各色机织“洋布”的绸缎呢绒；以往以经营胭脂、香粉、头花、针线、丝带等日用杂货为主的时货业，很快发展成为以经营各种“洋货”为主的现代百货业。1934年，爱国商人刘佳勋、谭九思的“郑州国货公司”和著名华侨陈嘉庚的“橡胶制品商店”相继在大同路开张营业，郑

① 《河南郑州将辟商埠》，《晨报》1922年2月20日。

州的百货业中第一次出现了国货与洋货对垒竞争的局面。在火车站商业区中，德化街最为繁华，这里多为绸缎布庄、日用品零售店，每天从早到晚人流不息。至今为止，德化街仍然是郑州商业的中心之一。宝昌里、万顺街一带为旅店聚集区。南川里、前唐里一带，除有一些饭馆和土杂店外，还有当时有名的普乐戏院、真明电影院等。振兴街、兴隆街、顺和街和西关街一带，是迅速发展起来的棉花、粮油、药材、杂货等批发贸易行、店的集中地区。旧城区西大街道南下街一带，也相当繁华，当时很有名气的明月楼、醉月楼和玉泰生酱菜店都坐落于此。

（三）服务业的兴盛

随着铁路的开通，郑州人口增加，商业繁荣，商旅往来频繁，为群众提供生活服务的饮食服务业迅速发展起来。铁路通车以后，郑州的旅馆、饭店等服务行业日趋发展。旅馆、饭店、理发店等纷纷开业。1904年，郑州第一家旅社——迎宾旅社在大同路开业。1907年郑县国记第一宾馆在敦睦路落成。1913年，外国人在郑州开办的第一家旅社——法国饭店建成。1921年以后旅馆业逐渐发达起来，主要分布在火车站附近的一、二马路、大同路一带，这一时期的旅馆数量增多，服务的质量也有了很大程度的改善。1928年10月有33家，1934年11月扩大到了71家①，新建的中式旅馆多为两层中式小楼，环境幽雅、客房整洁，服务周到。新式旅馆在旅馆业中占据着主导地位，往来宾客大多住宿于此。随着郑州在20世纪20年代开辟为商埠，饮食业发展加快，1914～1927年，先后在火车站开业的有小有天、豫顺楼、联合春、鑫开饭店、新春楼等，随着郑州人口的增多，很多外地菜逐渐传入郑州，甚至一些西餐馆也开始入住郑州，给郑州的饮食业带来了新的活力。从20世纪30年代开始，郑州的饭店逐渐增多，《大晨报》登载："1936年郑州共有饭店74家，其中甲等11家，乙等59家，丙等4家，小摊贩不可数计。"这些饭店多集中在火车站一带，其中最著名的是大型豫菜馆"豫顺楼"，装饰别致，店面整洁，深受来往宾客的一致好评。饮食业和旅馆业的发展同时带动了照相业和浴池业及其他服务行业的兴起。郑州的服务行业如雨后春笋般蓬勃发展起来。

（四）金融业的兴起

随着郑州商业的发展，郑州金融业也进入兴盛时期。郑州既是内地的商埠，又是

---

① 郑州市交通志编纂委员会编：《郑州市志》五，中州古籍出版社，1998年，第123页。

通往西北的门户，因此，各大银行纷纷在争郑州设立分行，当时比较有影响的有中国交通银行、中央银行、中国农工银行、中国农民银行、中国银行等十多家银行，它们的经营方式随着资金融通和金融活动的渗透而逐渐扩大，从办理存款、贷款、汇兑，进而注意吸收社会游资，办理出口押汇，开展抵押放款。此外，郑州还有10余家银号，其中除同和裕、信昌、中权等家以经营银栈业为主外，其余各家大都以经营某种商品的购销为主。金融业的繁荣为郑州工商业的发展注入了血液，为工商业提供了强大的经济基础。

五、工业的发展

交通的便利是近代工业发展的前提条件和重要因素之一，近代工业是大规模的生产，必须解决原料和产品的运输问题才能得以发展，铁路运输大大便利了原料、燃料的取得与产品的推销，从而拓展了近代工业的投资领域，促进了工业的发展。

京汉、陇海两大铁路干线在郑州交汇，使郑州成为中原交通枢纽。铁路的贯通带动了沿线地区煤矿、机械工厂的兴建，促进了郑州手工业的发展和近代工业的形成。当时，京汉铁路在郑州境内陆续有几家铁路工厂，其中郑州机务修配厂有各类设备30余台，主要生产机车配件；郑州电务修理厂主要从事铁路电报、电话、电灯的修理业务。在第一次世界大战期间，中国的民族工业得到了喘息的机会。由于郑州邻近两大铁路干线，地理位置优越，郑州的工业进入了迅速发展的时期。1915年，北洋政府在郑州西70千米的陇海铁路线旁兴建了孝义兵工厂，该厂下设动力、机器、炮弹、制枪、毒瓦斯、防毒面具6个分厂，为当时河南唯一的大型工厂。1918年，北洋政府又兴建了郑县兵工厂，专门生产步枪、子弹等，但该厂规模不大。这一时期，除了官办公工厂以外，郑州的民族资本工业也有了较快的发展。1914年，开封普临电厂资本家魏子青招股集资20万元，来郑州开办了明远电灯股份两合公司，厂址在原县城西南，现在同福寿街交叉处。建厂初期设施十分简陋，仅有3间小瓦房，十几名工人，一台75千瓦立式蒸汽发电机。1917年，为采用金水河铭功桥旁，又添置一台195千瓦卧式蒸汽电机组，职工增至30人，1918年春，向市区供电，仅能供军政当局及附近几家商铺照明用电。

由于河南棉业发达，交通便利，不仅本省和西北地区的棉花出口，须经郑州运出，而且各地棉商也纷纷来郑采购新棉，为了运输方便，须将散棉花扎成机包。因此，郑州的棉花打包业和加工花包绳的麻棉业都很兴旺。20世纪20年代，郑州开辟为商埠，棉花打包业更为兴盛，打包的技术和效率也大大提高，由早期的人力打包演变到机器打包。1925～1934年先后建立了豫中、大中、协和三家机器打包厂，各有打包机一台，生产能力共计1000包/日。麻绳作坊有36家，从业人数180人，生产的麻绳主要供打包、缝包使用。

铁路修通后，郑州成为中原地区的棉花集散地，上海、天津、青岛、济南、汉口等中外纺织厂商多在郑州收购，上海厚生、德大纱厂的资本家穆藕初看准这一优势，于1918年集资200万元，在郑州豆腐寨（现豫丰街）建起了豫丰纱厂，主要生产棉纱、粗斜纹布和平纹细布。“查该场占地九十八亩，建筑费二十五万，场内可设锭子五万，织机一千二百架，自美运到，年底又有二万锭子可到郑州……全场有工人四千五百，每年工资六十万……查郑州已有二铁路交会，即京汉与陇海，厂中之纱由铁路输运，计九万立方米突……又厂中机器，亦赖二路运输，机件重者有八吨之云。”①“原料的棉花是陕西棉三分，山西棉二分，河南棉五分的混纺……商品除了当地附近外，还远销陕西、山西、甘肃、新疆各省……这说明郑州商品在市场上很有竞争力。”②除此，郑州还有博爱工厂、振华帆布厂、帆合棉织厂三家小织布厂。

工商业的繁荣为郑州的崛起做了最后的准备工作，是郑州崛起的最终推动力。

六、未来郑州城市发展的定位

铁路的发明，不仅带动了工业革命和商业的繁荣，更引领着人类文明进入全新的时代。20世纪初，这种全新的交通方式开始深刻影响着中国，不仅清王朝最终因铁路而亡，而且神州大地的经济发展、城市布局无不受它的影响。郑州被人称作“火车拉来的城市”。在近代郑州崛起的过程中，铁路交通无疑发挥了举足轻重甚而是决定性的作用。郑州逐渐由一个以农业为主的小县城发展成为一个以棉纺织为主的商业都市。新中国建立以后，河南省的省会由开封迁到郑州，更加促进了郑州的发展。

郑州位于中原铁路的十字中心，陇海、京广两大干线在此交汇，周围还有京九、焦柳、月石、平阜线通过，形成三纵三横干线框架。在铁路的带动下，郑州的建设日新月异。在郑州快速发展的同时我们也应该看到存在的问题和隐患。目前国家计划修一条南西铁路（南京到西安），这条铁路的走向是和陇海铁路平行，这势必会对陇海铁路的发展造成冲击，从而影响郑州的客流量和货流量，进而影响郑州城市的发展，在郑州城市的发展中，机遇和挑战是并存的，在今后郑州的发展中，如何构筑新的交通优势是值得注意的问题。

---

① 《郑州豫丰纱厂基本情况》，《时报》（上海）1920年6月19日。

② 林中治郎：《河南省郑州事情》，《调查资料》第二十九辑，日本青岛守备民政铁道部编辑，1922年。

后　　记

2014年12月，郑州古都学会成立十周年。十年来，郑州以加入中国八大古都为契机，不断加大投入与研究，在郑州古都文化研究、世界文化遗产申报与管理、大遗址保护、博物馆建设诸多方面取得了长足的进步。

2014年10月25～26日，中国古都学会、郑州古都学会、郑州中华之源与嵩山文明研究会在郑州联合召开了“嵩山文明与中国早期王都研讨会暨中国古都学会2014年年会”，来自西安、北京、杭州及徐州、大同、赤峰等20多个古都、古城的200多位专家学者参加了会议。这次会议为纪念郑州列入中国八大古都十周年，探讨嵩山文明与中国早期王都关系而开，对于东道主郑州来讲，既是喜事，又是新的契机，为促进郑州文物工作深入开展必将起到深远意义。

会上，郑州市文物局局长任伟、郑州市文物考古研究院研究员张松林、陕西师范大学李令福教授分别以“郑州文化遗产资源特点及保护利用”“嵩山文明与中国早期王都的形成”“中国古代都城的规律、原因及影响”为题，作了主题报告。他们主题突出，破题有力，通过挖掘嵩山文明内涵，复原了早期王都的文化特质。会议还就“嵩山文明与郑州古都文化”“中原古都文化”“中国古都文化”三个主题进行深入探讨交流。正如中国古都学会会长萧正洪所评价：“奇文共欣赏，疑义相与析，开阔了视野，了解了很多最新学术进展，同时也为古都学研究、古城的保护建设提供了很多的建议。”

这次研讨会，参会人员共提交学术论文报告、提要78篇，编者综合各方意见，从中选取34篇结集出版。因篇幅所限，我们不得不忍痛割爱部分佳作。本着尊重科学、对读者负责之态度，作者对收录的文章进行多次修改；科学出版社及本刊编委精心设计编排；编委会则高屋建瓴给予全方位指导，今日终于修成正果。

本书的出版，离不开与会专家学者的厚爱，更离不开中国古都学会、郑州中华之源与嵩山文明研究会、郑州古都学会领导的关心与支持。特别是中国古都学会会长、陕西师范大学教授萧正洪先生，百忙中不辞辛劳为本书作序。在书稿即将付梓之际，衷心感谢所有为该书的出版付出努力与汗水的同志！

由于时间仓促、水平有限，本书的不足与疏漏在所难免。希望同仁、专家批评指正。

编　者

2016年6月